COMMENT NE PAS MOURIR

DES MÊMES AUTEURS

DE MICHAEL GREGER

Soyez l'expert de votre alimentation
Tout savoir sur l'alimentation santé et minceur
par le plus grand nutritionniste américain
Robert Laffont, 2021
Pocket, 2022

DE GENE STONE

Les secrets de ceux qui ne tombent jamais malades
Michel Lafon, 2011

Dr Michael Greger
avec Gene Stone

COMMENT NE PAS MOURIR

Les aliments pour vivre plus longtemps et en meilleure santé

Traduit de l'anglais (États-Unis)
par Véronique Gourdon

Préface de Sophie Lacoste

Éditions Points

Les appels de note renvoient à des notes qui se trouvent sur le site internet de l'éditeur.
Flashez cette image pour y accéder directement ou rendez-vous sur
https://www.calameo.com/read/007189462b285ea593f84

TITRE ORIGINAL
How Not to Die
Discover the Foods Scientifically Proven to Prevent and Reverse Disease

ÉDITEUR ORIGINAL
Flatiron Books, New York

ISBN 979-10-414-2474-0

À ma grand-mère,
Frances Greger

Préface

Ce qu'évoque le Dr Greger dans son avant-propos fait immanquablement penser au Dr Caldwell Esselstyn, cité d'ailleurs à plusieurs reprises dans cet ouvrage. Dans les années 1980, aux États-Unis, ce chirurgien s'est battu pour mettre en place une petite étude clinique qui consistait à modifier le régime alimentaire de patients atteints de graves problèmes coronariens. Pour tout traitement, ils devaient se nourrir exclusivement de produits végétaux non transformés. Au bout de cinq ans, la maladie avait cessé de progresser chez onze des dix-huit patients concernés. Pour quatre d'entre eux, elle avait même nettement régressé. Ce régime alimentaire avait produit un effet que ni les médicaments ni la chirurgie n'avaient été capables d'obtenir : il avait résorbé l'inflammation au niveau des parois des veines et des artères.

Les dix-huit patients qui participaient à l'étude du Dr Esselstyn, dont certains avaient un pronostic vital ne dépassant pas un an d'après leur médecin, étaient toujours en vie à la fin de l'étude, qui a duré douze ans.

Depuis cette étude, les effets du régime alimentaire sur le système cardio-vasculaire, mais aussi plus généralement sur la santé de l'organisme, ont été maintes fois confirmés. Que ce soit pour prévenir les maladies dégénératives ou la plupart des cancers, sans parler des désordres métaboliques (diabète, en particulier), il est aujourd'hui impossible d'ignorer l'impact direct de notre alimentation.

Malgré tout, il est encore difficile de convaincre les sceptiques du lien entre l'alimentation et la santé. Pourtant, c'est bien grâce à ce « carburant » que nos mitochondries – ces mini-usines de nos cellules – fabriquent notre énergie, que nos neurones sont nourris… Comment alors imaginer que la qualité et la quantité de notre nourriture n'influent pas sur notre santé ?

Comme l'affirme le Dr Greger, « notre régime alimentaire est la première cause de mort prématurée et d'invalidité ». Cette réalité est devenue incontestable. Mais la nutrition reste le parent pauvre des études de médecine. Pourquoi ? Parce que ce type de méthode, préventive et curative, ne rapporte rien aux grands acteurs économiques. Bien au contraire.

Imaginez que chacun de nous prenne conscience de l'influence de ce qu'il mange sur son état de santé. La consommation de produits transformés, de viande, de produits laitiers et de nourriture industrielle risque de chuter. Trop d'intérêts économiques sont en jeu pour rendre possible un tel revirement.

Il a fallu des années de lutte de la part de chercheurs indépendants (les experts les plus rares !) et convaincus ne serait-ce que pour arriver à faire reconnaître aux pouvoirs publics français que l'excès de sel dans l'alimentation était préjudiciable à la santé…

Les lobbies industriels sont bien implantés auprès des pouvoirs publics. À titre d'exemple, des accords* ont été passés entre les syndicats de producteurs de lait et l'industrie du sucre (CEDUS et CNIEL) d'une part, et le gouvernement français de l'autre, pour que des « experts » de ces groupements d'intérêts viennent donner des cours de diététique dans les écoles. C'est vous dire quelle instruction objective peuvent recevoir nos enfants en la matière. Comment imaginer que ces « experts » mandatés par les producteurs de

* Accord-cadre de coopération entre le ministère de l'Éducation nationale et le CEDUS (Centre d'études et de documentation du sucre), signé le 29 octobre 2013 pour cinq ans. Et l'industrie laitière et l'Éducation nationale sont « partenaires » depuis plus de trente ans : 25 conventions avec les rectorats d'académie ont été signées. Le CNIEL (Centre national interprofessionnel de l'économie laitière) mobilise des diététiciens pour des interventions dans les écoles afin de « positionner les produits laitiers dans l'équilibre alimentaire ».

friandises sucrées au lait viennent faire la promotion des fruits et des légumes issus de l'agriculture biologique auprès d'eux ?

L'éducation à l'alimentation est confiée à des spécialistes inféodés aux industries de production, tout comme la formation et la recherche médicales sont financées en grande partie par les laboratoires pharmaceutiques…

Alors, comment trouver des réponses objectives à nos questions en matière de santé ?

Depuis quelques années, de nombreuses voix s'élèvent pour mettre en avant des recherches réellement indépendantes et aider le grand public à faire preuve de discernement dans le flux continu d'informations, que celles-ci proviennent des réseaux sociaux ou des médias plus classiques, télévision en tête.

Le Dr Greger est l'une d'elles.

Aujourd'hui, malgré le matraquage publicitaire et l'efficacité des agences de communication des lobbies agroalimentaires et pharmaceutiques, le bon sens commence à regagner du terrain. De grandes études épidémiologiques prouvent chaque jour que la qualité de notre alimentation est déterminante pour notre santé et, surtout, qu'il suffit parfois de changer son hygiène de vie pour obtenir des résultats qu'aucun traitement médical ne saurait offrir.

Rien qu'en modifiant son alimentation, en bougeant un peu et en prenant en compte l'importance de son état émotionnel (en évitant de se laisser emporter par le tourbillon du stress et en apprenant à vivre le moment présent), on peut inverser le cours de nombre de maladies chroniques.

Le Dr Greger fait partie de ces médecins qui laissent la porte ouverte à tous les possibles, considérant que rien n'est inéluctable et qu'il ne faut pas hésiter à bousculer ses certitudes. Et c'est vrai dans tous les domaines : un jour, sur un plateau de télévision, j'ai rencontré une femme exceptionnelle qui, gravement myope dans sa jeunesse, avait rééduqué sa vue et voyait parfaitement clair à 50 ans. À l'époque, il me semblait impossible d'imaginer une alternative aux lunettes. J'ai aussi connu des personnes qui avaient réussi à se débarrasser d'acouphènes alors que leur médecin leur avait assuré qu'ils les accompagneraient toute leur vie. En Allemagne, j'ai découvert que le régime cétogène (riche en gras) pouvait agir sur la sclérose en plaques et même faire reculer un alzheimer ou un parkinson…

Quand le Dr Greger a compris que sa grand-mère, condamnée par la médecine à une mort rapide, s'était relevée de son fauteuil roulant pour reprendre une vie normale grâce à un régime végétalien, sans doute une étincelle a-t-elle brillé dans ses yeux d'enfant.

Car c'est à ce moment-là qu'est née sa vocation de médecin. Puis, au cours de ses brillantes études puis de ses voyages, il a appris à distinguer ce qui pouvait être bénéfique à la santé des patients de ce qui servait avant tout les intérêts de l'industrie pharmaceutique. Il a ensuite naturellement cherché la meilleure façon de transmettre le fruit de ses recherches au plus grand nombre, et c'est ainsi qu'il s'est tourné vers Internet. Aujourd'hui, avec le site NutritionFacts.org, il s'adresse directement à chacun de nous, donnant des clés pour être en meilleure santé.

Car il nous revient sans aucun doute de nous occuper nous-mêmes de notre santé, de ne pas nous en remettre totalement à la médecine et aux médicaments. Notre alimentation et notre hygiène de vie sont primordiales. Notre manière de penser, notre volonté, notre confiance sont déterminantes – ce qui n'empêche pas de rechercher des indications et du soutien, et c'est précisément ce que propose *Comment ne pas mourir* : des conseils pratiques, étayés par les recherches les plus sérieuses, pour que chacune et chacun puisse se lancer dans la lutte contre l'inéluctable.

Sophie Lacoste
Rédactrice en chef de *Rebelle-Santé*

Avant-propos

Tout a commencé avec ma grand-mère.

Je n'étais qu'un enfant quand les médecins l'ont renvoyée chez elle en chaise roulante pour qu'elle y meure. Ils avaient diagnostiqué une maladie cardiaque au stade terminal, et elle avait déjà subi tellement de pontages que les chirurgiens avaient fini par être à court de « tuyauterie » – chaque cicatrisation après une opération à cœur ouvert avait rendu la suivante plus difficile, jusqu'à ce qu'ils ne puissent plus rien faire. Elle n'avait que 65 ans et sa vie était sur le point de se terminer.

Je crois que ce qui pousse nombre d'enfants à vouloir devenir médecins, c'est de voir un de leurs proches en proie à la maladie ou même mourir. Mais dans mon cas, ce fut de voir ma grand-mère aller mieux.

Peu après sa sortie de l'hôpital, alors qu'elle était censée vivre ses derniers jours, elle est tombée sur un reportage dans le « 60 Minutes » de CBS News consacré à Nathan Pritikin, un des pionniers de la médecine fondée sur le mode de vie qui avait acquis la réputation de pouvoir inverser l'évolution de la maladie cardiaque au stade terminal. Il venait juste d'ouvrir un nouveau centre en Californie et ma grand-mère, en désespoir de cause, a traversé le continent pour devenir une de ses premières patientes. Dans ce programme, les personnes résidaient sur place et suivaient un régime végétalien, avant de commencer une série d'exercices physiques progressifs. Ma grand-mère est arrivée en chaise roulante et elle est repartie sur ses deux jambes.

Je ne l'oublierai jamais.

Elle a même figuré dans la biographie de Pritikin : *L'Homme qui a guéri le cœur de l'Amérique (The Man Who Healed America's Heart)*. Ma grand-mère y était décrite comme « à l'article de la mort » :

> *Frances Greger, originaire de Miami en Floride, était arrivée à Santa Barbara en chaise roulante pour une des premières séances de Pritikin. Mme Greger souffrait d'une maladie cardiaque, d'une angine de poitrine et de claudication. Son état était si grave qu'elle ne pouvait marcher sans ressentir une forte douleur dans la poitrine et les jambes. Mais au bout de trois semaines, non seulement elle n'était plus dans une chaise roulante, mais elle marchait 15 kilomètres par jour*[1].

Quand j'étais petit, la seule chose qui comptait pour moi était de pouvoir à nouveau jouer avec ma grand-mère. Mais, au fil des années, j'ai fini par comprendre l'importance de ce qui venait de se passer. À l'époque, le monde médical ne pensait même pas qu'il était possible d'inverser l'évolution de la maladie cardiaque. On prescrivait des médicaments pour essayer d'en ralentir la progression et on avait recours à la chirurgie pour contourner le problème des artères obstruées et essayer de soulager les symptômes. Mais la maladie s'aggravait ensuite peu à peu, jusqu'à la mort du patient. À présent, nous savons que, dès que nous cessons de consommer des aliments qui obstruent nos artères, notre corps commence à s'autoguérir et, dans de nombreux cas, les artères se débouchent sans médicaments ni chirurgie.

À l'âge de 65 ans, ma grand-mère était condamnée par le monde médical à la peine de mort. Grâce à une alimentation et à un mode de vie sains, elle a pu profiter de trente et un ans supplémentaires sur cette terre avec ses six petits-enfants. La femme à qui les médecins avaient un jour annoncé qu'elle n'avait plus que quelques semaines à vivre n'est pas morte avant l'âge de 96 ans. Non seulement sa guérison quasi miraculeuse a donné à son petit-fils l'envie de devenir médecin, mais elle a vécu assez longtemps pour le voir obtenir son diplôme.

Le temps que je devienne médecin, des monstres sacrés tels que le Dr Dean Ornish, le président et fondateur de l'Institut de recherche en médecine préventive (Preventive Medicine Research Institute) – une institution à but non lucratif –, avaient déjà largement prouvé ce que Pritikin avait démontré de façon empirique. Grâce aux dernières avancées technologiques – le PET scan cardiaque[2], l'artériographie coronaire quantitative[3,4] et la ventriculographie isotopique –, le Dr Ornish et ses confrères ont montré que l'approche la moins technologique – fondée sur le régime alimentaire et le mode de vie – pouvait indéniablement inverser le cours de la maladie coronarienne, notre principal fléau.

Les études du Dr Ornish et de ses confrères ont été publiées dans des revues médicales parmi les plus prestigieuses au monde. Et pourtant, la pratique médicale n'a guère changé. Pourquoi ? Pour quelle raison les médecins prescrivent-ils toujours des médicaments et emploient-ils des procédures axées sur la « tuyauterie », destinées uniquement à traiter les symptômes de la maladie cardiaque et à essayer d'empêcher ce qu'ils ont choisi de considérer comme inévitable : une mort prématurée ?

Il m'était impossible de me leurrer : en médecine, certains enjeux n'ont rien à voir avec la science. Dans le système de santé américain, les médecins sont payés à l'acte et en fonction des médicaments qu'ils prescrivent, ce qui récompense la quantité au détriment de la qualité. Nous ne sommes pas rémunérés pour le temps que nous passons en consultation avec nos patients à les informer sur les bénéfices d'une alimentation saine. Si les médecins étaient rétribués en fonction de leurs performances, il y aurait une incitation financière à traiter les causes de la maladie liées au style de vie. Tant que le mode de rétribution des médecins n'évoluera pas, il n'y aura aucun grand changement dans le domaine des soins médicaux et de la formation médicale[5].

Un quart des facultés de médecine seulement dispensent un cours consacré à la nutrition[6]. Lors de mon premier entretien d'admission à l'université de Cornell, je me souviens que le professeur avait déclaré de façon catégorique : « La nutrition est superflue dans le domaine de la santé humaine. » Et c'était la parole d'un pédiatre ! Je savais que le parcours qui m'attendait serait long et semé d'embûches. À la réflexion, je crois que le seul membre du corps médical qui m'ait jamais posé de questions sur le régime alimentaire d'un membre de ma famille est notre vétérinaire.

J'ai eu le privilège d'être accepté dans 19 facultés de médecine. J'ai choisi l'université de Tufts parce que c'était celle qui se vantait d'avoir la formation en nutrition la plus complète – vingt et une heures, ce qui représentait moins de 1 % de l'ensemble du programme.

Au cours de ma formation médicale, l'industrie pharmaceutique m'a proposé un nombre incalculable de dîners à base de steaks et d'importants avantages en nature, mais je n'ai jamais reçu d'appel émanant d'un gros producteur de brocolis. Si vous entendez parler des derniers médicaments à la télévision, c'est parce que leur promotion est assurée par des entreprises qui y consacrent un énorme budget. Vous ne verrez sans doute jamais de publicité pour les patates douces, et les découvertes capitales à propos du pouvoir des aliments sur la santé et la longévité ne seront jamais rendues publiques : ce n'est tout simplement pas assez lucratif.

À la faculté de médecine, même avec nos dérisoires vingt et une heures de cours de nutrition, jamais n'a été mentionnée la possibilité de modifier le régime alimentaire pour traiter les maladies chroniques, et encore moins pour les inverser. Je n'ai été informé de ces recherches qu'en raison de mon histoire familiale.

Au cours de ma formation, une question me hantait : si le traitement de notre principale cause de mortalité pouvait se perdre dans d'obscures considérations, que pouvait-il bien y avoir d'autre, enfoui dans la littérature médicale ? J'ai décidé de consacrer ma vie à le découvrir.

Pendant mes années à Harvard, j'ai passé la plupart de mon temps plongé dans les piles de livres poussiéreuses du sous-sol de la bibliothèque de médecine.

J'avais commencé l'exercice de la médecine, mais quel que soit le nombre de patients que je voyais à la clinique chaque jour, même quand je réussissais à changer la vie de familles entières, je savais que ce n'était qu'une goutte d'eau dans l'océan. C'est pourquoi je suis parti sur les routes.

Avec l'aide de l'American Medical Student Association, mon but était de donner une conférence dans chaque faculté de médecine du pays, tous les deux ans, afin d'influencer toute une génération de nouveaux médecins. Je ne voulais pas qu'un étudiant obtienne son diplôme sans connaître cet outil précieux : le pouvoir de l'alimentation. Si ma grand-mère n'avait pas été condamnée à mourir d'une maladie cardiaque, aucun autre grand-parent ne devait l'être.

J'ai parfois donné jusqu'à 40 conférences par mois. J'arrivais dans une ville et m'exprimais devant le Rotary Club au petit déjeuner, je faisais une présentation à la faculté de médecine à l'heure du déjeuner et j'intervenais dans une association le soir. Je passais le plus clair de mon temps dans ma voiture et, en définitive, j'ai donné plus de 1 000 conférences à travers le monde.

Sans grande surprise, la vie sur les routes s'est révélée impossible à tenir sur le long terme. J'y ai laissé mon mariage. Comme je recevais plus de demandes de conférence que je ne pouvais en accepter, j'ai commencé à compiler le fruit de mes recherches annuelles dans une série de DVD, intitulée *Latest in Clinical Nutrition* (« Les dernières découvertes en nutrition clinique »). Il est difficile à croire que j'en sois presque au trentième volume. Chaque centime que je reçois pour ces DVD est directement reversé à une œuvre de bienfaisance, tout comme le produit de mes conférences et de la vente de mes livres, y compris celui que vous êtes en train de lire en ce moment.

Si corruptrice que soit l'influence de l'argent sur la médecine, elle me semble encore pire dans le domaine de la nutrition, où tout le monde paraît avoir son remède de charlatan et autres gadgets miraculeux. Des dogmes figés et des informations trop souvent sélectionnées de façon orientée viennent alimenter ces idées préconçues.

Il est vrai que je ne suis pas exempt de préjugés, cependant je tente de les maîtriser. Même si la santé était ma première motivation, mon amour pour les animaux grandit au fil du temps. Trois chats et un chien règnent sur notre maison, et j'ai passé une grande partie de ma vie professionnelle à servir avec fierté la Humane Society of the United States (qui promeut la défense des animaux) en tant que directeur de la santé publique. Je me soucie donc du bien-être des animaux que nous mangeons, comme beaucoup de gens, mais je suis avant tout un médecin. Mon premier devoir a toujours été de soigner mes patients et de leur transmettre les dernières informations scientifiques disponibles.

À la clinique, je pouvais toucher des centaines de gens ; sur les routes, des milliers. Mais ces informations, qui sont une question de vie ou de mort, doivent être diffusées à des millions de gens. C'est à ce stade qu'est intervenu Jesse Rasch, un Canadien philanthrope qui partageait ma vision : rendre accessibles à tous des connaissances sur la nutrition fondées sur des preuves scientifiques, et ce gratuitement. La fondation qu'il a créée avec sa femme, Julie, a diffusé l'ensemble de mon travail sur Internet – c'est ainsi qu'est né NutritionFacts.org. Je peux désormais toucher plus de gens en travaillant chez moi en pyjama que je n'aurais jamais pu le faire lorsque je voyageais à travers le monde.

NutritionFacts.org est maintenant une association à but non lucratif autofinancée qui propose plus de 1 000 vidéos courtes sur presque tous les sujets de nutrition possibles, et où je poste de nouveaux articles et vidéos chaque jour. Tout ce qui figure sur le site est gratuit, et le restera. Il n'y a ni publicité ni aucun lien commercial avec aucune entreprise. C'est simplement le fruit de mon travail passionné et de mon engagement.

Lorsque j'ai commencé ce travail il y a plus de dix ans, je pensais que la solution consistait à former les formateurs, à éduquer la profession. Mais, avec la démocratisation de l'information, les médecins n'ont plus le monopole, ils ne sont plus les gardiens du savoir en matière de santé. Pour les prescriptions simples sur un mode de vie sain, je me rends compte qu'il est peut-être plus efficace de donner directement le pouvoir aux individus. Une étude nationale récente portant sur les consultations des médecins en cabinet a révélé que seul un fumeur sur cinq a reçu le conseil d'arrêter de fumer[7]. Au même titre que vous n'avez pas besoin d'attendre que votre médecin vous dise d'arrêter de fumer pour éteindre votre dernière cigarette, vous n'avez pas besoin d'attendre pour commencer à manger de façon plus saine. Et, ensemble, nous pourrons montrer à mes confrères médecins le véritable pouvoir d'un mode de vie sain.

Aujourd'hui, je vis dans la proche banlieue de Washington, à quelques minutes à vélo de la Bibliothèque nationale de médecine, la plus grande bibliothèque au monde. Au cours de la seule année écoulée, plus de 24 000 articles sur la nutrition ont été publiés dans la littérature médicale, et je dispose à présent d'une formidable équipe de chercheurs et d'une armée de volontaires qui m'aident à puiser dans la montagne d'informations nouvelles. Ce livre n'est pas uniquement un nouveau support pour partager mes découvertes. C'est une occasion longuement attendue d'offrir des conseils sur la mise en pratique, dans notre vie quotidienne, de cette science qui peut changer nos vies et les sauver.

Je crois que ma grand-mère aurait été fière de moi.

Introduction

Prévenir, arrêter et inverser nos principales causes de mortalité

Mourir de vieillesse n'est peut-être qu'une chimère. Selon une étude portant sur plus de 42 000 autopsies, les centenaires – ceux qui ont vécu au-delà de l'âge de 100 ans – ont succombé à des maladies dans 100 % des cas observés. Même si leur médecin généraliste trouvait la plupart d'entre eux en bonne santé juste avant leur mort, aucun d'entre eux n'est mort de vieillesse[1]. Jusqu'à récemment, l'âge avancé était considéré comme une maladie en soi[2], mais les gens ne meurent pas des suites de leur vieillesse. Ils meurent d'une maladie, et le plus souvent d'une crise cardiaque[3].

Aux États-Unis, la plupart des décès pourraient être évités et sont liés à ce que nous mangeons[4]. Notre régime alimentaire est la première cause de mort prématurée et d'invalidité[5]. La nutrition devrait donc être la matière la plus enseignée dans les facultés de médecine, n'est-ce pas ?

Hélas, ce n'est pas le cas. Selon l'étude nationale la plus récente, seulement un quart des facultés de médecine proposent au mieux un cours de nutrition, alors qu'il y a trente ans elles étaient 37 % à le faire[6]. Tandis que la plupart des gens considèrent que les médecins sont de toute évidence une source d'information[7] sur la nutrition « très crédible », six médecins jeunes diplômés sur sept se déclarent insuffisamment formés pour conseiller les patients sur leur régime alimentaire[8]. Une étude a montré que des gens interrogés au hasard en savaient parfois plus sur les principes de base de la nutrition que leur médecin, concluant : « Les médecins devraient avoir plus de connaissances sur la nutrition que leurs patients, mais ces résultats suggèrent que ce n'est pas forcément toujours vrai[9]. »

Pour remédier à cette situation, un projet de loi a été présenté par le corps législatif de Californie afin que les médecins suivent obligatoirement au moins douze heures de formation en nutrition au cours des quatre années à venir. Vous serez peut-être étonné d'apprendre que l'Association médicale de Californie (CMA) s'est fortement opposée à ce projet de loi, tout comme les principaux groupements médicaux, y compris l'Académie californienne des médecins de famille[10] (California Academy of Family Physicians).

Le projet de loi a été amendé, passant de douze à sept heures sur quatre ans, avant de finir à zéro.

Le conseil de l'ordre des médecins de Californie n'exige qu'une formation : douze heures de gestion de la douleur et des soins palliatifs pour les patients en fin de vie[11]. Cette disparité entre la prévention et la seule atténuation des souffrances pourrait être une métaphore de la médecine moderne. Quand se soigner est mauvais pour la santé.

En 1903, Thomas Edison avait prédit : « Le médecin du futur ne prescrira pas de médicaments. Il poussera plutôt ses patients à s'intéresser à leur alimentation, à la cause des maladies et à leur prévention[12]. » Hélas, il suffit de regarder pendant quelques minutes les publicités pharmaceutiques à la télévision, implorant les téléspectateurs de « demander conseil à leur médecin » à propos de tel ou tel médicament, pour savoir que la prédiction d'Edison ne s'est pas réalisée. Une étude portant sur des milliers de visites médicales a conclu que les médecins généralistes ne parlaient de nutrition que pendant dix secondes environ[13].

Mais après tout nous sommes au XXIe siècle ! Ne pouvons-nous pas manger tout ce que nous voulons et prendre des médicaments simplement lorsque nous commençons à avoir des problèmes de santé ? Il semble bien que c'est cet état d'esprit qui prévaut chez trop de patients, et même chez mes collègues. La dépense mondiale liée à la prescription de médicaments dépasse un milliard de dollars par an, et les États-Unis représentent un tiers de ce marché[14]. Pourquoi dépensons-nous autant en pilules ? Beaucoup de gens supposent que la cause de notre mort est programmée dans nos gènes. Hypertension à 55 ans, crise cardiaque à 60 ans et peut-être cancer à 70 ans, ainsi de suite… Mais, concernant la plupart des principales causes de mortalité, la science montre que nos gènes ne comptent souvent que pour 10 % à 20 % du risque, au maximum[15]. Par exemple, vous le verrez dans ce livre, le taux des premières causes de mortalité comme la maladie cardiaque et les principaux cancers peut varier au centuple autour du globe. Mais lorsque les gens quittent un pays où le risque est faible pour un autre pays où il est élevé, le taux évolue vers celui du nouvel environnement[16]. De nouveaux régimes alimentaires entraînent de nouvelles maladies. Ainsi, tandis qu'un Américain âgé de 60 ans vivant à San Francisco a environ 5 % de risque d'avoir une crise cardiaque dans les cinq ans à venir, s'il déménageait au Japon et commençait à manger et vivre comme les Japonais, ce risque tomberait à seulement 1 %. Les Japonais quadragénaires vivant aux États-Unis ont le même risque d'infarctus que les sexagénaires qui vivent au Japon. Adopter le style de vie américain fait vieillir leur cœur de vingt ans[17].

La clinique Mayo estime que presque 70 % des Américains prennent au moins un médicament sur ordonnance[18]. Pourtant, en dépit du fait que de plus en plus d'Américains suivent des traitements, nous ne vivons pas beaucoup plus vieux qu'ailleurs. En termes d'espérance de vie, les États-Unis sont classés au 27e ou 28e rang sur les 34 premières démocraties libérales. Les habitants de la Slovénie vivent plus longtemps que nous[19]. Et nos dernières années ne se déroulent pas nécessairement sous le signe de la santé ni de la vitalité. En 2011, une analyse inquiétante de la mortalité et de la morbidité a été publiée dans le *Journal of Gerontology*. Les Américains vivent-ils plus longtemps maintenant qu'à la génération précédente ? Oui, en théorie. Mais ces années supplémentaires sont-elles nécessairement synonymes de santé ? Non. En fait, la situation est encore plus alarmante : nous vivons moins d'années en bonne santé qu'auparavant[20].

Je m'explique : un individu âgé de 20 ans en 1998 pouvait espérer vivre environ cinquante-cinq ans de plus, mais il risquait de passer dix années de sa vie avec une maladie chronique. Ce risque de souffrir d'une maladie cardiaque, d'un cancer ou de diabète s'étend à présent sur une durée de plus de treize ans. C'est donc un peu comme si nous avions fait un pas en avant et trois en arrière. Les chercheurs ont également remarqué que nous avons deux années fonctionnelles de moins à vivre – autrement dit, pendant deux années, nous ne sommes plus en mesure d'accomplir des activités aussi simples que marcher 500 mètres, rester debout ou assis pendant plus de deux heures sans devoir s'allonger, ni tenir debout sans un équipement spécial[21]. En d'autres termes, nous vivons plus longtemps, mais en étant plus malades.

Avec l'augmentation du taux de maladies, nos enfants risquent même de mourir plus tôt. Un dossier spécial paru dans le *New England Journal of Medicine* et intitulé « Un déclin potentiel de l'espérance de vie aux États-Unis au XXIe siècle » concluait que « l'augmentation régulière de l'espérance de vie observée à l'ère moderne pourrait rapidement toucher à sa fin. De plus, les jeunes d'aujourd'hui pourraient, en moyenne, vivre en moins bonne santé que leurs parents et peut-être même vivre moins longtemps[22] ».

Dans les programmes d'enseignement de la santé publique, les étudiants apprennent qu'il existe trois niveaux de médecine préventive. Le premier est la prévention primaire, qui consiste par exemple à éviter que les personnes à risques ne subissent une première crise cardiaque – le médecin pourra vous prescrire des statines si vous avez un taux de cholestérol élevé. La prévention secondaire intervient lorsque vous souffrez déjà d'une maladie coronarienne et elle tente d'empêcher que celle-ci ne s'aggrave, comme lorsqu'on essaie d'éviter que le patient ait une nouvelle crise cardiaque. Pour ce faire, le médecin pourra vous prescrire de l'aspirine ou d'autres médicaments. Le troisième niveau de la médecine préventive s'applique à aider les gens à gérer des problèmes de santé sur le long terme – votre médecin pourra envisager un programme de réhabilitation cardiaque qui vise à prévenir la détérioration de l'état physique et la douleur[23]. En 2000, un quatrième niveau a été proposé. Il s'agissait de réduire les complications liées aux médicaments et à la chirurgie qui intervenaient aux trois premiers niveaux[24]. Mais c'était oublier un cinquième concept, qualifié de prévention primordiale, qui a été introduit pour la première fois par l'Organisation mondiale de la santé en 1978. Des décennies plus tard, elle est enfin adoptée par l'American Heart Association[25].

La prévention primordiale avait été conçue comme une stratégie destinée à éviter que des sociétés entières ne soient confrontées à une épidémie de facteurs de risque de maladies chroniques[26]. Par exemple, au lieu d'essayer d'empêcher quelqu'un qui a un taux de cholestérol élevé de faire un infarctus, pourquoi ne pas l'aider en premier lieu à faire diminuer son taux de cholestérol (qui est à l'origine de la crise cardiaque) ?

Dans cet esprit, l'American Heart Association (AHA) a déterminé les « 7 facteurs simples » qui peuvent conduire à une meilleure santé : ne pas fumer, ne pas être en surpoids, être « très actif » (l'équivalent d'une marche quotidienne d'au moins vingt minutes), manger plus sainement (en consommant notamment beaucoup de fruits et légumes), avoir un taux de cholestérol au-dessous de la moyenne, une tension artérielle et un taux de glycémie normaux[27]. Le but de l'American Heart Association étant de réduire la mortalité liée à la maladie cardiaque de 20 % d'ici à 2020[28,29]. Si plus de 90 % des crises cardiaques peuvent être évitées par un changement de mode de vie, pourquoi avoir un objectif si modeste ? Même le chiffre de 25 % était « considéré comme irréaliste[30] » par l'AHA. Son pessimisme avait donc sans doute quelque chose à voir avec l'effrayante réalité du régime alimentaire de l'Américain moyen.

Le journal de l'American Heart Association a publié une analyse des comportements en matière de santé de 35 000 adultes à travers les États-Unis. La plupart des participants ne fumaient pas, environ la moitié d'entre eux atteignaient leurs objectifs d'exercices physiques, et environ un tiers avaient rempli les conditions de chacune des autres catégories – excepté l'alimentation. Leur régime alimentaire était noté sur une échelle allant de 0 à 5 pour voir s'ils consommaient un strict minimum d'aliments sains et s'ils atteignaient les apports journaliers recommandés de fruits, légumes et céréales complètes ou buvaient moins de trois cannettes de soda par semaine. Combien atteignaient ne serait-ce qu'un score d'alimentation saine de quatre sur cinq ? Environ 1 %[31]. Même si l'American Heart Association atteignait son but « ambitieux[32] » d'une amélioration de 20 % d'ici à 2020, nous arriverions à 1,2 %.

Les anthropologues médicaux ont identifié plusieurs grandes époques associées à la maladie humaine, en commençant par la période de la peste et de la famine, qui s'est achevée avec la révolution industrielle, pour aboutir à l'époque actuelle, celle des maladies dégénératives et des pathologies créées par l'homme[33]. Ce changement se reflète dans l'évolution des causes de mortalité au fil du siècle dernier. En 1900 aux États-Unis, les trois causes les plus meurtrières étaient les maladies infectieuses : la pneumonie, la tuberculose et les maladies diarrhéiques[34]. Maintenant, les causes de mortalité sont pour la plupart les maladies liées au style de vie : la cardiopathie, le cancer et la maladie pulmonaire chronique[35]. Est-ce simplement parce que les antibiotiques nous ont permis de vivre assez longtemps pour souffrir de maladies dégénératives ? Non, l'émergence de ces épidémies de maladies chroniques s'est accompagnée de changements dramatiques dans les habitudes alimentaires. Comme l'illustre l'évolution de la morbidité parmi les populations des pays en voie de développement au cours des dernières décennies, à mesure que leur régime alimentaire s'est rapidement occidentalisé.

En 1990, à l'échelle du monde, la malnutrition, qui entraînait par exemple des maladies diarrhéiques chez les enfants sous-alimentés, était la principale cause de perte d'années de vie en bonne santé. Mais à présent, ce qui pèse le plus sur la santé est l'hypertension artérielle, une maladie de la suralimentation[36]. La pandémie de maladies chroniques a été partiellement imputée à l'adoption presque universelle d'un régime alimentaire dominé par les aliments d'origine animale et industriels – autrement dit, plus de viande, de produits laitiers, d'œufs, de graisses, de soda, de sucre et de céréales raffinées[37]. La Chine est peut-être l'exemple qui a fait l'objet des meilleures études. Dans ce pays, la transition du régime traditionnel basé sur une alimentation végétale vers le régime omnivore s'est accompagnée d'une forte augmentation des maladies chroniques liées à l'alimentation, telles que l'obésité, le diabète, les maladies cardio-vasculaires et le cancer[38].

Pourquoi soupçonnons-nous un lien entre ces changements de régime alimentaire et la maladie ? Après tout, les sociétés qui connaissent une industrialisation rapide subissent une multitude de bouleversements. Comment les scientifiques peuvent-ils mesurer les effets de certains aliments spécifiques ? Pour isoler l'impact des différentes substances alimentaires, les chercheurs suivent les régimes alimentaires et les maladies d'un vaste échantillon d'individus dans la durée. Prenons l'exemple de la viande. Pour voir quelles conséquences une augmentation de consommation de viande peut avoir sur la morbidité, les chercheurs ont observé les individus qui ont cessé d'être végétariens. Chez ceux qui étaient végétariens et qui ont commencé à manger de la viande au moins une fois par semaine, le risque de maladie cardiaque a augmenté de 146 %, celui de subir un accident vasculaire cérébral de 152 %, ils ont également eu un risque de diabète accru de 166 % et celui de prendre du poids a augmenté de 231 %. Au cours des douze années qui ont suivi la transition entre un régime végétarien et un régime omnivore, la consommation de viande était associée à une baisse de l'espérance de vie d'environ trois ans et sept mois[39].

Cependant, les végétariens peuvent eux aussi souffrir d'un taux élevé de maladies chroniques s'ils consomment une quantité élevée d'aliments industriels. Prenons l'exemple de l'Inde. Dans ce pays, le taux de diabète, de maladies cardiaques, d'obésité et de crises cardiaques a augmenté bien plus vite qu'on n'aurait pu l'imaginer compte tenu de la hausse relativement peu importante de consommation de viande par personne. On a attribué ce phénomène à la baisse du « taux d'aliments complets d'origine végétale dans leur régime alimentaire », avec notamment le passage du riz brun au riz blanc, supplantés par d'autres féculents raffinés, des en-cas industriels et des produits de restauration rapide. Ils ont remplacé les aliments de base de la culture indienne : lentilles, fruits, légumes, céréales complètes, noix et graines[40]. En général, la frontière entre l'alimentation bénéfique à la santé et celle propice à la maladie revient à une équation simple : la diminution des végétaux *versus* l'augmentation de la nourriture de source animale, et moins d'aliments complets d'origine végétale *versus* plus de tout le reste.

À cette fin, un indice de qualité nutritionnelle a été créé, qui reflète simplement le pourcentage de calories que les gens peuvent tirer d'une alimentation végétale non transformée[41] riche en nutriments, sur une échelle allant de 0 à 100. Plus les individus obtiennent un score élevé, plus ils sont susceptibles de perdre de la masse grasse au fil du temps et moins ils courent le risque de souffrir d'obésité abdominale[42], d'hypertension artérielle[43], d'un taux de cholestérol élevé[44] et d'un taux de triglycérides élevé[45]. En comparant les régimes alimentaires de 100 femmes atteintes de cancer du sein à celui de 175 femmes en bonne santé, des chercheurs ont conclu qu'obtenir un score plus élevé en suivant un régime à base de végétaux complets pouvait réduire le risque de cancer du sein de plus de 90 %[46].

Hélas, la plupart des Américains dépassent à peine un score de 10. Le régime alimentaire américain est évalué à 11 sur 100. Selon des estimations du département de l'Agriculture américain, 32 % de nos calories proviennent d'aliments de source animale, 57 % sont d'origine végétale industrielle et seulement 11 % sont issues de céréales, légumineuses, fruits, légumes et noix[47]. Ce qui veut dire que, sur une échelle de 1 à 10, le régime américain obtiendrait un score de 1.

Nous mangeons presque comme si l'avenir n'avait aucune importance. Et certaines données viennent même corroborer cela. Une étude intitulée « La nutrition dans le couloir de la mort : les curieuses conclusions des derniers repas » a analysé les requêtes d'une centaine d'individus exécutés aux États-Unis sur une période de cinq ans. Il s'avère que leur contenu nutritionnel diffère peu du repas normal des Américains[48]. Si nous continuons de manger comme si nous faisions notre dernier repas, il finira par le devenir.

Combien d'Américains suivent l'ensemble des sept recommandations simples préconisées par l'American Heart Association ? Sur 1 933 hommes et femmes étudiés, la plupart se conformaient à deux d'entre elles, mais presque personne n'atteignait les sept composantes de base de la santé. En fait, un seul individu pouvait se vanter de suivre les sept recommandations[49]. Une personne sur presque 2 000. Comme l'a souligné un des derniers présidents de l'American Heart Association, « cela devrait tous nous donner à réfléchir[50] ».

À vrai dire, adhérer à seulement quatre facteurs d'hygiène de vie saine peut avoir un impact important sur la prévention des maladies chroniques : ne pas fumer, ne pas être obèse, faire une demi-heure d'exercice physique par jour et manger sainement

– c'est-à-dire manger plus de fruits, de légumes et de céréales complètes, et moins de viande. On a découvert que ces quatre facteurs à eux seuls influencent 78 % des maladies chroniques. Si vous démarrez de zéro et parvenez à suivre ces quatre principes, vous parviendrez peut-être à supprimer 90 % des risques de souffrir du diabète, plus de 80 % du risque de crise cardiaque, à diviser par deux la probabilité d'avoir une crise cardiaque et à réduire d'un tiers votre risque de cancer[51]. Pour certains cancers, comme celui du côlon (la deuxième cause de décès des suites d'un cancer), 71 % des cas pourraient être évités par un simple changement de régime alimentaire et de style de vie[52].

Il est peut-être temps de cesser d'accuser la génétique de tous les maux et de se concentrer sur les 70 % qui sont directement sous notre contrôle[53]. Nous avons le pouvoir.

Toutes ces mesures destinées à mener une vie plus saine se traduisent-elles par un allongement de la vie ? Les centres de contrôle et de prévention des maladies (CDC) ont suivi environ 8 000 Américains âgés de 20 ans ou plus pendant près de six ans. Ils ont découvert que trois comportements majeurs liés à l'hygiène de vie avaient un impact immense sur la mortalité : les gens peuvent réduire considérablement leur risque de mort précoce en s'abstenant de fumer, en adoptant un régime alimentaire sain et en ayant une activité physique suffisante. Et les précisions données par le CDC étaient plutôt laxistes ; en indiquant « ne pas fumer », le CDC voulait dire ne pas fumer au moment présent. Un « régime alimentaire sain » correspondait aux 40 % de la population qui se conforment le mieux aux piètres directives diététiques fédérales, et « physiquement actif » voulait dire pratiquer un exercice modéré pendant plus de vingt et une minutes par jour. Les gens qui parvenaient à se conformer à au moins un facteur sur trois faisaient baisser leur risque de mortalité de 40 % au cours de cette période de six ans. Ceux qui parvenaient à en atteindre deux sur trois divisaient leur risque de plus de moitié et ceux qui réussissaient à suivre les trois recommandations faisaient baisser ce risque de 80 % sur cette durée[54].

Bien sûr, les gens mentent parfois lorsqu'ils prétendent bien manger. Quel crédit doit-on accorder à ces conclusions si elles sont basées sur l'autoévaluation ? Une étude similaire portant sur les comportements de santé et la survie ne s'est pas contentée de croire les gens sur parole ; les chercheurs ont mesuré le taux de vitamine C dans le sang, considéré comme « un bon biomarqueur de la consommation de nourriture végétale », qui était donc un indice fiable d'un régime sain. Les conclusions ont tenu leurs promesses. La chute du taux de mortalité parmi ceux qui avaient les habitudes les plus saines équivalait à un rajeunissement de quatorze ans[55]. C'est comme s'ils étaient revenus quatorze ans en arrière – non pas à l'aide d'un médicament ni d'une machine à remonter le temps, mais simplement en mangeant plus sainement et en ayant une meilleure hygiène de vie.

Abordons la question du vieillissement. Dans chacune de nos cellules, 46 brins d'ADN enchevêtrés forment les chromosomes. À l'extrémité de chaque chromosome se trouve un minuscule capuchon appelé télomère, qui empêche votre ADN de se démêler et de s'effilocher. Imaginez-les comme des embouts en plastique à l'extrémité d'un lacet. Cependant, chaque fois qu'une cellule se divise, une petite partie de cette protection est perdue. Et lorsque le télomère a totalement disparu, vos cellules peuvent mourir[56]. Même s'il s'agit d'une simplification excessive[57], les télomères ont été décrits comme des sortes de « fusibles » de la vie : ils peuvent commencer à raccourcir dès votre naissance, et lorsqu'ils ont disparu, vous disparaissez à votre tour. En fait, la science légale peut prélever de l'ADN à partir d'une tache de sang et estimer approximativement l'âge qu'avait la personne en fonction de la longueur de ses télomères[58].

Cela ferait un bon point de départ pour une scène des *Experts*, mais pouvez-vous faire quoi que ce soit pour freiner le rétrécissement de vos fusibles ? L'idée étant que si vous pouvez ralentir cette horloge cellulaire, vous parviendrez peut-être à retarder le processus de vieillissement et vivre plus longtemps[59]. Que devez-vous donc faire pour empêcher les télomères de se consumer ? Le tabagisme triple le rythme de perte des télomères[60], la première étape est donc simple : arrêtez de fumer. Mais ce que vous mangez chaque jour peut également avoir un impact sur la vitesse à laquelle vous perdez vos télomères. La consommation de fruits[61], de légumes[62] et d'autres aliments riches en antioxydants[63] a été associée à une plus longue durée de protection des télomères. En revanche, la consommation de céréales raffinées[64], de sodas[65], de viande (y compris le poisson)[66] et de produits laitiers[67] a été associée à un raccourcissement des télomères. Et si vous adoptiez un régime alimentaire composé de nourriture végétale complète et que vous évitiez les aliments transformés et la nourriture d'origine animale ? Pourriez-vous ralentir votre vieillissement cellulaire ?

La réponse réside dans une enzyme découverte dans le Mathusalem. C'est le nom donné à un pin qui pousse dans les White Mountains en Californie. Il est l'organisme vivant le plus âgé de la planète et approche désormais son 4 850e anniversaire. Il avait déjà quelques centaines d'années avant le début de la construction des pyramides d'Égypte. Une enzyme présente dans les racines des pins Bristelcone semble ajouter quelques milliers d'années à son espérance de vie en reconstruisant les télomères[68]. Les scientifiques ont appelé ce processus la télomérase. Une fois qu'ils ont su ce qu'ils cherchaient, les chercheurs ont découvert que cette enzyme était également présente dans les cellules humaines. La question est alors devenue : comment pouvons-nous stimuler l'activité de cette enzyme qui défie le temps ?

À la recherche de réponses, le Dr Dean Ornish, un chercheur pionnier, a collaboré avec le Dr Elizabeth Blackburn, qui a reçu le prix Nobel de médecine pour sa découverte de la télomérase. Dans une étude partiellement financée par le département américain de la Défense, ils ont découvert qu'un régime à base d'aliments végétaux complets suivi pendant trois mois et accompagné de quelques changements au niveau de l'hygiène de vie pouvait stimuler l'activité de la télomérase de façon significative et que c'était la seule intervention qui ait fait la preuve de son efficacité[69]. L'étude a été publiée dans une des revues les plus prestigieuses au monde. L'éditorial concluait que cette étude décisive « devrait encourager les gens à adopter un style de vie sain pour éviter ou lutter contre le cancer et les maladies liées au vieillissement[70] ».

Le Dr Ornish et le Dr Blackburn ont-ils réussi à ralentir le processus de vieillissement grâce à un style de vie et une alimentation sains ? Une étude clinique menée sur cinq ans a récemment été publiée, dans laquelle des télomères des sujets de l'étude ont été mesurés. Dans le groupe de contrôle (les participants n'ayant pas modifié leur style de vie), les télomères ont raccourci avec l'âge, comme on pouvait s'y attendre. Mais pour le groupe qui a adopté une hygiène de vie saine, non seulement les télomères n'ont pas raccourci, mais ils se sont allongés. Cinq ans plus tard, leurs télomères étaient même plus longs en moyenne qu'au début de l'étude, ce qui suggère qu'un mode de vie sain peut stimuler l'activité enzymatique de la télomérase et inverser le processus de vieillissement cellulaire[71].

Des recherches ultérieures ont montré que l'allongement des télomères ne s'expliquait pas simplement par l'exercice physique et la perte de poids. La perte de poids par la restriction calorique et un programme d'exercices physiques intense n'ont pas réussi à augmenter la longueur des télomères, il apparaît donc que l'élément actif est la qualité des aliments ingérés et non leur quantité. Tant que les gens conservaient le même régime alimentaire, la quantité des portions et le poids perdu ou l'intensité de leur activité physique semblaient importer peu ; après un an, aucun bénéfice n'avait été constaté[72]. En revanche, les individus qui suivaient un régime à base d'aliments de source végétale et faisaient deux fois moins d'exercice avaient perdu autant de poids après seulement trois mois[73], et la protection de leurs télomères s'était renforcée de façon significative[74]. Autrement dit, ce n'étaient ni la perte de poids ni l'exercice physique qui avaient inversé le vieillissement des cellules, mais bien l'alimentation.

Certaines personnes ont craint que la stimulation de la télomérase puisse en théorie augmenter le risque de cancer, étant donné que les tumeurs ont la fâcheuse réputation de s'emparer de cette enzyme pour assurer leur propre immortalité[75]. Mais comme nous le verrons dans le chapitre 13, le Dr Ornish et ses confrères ont employé les mêmes changements d'hygiène de vie et de régime alimentaire pour interrompre la progression de cancers et, semble-t-il, en inverser le cours dans certaines circonstances. Nous verrons également comment ce même régime peut inverser l'évolution de la maladie cardiaque.

Mais qu'en est-il de nos principales causes de mortalité ? Il s'avère qu'une alimentation composée essentiellement d'aliments d'origine végétale peut aider à prévenir, traiter ou inverser chacune de nos 15 causes principales de mortalité. Dans ce livre, j'aborderai chaque point de la liste ci-dessous dans un chapitre spécifique.

Des médicaments sur ordonnance sont bien sûr utiles pour certaines de ces maladies. Par exemple, vous pouvez prendre des statines lorsque vous avez un taux de cholestérol élevé pour réduire le risque de crise cardiaque, avaler des pilules et vous injecter de l'insuline si vous avez du diabète, et prendre un tas de diurétiques et autres médicaments contre

MORTALITÉ AUX ÉTATS-UNIS	
	Morts annuelles
1. Insuffisance coronarienne[76]	375 000
2. Maladie pulmonaire (cancer du poumon[77], MPOC et asthme[78])	296 000
3. Vous serez surpris ! (voir chapitre 15)	225 000
4. Maladies cérébrales (AVC[79] et Alzheimer[80])	214 000
5. Cancers digestifs (colorectal, pancréatique et œsophagien)[81]	106 000
6. Infections (respiratoires et sanguines)[82]	95 000
7. Diabète[83]	76 000
8. Hypertension artérielle[84]	65 000
9. Maladies du foie (cirrhose et cancer)[85]	60 000
10. Cancers du sang (leucémie, lymphome et myélome)[86]	56 000
11. Maladies rénales[87]	47 000
12. Cancer du sein[88]	41 000
13. Suicide[89]	41 000
14. Cancer de la prostate[90]	28 000
15. Maladie de Parkinson[91]	25 000

l'hypertension artérielle. Mais il n'existe qu'un seul régime alimentaire qui puisse vous aider à prévenir, interrompre ou même inverser chacun de ces problèmes. Contrairement aux médicaments, il n'y a pas un type de régime optimal pour les fonctions hépatiques et un autre pour les reins. Un régime bénéfique pour le cœur l'est aussi pour le cerveau ou les poumons. Le régime alimentaire qui aide à prévenir le cancer est justement celui qui peut aider à prévenir le diabète de type 2 et toute autre cause de mortalité figurant sur la liste ci-dessus. Contrairement aux médicaments – qui ne ciblent que des fonctions spécifiques, peuvent avoir des effets secondaires dangereux et ne traiter que les symptômes de la maladie –, une alimentation saine peut être bénéfique à l'ensemble de nos organes en même temps, avoir des effets secondaires positifs et traiter les causes sous-jacentes de la maladie.

Ce régime unique qui s'est révélé être le meilleur pour prévenir et traiter un grand nombre de ces maladies chroniques est composé pour l'essentiel d'aliments complets d'origine végétale. Il s'agit d'habitudes qui encouragent la consommation d'aliments d'origine végétale non raffinés en évitant la viande, les produits laitiers, les œufs et les produits industriels[92]. Dans ce livre, je ne me fais pas l'avocat d'un régime végétarien ou végétalien*. Je recommande un régime basé sur des preuves, et les meilleurs travaux scientifiques disponibles indiquent que plus nous mangeons d'aliments végétaux complets, plus nous sommes en bonne santé. Nous pouvons ainsi bénéficier de leur richesse nutritionnelle et remplacer nos habitudes moins propices à la santé.

* Plus strict que le régime végétarien, le régime végétalien exclut non seulement la viande, le poisson et les fruits de mer, mais également les œufs, les produits laitiers et le miel. *(N.d.É.)*

La plupart des consultations chez le médecin concernent des maladies liées à l'hygiène de vie, ce qui veut dire qu'on peut les prévenir[93]. En tant que médecins, mes confrères et moi avons été formés à soigner non pas la cause de la maladie mais plutôt ses conséquences, en prescrivant des traitements médicamenteux à vie pour traiter des facteurs de risque tels que l'hypertension artérielle, le diabète et le cholestérol. Cette approche a été comparée au fait d'éponger l'eau qui déborde sous un évier au lieu de simplement fermer le robinet[94]. Les laboratoires pharmaceutiques sont ravis de vous vendre des rouleaux de papier absorbant chaque jour jusqu'à la fin de votre vie tandis que l'eau continue de jaillir. Comme l'a expliqué le Dr Walter Willett, le titulaire de la chaire de nutrition de l'École de santé publique de Harvard, « le problème intrinsèque est que la plupart des stratégies pharmacologiques n'abordent pas les causes sous-jacentes des problèmes de santé dans les pays occidentaux, qui ne sont pas un manque de médicaments[95] ».

Traiter la cause est non seulement moins risqué et moins onéreux mais peut aussi être plus efficace. Alors pourquoi ne voit-on pas davantage de médecins le faire ? D'une part parce qu'ils n'ont pas été formés pour cela, d'autre part parce qu'ils ne sont pas payés pour agir ainsi. Personne ne tire profit de la médecine fondée sur le mode de vie (excepté le patient !), ce n'est donc pas un élément fondamental de la formation et de la pratique médicales[96]. C'est simplement le mode de fonctionnement du système actuel. Le système médical est organisé de façon à récompenser financièrement la prescription de pilules et de procédures. Après avoir apporté la preuve que la maladie cardiaque pouvait être inversée sans médicaments ni chirurgie, le Dr Ornish a pensé que ses recherches auraient un impact significatif sur la pratique de la médecine générale. Après tout, il avait trouvé un remède à notre première cause de mortalité ! Mais il se méprenait – non pas sur l'importance capitale de ses découvertes, mais sur l'influence majeure de l'enjeu commercial de la médecine concernant la pratique elle-même. En d'autres termes, le Dr Ornish a pris conscience que « le retour sur investissement est un facteur de la pratique médicale qui est bien plus déterminant que la recherche[97] ».

Même s'il y a d'autres intérêts en jeu, comme ceux de l'industrie des aliments transformés et de l'industrie pharmaceutique, qui luttent farouchement pour maintenir le statu quo, il existe un secteur d'activité qui tire profit du maintien de la population en bonne santé : celui des assurances. Kaiser Permanente, le plus grand organisme de gestion de soins des États-Unis, a publié une mise à jour de recommandations nutritionnelles dans le journal officiel des médecins, informant ses 15 000 abonnés que la meilleure façon de manger sainement est d'avoir « une alimentation végétalienne, qui se définit par un régime favorisant les aliments complets d'origine végétale et évite la viande, les produits laitiers et les œufs, ainsi que les aliments raffinés et transformés[98] ».

« Trop souvent, les médecins ignorent les bénéfices potentiels d'une bonne nutrition et s'empressent de prescrire des médicaments au lieu de donner aux patients une chance de corriger l'évolution de leur maladie par un régime alimentaire sain et une vie active… Les médecins devraient envisager de recommander un régime à base d'aliments d'origine végétale à l'ensemble de leurs patients, et en particulier à ceux qui souffrent d'hypertension artérielle, de diabète, de maladie cardio-vasculaire ou d'obésité[99]. » Les médecins devraient donner à leurs patients une chance de corriger le cours de leur maladie avec une alimentation d'origine végétale en première instance.

L'inconvénient majeur de l'actualisation des recommandations nutritionnelles décrites par Kaiser Permanente est que ce régime alimentaire pourrait se révéler un peu trop efficace. Si les gens commençaient à adopter un régime basé sur une alimentation d'origine végétale tout en continuant à prendre leurs médicaments, leur pression artérielle et/ou leur taux de glycémie pourraient baisser à tel point que les médecins auraient sans doute besoin de réajuster leur prescription, voire de la supprimer. L'ironie, c'est que les « effets secondaires » du régime alimentaire pourraient être de ne plus avoir à prendre de médicaments. L'article se termine par le refrain familier : « Des recherches complémentaires sont nécessaires pour trouver les moyens de faire en sorte que l'alimentation d'origine végétale devienne le nouveau régime normal…[100] »

Nous sommes bien loin de la prédiction faite par Thomas Edison en 1903, mais je nourris l'espoir que ce livre puisse vous aider à comprendre que la plupart de nos principales causes de mortalité et d'invalidité ne sont pas inévitables mais que, bien au contraire, une prévention est possible. Si les maladies ont tendance à être héréditaires, c'est peut-être avant tout parce que les habitudes alimentaires se transmettent au sein de la famille.

Pour la plupart de nos causes de mortalité, les facteurs non génétiques tels que le régime alimentaire peuvent être à l'origine d'au moins 80 % à 90 % des cas. Comme je l'ai indiqué précédemment, c'est dû au fait que les taux des maladies cardio-vasculaires et des principaux cancers varient du simple au quintuple, et même au centuple, à travers le monde. Et les études migratoires montrent que les causes ne sont pas uniquement génétiques. Lorsque les gens quittent une région à faible risque pour une région à risque élevé, leur taux d'incidence de la maladie grimpe presque toujours en flèche pour atteindre celui de la zone d'adoption[101]. De plus, des changements spectaculaires dans les taux d'incidence de certaines maladies au sein d'une même génération soulignent la primauté des facteurs externes. Le taux de mortalité lié au cancer du côlon au Japon dans les années 1950 était moins du cinquième de celui des États-Unis (y compris chez les Américains qui avaient des ancêtres japonais)[102]. Mais à présent le taux de cancer du côlon est presque aussi élevé au Japon qu'aux États-Unis, augmentation en partie attribuée à une consommation de viande qui a été multipliée par cinq[103,104]. Vous partagez 50 % de vos gènes avec chacun de vos parents, par conséquent si l'un d'eux décède d'une crise cardiaque, vous savez que vous avez hérité d'une partie de cette prédisposition. Mais même chez les jumeaux monozygotes, qui ont exactement les mêmes gènes, l'un peut mourir prématurément d'une crise cardiaque et l'autre avoir une longue vie en bonne santé avec des artères non obstruées, ce qui dépend directement de leur alimentation et de leur mode de vie. Même si vos deux parents ont succombé à une maladie cardiaque, vous devriez pouvoir garder un cœur en bonne santé grâce à votre alimentation. Votre histoire familiale n'est pas une fatalité.

Ce n'est pas parce que vous êtes né avec de mauvais gènes que vous ne pouvez pas les désactiver de façon efficace. Comme vous le verrez dans les chapitres consacrés au cancer du sein et à la maladie d'Alzheimer, même si vous êtes né avec des gènes à haut risque, vous disposez d'un moyen de contrôle assez large sur votre destinée médicale. L'épigénétique est le nouveau champ d'étude qui porte sur le contrôle de l'activité des gènes. Les cellules de la peau ont un aspect et un mode de fonctionnement bien différents des cellules osseuses, des cellules cérébrales ou des cellules cardiaques, mais chacune de nos cellules possède le même complément d'ADN. Ce qui les fait se comporter différemment est que chacune d'elles peut avoir différents gènes activés ou désactivés. C'est toute la puissance de l'épigénétique. Un même ADN, qui peut aboutir à des résultats différents.

Laissez-moi vous exposer la magie de l'épigénétique. Prenons l'exemple de la modeste abeille. Les reines des abeilles et les ouvrières sont génétiquement identiques, pourtant les reines pondent jusqu'à 2 000 œufs par jour, tandis que les ouvrières sont stériles. Les reines vivent jusqu'à trois ans, et les ouvrières peuvent vivre seulement trois semaines[105]. La différence entre les deux est leur façon de se nourrir. Quand la reine de la ruche meurt, une larve est récoltée par les abeilles infirmières et nourrie d'une substance appelée gelée royale. Lorsque la larve ingère cette gelée, l'enzyme qui avait fait taire l'expression des gènes royaux est désactivée, et une nouvelle reine est née[106]. La reine possède exactement les mêmes gènes que n'importe quelle ouvrière mais, en raison de ce qu'elle a ingéré, des gènes différents sont exprimés, et sa vie et son espérance de vie s'en trouvent radicalement changées.

Les cellules cancéreuses peuvent utiliser l'épigénétique contre nous en faisant taire des gènes suppresseurs de tumeurs qui auraient autrement interrompu la progression du cancer. Donc, même si vous êtes né avec de bons gènes, le cancer peut parfois trouver un moyen de les désactiver. Un grand nombre de traitements de chimiothérapie ont été mis au point pour rétablir nos défenses naturelles, mais leur usage a été limité en raison de leur toxicité[107]. Il existe néanmoins un grand nombre de composés largement présents dans le règne végétal – y compris dans les légumineuses, les légumes et les baies – qui semblent avoir le même effet de façon naturelle[108]. Par exemple, le fait de déposer des gouttes de thé vert sur des cellules cancéreuses du côlon, de l'œsophage ou de la prostate a permis de réactiver les gènes que le cancer avait désactivés[109]. Et cela n'a pas été démontré uniquement in vitro, dans une boîte de Petri. Trois heures après avoir ingéré une portion de pousses de brocoli, l'enzyme employée par les cancers pour désactiver nos défenses disparaît de la circulation sanguine[110] dans une proportion égale ou supérieure aux agents des chimiothérapies spécifiquement conçues à cet effet[111], sans en avoir les effets toxiques[112].

Et si nous adoptions un régime alimentaire truffé d'aliments d'origine végétale ? Dans l'étude GERMINAL (*Gene Expression Modulation by Intervention with Nutrition and Lifestyle*), le Dr Ornish et ses confrères ont réalisé des biopsies sur des hommes atteints d'un cancer de la prostate avant qu'ils opèrent une profonde modification de leur hygiène de vie, fondée sur un régime à base d'aliments végétaux complets, puis trois mois après. Sans chimiothérapie ni radiothérapie, des changements bénéfiques sur l'expression de 500 gènes différents ont été constatés. En l'espace de quelques mois seulement, l'expression des gènes de prévention de la maladie a été stimulée et les oncogènes qui sont à l'origine des cancers du sein et de la prostate ont été éliminés[113].

Quels que soient les gènes hérités de nos parents, ce que nous mangeons peut avoir un impact sur la façon dont ces gènes affectent notre santé. Le pouvoir est entre nos mains et dans nos assiettes, pour l'essentiel.

Ce livre se divise en deux parties : « Pourquoi » et « Comment ». Dans la première partie – Pourquoi manger sainement ? –, j'explorerai le rôle que le régime alimentaire peut jouer dans la prévention, le traitement et l'inversion des 15 causes principales de mortalité aux États-Unis. J'étudierai ensuite de façon plus approfondie les aspects pratiques de l'alimentation saine dans la seconde partie. Par exemple, nous examinerons dans la première partie pourquoi les légumineuses et les légumes sont parmi les aliments les plus sains de la planète. Puis, dans la seconde partie, nous verrons combien de légumes on doit manger par jour et quelle est la meilleure façon de les préparer – cuits, en conserve, frais ou surgelés. Nous étudierons dans la première partie pourquoi il est important de manger au moins neuf portions de fruits et légumes par jour, puis la seconde partie vous aidera à décider si vous devez acheter des aliments biologiques ou non. J'essaierai de répondre à toutes les questions que je reçois le plus couramment et de vous offrir des conseils afin de vous aider à faire vos courses et à planifier vos repas pour vous nourrir au mieux, vous et votre famille.

En dehors de l'écriture de nouveaux livres, je prévois de continuer à donner des conférences dans les universités de médecine et dans les hôpitaux, aussi longtemps que je le pourrai. Je vais continuer à essayer d'allumer la flamme qui a conduit mes confrères médecins à choisir cette profession en premier lieu : aider les gens à aller mieux. Trop de médecins n'ont pas les outils nécessaires, or il existe des moyens d'intervention puissants qui peuvent aider nos patients à aller mieux au lieu de simplement ralentir leur déclin. Je continuerai de travailler à essayer de changer le système, mais pour vous, lecteur, inutile d'attendre. Vous pouvez commencer dès maintenant en suivant les recommandations qui figurent dans les chapitres suivants. Manger sainement est plus facile que vous le pensez, c'est peu onéreux et cela pourrait bien vous sauver la vie.

PREMIÈRE PARTIE

1

Comment ne pas mourir d'une maladie cardiaque

Imaginez que des terroristes créent un agent biologique qui se répande de façon implacable, s'appropriant la vie de presque 400 000 personnes chaque année. C'est l'équivalent d'une personne toutes les quatre-vingt-trois secondes, jour après jour, année après année. La pandémie ferait la une des journaux. L'armée serait mobilisée et les plus grands esprits du monde médical seraient rassemblés pour découvrir un traitement à cette pandémie bioterroriste. En résumé, nous ne cesserions pas de lutter tant que nous n'aurions pas arrêté les terroristes.

Heureusement que nous ne perdons pas des centaines de milliers de vies chaque année à cause d'une menace que l'on pourrait prévenir…

Si ?

En fait, si. Cette arme biologique n'est peut-être pas un microbe lâché dans la nature par des terroristes, mais il tue plus de gens chaque année dans le monde qu'il n'y a eu de morts au cours de toutes les guerres passées réunies. On peut agir et y mettre un terme, non pas dans un laboratoire mais simplement dans nos épiceries, nos cuisines et nos salles à manger. Et pour ce qui est des armes que nous devons utiliser, nous n'avons besoin ni de vaccins ni d'antibiotiques. Une simple fourchette fera l'affaire.

Alors, que se passe-t-il ? Si cette épidémie existe, qu'elle est d'une telle envergure et qu'on peut parfaitement l'éviter, pourquoi ne mettons-nous pas tout en œuvre pour y parvenir ?

Le tueur dont je parle est l'insuffisance coronarienne, et celle-ci touche presque tous ceux qui ont grandi avec le régime alimentaire occidental standard.

Notre principal fléau

La cause première de mortalité est un terroriste bien différent : il s'agit des dépôts graisseux sur les parois de nos artères, qu'on appelle « plaque d'athérome ». Pour la plupart d'entre nous, qui avons grandi avec un régime alimentaire conventionnel, la plaque s'accumule à l'intérieur des artères coronaires – les vaisseaux sanguins qui entourent le cœur et l'alimentent de sang riche en oxygène. Cette accumulation de plaque, connue sous le nom d'athérosclérose – du grec *athere* (bouillie) et *sklerosis* (durcissement) –, est le durcissement des artères par des dépôts adipeux riches en cholestérol qui s'accumulent dans les parois internes des vaisseaux sanguins. Ce processus s'opère sur des décennies, envahissant lentement l'espace à l'intérieur des artères, réduisant le passage où le sang s'écoule. La restriction de la circulation sanguine vers le muscle cardiaque peut provoquer des douleurs dans la poitrine et une oppression thoracique, connue sous le nom d'angine de poitrine, qui se manifeste lors d'un effort. S'il y a rupture de la plaque, un caillot sanguin peut se former dans l'artère. Cette soudaine obstruction de la circulation sanguine risque d'entraîner une crise cardiaque, provoquant des lésions, voire détruisant une partie du cœur.

La maladie cardiaque vous évoque peut-être des amis ou des êtres chers qui ont souffert pendant des années de douleurs thoraciques et d'essoufflement avant de finir par succomber. Cependant, pour la majorité des gens qui meurent subitement d'une maladie cardiaque, leur tout premier symptôme peut être le dernier[1]. C'est ce qu'on appelle la « mort cardiaque subite ». C'est lorsque la mort survient moins d'une heure après le début des symptômes. Autrement dit, vous pouvez n'avoir même pas conscience du danger que vous courez avant qu'il ne soit trop tard. Vous pouvez vous sentir parfaitement bien à un moment donné, et une heure plus tard vous n'êtes plus là. C'est pourquoi il est aussi important de prévenir la maladie cardiaque en première instance, même avant de savoir qu'on en est atteint.

Mes patients m'ont souvent demandé : « La maladie cardiaque n'est-elle pas simplement la conséquence de la vieillesse ? » Je comprends pourquoi cette idée fausse est aussi courante. Après tout, le cœur bat littéralement des milliards de fois au cours d'une vie. Votre palpitant tomberait-il simplement en panne au bout d'un moment ? Non.

Un important faisceau de preuves montre qu'il existe d'immenses régions à travers le monde où la maladie coronarienne n'existe pas. Par exemple, dans la célèbre enquête baptisée « Projet Chine-Cornell-Oxford » (plus connue sous le nom d'enquête Campbell), les chercheurs ont étudié les habitudes alimentaires et leur incidence sur les maladies chroniques chez des centaines de milliers de Chinois ruraux. Dans la province de Guizhou, par exemple, une région qui comprend un demi-million d'habitants, sur une durée de trois ans, pas une seule mort n'a été attribuée à une maladie coronarienne parmi les hommes de moins de 65 ans[2].

Dans les années 1930 et 1940, des médecins occidentaux qui travaillaient dans un vaste réseau d'hôpitaux missionnaires en Afrique subsaharienne ont remarqué qu'un grand nombre des maladies chroniques qui dévastaient les pays dits développés étaient absentes de la plupart des régions du continent. En Ouganda, un pays d'Afrique de l'Est qui compte des millions d'habitants, la maladie coronarienne était décrite comme « quasi inexistante[3] ».

Mais les populations de ces pays ne mouraient-elles pas simplement d'autres maladies à un plus jeune âge, ne vivant donc pas assez longtemps pour contracter une maladie cardiaque ? Non. Les médecins ont comparé des autopsies d'Ougandais à celles d'Américains morts au même âge. Ils ont découvert que, sur 632 personnes autopsiées à Saint Louis, dans le Missouri, il y avait eu 136 crises cardiaques. Et chez les 632 Ougandais du même âge ? Une seule crise cardiaque. Les Ougandais ont eu 100 fois moins de crises cardiaques que les Américains. Les chercheurs ont été tellement décontenancés qu'ils ont examiné 800 morts supplémentaires en Ouganda. Sur plus de 1 400 Ougandais autopsiés, ils n'ont trouvé qu'un seul corps comportant une petite lésion du cœur qui avait cicatrisé, ce qui veut dire que l'attaque n'avait même pas été fatale. À l'époque comme de nos jours, la maladie cardiaque est une des principales causes de mortalité du monde industrialisé. En Afrique centrale, elle était si rare qu'elle tuait moins d'une personne sur 1 000[4].

Les études portant sur l'immigration montrent que cette résistance à la maladie cardiaque n'est pas simplement un facteur lié aux gènes des Africains. Lorsque les individus quittent des zones à faible risque pour s'installer dans des régions à risque élevé, le taux de maladie monte en flèche car ils adoptent le régime alimentaire et le mode de vie de leur nouveau lieu de résidence[5]. Le taux extrêmement faible de maladies cardiaques que l'on rencontre dans la Chine et l'Afrique rurales a été mis en relation avec la faiblesse extraordinaire du taux de cholestérol parmi ces populations. Si les régimes alimentaires chinois et africain sont très différents, ils ont en commun d'être axés sur des aliments d'origine végétale, comme les céréales et les légumes. En consommant autant de fibres et aussi peu de graisses animales, le taux de cholestérol moyen était au-dessous de 150 mg/dl[6,7] (3,9 mmol/l), ce qui est similaire au taux que l'on rencontre à l'heure actuelle chez les gens qui ont une alimentation à base de végétaux[8].

Que doit-on comprendre ? Que la maladie cardiaque peut être un choix.

Si vous observiez les dents de gens qui ont vécu des dizaines de milliers d'années avant l'invention de la brosse à dents, vous remarqueriez qu'ils n'avaient presque aucune carie[9]. Ils n'ont jamais utilisé de fil dentaire, et pourtant ils n'avaient aucune carie. C'est parce que les bonbons n'avaient pas encore été inventés. La raison pour laquelle les gens ont des caries est que le plaisir des sucreries l'emporte sur le coût et le désagrément du fauteuil du dentiste. J'apprécie moi aussi ce plaisir de temps à autre – j'ai une bonne mutuelle ! Mais si, au lieu de la plaque dentaire qui se dépose sur nos dents, nous parlions de la plaque d'athérome qui se dépose peu à peu dans nos artères ? Là, on ne parle plus d'enlever un peu de tartre. C'est de vie et de mort qu'il est question.

La maladie cardiaque est la principale cause de mortalité, pour nous et les êtres qui nous sont chers. Bien sûr, chacun de nous est libre de décider de ce qu'il mange et de la façon dont il vit, mais ne devrions-nous pas essayer de faire ces choix consciemment, en nous éduquant pour connaître les conséquences prévisibles de nos actes ? Tout comme nous pourrions éviter les aliments sucrés qui nous gâtent les dents, nous pourrions éviter les acides gras trans, les graisses saturées et les aliments riches en cholestérol qui obstruent nos artères.

Examinons la progression de la maladie coronarienne tout au long de la vie et apprenons comment de simples choix diététiques peuvent à tout moment prévenir, interrompre et même inverser la maladie cardiaque avant qu'il ne soit trop tard.

Est-ce de l'huile de poisson ou juste de la poudre de perlimpinpin ?

Grâce notamment aux recommandations de l'American Heart Association selon lesquelles les individus présentant un risque élevé de maladie cardiaque devraient demander à leur médecin généraliste de leur prescrire une supplémentation en huile de poisson[10], ces compléments alimentaires sont devenus une industrie multimilliardaire. Nous consommons désormais plus de 100 000 tonnes d'huile de poisson chaque année[11].

Mais que dit la science ? Les prétendus bénéfices de l'huile de poisson pour la prévention et le traitement des maladies cardiaques ne seraient-ils qu'une légende – une sorte de poisson d'avril ? Une étude systématique de la littérature ainsi qu'une méta-analyse publiées dans le *Journal of the American Medical Association* ont examiné les meilleurs essais thérapeutiques randomisés évaluant les effets des acides gras oméga-3 sur la durée de vie, la mort subite d'origine cardiaque, la crise cardiaque et l'accident vasculaire cérébral[12].

Une supplémentation est-elle utile pour une personne ayant déjà subi une crise cardiaque et qui essaierait de prévenir la survenue d'une nouvelle attaque ? Là encore, aucun bénéfice n'a été démontré[13].

Où avons-nous été pêcher l'idée que les acides gras oméga-3 et les compléments alimentaires à base d'huile de poisson sont bons pour la santé ? On s'est appuyé sur l'idée que les Esquimaux seraient protégés contre les maladies cardiaques, mais il s'avère que c'est un mythe[14]. Parmi les premières études, certaines semblaient pourtant prometteuses. Par exemple, la célèbre étude DART, dans les années 1980, qui portait sur plus de 2 000 hommes, a conclu que les personnes à qui on avait conseillé de consommer des acides gras avaient réduit leur mortalité de 29 %[15]. C'est très impressionnant, il n'est donc pas étonnant que l'étude ait attiré l'attention. Mais les gens semblent avoir oublié la suite, l'étude DART 2, dont les conclusions étaient parfaitement opposées. Menée par le même groupe de chercheurs, cette étude était de plus grande ampleur encore que la première – 3 000 hommes –, mais cette fois les participants à qui on avait recommandé de consommer de l'huile de poisson avaient un risque plus élevé de mort subite d'origine cardiaque[16,17].

En rassemblant les études, les chercheurs ont conclu qu'il n'était plus justifié d'avoir recours aux oméga-3 dans la pratique clinique quotidienne[18]. Que devraient faire les médecins lorsque leurs patients suivent la recommandation de l'American Heart Association ? Eh bien, ce qu'a indiqué le directeur du métabolisme des lipides de l'Institut cardio-vasculaire du Mont Sinaï : « Compte tenu de ce résultat et de celui d'autres méta-analyses négatives, notre devoir [en tant que médecins] devrait être d'interrompre la supplémentation en huile de poisson pour l'ensemble de nos patients…[19] »

La maladie coronarienne commence dans l'enfance

En 1953, une étude publiée dans le *Journal of the American Medical Association* a radicalement changé notre compréhension de l'évolution de la maladie coronarienne. Des chercheurs ont conduit une série de 300 autopsies sur les Américains blessés lors de la guerre de Corée, dont l'âge moyen était de 22 ans. On a constaté avec horreur que 77 % des soldats présentaient déjà des signes évidents d'athérosclérose. Certains avaient même des artères obstruées à 90 % ou plus[20]. L'étude « a montré de façon dramatique que les changements athérosclérotiques apparaissent dans les artères coronaires des années, voire des décennies avant que la maladie coronaire ne devienne un problème reconnu cliniquement[21]. »

Des études ultérieures portant sur des victimes mortes accidentellement entre 3 et 23 ans ont révélé l'existence de stries lipidiques – le premier stade de l'artériosclérose – chez presque tous les enfants américains de plus de 10 ans[22]. Lorsque nous atteignons la vingtaine ou la trentaine, ces stries lipidiques peuvent se transformer en véritables plaques, comme celles que l'on rencontre chez les jeunes GI engagés en Corée. Et lorsque nous atteignons l'âge de 40 ou 50 ans, elles peuvent commencer à nous tuer.

Pour tous les lecteurs de plus de 10 ans, la question n'est pas de savoir si vous voulez manger plus sainement afin de prévenir la maladie coronarienne, mais si vous voulez inverser la maladie cardiaque dont vous souffrez probablement déjà.

À partir de quel âge au juste ces stries lipidiques commencent-elles à apparaître ? L'athérosclérose peut débuter avant même la naissance. Des chercheurs italiens ont étudié l'intérieur des artères de fœtus issus de fausses couches et de nourrissons prématurés, morts peu après la naissance. Il s'avère que les fœtus dont les mères avaient un taux de cholestérol LDL élevé présentaient un risque de lésions artérielles plus élevé[23]. Cette découverte suggère que l'athérosclérose ne serait peut-être pas une maladie nutritionnelle débutant dans l'enfance, mais durant la grossesse.

Il est devenu courant pour les femmes enceintes d'éviter de fumer et de boire de l'alcool. De même, il n'est jamais trop tôt pour commencer à manger plus sainement pour la génération suivante.

Selon William C. Roberts, le rédacteur en chef de l'*American Journal of Cardiology*, le seul véritable facteur de risque d'accumulation de plaque d'athérome est le cholestérol sanguin[24]. Le LDL est appelé « mauvais cholestérol » car c'est lui qui véhicule le cholestérol provenant des aliments, et lui permet de se déposer dans vos artères. Des autopsies de milliers de jeunes victimes d'accident ont montré que le niveau de cholestérol sanguin était en étroite corrélation avec la quantité d'athérosclérose dans leurs artères[25]. Pour réduire radicalement le niveau de cholestérol LDL, vous devez considérablement diminuer votre consommation de trois éléments : les acides gras trans, qui sont issus des aliments transformés et se trouvent à l'état naturel dans la viande et les produits laitiers ; les acides gras saturés, que l'on rencontre principalement dans les aliments d'origine animale et la nourriture industrielle ; et, à un niveau moindre, le cholestérol alimentaire, qui est présent exclusivement dans les produits d'origine animale, et en particulier les œufs[26].

Vous remarquez une sorte de constante ? Les trois éléments qui augmentent le mauvais cholestérol – le facteur de risque n° 1 de notre principale cause de mortalité – proviennent tous de la consommation de produits d'origine animale et de l'alimentation industrielle. Cela explique probablement pourquoi les populations qui suivent un régime alimentaire traditionnel basé sur des aliments complets d'origine végétale ont été largement épargnés par l'épidémie de maladies cardiaques.

C'est le cholestérol, imbécile !

Le Dr Roberts n'a pas seulement été le rédacteur en chef de l'*American Journal of Cardiology* pendant plus de trente ans, il est également le directeur du Baylor Heart and Vascular Institute et l'auteur de plus de 1 000 publications scientifiques et de plus d'une douzaine de livres sur la cardiologie. Il sait de quoi il parle.

Dans un éditorial intitulé « C'est le cholestérol, imbécile ! », le Dr Roberts soutenait (comme nous l'avons indiqué précédemment) qu'il n'y avait qu'un seul véritable facteur de risque de maladie coronarienne : le cholestérol[27]. Vous pourriez être obèse, diabétique, fumeur et ne jamais vous lever de votre canapé sans pour autant développer d'artériosclérose, affirmait-il, tant que votre taux de cholestérol reste assez bas.

Le taux de cholestérol optimal se situe probablement entre 50 et 70 mg/dl (entre 1,3 et 1,8 mmol/l) et il semblerait que plus il est bas, mieux c'est. Il s'agit du taux présent à la naissance et constaté chez les populations largement épargnées par les maladies cardiaques et c'est aussi le niveau auquel l'artériosclérose cesse de progresser, si l'on en juge par les essais destinés à abaisser le taux de cholestérol[28]. Un LDL avoisinant les 70 mg/dl (1,8 g/l) correspond à un niveau de cholestérol total de 150 mg/dl (3,9 g/l). En dessous de ce niveau, aucune mort due à la maladie coronarienne n'a été rapportée dans la célèbre étude de Framingham – un projet qui s'étendait sur une génération destiné à identifier les facteurs de risque des maladies cardio-vasculaires[29]. L'objectif de la population devrait donc être d'avoir un cholestérol total inférieur à 150 mg/dl (3,9 g/l). « Si l'on parvenait à se fixer un tel objectif, écrivait le Dr Roberts, le plus grand fléau du monde occidental serait éliminé pour l'essentiel[30]. »

Le taux de cholestérol moyen des individus habitant aux États-Unis est nettement supérieur à 150 mg/dl (3,9 g/l) ; il se situe autour de 200 mg/dl (5 g/l). Si le résultat de votre test sanguin indique un taux de cholestérol total de 200 mg/dl (5 g/l), votre médecin vous dira peut-être qu'il est normal. Mais dans une société où il est normal de mourir d'une maladie cardio-vasculaire, avoir un taux de cholestérol « normal » n'est probablement pas une si bonne chose que ça.

Pour que vous soyez potentiellement à l'abri d'une crise cardiaque, votre taux de cholestérol doit se situer au-dessous de 70 mg/dl (1,9 mmol/l). Le Dr Roberts a constaté qu'il n'y a que deux moyens d'y parvenir pour une population telle que la nôtre : prescrire à plus de 100 millions d'Américains un traitement à vie ou leur recommander de suivre un régime alimentaire axé sur des produits végétaux complets[31].

Voici donc l'alternative : des médicaments ou un régime alimentaire. Toutes les mutuelles remboursent les statines, le traitement destiné à faire baisser le cholestérol, alors pourquoi modifier votre régime alimentaire si vous pouvez vous contenter de prendre une pilule pour le restant de vos jours ? Hélas, comme nous le verrons au chapitre 15, ce traitement n'est pas aussi efficace que les gens le croient et, en plus, il peut entraîner des effets secondaires indésirables.

Je vous sers des frites avec votre Lipitor ?

Le médicament Lipitor, traitement à base de statines destiné à réduire le taux de cholestérol, génère un chiffre d'affaires de plus de 140 milliards à l'échelle mondiale[32]. Cette classe de médicaments a suscité un tel enthousiasme dans la communauté médicale que certaines autorités de santé américaines auraient recommandé d'en ajouter dans les réserves d'eau municipales, au même titre que le fluor[33]. Un journal de cardiologie aurait même suggéré, non sans ironie, que les fast-foods offrent des condiments « McStatine » avec les sachets de ketchup pour aider à neutraliser des choix alimentaires malsains[34].

Pour ceux qui présentent un risque élevé de maladie cardiaque et ne sont pas prêts à réduire leur taux de cholestérol de façon naturelle en procédant à des changements de régime alimentaire ou sont incapables de le faire, le bénéfice apporté par les statines l'emporte en général sur les risques. Mais ces médicaments peuvent néanmoins entraîner des problèmes hépatiques et des atteintes musculaires. Certains médecins prescrivent régulièrement des analyses de sang à leurs patients afin de contrôler la toxicité hépatique. On peut également réaliser des tests sanguins pour vérifier la présence de signes de destruction de cellules musculaires, mais des biopsies révèlent que les personnes prenant des statines peuvent montrer des signes d'atteinte musculaire, même si les tests sanguins sont normaux et qu'elles ne souffrent d'aucun symptôme de douleur ou faiblesse musculaire[35]. Le déclin de la force musculaire et des performances parfois associé à ce médicament n'est peut-être pas aussi grave pour les individus plus jeunes, mais il peut accroître le risque de chute et de blessure chez les seniors[36].

Plus récemment, d'autres sources d'inquiétude sont apparues. En 2012, la Food and Drug Administration (Agence américaine des produits alimentaires et médicamenteux) a annoncé des avertissements de sécurité supplémentaires pour l'étiquetage des statines, afin de mettre en garde les médecins et les patients contre de possibles effets indésirables sur le cerveau, comme la perte de mémoire et la confusion. Les statines semblent également augmenter le risque de diabète[37]. En 2013, une étude portant sur plusieurs milliers de patientes atteintes du cancer du sein a indiqué que l'usage des statines à long terme pouvait aller jusqu'à doubler le risque de cancer du sein chez la femme[38]. La principale cause de mortalité chez les femmes étant la maladie cardiaque, et non le cancer, le bénéfice des statines peut donc malgré tout l'emporter sur les risques, mais pourquoi accepter le moindre risque si vous pouvez faire diminuer votre taux de cholestérol de façon naturelle ?

Les régimes fondés sur une alimentation végétale ont montré qu'ils pouvaient abaisser le cholestérol tout aussi efficacement que les statines, sans les risques[39]. En fait, les « effets secondaires » d'un régime sain ont tendance à être positifs – un moindre risque de cancer et de diabète et une protection du foie et du cerveau, comme nous allons le voir dans la suite de ce livre.

Les maladies cardiaques sont réversibles

Il n'est jamais trop tôt pour commencer à manger sainement, mais est-il jamais trop tard ? Des pionniers de la médecine fondée sur le mode de vie tels que Nathan Pritikin, Dean Ornish et Caldwell Esselstyn Jr. ont pris en charge des patients souffrant de maladies cardiaques à un stade avancé et leur ont fait suivre un régime à base de végétaux tel que celui qui est suivi par les populations asiatiques et africaines, qui ne souffrent pas de maladies cardiaques. Ils avaient dans l'espoir qu'un régime suffisamment sain interrompe le processus de la maladie et l'empêche de progresser davantage.

Mais au lieu de cela, un miracle s'est produit.

La maladie cardiaque de leurs patients a commencé à s'inverser. Ces patients se sont mis à aller mieux. Dès qu'ils ont cessé de suivre un régime qui obstrue les artères, leur corps a commencé à dissoudre une partie de la plaque d'athérome qui s'était accumulée. Les artères ont commencé à s'ouvrir sans traitement ni chirurgie, même dans certains cas où les trois vaisseaux coronaires étaient atteints. Cela suggère que le corps souhaitait guérir depuis le début de la maladie, mais qu'on ne lui en avait pas laissé la possibilité[40].

Laissez-moi partager avec vous ce qu'on a appelé « le secret le mieux gardé de la médecine[41] » : dans des conditions favorables, le corps s'autoguérit. Si vous vous cognez le tibia au coin d'une table, il peut devenir rouge, enflé et douloureux, mais il guérira naturellement si vous vous mettez au repos et laissez votre corps accomplir les prodiges dont il est capable. Et si vous continuez à vous cogner au même endroit trois fois par jour – disons, au petit déjeuner, au déjeuner et au dîner ? Il ne guérit jamais.

Vous pourriez aller chez votre médecin et vous plaindre d'une douleur au tibia. « Aucun problème », vous dirait-il sans doute en s'apprêtant à rédiger une ordonnance d'analgésiques. Vous rentreriez chez vous, vous cognant toujours le tibia trois fois par jour, mais grâce aux pilules vous vous sentiriez tellement mieux ! Remerciez le ciel, la médecine moderne existe. C'est ce qui se passe lorsque les gens prennent de la nitroglycérine pour endiguer leurs douleurs thoraciques. La médecine peut apporter un immense soulagement, mais elle ne fait rien pour traiter la cause sous-jacente.

Votre corps veut retrouver la santé, pour peu que vous lui en laissiez la possibilité. Mais si vous continuez de vous blesser trois fois par jour, vous interrompez le processus de guérison. Prenons l'exemple du tabac et du risque de cancer du poumon : une des choses les plus surprenantes que j'aie apprises à la faculté de médecine est que, quinze ans après avoir arrêté de fumer, votre risque de souffrir du cancer du poumon est proche de celui de quelqu'un qui n'a jamais fumé[42]. Vos poumons peuvent éliminer tout le goudron accumulé et, en définitive, c'est presque comme si vous n'aviez jamais fumé.

Votre corps veut être en bonne santé. Et chaque nuit de votre vie de fumeur, tandis que vous vous endormez, le processus de guérison recommence jusqu'à ce que… vous allumiez votre première cigarette le lendemain matin. Tout comme vous pouvez endommager vos poumons à chaque bouffée, vous pouvez endommager vos artères à chaque bouchée. Vous pouvez choisir la modération et vous frapper avec un plus petit marteau, mais pourquoi vous faire du mal ? Vous pouvez choisir de cesser de vous nuire, changer vos habitudes et laisser le processus naturel de guérison de votre corps vous ramener à un bon état de santé.

Les endotoxines qui altèrent le fonctionnement de vos artères

Un régime alimentaire malsain n'affecte pas seulement la structure de vos artères, il peut aussi en altérer le fonctionnement. Vos artères ne sont pas simplement des tuyaux inertes qui permettent au sang de circuler. Ce sont des organes dynamiques et vivants. Nous savons depuis presque deux décennies qu'un seul repas au fast-food peut rigidifier vos artères en quelques heures, divisant par deux leur capacité à se détendre normalement[43]. Et juste au moment où cet état inflammatoire commence à se calmer quelques heures plus tard, c'est l'heure du repas suivant ! Vous pouvez à nouveau endommager vos artères avec une nouvelle portion de nourriture nocive, ce qui explique pourquoi un grand nombre d'Américains restent bloqués dans la zone dangereuse de l'inflammation chronique. La nourriture malsaine n'entraîne pas simplement des lésions internes au fil des décennies mais aussi de façon immédiate, quelques heures seulement après avoir été ingérée.

Dans un premier temps, les chercheurs ont accusé les graisses animales ou les protéines de source animale, mais ils ont récemment porté leur attention sur des toxines d'origine bactérienne connues sous le nom d'« endotoxines ». Certains aliments, tels que la viande, semblent être porteurs d'une bactérie qui peut provoquer l'inflammation, qu'elle soit morte ou vivante, même lorsque l'aliment est parfaitement cuit. Les endotoxines ne sont pas détruites par les températures de cuisson, ni par l'acide gastrique, ni même par les enzymes digestives. Par conséquent, après un repas constitué d'aliments d'origine animale, ces endotoxines peuvent se retrouver dans vos intestins.

Elles sont ensuite transportées par les graisses saturées à travers la paroi intestinale pour aboutir dans votre circulation sanguine, où elles provoquent une réaction inflammatoire au niveau de vos artères[44].

Cela pourrait expliquer la vitesse incroyable à laquelle les patients cardiaques peuvent éprouver un soulagement lorsqu'ils commencent à suivre un régime composé principalement d'aliments d'origine végétale, comprenant des fruits, des légumes, des céréales complètes et des légumineuses. Le Dr Ornish a rapporté 91 % de réduction des crises d'angine de poitrine en seulement quelques semaines chez les patients suivant un régime à base d'aliments de source végétale, avec[45] et sans[46] exercice physique. Cette amélioration rapide des douleurs thoraciques est intervenue bien avant que le corps des patients ait eu le temps d'éliminer la plaque d'athérome présente dans leurs artères, ce qui suggère qu'un régime à base de végétaux n'aide pas seulement à déboucher les artères, mais améliore aussi leur fonctionnement au jour le jour. En revanche, les patients du groupe de contrôle à qui on a demandé de suivre les conseils de leur médecin ont connu une augmentation du nombre de crises d'angine de poitrine de 186 %[47]. Il n'est pas étonnant que leur état ait continué de se détériorer puisqu'ils ont continué à suivre le même régime alimentaire, altérant le fonctionnement de leurs artères en premier lieu.

Nous connaissons depuis des décennies l'incroyable pouvoir d'un changement de régime alimentaire. Par exemple, un article intitulé « L'angine de poitrine et le régime végétalien » a été publié dans l'*American Heart Journal* en 1977. Les régimes végétaliens sont exclusivement composés d'aliments d'origine végétale et excluent la viande, les laitages et les œufs. Les médecins ont décrit des cas tels que celui de M. F. W. (les initiales seront souvent employées pour protéger l'anonymat des patients), un homme âgé de 65 ans souffrant d'une angine de poitrine si grave qu'il devait marquer un arrêt tous les neuf ou dix pas. Il ne parvenait même pas à aller jusqu'à sa boîte aux lettres d'un trait. Il a commencé à suivre un régime végétalien et ses douleurs se sont estompées en quelques jours. Au bout de quelques mois, il escaladait des montagnes sans éprouver la moindre douleur[48].

Vous n'êtes pas prêt(e) à vous mettre à manger de façon plus saine ? Eh bien, il existe une nouvelle classe de médicaments anti-angoreux, à base de ranolazine (vendu sous le nom de Ranexa). Un cadre d'un laboratoire pharmaceutique a suggéré que ce médicament soit destiné aux individus « qui ne peuvent procéder aux changements substantiels nécessaires pour parvenir à suivre un régime végétalien[49] ». Le traitement coûte plus de 2 000 dollars par an, mais les effets secondaires sont plutôt mineurs, et il est efficace… en théorie du moins. À la dose la plus élevée, Ranexa a permis de prolonger la durée de l'effort physique de 33,5 secondes[50]. Plus d'une demi-minute ! On dirait que ceux qui choisissent la voie médicamenteuse ne sont pas près d'escalader des montagnes !

Des noix du Brésil pour contrôler son cholestérol ?

Est-ce qu'une portion de noix du Brésil peut abaisser votre taux de cholestérol plus rapidement que les statines et le maintenir abaissé pendant un mois, même après un seul repas ?

C'est une des découvertes les plus dingues qu'il m'ait été donné de voir. Des chercheurs originaires du Brésil – bien sûr ! – ont donné à 10 hommes et femmes un seul repas comprenant entre une et huit noix du Brésil. Étonnamment, comparé au groupe de contrôle qui n'avait mangé aucune noix, une seule portion de quatre noix du Brésil a presque immédiatement amélioré le taux de cholestérol. Le cholestérol LDL – le « mauvais » – avait chuté de 20 % seulement neuf heures après l'ingestion[51]. Même les médicaments n'agissent pas aussi vite[52].

Et voici le plus fou : les chercheurs ont mesuré le taux de cholestérol des participants trente jours plus tard. Même un mois après avoir ingéré une seule portion de noix du Brésil, leur niveau de cholestérol était resté bas.

Normalement, lorsqu'une étude publiée dans la littérature médicale montre des résultats trop beaux pour être vrais, les médecins attendent une confirmation de ces résultats avant de modifier leur pratique clinique et de commencer à recommander quelque chose de nouveau à leurs patients, en particulier lorsque l'étude ne porte que sur dix sujets – et que les résultats semblent trop incroyables pour être crédibles. Mais lorsque l'intervention est peu coûteuse, facile, inoffensive et saine – nous ne parlons que de quatre noix du Brésil par mois –, alors selon moi la charge de la preuve est en quelque sorte inversée. Je pense qu'il est raisonnable de s'y soumettre tant qu'on ne nous a pas prouvé le contraire.

Cependant, une consommation bien supérieure ne serait pas bénéfique. Les noix du Brésil sont si riches en sélénium qu'en manger quatre par jour pourrait en fait vous faire basculer au-delà de la limite acceptable. Néanmoins, vous n'avez aucune raison de vous inquiéter si vous mangez quatre noix du Brésil par mois.

Suivez la piste de l'argent

Les recherches montrant que la maladie coronarienne peut être inversée grâce à un régime à base de végétaux – avec ou sans changements de style de vie – ont été publiées pendant des décennies dans les plus prestigieuses revues médicales au monde. Pourquoi ces informations n'ont-elles pas donné lieu à des changements de politique publique ?

En 1977, c'est exactement ce que l'US Senate Select Committee on Nutrition and Human Needs (commission sénatoriale américaine pour la nutrition et les besoins de l'être humain) a essayé de faire. Plus connue sous le nom de Comité McGovern, elle a publié *Les Objectifs nutritionnels pour les États-Unis*, un rapport conseillant aux Américains de réduire leur apport en aliments d'origine animale et d'augmenter leur consommation d'aliments d'origine végétale. Comme le rappelle un des fondateurs du département Nutrition de l'université Harvard, « les producteurs de viande, de lait et d'œufs étaient en colère[53] ». Et c'est un euphémisme. Sous la pression des industriels, non seulement l'objectif consistant à « diminuer la consommation de viande » a été supprimé du rapport, mais l'ensemble de la commission sénatoriale pour la nutrition a été dissoute. Plusieurs sénateurs très en vue n'ont pas été réélus, en conséquence du soutien qu'ils avaient apporté au rapport[54].

Au cours des dernières années, on a découvert que de nombreux membres du Comité consultatif américain sur les recommandations alimentaires avaient des liens financiers avec toutes sortes d'entreprises, allant de producteurs de bonbons jusqu'à de grands groupes tels que McDonald's ou Coca-Cola, qui les employaient au titre de consultants santé pour la promotion d'un mode de vie sain. Une des membres du comité a même été l'image de la marque Duncan Hines pour ses préparations pour gâteaux, puis la représentante officielle de la marque Crisco, avant de collaborer à la rédaction des *Conseils nutritionnels pour les Américains*[55].

Comme l'a noté un commentateur dans le *Food and Drug Law Journal*, historiquement, le Comité consultatif américain sur les recommandations nutritionnelles ne comprenait « aucun débat sur les recherches scientifiques portant sur les conséquences de la consommation de viande sur la santé. Si le comité abordait ces recherches, il serait incapable de justifier ses recommandations de manger de la viande, étant donné que les recherches montrent que la consommation de viande augmente le risque de maladies chroniques, contrairement aux objectifs fixés par les directives nutritionnelles. Ainsi, ce n'est qu'en ignorant ces recherches que le Comité peut parvenir à une conclusion qui, autrement, semblerait erronée[56] ».

Et qu'en est-il de la profession médicale ? Pourquoi mes collègues n'ont-ils pas pleinement adhéré à ces recherches qui démontrent le pouvoir d'une bonne nutrition ? Hélas, l'histoire de la médecine compte de nombreux exemples où les institutions médicales rejettent des fondements scientifiques solides lorsque ceux-ci vont à l'encontre de la croyance populaire dominante. Cela porte même un nom : le « *Tomato effect* ». L'expression est apparue pour la première fois dans le *Journal of the American Medical Association*, en référence au fait que les tomates étaient jadis considérées comme toxiques et furent bannies d'Amérique du Nord pendant des siècles en dépit des preuves qui démontraient le contraire[57].

Il est déjà assez regrettable que la plupart des facultés de médecine n'exigent même pas une heure de cours de nutrition[58], mais il est encore plus fâcheux que les principaux organismes médicaux fassent pression pour que les médecins ne bénéficient pas d'éducation nutritionnelle[59]. Lorsque l'American Academy of Family Physicians (AAFP, Académie américaine des médecins de famille) a été critiquée pour sa nouvelle relation commerciale avec Coca-Cola, qui avait pour but de soutenir l'éducation du patient en matière de nutrition saine, le directeur général de l'académie a essayé d'étouffer les protestations en expliquant que cette alliance n'était pas sans précédent. Après tout, ils avaient des relations avec PepsiCo et McDonald's depuis un certain temps[60]. Et même avant cela, ils entretenaient des liens financiers avec le cigarettier Philip Morris[61].

Cet argument n'apaisant pas les critiques, le directeur général de l'AAFP a donc cité la déclaration de l'Association américaine de diététique (ADA), selon laquelle « il n'y a aucun aliment qui soit bon ou mauvais, seulement de bons et de mauvais régimes ». Il n'y a pas de mauvais aliment ? Vraiment ? L'industrie du tabac clamait à peu près la même chose : fumer n'était pas mauvais en soi, c'était fumer de façon excessive qui était dangereux[62]. Cela vous rappelle quelque chose ? Tout est bon avec modération.

L'Association américaine de diététique, qui produit une série de fiches d'informations nutritionnelles donnant des conseils pour le maintien d'un régime alimentaire sain, entretient elle aussi des liens étroits avec certaines entreprises. Qui écrit ces fiches ? L'industrie alimentaire paie l'ADA 20 000 dollars par fiche d'information pour prendre une part active dans le processus de rédaction. Notre source d'information sur les œufs provient donc de l'American Egg Board et ce que nous savons sur les chewing-gums nous vient tout droit du Wrigley Science Institute[63].

En 2012, l'American Dietetic Association a changé de nom pour devenir l'Academy of Nutrition and Dietetics, mais cela n'a pas semblé changer sa politique. Elle continue à accepter chaque année des millions de dollars de l'industrie du fast-food et d'entreprises qui commercialisent de la viande, des produits laitiers, des sodas et des sucreries. En échange, elle les laisse offrir des séminaires éducatifs pour apprendre aux diététiciens ce qu'ils doivent dire à leurs clients[64]. Les « diététiciens agréés » le sont par ce groupe d'industriels. Heureusement, un mouvement à l'intérieur de la communauté des diététiciens, qui s'illustre par la formation de l'organisation des Dietetitians for Professional Integrity (Diététiciens pour l'intégrité professionnelle), a commencé à se rebeller contre cette tendance.

Mais qu'en est-il des médecins ? Pourquoi mes collègues ne disent-ils pas à leurs patients de laisser tomber les fast-foods ? Ils invoquent souvent le manque de temps pendant les visites mais, plus fréquemment, ils disent ne pas conseiller à leurs patients présentant un taux élevé de cholestérol de manger plus sainement parce qu'ils pensent que ceux-ci pourraient « craindre les privations liées à des conseils nutritionnels[65] ». Autrement dit, les médecins pensent que les patients se sentiraient frustrés de toutes les saloperies qu'ils ingurgitent. Imaginez-vous un médecin dire : « J'aimerais conseiller à mes patients d'arrêter de fumer, mais je sais à quel point cela leur fait plaisir » ?

Neal Barnard, docteur en médecine et président du Physician Committee for Responsible Medicine (Comité des médecins pour une médecine responsable) a récemment rédigé un éditorial percutant dans l'*American Medical Association's Journal of Ethics*, décrivant la façon dont les médecins étaient passés de l'état de spectateurs – voire d'une position permissive – à celui de principaux pourfendeurs du tabac. Les médecins ont compris qu'il était plus facile de conseiller à leurs patients d'arrêter de fumer s'ils n'avaient pas eux-mêmes les doigts jaunis par le tabac.

Aujourd'hui, le Dr Barnard dit : « Les régimes alimentaires à base de végétaux sont l'équivalent nutritionnel de l'arrêt du tabac[66]. »

2

Comment ne pas mourir d'une maladie pulmonaire

La pire mort à laquelle j'ai assisté est celle d'un homme en train de succomber à un cancer du poumon. Manifestement, les prisonniers qui meurent derrière les barreaux font mauvais effet dans les statistiques des prisons. Lorsqu'ils étaient en phase terminale d'une maladie, on les transportait dans mon hôpital pour y passer leurs derniers jours, même si nous ne pouvions pas faire grand-chose pour eux.

C'était l'été et l'aile des prisonniers était dépourvue d'air conditionné, en tout cas pour les malades. Les médecins pouvaient se retirer dans l'enceinte rafraîchie du poste de soins infirmiers, mais les malades, menottés à leur lit, restaient allongés dans la chaleur du dernier étage de ce grand bâtiment en brique. Lorsqu'on les traînait dans le couloir, face à nous, les chevilles enchaînées, ils laissaient des traces de sueur derrière eux.

La nuit où cet homme est mort, je faisais une garde de trente-six heures. Nous avions des semaines de cent dix-sept heures, à cette époque. Il est incroyable que nous n'ayons pas tué plus de gens que la maladie… Pendant la nuit, nous n'étions que deux – moi-même et un médecin qui travaillait au noir et préférait dormir, peu motivé par son salaire de 1000 dollars. J'étais donc la plupart du temps seul pour m'occuper des centaines de patients, parmi les plus gravement atteints. C'est pendant une de ces nuits, chancelant à cause du manque de sommeil, que j'ai reçu cet appel.

Jusque-là, les seules morts auxquelles j'avais assisté avaient eu lieu soit avant l'admission à l'hôpital, soit pendant une tentative de réanimation, tandis que nous essayions désespérément, et presque toujours en vain, de ramener le patient à la vie.

Pour cet homme, ce fut différent.

Il avait les yeux grands ouverts, respirait avec difficulté, les mains menottées agrippées au lit. Le cancer emplissait ses poumons de fluide. Il était noyé par le cancer du poumon.

Tandis qu'il se débattait désespérément, suppliant, j'agissais en médecin, totalement concentré sur les protocoles à suivre, mais on ne pouvait pas faire grand-chose pour lui. L'homme avait besoin de morphine, mais elle se trouvait à l'autre bout du bâtiment et je n'aurais jamais eu le temps d'arriver jusque-là, et encore moins de revenir à temps. Je n'étais pas très populaire à l'étage où se trouvaient les prisonniers. Parce que j'avais dénoncé un surveillant qui avait battu un patient malade, j'avais reçu des menaces de mort en récompense. Jamais ils ne m'auraient laissé franchir les portes du service assez vite. J'ai supplié l'infirmière d'essayer de s'en procurer, mais elle n'est pas revenue à temps.

La toux de l'homme s'est transformée en gargouillement. « Tout ira bien », lui ai-je dit. Aussitôt, j'ai pensé : *C'est stupide de dire ça à quelqu'un qui est en train de mourir étouffé.* C'était seulement un mensonge de plus dans la longue liste de phrases condescendantes qu'il avait dû entendre tout au long de sa vie de la bouche de figures d'autorité. Impuissant, j'ai cessé d'être un médecin pour redevenir un être humain. J'ai pris sa main dans la mienne, qu'il a serrée de toutes ses forces, m'attirant vers son visage paniqué, sillonné de larmes. « Je suis là, ai-je dit, juste là. » Nous ne nous sommes pas quittés des yeux tandis qu'il suffoquait juste devant moi. J'ai eu l'impression d'assister à une séance de torture à mort.

Respirez profondément. Maintenant, imaginez ce qu'on doit ressentir lorsqu'on ne peut pas respirer. Nous devons tous prendre soin de nos poumons.

La deuxième cause de mortalité aux États-Unis, la maladie pulmonaire, tue environ 300 000 personnes chaque année. Et, tout comme notre premier fléau, les maladies cardiaques, elle peut dans la plupart des cas être évitée. La maladie pulmonaire peut se manifester sous de nombreuses formes, mais celles qui tuent le plus de gens sont le cancer du poumon, la maladie pulmonaire obstructive chronique (MPOC) et l'asthme.

Le cancer du poumon est notre cancer le plus meurtrier. La plupart des 160 000 décès annuels des suites d'un cancer du poumon sont la conséquence directe du tabagisme. Cependant, un régime alimentaire sain pourrait aider à réduire les effets destructeurs de la fumée de tabac sur l'ADN, et peut-être même à empêcher le cancer du poumon de se propager.

La MPOC tue environ 140 000 personnes par an, résultant soit des lésions des parois des alvéoles pulmonaires (emphysème), soit de l'inflammation des bronches accompagnée de production de mucus (bronchite chronique). Même s'il n'existe pas de traitement pour les lésions permanentes des poumons causées par la MPOC, un régime alimentaire riche en fruits et légumes peut aider à ralentir la progression de la maladie et à améliorer la fonction pulmonaire pour les 13 millions de personnes qui souffrent de cette affection.

Enfin vient l'asthme, qui tue 3 000 personnes chaque année. C'est l'une des maladies chroniques les plus courantes chez l'enfant, et pourtant elle pourrait être évitée dans bien des cas grâce à un régime plus sain. Les recherches semblent indiquer que quelques portions supplémentaires de fruits et légumes chaque jour pourraient réduire à la fois le nombre de cas d'asthme durant l'enfance et le nombre de crises d'asthme chez les personnes atteintes de cette maladie.

LE CANCER DU POUMON

Le cancer du poumon est diagnostiqué environ 220 000 fois par an aux États-Unis et cause davantage de morts que les trois cancers suivants réunis – les cancers du côlon, du sein et du pancréas[1]. À tout moment, presque 400 000 Américains vivent avec l'épée de Damoclès du cancer du poumon au-dessus de la tête[2]. Contrairement aux maladies cardiaques, qui ne sont pas encore pleinement reconnues comme la conséquence directe d'un régime alimentaire obstruant les artères, on reconnaît aujourd'hui aisément que le tabac est de loin la principale cause du cancer du poumon. Selon l'American Lung Association (Association pulmonaire américaine), le tabagisme contribue à environ 90 % des morts consécutives au cancer du poumon. Les hommes et les femmes qui fument ont respectivement 23 et 13 fois plus de risques de développer un cancer du poumon que les non-fumeurs. Et les fumeurs ne nuisent pas qu'à eux-mêmes ; des milliers de morts chaque année ont été attribuées au tabagisme passif. Les non-fumeurs connaissent un risque 20 à 30 % plus élevé de développer un cancer du poumon s'ils sont exposés régulièrement à la fumée de cigarette[3].

Presque partout maintenant, on trouve des messages d'avertissement sur les paquets de cigarettes, mais pendant longtemps le lien entre le cancer du poumon et le tabagisme a été étouffé par de puissants lobbys – tout comme la relation entre certains aliments et d'autres fléaux majeurs est étouffée aujourd'hui. Par exemple, dans les années 1980, Philip Morris, le principal fabricant de cigarettes de la nation, a lancé le célèbre Whitecoat Project (le projet blouses blanches). L'entreprise a engagé des médecins pour publier des études rédigées par des tiers qui niaient les liens entre le tabagisme passif et la maladie pulmonaire. Ces articles avaient mis bout à bout des extraits choisis de divers rapports, visant à dissimuler et à déformer la preuve accablante des dangers du tabagisme passif. Cette dissimulation, associée aux campagnes marketing de l'industrie du tabac, comprenant des publicités sous forme de dessins animés, a contribué à rendre des générations d'Américains dépendants de leurs produits[4].

Si, en dépit de tous les avertissements et preuves, vous êtes actuellement fumeur, l'initiative la plus importante que vous puissiez prendre est d'arrêter. Maintenant. S'il vous plaît. Les bénéfices sont immédiats. Selon l'American Cancer Society, seulement vingt minutes après avoir arrêté, votre rythme cardiaque et votre tension artérielle baissent. En l'espace de quelques semaines, votre circulation sanguine et votre fonction pulmonaire s'améliorent. En quelques mois, les cils vibratiles des cellules qui aident à nettoyer les poumons, à évacuer le mucus et à éviter le risque d'infection commencent à repousser. Et moins d'un an après l'arrêt du tabac, votre risque de maladie coronarienne est diminué de moitié[5]. Comme nous l'avons vu au chapitre 1, le corps humain possède une miraculeuse capacité d'autoguérison, tant que nous ne continuons pas de lui nuire. De simples changements alimentaires peuvent aider à diminuer les dommages causés par les cancérigènes de la fumée du tabac.

Faites le plein de brocolis

Tout d'abord, il est important de comprendre les effets toxiques des cigarettes sur les poumons. Le tabac contient des substances chimiques qui affaiblissent le système immunitaire, l'exposant ainsi davantage à la maladie et diminuant sa capacité à détruire les cellules cancéreuses. Dans le même temps, le tabac peut endommager l'ADN des cellules hôtes, augmentant les risques de formation de cellules cancéreuses[6].

Pour tester l'influence des changements nutritionnels destinés à prévenir la dégradation de l'ADN, les scientifiques étudient souvent les fumeurs réguliers. Les chercheurs ont rassemblé un groupe de fumeurs de longue durée et leur ont demandé de consommer 25 fois plus de brocolis que l'Américain moyen – autrement dit, une seule portion par jour. Comparés aux fumeurs qui n'avaient pas mangé de brocolis, on a constaté chez eux une baisse de 41 % des mutations d'ADN au bout de dix jours. Est-ce simplement parce que le brocoli a stimulé l'activité des enzymes de détoxication du foie, aidant ainsi à éliminer les cancérigènes avant qu'ils n'atteignent les cellules du fumeur ? Non, même lorsque l'ADN a été extrait du corps des sujets et exposé à une substance chimique connue pour endommager l'ADN, le matériel génétique des mangeurs de brocolis a montré une dégradation significativement moins importante, suggérant que la consommation de légumes tels que le brocoli pouvait vous rendre plus résistant à un niveau subcellulaire[7].

Cependant, n'allez pas imaginer que manger des brocolis avant de fumer un paquet de Marlboro Rouge éliminera totalement les effets cancérigènes de la fumée de tabac. Ce n'est pas le cas. Mais tandis que vous essayez d'arrêter le tabac, des légumes tels que le brocoli, le chou et le chou-fleur pourront vous aider à prévenir l'aggravation de votre état de santé.

Les bénéfices des légumes de la famille du brocoli (les crucifères) ne se résument peut-être pas à cela. Si le cancer du sein est le cancer des organes internes le plus courant chez les femmes, le cancer du poumon est celui qui tue le plus. Environ 85 % des femmes atteintes du cancer du sein sont toujours en vie cinq ans après le diagnostic, mais les chiffres s'inversent lorsqu'il s'agit du cancer du poumon : 85 % des femmes meurent dans les cinq ans qui suivent un diagnostic du cancer du poumon. 90 % de ces décès sont dus aux métastases, la propagation du cancer aux autres parties du corps[8].

Certains composés du brocoli seraient susceptibles d'empêcher la propagation des métastases. Dans une étude de 2010, des scientifiques ont déposé une couche de cellules cancéreuses de poumon humain dans une boîte de Petri, en laissant une bande vierge au milieu. En l'espace de vingt-quatre heures, les cellules cancéreuses s'étaient rejointes et, au bout de trente heures, l'espace s'était totalement refermé. Mais lorsque les scientifiques ont ajouté quelques gouttes de substances de légumes crucifères sur les cellules cancéreuses, la prolifération du cancer a été freinée[9]. L'impact de la consommation de brocolis sur la survie des patients atteints de cancer doit être testé lors d'essais cliniques, mais ce qui est merveilleux avec les interventions nutritionnelles, c'est qu'elles ne présentent aucun inconvénient et peuvent donc jouer le rôle d'adjuvant de n'importe quel traitement.

Tabagisme *versus* kale

Des chercheurs ont découvert que le chou kale – ce légume vert à feuilles qualifié de « roi des légumes verts » – pourrait aider à contrôler le taux de cholestérol. Ils ont rassemblé un groupe de 30 hommes et leur ont fait consommer trois ou quatre doses de jus de kale par jour pendant trois mois. Cela revient à manger 15 kilos de kale, soit la quantité moyenne consommée par un Américain en un siècle. Alors, que s'est-il passé ? Sont-ils devenus verts et ont-ils commencé à réaliser la photosynthèse ?

Non. Mais le kale a fait baisser leur taux de mauvais cholestérol (LDL) de façon substantielle et a augmenté leur taux de bon cholestérol[10] (HDL), comme s'ils avaient couru 500 kilomètres[11]. À la fin de l'étude, l'activité antioxydante dans le sang de la plupart des participants avait grimpé en flèche. Mais curieusement, celle-ci avait stagné chez une minorité de participants. Sans surprise, il s'agissait des fumeurs. On a considéré que les radicaux libres générés par le tabac avaient privé le corps de ses réserves d'antioxydants. Lorsque l'accoutumance au tabac vous prive des effets antioxydants de 100 kilos de kale, vous savez que c'est le moment d'arrêter.

Les effets anticancérigènes du curcuma

L'épice indienne nommée curcuma, qui donne au curry sa couleur dorée, peut également aider à prévenir en partie les dommages causés par le tabagisme au niveau de l'ADN. Depuis 1987, le National Cancer Institute a testé plus de 1 000 substances différentes pour déterminer si elles avaient une activité « chimio-préventive » (préventive sur le cancer). Seules quelques dizaines d'entre elles ont passé les tests cliniques, mais parmi les substances les plus prometteuses on trouve la curcumine, le pigment jaune vif du curcuma[12].

Les agents chimiopréventifs peuvent être classés en différents sous-groupes distincts selon le stade du cancer qu'ils aident à combattre : ceux qui inhibent le développement du processus de carcinogenèse ; les antioxydants qui aident à prévenir la mutation initiale de l'ADN ; et les agents qui ont une action antiproliférative, empêchant les tumeurs de grossir et de s'étendre. La curcumine occupe une place particulière dans la mesure où elle semble appartenir aux trois groupes, ce qui veut dire qu'elle pourrait aider à prévenir et/ou interrompre la croissance des cellules cancéreuses[13].

Les chercheurs ont étudié les effets de la curcumine sur la mutation de l'ADN provoquée par différents carcinogènes et ont découvert qu'elle avait bien une action antimutagène contrant plusieurs substances cancérigènes courantes[14]. Mais ces expérimentations ont été menées in vitro – dans un tube à essai, en laboratoire. Après tout, il ne serait pas très éthique d'exposer des êtres humains à d'horribles substances cancérigènes pour observer s'ils développent un cancer. Pourtant, quelqu'un a eu la riche idée de rassembler un groupe d'individus qui avaient déjà accumulé, de leur plein gré, des carcinogènes : les fumeurs !

Une des façons de mesurer le niveau de substances chimiques mutagènes dans le corps d'un individu consiste à déposer quelques gouttes de son urine sur une bactérie mise en culture dans une boîte de Petri. Les bactéries, comme tout élément vivant sur terre, ont pour langage génétique commun l'ADN. Comme on pouvait s'y attendre, les scientifiques qui ont tenté cette expérimentation ont découvert que l'urine des non-fumeurs entraînait bien moins de mutations d'ADN – après tout, ils avaient bien moins de carcinogènes dans l'organisme. Mais lorsqu'on a donné du curcuma aux fumeurs, leur taux de mutation de l'ADN a chuté jusqu'à 38 %[15,16]. On ne leur a pas administré de pilules de curcumine, mais simplement une cuillère à café par jour de poudre de curcuma telle qu'on la trouve dans toutes les épiceries. Bien sûr, le curcuma ne peut pas totalement atténuer les effets du tabagisme. Même après avoir consommé du curcuma pendant un mois, les altérations de l'ADN dans l'urine des fumeurs étaient toujours supérieures à celles des non-fumeurs. Mais les fumeurs qui adoptent le curcuma comme un des éléments de base de leur alimentation peuvent contribuer à atténuer une partie des dommages.

Les effets anticancéreux de la curcumine dépassent sa capacité à prévenir les mutations de l'ADN. Elle semble également contribuer à réguler la mort programmée des cellules. Vos cellules sont préprogrammées pour mourir naturellement afin de laisser place à de nouvelles cellules par le processus nommé apoptose (du grec *ptosis*, la « chute », et *apo*, « loin de »). En un sens, votre corps se reconstruit à intervalles réguliers au bout de quelques mois avec le matériel de construction que vous lui apportez à travers votre alimentation. Pourtant, certaines cellules dépassent la durée prévue – à savoir, les cellules cancéreuses. En désactivant elles-mêmes, d'une façon ou d'une autre, leur suicide programmé, elles ne meurent pas comme elles sont censées le faire. Parce qu'elles continuent à se développer et à se diviser, les cellules cancéreuses peuvent finir par former des tumeurs et éventuellement se propager à travers le corps.

Comment la curcumine intervient-elle dans ce processus ? Elle semble avoir la capacité de reprogrammer le mécanisme d'autodestruction des cellules cancéreuses. Toutes les cellules comportent des sortes de « récepteurs de mort » (récepteurs Fas) qui déclenchent la séquence d'autodestruction, mais les cellules cancéreuses peuvent les désactiver. Cependant, la curcumine semble capable de les réactiver[17]. Elle peut également détruire les cellules cancéreuses directement, en activant des « enzymes exécutrices » appelées caspases à l'intérieur des cellules cancéreuses qui détruisent celles-ci de l'intérieur en découpant leurs protéines[18]. Contrairement à la plupart des médicaments utilisés en chimiothérapie, contre lesquels les cellules cancéreuses peuvent développer une résistance au fil du temps, la curcumine affecte plusieurs mécanismes de mort cellulaire de façon simultanée, les cellules cancéreuses ont alors plus de difficultés à éviter la destruction[19].

La curcumine s'est avérée efficace in vitro contre plusieurs autres cellules cancéreuses, y compris celles des cancers du sein, du cerveau, du sang, du côlon, des reins, du foie, des poumons et de la peau. Pour des raisons qu'on ne comprend encore pas totalement, il semblerait que la curcumine n'ait pas d'effet sur les cellules non cancéreuses[20]. Hélas, le curcuma n'a toujours pas fait l'objet de tests cliniques pour la prévention ou le traitement du cancer du poumon, mais en l'absence d'effet indésirable, à des doses culinaires, je suggérerais d'essayer d'intégrer l'épice à votre alimentation. Je vous propose quelques idées dans la seconde partie du livre.

La fumée alimentaire

Même si la majorité des cancers du poumon sont attribués au tabagisme, environ un quart de l'ensemble des cas touchent des personnes qui n'ont jamais fumé[21]. Même si certains de ces cas sont imputables au tabagisme passif, un autre facteur favorisant pourrait être une autre fumée cancérigène : celle qui est produite lorsqu'on fait frire les aliments.

Lorsque la graisse est chauffée à une température de friture, qu'il s'agisse de graisse animale comme le lard ou de graisse végétale telle que l'huile végétale, des substances chimiques volatiles toxiques aux propriétés mutagènes (celles qui peuvent entraîner des mutations génétiques) sont dégagées dans l'air[22]. Cela se produit même avant que la température du « point de fumée » soit atteinte[23]. Si vous faites frire des aliments chez vous, une bonne ventilation dans la cuisine peut réduire le risque de cancer du poumon[24].

Le risque de cancer peut également dépendre de l'aliment frit. Une étude portant sur les femmes en Chine a conclu que les fumeuses qui faisaient cuire de la viande à la poêle chaque jour avaient trois fois plus de risques de développer un cancer du poumon que les femmes qui faisaient frire quotidiennement d'autres aliments que de la viande[25]. On pense que cela s'explique par le groupe de carcinogènes appelés les aminés hétérocycliques, qui se forment lorsque le tissu musculaire est soumis à de hautes températures. (Nous reviendrons sur ce point au chapitre 11.)

Les effets des fumées de viande peuvent être difficiles à distinguer de la consommation de viande en tant que telle, mais une étude récente portant sur les femmes enceintes et la cuisson au barbecue a essayé de les différencier. Lorsqu'on fait griller de la viande, des hydrocarbures aromatiques polycycliques (HAP) sont également produits, un des carcinogènes probables de la fumée de cigarette. Les chercheurs ont découvert que l'ingestion de viande grillée au troisième trimestre de la grossesse était associée à une diminution du poids du bébé à la naissance. De plus, chez les mères uniquement exposées à la fumée de cuisson, cette exposition était associée à une diminution de la taille de la tête de l'enfant, ce qui est un indicateur du volume du cerveau[26]. Les études sur la pollution de l'air suggèrent que l'exposition prénatale aux hydrocarbures aromatiques polycycliques peuvent avoir ensuite des conséquences défavorables sur le futur développement cognitif des enfants (ce qui se manifeste par un QI significativement inférieur)[27].

Et le seul fait de vivre à proximité d'un restaurant peut présenter un risque pour la santé. Les scientifiques ont estimé le risque de développer un cancer au cours de leur vie chez ceux qui vivent près des conduites d'évacuation des restaurants chinois, américains, et chez ceux qui privilégient une cuisson au barbecue. Si les fumées de cuisson de ces trois types de restaurants exposent à des niveaux de HAP dangereux pour la santé, les restaurants chinois se sont avérés les pires. On pense que cela est dû à la quantité de poisson cuisinée[28], car la fumée de poisson cuit à la poêle s'est avérée contenir des niveaux élevés de HAP, capables d'endommager l'ADN des cellules pulmonaires humaines[29]. Compte tenu du risque élevé de développer un cancer, les chercheurs ont conclu qu'il n'est pas sans danger de vivre à proximité du conduit d'aération d'un restaurant chinois plus d'un ou deux jours par mois[30].

Et qu'en est-il de l'odeur alléchante du bacon qui grésille ? Les fumées dégagées par le bacon en train de frire comportent une classe de cancérigènes appelés « nitrosamines »[31]. Même si toutes les viandes peuvent dégager des fumées cancérigènes, celles qui ont subi un traitement industriel comme le bacon sont peut-être les pires : une étude de 1995 a conclu que la fumée de cuisson du bacon entraînait quatre fois plus de mutations d'ADN que celle provenant de steaks hachés de bœuf frit à des températures similaires[32].

Et que penser du bacon de tempeh ? Le tempeh est fabriqué à partir de soja fermenté et employé comme substitut à la viande. Les chercheurs ont comparé les effets mutagènes des fumées de friture du bacon, du bœuf et du tempeh. Les fumées du bacon et du bœuf étaient mutagènes, contrairement aux fumées de tempeh. Néanmoins, il n'est jamais judicieux de consommer des aliments frits. Même si aucun changement après une exposition à la fumée de tempeh n'a été détecté au niveau de l'ADN, la consommation de tempeh frit a entraîné des mutations d'ADN (mais 45 fois moins que la viande et 346 fois moins que le bacon). Les chercheurs ont donc avancé que ces conclusions pouvaient expliquer un taux de maladies respiratoires et de cancers du poumon plus élevé chez les cuisiniers et moins élevé en général chez les végétariens[33].

Si vous êtes forcé de vous trouver à proximité de bacon ou d'œufs en train de frire, il serait plus prudent de limiter votre exposition en utilisant un gril en extérieur. Des études ont montré que le nombre de particules qui se déposaient dans les poumons était dix fois plus élevé lorsqu'on cuisinait en intérieur plutôt qu'en extérieur[34].

La maladie pulmonaire obstructive chronique

La maladie pulmonaire obstructive chronique (MPOC), qui comprend l'emphysème et la bronchite chronique, rend la respiration difficile et s'aggrave au fil du temps. En plus de l'essoufflement, la MPOC peut entraîner une toux persistante, une production accrue de mucus, une respiration sifflante et une oppression thoracique. La maladie affecte plus de 24 millions d'Américains[35].

Le tabagisme en est de loin la cause principale, mais d'autres facteurs peuvent y contribuer, tels que l'exposition prolongée à la pollution atmosphérique. Malheureusement, il n'existe pas de traitement de la MPOC, mais il y a cependant une bonne nouvelle : un régime alimentaire sain contribue à la prévenir et à éviter qu'elle ne s'aggrave.

Des données qui datent de cinquante ans montrent qu'une consommation élevée de fruits et légumes est associée à une bonne fonction pulmonaire[36]. Une seule portion de fruits supplémentaire par jour peut se traduire par une réduction de 24 % du risque de mourir de la MPOC[37]. D'autre part, deux études menées conjointement dans les universités de Columbia et Harvard ont conclu que la consommation de viande transformée – comme le bacon, le saucisson, le jambon, les hot dogs, les saucisses et le salami – peut augmenter le risque de MPOC[38,39]. On pense que c'est la présence de nitrites, employés pour la conservation de la viande, qui pourrait s'apparenter aux effets néfastes sur les poumons des nitrites présents dans la fumée de cigarette[40].

Et si vous souffrez déjà de cette maladie ? Les aliments qui semblent contribuer à prévenir la MPOC peuvent-ils être employés pour la traiter ? Nous n'en savions rien jusqu'en 2010. Plus de 100 patients souffrant de MPOC ont été randomisés en deux groupes – la moitié avaient reçu la consigne d'augmenter leur consommation de fruits et légumes, tandis que les autres patients avaient continué de suivre leur régime habituel. Au cours des trois années suivantes, les sujets qui suivaient le régime standard ont vu leur état de santé s'aggraver progressivement, comme on pouvait s'y attendre. En revanche, la progression de la maladie a été interrompue dans le groupe qui consommait davantage de fruits et légumes. Non seulement leur fonction pulmonaire ne s'était pas aggravée, mais elle s'était légèrement améliorée. Les chercheurs ont suggéré que cela pouvait être imputable aux effets conjugués des antioxydants et de l'action anti-inflammatoire des fruits et légumes, ainsi qu'à la diminution de la consommation de viande, considérée comme ayant un effet pro-oxydant[41].

Quel que soit le mécanisme en jeu, un régime alimentaire comportant une part importante de végétaux complets pourrait aider à prévenir et à interrompre la progression de ce fléau majeur.

L'ASTHME

L'asthme est une maladie inflammatoire caractérisée par des crises récurrentes qui se traduisent par une obstruction des voies aériennes et entraînent essoufflement, respiration sifflante et toux. L'asthme peut survenir à tout âge, mais il apparaît en général dans l'enfance. C'est une des maladies chroniques les plus courantes chez l'enfant et sa fréquence augmente d'année en année[42]. Aux États-Unis, 25 millions de gens souffrent d'asthme et 7 millions d'entre eux sont des enfants[43].

Une étude révolutionnaire a récemment démontré que le taux de personnes touchées par l'asthme variait considérablement à travers le monde. L'étude internationale de l'asthme et des allergies de l'enfant (ISAAC) a suivi plus d'un million d'enfants dans presque 100 pays, ce qui en fait l'étude la plus vaste jamais menée sur cette maladie. Elle a conclu que selon les lieux, la fréquence de l'asthme, des allergies et de l'eczéma pouvait être de 20 à 60 fois plus importante[44,45]. Pourquoi la prévalence de la rhinoconjonctivite (les yeux qui piquent et le nez qui coule) est de 1 % en Inde et va jusqu'à 45 % dans d'autres pays ? Tandis que des facteurs tels que la pollution atmosphérique et le taux de tabagisme peuvent jouer un rôle, le facteur le plus important ne serait pas lié à ce qui se passe dans les poumons, mais dans l'estomac[46].

Les adolescents vivant dans des régions où l'on consommait davantage de féculents, de céréales, de légumes et de noix étaient sensiblement moins susceptibles de présenter les symptômes chroniques tels que la respiration sifflante, la rhinoconjonctivite allergique et l'eczéma allergique[47]. Les garçons et les filles qui mangent plus de deux portions de légumes par jour semblent avoir deux fois moins de risques de souffrir d'eczéma[48]. En général, la prévalence de l'asthme et des symptômes respiratoires semble, selon certaines sources, plus faible parmi les populations qui consomment davantage d'aliments complets d'origine végétale[49].

Les aliments d'origine animale ont été associés à une augmentation du risque d'asthme. Une étude portant sur plus de 100 000 adultes en Inde a conclu que ceux qui consommaient de la viande chaque jour, ou même occasionnellement, étaient nettement plus susceptibles de souffrir d'asthme que ceux qui avaient totalement exclu la viande et les œufs de leur alimentation[50]. Les œufs (ainsi que le soda) ont été associés aux crises d'asthme chez l'enfant, ainsi qu'aux symptômes respiratoires tels que la respiration sifflante, l'essoufflement et la toux à l'effort[51]. Il a été démontré que la suppression des œufs et des produits laitiers de l'alimentation améliorait la fonction pulmonaire chez les enfants asthmatiques en seulement huit semaines[52].

Les mécanismes par lesquels le régime alimentaire affecte l'inflammation des voies respiratoires sont sans doute liés à la mince couche de fluide qui forme l'interface entre la paroi des voies respiratoires et l'air extérieur. En puisant dans les antioxydants issus des fruits et légumes que vous mangez, ce fluide agit comme votre première ligne de défense contre les radicaux libres qui contribuent à l'hypersensibilité des voies respiratoires, à la contraction des bronches et à la production de mucus chez l'asthmatique[53]. Les sous-produits de l'oxydation, mesurables dans l'air expiré, diminuent de façon significative lorsqu'on opte pour un régime alimentaire basé essentiellement sur des aliments d'origine végétale[54].

Par conséquent, si les diabétiques mangent moins de fruits et de légumes, leur fonction pulmonaire décline-t-elle ? Des chercheurs australiens ont essayé de supprimer les fruits et légumes du régime de leurs patients asthmatiques pour observer ce qui se passerait. En l'espace de deux semaines, les symptômes se sont nettement aggravés. Il est intéressant de noter que le régime alimentaire pauvre en fruits et légumes sur lequel l'étude se fondait – une restriction qui limitait à une portion de fruits et deux portions de légumes maximum par jour – est représentatif du régime occidental. Autrement dit, le régime qu'ils ont utilisé de façon expérimentale pour altérer la fonction pulmonaire des individus et faire empirer leur asthme est en fait le régime américain type[55].

Et si l'on améliorait l'asthme en ajoutant des fruits et légumes ? Les chercheurs ont renouvelé l'expérimentation, mais cette fois en augmentant la consommation de fruits et légumes, la faisant passer à sept portions par jour. Le simple fait d'ajouter quelques fruits et légumes à leur régime quotidien a divisé le taux d'exacerbation des symptômes par deux[56]. C'est là tout le pouvoir d'un régime alimentaire sain.

Si les antioxydants ont un tel pouvoir, alors pourquoi ne pas simplement prendre des compléments alimentaires ? Après tout, il est plus facile d'avaler une pilule que de manger une pomme. La raison est simple : les compléments ne semblent pas efficaces. Des études ont démontré à maintes reprises que les compléments alimentaires d'antioxydants n'avaient pas d'effet bénéfique sur les maladies respiratoires et les allergies, soulignant l'importance de manger des aliments complets au lieu d'essayer d'ingérer des substances isolées ou des extraits sous forme de pilules[57]. Par exemple, la Harvard Nurse's Health Study (étude sur la santé des infirmières menée par l'université Harvard) a découvert que les femmes qui avaient un niveau élevé de vitamine E grâce à un régime riche en noix semblaient diviser par deux le risque de développer de l'asthme, tandis qu'on n'a constaté aucun bénéfice chez celles qui avaient pris des compléments de vitamine E[58].

Prenons un groupe de patients asthmatiques qui a consommé sept portions de fruits et légumes et un autre qui en a consommé trois portions et pris l'équivalent de 15 portions sous forme de pilules : qui a obtenu les meilleurs résultats selon vous ? Sans surprise, les pilules n'ont été d'aucune utilité. Les améliorations de la fonction pulmonaire et le contrôle de l'asthme n'ont été observés qu'à la suite d'une augmentation de la consommation de fruits et légumes, indiquant qu'il est d'une importance capitale de manger des aliments complets d'origine végétale[59].

Si l'ajout de quelques portions quotidiennes de fruits et légumes peut avoir un effet aussi significatif, pourquoi ne prescrirait-on pas aux asthmatiques un régime entièrement composé d'aliments d'origine végétale ? Des chercheurs suédois ont décidé d'expérimenter ce type de régime sur un groupe de sujets souffrant d'asthme sévère, dont l'état ne s'améliorait pas en dépit des meilleurs traitements médicaux – 35 patients souffrant d'asthme installé et suivis par un médecin, dont 20 avaient été admis à l'hôpital pour des crises graves au cours des deux années précédentes. Un patient avait reçu des injections en intraveineuse en urgence, 23 au total, et un autre patient avait même subi un arrêt cardiaque et dû être réanimé et placé sous respiration artificielle[60]. Il s'agissait donc de cas graves.

Sur les 24 patients qui ont suivi ce régime végétalien, 70 % ont vu une amélioration de leur état après quatre mois et 90 % au bout d'un an. Et aucun d'entre eux n'avait constaté d'amélioration de son état au cours de l'année qui avait précédé son passage à une alimentation à base de végétaux[61].

Après avoir suivi un régime alimentaire sain pendant seulement un an, tous les patients à l'exception de deux ont pu réduire les doses de médicaments qu'ils prenaient ou même cesser de prendre des stéroïdes ou tout autre médicament. Les mesures objectives de la fonction pulmonaire et la capacité d'activité physique ont augmenté et, de façon plus subjective, certains ont déclaré que leur état s'était amélioré de façon si considérable qu'ils avaient l'impression « d'avoir une nouvelle vie[62] ».

En l'absence de groupe de contrôle, l'effet placebo peut expliquer une partie des améliorations dans le contrôle de l'asthme, cependant un régime alimentaire plus sain n'a que des effets secondaires positifs. En plus de l'amélioration de la maîtrise de leur asthme, les sujets de l'étude ont perdu en moyenne 9 kilos, et leur taux de cholestérol ainsi que leur tension artérielle se sont améliorés. Du point de vue du rapport entre risque et bénéfice, il est donc tout à fait valable de tenter un régime végétalien.

La maladie pulmonaire la plus fatale est très variable quant à sa présentation et à son diagnostic. Comme nous l'avons indiqué, le tabagisme est de loin la cause principale du cancer du poumon et de la MPOC, mais des maladies telles que l'asthme se développent en général dans l'enfance et peuvent être associées à différents facteurs contributifs, tels qu'un faible poids à la naissance et de fréquentes infections respiratoires. Si l'arrêt du tabac reste le moyen le plus efficace d'éviter les maladies pulmonaires les plus graves, vous pouvez également aider votre corps à renforcer ses défenses grâce à un régime riche en aliments protecteurs d'origine végétale. Le même type de régime semble améliorer l'état des patients qui souffrent d'asthme sévère et pourrait aussi contribuer à prévenir les trois maladies.

Si vous souffrez déjà d'une maladie pulmonaire, arrêter de fumer et changer d'alimentation peut encore faire la différence. Il n'est jamais trop tard pour commencer à vivre et manger de façon plus saine. Les pouvoirs d'autoguérison du corps humain sont remarquables, mais ils ont besoin de votre aide. En incluant des aliments qui contiennent des substances anticancéreuses et en faisant le plein de fruits et légumes riches en antioxydants, vous pouvez parvenir à renforcer les défenses de votre système respiratoire et ainsi mieux respirer.

Dans ma pratique clinique, dès que je sens que je manque de temps pour aborder la question du tabagisme ou des mauvaises habitudes alimentaires d'un patient, je marque une pause et je repense à la mort horrible de cet homme à Boston. Personne ne mérite de mourir ainsi. Et j'aimerais penser que personne ne le devrait.

3

Comment ne pas mourir d'une maladie cérébrale

Mon grand-père maternel est mort d'un accident vasculaire cérébral et ma grand-mère maternelle de la maladie d'Alzheimer.

Quand j'étais enfant, j'adorais aller voir ma grand-mère à Long Island. Nous vivions dans l'Ouest et je devais donc prendre l'avion – et parfois tout seul ! C'était la grand-mère parfaite, une vraie mamie poule. Elle était toujours partante pour m'emmener au magasin de jouets, mais, idiot que j'étais, je voulais juste aller à la bibliothèque. Quand nous rentrions à la maison, les bras chargés de livres, elle me laissait m'asseoir au fond du grand canapé – après avoir enlevé mes chaussures, bien sûr – pour lire et dessiner. Puis elle m'apportait des muffins à la myrtille qu'elle confectionnait avec un gros robot ménager qui occupait la moitié du plan de travail de la cuisine.

Des années plus tard, ma grand-mère a commencé à perdre la tête. À ce moment-là, j'étais en faculté de médecine, mais mes toutes nouvelles connaissances ne m'étaient d'aucune utilité. Elle avait changé. Où était ma grand-mère, autrefois si douce et pleine de dignité ? Maintenant, elle jetait des objets à la tête des gens. Elle jurait. Son aide à domicile m'avait montré des marques de dents sur son bras, là où ma mamie autrefois gentille et aimante l'avait mordue.

C'est là toute l'horreur de la maladie cérébrale. Contrairement à un problème aux pieds, au dos ou même sur un autre organe vital, la maladie cérébrale peut attaquer votre moi profond.

Les deux maladies cérébrales les plus graves sont l'accident vasculaire cérébral (AVC), qui tue presque 130 000 Américains chaque année[1], et la maladie d'Alzheimer, à laquelle succombent près de 85 000 personnes[2]. La plupart des AVC peuvent être considérés comme des « attaques cérébrales » – comparables aux crises cardiaques, sauf que, dans ce cas, la rupture des plaques d'athérome dans vos artères empêche la vascularisation d'une partie du cerveau et non d'une partie du cœur. La maladie d'Alzheimer ressemble davantage à une attaque de l'esprit.

La maladie d'Alzheimer est l'une des pathologies les plus lourdes, tant physiquement qu'émotionnellement, pour ceux qui en sont affectés comme pour les aidants. Contrairement à l'AVC, qui peut tuer de façon instantanée et sans prévenir, la maladie d'Alzheimer implique un déclin plus lent et imperceptible, qui s'étend sur des mois ou des années. Dans ce cas, il n'est pas question de plaques remplies de cholestérol dans vos artères, mais de plaques constituées d'une substance appelée amyloïde qui se développent dans le tissu cérébral, associées à des pertes de mémoire et, à terme, à la perte de la vie.

Les pathologies de l'AVC et de la maladie d'Alzheimer diffèrent, mais un facteur clé les unit : des preuves de plus en plus nombreuses suggèrent qu'une alimentation saine peut aider à prévenir l'une comme l'autre.

L'ATTAQUE CÉRÉBRALE

Dans environ 90 % des AVC[3], la circulation sanguine est interrompue dans une partie du cerveau, le privant ainsi d'oxygène et entraînant la mort des cellules cérébrales dans la zone alimentée par l'artère obstruée. C'est ce qu'on appelle un AVC ischémique (du latin *ischaemia*, signifiant « arrêt du sang »). Pour une petite minorité d'attaques, il s'agit d'AVC hémorragiques, provoqués par la rupture d'une artère. L'importance des lésions dépend de la région du cerveau qui a été privée d'oxygène (ou de l'endroit où l'hémorragie s'est produite) et de la durée de cette privation. Les personnes qui ont un bref AVC n'auront à souffrir que d'une légère faiblesse dans un bras ou une jambe, tandis que ceux qui ont subi une attaque cérébrale majeure peuvent développer une paralysie, perdre la capacité de parler, ou, comme cela se produit trop souvent, mourir.

Parfois, le caillot sanguin n'est présent qu'un instant – pas assez longtemps pour être remarqué, mais suffisamment pour détruire une minuscule partie du cerveau. Ces AVC silencieux peuvent se multiplier et lentement réduire vos fonctions cognitives, jusqu'à ce qu'une démence avérée se déclare[4]. L'objectif consiste à réduire aussi bien les attaques cérébrales massives qui peuvent vous tuer instantanément que les mini-AVC qui vous tuent peu à peu, au fil des ans. Comme pour les maladies cardio-vasculaires, une alimentation saine peut réduire le risque d'AVC, en baissant le taux de cholestérol et en diminuant la tension artérielle tout en améliorant la circulation sanguine et la capacité antioxydante.

Des fibres ! Et encore des fibres !

En plus de ses effets bien connus sur la santé intestinale, une consommation élevée de fibres semble réduire le risque de cancers du côlon[5] et du sein[6], ainsi que le risque de diabète[7], de maladie cardio-vasculaire[8], d'obésité[9] et plus généralement de mort prématurée[10]. Un grand nombre d'études montrent qu'une forte consommation de fibres pourrait également contribuer à éviter l'AVC[11]. Hélas, moins de 3 % des Américains atteignent le seuil de recommandation journalière[12]. Ce qui veut dire que pour environ 97 % de la population, l'apport en fibres est insuffisant. Les fibres sont concentrées naturellement dans une seule source : les aliments complets d'origine végétale. Les aliments raffinés en contiennent moins, et les aliments d'origine animale n'en comportent pas du tout. Les animaux ont des os pour les soutenir, et les plantes ont les fibres.

Un faible apport supplémentaire en fibres semble nécessaire pour réduire le risque d'AVC. Une augmentation de la consommation quotidienne de seulement 7 g pourrait réduire le risque de 7 %[13]. Et il est très facile d'ajouter 7 g de fibres à votre alimentation, c'est l'équivalent d'un bol de porridge avec des fruits rouges ou d'une portion de haricots blancs à la sauce tomate.

Comment les fibres protègent-elles le cerveau ? On ne le sait pas avec certitude. On sait que les fibres aident à contrôler le cholestérol[14,15] et le taux de sucre dans le sang, ce qui peut contribuer à réduire la quantité de plaque qui obstrue les artères dans les vaisseaux sanguins cérébraux. Une alimentation riche en fibres peut également faire baisser la pression artérielle[16], réduisant le risque d'hémorragie cérébrale. Mais il n'est pas nécessaire que les scientifiques connaissent le mécanisme exact à l'œuvre pour que vous profitiez de ces connaissances. Comme l'indique ce passage de la Bible, « un homme jette de la semence en terre… la semence germe et pousse sans qu'il sache comment ». Si le fermier des Écritures avait ajourné ses semailles le temps de comprendre la biologie de la germination, il n'aurait pas survécu très longtemps. Alors pourquoi ne pas aller de l'avant et récolter les bénéfices d'un régime riche en fibres en consommant davantage d'aliments complets ?

Il n'est jamais trop tard pour se mettre à manger plus sainement. Même si l'AVC est considéré comme une maladie des personnes âgées – seulement 2 % des AVC se produisent avant l'âge de 45 ans[17] –, les facteurs de risque peuvent commencer à s'accumuler dès l'enfance. Dans le cadre d'une étude remarquable publiée récemment, des centaines d'enfants ont été suivis sur une période de vingt-quatre ans, depuis le collège jusqu'à l'âge adulte. Les chercheurs ont découvert qu'une faible consommation de fibres à un jeune âge était associée à un durcissement des artères qui irriguent le cerveau – un facteur de risque majeur de l'AVC. À l'âge de 14 ans, des différences manifestes apparaissaient déjà sur la santé artérielle de ces adolescents, en fonction des quantités de fibres présentes dans leur alimentation quotidienne[18].

Là encore, il en faut peu pour faire la différence. Une pomme en plus, une cuillère à soupe de brocolis ou juste deux cuillères à café de haricots par jour pendant l'enfance peuvent avoir un effet considérable sur la santé artérielle plus tard dans la vie[19,20]. Si vous voulez réellement agir de façon préventive sur votre santé, les connaissances scientifiques les plus récentes indiquent que vous pouvez réduire le risque d'AVC en consommant un minimum de 25 g de fibres solubles par jour (que l'on trouve principalement dans les haricots, l'avoine, les noix et les baies) et 47 g de fibres insolubles (que l'on trouve pour l'essentiel dans les céréales complètes, telles que le riz brun et le blé entier). Il est vrai qu'il faudrait que vous ayez un régime incroyablement sain pour atteindre une telle consommation de fibres, car cela dépasse largement ce qui est déterminé arbitrairement comme étant adéquat par la plupart des autorités de santé[21]. Au lieu de vous traiter avec condescendance en vous indiquant ce qu'elles pensent être « réalisable[22] » par le plus grand nombre, je préférerais que ces autorités vous disent simplement ce que la science indique et vous laissent vous faire votre propre opinion.

Le potassium

Prenez un végétal, n'importe lequel, et brûlez-le de sorte qu'il soit réduit en cendres. Jetez les cendres dans un récipient rempli d'eau, faites-la bouillir, prélevez les cendres, et en fin de compte il vous restera un résidu connu sous le nom de potasse. La potasse a été employée pendant des millénaires pour faire à peu près tout, du savon, ou du verre, jusqu'à de l'engrais ou de l'eau de Javel. Ce ne fut qu'en 1807 qu'un chimiste anglais a compris que cet « alcalin végétal » comportait un élément inexploré, qu'il a appelé « potasse-ium » – autrement dit, le potassium.

Je mentionne cela uniquement pour insister sur la source principale de potassium dans votre alimentation – les végétaux. Chaque cellule de votre corps a besoin de potassium pour fonctionner, et vous devez le puiser dans votre alimentation. Pendant la majeure partie de l'histoire de l'humanité, nous avons consommé tellement de végétaux que nous avons ingéré jusqu'à 10 000 mg de potassium par jour[23]. De nos jours, moins de 2 % des Américains atteignent l'apport journalier recommandé de 4,700 mg[24,25].

La raison principale est simple : nous ne mangeons pas suffisamment d'aliments complets d'origine végétale. Mais quel est le lien entre le potassium et l'AVC ? Un examen exhaustif[26] des meilleures études portant sur les relations entre nos deux principaux fléaux – la maladie coronarienne et l'AVC – a déterminé qu'un apport quotidien supplémentaire de 1,640 mg de potassium était associé à une réduction du risque d'AVC de 21 %. Cela ne suffit pas pour ramener le niveau moyen à ce qu'il devrait être, mais cela permet néanmoins de réduire le risque d'attaque cérébrale. Imaginez à quel point votre risque diminuerait si vous multipliiez par deux ou trois votre consommation d'aliments complets d'origine végétale.

Souvent présentée comme un fruit à forte teneur en potassium, la banane n'est en réalité pas particulièrement riche en minéraux. Selon l'actuelle base de données du département de l'Agriculture américain, les bananes ne figurent même pas sur la liste des 1 000 aliments qui contiennent le plus de potassium ; en fait, elles arrivent en 1611e position, juste après Reese's pieces (célèbre bonbon américain au beurre de cacahuète enrobé de chocolat)[27]. Il vous faudrait consommer une douzaine de bananes par jour pour atteindre le minimum recommandé.

Quels sont les aliments les plus riches en potassium ? Les aliments courants les plus sains sont sans doute les légumes verts, les haricots blancs et les patates douces[28].

Les agrumes

Bonne nouvelle pour tous les amateurs d'oranges : la consommation d'agrumes a été associée à une réduction du risque d'AVC – encore plus que celle des pommes[29]. Si elles sont comparables, c'est parce que ces fruits contiennent un phytonutriment appelé « hespéridine » qui semble améliorer la circulation sanguine dans le corps, y compris le cerveau. À l'aide d'une machine nommée doppler fluxmètre, les scientifiques peuvent mesurer la circulation sanguine à travers la peau grâce à un rayon laser. Si l'on teste des individus à l'aide de cette machine en leur donnant une solution contenant la quantité d'hespéridine que l'on trouve dans deux verres de jus d'orange, on constate une baisse de la tension artérielle et une amélioration générale de la circulation sanguine. Lorsque les sujets ont bu du jus d'orange en remplacement de la solution d'hespéridine, leur circulation en était encore améliorée. Autrement dit, l'effet protecteur de l'orange contre l'AVC dépasse la seule présence d'hespéridine[30]. En matière d'alimentation, le tout est souvent plus bénéfique que la somme des différents composants.

Mais aucune machine n'est nécessaire pour mesurer les effets bénéfiques des agrumes sur la circulation sanguine. Dans le cadre d'une étude, des scientifiques ont recruté des femmes qui souffraient d'une sensibilité au froid due à une mauvaise circulation sanguine – ces femmes avaient sans cesse les mains et les pieds froids – et les ont placées dans une pièce fortement climatisée. Les femmes du groupe expérimental ont bu une solution contenant des phytonutriments présents dans les agrumes, tandis que les membres du groupe de contrôle buvaient un placebo (une boisson au parfum artificiel d'orange). Celles qui ont bu le placebo ont eu de plus en plus froid. En raison du ralentissement de leur circulation sanguine, la température au bout de leurs doigts a chuté d'environ 12 °C pendant l'étude. Le bout des doigts des femmes qui avaient consommé de véritables agrumes s'était refroidi presque deux fois moins vite car leur circulation sanguine était restée stable. (Les chercheurs ont également demandé aux deux groupes de femmes de plonger les mains dans de l'eau glacée et les buveuses d'agrumes ont récupéré 50 % plus rapidement que le groupe de contrôle[31,32].)

Par conséquent, manger quelques oranges avant de faire du snowboard pourrait vous empêcher d'avoir le bout des mains et des pieds gelé. Mais même s'il est très agréable d'avoir les doigts et les orteils au chaud, le risque réduit d'AVC lié à la consommation d'agrumes est encore plus appréciable.

Durée de sommeil optimale et AVC

Le manque de sommeil, ou même son excès, est associé à une augmentation du risque d'AVC. Mais quand dort-on trop ou pas assez ?

Des scientifiques japonais ont été les premiers à aborder le sujet. Ils ont suivi presque 100 000 hommes et femmes d'âge moyen pendant quatorze ans. Comparés aux personnes qui dormaient sept heures par nuit, les sujets qui dormaient quatre heures ou moins, ou dix heures ou plus, présentaient un risque environ 50 % plus élevé de mourir d'un AVC[33].

Une étude récente qui portait sur 150 000 Américains a examiné la question de façon plus approfondie. Le taux d'AVC le plus élevé se situait chez les individus qui dormaient six heures ou moins, ou neuf heures ou plus. Ceux qui avaient le moins de risques dormaient environ entre sept et huit heures par nuit[34]. D'importantes études menées en Europe[35], en Chine[36] et ailleurs[37] ont confirmé qu'une durée de sommeil de sept ou huit heures semble associée au risque le moins élevé. Nous ne sommes pas sûrs qu'il y ait une réelle relation de cause à effet, mais jusqu'à ce que nous en sachions plus, pourquoi ne pas opter pour cette durée ? Dormez bien !

Antioxydants et AVC

Un des lauréats de la médaille nationale des sciences, la plus haute distinction dans le domaine de la recherche scientifique aux États-Unis, le vénéré biochimiste Earl Stadtman, aurait dit : « La vieillesse est une maladie. La durée de vie humaine est le reflet du niveau de dommages causés par les radicaux libres qui s'accumulent dans les cellules. Lorsque ces dommages s'accumulent suffisamment, les cellules ne peuvent plus survivre dans de bonnes conditions et elles abandonnent[38,39]. »

Ce concept – désormais appelé la théorie mitochondriale du vieillissement –, énoncé pour la première fois en 1972, suggère que la dégradation engendrée par les radicaux libres au niveau de la source majeure de production des cellules, connue sous le terme de mitochondrie, entraîne une perte d'énergie et de fonction cellulaire au fil du temps. Ce processus rappelle un peu le fonctionnement de la batterie de votre iPod – à chaque chargement, sa capacité diminue.

Mais que sont exactement les radicaux libres, et comment pouvons-nous intervenir sur eux ?

Voici ma meilleure tentative pour simplifier la biologie quantique de la phosphorylation oxydative : les plantes tirent leur énergie du soleil. Si vous prenez une plante et la mettez au soleil, à travers le processus de la photosynthèse, la chlorophylle présente dans ses feuilles capte l'énergie du soleil et la transfère à de petites particules de matière appelées électrons.

Au départ, la plante possède des électrons de faible énergie et, en utilisant l'énergie du soleil, elle les transforme en électrons de haute énergie. Ainsi, la plante accumule l'énergie solaire. Lorsque vous mangez la plante (ou les animaux qui ont mangé la plante), ces électrons (sous la forme d'hydrates de carbone, de protéines et de graisse) sont transférés à l'ensemble de vos cellules. Puis vos mitochondries utilisent les électrons de la plante désormais chargés comme une source d'énergie – autrement dit, comme carburant – qu'elles libèrent ensuite lentement. Cela dit, ce processus doit intervenir de façon précise et extrêmement contrôlée, car ces électrons sont un concentré d'énergie et, par conséquent, aussi volatils que l'essence.

En fait, l'essence, le pétrole, le fioul et le charbon ne sont pas appelés « énergies fossiles » pour rien. Les réservoirs de nos véhicules utilitaires sont remplis d'une matière végétale quasiment préhistorique ayant accumulé l'énergie du soleil qui brillait il y a des millions d'années sous forme d'électrons de haute énergie.

Et de même qu'il faut éviter de jeter une allumette dans un bidon d'essence, libérant toute son énergie d'un seul coup, votre corps doit être prudent. C'est pourquoi vos cellules puisent ces mêmes électrons de haute énergie dans les végétaux que vous consommez et libèrent leur énergie de façon contrôlée, comme une cuisinière à gaz – peu à peu, jusqu'à ce qu'elle soit totalement utilisée. Votre corps transfère ensuite ces électrons vers une molécule essentielle : l'oxygène. D'ailleurs, pour vous tuer, des poisons tels que le cyanure emploient le même processus : ils empêchent votre corps de libérer ces électrons d'oxygène utilisés.

Heureusement, l'oxygène adore les électrons, peut-être même un peu trop. Tandis que votre corps prend tout son temps, libérant lentement l'énergie des électrons, l'oxygène attend patiemment à l'autre bout de la ligne. L'oxygène voudrait bien mettre le grappin sur un de ces électrons de haute énergie, mais votre corps dit : « Attends une minute. On doit faire ça lentement, attends ton tour et laisse les choses se faire à leur rythme. On va te le donner, ton électron, mais seulement une fois qu'on lui aura ôté toute énergie ; tu pourras alors jouer avec en toute sécurité. »

La molécule d'oxygène prend la mouche et s'exclame : « Ça ne me dérangerait pas d'avoir un de ces électrons bien énergiques maintenant ! » Elle épie un électron égaré, assis là à l'air libre, et s'en empare. Votre corps n'est pas parfait ; il ne peut pas garder un œil sur l'oxygène en permanence. On évalue à environ 1 % à 2 % la fuite[40] de tous les électrons de haute énergie qui traversent vos cellules, là où l'oxygène peut s'en emparer.

Quand l'oxygène capture un électron de haute énergie, en gros, il se transforme en Hulk, passant d'un modeste oxygène à ce qu'on appelle un ion superoxyde – un genre de radical libre. Le radical libre porte bien son nom : c'est une molécule qui peut être instable, incontrôlable et violemment réactive. Le superoxyde est chargé à bloc d'énergie et peut commencer à faire des dégâts dans la cellule, mettant la pagaille dans votre ADN.

Lorsque le superoxyde entre en contact avec l'ADN, il peut endommager vos gènes, qui, s'ils ne sont pas réparés, peuvent créer des mutations chromosomiques susceptibles de donner naissance à un cancer[41]. Heureusement, le corps appelle à la rescousse le commando chargé d'assurer sa défense, plus connu sous le nom d'« antioxydants ». Ils arrivent sur la scène et s'écrient : « Lâche cet électron ! »

Les antioxydants maîtrisent le superoxyde et récupèrent l'électron chargé à bloc après une lutte acharnée.

Dans le milieu scientifique, le phénomène par lequel les molécules d'oxygène s'approprient des électrons libres et deviennent incontrôlables est appelé stress oxydant ou stress oxydatif. D'après cette théorie, ce sont les dommages cellulaires en résultant qui provoquent le vieillissement, pour l'essentiel. Le vieillissement et la maladie sont considérés comme une oxydation du corps. Prenons l'exemple de ces taches brunes sur vos mains… Ce n'est que de la graisse oxydée sous la peau. Le stress oxydatif semble être la raison pour laquelle nous nous ridons, perdons une partie de notre mémoire, et pour laquelle nos systèmes organiques s'affaiblissent à mesure que nous vieillissons. En fait, d'après cette théorie, nous rouillons.

Vous pouvez ralentir ce processus oxydatif en consommant des aliments contenant de nombreux antioxydants. Pour savoir si un aliment est riche en antioxydants, coupez-le en deux, exposez-le à l'air (à l'oxygène) et voyez ce qui se produit. S'il vire au brun, il s'oxyde. Pensez à deux de nos fruits les plus populaires : les pommes et les bananes. Ils deviennent rapidement marron, ce qui veut dire qu'ils ne contiennent pas beaucoup d'antioxydants (pour les pommes, la majorité des antioxydants se situe au niveau de la peau). Coupez une mangue en deux et que se passe-t-il ? Rien, parce qu'elle contient beaucoup d'antioxydants. Comment empêchez-vous une salade de fruits de tourner au marron ? En ajoutant du jus de citron, qui contient un puissant antioxydant : la vitamine C. Les antioxydants peuvent empêcher vos aliments de s'oxyder, et ils peuvent avoir le même effet à l'intérieur de votre corps.

Une des maladies qui peuvent être prévenues par une alimentation antioxydante est l'AVC. Des chercheurs suédois ont suivi plus de 30 000 femmes d'âge mûr sur une période de douze ans et ont découvert que celles qui consommaient le plus d'aliments antioxydants présentaient le plus faible risque d'AVC[42]. Des conclusions similaires ont été rapportées dans le cas de groupes d'hommes et de femmes plus jeunes en Italie[43]. Comme pour la maladie pulmonaire[44], les compléments alimentaires antioxydants ne semblaient pas apporter de bénéfice[45]. Les pouvoirs de dame Nature ne peuvent être emmagasinés dans une pilule.

À la suite de ce constat, les scientifiques ont entrepris des recherches pour découvrir quels sont les aliments les plus riches en antioxydants. Seize chercheurs disséminés à travers le globe ont publié une base de données sur le pouvoir antioxydant de plus de 1 000 aliments, boissons, plantes, épices et compléments alimentaires. Ils ont tout testé, des céréales Cap'n Crunch aux feuilles séchées réduites en poudre du baobab africain. Ils ont testé des dizaines de marques de bière pour voir laquelle contenait le plus d'antioxydants (la bière Santa Claus, d'Eggenberg en Australie, est arrivée en première place ex æquo[46]). Tristement, la bière représente la quatorzième source alimentaire d'antioxydants aux États-Unis[47]. Vous pouvez consulter la liste pour voir où se situent vos aliments et boissons favoris à cette adresse : http://bit.ly/antioxidantfoods.

Inutile d'afficher le tableau de 138 pages sur votre réfrigérateur, cela dit. Voici une règle simple : en moyenne, les aliments d'origine végétale contiennent 60 fois plus d'antioxydants que les aliments d'origine animale. Et pour reprendre les termes des chercheurs : « Les aliments riches en antioxydants proviennent du royaume végétal, tandis que la viande, le poisson et les autres aliments du royaume animal contiennent peu d'antioxydants[48]. » Même l'aliment végétal le moins sain auquel je puisse penser, cette bonne vieille laitue iceberg (qui est constituée d'eau à 96 %[49] !) contient 17 unités (si on se réfère à l'indice FRAP modifié, qui se mesure en daμmol) de pouvoir antioxydant. Certaines baies contiennent plus de 1000 unités, pour mettre les choses en perspective, et à côté d'elles la laitue iceberg fait pâle figure. Mais comparons-la maintenant au saumon : seulement 3 unités ! Le poulet ? Un pouvoir antioxydant qui ne dépasse pas les 5 unités. Le lait écrémé ou un œuf dur ? À peine 4 unités. « Les régimes alimentaires composés principalement d'aliments d'origine animale ont par conséquent une faible teneur en antioxydants, a conclu l'équipe de recherche, tandis que les régimes basés principalement sur une variété d'aliments d'origine végétale sont riches en antioxydants, en raison des milliers de composés phytochimiques bioactifs présents dans les végétaux qui composent de nombreux aliments et boissons[50]. »

Il est inutile de sélectionner les aliments individuellement pour augmenter votre consommation d'antioxydants (même si les cerises contiennent jusqu'à 714 unités !) ; vous pouvez simplement essayer de consommer une variété de fruits, légumes, herbes aromatiques et épices à chaque repas. Ainsi, vous pouvez abreuver votre corps d'antioxydants en continu pour l'aider à vous préserver de l'AVC et d'autres maladies liées au vieillissement.

Les antioxydants en une pincée

Une catégorie d'aliments totalise un maximum d'antioxydants : les herbes aromatiques et les épices.

Supposons que vous prépariez un plat de pâtes complètes à la sauce marinara. L'ensemble doit obtenir un score d'environ 80 unités de pouvoir antioxydant (environ 20 unités pour les pâtes et 60 pour la sauce). Ajoutez-y une poignée de brocolis, et vous obtiendrez un délicieux repas qui totalise 150 unités. Pas mal. Maintenant, saupoudrez une seule cuillère à café d'origan séché ou de marjolaine, sa sœur jumelle, plus douce. Ce simple ajout peut doubler le pouvoir antioxydant de votre repas, le faisant passer à plus de 300 unités[51].

Et si on prenait l'exemple du bol de porridge ? En y ajoutant seulement une demi-cuillerée à café de cannelle, vous pourriez faire passer votre petit déjeuner de 20 à 120 unités. Et si vous en supportez le goût, l'ajout d'une seule pincée de clous de girofle pourrait faire passer ce repas sans prétention à 160 unités.

Les repas à base d'aliments d'origine végétale ont tendance à être riches en antioxydants, mais si vous prenez le temps d'épicer votre vie, vous rendrez vos plats encore plus sains.

Les régimes riches en antioxydants semblent avoir un effet protecteur contre l'AVC en préservant votre circulation sanguine des graisses oxydées qui peuvent endommager les parois sensibles des petits vaisseaux du cerveau[52]. Ils peuvent également contribuer à diminuer la rigidité artérielle[53], empêcher la formation de caillots sanguins[54], et faire baisser la pression artérielle[55] et l'inflammation. Les radicaux libres peuvent défigurer les protéines de notre organisme au point qu'elles ne soient plus reconnues par notre système immunitaire[56]. La réaction inflammatoire que cela déclenche peut être prévenue en saturant notre corps avec une quantité suffisante d'antioxydants. Même si tous les aliments d'origine végétale peuvent avoir des effets anti-inflammatoires[57], certains sont plus bénéfiques que d'autres. Les recherches ont démontré que les fruits et légumes fortement antioxydants, tels que les baies et les légumes verts, avaient pour effet d'inhiber l'inflammation systémique bien plus efficacement que le même nombre de portions de fruits et légumes plus courants à faible pouvoir antioxydant, tels que les bananes ou la laitue[58].

Les aliments que nous choisissons font une réelle différence.

LA MALADIE D'ALZHEIMER

Dans ma pratique clinique, le diagnostic que je redoutais de poser, plus encore que celui du cancer, était celui de la maladie d'Alzheimer. Pas uniquement à cause du choc psychologique à venir pour le patient, mais en raison de l'impact émotionnel qui allait peser sur les proches. L'Alzheimer Foundation estime que 15 millions de membres de la famille et d'amis assurent annuellement plus de quinze milliards d'heures non rémunérées de soins à leurs proches malades, qui ne les reconnaissent peut-être même pas[59].

En dépit des milliards de dollars consacrés chaque année à la recherche, il n'existe toujours pas de remède ni de traitement efficace pour cette maladie, qui conduit inexorablement à la mort. En résumé, la maladie d'Alzheimer est en train d'atteindre un état de crise – d'un point de vue tant émotionnel et économique que scientifique. Au cours des deux dernières décennies, plus de 73 000 articles de recherche ont été publiés sur cette maladie. Cela fait environ 100 parutions par jour. Et pourtant, très peu de progrès ont été faits dans le traitement ou même dans la compréhension de la maladie. Et une guérison complète semble impossible à atteindre pour les patients souffrant de la maladie d'Alzheimer, puisque les fonctions cognitives perdues pourraient ne jamais être récupérées, car les circuits neuronaux sont irrémédiablement endommagés. Les cellules nerveuses qui ont été détruites ne peuvent être ramenées à la vie. Même si les laboratoires pharmaceutiques parviennent à comprendre comment ralentir la progression de la maladie, pour de nombreux patients, les dégâts ont déjà été faits, et la personnalité de l'individu peut être perdue à tout jamais[60].

La bonne nouvelle, comme l'a indiqué un chercheur du Center for Alzheimer's Research dans le titre d'un article de revue, c'est que « la maladie d'Alzheimer est incurable, mais on peut la prévenir[61] ». Des changements de régime alimentaire et de mode de vie pourraient potentiellement prévenir des millions de cas chaque année[62]. Comment ? Il existe un consensus émergent selon lequel « ce qui est bénéfique pour notre cœur l'est aussi pour notre cerveau[63] », car on considère que l'obstruction des artères de notre cerveau par la plaque d'athérome joue un rôle pivot dans le développement de la maladie d'Alzheimer[64]. Il n'est donc pas étonnant que le thème principal des « Directives sur la nutrition et le mode de vie pour la prévention de la maladie d'Alzheimer » publiées dans la revue *Neurobiology of Ageing* ait été : « Les légumes, les légumineuses (haricots, pois et lentilles), les fruits et les céréales complètes devraient remplacer la viande et les produits laitiers comme base de l'alimentation[65]. »

La maladie d'Alzheimer, un trouble cardio-vasculaire ?

En 1901, une femme prénommée Auguste a été emmenée par son mari dans un asile psychiatrique à Francfort, en Allemagne. Elle était décrite comme une femme délirante, perdant la mémoire et désorientée, « qui ne parvenait plus à assurer ses tâches ménagères[66] ». Suivie par un certain Dr Alzheimer, elle allait devenir le sujet de l'étude qui rendrait célèbre le nom de son médecin.

Lors de l'autopsie, Alzheimer a décrit les plaques et les enchevêtrements dans son cerveau comme étant les caractéristiques de la maladie. Mais, tout à l'excitation de la découverte d'une nouvelle maladie, il a peut-être négligé un indice. Il a écrit : « Les plus gros vaisseaux cérébraux montrent un changement athéroscléreux[67]. » Il décrivait le durcissement des artères dans le cerveau de la patiente.

Nous considérons en général l'athérosclérose comme une maladie cardiaque, mais elle a été décrite comme « une pathologie omniprésente qui touche potentiellement l'organisme humain tout entier[68] ». Il y a des vaisseaux sanguins dans chacun de vos organes, y compris dans votre cerveau. Le concept de « démence cardiogène », proposé pour la première fois dans les années 1970, suggérait que, le vieillissement du cerveau étant extrêmement sensible au manque d'oxygène, un défaut de circulation sanguine pourrait entraîner un déclin cognitif[69]. À l'heure actuelle, un important faisceau de preuves établit un lien entre les artères athéromateuses et la maladie d'Alzheimer[70].

Les autopsies ont montré de façon répétée que les patients souffrant d'Alzheimer ont tendance à accumuler plus de plaques d'athérome et à présenter un rétrécissement des artères plus important au niveau du cerveau[71,72,73]. La vascularisation normale du cerveau au repos – la quantité de sang qui irrigue le cerveau – est en moyenne de 1 litre par minute. À partir de l'âge adulte, les individus semblent perdre naturellement environ 0,5 % de flux sanguin par an. À l'âge de 65 ans, ce flux peut subir un ralentissement susceptible d'atteindre 20 %[74]. Même si une telle diminution ne peut à elle seule altérer la fonction cérébrale, elle peut vous mettre en danger. L'obstruction des artères par la plaque d'athérome, à l'intérieur du cerveau et au niveau des artères qui l'irriguent, peut considérablement réduire la quantité de sang – et par conséquent d'oxygène – qui alimente votre cerveau. Pour corroborer cette théorie, des autopsies ont démontré que, chez les patients souffrant d'Alzheimer, les artères qui alimentent les centres de la mémoire dans le cerveau[75] sont sévèrement obstruées. Au vu de telles conclusions, certains experts ont même suggéré que la maladie d'Alzheimer soit reclassée comme trouble cardio-vasculaire[76].

Il y a cependant certaines limites aux informations que l'on peut glaner à partir des études d'autopsies. Par exemple, c'est peut-être la démence d'une personne qui l'a conduite à mal s'alimenter, plutôt que le contraire. Pour évaluer plus précisément le rôle des artères cérébrales obstruées dans le développement de la maladie d'Alzheimer, des chercheurs ont suivi environ 400 individus qui commençaient à peine à perdre leurs facultés mentales, ce qu'on désigne comme un trouble cognitif léger. Des scanners des artères cérébrales ont été utilisés pour évaluer la proportion du blocage artériel dans le cerveau de chaque patient. Les chercheurs ont découvert que la cognition et les fonctions quotidiennes de ceux dont les artères cérébrales étaient le moins obstruées étaient restées stables au cours des quatre années qu'a duré l'étude. Dans le même temps, ceux dont les artères étaient plus obstruées avaient subi une perte significative des fonctions cérébrales et, dans les cas les plus graves, où la plaque accumulée était très importante, elles ont décliné rapidement, doublant leur risque d'évolution vers la maladie d'Alzheimer. Les chercheurs ont conclu : « Une irrigation insuffisante du cerveau a de très graves conséquences sur le fonctionnement cérébral[77]. »

Une étude portant sur 300 patients souffrant d'Alzheimer a indiqué que le traitement des facteurs de risques cardio-vasculaires, tels qu'un taux de cholestérol et une pression artérielle élevés, pouvait ralentir la progression de la maladie mais non l'arrêter[78]. C'est pourquoi la prévention reste la clé. Le cholestérol ne contribue pas seulement à l'accumulation de plaques d'athérome à l'intérieur des artères cérébrales, il peut aussi être à l'origine de plaques amyloïdes qui rongent le tissu cérébral des victimes de la maladie d'Alzheimer[79]. Le cholestérol est un composant vital de vos cellules, c'est pourquoi votre corps en crée la quantité dont vous avez besoin. La consommation en excès de cholestérol, en particulier d'acides gras trans et de graisses saturées, peut faire augmenter votre taux de cholestérol[80,81]. Un taux de cholestérol trop élevé n'est pas considéré comme un des principaux facteurs de risque de maladie cardio-vasculaire, mais il est unanimement reconnu comme un facteur de risque de la maladie d'Alzheimer[82].

Des autopsies ont révélé que le cerveau des personnes souffrant d'Alzheimer présentait une accumulation de plaques de cholestérol nettement supérieure à celle des cerveaux normaux[83]. Nous pensions auparavant que les plaques de cholestérol dans le cerveau étaient distinctes du cholestérol circulant dans le sang, mais il y a de plus en plus de preuves du contraire[84]. L'excès de cholestérol dans le sang peut entraîner un excès de cholestérol dans le cerveau, ce qui peut contribuer à la formation des plaques d'amyloïde présentes dans le cerveau des malades d'Alzheimer. Sous un microscope électronique, on peut observer les agrégats de fibres amyloïdes, autour desquelles on distingue de minuscules cristaux de cholestérol[85]. D'ailleurs, les dernières techniques d'imagerie cérébrale, comme les scanners PET, ont montré une corrélation directe entre la quantité de cholestérol LDL (le « mauvais ») dans le sang et la formation de plaque amyloïde dans le cerveau[86]. Les groupes pharmaceutiques ont espéré tirer parti de ce lien étroit pour vendre des statines destinées à faire baisser le cholestérol pour prévenir la maladie d'Alzheimer, mais ces statines peuvent elles-mêmes entraîner des troubles cognitifs, y compris des pertes de mémoire à court et long terme[87]. Pour les personnes qui ne sont pas prêtes à modifier leur alimentation, les bénéfices des statines l'emportent sur les risques[88], mais il est préférable de faire baisser votre taux de cholestérol de façon naturelle en mangeant plus sainement pour contribuer à préserver votre cœur, votre cerveau et votre esprit.

La génétique ou le régime alimentaire ?

Le concept de régime alimentaire peut sembler surprenant, car la plupart des articles de la presse populaire actuelle considèrent Alzheimer comme une maladie génétique. Ils énoncent que ce sont vos gènes, et non vos choix de style de vie, qui déterminent si vous succomberez ou non à cette maladie. Cependant, dès que l'on examine la répartition de la maladie d'Alzheimer à travers le monde, cet argument prend du plomb dans l'aile.

Le taux d'incidence de la maladie d'Alzheimer varie de 1 à 10 à travers le monde, même en prenant en considération l'inégalité des durées de vie moyennes des populations[89]. Par exemple, dans la Pennsylvanie rurale, sur 100 habitants seniors, il est probable qu'en moyenne 19 % d'entre eux développent la maladie d'Alzheimer dans les dix ans à venir. Ce chiffre est plus proche des 3 % en Inde, dans la région rurale de Ballabgarh[90]. Comment savoir quelle est la part des prédispositions génétiques à la maladie ? Grâce aux études portant sur les migrations, qui comparent les taux d'incidence d'un même groupe ethnique en distinguant les expatriés et ceux qui vivent dans leur pays natal. Par exemple, l'incidence de la maladie d'Alzheimer parmi les Japonais établis aux États-Unis est sensiblement supérieure à celle des Japonais qui vivent dans leur pays[91]. L'incidence de la maladie d'Alzheimer parmi les Africains du Nigeria est une à quatre fois moins importante que celle des Afro-Américains d'Indianapolis[92].

Pourquoi le fait de vivre aux États-Unis augmente-t-il le risque de démence ?

Les données disponibles indiquent que la réponse se trouve dans le régime alimentaire américain. Bien sûr, à l'ère de la mondialisation, il n'est pas besoin de déménager en Occident pour adopter un régime occidental. Au Japon, la prévalence de la maladie d'Alzheimer a grimpé en flèche au cours de la dernière décennie, en raison du passage d'une alimentation composée de riz et de légumes à un régime comportant trois fois plus de produits laitiers et six fois plus de viande. La corrélation la plus proche entre le régime alimentaire et la démence trouvée par les chercheurs est la consommation de graisses d'origine animale – qui a augmenté de presque 600 % entre 1961 et 2008[93]. Une tendance similaire établissant un lien entre le régime alimentaire et la démence a été observée en Chine[94]. « L'alimentation tendant à s'occidentaliser partout dans le monde, on s'attend à ce que l'incidence de la maladie d'Alzheimer continue d'augmenter, écrit un chercheur dans le *Journal of Alzheimer's Disease*, à moins que les habitudes alimentaires ne changent en faveur d'une moindre dépendance aux produits d'origine animale…[95] »

C'est dans l'Inde rurale[96] que l'on trouve l'incidence la plus faible de la maladie d'Alzheimer, là où la population suit un régime traditionnel végétarien, composé essentiellement de céréales et de légumes[97]. Aux États-Unis, ceux qui ne consomment pas de viande (ce qui inclut les volailles et le poisson) semblent réduire de moitié leur risque de démence. Et plus longtemps la viande est évitée, moins le risque est élevé. Comparés à ceux qui mangent de la viande plus de quatre fois par semaine, ceux qui ont adopté un régime végétarien pendant trente ans courent un risque de souffrir de démence plus de trois fois inférieur[98].

Des facteurs génétiques jouent sûrement un rôle ? Oui, bien sûr. Dans les années 1990, les scientifiques ont découvert une variante génétique qui porte le nom d'apolipoprotéine E4, ou ApoE4, qui augmente le risque de développer la maladie d'Alzheimer. Tout le monde possède une forme d'ApoE, mais une personne sur sept a une copie du gène A4 qui est lié à la maladie. Il a été démontré que si vous héritez d'un gène ApoE4 de votre mère ou de votre père, votre risque de développer la maladie d'Alzheimer peut tripler. Si vous héritez du gène ApoE4 de vos deux parents – ce qui arrive à une personne sur 50 –, votre risque peut être multiplié par neuf[99].

Que fait le gène ApoE ? Il fabrique la protéine qui est le principal transporteur du cholestérol dans le cerveau[100]. La variante E4 peut entraîner une accumulation anormale de cholestérol dans les cellules cérébrales, ce qui pourrait déclencher la maladie d'Alzheimer[101]. Ce mécanisme pourrait expliquer le prétendu paradoxe nigérian. C'est chez les Nigérians qu'apparaît la fréquence la plus élevée de la variante ApoE4[102] mais, étonnamment, cette population figure parmi celles où l'on rencontre le moins de cas de maladie d'Alzheimer[103]. Attendez une minute… La population qui présente le plus fort taux du « gène d'Alzheimer » enregistre un des taux les moins élevés de développement de la maladie ? Cette contradiction peut s'expliquer par le taux de cholestérol extrêmement bas des Nigérians, résultant d'une alimentation pauvre en matières grasses animales[104] et composée essentiellement de céréales et de légumes[105]. Il semble donc que l'alimentation puisse l'emporter sur la génétique.

Une étude qui a observé 1 000 personnes sur une période de deux décennies révèle, sans surprise, que la présence du gène ApoE4 fait plus que doubler le risque d'Alzheimer. Chez ces mêmes sujets, un taux de cholestérol élevé triple presque ce risque. Les chercheurs présument que le contrôle de facteurs de risques tels que le taux de cholestérol et la tension artérielle pourrait réduire le risque d'Alzheimer pour les porteurs du gène ApoE4 de façon substantielle : de neuf fois plus à deux fois plus[106].

Trop souvent, les médecins comme les patients ont une approche fataliste des maladies chroniques dégénératives, et la maladie d'Alzheimer ne fait pas exception[107]. « C'est un problème génétique, disent-ils, et il arrivera ce qui doit arriver. » La recherche montre que même si les cartes que vous avez en main ne sont pas formidables – des facteurs génétiques défavorables –, vous êtes en mesure de changer la donne grâce à un régime alimentaire adapté.

Prévenir la maladie d'Alzheimer grâce à une alimentation végétale

La maladie d'Alzheimer se manifeste chez les personnes âgées, mais comme les maladies cardio-vasculaires et la plupart des cancers, elle peut mettre deux décennies à se développer. Au risque de répéter la même rengaine, il n'est jamais trop tard pour commencer à manger sainement. Les choix nutritionnels que vous faites aujourd'hui auront peut-être une influence directe sur votre santé bien plus tard dans votre vie, y compris sur la santé de votre cerveau.

La plupart des malades d'Alzheimer ne sont pas diagnostiqués avant l'âge de 70 ans[108], mais nous savons à présent que leur cerveau commence à décliner longtemps avant. En s'appuyant sur des milliers d'autopsies, des médecins légistes semblent avoir détecté les premiers stades silencieux de la maladie – qui se présenteraient sous la forme d'enchevêtrements dans le cerveau – chez la moitié des gens vers l'âge de 50 ans, et même pour 10 % d'entre eux dès l'âge de 20 ans[109]. La bonne nouvelle, c'est que la manifestation clinique de la maladie d'Alzheimer – comme pour les maladies cardio-vasculaires, la maladie pulmonaire et l'AVC – peut être prévenue.

Pour ce faire, on conseille des régimes axés sur une alimentation d'origine végétale[110]. Par exemple, on a associé le régime méditerranéen, riche en légumes, légumineuses, fruits et noix et pauvre en viande et en produits laitiers, à un déclin cognitif plus lent et à un moindre risque de développer la maladie d'Alzheimer[111]. Les chercheurs ont établi que les composantes protectrices de ce régime semblaient être la forte teneur en légumes et le faible ratio de graisses saturées/insaturées[112]. Cette conclusion est cohérente avec celle de la Harvard Women's Health Study, qui montre qu'une consommation importante d'acides gras saturés (provenant essentiellement des produits laitiers et de la nourriture industrielle) est associée à une dégradation de la mémoire et de la fonction cognitive globale. Les femmes qui avaient la consommation la plus élevée d'acides gras saturés enregistraient 60 à 70 % de risques supplémentaires de détérioration cognitive au fil du temps. Celles qui consommaient le moins de graisses saturées avaient la fonction cérébrale, en moyenne, de femmes six ans plus jeunes[113].

Les bénéfices d'un régime alimentaire végétalien pourraient également être imputés aux végétaux eux-mêmes. Les aliments complets d'origine végétale sont composés de milliers de substances aux propriétés antioxydantes[114], et certaines d'entre elles peuvent traverser la barrière hémato-encéphalique et avoir des effets neuroprotecteurs[115] en luttant contre les radicaux libres (voir page 129) – autrement dit, elles protègent le cerveau en l'empêchant de « rouiller ». Votre cerveau ne représente peut-être que 2 % du poids total de votre corps, mais il peut consommer jusqu'à 50 % de l'oxygène que vous respirez, libérant potentiellement un déluge de radicaux libres[116,117,118]. Les pigments au pouvoir antioxydant des baies et des légumes à feuilles vert foncé en font sans doute les aliments privilégiés du cerveau dans le règne végétal.

La première étude à démontrer que les myrtilles amélioraient les capacités de mémorisation chez les adultes présentant une détérioration précoce des fonctions cognitives a été publiée en 2010[119]. Puis, en 2012, les chercheurs de l'université Harvard ont effectué une évaluation plus précise en employant les données de Nurses' Health Study, étude dans laquelle l'alimentation de 16 000 femmes a été suivie à partir de 1980. Ils ont conclu que les femmes qui consommaient au moins une portion de myrtilles et deux portions de fraises chaque semaine retardaient leur déclin cognitif – jusqu'à deux ans et demi – comparées à celles qui ne consommaient pas de baies. Ces résultats indiquent que le simple fait de manger une poignée de baies chaque jour, une petite habitude alimentaire facile et délicieuse, pourrait ralentir le vieillissement de votre cerveau de plus de deux ans[120].

Et le simple fait de boire des jus de fruits et légumes peut être bénéfique. Une étude réalisée sur presque 2 000 individus pendant environ huit ans a montré que ceux qui buvaient régulièrement des jus de fruits et légumes semblaient faire diminuer de 76 % le risque de développer la maladie d'Alzheimer. « Les jus de fruits et légumes peuvent jouer un rôle important pour retarder la survenue de la maladie d'Alzheimer, ont conclu les chercheurs, particulièrement parmi les personnes ayant un risque élevé de développer la maladie[121]. »

Les chercheurs soupçonnent que l'ingrédient actif est un antioxydant de la classe des polyphénols. Si cela s'avère exact, le jus de raisin noir est sans doute le meilleur choix[122], même si les fruits entiers sont en général préférables aux jus[123]. En dehors de la saison du raisin noir, procurez-vous des canneberges, qui sont également bourrées de polyphénols[124], que l'on peut trouver au rayon surgelés. (Un peu plus loin dans ce livre, je vous donne ma recette du Jus rose, un cocktail à base de canneberges qui contient 25 fois moins de calories et au moins huit fois plus de phytonutriments que le « jus » de canneberge que vous achetez au supermarché. Voir page 357.)

Au-delà de leur activité antioxydante, il a été démontré que les polyphénols protégeaient les cellules nerveuses in vitro en inhibant la formation de la plaque[125] et des enchevêtrements[126] qui caractérisent la pathologie d'Alzheimer. En théorie, ils pourraient également « absorber[127] » les métaux lourds qui s'accumulent dans certaines régions du cerveau et jouent un rôle dans le développement d'Alzheimer et d'autres maladies dégénératives[128].

C'est en partie pour leur richesse en polyphénols que je recommande tout particulièrement la consommation de baies et de thé vert dans la seconde partie de ce livre.

Le safran comme traitement de la maladie d'Alzheimer

Malgré les milliards consacrés à la recherche sur la maladie d'Alzheimer, il n'existe aucun traitement pour inverser l'évolution de cette maladie. Certains médicaments peuvent cependant aider à soulager les symptômes, de même qu'un ingrédient que vous pouvez trouver dans votre épicerie de quartier.

Si les effets remarquables du curcuma[129] ont été rapportés dans des études de cas qui n'ont pas été confirmées, le safran a en revanche apporté la preuve de son intérêt dans la maladie d'Alzheimer. Il s'agit d'une épice qui provient de la fleur de *Crocus sativus* qui, lors d'une étude en double aveugle (ce qui veut dire que ni les chercheurs ni les sujets ne savaient qui prenait le médicament ou l'épice jusqu'à la conclusion de l'étude), s'est avérée diminuer les symptômes de la maladie d'Alzheimer. Pour une étude de seize semaines, des patients souffrant de démence légère à modérée ont pris des gélules de safran et ont montré en moyenne de meilleures fonctions cognitives qu'un groupe de patients qui avaient pris un placebo[130].

Et si on confrontait le safran à l'un des médicaments les plus couramment employés pour traiter la maladie d'Alzheimer : le donépézil (souvent commercialisé sous la marque Abricept) ? Une étude en double aveugle d'une durée de vingt-deux semaines a conclu que le safran était tout aussi efficace dans le traitement des symptômes de la maladie d'Alzheimer que le principal médicament employé[131]. Être seulement aussi efficace que le médicament n'est pas réellement probant[132], mais au moins la personne ne s'expose pas aux effets indésirables du médicament, qui sont en général des nausées, vomissements et diarrhées[133].

En conclusion, quoiqu'il n'existe aucun moyen ayant fait la preuve de son efficacité pour interrompre la progression de la maladie d'Alzheimer, si vous connaissez quelqu'un qui souffre de cette pathologie, lui préparer régulièrement une paella relevée de safran peut s'avérer utile.

Les gérontotoxines

Chacun d'entre nous est constitué de milliards de kilomètres d'ADN – assez pour faire 100 000 voyages aller-retour jusqu'à la lune, si vous en dérouliez chaque brin et les mettiez bout à bout[134]. Comment notre corps fait-il pour éviter que tout cela ne s'emmêle ? Des enzymes connues sous le nom de sirtuines permettent de protéger notre ADN contre certaines protéines.

Récemment découvertes, les sirtuines représentent un des domaines les plus prometteurs de la médecine, car elles semblent favoriser le vieillissement en bonne santé et la longévité[135]. Des études d'autopsies ont montré que la baisse d'activité des sirtuines était étroitement associée à la marque de fabrique de la maladie – à savoir, l'accumulation de plaque et les enchevêtrements à l'intérieur du cerveau[136]. La suppression de ce mécanisme clé de défense est considérée comme une des principales caractéristiques de la maladie d'Alzheimer[137]. L'industrie pharmaceutique essaie de concevoir des médicaments qui augmentent l'activité des sirtuines, mais pourquoi ne pas commencer par prévenir leur suppression ? Vous pouvez y parvenir en réduisant votre exposition alimentaire aux produits de glycation avancée – les AGE[138].

L'acronyme AGE porte bien son nom, car il désigne les « gérontotoxines »[139], c'est-à-dire des toxines du vieillissement (du grec *geros*, désignant la vieillesse, comme dans « gériatrique »). On considère que les AGE accélèrent le processus du vieillissement en créant des liaisons chimiques entre les protéines, ce qui entraîne le durcissement des tissus, le stress oxydatif et l'inflammation. Ce processus pourrait jouer un rôle dans la formation de la cataracte et de la dégénérescence maculaire qui touche les yeux, et également porter atteinte aux os, au cœur, aux reins et au foie[140]. Les AGE pourraient aussi exercer un impact sur le cerveau, semblant accélérer son lent rétrécissement lié au vieillissement[141] et supprimer les défenses assurées par les sirtuines[142].

Les personnes âgées qui ont un niveau élevé d'AGE dans le sang[143] ou dans les urines[144] paraissent souffrir d'une perte accélérée des fonctions cognitives au fil du temps. On trouve également des niveaux élevés d'AGE dans le cerveau des victimes d'Alzheimer[145]. D'où viennent ces AGE ? Certains sont produits et éliminés par le processus naturel de détoxification de l'organisme[146] mais, en dehors de la fumée de cigarette[147], les sources majeures d'AGE sont « la viande et les produits dérivés » exposés à des modes de cuisson par chaleur sèche[148]. Les AGE se forment principalement lorsque les graisses et les aliments riches en protéines sont exposés à de hautes températures[149].

Plus de 500 aliments ont été testés pour définir leur teneur en AGE, y compris les Big Macs ou les bonbons Jell-O. En général, la viande, le fromage et les aliments hautement transformés affichent le taux le plus élevé d'AGE, et les céréales, légumineuses, pains, légumes, fruits et lait, le taux le plus faible[150].

Les 20 aliments testés qui contenaient le plus d'AGE par portion étaient :

1. Poulet barbecue *marque X* 2. Bacon 3. Saucisse grillée 4. Cuisse de poulet rôti 5. Haut de cuisse de poulet rôti 6. Steak à la poêle 7. Blanc de poulet rôti au four 8. Blanc de poulet frit 9. Lamelles de steak à la poêle 10. Lamelles de blanc de poulet McDonald's	11. Burger de dinde à la poêle *marque Y* 12. Poulet barbecue *autre marque* 13. Poisson rôti au four 14. Chicken McNuggets de McDonald's 15. Poulet grillé 16. Burger de dinde à la poêle *autre marque* 17. Poulet au four 18. Burger de dinde à la poêle *autre marque* 19. Saucisse bouillie 20. Steak grillé[151]

Vous voyez ce que je veux dire.

Certes, les modes de cuisson ont leur importance. Une pomme au four contient trois fois plus d'AGE qu'une pomme crue, et une saucisse grillée en possède davantage que si elle est bouillie. Mais l'aliment en soi importe davantage : une pomme au four compte 45 unités d'AGE, pour 13 unités lorsqu'elle est crue, tandis qu'une saucisse grillée compte 10 143 unités, et 6 736 lorsqu'elle est bouillie. Les chercheurs ont recommandé pour la viande des modes de cuisson doux, tels que la cuisson à la vapeur ou à l'étouffée, mais même le poisson bouilli compte dix fois plus d'AGE qu'une patate douce rôtie au four pendant une heure. Les viandes comptent en moyenne 20 fois plus d'AGE que les aliments hautement transformés, tels que les céréales du petit déjeuner, et environ 150 fois plus que les fruits et légumes frais. Les volailles étaient les pires, concentrant environ 20 fois plus d'AGE que le bœuf. Les chercheurs ont conclu que même une réduction modeste de sa consommation de viande pouvait diviser par deux la dose journalière d'AGE[152].

Comme la suppression des sirtuines est aussi évitable que réversible, écarter les aliments au taux important d'AGE est une nouvelle stratégie possible pour combattre l'épidémie d'Alzheimer[153].

Interrompre le déclin cognitif grâce à l'exercice physique ?

Voici une nouvelle très réjouissante pour ceux qui risquent de perdre leurs facultés mentales. Dans une étude publiée en 2010 dans les *Archives of Neurology*, des chercheurs ont réuni un groupe de personnes souffrant de troubles cognitifs légers – qui commencent à oublier certaines choses, par exemple, ou se répètent de façon régulière. Ils leur ont fait suivre des séances d'aérobic de 45 à 60 minutes par jour, quatre jours par semaine, pendant six mois. Le groupe de contrôle devait simplement faire des étirements pendant les mêmes laps de temps[154].

Les participants ont été soumis à des tests de mémoire avant et après l'étude. Les chercheurs ont conclu que dans le groupe de contrôle (ceux qui réalisaient les exercices de stretching), les fonctions cognitives ont continué à décliner. Mais dans le groupe qui avait eu une activité physique, non seulement l'état des personnes ne s'était pas aggravé, mais il s'était amélioré. Les sportifs ont eu davantage de réponses correctes au test au bout de six mois, ce qui indiquait que leur mémoire fonctionnait mieux[155].

Des études ultérieures s'appuyant sur l'imagerie IRM ont conclu que les exercices d'aérobic pouvaient inverser le rétrécissement lié au vieillissement des centres de la mémoire du cerveau[156]. Aucun effet similaire n'a été remarqué chez les groupes de contrôle qui avaient pratiqué le stretching ou de simples exercices de renforcement musculaire[157]. Les exercices d'aérobic peuvent donc contribuer à améliorer la circulation sanguine cérébrale et les performances de la mémoire, et à préserver le tissu cérébral.

Regardons les choses en face : une vie sans souvenirs n'est pas vraiment une vie, que ces souvenirs soient perdus subitement à la suite d'un AVC massif, rongés peu à peu par des « mini-attaques cérébrales » qui laissent de petits trous dans le cerveau, ou détruits de l'intérieur par des maladies dégénératives comme Alzheimer. Toutefois, manger et vivre plus sainement peut aider à éliminer une partie des facteurs de risque de développer une maladie cérébrale grave.

Mais la clé consiste à commencer tôt. Un taux de cholestérol et une tension artérielle élevés peuvent peser sur votre cerveau dès lors que vous avez une vingtaine d'années. Lorsque vous arrivez à 60 ou

70 ans et que les dommages deviennent apparents, il peut être déjà trop tard.

Comme tant d'autres organes, le cerveau possède une faculté miraculeuse d'autoguérison, il sait former de nouvelles connexions synaptiques autour des anciennes, apprendre et réapprendre. Mais cela n'est valable que si vous ne continuez pas de l'endommager trois fois par jour. Un régime alimentaire sain et des exercices physiques réguliers peuvent être votre meilleur espoir de rester vif d'esprit et en bonne santé au crépuscule de votre vie.

Heureusement, je peux terminer ce chapitre sur une note plus joyeuse qu'il n'a commencé. En dépit de notre histoire familiale, ma mère comme mon frère, Gene, ont désormais un régime alimentaire sain, à base de végétaux, et ma mère ne montre aucun signe des maladies cérébrales qui ont été fatales à ses parents. Même si Gene et moi savons que nous la perdrons un jour, nous espérons que, grâce à sa nouvelle alimentation, nous ne la perdrons pas avant qu'elle ne nous ait quittés.

4

Comment ne pas mourir d'un cancer digestif

Chaque année, les Américains perdent l'équivalent de plus de cinq millions d'années de vie à cause de cancers qu'ils auraient pu prévenir[1]. Seul un faible pourcentage de tous les cancers humains est imputable à des facteurs purement génétiques. Le reste est lié à des facteurs extérieurs, et en particulier à notre alimentation[2].

La surface de votre peau s'étend sur environ 6 m^2. Quant à vos poumons[3], si vous deviez mettre à plat l'ensemble de leurs minuscules alvéoles, ils pourraient recouvrir presque 100 m^2. Et vos intestins ? En comptant tous les petits replis, certains scientifiques estiment[4] qu'ils pourraient couvrir des centaines de mètres carrés, bien plus que la peau et les poumons réunis ; ce que vous mangez pourrait très bien être votre premier contact avec le monde extérieur. Cela veut dire que, sans tenir compte des substances cancérigènes présentes dans l'environnement, l'alimentation pourrait être le facteur qui vous expose le plus.

Trois des cancers de l'appareil digestif les plus courants tuent environ 100 000 Américains chaque année. Le cancer colorectal (du côlon et du rectum), qui entraîne 50 000 décès par an[5], se classe parmi les cancers les plus fréquemment diagnostiqués. Heureusement, il est également un de ceux que l'on soigne le mieux s'il est détecté assez tôt. Le cancer du pancréas, en revanche, équivaut quasiment à une condamnation à mort pour les 46 000 personnes environ qui le développent chaque année[6]. Rares sont ceux qui survivent au-delà d'un an après le diagnostic, ce qui veut dire que la prévention est d'une importance capitale. Le cancer de l'œsophage, qui affecte le tube digestif entre la bouche et l'estomac, est aussi fatal pour 18 000 personnes chaque année[7]. Ce que vous mangez peut avoir une incidence indirecte sur votre risque de cancer, par exemple en exacerbant le reflux gastro-œsophagien, un facteur de risque du cancer de l'œsophage, ou à travers le contact direct avec la paroi de l'appareil digestif.

LE CANCER COLORECTAL

Une personne lambda a environ un risque sur 20 de développer un cancer colorectal au cours de son existence[8]. Heureusement, ce cancer se traite bien, si un dépistage régulier a permis aux médecins de le détecter et l'éliminer avant qu'il ne se dissémine. On compte plus d'un million de survivants au cancer colorectal, rien qu'aux États-Unis, et parmi ceux qui ont été diagnostiqués avant que le cancer se soit propagé au-delà du côlon, le taux de survie à cinq ans[9] est d'environ 90 %.

Cependant, à un stade précoce, le cancer colorectal n'entraîne que peu de symptômes. Le traitement, commencé à un stade plus avancé, est plus difficile et moins efficace. À partir de 50 ans et jusqu'à 75 ans, il est recommandé de se soumettre à des examens de selles chaque année, ou à un examen de selles et une sigmoïdoscopie tous les trois ans, ou à une coloscopie tous les dix ans[10]. Pour en savoir plus sur les risques et les bénéfices de ces différentes options, consultez le chapitre 15. Des dépistages réguliers sont certainement judicieux pour détecter le cancer colorectal, mais le prévenir est encore préférable.

Le curcuma

Le PIB de l'Inde est environ huit fois inférieur à celui des États-Unis[11], et environ 20 % de sa population vit au-dessous du seuil de pauvreté[12], pourtant le taux de cancer est bien moins élevé en Inde qu'aux États-Unis. Les femmes vivant aux États-Unis ont 10 fois plus de cancers colorectaux que les Indiennes, 17 fois plus de cancers du poumon, 9 fois plus de cancers de l'endomètre et de mélanomes, 12 fois plus de cancers des reins, 8 fois plus de cancers de la vessie et 5 fois plus de cancers du sein. Les hommes américains semblent avoir 11 fois plus de cancers colorectaux que les Indiens, 23 fois plus de cancers de la prostate, 14 fois plus de mélanomes, 9 fois plus de cancers des reins et 7 fois plus de cancers des poumons et de la vessie[13]. Pourquoi une telle disparité ? L'utilisation régulière de curcuma dans la cuisine indienne a été avancée comme une des explications possibles[14].

Dans le chapitre 2, nous avons vu comment la curcumine, le pigment jaune du curcuma, pouvait agir sur des cellules in vitro. Cependant, une très faible quantité de la curcumine que vous ingérez est absorbée dans la circulation sanguine, elle peut donc ne jamais être suffisamment en contact avec les tumeurs situées à l'extérieur de l'appareil digestif[15]. Mais ce qui n'est pas absorbé finit dans votre côlon, là où il pourrait avoir un impact sur votre gros intestin, le lieu où les polypes cancéreux se développent.

La survenue du cancer colorectal peut se décomposer en trois stades. Le premier signe peut être ce que l'on nomme les « foyers de cryptes aberrantes », soit des agrégats anormaux de cellules le long de la paroi du côlon. Ensuite, ce sont des polypes qui se forment sur la muqueuse tapissant l'intérieur du côlon. Au dernier stade, un polype bénin se transforme et devient cancéreux. Le cancer peut alors ronger la paroi du côlon et se propager dans l'ensemble du corps. Jusqu'à quel point la curcumine peut-elle bloquer chaque stade du cancer colorectal ?

En étudiant des fumeurs, qui présentent un grand nombre de foyers de cryptes aberrantes, des chercheurs ont découvert que la consommation de curcumine pouvait réduire le nombre de ces structures associées au cancer au niveau du rectum jusqu'à 40 %, avec une baisse allant de 18 à 11 en seulement trente jours. Le seul effet secondaire rapporté était une coloration jaune des selles[16].

Et si des polypes se sont déjà développés ? Six mois de curcumine, associée à un autre phytonutriment, la quercétine, que l'on trouve naturellement dans des fruits et légumes tels que l'oignon rouge et le raisin, se sont avérés réduire le nombre et la taille des polypes de plus de moitié chez les patients souffrant d'une forme héréditaire du cancer colorectal. Là encore, presque aucun effet secondaire n'a été rapporté[17].

Et si les polypes se sont déjà transformés en cancer ? Dans une ultime tentative destinée à sauver la vie de 15 patients souffrant d'un cancer colorectal avancé et qui ne répondaient pas aux traitements par chimiothérapie ni aux rayons, des oncologues ont commencé à leur administrer un extrait de curcuma. Après deux à quatre mois, le traitement a paru contribuer à interrompre la progression de la maladie chez un tiers des patients[18].

Si on mettait au point un nouveau médicament de chimiothérapie qui n'aiderait qu'une personne sur trois, il faudrait examiner l'ensemble des effets indésirables importants. Mais comme il ne s'agit que d'un extrait de plante qui a apporté la preuve de son innocuité, même s'il n'aidait qu'une personne sur 100, il mériterait d'être pris en considération. Ne présentant aucun inconvénient majeur et offrant des bénéfices pour un malade ayant un cancer en stade terminal sur trois, le curcuma pourrait naturellement inspirer de nouvelles recherches. Mais qui financera une étude ne pouvant aboutir à un brevet[19] ?

Le faible taux de cancer en Inde pourrait s'expliquer en partie par les épices qu'ils utilisent, mais également par le type d'aliments avec lesquels ils les emploient. L'Inde est l'un des plus grands producteurs mondiaux de fruits et légumes, et seulement 7 % de la population adulte consomme de la viande de façon quotidienne. En revanche, la majorité de la population consomme chaque jour des légumes verts[20], des légumineuses telles que les haricots, les pois cassés, les pois chiches et les lentilles, très riches en phytates – des substances anticancéreuses.

Le volume des selles a son importance

Plus le volume de vos selles est important et votre transit régulier, plus vous avez de chances d'être en bonne santé. D'après une étude portant sur 23 populations réparties sur une douzaine de pays, l'incidence du cancer du côlon semble monter en flèche dès lors que le volume quotidien moyen des selles descend au-dessous de 250 g – le risque de développer un cancer du côlon est alors multiplié par trois. Vous pouvez mesurer le volume de vos selles avec un simple pèse-personne. Non, pas de la façon que vous imaginez ! Simplement en vous pesant avant et après.

Le lien entre le volume des selles et le cancer du côlon pourrait s'expliquer par la durée du transit intestinal, autrement dit le nombre d'heures nécessaire pour que la nourriture passe de la bouche aux toilettes. Plus le volume des selles est important, plus le temps de transit est court car le travail des intestins[21] est facilité. Les gens ne comprennent pas toujours qu'ils peuvent aller à la selle tous les jours et être constipés malgré tout – ce que vous évacuez aujourd'hui est peut-être ce que vous avez mangé la semaine dernière.

Le temps nécessaire pour que la nourriture passe d'un bout à l'autre du processus peut dépendre du sexe de la personne et de ses habitudes alimentaires. Il est seulement d'un jour ou deux chez les hommes qui adoptent un régime végétalien, mais de cinq jours ou plus chez ceux qui ont une alimentation plus conventionnelle. Le transit des femmes ayant une alimentation d'origine végétale est également d'un jour ou deux, mais chez la plupart des femmes ayant une alimentation conventionnelle il atteint quatre jours[22]. Vous pouvez donc avoir un transit régulier, mais avec quatre jours de retard. Vous pouvez mesurer la durée de votre transit en mangeant des betteraves, puis en observant à quel moment vos selles deviennent roses. Si cela prend moins de vingt-quatre à trente-six heures, vous aurez probablement atteint l'objectif de 250 g[23].

La constipation est le sujet de plainte gastro-intestinale le plus courant aux États-Unis, entraînant chaque année des millions de visites chez le médecin[24,25,26]. Mais, au-delà du simple inconfort occasionné, la tension associée à l'évacuation de petites selles fermes joue un rôle dans de nombreux problèmes de santé, y compris la hernie hiatale, les varices, les hémorroïdes, ainsi que des états douloureux tels que les fissures anales.

La constipation peut être considérée comme une maladie liée à une déficience en nutriments, et ces nutriments, ce sont les fibres[27]. Tout comme vous pouvez être atteint du scorbut si vous manquez de vitamine C, vous pouvez souffrir de constipation si vous ne consommez pas assez de fibres. Et comme les fibres se trouvent essentiellement dans les aliments d'origine végétale, il n'est pas surprenant que plus vous mangez de végétaux, moins vous êtes sujet à la constipation. Par exemple, une étude comparant des milliers d'omnivores, de végétaliens et de végétariens a conclu que ceux qui avaient une alimentation d'origine exclusivement végétale avaient trois fois plus de chances d'avoir un transit quotidien[28]. Les végétaliens sont donc juste des gens réguliers.

Les phytates

Le cancer colorectal est la deuxième cause de mortalité liée au cancer aux États-Unis[29], tandis que dans d'autres parties du monde il est pratiquement inexistant. Le taux le plus élevé a été enregistré dans le Connecticut, et le plus bas à Kampala, en Ouganda[30]. Pourquoi le cancer colorectal est-il plus répandu en Occident ? Cherchant des réponses à cette question, Denis Burkitt, un chirurgien de renom, a passé vingt-quatre ans en Ouganda. Un grand nombre d'hôpitaux ougandais visités par lui n'avaient jamais eu à traiter le moindre cas de cancer du côlon[31]. Il est finalement parvenu à la conclusion que la consommation de fibres était la clé[32], puisque la plupart des Ougandais se nourrissent essentiellement d'aliments complets d'origine végétale[33].

Des recherches ultérieures ont suggéré que la prévention du cancer par l'alimentation n'était pas uniquement liée à la consommation de fibres. Par exemple, le taux de cancer colorectal est plus fort au Danemark qu'en Finlande[34], et pourtant les Danois consomment un peu plus de fibres que les Finlandais[35]. Quelle autre substance protectrice pourrait expliquer le faible taux de cancer parmi les populations qui ont un régime à base d'aliments d'origine végétale ? En fait, les fibres ne sont pas les seuls éléments absents des aliments transformés et d'origine animale.

La réponse est à chercher du côté des phytates, composés naturels que l'on trouve dans les graines des plantes – autrement dit, dans toutes les céréales complètes, les haricots, les noix et les graines. On a démontré que les phytates éliminaient l'excès de fer dans l'organisme, évitant ainsi qu'il ne donne naissance à des radicaux libres nocifs – les radicaux hydroxyles[36]. Le régime alimentaire américain standard peut par conséquent être doublement néfaste dès lors qu'il est question du cancer colorectal : la viande recèle un type de fer (le fer héminique) tout particulièrement associé au cancer colorectal[37] mais, comme dans le cas des aliments raffinés d'origine végétale, les phytates, qui désactivent les radicaux libres nocifs, lui font défaut.

Pendant de nombreuses années, les phytates ont été accusés d'inhiber l'absorption des minéraux, ce qui explique pourquoi on vous a peut-être déjà conseillé de faire griller, germer ou tremper vos noix avant de les consommer pour en éliminer les phytates. En théorie, cela vous permettrait d'absorber davantage de minéraux, comme le calcium. Cette croyance est née d'une série d'expériences en laboratoire menées sur des chiots à partir de 1949 : elles ont suggéré que les phytates avaient un effet anticalcifiant qui entraînait un ramollissement des os[38]. Des études ultérieures portant sur des rats étaient parvenues aux mêmes conclusions[39]. Mais plus récemment, à la lueur des données humaines actuelles, notre compréhension des phytates a été radicalement transformée[40]. Les personnes qui consomment davantage d'aliments riches en phytates ont tendance à présenter une meilleure densité osseuse[41], moins de perte osseuse et de fractures de la hanche[42]. Les phytates semblent protéger les os de la même façon que les traitements médicamenteux de l'ostéoporose, comme le Fosamax[43], mais sans le risque d'ostéonécrose de la mâchoire (au niveau de la racine de l'os), l'effet secondaire associé à cette classe de médicaments qui peut défigurer le patient[44].

Les phytates pourraient également protéger contre le risque de cancer colorectal. Une étude d'une durée de six ans portant sur environ 30 000 Californiens a conclu qu'une consommation élevée de viande était associée à un risque plus élevé de cancer du côlon. Contre toute attente, la viande blanche s'est avérée avoir les effets les plus nocifs. En effet, ceux qui mangeaient de la viande rouge au moins une fois par semaine doublaient le risque de développer un cancer du côlon, mais ce risque semblait multiplié par trois chez ceux qui consommaient de la viande blanche ou du poisson au moins une fois par semaine[45]. Il a également été démontré que la consommation de haricots, qui sont une excellente source de phytates, contribuait à limiter partiellement ce risque. Le ratio viande/aliments d'origine végétale est donc déterminant.

Le risque de cancer colorectal peut varier de 1 à 8 entre les deux extrêmes – une alimentation riche en aliments d'origine végétale et pauvre en viande et, à l'inverse, une alimentation composée d'une faible proportion de végétaux et riche en viande[46]. Il n'est donc sans doute pas suffisant de réduire simplement la quantité de viande que vous consommez, il faut également manger davantage de végétaux. L'essai intitulé National Cancer Institute's Polyp Prevention Trial[47] a conclu que les personnes qui augmentaient leur consommation de haricots de moins de 50 g par jour semblaient réduire leur risque de récurrence de polype colorectal précancéreux de 65 %.

Parmi tous les nutriments extraordinaires présents dans les haricots, pourquoi attribuons-nous la réduction de ce risque aux phytates ? Des études menées dans des boîtes de Petri ont montré que les phytates inhibaient la croissance de presque toutes les cellules cancéreuses testées jusqu'ici – côlon, sein, col de l'utérus, prostate, foie, pancréas et peau[48,49] – sans avoir aucune action sur les cellules normales. Cette capacité de distinguer les cellules cancéreuses et les tissus normaux est le signe d'un bon agent anticancéreux. Lorsque vous mangez des céréales complètes, des haricots, des noix et des graines, les phytates sont rapidement absorbés dans la circulation sanguine et facilement récupérés par les cellules cancéreuses. Les tumeurs concentrent ces composés si efficacement qu'une scannographie destinée à rechercher la présence de phytates peut être employée pour localiser la propagation du cancer dans l'organisme[50].

Les phytates ciblent les cellules cancéreuses à travers une combinaison d'antioxydants, d'anti-inflammatoires et d'une action d'amélioration de l'activité immunitaire. En plus d'affecter directement les cellules cancéreuses, on a découvert que les phytates renforçaient l'activité des cellules NK (*Natural Killer*), les lymphocytes qui forment la première ligne de défense en traquant, puis en détruisant les cellules cancéreuses[51]. Les phytates peuvent également jouer un rôle dans la dernière ligne de défense, en privant les tumeurs de leur alimentation sanguine. De nombreux phytonutriments présents dans les aliments d'origine végétale peuvent contribuer à bloquer la formation de nouveaux vaisseaux sanguins qui alimentent les tumeurs, mais les phytates semblent aussi capables d'interrompre l'alimentation de tumeurs existantes[52]. De même, de nombreux composés végétaux semblent pouvoir contribuer à ralentir, et même interrompre la croissance des cellules cancéreuses[53]. Mais l'action des phytates sur les cellules cancéreuses semble aussi parfois les faire revenir à leur état normal – autrement dit, elles cessent de se comporter comme un cancer. Cette « réhabilitation » des cellules cancéreuses a été démontrée in vitro sur des cellules cancéreuses du côlon[54], du sein[55], du foie[56] et de la prostate[57].

Les phytates ont des effets secondaires, mais ils semblent tous positifs. Une forte consommation de phytates a été associée à une réduction des maladies cardio-vasculaires, du diabète et des calculs rénaux. En fait, pour certains chercheurs, les phytates doivent être considérés comme un nutriment essentiel. Comme les vitamines, ils participent à d'importantes réactions biochimiques dans l'organisme. Leur taux fluctue en fonction des apports alimentaires, une consommation insuffisante étant associée à des maladies qui peuvent être modérées par un rééquilibrage de cette consommation. Peut-être devrait-on considérer les phytates comme la « vitamine P »[58].

Peut-on inverser l'évolution des polypes du côlon grâce aux baies ?

Il existe de nombreuses façons de comparer la valeur nutritive des différents fruits et légumes, telles que la teneur en éléments nutritifs ou l'activité antioxydante.

Idéalement, il conviendrait d'employer un mode de calcul lié à l'activité biologique réelle. Un des moyens pour y parvenir consiste à mesurer l'arrêt de la croissance des cellules cancéreuses. Onze fruits courants ont été testés : on en a déposé des extraits sur des cellules cancéreuses en culture dans une boîte de Petri. Quel fut le résultat ? Les baies sont sorties gagnantes[59]. Les baies cultivées de façon biologique en particulier pourraient empêcher la croissance des cellules cancéreuses, plus efficacement que celles cultivées de façon conventionnelle[60]. Mais un laboratoire n'est pas la vie réelle. Ces découvertes sont valables uniquement si les substances actives de l'aliment sont absorbées par l'organisme et parviennent jusqu'aux tumeurs naissantes. Toutefois, comme le cancer colorectal se développe sur la paroi intestinale, ce que vous mangez peut avoir un effet direct malgré tout. Les chercheurs ont donc décidé de tester les baies.

La polypose adénomateuse familiale est une forme de cancer colorectal héréditaire provoquée par une mutation des gènes suppresseurs de tumeurs. Les gens qui en sont affectés développent des centaines de polypes au niveau du côlon et, inévitablement, certains d'entre eux deviennent cancéreux. Le traitement peut impliquer une colectomie prophylactique, soit une ablation du côlon à un stade précoce, en tant que mesure préventive. Un médicament semblait en mesure de faire régresser les polypes, mais il a été retiré du marché... après avoir tué des dizaines de milliers de gens[61]. Les baies pourraient-elles également entraîner la régression des polypes sans ces effets secondaires délétères ? Oui. Après neuf mois de traitement quotidien à base de framboises noires, la quantité de polypes de 14 patients souffrant de polypose adénomateuse familiale a été réduite de moitié[62].

En temps normal, les polypes doivent être enlevés de façon chirurgicale, mais les baies semblaient les avoir fait disparaître naturellement. Cependant, le mode d'administration des baies n'avait rien de naturel puisque les chercheurs ont pris un raccourci et adopté la forme des suppositoires. N'essayez pas de faire ça chez vous ! Après avoir reçu l'équivalent de 4 kilos de framboises dans le rectum pendant neuf mois, certains patients ont souffert de déchirures anales[63]. L'espoir demeure que la recherche parvienne à déterminer des effets anticancéreux similaires pour ces baies consommées de façon plus traditionnelle – par la bouche.

Trop de fer ?

En 2012, les résultats de deux études majeures de l'université Harvard ont été publiés. La première, connue sous le nom de Nurse's Health Study, a suivi le régime alimentaire d'environ 120 000 femmes âgées de 30 à 55 ans à partir de 1976 ; la seconde, la Health Professionals Follow-Up Study, a suivi environ 50 000 hommes âgés de 40 à 75 ans. Tous les quatre ans, les chercheurs ont fait le point avec les participants sur l'évolution de leur alimentation. En 2008, environ 24 000 sujets étaient décédés, près de 6 000 d'entre eux d'une maladie cardio-vasculaire et 9 000 d'un cancer[64].

Après l'analyse des résultats, les chercheurs ont conclu que la consommation de viande rouge, transformée ou non, augmentait le risque de mourir d'un cancer ou d'une maladie cardio-vasculaire et réduisait la durée de vie de manière générale. Et cette conclusion tient compte de facteurs tels que l'âge, le poids, la consommation d'alcool, l'activité physique, le tabagisme, les antécédents familiaux, l'apport calorique, et même la consommation d'aliments d'origine végétale, tels que les céréales complètes, les fruits et légumes. En d'autres termes, les sujets de l'étude ne semblaient pas mourir précocement parce qu'ils consommaient moins de substances bénéfiques, comme les phytates par exemple. Les conclusions donnaient à penser qu'il y avait quelque chose de nocif dans la viande elle-même.

Imaginez les difficultés logistiques liées au suivi de plus de 100 000 personnes pendant des décennies. Et maintenant, imaginez une étude cinq fois plus importante : la plus vaste jamais menée sur l'alimentation et la santé est l'étude NIH-AARP, sponsorisée par les National Institutes of Health et l'Association américaine des retraités (American Association of Retired Persons). Sur une période d'une décennie, les chercheurs ont suivi environ 545 000 hommes et femmes âgés de 50 à 71 ans, et sont parvenus à la même conclusion que les chercheurs de Harvard : la consommation de viande a été associée au risque de cancer, de maladie cardio-vasculaire et plus généralement de mort prématurée. Là encore, cette conclusion tenait compte des autres facteurs alimentaires et liés au mode de vie, sans partir du principe que les gens qui mangeaient de la viande fumaient davantage, faisaient moins d'exercice ou ne mangeaient pas de fruits et légumes[65]. L'éditorial qui accompagnait la publication de ces résultats dans la revue *Archives of Internal Medicine* de l'Association médicale américaine (intitulé « Réduire la consommation de viande a de multiples bénéfices pour la santé dans le monde ») appelle à « une réduction importante de la consommation de viande[66] ».

Que contient la viande qui pourrait faire augmenter le risque de mort prématurée ? Une des réponses possibles est le fer héminique, qui se trouve principalement dans le sang et le muscle. Comme le fer peut être à l'origine de radicaux libres cancérigènes par son effet pro-oxydant[67], il peut être considéré comme une arme à double tranchant – un manque de fer peut entraîner une anémie mais un excès peut augmenter votre risque de cancer et de maladie cardio-vasculaire.

Le corps humain ne possède pas de mécanisme spécifique pour se débarrasser d'un éventuel excès de fer[68]. Les êtres humains ont donc évolué de sorte que l'organisme régule la quantité de fer absorbée. Si vous n'avez pas assez de fer en circulation dans le corps, vos intestins commencent à augmenter l'absorption de fer ; si vous en avez trop, ils la réduisent. Mais ce système, qui ressemble à une sorte de thermostat, ne fonctionne correctement qu'avec la principale source de fer de l'alimentation humaine : la variété non héminique que l'on trouve essentiellement dans les végétaux. Lorsque le fer est présent dans le sang en quantité suffisante, votre organisme est cinq fois plus efficace pour bloquer l'absorption du fer en excès provenant d'aliments d'origine végétale qu'animale[69]. Cela pourrait être la raison pour laquelle le fer héminique est associé au risque de cancer[70] et de maladie cardio-vasculaire[71]. De même, le fer héminique est associé à un risque plus élevé de diabète, contrairement au fer non héminique[72].

Si nous ôtions le fer de l'organisme des gens, pourrions-nous faire baisser le taux de cancer ? Des études ont montré que des individus choisis de façon aléatoire pour donner leur sang régulièrement et ainsi diminuer leurs réserves de fer semblaient réduire par cinq sur une période de cinq ans leur risque de développer un cancer colorectal et d'en mourir[73]. Les conclusions de cette étude paraissaient si spectaculaires qu'un éditorial du *Journal of the National Cancer Institute* a indiqué que « ces résultats semblaient presque trop beaux pour être vrais[74] ».

Le don de sang est une excellente chose, mais nous devrions également essayer en première instance de prévenir l'excédent de fer. La filière viande est à la recherche d'additifs qui « supprimeraient les effets toxiques du fer héminique[75] », mais il existe sans doute une meilleure stratégie, qui consisterait à favoriser les aliments d'origine végétale, que votre corps gère mieux.

Obtenir assez de fer avec une alimentation d'origine végétale

Comparés aux consommateurs de viande, les végétariens ont tendance à consommer davantage de fer (et de nutriments)[76], mais le fer présent dans les végétaux n'est pas aussi bien absorbé que le fer héminique que l'on trouve dans la viande. Cela peut présenter l'avantage de prévenir l'excédent de fer mais aussi constituer un risque d'anémie – environ une femme réglée sur 30 aux États-Unis perd davantage de fer qu'elle n'en absorbe[77]. Les femmes qui ont adopté un régime végétarien ne semblent pas plus sujettes à des carences en fer que celles qui consomment beaucoup de viande[78], mais toutes les femmes en âge de procréer doivent s'assurer que leur apport en fer est suffisant.

Les personnes chez qui l'on diagnostique une carence en fer devraient demander à leur médecin d'être traitées en premier lieu à travers l'alimentation, car il a été prouvé que les suppléments de fer augmentaient le stress oxydatif[79]. Les sources de fer les plus saines sont les céréales complètes, les légumineuses, les noix, les fruits secs et les légumes verts à feuilles. Évitez de boire du thé au cours d'un repas, car il peut inhiber l'absorption du fer. En revanche, la consommation d'aliments riches en vitamine C peut améliorer l'absorption du fer. La quantité de vitamine C présente dans une seule orange peut améliorer l'absorption du fer de 3 à 36 fois. Par conséquent, pour stimuler l'absorption du fer, on aurait tout intérêt à consommer des fruits plutôt que de boire une tasse de thé[80].

LE CANCER DU PANCRÉAS

Mon grand-père est mort d'un cancer du pancréas. Lorsque les premiers symptômes se sont manifestés – une douleur sourde au niveau du ventre –, il était déjà trop tard. C'est pourquoi la prévention de ce cancer est primordiale.

Le cancer du pancréas est le plus fatal d'entre tous – seulement 6 % des patients survivent cinq ans après le diagnostic. Heureusement, il est relativement rare et ne tue que 40 000 Américains environ chaque année[81]. Jusqu'à 20 % des cas de cancer du pancréas pourraient être une conséquence du tabagisme[82]. Parmi les autres facteurs de risque modifiables, on peut citer l'obésité et la consommation importante d'alcool[83]. Comme nous le verrons, des facteurs plus spécifiquement nutritionnels peuvent également jouer un rôle dans le développement de cette maladie mortelle.

Par exemple, les graisses alimentaires sont au cœur de nombreux débats depuis bien longtemps.

L'incohérence des résultats des différentes études sur l'impact de la consommation totale de graisses peut s'expliquer en partie par le fait que les divers types de graisses affectent le risque de façon différente. L'étude NIH-AARP déjà mentionnée était suffisamment vaste pour pouvoir déterminer quel type de graisses était le plus souvent associé au cancer du pancréas. Elle a été la première à faire une distinction entre les graisses d'origine végétale et l'ensemble des sources animales, y compris les viandes, les produits laitiers et les œufs. La consommation de graisses d'origine animale était associée au risque de cancer du pancréas de façon significative, mais on n'a trouvé aucune corrélation avec la consommation de graisses végétales[84].

Le poulet et le risque de cancer du pancréas

Dès le début des années 1970, une série de lois a restreint l'usage de l'amiante, et pourtant des milliers d'Américains continuent de mourir car ils y sont toujours exposés. Les Centres de prévention et de contrôle des maladies (Centers for Disease Control and Prevention), l'Académie américaine de pédiatrie et l'Agence de protection environnementale ont estimé que, sur une période de trente ans environ, 1 000 cas de cancer surviendront chez des personnes exposées à l'amiante pendant leur enfance, dans des bâtiments scolaires[85].

Tout a commencé il y a plusieurs générations avec les ouvriers de l'amiante. Les premiers cancers liés à ce matériau sont survenus dans les années 1920, parmi les mineurs qui creusaient l'amiante. Puis il y a eu une seconde vague parmi ceux qui construisaient les navires et les ouvriers du bâtiment qui l'utilisaient. Nous connaissons à présent une troisième vague de la maladie liée à l'amiante, dans la mesure où les bâtiments construits avec ce matériau commencent à se dégrader[86].

Comme le montre le cas de l'amiante, pour déterminer si un facteur est la cause d'un cancer, les scientifiques étudient d'abord les sujets qui y sont le plus exposés. C'est ainsi que nous avons découvert l'effet potentiellement cancérigène des virus aviaires. On craint depuis longtemps que les virus aviaires qui provoquent le cancer soient transmis à la population par la manipulation de poulet frais ou surgelé[87]. Ces virus sont connus pour être à l'origine du cancer chez les oiseaux, mais on ignore leur rôle dans les cancers humains. Cette inquiétude est née de plusieurs études montrant que les individus qui travaillent dans les abattoirs de volailles et les usines de transformation présentent un risque plus élevé de mourir de certains cancers.

La plus récente de ces études, portant sur 30 000 ouvriers de la filière volailles, voulait tester si « l'exposition aux virus aviaires oncogènes qui est très courante chez les ouvriers de la filière volailles – sans parler de l'ensemble de la population – peut être associée à un risque accru de mortalité des suites d'un cancer du pancréas ou du foie ». L'étude a conclu que les personnes chargées de l'abattage des poulets avaient environ *neuf fois plus de risques* de développer un cancer du pancréas ou du foie[88]. Pour replacer ce résultat dans son contexte, il faut savoir que l'autre grand facteur de risque qui a été étudié de façon approfondie est le tabagisme : même si vous fumez pendant cinquante ans, le risque de cancer du pancréas sera « seulement » multiplié par deux[89].

Qu'en est-il de ceux qui mangent du poulet ? La plus vaste étude qui ait abordé cette question est l'étude prospective européenne sur le cancer et la nutrition (EPIC), qui a suivi 477 000 individus pendant une décennie. Les chercheurs ont conclu à une augmentation du risque de développer un cancer du pancréas de 72 % à partir d'une consommation quotidienne de 50 g de poulet par jour[90]. Cela ne représente pas grand-chose – à peine le quart d'un blanc de poulet.

Les chercheurs ont été surpris de constater que c'était la consommation de volailles – et non de viande rouge – qui était le plus étroitement liée au cancer. Lorsqu'un résultat similaire a été trouvé pour les lymphomes et les leucémies, cette équipe de recherche EPIC a reconnu que même si les hormones de croissance que l'on administrait aux poulets et aux dindes pouvaient jouer un rôle, les virus oncogènes présents dans les volailles restaient déterminants[91].

Si le lien entre l'amiante et le cancer a été comparativement beaucoup plus facile à établir, c'est parce que l'amiante provoquait une forme de cancer particulièrement inhabituelle (le mésothéliome), qui était presque inconnu avant que l'usage de ce matériau ne se répande[92]. Le cancer du pancréas que l'on peut développer en consommant du poulet est le même que celui causé par le tabagisme, aussi la relation de cause à effet est-elle moins évidente à déterminer. Certaines maladies se développent uniquement au sein de la filière viande, comme celle qu'on a récemment appelée la « maladie des brosseurs de saucisson », qui n'affecte que les gens dont le métier consiste à brosser les moisissures se développant naturellement sur la peau du saucisson[93]. Mais la plupart des maladies qui touchent les ouvriers de la filière viande sont plus universelles. Par conséquent, en dépit des preuves indiscutables qui établissent un lien entre l'exposition à la volaille et le cancer du pancréas, ne vous attendez pas à voir dans un avenir proche une quelconque interdiction des chaînes de fast-food spécialisées dans le poulet comparable à celle qui touche l'amiante.

Le traitement du cancer du pancréas grâce au curry

Le cancer du pancréas est une des formes les plus agressives du cancer. Sans traitement, la plupart des patients meurent deux à quatre mois après le diagnostic. Hélas, seulement 10 % des patients environ semblent répondre à la chimiothérapie, et la majorité souffrent de graves effets secondaires[94].

La curcumine, le composant coloré du curcuma, semble pouvoir inverser l'évolution des changements précancéreux du cancer du côlon et s'est avérée efficace contre les cellules du cancer du poumon dans les tests menés en laboratoire. Des résultats similaires ont été obtenus sur des cellules du cancer du pancréas[95]. Par conséquent, pourquoi ne pas essayer d'avoir recours à la curcumine pour traiter les patients atteints du cancer du pancréas ? Dans une étude financée par le National Cancer Institute et menée au MD Anderson Cancer Center, des patients souffrant d'un cancer avancé du pancréas ont reçu d'importantes doses de curcumine. Sur les 21 patients que les chercheurs ont pu évaluer, deux ont répondu positivement au traitement. Chez l'un d'eux, la taille de la tumeur a réduit de 73 %, même si une nouvelle tumeur résistante à la curcumine s'est développée au même endroit.

L'autre patient, en revanche, a présenté une amélioration régulière sur une durée de dix-huit mois. Les biomarqueurs du cancer n'ont augmenté que pendant une courte période de trois semaines, au cours de laquelle le traitement à la curcumine avait été interrompu[96]. Certes, les tumeurs de seulement 2 patients sur 22 ont répondu, mais c'est à peu près comparable aux résultats de la chimiothérapie, et aucun effet indésirable n'a été rapporté avec le traitement à base de curcumine. En conséquence, je suggérerais très certainement la curcumine aux malades du cancer du pancréas, quel que soit l'autre traitement pour lequel ils optent. Mais étant donné le pronostic tragique, la prévention est cruciale. Tant que nous n'en saurons pas plus, votre meilleure option est d'éviter le tabac, la consommation excessive d'alcool et l'obésité, et de suivre un régime pauvre en aliments d'origine animale, en céréales raffinées et sucres ajoutés[97] et riche en haricots, lentilles, pois cassés et fruits secs[98].

LE CANCER DE L'ŒSOPHAGE

Le cancer de l'œsophage survient lorsque des cellules cancéreuses se développent dans l'œsophage – le tube musculaire qui permet le passage des aliments de votre bouche à votre estomac. En général, le cancer survient à l'intérieur de la paroi de l'œsophage, puis envahit les parois externes avant de métastaser (se propager) dans les autres organes. Au début, il peut n'y avoir que peu de symptômes – et parfois il n'y en a aucun. Mais à mesure que le cancer évolue, des difficultés de déglutition peuvent survenir.

Chaque année, on enregistre environ 18 000 nouveaux cas de cancer de l'œsophage et 15 000 décès[99].

Les principaux facteurs de risque sont le tabagisme, la consommation excessive d'alcool et le reflux gastro-œsophagien (RGO), qui sont des remontées acides de l'estomac dans l'œsophage, brûlant la paroi interne et entraînant une inflammation susceptible à terme de donner lieu à un cancer. En plus d'éviter le tabac et l'alcool (même une consommation d'alcool modérée semble augmenter le risque[100]), la chose la plus importante que vous puissiez faire pour prévenir le cancer de l'œsophage est de remédier au reflux gastro-œsophagien – et on y parvient souvent par l'alimentation.

Reflux gastro-œsophagien et cancer de l'œsophage

Le reflux gastro-œsophagien est un des troubles les plus courants de l'appareil digestif. Les symptômes usuels sont des brûlures d'estomac et des régurgitations acides, qui peuvent laisser un goût amer dans la bouche. Le RGO entraîne des millions de visites chez le médecin et d'hospitalisations chaque année et, de toutes les maladies digestives aux États-Unis[101], c'est lui qui coûte le plus cher. L'inflammation chronique causée par le reflux gastro-œsophagien peut entraîner un œsophage de Barrett, un état précancéreux impliquant des changements au niveau de la paroi de l'œsophage[102]. Pour prévenir l'adénocarcinome, la forme la plus courante du cancer de l'œsophage aux États-Unis, on doit interrompre cet enchaînement – et cela veut dire en premier lieu interrompre le reflux acide.

C'est un défi de taille aux États-Unis. Au cours des trois dernières décennies, la fréquence du cancer de l'œsophage a été multipliée par six[103] – une augmentation plus importante que celle du cancer du sein ou de la prostate, principalement due à la hausse du reflux gastro-œsophagien[104]. Environ un Américain sur quatre (28 %) souffre d'au moins un épisode de brûlures d'estomac et/ou de régurgitations acides par semaine, alors que cela ne touche que 5 % de la population en Asie[105]. Cela semble indiquer que les facteurs nutritionnels jouent sans doute un rôle déterminant.

Au cours des deux dernières décennies, environ 45 études ont examiné le lien entre l'alimentation, l'œsophage de Barrett et le cancer de l'œsophage. Les facteurs les plus fréquemment associés au cancer sont la consommation de viande et les repas riches en graisses[106]. Il est intéressant de noter que différentes viandes sont associées à différents cancers. Tandis que la viande rouge semble fortement liée au cancer de l'œsophage, les volailles semblent plutôt liées au cancer situé au niveau de la jonction entre l'estomac et l'œsophage[107].

Comment cela se produit-il ? Dans les cinq minutes qui suivent la consommation de graisses, le sphincter situé en haut de l'estomac – qui joue un rôle de valve pour maintenir la nourriture à l'intérieur de l'estomac – se détend, permettant à l'acide de remonter dans l'œsophage[108]. Par exemple, un test réalisé avec des volontaires a montré que ceux qui avaient consommé un repas très riche en graisses (un hamburger à la saucisse, à l'œuf et au fromage de McDonald's) avaient eu davantage de remontées acides que ceux qui avaient mangé un repas moins gras (des pancakes de McDonald's[109]). Cet effet peut être dû en partie à la libération d'une hormone appelée « cholécystokinine », sécrétée lors de l'absorption de viande[110] et d'œufs[111], également susceptible de détendre les sphincters[112]. Cela pourrait expliquer pourquoi les consommateurs de viande souffrent deux fois plus de reflux gastro-œsophagien que les végétariens[113].

Même en faisant abstraction du risque de cancer, le RGO peut à lui seul entraîner des douleurs, des saignements et des lésions, ainsi qu'un rétrécissement de l'œsophage susceptible d'entraver la déglutition. Des milliards de dollars sont dépensés pour l'achat de médicaments destinés à soulager les brûlures d'estomac et le reflux gastrique en réduisant la quantité d'acide produite par l'estomac, mais ces médicaments peuvent contribuer à des carences nutritionnelles et augmenter le risque de pneumonie, d'infections intestinales et de fractures osseuses[114]. Une meilleure stratégie consisterait peut-être à faire en sorte que l'acide reste à sa place en réduisant la consommation d'aliments qui favorisent les remontées acides.

La protection apportée par une alimentation d'origine végétale ne se limite cependant pas à réduire les aliments nocifs. Axer votre régime sur des aliments d'origine végétale riches en antioxydants peut diviser de moitié votre risque de développer un cancer de l'œsophage[115]. Les aliments les plus protecteurs contre les cancers situés au niveau de la jonction entre l'estomac et l'œsophage sont les légumes rouges et orange, ainsi que les légumes à feuilles vert foncé, les baies, les pommes et les agrumes[116], mais tous les végétaux non raffinés présentent l'avantage de contenir des fibres.

Fibres et hernie hiatale

Tandis que la consommation de graisses est associée à une augmentation du risque de reflux, l'ingestion de fibres semble réduire ce risque[117]. Une consommation importante de fibres peut réduire jusqu'à un tiers[118] l'incidence du cancer de l'œsophage, en contribuant à prévenir la cause profonde du reflux gastro-œsophagien : la hernie, c'est-à-dire le passage d'une portion de l'estomac dans la cage thoracique.

La hernie hiatale se produit lorsqu'une partie de l'estomac est poussée vers le haut à travers le diaphragme, dans le thorax. Plus d'un Américain sur cinq souffre d'une hernie hiatale. En revanche, cette pathologie est presque inexistante parmi les populations dont l'alimentation est essentiellement composée de végétaux : chez elles, le taux est proche de un pour 1 000[119]. On pense que cela s'explique par l'évacuation aisée de selles larges et molles[120].

Les personnes qui consomment peu d'aliments complets d'origine végétale ont des selles plus petites et fermes qui peuvent être difficiles à évacuer. (Voir l'encadré page 167.) Si vous forcez régulièrement pour évacuer vos selles, au fil du temps la pression accrue peut pousser une partie de l'estomac vers le haut et le faire sortir de l'abdomen, permettant ainsi à l'acide de remonter vers la gorge[121].

Mais cette pression consécutive à des efforts répétés aux toilettes, semaine après semaine, peut entraîner d'autres problèmes, comme des sortes de hernies au niveau de la paroi du côlon, un état appelé « diverticulite », ou un reflux de sang au niveau de l'anus, causant des hémorroïdes, et même un reflux de sang au niveau des jambes, à l'origine de varices[122]. Une alimentation riche en fibres peut alléger la pression dans les deux sens. Les personnes qui suivent un régime alimentaire riche en végétaux complets ont tendance à bénéficier d'un transit facile, de sorte que leur estomac reste à sa place[123], ce qui réduit les remontées acides impliquées dans un de nos cancers les plus meurtriers.

Les fraises peuvent-elles inverser l'évolution du cancer de l'œsophage ?

Comme celui du pancréas, le cancer de l'œsophage est l'un des diagnostics les plus graves que l'on puisse imaginer. Le taux de survie à cinq ans est de moins de 20 %[124], et la plupart des patients meurent dans la première année qui suit le diagnostic[125]. Cela souligne le besoin de prévenir, d'interrompre ou d'inverser le processus de la maladie le plus tôt possible.

Les chercheurs ont décidé de tester l'efficacité des baies avec une étude clinique randomisée portant sur des patients souffrant de lésions précancéreuses de l'œsophage. Les sujets ont consommé 30 à 60 g de fraises lyophilisées chaque jour pendant six mois – l'équivalent de 500 g de fraises fraîches[126].

Tous les participants souffraient d'une maladie précancéreuse légère à modérée au début de l'étude mais, étonnamment, la progression de la maladie a été inversée d'environ 80 % chez les patients du groupe qui consommaient une grande quantité de fraises. La plupart des lésions précancéreuses ont soit régressé, passant de modérées à légères, soit totalement disparu. La moitié des participants qui suivaient le traitement consistant à consommer de grandes quantités de fraises n'étaient plus malades à la fin de l'étude[127].

La consommation de fibres n'a pas pour seul effet de relâcher la pression. L'être humain a évolué en consommant d'énormes quantités de fibres, nous pensons même qu'il consommait un excédent de 100 g par jour[128]. C'est environ dix fois plus que ce que consomme un individu moyen aujourd'hui[129]. Comme les plantes ne courent pas aussi vite que les animaux, l'alimentation d'autrefois avait tendance à être composée de beaucoup de fibres. En plus de faciliter votre transit, les fibres se lient aux toxines, telles que le plomb et le mercure, et les éliminent[130]. Notre corps est conçu pour recevoir en continu de grandes quantités de fibres, de sorte qu'il puisse se débarrasser de déchets indésirables tels que l'excès de cholestérol et d'œstrogènes dans les intestins, qui sont censés être ensuite éliminés. Mais si vos intestins ne sont pas en permanence remplis de végétaux, seule source naturelle de fibres, les déchets indésirables peuvent être réabsorbés par votre organisme, empêchant ainsi son processus naturel de détoxification. Seuls 3 % des Américains atteignent l'apport minimal journalier recommandé en fibres, ce qui en fait une des principales sources de carence en nutriments aux États-Unis[131].

5

Comment ne pas mourir d'une infection

J'étais encore à la faculté de médecine lorsque j'ai reçu cet appel : on me demandait de participer à la défense d'Oprah Winfrey, poursuivie en justice par un éleveur de bovins en vertu d'une loi de dénigrement de la nourriture (13 États ont adopté ces lois, qui pénalisent les commentaires injustes impliquant « qu'un produit alimentaire périssable ne serait pas sans danger pour la consommation par le public[1] »).

Dans son émission télévisée, Oprah Winfrey avait invité Howard Lyman, ancien éleveur de bovins de quatrième génération. Celui-ci décriait les pratiques cannibales employées pour nourrir les vaches avec les membres d'autres vaches, une pratique à risque accusée d'être responsable de l'apparition et du développement de la maladie de la vache folle. Révulsée par cette idée, Oprah a dit aux téléspectateurs : « Cela m'a coupé l'envie de manger des hamburgers ! » Le lendemain, le marché à terme des bovins s'est effondré et les éleveurs du Texas ont déclaré avoir perdu des millions.

Mon rôle consistait à aider à établir que les commentaires de Lyman étaient « fondés sur des données, des recherches scientifiques ou des faits fiables et sérieux[2] ». En dépit de la facilité avec laquelle nous avons pu le prouver – sans parler du fait que cette loi viole le premier amendement –, les éleveurs de bovins du Texas ont réussi à entraîner Oprah dans un long processus de procès en appel. Finalement, cinq ans plus tard, un juge fédéral a prononcé un non-lieu, mettant ainsi fin au calvaire d'Oprah.

Au strict sens légal, elle a gagné. Mais si l'industrie de la viande est capable de traîner pendant des années en justice une des personnes les plus riches et influentes de notre pays, lui coûtant une petite fortune en frais de justice, qu'en sera-t-il pour un anonyme ayant des velléités de parler ? Maintenant, l'industrie de la viande essaie de faire passer des lois « bâillons », qui rendent illégales les photographies dans leurs exploitations. Elle craint sans doute que les gens soient moins enclins à acheter leurs produits s'ils savent comment ils sont faits[3].

Heureusement, l'humanité a échappé au pire au moment de la maladie de la vache folle. Presque une génération entière a été exposée à du bœuf contaminé, mais seulement quelques centaines de personnes sont mortes. Nous n'avons pas eu autant de chance avec la grippe porcine qui, selon les estimations du CDC, a tué 12 000 Américains[4]. Presque les trois quarts des maladies émergentes ou réémergentes proviendraient du monde animal[5].

La domination de l'humanité sur le monde animal a déversé de véritables torrents de maladies infectieuses. La plupart des maladies infectieuses humaines étaient inconnues avant que la domestication n'entraîne une déferlante de maladies animales dans les populations humaines[6]. Par exemple, la tuberculose semble avoir été contractée à l'origine via la domestication des chèvres[7], et elle infecte à présent presque un tiers de l'humanité[8]. Dans le même temps, la rougeole[9] et la variole[10] pourraient résulter de virus bovins mutants. Nous avons domestiqué des porcs et hérité de la coqueluche, nous avons domestiqué des poulets et eu la fièvre typhoïde, et nous avons domestiqué des canards et attrapé la grippe[11]. La lèpre proviendrait du buffle d'eau et le virus du rhume des chevaux[12]. À quelle fréquence les chevaux sauvages ont-ils eu l'occasion d'éternuer à la face des humains jusqu'à ce qu'ils soient débourrés et bridés ? Jusque-là, le rhume commun n'était sans doute commun que pour les chevaux.

Une fois que les agents pathogènes ont eu franchi la barrière des espèces, la transmission interhumaine a pu avoir lieu. Le VIH, que l'on pense issu du commerce de la viande de primate en Afrique[13], entraîne le sida en affaiblissant le système immunitaire. Les infections virales et bactériennes, ainsi que les infections fongiques opportunistes contractées par les patients sidéens – auxquelles les personnes saines sont résistantes –, démontrent l'importance de la fonction immunitaire de base. Votre système immunitaire n'est pas actif uniquement lorsque vous êtes alité, en proie à une poussée de fièvre – il joue un rôle dans la lutte quotidienne pour sauver votre vie face aux agents pathogènes qui vous entourent et vivent en vous.

À chaque inspiration, vous inhalez des milliers de bactéries[14], et à chaque bouchée vous pouvez en ingérer des millions[15]. Pour la plupart, ces germes minuscules sont totalement inoffensifs, mais certains peuvent entraîner de graves maladies infectieuses, qui font parfois la une des journaux, avec des noms aussi sinistres que SRAS ou Ébola. Même si beaucoup de ces agents pathogènes exotiques sont très largement cités dans la presse, les gens meurent le plus souvent d'infections bien plus courantes. Par exemple, des infections respiratoires telles que la grippe et la pneumonie tuent presque 57 000 Américains chaque année[16].

Et n'oubliez pas qu'il n'est pas nécessaire d'entrer en contact avec une personne malade pour contracter une infection. Des infections latentes peuvent se trouver dans votre organisme, prêtes à frapper à la moindre déficience de la fonction immunitaire. C'est pourquoi il ne suffit pas de simplement se laver les mains régulièrement – il faut faire en sorte que le système immunitaire reste en bonne santé.

Protéger les autres

Pour protéger les autres lorsque vous êtes malade, vous devez avoir une bonne hygiène respiratoire, en toussant ou éternuant au creux de votre bras (à l'intérieur de votre coude replié). Cette pratique limite la dispersion des gouttelettes respiratoires et évite également de contaminer vos mains. La clinique Mayo a trouvé un slogan qui mérite d'être retenu : « Les dix pires sources de contagion sont nos doigts. » Lorsque vous toussez dans votre main, vous pouvez transmettre vos germes à tout ce qui vous entoure, des boutons d'ascenseur et interrupteurs aux pompes à essence et poignées de porte des toilettes[17]. Il n'est donc pas surprenant qu'en période grippale on puisse trouver le virus de la grippe sur plus de 50 % des surfaces domestiques, des crèches et garderies[18].

Idéalement, vous devriez vous désinfecter les mains après chaque passage aux toilettes et poignée de main, avant de préparer les repas et de vous toucher les yeux, le nez ou la bouche, ainsi qu'après avoir touché n'importe quelle surface dans un espace public. Les dernières recommandations de l'Organisation mondiale de la santé plaident en faveur de l'usage de lingettes ou gels antiseptiques à base d'alcool pour se désinfecter les mains au cours de la journée. (Les produits contenant entre 60 et 80 % d'alcool se sont révélés plus efficaces que le savon dans toutes les études scientifiques existantes.) Le lavage des mains n'est préférable que lorsqu'elles sont sales ou visiblement contaminées par des fluides corporels. Dans tous les autres cas, les produits à base d'alcool sont préconisés pour la désinfection des mains[19].

Malgré tout, certains germes survivront à cette première ligne de défense. C'est pourquoi il faut conserver un système immunitaire à un niveau de performance optimal grâce à un régime alimentaire et à un mode de vie sains.

PRÉVENIR LES MALADIES INFECTIEUSES AVEC UN SYSTÈME IMMUNITAIRE SAIN

Le terme « système immunitaire » est dérivé du latin *immunis*, qui veut dire non taxé ou intact, ce qui est parfaitement approprié, étant donné que le système immunitaire protège l'organisme des corps étrangers. Composé de divers organes, de globules blancs et de protéines appelées anticorps qui s'allient contre les agents pathogènes menaçant l'organisme, le système immunitaire est le système organique le plus complexe que l'homme possède[20] – en dehors du système nerveux.

La première barrière de protection contre les corps étrangers est constituée des barrières physiques, comme la peau. Au-dessous se trouvent les globules blancs, tels les neutrophiles, qui attaquent et s'emparent directement des agents pathogènes, ainsi que les cellules NK (*Natural Killer*) qui viennent à la rescousse de vos cellules si elles deviennent cancéreuses ou sont infectées par un virus. Comment les cellules NK reconnaissent-elles les agents pathogènes et les cellules infectées ? Ces derniers sont souvent sélectionnés pour être voués à la destruction par les anticorps, des protéines spécifiques créées par un autre type de globules blancs, connus sous le nom de lymphocytes B, qui se dirigent vers le corps étranger telles des bombes intelligentes, pour se lier à celui-ci.

Chaque lymphocyte B crée un type d'anticorps spécifique à chaque signature moléculaire étrangère. Vous possédez un lymphocyte B destiné au pollen de graminées et un autre destiné aux bactéries ; au lieu de cela, vous avez un seul lymphocyte B dont la seule mission consiste à créer des anticorps contre le pollen de l'oignon de Sibérie, un autre dont la seule mission est de créer des anticorps contre les protéines TRAIL d'une bactérie qui vit dans les eaux profondes de l'océan, etc. Si chacun de vos lymphocytes B produit un seul type d'anticorps, vous devez donc avoir un milliard de lymphocytes B différents, compte tenu de l'incroyable variété d'agents pathogènes potentiels existant sur notre planète. Et c'est le cas !

Imaginons qu'un jour, au cours d'une promenade, vous soyez soudain attaqué par un ornithorynque (il possède un aiguillon venimeux sur les pattes postérieures). Pendant toute votre vie jusqu'à ce moment, le lymphocyte B présent dans votre organisme qui produit les anticorps contre le venin de l'ornithorynque traînait là, à se tourner les pouces. Dès que le venin est détecté, ce lymphocyte B spécifique commence à se diviser à une vitesse ahurissante et, en un rien de temps, voilà une colonie de clones, produisant chacun des millions d'anticorps contre le poison de l'ornithorynque. Vous vous défendez contre la toxine et vivez heureux jusqu'à la fin de vos jours. C'est ainsi que fonctionne le système immunitaire – le corps humain n'est-il pas fabuleux ?

Cependant, lorsque vous vieillissez, votre fonction immunitaire décline. Est-ce simplement la conséquence inévitable du processus de vieillissement ou est-ce que la qualité du régime alimentaire a également tendance à baisser chez les populations âgées ? Pour vérifier la théorie selon laquelle une nutrition inadéquate pourrait expliquer en partie la perte de la fonction immunitaire à mesure du vieillissement, des chercheurs ont divisé en deux groupes 83 volontaires âgés de 65 à 85 ans. Le groupe de contrôle consommait moins de trois portions de fruits et légumes par jour, tandis que le groupe expérimental en consommait au moins cinq. Tous ont ensuite été vaccinés contre la pneumonie, une pratique recommandée pour tous les adultes de plus de 65 ans[21]. L'objectif de la vaccination est de préparer votre système immunitaire à produire des anticorps contre des agents pathogènes spécifiques à la pneumonie pour le cas où vous y seriez exposé. Comparées au groupe de contrôle, les personnes qui consommaient cinq portions ou plus de fruits et légumes ont produit 82 % d'anticorps protecteurs de plus que les autres en réponse au vaccin, et ce quelques mois seulement après avoir commencé ce régime alimentaire[22]. Voilà quel contrôle vous pouvez exercer sur la fonction immunitaire avec votre seule fourchette.

Certains fruits et légumes peuvent apporter un coup de pouce supplémentaire à votre fonction immunitaire.

Le kale

Parmi les légumes à feuilles vert foncé, les Américains mangent très peu de kale. Selon le département de l'Agriculture américain, l'Américain moyen en consomme environ 23 g par an[23]. Imaginez, 230 g par personne par… décennie !

Pourtant, le kale figure non seulement parmi les aliments les plus riches en nutriments de la planète, mais de plus il peut vous aider à lutter contre les infections. Des chercheurs japonais ont tenté une expérience : ils ont déposé une quantité infime de kale sur des globules blancs humains dans une boîte de Petri, soit environ un millionième de gramme de protéine de kale. Et cette quantité infime a quintuplé la production d'anticorps dans les cellules[24].

Les chercheurs ont utilisé du kale cru, mais les faibles quantités consommées par les Américains sont souvent cuites. La cuisson détruit-elle les effets immunostimulants du kale ? Non : trente minutes d'ébullition n'ont pas d'effet sur la production d'anticorps. En fait, le kale cuit semble même plus efficace[25].

Toutefois, cette propriété a été découverte dans un tube à essai, et même les aficionados du kale ne se l'injectent pas en intraveineuse, comme de l'héroïne – ce qui est vraisemblablement la seule façon pour que les protéines de kale intactes entrent en contact direct avec nos cellules sanguines. Aucune étude clinique sur le kale n'a été réalisée à ce jour, faute de sources de financement. À l'heure actuelle, son cousin le brocoli a apporté davantage de preuves de son action bénéfique sur le système immunitaire.

Le brocoli

Comme je l'ai mentionné, c'est à travers la paroi de l'intestin que l'organisme est le plus exposé au monde extérieur. Elle peut couvrir[26] plus de 600 m^2, ce qui représente la surface au sol de certaines maisons américaines[27]. Mais cette paroi est extrêmement fine – à peine 50 millionièmes de mètre : la barrière qui sépare votre circulation sanguine du monde extérieur est plus fine qu'une feuille de papier de soie. L'organisme a en effet besoin d'absorber les nutriments présents dans votre alimentation et, si la paroi était plus épaisse, ceux-ci auraient plus de difficultés à la traverser. La peau est imperméable pour assurer une forme d'étanchéité entre les organes et le monde extérieur, mais la paroi de l'intestin, elle, doit permettre l'absorption des fluides et de l'alimentation. Avec une frontière aussi fragile entre vos organes stériles et le chaos extérieur, vous devez posséder un bon système de défense pour que les éléments nuisibles restent à l'extérieur.

C'est là qu'intervient le système immunitaire, et en particulier un type spécifique de globules blancs – les lymphocytes intra-épithéliaux. Ces cellules ont deux fonctions : elles conditionnent et réparent la fine paroi intestinale et servent également de première ligne de défense contre les agents pathogènes[28]. Ces lymphocytes sont recouverts de « récepteurs Ah » qui activent les cellules[29]. Pendant des années, les scientifiques n'ont pu résoudre l'énigme du récepteur Ah. Si nous pouvions trouver un moyen d'activer ces cellules, nous serions en mesure de stimuler notre immunité[30].

Il s'avère que la clé de l'énigme est contenue dans le brocoli.

On vous a peut-être appris, lorsque vous étiez enfant, qu'il fallait manger vos légumes, y compris les crucifères comme le brocoli, le kale, le chou-fleur, le chou ou les choux de Bruxelles. Mais vos parents ne vous ont probablement pas dit pourquoi. Maintenant, nous savons que cette famille de légumes renferme les substances nécessaires au maintien des défenses intestinales de l'organisme. En résumé, le brocoli est capable de rallier les petits soldats de votre système immunitaire[31].

Pourquoi notre système immunitaire a-t-il évolué jusqu'à dépendre de certains légumes ? Eh bien… Quand avons-nous le plus besoin de stimuler nos défenses intestinales ? Lorsque nous mangeons. Le corps dépense beaucoup d'énergie pour entretenir son système immunitaire, alors pourquoi rester en alerte permanente alors que nous ne mangeons que quelques fois par jour ? Pourquoi l'organisme utiliserait-il tout particulièrement les légumes comme signal de ralliement des troupes ? Nous avons évolué pendant des millions d'années en mangeant presque exclusivement des herbes – des plantes sauvages, y compris les légumes à feuilles vert foncé –, de sorte que notre organisme s'est sans doute modifié en assimilant les légumes à l'heure du repas. La présence des légumes dans l'intestin fonctionne comme un signal d'entretien de notre système immunitaire[32]. Par conséquent, si nous ne consommons pas de végétaux à chaque repas, nous risquons d'ébranler la stratégie de protection de notre organisme.

Il est d'ailleurs intéressant de noter que la stimulation immunitaire apportée par les légumes crucifères tels que le brocoli nous protège non seulement contre les agents pathogènes présents dans la nourriture, mais aussi contre les polluants de l'environnement. Nous sommes tous constamment exposés à un large éventail de substances toxiques – comme la fumée de cigarette, les gaz d'échappement des voitures, les émanations des chaudières, la viande cuite, le poisson, les produits laitiers, et même le lait maternel[33] (conséquence de ce à quoi la mère a été exposée). Certains de ces polluants, comme les dioxines, exerçant leurs effets toxiques à travers le système des récepteurs Ah, les substances présentes dans les légumes crucifères pourraient leur faire obstacle[34].

D'autres végétaux pourraient eux aussi défendre l'organisme contre les envahisseurs toxiques. Au Japon, des chercheurs ont découvert que des phytonutriments présents dans des aliments comme les fruits, les légumes, les feuilles de thé et les haricots pouvaient bloquer les effets des dioxines in vitro. Par exemple, ils ont conclu qu'un niveau élevé de phytonutriments dans la circulation sanguine, consécutif à la consommation de trois pommes par jour ou d'une cuillerée à soupe d'oignons rouges, semblait diviser par deux la toxicité des dioxines. Seul inconvénient : l'effet de ces phytonutriments ne dure que quelques heures, ce qui veut dire que vous devez sans doute continuer de manger des aliments sains, repas après repas, si vous voulez maintenir vos défenses contre les agents pathogènes et les polluants[35].

La capacité de faire obstacle aux toxines n'est cependant pas limitée aux aliments d'origine végétale. Il existe un produit d'origine animale qui a démontré sa capacité à bloquer les effets cancérigènes des dioxines – il s'agit de l'urine de chameau[36]. Alors, la prochaine fois que vos enfants refuseront de manger leur fruits et légumes, vous pourrez leur dire : « C'est soit du brocoli, soit du pipi de chameau. À toi de voir. »

La vie en rose

Avez-vous déjà remarqué que votre urine prenait une coloration rose quand vous aviez mangé des betteraves ? Même si la couleur semble un peu étrange, c'est totalement inoffensif et temporaire[37]. C'est un rappel flagrant d'un fait important : lorsque vous mangez des aliments d'origine végétale, un grand nombre de phytonutriments pigmentés qui ont une action antioxydante sur votre organisme sont absorbés dans la circulation sanguine et inondent vos organes, tissus et cellules.

En d'autres termes, les pigments de betterave trouvent leur chemin jusqu'à votre urine parce qu'ils sont absorbés par les intestins, puis transportés par la circulation sanguine, avant d'être filtrés par les reins. Pendant ce voyage à travers le corps, même votre sang prend une teinte un peu plus rose.

C'est selon ce principe aussi que l'ail vous donne cette haleine si reconnaissable. Ce n'est pas seulement un résidu dans votre bouche qui fait fuir ceux que vous approchez, mais également les substances favorables à la santé qui sont absorbées dans votre circulation sanguine après ingestion de l'ail, avant d'être exhalées par vos poumons dans votre haleine. Même si vous venez juste de subir un lavement à l'ail, vous aurez une haleine chargée de relents d'ail. C'est pour cette raison que l'ail peut être employé comme traitement adjuvant dans les cas graves de pneumonie, car il peut contribuer à éliminer la bactérie à mesure qu'il est exhalé par les poumons[38].

Stimuler l'activité des cellules NK (*Natural Killer*) grâce aux baies

Pour prévenir les maladies, les baies sont des championnes toutes catégories, selon le responsable du laboratoire de recherche Bioactive Botanical[39]. Les supposées propriétés anticancéreuses des composants des baies ont été attribuées à leur apparente capacité à contrer, réduire et réparer les dommages causés par le stress oxydatif et l'inflammation[40]. Mais ce n'est que récemment qu'on a découvert que les baies avaient également la faculté d'augmenter votre taux de cellules NK.

Les cellules NK sont un type de globules blancs vitaux qui contrôlent la réaction rapide du système immunitaire contre les cellules infectées par un virus et les cellules cancéreuses. On les qualifie de cellules tueuses naturelles parce qu'elles n'ont pas besoin d'être exposées à une maladie pour être activées, contrairement à d'autres parties du système immunitaire qui ne répondent efficacement qu'après une exposition préalable, comme dans le cas de la varicelle, par exemple[41]. Après tout, vous ne voulez pas attendre l'apparition d'une seconde tumeur pour que votre système immunitaire commence à se battre.

Environ deux milliards de ces tireurs d'élite patrouillent dans votre circulation sanguine à tout moment, mais la recherche suggère que vous pouvez les rendre encore plus performants en consommant des myrtilles. Lors d'une étude, les chercheurs ont demandé à des athlètes de manger environ 150 g de myrtilles pendant six semaines pour voir si elles pouvaient réduire le stress oxydatif causé par les courses longue distance[42]. Les myrtilles ont rempli leur mission, comme on pouvait s'y attendre, mais la découverte la plus importante a été leur effet sur les cellules NK. En général, le nombre de ces cellules décroît après un exercice d'endurance prolongé – de moitié environ, passant ainsi à un million. Mais chez les athlètes qui avaient consommé des myrtilles, le nombre de cellules NK a en fait doublé, passant à plus de quatre millions.

Les myrtilles peuvent faire augmenter le nombre de cellules tueuses naturelles, mais existe-t-il des aliments susceptibles de stimuler l'*activité* cellulaire – autrement dit, qui sont efficaces pour lutter contre les cellules cancéreuses ? Il semble en effet qu'une épice aromatique, la cardamome, remplisse ce rôle. Les chercheurs ont placé des cellules de lymphome dans une boîte de Petri et y ont ajouté des cellules NK, qui ont détruit environ 5 % des cellules cancéreuses. Mais après avoir ajouté une pincée de cardamome, les cellules NK éradiquaient encore plus de cellules cancéreuses – jusqu'à dix fois plus[43,44]. Aucune étude clinique n'a encore réalisé d'essai sur des patients cancéreux.

En théorie, des muffins à la myrtille aromatisés à la cardamome pourraient augmenter le nombre de cellules NK circulant dans l'organisme, et stimuler leur instinct destructeur envers les cellules cancéreuses.

Peut-on prévenir le rhume grâce aux probiotiques ?

Les nourrissons nés par césarienne semblent présenter un plus grand risque de maladies allergiques, dont la rhinite allergique, l'asthme et peut-être même les allergies alimentaires. (Les symptômes d'allergie sont provoqués par une réaction excessive du système immunitaire à des stimuli normaux et inoffensifs, tel le pollen des arbres.) Pendant l'accouchement, l'intestin du bébé est colonisé par les bactéries vaginales de la mère. Les bébés nés par césarienne sont en revanche privés de cette exposition naturelle et cette différence de flore intestinale peut affecter le développement du système immunitaire du nourrisson, ce qui expliquerait les disparités des taux d'allergie. Cette hypothèse est confirmée par la recherche qui montre qu'une perturbation de la flore vaginale de la mère pendant la grossesse, due par exemple à une infection transmise sexuellement, pourrait entraîner un plus grand risque d'asthme pour l'enfant[45].

Ces découvertes soulèvent une question plus vaste sur les effets que les bonnes bactéries dans l'intestin pourraient exercer sur le système immunitaire. Certaines études ont montré que la prise de bonnes bactéries (probiotiques) sous forme de complément alimentaire pourrait avoir des effets immunostimulants. Lors d'une première étude, des prélèvements de globules blancs chez des sujets qui avaient pris des probiotiques pendant quelques semaines ont indiqué une amélioration significative de leur capacité à détruire les envahisseurs potentiels. Cet effet s'est prolongé pendant au moins trois semaines après l'arrêt de la prise de probiotiques. L'activité des cellules NK contre les cellules cancéreuses in vitro a également été améliorée[46].

Améliorer la fonction cellulaire dans une boîte de Petri, c'est bien, mais comment ces résultats garantissent-ils une baisse du nombre d'infections ? Il a fallu encore dix ans avant qu'une étude randomisée en double aveugle, contrôlée par un placebo, soit réalisée. (Considérée comme l'étalon-or de la recherche, une étude randomisée en double aveugle contrôlée par un placebo est un essai pendant lequel ni les participants ni les chercheurs ne savent qui a reçu un placebo jusqu'à la fin de l'étude.) L'étude a montré que les personnes qui avaient pris un complément alimentaire à base de probiotiques pouvaient effectivement avoir moins de rhumes, prendre moins de congés maladie, et avaient moins de symptômes en général[47]. Les preuves scientifiques actuelles suggèrent que les probiotiques pourraient réduire le risque d'infections des voies respiratoires supérieures, mais elles sont insuffisantes pour recommander la prise de compléments alimentaires à base de probiotiques[48].

À moins que vous n'ayez subi des perturbations majeures de la flore intestinale à la suite d'un traitement antibiotique ou d'une infection intestinale, il est sans doute préférable de nourrir les bonnes bactéries déjà présentes dans vos intestins[49]. Que mange votre flore intestinale ? Des fibres et un certain type d'amidon que l'on trouve sous forme concentrée dans les haricots. Ces substances se nomment les *prébiotiques*. Les probiotiques sont les bonnes bactéries, et se nourrissent de prébiotiques. Par conséquent, le meilleur moyen de préserver le bien-être de vos bonnes bactéries est de consommer beaucoup d'aliments complets d'origine végétale.

Lorsque vous mangez un produit frais, vous apportez à vos intestins à la fois des prébiotiques et des probiotiques. Les fruits et légumes sont couverts de millions de bactéries d'acide lactique, dont certaines utilisées dans les compléments alimentaires probiotiques. Lorsque vous préparez une choucroute par exemple, vous n'avez pas besoin d'ajouter de ferments lactiques car les bactéries sont déjà naturellement présentes sur les feuilles de chou. Inclure des fruits et légumes crus dans votre alimentation quotidienne peut donc présenter de multiples avantages[50].

Stimuler le système immunitaire grâce à l'exercice physique

Et s'il existait un médicament ou un complément alimentaire capable de réduire de moitié le nombre de congés maladie que vous devez prendre pour des infections respiratoires, comme un simple rhume ? Cela ferait gagner des millions de dollars à certaines entreprises pharmaceutiques. Mais le moyen d'atteindre ce résultat existe en fait déjà. Il est gratuit et si efficace que vous pourriez réduire vos congés maladie de 25 à 50 %. Et il n'a que de bons effets secondaires. De quoi s'agit-il ?

De l'exercice physique[51].

Il n'est même pas nécessaire d'en faire beaucoup pour obtenir des résultats. Certaines études ont révélé[52] que si vous laissez des enfants courir pendant seulement six minutes, leur taux de cellules immunitaires sanguines augmentera de presque 50 %. À l'autre extrémité du cycle de la vie, l'exercice régulier peut également aider à prévenir le déclin immunitaire lié à l'âge. Une autre étude a révélé que si les femmes âgées sédentaires ont 50 % de risques de contracter une maladie respiratoire des voies aériennes en automne, celles qui commencent à suivre un programme de marche quotidienne d'une demi-heure font chuter ce risque, le ramenant à 20 %. Et chez les coureuses entraînées, il n'est que de 8 %[53]. L'exercice physique semble rendre le système immunitaire au moins cinq fois plus efficace dans la lutte contre les infections.

Comment cela s'explique-t-il ? Comment le simple fait de bouger fait-il baisser le risque de contracter une infection ? Environ 95 % de toutes les infections commencent à la surface des muqueuses, dont les yeux, les narines et la bouche[54]. Ces surfaces sont protégées par des anticorps nommés IgA (les immunoglobulines de type A), qui créent une barrière immunologique en neutralisant les virus et en les empêchant de pénétrer dans l'organisme. L'IgA présente dans la salive, par exemple, est considérée comme la première ligne de défense contre les infections respiratoires des voies aériennes, telles la pneumonie ou la grippe[55]. L'exercice modéré peut suffire à stimuler le nombre d'IgA et réduire sensiblement le risque de souffrir des symptômes de la grippe. Comparées à un groupe de contrôle sédentaire, les personnes qui ont fait de l'aérobic pendant trente minutes trois fois par semaine pendant douze semaines ont vu augmenter de 50 % le nombre des IgA dans leur salive et ont subi nettement moins de symptômes d'infection respiratoire[56].

Tandis que l'activité physique régulière améliore la fonction immunitaire et réduit le risque d'infection respiratoire, l'effort intense peut avoir l'effet opposé.

Lorsque vous devenez actif après avoir été inactif, le risque d'infection diminue mais, à un certain stade, l'exercice et le stress excessifs peuvent *augmenter* le risque d'infection en affaiblissant la fonction immunitaire[57]. Dans les semaines qui suivent les marathons ou les ultramarathons, on constate chez les coureurs une augmentation des infections respiratoires des voies aériennes (elles sont multipliées de deux à six fois[58,59]). On a remarqué que les footballeurs d'élite souffraient d'une chute significative de la production d'IgA un jour seulement après le début d'une compétition internationale. Ce déclin a été associé à des infections respiratoires des voies aériennes pendant l'entraînement. D'autres études ont révélé que le taux d'IgA pouvait chuter après une seule série d'exercices extrêmement intenses[60].

Que faire si vous êtes un irréductible athlète ? Comment pouvez-vous réduire votre risque d'infection ? Les recommandations traditionnelles de la médecine du sport ne semblent pas avoir grand-chose à proposer : on vous conseille de vous faire vacciner contre la grippe, d'éviter de vous toucher les yeux ou de vous mettre les doigts dans le nez, et de rester à l'écart des gens malades[61,62]. Merci bien ! Ces mesures pourraient être insuffisantes car les infections respiratoires sont souvent déclenchées par un virus latent dans l'organisme, comme le virus d'Epstein-Barr, la cause de la mononucléose. Par conséquent, même si vous n'avez été en contact avec personne, dès que votre fonction immunitaire baisse, ces virus dormants peuvent réapparaître et vous rendre malade.

Heureusement, un certain nombre d'aliments peuvent contribuer à entretenir votre immunité et ainsi tenir les microbes à distance.

Le premier dans la liste est la chlorelle, une algue verte unicellulaire d'eau douce qui se vend en général sous forme de poudre ou de comprimés. Les chercheurs japonais ont été les premiers à montrer que chez les femmes allaitantes à qui on avait administré de la chlorelle, on avait constaté une augmentation de la concentration d'IgA dans le lait maternel. Même si les compléments alimentaires de chlorelle n'ont pas amélioré la fonction immunitaire dans son ensemble[63], on a prouvé que les algues pouvaient être efficaces. Dans une autre étude japonaise, des chercheurs ont rassemblé des athlètes ayant un terrain propice aux infections lors d'un camp d'entraînement. Parmi les athlètes du groupe de contrôle, qui n'avaient reçu aucun complément alimentaire, le taux d'IgA était resté stable[64].

Je modère cependant mes propos par une mise en garde : un cas inquiétant dans la ville d'Omaha, dans le Nebraska, a été publié récemment, intitulé « La psychose provoquée par la chlorelle[65]. » Une femme âgée de 48 ans a vécu un épisode psychotique deux mois après avoir commencé à prendre de la chlorelle.

Son médecin lui a dit d'arrêter et lui a administré un médicament antipsychotique. Une semaine plus tard, elle allait très bien. La chlorelle n'avait jamais été associée à la psychose jusque-là, on a donc présumé qu'il s'agissait d'une simple coïncidence. Autrement dit, la psychose a sans doute commencé de façon fortuite après que la femme a commencé à prendre de la chlorelle, et peut-être s'est-elle sentie mieux après avoir cessé d'en consommer simplement en raison de l'effet des médicaments. Mais sept semaines plus tard, tandis qu'elle suivait toujours son traitement, elle a recommencé à prendre de la chlorelle et a vécu un nouvel épisode psychotique. Elle a arrêté la prise de chlorelle, et sa psychose a disparu de nouveau[66]. Peut-être n'est-ce pas la chlorelle en tant que telle qui a déclenché l'épisode, mais des impuretés toxiques ou une adultération. Nous n'en savons rien. Le marché des compléments alimentaires n'étant pas correctement réglementé, il est difficile de savoir ce que vous achetez vraiment lorsque vous vous en procurez sous forme de comprimés.

Les athlètes qui souhaitent soutenir leur fonction immunitaire peuvent également opter pour la levure nutritionnelle. Une étude de 2013 a démontré que pour conserver votre taux de globules blancs après l'exercice physique, vous pouvez consommer un type de fibre spécifique, que l'on trouve chez le boulanger, le brasseur et dans la levure nutritionnelle[67]. La levure du boulanger est amère, mais la levure nutritionnelle a une saveur agréable, comparable à celle du fromage. Elle a particulièrement bon goût sur du pop-corn.

L'étude a conclu qu'après deux heures de cyclisme intense le nombre de monocytes (un autre type de globules blancs du système immunitaire) dans la circulation sanguine des sujets a chuté. Mais ceux à qui on avait administré trois quarts de cuillère de levure nutritionnelle avant leur entraînement ont vu leur taux de monocytes augmenter à un niveau supérieur à ce qu'il était avant l'exercice physique[68].

C'est très concluant sur des résultats d'analyses sanguines, mais la consommation de levure nutritionnelle se traduit-elle par moins de maladies ? Les chercheurs ont vérifié cette hypothèse lors du marathon de Carlsbad, en Californie.

Des coureurs à qui on avait donné l'équivalent d'une cuillère de levure nutritionnelle par jour pendant quatre semaines après une course semblaient avoir deux fois moins d'infections respiratoires des voies aériennes que ceux à qui on avait administré un placebo. De plus, ceux qui avaient pris de la levure ont également indiqué se sentir mieux. Lorsqu'on leur a demandé comment ils se sentaient sur une échelle de 1 à 10, les gens ayant pris un placebo ont répondu entre 4 et 5, contre 6 à 7 pour les sujets qui avaient consommé de la levure nutritionnelle. Les athlètes de haut niveau ressentent généralement une détérioration de l'humeur avant et après un marathon, mais cette étude a révélé qu'une faible quantité de levure nutritionnelle pouvait améliorer un large éventail d'états émotionnels, réduisant les sensations de tension, de fatigue, de confusion et de colère, tout en augmentant l'impression de « vigueur »[69]. Passez le pop-corn !

Stimuler l'immunité grâce aux champignons

Souffrez-vous d'allergies saisonnières ? Avez-vous le nez qui coule, les yeux irrités, des éternuements ? Tandis que vos allergies vous donnent peut-être la sensation d'être patraque parce que votre système immunitaire est activement occupé à attaquer de toutes parts, cet état de vigilance accrue pourrait avoir des bénéfices pour votre état de santé général.

Les personnes qui souffrent d'allergies semblent présenter un risque réduit de développer certains cancers[70]. Certes, leur système immunitaire peut être en surrégime, attaquant des éléments aussi inoffensifs que le pollen ou la poussière, mais cette vigilance accrue pourrait dans le même temps supprimer des tumeurs en formation dans l'organisme. Il serait intéressant de trouver un moyen de stimuler les parties du système immunitaire qui luttent contre les infections tout en réduisant la partie qui entraîne une inflammation chronique (et tous ces fâcheux symptômes).

Les champignons pourraient justement remplir cette fonction.

Tout comme les algues peuvent être considérées comme des plantes unicellulaires, les levures peuvent être envisagées comme des champignons unicellulaires. Des milliers de champignons comestibles poussent naturellement, avec une production commerciale mondiale annuelle qui se chiffre en millions de tonnes[71]. Mais vérifiez les étiquettes nutritionnelles qui figurent sur les barquettes de champignons, et vous ne verrez pas grand-chose d'autre que des vitamines du groupe B et des minéraux. Est-ce tout ce que les champignons contiennent ? Ce que vous ne verrez pas, c'est la liste des myco-nutriments uniques qui pourraient stimuler votre fonction immunitaire[72].

En Australie, des chercheurs ont divisé des individus en deux groupes, l'un conservant son alimentation habituelle et l'autre consommant en complément environ 150 g de champignons de Paris cuits chaque jour. Après seulement une semaine, on a constaté chez les mangeurs de champignons une augmentation de 50 % du taux d'IgA présentes dans la salive. Ce taux d'anticorps est resté élevé pendant environ une semaine avant de baisser[73]. Par conséquent, pour en tirer des bénéfices durables, essayez de consommer régulièrement des champignons.

Cependant, si les champignons provoquent une augmentation aussi spectaculaire de la production d'anticorps, ne devrait-on pas craindre qu'ils aggravent les symptômes allergiques et les maladies auto-immunes ? Il semble au contraire que les champignons aient un effet anti-inflammatoire. Les études in vitro ont montré qu'une variété de champignons, y compris les simples champignons de Paris, semble atténuer la réaction

> inflammatoire, stimuler la fonction immunitaire et anti-cancéreuse sans aggraver les maladies inflammatoires[74]. La première étude clinique randomisée réalisée en double aveugle et contrôlée par un placebo, publiée en 2014, a confirmé un effet antiallergique chez des enfants aux antécédents d'infections respiratoires des voies aériennes récurrentes[75].

L'intoxication alimentaire

Des agents pathogènes (du grec *pathos*, « affection », et *genes*, « origine ») peuvent également être présents dans ce que vous mangez. La maladie d'origine alimentaire, ou intoxication alimentaire, est un type d'infection provoquée par l'ingestion d'aliments contaminés. Selon le CDC (Centre de contrôle et de prévention des maladies), environ un Américain sur six est victime d'une intoxication alimentaire chaque année. Près de 48 millions de gens tombent malades tous les ans – c'est-à-dire une population plus vaste que celle des États de Californie et du Massachusetts réunis. Plus de 100 000 d'entre eux sont hospitalisés et des milliers meurent, juste à cause de ce qu'ils ont mangé[76].

En termes d'années de vie en bonne santé perdues, les pathogènes alimentaires les plus dévastateurs sont les bactéries *campylobacter* et *salmonelle* présentes dans les volailles, les parasites *Toxoplasma gondii* du porc et la bactérie *listeria* que l'on trouve dans la charcuterie et les produits laitiers[77]. Si les aliments d'origine animale sont les principaux coupables, c'est parce que la plupart des agents pathogènes alimentaires sont d'origine fécale. Comme les plantes ne défèquent pas, la bactérie *E. coli* que vous pouvez trouver dans les épinards ne provient pas à l'origine d'eux. L'*E. coli* est un agent pathogène intestinal, et les épinards n'ont pas d'intestins. L'épandage de purin sur les cultures a multiplié le risque de contamination par la bactérie *E. coli* par plus de 50[78].

Les œufs et la salmonelle

La première cause d'intoxication alimentaire aux États-Unis est la salmonelle ; c'est aussi la principale cause de mortalité liée à une intoxication alimentaire[79]. Et elle est en augmentation. Au cours de la dernière décennie, le nombre de cas a augmenté de 44 %, et elle touche particulièrement les enfants et les personnes âgées[80]. Dans les douze à soixante-douze heures qui suivent l'infection, les symptômes les plus courants apparaissent – fièvre, diarrhée et crampes abdominales sévères[81]. La maladie dure en général entre quatre et sept jours, mais chez les enfants et les personnes âgées, elle peut être assez grave pour nécessiter une hospitalisation – ou la préparation de funérailles.

Beaucoup de gens associent la salmonelle aux œufs – et pour une bonne raison. En 2010, par exemple, plus d'un demi-milliard d'œufs ont été rappelés en raison de foyers de salmonelle[82]. Toutefois, le mantra de l'industrie des œufs est resté le même : arrêtez de vous plaindre, les œufs sont sans danger. En réponse aux plaintes des consommateurs, le président du groupe United Egg Producers a affirmé dans un éditorial publié dans le journal *USA Today* : « Les œufs totalement cuits sont absolument sans danger[83]. » Mais que veut dire exactement « totalement cuits » ?

L'industrie des œufs a elle-même financé une recherche sur la salmonelle et les différents modes de cuisson des œufs. Qu'a-t-elle découvert ? La salmonelle peut survivre dans les œufs brouillés et cuisinés au plat (même retournés). La méthode la plus risquée est la cuisson au plat. Les chercheurs rémunérés par l'industrie des œufs en ont conclu abruptement : « La cuisson des œufs au plat est une méthode dangereuse[84]. » Autrement dit, l'industrie des œufs elle-même sait que ses produits, préparés comme le font des millions d'Américains chaque jour, sont *dangereux*. En réalité, nous le savions depuis un certain temps. Il y a vingt ans, les chercheurs de l'université de Purdue, dans l'Indiana, ont déterminé que la salmonelle pouvait survivre lorsque les œufs sont cuisinés en omelette et dans le pain perdu[85]. La salmonelle pourrait même survivre dans des œufs bouillis jusqu'à huit minutes[86].

Il ne devrait donc pas être étonnant que la Food and Drug Administration (la FDA, l'administration américaine des denrées alimentaires et des médicaments) chiffre à environ 142 000 les Américains rendus malades chaque année par des œufs contaminés par la salmonelle[87]. Mais les œufs arrivent « seulement » en dixième position sur la liste des associations agent pathogène/aliment.

Les volailles et la salmonelle

La consommation de poulet, et non des œufs de poule, est en réalité la source la plus courante d'intoxication à la salmonelle[88]. Une épidémie particulièrement virulente qui a touché l'ensemble du pays a impliqué le sixième producteur américain de volailles, Foster Farms. Elle s'est prolongée de mars 2013 à juillet 2014[89]. Pourquoi l'épidémie a-t-elle duré si longtemps ? Principalement parce que l'entreprise a continué à commercialiser à grande échelle des poulets contaminés, en dépit des mises en garde répétées du CDC[90]. Même si le nombre officiel de cas ne se comptait qu'en centaines, le CDC a estimé que pour chaque cas confirmé de salmonellose, 38 autres sont passés au travers des mailles du filet[91]. Ce qui veut dire que les poulets de Forster Farms ont sans doute rendu malades plus de 10 000 personnes. Lorsque les officiels du département américain de l'Agriculture ont mené leur enquête, ils ont découvert que 25 % des poulets analysés étaient contaminés par la même souche de salmonelles, provenant certainement des matières fécales trouvées sur les carcasses des poulets[92].

Le Mexique a suspendu les importations de poulet Foster Farms, mais aux États-Unis il est resté en vente partout[93]. Lorsqu'un constructeur automobile constate un défaut sur des freins, il annonce un rappel de ses véhicules pour des raisons de sécurité. Pourquoi les poulets contaminés par des salmonelles n'ont-ils pas été rappelés ? Le département américain de l'Agriculture a déjà essayé de faire fermer une entreprise qui avait violé à plusieurs reprises les normes en vigueur en matière de salmonelles. L'entreprise lui a intenté un procès, qu'elle a gagné. « Parce que les pratiques normales de cuisson de la viande et des volailles détruisent les bactéries de salmonelle », le juge chargé de l'affaire a conclu que « la présence de salmonelles dans les produits carnés » ne les rend pas « préjudiciables à la santé[94] ».

Si une cuisson adéquate tue le microbe, alors pourquoi des centaines de milliers d'Américains continuent-ils d'être malades après avoir consommé des volailles contaminées par la salmonelle chaque année ? Ce n'est pas comme l'*E. coli* que l'on retrouve dans les burgers saignants ou à point – qui consomme du poulet pas assez cuit ?

Nous avons ici affaire à un problème de contamination croisée. Entre l'achat d'une volaille fraîche ou surgelée en magasin et sa mise au four, les microbes présents dessus peuvent contaminer les mains, les ustensiles de cuisine et les plans de travail.

Des études ont montré que dans presque 80 % des cas, le simple fait de poser un poulet sur une planche à découper pendant quelques minutes pouvait transmettre une bactérie pathogène[95]. Ensuite, si vous reposez le poulet cuit sur la même planche, vous avez environ 30 % de risques de contaminer à nouveau la viande[96].

La réponse de sourd de Foster Farms après l'épidémie est un exemple de pragmatisme : « Il n'est pas inhabituel que la volaille provenant de n'importe quel fournisseur contienne la bactérie de la salmonelle, ont-ils déclaré dans un communiqué de presse. Les consommateurs doivent employer des méthodes de préparation et de cuisson adaptées[97]. » Autrement dit, il devrait être considéré comme normal que le poulet soit contaminé à la salmonelle. Mangez à vos risques et périls.

Pourquoi les consommateurs américains sont-ils soumis à un risque aussi élevé ? Certains pays européens ont réussi à faire baisser la contamination des poulets par la salmonelle jusqu'à 2 %. Comment ? Il y est tout simplement illégal de vendre des poulets contaminés par la salmonelle. Quelle idée révolutionnaire ! Ils n'autorisent pas la vente de poulets infectés par une bactérie qui rend plus d'un million d'Américains malades chaque année[98]. Dans une publication du commerce de l'industrie de la viande, un professeur de sciences d'Alabama spécialiste des animaux et de la volaille a expliqué pourquoi nous n'avons pas une politique aussi sécuritaire : « Le consommateur américain n'est pas prêt à payer un prix très élevé. C'est aussi simple que cela. » Si l'industrie devait rendre ses produits plus sûrs, les prix augmenteraient. « La vérité, dit-il, est qu'il est trop coûteux de ne pas vendre de poulet contaminé à la salmonelle[99]. »

Les bactéries présentes sur la viande

Le problème de la contamination ne se limite pas à un seul producteur de volailles. Dans un numéro de la revue *Consumer Reports*, des chercheurs ont publié une étude sur le véritable coût du poulet bon marché. Ils ont découvert que 97 % des blancs de poulet que l'on trouve dans les commerces de détail étaient contaminés par des bactéries susceptibles de rendre les gens malades[100]. 38 % des salmonelles qu'ils ont trouvées étaient résistantes à de nombreux antibiotiques ; le CDC considère que de tels agents pathogènes constituent une grave menace pour la santé publique[101].

Comme la clinique Mayo l'a déclaré de façon assez indélicate, « la plupart des gens sont intoxiqués par la salmonelle en mangeant des aliments qui ont été contaminés par des matières fécales[102] ». Comment se retrouvent-elles dans l'alimentation ? Dans les usines de transformation, les volailles sont en général vidées à l'aide d'un crochet en métal, qui, trop souvent, leur perfore les intestins et peut expulser des matières fécales sur la chair. Selon le dernier sondage national, environ 90 % des poulets vendus au détail seraient contaminés par des matières fécales[103].

En utilisant la présence de microbes tels que *E. fæcalis* et *E. faecium* comme marqueurs de la contamination fécale, 90 % des morceaux de poulet, 91 % de la dinde hachée, 88 % du bœuf haché et 80 % des côtelettes de porc vendus au détail aux États-Unis[104] se sont révélés contaminés.

Tandis que les épidémies de salmonellose ont augmenté, les infections à *E. coli* provoquées par les matières fécales présentes sur la viande de bœuf ont baissé[105]. Pourquoi le bœuf devient-il plus sûr et le poulet plus risqué[106] ? Un des facteurs probables : le gouvernement a réussi à faire voter une interdiction de vente du bœuf contaminé avec une souche particulièrement dangereuse d'*E. coli*. Mais pourquoi est-il illégal de vendre de la viande que l'on sait contaminée avec un agent potentiellement pathogène alors qu'il reste parfaitement légal de vendre du poulet contaminé ? Après tout, la salmonelle présente dans le poulet tue bien plus de gens que l'*E. coli* qu'on trouve dans le bœuf[107].

Il faut remonter à une célèbre affaire de 1974, lors de laquelle l'Association américaine de santé publique a poursuivi en justice le département américain de l'Agriculture (USDA) pour avoir autorisé la vente de viande contaminée par la salmonelle. Défendant l'industrie de la viande, l'USDA a fait remarquer que, puisqu'il y avait « de nombreuses sources de contamination pouvant contribuer au problème global », il serait « injustifié de prendre pour cible l'industrie de la viande et de demander [à l'USDA] de désigner ses produits comme étant dangereux pour la santé[108] ». Autrement dit, comme la salmonelle a également été associée aux produits laitiers et aux œufs, il ne serait pas juste de forcer la seule industrie de la viande à rendre ses produits plus sûrs. De même que l'industrie du thon soutient qu'il n'est pas nécessaire de faire figurer des mises en garde contre le mercure sur ses boîtes parce que vous pourriez également y être exposé si vous mangiez un thermomètre.

La cour d'appel de Washington, DC, a soutenu la position de l'industrie de la viande. « Les ménagères américaines et les cuisiniers ne sont en général ni ignorants ni stupides et leurs méthodes de préparation et de cuisson de la viande n'entraînent habituellement pas de salmonellose[109]. » C'est un peu comme si on affirmait que les airbags ou les ceintures de sécurité sont inutiles dans les monospaces, et que les enfants n'ont pas besoin de siège auto parce que leurs parents n'ont pas d'accident *en général*.

Éviter le poulet pour se préserver des infections urinaires

D'où proviennent les infections de la vessie ? Dans les années 1970, des études au long cours réalisées sur des femmes ont conclu que le déplacement des bactéries du rectum vers la zone vaginale précédait l'apparition d'infections de la vessie[110]. Il a cependant fallu attendre vingt-cinq ans avant que les techniques d'empreinte génétique ne prouvent que les souches d'*E. coli* qui résident dans les intestins servent de réservoir aux infections urinaires[111].

Et quinze ans de plus se sont écoulés avant que les scientifiques ne trouvent enfin le responsable. La source initiale de certaines des bactéries associées à l'infection urinaire serait… le poulet ! Les chercheurs de l'université McGill ont réussi à trouver l'*E. coli* à l'origine des infections urinaires dans les usines de transformation. Puis ils ont suivi sa trace jusqu'aux filières d'approvisionnement de viande, et en fin de compte dans les prélèvements urinaires effectués chez les femmes infectées[112]. En conséquence, nous avons désormais la preuve que les infections de la vessie peuvent être une zoonose – une maladie transmise de l'animal à l'homme[113]. Il s'agit d'une découverte majeure, étant donné que l'infection urinaire affecte plus de 10 millions de femmes chaque année aux États-Unis, et que son coût dépasse le milliard de dollars[114]. Et, plus grave encore, un grand nombre des souches d'*E. coli* du poulet à l'origine des infections urinaires sont désormais résistantes aux antibiotiques les plus puissants[115].

Ne pouvons-nous pas résoudre cette crise en distribuant simplement des thermomètres à viande pour s'assurer que les gens fassent suffisamment cuire le poulet ? Non – à cause du problème de la contamination croisée. Des études ont montré que la seule manipulation de poulet cru pouvait entraîner une colonisation intestinale, même si on ne le mangeait pas[116]. Dans ce cas, peu importe que vous fassiez bien cuire le poulet ou non. Vous pourriez le réduire en cendres et être infecté malgré tout. Après l'infection, on a découvert que la bactérie du poulet résistante aux antibiotiques se multipliait au point de devenir prépondérante dans la flore intestinale du sujet d'étude[117].

Si la plupart des cuisines hébergent davantage de bactéries fécales que les sièges de toilettes[118], c'est probablement parce qu'on prépare le poulet dans la cuisine, et non dans les toilettes. Et si l'on est vraiment précautionneux ? Une étude de référence, intitulée « L'efficacité des mesures d'hygiène pour la prévention de la contamination croisée à partir des carcasses de poulet dans les cuisines domestiques », a mis cette question à l'épreuve. Des chercheurs ont inspecté une soixantaine de foyers, donné à chaque famille un poulet cru et lui ont demandé de le faire cuire. Une fois le poulet cuit, les chercheurs sont revenus et ont trouvé des bactéries issues des matières fécales du poulet – *salmonella* et *campylobacter*, deux agents hautement pathogènes pour l'homme – partout dans les cuisines de ces familles[119] : sur la planche à découper, les ustensiles de cuisine, la poignée du réfrigérateur, celle du four, des portes, etc.

À l'évidence, ces personnes n'étaient pas au fait des mesures d'hygiène, alors les chercheurs ont renouvelé l'expérience, mais cette fois en donnant des instructions spécifiques aux familles, leur demandant de nettoyer les surfaces de travail avec de l'eau chaude et un détergent, en particulier la planche à découper, les ustensiles de cuisine, les placards, poignées et portes. Malgré cela, les chercheurs ont encore trouvé des agents pathogènes un peu partout[120].

À la lecture de l'étude, il semble évident que les chercheurs commençaient à être exaspérés à ce stade. Finalement, ils ont demandé aux sujets d'employer de l'eau de Javel. Les participants devaient d'abord plonger leur éponge dans un désinfectant javellisé, puis vaporiser les surfaces avec un détergent lui aussi javellisé sur toutes les surfaces de la cuisine et le laisser poser pendant quelques minutes. Malgré tout, les chercheurs ont à nouveau trouvé des *salmonella* et *campylobacter* sur certains ustensiles de cuisine, sur une éponge, sur le plan de travail qui jouxtait l'évier et sur les placards[121].

L'ampleur de la contamination était bien moins importante, mais il semble toutefois qu'à moins de traiter votre cuisine comme un laboratoire dédié à la prévention du risque biologique, le seul moyen de garantir l'absence d'agents pathogènes fécaux est de ne pas les faire entrer dans votre maison.

Il y a cependant un point positif : ce n'est pas parce que vous mangerez du poulet une fois que votre intestin sera colonisé à vie. Dans une étude pour laquelle des volontaires ont été infectés par la simple manipulation de viande, la bactérie du poulet qui essayait de coloniser leur intestin semblait survivre environ dix jours[122]. Le problème, hélas, c'est que les gens ont tendance à consommer du poulet plus souvent que tous les dix jours, réintroduisant donc peut-être ses microbes dans leur organisme.

La bactérie *Yersinia* du porc

Presque 100 000 Américains sont malades chaque année à cause de la bactérie *Yersinia*[123]. Lors d'une épidémie, on avait trouvé l'origine de cette bactérie : le responsable était le porc contaminé[124].

Dans la plupart des cas, l'intoxication alimentaire provoquée par la bactérie *Yersinia* entraîne des symptômes comparables à une gastro-entérite aiguë, mais ils peuvent devenir plus graves et ressembler à ceux de l'appendicite, occasionnant des opérations chirurgicales inutiles réalisées en urgence[125]. Les conséquences à long terme de la yersiniose peuvent être une inflammation chronique au niveau des yeux, des reins, du cœur et des articulations[126]. Des études ont conclu que, dans l'année qui suit une yersiniose, les victimes semblent avoir un risque 47 fois plus élevé de souffrir d'arthrite auto-immune[127], et la bactérie pourrait également jouer un rôle dans le déclenchement d'une inflammation auto-immune de la thyroïde, affection connue sous le nom de maladie de Graves[128].

Dans quelle mesure le porc américain est-il contaminé ? Le magazine *Consumer Reports* a testé presque 200 échantillons prélevés dans différentes villes américaines et découvert que plus des deux tiers des produits dérivés du porc étaient contaminés par la *Yersinia*[129]. Cela pourrait s'expliquer par l'intensification et le surpeuplement qui caractérisent aujourd'hui la plupart des exploitations porcines industrielles[130]. Comme le mentionne un article du *National Hog Farmer* intitulé « Entasser les porcs rapporte gros », les producteurs peuvent maximiser leurs profits en confinant chaque porc dans un espace d'environ 1,80 m^2. Ce qui veut dire qu'on entasse un animal de

100 kilos dans un espace équivalant à 0,7 × 1 mètre. Les auteurs ont reconnu que le surpeuplement présentait des problèmes – ventilation insuffisante et risques de santé accrus –, tout en concluant que « réduire légèrement l'espace alloué à chaque porc pouvait rapporter plus d'argent[131] ».

Hélas, il est peu probable que cette situation change dans un avenir proche, car la bactérie *Yersinia* n'entraîne pas de maladie clinique chez les porcs[132]. Autrement dit, c'est un problème de santé publique, et non de production animale. Cela n'affecte pas les bénéfices de l'industrie. Alors, au lieu de donner à ces animaux un peu plus d'espace pour respirer, l'industrie du porc transmet à la société un coût estimé à 250 millions de dollars en rendant malades des dizaines de milliers d'Américains chaque année[133].

La bactérie *C. difficile* de la viande

Une nouvelle superbactérie vient de faire son apparition : *Clostridium difficile.* « *C. diff* », comme on la nomme couramment, est une des menaces bactériennes les plus pressantes, infectant environ 250 000 Américains chaque année et tuant des milliers de personnes, pour un coût d'un milliard de dollars[134]. Elle entraîne une maladie que l'on nomme colite pseudomembraneuse, qui se manifeste sous la forme de diarrhées aiguës et de crampes abdominales.

C. diff a traditionnellement été considérée comme une infection nosocomiale – que l'on attrape dans les établissements de soins – mais on a récemment découvert que seulement un tiers des cas de *C. diff* provenaient du contact avec un patient infecté[135]. Comment se transmet-elle dans ce cas ?

La viande pourrait être une autre source d'intoxication. Le CDC a découvert que la bactérie *C. diff* produisant des toxines était présente dans 42 % des échantillons de viande emballée sous vide vendue par trois chaînes nationales de supermarchés[136]. Il s'avère que les États-Unis possèdent le taux le plus élevé d'intoxication à cette bactérie dans le monde[137].

C. diff a également été isolée dans le poulet, la dinde et le bœuf, mais c'est la contamination par le porc qui a principalement retenu l'attention des responsables de la santé publique. Sa souche est la plus proche de celle qui contamine les humains en dehors du milieu hospitalier[138]. Depuis 2000, la bactérie *C. diff* a été signalée de plus en plus fréquemment comme une des principales causes d'infection intestinale chez les porcelets[139]. La contamination par ce pathogène gastro-intestinal via la carcasse au moment de l'abattage est considérée comme la source de contamination la plus probable du porc vendu au détail[140].

En règle générale, *C. diff* ne vous causera aucun préjudice. Même si elle se retrouve dans vos intestins, vos bonnes bactéries peuvent le plus souvent la contrôler. Elle peut toutefois rester à l'état latent, jusqu'à ce que les bonnes bactéries disparaissent. Et dès que vous devez prendre un antibiotique qui perturbe votre flore intestinale, la bactérie *C. diff* peut se manifester à nouveau et entraîner un éventail de maladies intestinales inflammatoires, dont une affection potentiellement mortelle qui est aussi inquiétante que son nom le laisse présager : le côlon mégatoxique[141]. (Qui peut être fatal dans presque un cas sur deux[142].)

La cuisson ne détruit-elle pas la plupart des microbes ? En fait, *C. diff* diffère de la plupart des microbes. Pour la plupart des viandes, la température de cuisson interne recommandée est de 71 °C. Mais *C. diff* peut survivre pendant deux heures à cette température[143]. Autrement dit, vous pouvez faire griller un poulet à la température recommandée pendant deux heures consécutives sans pour autant détruire le microbe.

Vous avez certainement vu des publicités pour ces désinfectants pour les mains qui annoncent tuer 99,99 % des microbes. Eh bien, *C. diff* tombe dans la catégorie des 0,01 %. On ne l'appelle pas superbactérie pour rien. On a découvert que les spores résiduelles de ce pathogène se transmettaient facilement par une simple poignée de main, même après avoir utilisé un désinfectant[144]. Comme l'a conseillé un des principaux chercheurs qui a découvert une autre superbactérie dans la filière viande américaine – le MRSA (le staphylocoque doré résistant à la méticilline[145]) –, les gens qui manipulent de la viande crue auraient tout intérêt à porter des gants[146].

Faire face à l'ère post-antibiotiques

Le Dr Margaret Chan, directrice générale de l'OMS, a récemment annoncé que dans un avenir proche nos médicaments risquaient de perdre de leur efficacité. « Une ère post-antibiotiques implique la fin de la médecine moderne telle que nous la connaissons. Des choses aussi communes qu'une angine streptococcique ou un genou écorché pourraient tuer à nouveau[147]. » L'ère des miracles pourrait bientôt être derrière nous.

La recommandation de la directrice générale pour éviter cette catastrophe comprenait notamment un appel mondial à « limiter au seul cadre thérapeutique le recours aux antibiotiques dans la production alimentaire ». Autrement dit, l'utilisation des antibiotiques dans l'agriculture doit se limiter au traitement des animaux malades. Mais cela n'a pas été suivi d'effet. Aux États-Unis, les producteurs de viande gavent leurs animaux de millions de kilos d'antibiotiques chaque année, simplement pour favoriser leur croissance ou prévenir les maladies dans les conditions souvent stressantes, d'exiguïté et peu hygiéniques de l'élevage industriel. Bien sûr, les médecins prescrivent également trop d'antibiotiques, mais la FDA estime que 80 % des médicaments antimicrobiens vendus aux

États-Unis chaque année sont désormais destinés à l'industrie de la viande[148].

Des résidus d'antibiotiques peuvent donc se retrouver dans la viande que vous mangez. Des études ont révélé que des traces d'antibiotiques tels que Bactrim, Ciprofloxacine et Enrofloxacine ont été trouvées dans les urines de personnes consommant de la viande – l'une d'elles, cependant, prenait ces médicaments. Les chercheurs ont conclu : « La consommation de grandes quantités de bœuf, porc, poulet et produits laitiers pourrait expliquer l'excrétion quotidienne importante de plusieurs antibiotiques dans les urines[149]. » Ces quantités d'antibiotiques peuvent néanmoins être réduites, après avoir supprimé la viande de son alimentation pendant cinq jours seulement[150].

Presque toutes les principales institutions médicales et de santé publique se sont prononcées contre la pratique dangereuse qui consiste à administrer des antibiotiques aux animaux d'élevage dans le seul but de les faire grossir plus vite[151]. Mais la puissance combinée des industries agricoles et pharmaceutiques qui tirent profit de la vente de ces médicaments a contré toute action législative, tout cela pour permettre à ces industries d'économiser moins d'un centime par livre de viande[152].

Un mode de vie sain peut contribuer à vous protéger des maladies infectieuses propagées par les voies aériennes, comme par l'alimentation. Une plus grande consommation de fruits et légumes et un exercice physique plus régulier peuvent stimuler votre système immunitaire et vous aider à prévenir des infections respiratoires aussi courantes que le rhume. En consommant principalement des aliments d'origine végétale, vous éviterez de grossir les statistiques des intoxications alimentaires et limiterez votre exposition aux pathogènes fécaux les plus meurtriers.

Six ans après avoir aidé Oprah Winfrey dans son procès en diffamation contre l'industrie de la viande, j'ai à mon tour été menacé de poursuites judiciaires. La société Atkins m'a accusé de déclarations « diffamatoires », parues dans mon livre *Carbophobia : the Scary Truth about America's Low-Carb Craze* (La phobie des glucides : l'effrayante vérité sur l'engouement américain pour les régimes pauvres en glucides). Mon livre n'a certainement pas pu causer plus de tort à M. Atkins que son propre régime. Il est mort l'année précédente, en surpoids et – selon son rapport d'autopsie – souffrant d'antécédents cardiaques, d'insuffisance cardiaque congestive et d'hypertension[153].

Pourtant, les avocats affirmaient que j'avais fait du tort à l'entreprise Atkins Nutritionals. Au lieu de les laisser me condamner au silence, j'ai posté sur Internet leurs menaces de poursuites, accompagnées d'une réfutation point par point[154]. Heureusement, aux yeux de la loi, la vérité est considérée comme une bonne ligne de défense contre la mise en accusation pour diffamation.

Les avocats d'Atkins n'ont jamais mis leurs menaces à exécution. Quatre mois après la publication de mon livre, la société Atkins a fait faillite.

6

Comment ne pas mourir du diabète

Il y a quelques années, Millan, une femme membre de la communauté NutritionFacts.org, a eu la gentillesse de me raconter son histoire. Lorsqu'elle avait 30 ans, on lui a diagnostiqué un diabète de type 2. Millan avait lutté contre l'obésité tout au long de sa vie, au rythme de ses régimes yo-yo. Elle avait essayé presque tous les régimes à la mode mais, sans surprise, reprenait rapidement tout le poids qu'elle avait perdu. Le diabète ne lui était pas étranger. Ses parents, ses frères et sa tante étant tous diabétiques, son propre diagnostic lui a donc semblé inévitable. C'était l'âge, c'était la génétique. Elle ne pouvait rien y faire. Du moins, c'était ce qu'elle pensait.

Après un premier diagnostic en 1970, Millan avait été diabétique pendant deux décennies. Mais dans les années 1990, elle était passée à une alimentation végétalienne et avait totalement transformé sa vie. Aujourd'hui, elle a plus d'énergie que jamais, paraît et se sent plus jeune, et parvient enfin à maintenir un poids de forme. Plus de quatre décennies après le diagnostic de diabète, Millan, maintenant septuagénaire, se porte à merveille. Elle donne même des cours de zumba ! Elle n'a pas découvert de médicament miracle, ni de nouveau régime à la mode. Elle a simplement décidé de manger plus sainement.

Le nom de la maladie du diabète sucré (*diabetes mellitus*) vient du grec *diabêtês*, « qui traverse », et du latin *mellitus*, « miel sucré ». Le *diabetes mellitus* se caractérise par un niveau élevé de sucre sanguin, de façon chronique. Cela se produit soit parce que votre pancréas ne produit pas assez d'insuline (l'hormone chargée de contrôler le taux de sucre sanguin), soit parce que votre organisme devient résistant aux effets de l'insuline. La maladie qui se caractérise par une déficience en insuline est le diabète de type 1, et celle qui correspond à une résistance à l'insuline est le diabète de type 2. Si trop de sucre s'accumule dans votre sang, les capacités d'élimination de vos reins sont submergées et il peut se retrouver dans les urines.

Comment testait-on l'urine avant, lorsque les techniques de laboratoire n'existaient pas ? En la goûtant.

L'urine des diabétiques est aussi sucrée que du miel, d'où son nom.

Le diabète de type 2 a été surnommé « la peste noire du XXIe siècle » en raison de sa propagation exponentielle à travers le monde et de ses effets désastreux sur la santé. Mais contrairement à la peste bubonique, les agents pathogènes de l'obésité et du diabète de type 2 sont « l'alimentation riche en graisses et en calories », et les causes n'en sont pas les puces, ni les rongeurs, mais « les publicités et l'incitation à un piètre style de vie[1] ». Plus de 20 millions d'Américains sont actuellement reconnus comme diabétiques, et le nombre de cas a triplé depuis 1990[2]. À ce rythme, le CDC prédit qu'un Américain sur trois sera diabétique vers le milieu du siècle[3]. Aujourd'hui, aux États-Unis, le diabète provoque environ 50 000 cas d'insuffisance rénale, 75 000 amputations des membres inférieurs, 650 000 cas de perte de la vision[4] et environ 75 000 décès par an[5].

Votre système digestif dégrade les glucides que vous mangez en un sucre simple – le glucose – qui est le principal carburant de l'ensemble des cellules de votre corps. Pour passer de votre circulation sanguine à vos cellules, le glucose a besoin d'insuline. Imaginez l'insuline comme la clé qui ouvre la porte de vos cellules, pour laisser entrer le glucose. Chaque fois que vous mangez un repas, l'insuline est libérée par le pancréas pour aider à transporter le glucose jusqu'à vos cellules. Sans insuline, vos cellules ne peuvent accepter le glucose et, en conséquence, celui-ci s'accumule dans le sang. Au fil du temps, cet excédent de sucre peut endommager les vaisseaux sanguins dans l'ensemble de votre corps. C'est pourquoi le diabète peut entraîner la cécité, l'insuffisance rénale, des crises cardiaques et des AVC.

Un taux de glycémie élevé peut également porter atteinte à vos nerfs, créant une affection appelée neuropathie, susceptible de provoquer engourdissements, picotements et douleurs. En raison de ces lésions au niveau des vaisseaux sanguins et des nerfs, les diabétiques peuvent souffrir d'une mauvaise circulation et d'un manque de sensations dans les jambes et les pieds. Cela peut entraîner une mauvaise cicatrisation des blessures et, en conséquence, aboutir à une amputation.

Le diabète de type 1, autrefois appelé diabète juvénile, représente environ 5 % de l'ensemble des diabètes[6]. Chez la plupart des gens souffrant de diabète de type 1, le système immunitaire détruit les cellules bêta du pancréas. Sans insuline, le sucre sanguin augmente dans des proportions dangereuses. Le diabète de type 1 est donc traité par des injections d'insuline, un genre d'hormonothérapie substitutive, qui pallie le manque de production. La cause exacte du diabète de type 1 est inconnue, même si une prédisposition génétique, associée à une exposition à des facteurs environnementaux tels qu'une infection virale et/ou le lait de vache, peuvent jouer un rôle[7].

Le diabète de type 2, précédemment connu sous le nom de diabète de l'âge mûr (de l'adulte), représente 90 à 95 % des cas[8]. Dans le diabète de type 2, le pancréas peut sécréter de l'insuline, mais celle-ci ne fonctionne pas très bien car l'accumulation de graisse à l'intérieur des cellules des muscles et du foie interfère avec son action[9]. Si l'insuline est la clé qui ouvre la porte de vos cellules, les graisses saturées semblent en boucher les serrures. Le glucose se voyant refuser l'entrée au niveau de vos muscles, qui sont les principaux consommateurs de ce carburant, le taux de sucre sanguin s'élève à des niveaux dangereux. La graisse présente dans ces cellules musculaires peut provenir des graisses que vous mangez, ou de celles que vous stockez (votre graisse corporelle). La prévention, le traitement et l'inversion du diabète de type 2 sont donc étroitement liés à l'alimentation et au mode de vie.

Le CDC estime que plus de 29 millions d'Américains vivent avec un diabète, diagnostiqué ou non – ce qui représente environ 9 % de la population du pays. Sur 100 personnes, il est probable que six se sachent déjà diabétiques et que trois souffrent de cette maladie sans le savoir. Plus d'un million de nouveaux cas de diabète de type 2 sont diagnostiqués chaque année[10].

La bonne nouvelle, c'est que le diabète de type 2 peut presque toujours être évité, et souvent être traité. Il peut même être réversible si l'on change d'alimentation et de mode de vie. Comme d'autres fléaux majeurs – en particulier la maladie cardiaque et l'hypertension artérielle –, le diabète de type 2 est une conséquence fâcheuse de vos choix alimentaires. Mais même si vous souffrez déjà du diabète et de ses complications, l'espoir est permis. En changeant votre mode de vie, vous pouvez parvenir à une rémission complète du diabète de type 2, même si vous en êtes atteint depuis plusieurs décennies. En fait, en optant pour une alimentation saine, vous pouvez améliorer votre santé en l'espace de quelques heures.

Qu'est-ce qui provoque une résistance à l'insuline ?

La caractéristique du diabète de type 2 est la résistance à l'insuline au niveau des muscles. Comme nous l'avons appris, l'insuline permet en général au sucre sanguin d'entrer dans les cellules, mais lorsque les cellules sont résistantes et ne répondent pas à l'insuline comme elles le devraient, cela peut entraîner un taux de glycémie dangereux dans la circulation sanguine.

Qu'est-ce qui provoque la résistance à l'insuline en premier lieu ?

Des études qui datent de presque un siècle font état d'une découverte étonnante. En 1927, des chercheurs ont divisé de jeunes étudiants en bonne santé en plusieurs groupes pour tester les effets de différents régimes alimentaires. Certains suivaient un régime riche en graisses composé d'huile d'olive, de beurre, de jaunes d'œuf et de crème ; d'autres un régime riche en glucides, notamment en sucre, bonbons, pâtisseries, pain blanc, pommes de terre au four, sirop, bananes, riz et porridge. Étonnamment, la résistance à l'insuline est montée en flèche dans le groupe du régime riche en graisses ; en quelque jours, leur taux de glycémie a doublé, et cette augmentation était bien supérieure à celle constatée chez ceux qui suivaient un régime riche en sucre et en glucides[11]. Il a fallu attendre sept décennies pour que les scientifiques élucident ce mystère, et la réponse allait apporter la clé des causes du diabète de type 2.

Pour comprendre le rôle de l'alimentation, nous devons d'abord comprendre comment l'organisme stocke son carburant. Lorsque les athlètes parlent de « faire le plein de glucides » avant une compétition, ils font référence au besoin de se constituer des réserves de glucides au niveau des muscles. Le plein de glucides est une version plus extrême de ce que vous faites chaque jour : votre système digestif décompose les féculents que vous mangez en glucose, qui entre dans votre système circulatoire sous la forme de sucre ; il est ensuite stocké dans vos muscles pour être transformé en énergie au gré de vos besoins.

Mais le sucre sanguin est un peu comme un vampire : il a besoin d'une invitation pour pénétrer dans les cellules. Et cette invitation est l'insuline, la clé qui ouvre la porte principale des muscles pour que le glucose puisse y pénétrer. Lorsque l'insuline se lie aux récepteurs d'insuline de la cellule, elle active une série d'enzymes qui escortent le glucose à l'intérieur. Sans insuline, le glucose sanguin reste coincé à l'extérieur, dans la circulation sanguine, frappant à la porte des cellules mais incapable d'entrer. Alors, le taux de glycémie augmente, portant ainsi atteinte à des organes vitaux. Dans le diabète de type 1, l'organisme détruit les cellules bêta situées dans le pancréas qui sécrètent l'insuline, de sorte qu'une très faible quantité d'insuline est présente pour laisser entrer le glucose dans les cellules. Cependant, dans le diabète de type 2, ce n'est pas la production d'insuline qui pose problème, mais quelque chose qui bouche la serrure. C'est ce qu'on appelle la résistance à l'insuline. Les cellules musculaires deviennent résistantes à l'effet de l'insuline.

Qu'est-ce qui obstrue donc les serrures de vos cellules musculaires, empêchant l'insuline de laisser entrer le glucose ? Les graisses – et plus précisément les lipides intramyocellulaires, c'est-à-dire les graisses situées à l'intérieur des cellules musculaires.

Les graisses présentes dans la circulation sanguine, qu'elles proviennent de vos propres réserves ou de votre alimentation, peuvent s'accumuler à l'intérieur des cellules musculaires, occasionnant parfois des produits de dégradation toxique et des radicaux libres qui bloquent le processus de signal de l'insuline[12]. Peu importe la quantité d'insuline que vous sécrétez, vos cellules musculaires ne peuvent l'utiliser efficacement.

Ce mécanisme d'interférence entre les graisses et la production d'insuline a été démontré soit en introduisant des graisses dans la circulation sanguine et en observant la résistance à l'insuline monter en flèche[13], soit en ôtant les graisses du sang et en constatant que la résistance à l'insuline baissait[14]. Nous pouvons désormais visualiser la quantité de graisses présentes dans les muscles grâce à la technologie IRM[15]. Les chercheurs peuvent ainsi suivre la progression des graisses du sang jusqu'aux muscles et voir la résistance à l'insuline augmenter[16]. Vous absorbez une dose de graisses et, moins de 160 minutes plus tard, l'absorption du glucose par vos cellules est compromise[17].

Les chercheurs ne sont même pas forcés d'administrer les graisses à leurs sujets d'étude à l'aide d'une injection, l'alimentation suffit.

Même parmi les individus en bonne santé, un régime alimentaire riche en graisses peut affecter la capacité de l'organisme à supporter le sucre. Mais vous pouvez faire baisser votre résistance à l'insuline en réduisant votre consommation de graisses. La recherche a clairement établi que lorsque la quantité de graisses dans l'alimentation baisse de façon significative, l'insuline fonctionne de mieux en mieux[18]. Hélas, compte tenu du régime alimentaire actuel des enfants américains, on constate que l'obésité ainsi que le diabète de type 2 interviennent de plus en plus tôt.

Le prédiabète chez les enfants

Le prédiabète se caractérise par un taux de glycémie élevé, encore insuffisant pour établir le diagnostic du diabète. Courant chez les personnes en surpoids et obèses, le prédiabète était par le passé considéré comme un risque élevé de diabète, et non comme une maladie en soi. Mais nous savons désormais que les individus prédiabétiques souffrent peut-être déjà de lésions organiques.

Les prédiabétiques peuvent déjà présenter des lésions au niveau des reins, des yeux, des vaisseaux sanguins et des nerfs, avant même que le diabète soit diagnostiqué[19]. Les résultats de nombreuses études semblent indiquer que les complications chroniques du diabète de type 2 débutent au stade du prédiabète[20]. Pour prévenir les lésions diabétiques, il est donc nécessaire de prévenir le prédiabète – et le plus tôt est le mieux.

Il y a trente ans, on supposait que le diabète chez l'enfant était presque toujours de type 1. Mais depuis le milieu des années 1990, on a commencé à observer une augmentation du diabète de type 2 chez les enfants[21]. Ce que l'on appelait autrefois le « diabète de l'âge mûr » est désormais connu sous le nom de diabète de type 2 car certains enfants développent la maladie dès l'âge de 8 ans[22]. Cette tendance peut avoir des conséquences désastreuses : une étude a suivi pendant quinze ans des enfants ayant été diagnostiqués avec un diabète de type 2 et révélé une fréquence alarmante des cas de cécité, d'amputation, d'insuffisance rénale et de décès une fois que ces enfants ont atteint l'âge adulte[23].

Pourquoi y a-t-il une augmentation aussi importante du diabète chez l'enfant ? Cela s'explique sans doute par l'augmentation spectaculaire de l'obésité infantile[24]. Au cours des dernières décennies, le nombre d'enfants américains considérés comme en surpoids a augmenté de plus de 100 %[25]. Les enfants obèses à 6 ans ont plus de 50 % de risques de le rester et 75 à 80 % des adolescents obèses le seront toujours à l'âge adulte[26].

L'obésité infantile est un puissant signe annonciateur de maladie et de mortalité à l'âge adulte. Par exemple, le surpoids à l'adolescence s'est avéré être un facteur prédictif de la maladie cinquante-cinq ans plus tard. Ces individus peuvent, en définitive, connaître un risque deux fois plus élevé de mourir d'une maladie cardiaque et une incidence plus grande encore de développer d'autres maladies, dont le cancer colorectal, la goutte et l'arthrite. Les chercheurs ont conclu que le surpoids à l'adolescence pouvait être un facteur indicatif d'un risque de maladie encore plus puissant que le surpoids à l'âge adulte[27].

Pour prévenir le diabète infantile, il est nécessaire de prévenir l'obésité infantile. Comment y parvenir ?

En 2010, le président du département de nutrition de l'université de Loma Linda, en Californie, a publié un article indiquant que le renoncement total à la viande était un moyen efficace de lutter contre l'obésité infantile. Il s'était référé à des études ayant démontré que les personnes suivant un régime à base d'aliments végétaux étaient invariablement plus minces que celles qui consommaient de la viande[28].

Pour étudier le poids corporel, on s'appuie en général sur l'indice de masse corporelle (IMC), mesure du poids qui tient également compte de la taille. Pour un adulte, l'obésité se définit par un IMC supérieur à 30. Entre 25 et 29,9, l'individu est estimé en surpoids et le « poids idéal » correspond à un IMC entre 18,5 et 24,9. Dans le milieu médical, nous avions l'habitude de dire qu'un IMC inférieur à 25 était un « poids normal ». Hélas, cela ne correspond plus à la normalité.

Quel est votre IMC ? Consultez un site de calcul d'IMC sur Internet ou divisez votre poids par votre taille puissance 2. Par exemple, si vous pesez

90 kg et que vous mesurez 1,80 m, cela donne 90 : (180 × 180) = 27,8, soit un IMC indiquant, hélas, un surpoids important.

L'étude la plus vaste qui ait comparé le taux d'obésité des personnes ayant un régime à base d'aliments végétaux et celles qui ont un régime omnivore a été publiée en Amérique du Nord. Les carnivores ont obtenu le score le plus élevé avec un IMC moyen de 28,8 – proche de l'obésité. Les flexitariens (ceux qui consommaient de la viande plutôt une fois par semaine que chaque jour), s'en sont mieux sortis avec un IMC de 27,3, mais ils étaient malgré tout en surpoids. Avec un IMC de 26,3, les pesco-végétariens (ceux qui ne consomment aucune viande, excepté le poisson) ont obtenu un meilleur résultat. Même les végétariens américains ont tendance à être en léger surpoids, avec un IMC de 25,7. Le seul groupe ayant atteint un poids idéal étaient les végétaliens, avec un IMC moyen de 23,6[29].

Pourquoi dans ce cas davantage de parents ne donnent-ils pas à leurs enfants une alimentation à base de végétaux ? À cause de l'idée fausse très répandue selon laquelle cela nuirait à leur croissance. Pourtant, c'est l'inverse qui pourrait être vrai. Les chercheurs de l'université de Loma Linda ont découvert que les enfants qui avaient une alimentation végétarienne étaient non seulement plus minces, mais également plus grands, d'environ 2,5 cm[30]. En revanche, la consommation de viande est associée à une croissance horizontale : les mêmes chercheurs ont conclu qu'il y a un lien évident entre la consommation d'aliments d'origine animale et l'augmentation du risque de surpoids[31].

Développer un diabète dans l'enfance semble réduire la durée de vie d'environ vingt ans[32]. Qui parmi nous n'irait pas jusqu'au bout du monde pour permettre à ses enfants de vivre deux décennies de plus ?

LA GRAISSE QUE VOUS MANGEZ ET CELLE QUE VOUS STOCKEZ

Le tissu adipeux en excès est le premier facteur de risque du diabète de type 2 : jusqu'à 90 % des personnes qui développent cette maladie sont en surpoids[33]. Quel est le lien ? Pour partie, un phénomène nommé l'effet systémique.

Il est intéressant de noter que le nombre de cellules adipeuses présentes dans votre corps change peu à l'âge adulte, quel que soit le nombre de kilos que vous prenez ou perdez. Elles se remplissent juste de graisse à mesure que le corps prend du poids. Par conséquent, lorsque votre ventre s'arrondit, vous ne créez pas nécessairement de nouvelles cellules adipeuses[34]. Chez les personnes obèses ou en surpoids, ces cellules sont tellement gorgées de graisse que celle-ci peut être à nouveau déversée dans la circulation sanguine. Cela entraîne parfois le même signal dû à une accumulation de graisse qui interfère avec l'action de l'insuline intervenant après un repas trop gras.

Les médecins peuvent mesurer le taux de graisse qui circule dans le sang. En général, il se situe entre 0,45 et 1,75 g/l. Mais pour certaines personnes obèses le taux peut s'élever à 4 ou 5 g/l. Ceux qui ont une alimentation faible en glucides et riche en graisses peuvent atteindre ce même taux élevé. Même une personne mince ayant une alimentation riche en graisses peut avoir un taux de triglycérides de 5 g/l. Ce chiffre incroyablement élevé n'est donc pas réservé aux patients obèses. Comme les personnes qui ont une alimentation très riche en graisses absorbent beaucoup de gras, et que celui-ci traverse le tube digestif pour entrer dans la circulation sanguine, leur taux de triglycérides peut être aussi élevé que celui d'une personne obèse[35].

De même, le simple fait d'être obèse peut avoir le même effet sur votre organisme que si vous vous gaviez de bacon et de beurre à longueur de journée, même si vous mangez sainement. En effet, l'organisme d'une personne obèse rejettera des graisses dans la circulation sanguine, indépendamment de ce qu'elle ingère. D'où que provienne la graisse qui circule dans votre sang, à mesure que son taux augmente, votre capacité à éliminer le sucre sanguin diminue en raison de la résistance à l'insuline – la cause du diabète de type 2. Comme vous pouvez le voir sur la figure 1, plus le régime est composé d'aliments d'origine végétale, plus le taux de diabète semble baisser[36]. Selon une étude basée sur 89 000 Californiens, les flexitariens semblent réduire leur taux de diabète de 28 %, ce qui est une très bonne nouvelle pour ceux qui consomment de la viande une fois par semaine plutôt qu'une fois par jour. Ceux qui suppriment de leur alimentation toutes les viandes excepté le poisson éliminent 61 % de leurs risques. Et ceux qui vont encore plus loin en éliminant aussi les œufs et les produits laitiers ? Ils pourraient faire baisser leur risque de 78 %, comparés aux personnes qui mangent de la viande chaque jour.

Comment cela s'explique-t-il ?

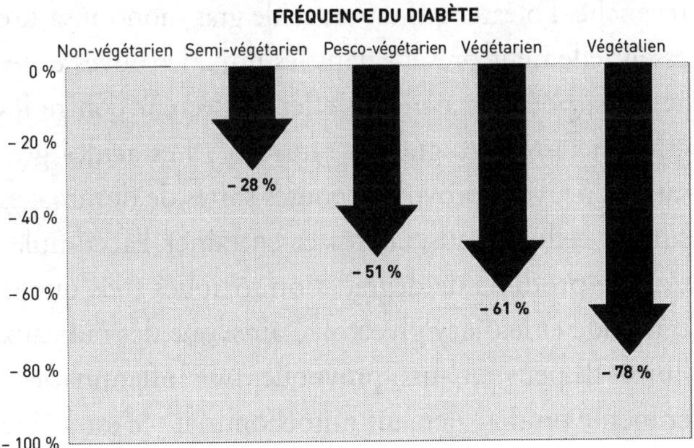

Figure 1.

Est-ce simplement parce que les gens qui ont une alimentation d'origine végétale parviennent mieux à contrôler leur poids ? Pas tout à fait. Même lorsque leur poids est identique à celui des omnivores, les végétaliens semblent avoir deux fois moins de risques de développer le diabète[37]. L'explication réside sans doute dans la différence entre graisses végétales et graisses animales.

Acides gras saturés et diabète

Toutes les graisses n'affectent pas vos cellules musculaires de la même façon. Par exemple, le palmitate, une forme d'acide gras saturé que l'on trouve principalement dans la viande, les produits laitiers et les œufs, entraîne une résistance à l'insuline. En revanche, l'oléate, qui est un acide gras mono-insaturé essentiellement présent dans les noix, les olives et les avocats, pourrait avoir un effet protecteur contre les effets néfastes des graisses saturées[38]. Les acides gras saturés peuvent provoquer toutes sortes de dommages sur les cellules musculaires et entraîner l'accumulation de produits de dégradation toxiques (tels que la céramide et le diacylglycérol[39]) ainsi que des radicaux libres. Ils peuvent aussi provoquer une inflammation, et même un dérèglement mitochondrial – c'est-à-dire une interférence avec les petites « centrales énergétiques » à l'intérieur de vos cellules[40]. Ce phénomène est connu sous le terme de lipotoxicité[41] (*lipo* voulant dire « graisse », comme dans « liposuccion »). Lorsqu'on procède à des biopsies musculaires, on constate que les acides gras saturés accumulés dans les membranes des cellules musculaires sont en corrélation avec leur résistance à l'insuline[42]. Toutefois, les acides gras mono-insaturés sont plus facilement détoxifiés par le corps ou stockés sans danger[43].

Cette différence pourrait expliquer pourquoi les individus qui ont une alimentation d'origine végétale sont mieux protégés contre le diabète. Les chercheurs ont comparé la résistance à l'insuline et la teneur en lipides du muscle chez les végétaliens et les omnivores. Comme les personnes qui ont une alimentation d'origine végétale ont l'avantage d'être nettement plus minces que la moyenne, les chercheurs ont recruté des omnivores qui pesaient le même poids que les végétaliens qu'ils étudiaient pour voir si une alimentation d'origine végétale avait un effet direct – hormis celui d'éliminer la graisse présente au niveau des muscles et d'aider les gens à maigrir.

Quel fut le résultat ? Il y avait beaucoup moins de graisse retenue dans les muscles profonds du mollet chez les végétaliens que chez les omnivores de même corpulence[44]. On a remarqué que ceux qui avaient une alimentation végétale présentaient une meilleure sensibilité à l'insuline, un meilleur taux de glycémie et d'insuline[45], et même une amélioration significative de leurs cellules bêta – les cellules du pancréas qui sécrètent l'insuline en premier lieu[46].

Autrement dit, ceux qui ont une alimentation d'origine végétale semblent mieux produire et utiliser l'insuline.

Prévenir le diabète en mangeant plus

De nombreuses études de population ont montré que ceux qui consommaient d'importantes quantités de légumineuses (par exemple : haricots, pois cassés, pois chiches et lentilles) avaient tendance à peser moins, à garder une taille plus fine, à moins souffrir d'obésité et à avoir une tension artérielle inférieure à ceux qui mangent peu de légumineuses[47]. Mais les légumineuses sont-elles réellement en cause ? Ne pourrait-on penser que ceux qui consomment beaucoup de légumineuses ont une alimentation plus saine de façon générale ? Pour déterminer le lien de cause à effet, les chercheurs ont utilisé l'outil le plus puissant de la recherche nutritionnelle : l'essai interventionnel. Au lieu de simplement observer ce que les gens mangent, on modifie leur alimentation pour voir ce qui se passe. Dans ce cas, les légumineuses ont été testées en comparant l'augmentation de leur consommation et la restriction calorique.

La réduction de la graisse abdominale est sans doute le meilleur moyen d'empêcher que le prédiabète ne se transforme en diabète déclaré. Même si la réduction des calories a été l'élément de base de la plupart des stratégies visant une perte de poids, les preuves scientifiques semblent indiquer que la majorité des gens qui ont perdu du poids ainsi finissent par le reprendre. S'affamer est presque toujours un échec à long terme. Ne serait-il donc pas génial de trouver un moyen de manger plus en perdant autant de poids ?

Les chercheurs ont divisé les sujets en surpoids en deux groupes. On a demandé aux sujets du premier groupe de manger 800 g par semaine de lentilles, pois chiches, pois cassés ou haricots blancs – sans rien modifier d'autre dans leur alimentation. Le second groupe devait simplement consommer 500 calories de moins par jour. Devinez qui était en meilleure santé à la fin de l'étude ? Le groupe à qui l'on avait demandé de manger plus. Manger des légumineuses s'est avéré tout aussi efficace pour mincir et améliorer la glycémie que la réduction calorique. Le groupe qui consommait davantage de légumineuses a obtenu des bénéfices supplémentaires : une amélioration du taux de cholestérol et de la régulation de l'insuline[48]. C'est une nouvelle encourageante pour les personnes en surpoids qui ont un risque de diabète de type 2. Au lieu de réduire la quantité de nourriture qu'elles mangent, elles peuvent en outre améliorer la qualité de leur alimentation en faisant des repas riches en légumineuses.

Les acides gras saturés peuvent également être toxiques pour les cellules du pancréas qui sécrètent l'insuline. Vers l'âge de 20 ans, l'organisme cesse de créer de nouvelles cellules bêta qui produisent l'insuline. Ensuite, leur perte peut être définitive[49]. Des études d'autopsies ont montré que lorsque le diabète de type 2 est diagnostiqué à un stade tardif de la vie, vous pouvez avoir déjà détruit la moitié de vos cellules bêta[50].

La toxicité des acides gras saturés peut être démontrée de façon directe. Si on expose des cellules bêta à des acides gras saturés[51] ou au cholestérol LDL (le « mauvais ») dans une boîte de Petri, les cellules bêta commencent à mourir[52]. Le même effet n'est pas observé avec les acides gras mono-insaturés que l'on trouve dans les aliments d'origine végétale, tels que les noix[53]. Lorsque vous consommez des acides gras saturés, l'action et la sécrétion de l'insuline sont affectées en l'espace de quelques heures[54]. Plus vous avez d'acides gras saturés dans le sang, plus votre risque de développer un diabète de type 2 augmente[55].

Bien sûr, de même que tous les fumeurs ne développent pas un cancer du poumon, tous ceux qui consomment un excès de graisses ne développent pas le diabète. Il y a un facteur génétique qui entre en jeu. Mais pour ceux qui ont déjà une prédisposition génétique, un régime alimentaire trop calorique et trop riche en graisses saturées est considéré comme une cause du diabète de type 2[56].

Perdre du poids avec une alimentation à base de végétaux

Comme nous l'avons vu, même si vous ne consommez pas de graisses en excès, les acides gras stockés dans vos cellules adipeuses peuvent être libérés et se déverser dans votre circulation sanguine. Si vous souhaitez perdre du poids, un régime composé d'aliments entiers d'origine végétale présente de nombreux avantages : inutile de réduire les portions, sauter des repas ou compter les calories, la plupart de ces aliments étant naturellement riches en nutriments et peu caloriques.

QUANTITÉ DE NOURRITURE CORRESPONDANT À 100 CALORIES

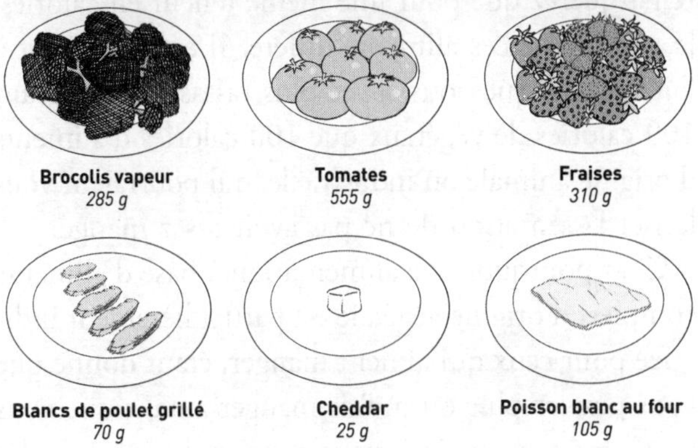

Figure 2.

Les fruits et légumes contiennent en moyenne 80 à 90 % d'eau, et tout comme les fibres, l'eau peut faire gonfler le volume des aliments. Des expériences ont montré que les gens avaient tendance à manger la même quantité de nourriture lors des repas, indépendamment du nombre de calories – sans doute parce que les récepteurs de la satiété présents dans l'estomac envoient des signaux au cerveau lorsqu'un certain volume d'aliments a été ingéré. Si une grande partie de ce volume ne contient aucune calorie, comme les fibres et l'eau, alors vous pouvez manger plus tout en prenant moins de poids[57].

La figure 2 montre quelles quantités de brocolis, tomates et fraises contiennent 100 calories, et de même pour le poulet, le fromage et le poisson. Vous remarquerez que pour une même teneur en calories, le volume de ces aliments diffère. Il est donc tout à fait logique que vous soyez plus rassasié en ingérant 100 calories de végétaux que 100 calories d'aliments d'origine animale ou industrielle, qui pourraient vous laisser la sensation de ne pas avoir assez mangé.

C'est pourquoi une alimentation à base d'aliments complets d'origine végétale est particulièrement indiquée pour ceux qui aiment manger, étant donné que vous pouvez plus ou moins manger autant que vous le voulez sans avoir à vous soucier de compter les calories.

Un essai clinique comparatif randomisé a conclu qu'une alimentation d'origine végétale était plus efficace que le régime recommandé par l'Association américaine du diabète pour perdre du poids. Cet essai a été réalisé sans restriction des portions alimentaires et sans décompte des calories ni limitation des féculents[58]. De plus, un rapport portant sur des études similaires a conclu qu'en plus de la perte de poids les individus qui avaient une alimentation d'origine végétale contrôlaient mieux leur glycémie et présentaient un risque réduit de maladie cardio-vasculaire, comparés à ceux dont le régime comportait davantage d'aliments d'origine animale[59]. Les bénéfices d'un régime végétalien sont donc nombreux.

Les diabétiques sont plus susceptibles d'être victimes d'AVC et de souffrir d'insuffisance cardiaque[60]. En fait, les patients diabétiques qui n'ont aucun antécédent de maladie coronarienne pourraient avoir le même risque de crise cardiaque que les non-diabétiques qui souffrent d'une maladie cardiaque confirmée[61]. En plus d'améliorer la sensibilité à l'insuline – plus efficacement qu'avec les régimes conventionnels destinés aux diabétiques –, l'approche végétalienne peut également entraîner une baisse significative du taux de cholestérol LDL, réduisant ainsi le principal facteur de mortalité des diabétiques : la maladie cardiaque[62]. Mais comment les gens réagissent-ils lorsqu'on leur demande de changer leur alimentation de façon aussi radicale ? Comme l'a dit non sans humour le Dr Ornish : allons-nous tous vivre plus longtemps, ou cela va-t-il juste nous sembler plus long[63] ?

Il semble que ceux qui ont opté pour une alimentation végétalienne sont heureux de l'avoir fait. Si les interventions nutritionnelles axées sur une alimentation végétale ont été aussi bien suivies, c'est sans doute parce que les individus ont tendance à aller sensiblement mieux, mais également à se sentir beaucoup mieux. Dans un récent essai clinique randomisé destiné à la perte de poids, des diabétiques ont été divisés en deux groupes. L'un a suivi un régime conventionnel tel qu'il est recommandé par les associations de diabétiques ; et on a prescrit à l'autre un régime végétalien composé principalement de légumes, céréales, légumineuses, fruits et noix. Au bout de six mois, le second groupe a constaté une qualité de vie et une humeur sensiblement meilleures que le premier. Les patients qui suivaient le régime végétalien ressentaient moins la contrainte alimentaire que ceux qui suivaient le régime conventionnel. De plus, leur désinhibition a diminué, ce qui veut dire qu'ils avaient moins tendance à faire des crises de boulimie et à être affamés – deux facteurs qui pourraient aider ces sujets à poursuivre ce régime alimentaire sur le long terme[64]. Ainsi, non seulement les régimes végétaliens semblent plus efficaces, mais ils pourraient en outre être plus faciles à suivre à long terme. Et compte tenu de l'amélioration de l'humeur qu'ils semblent apporter, ils pourraient être bénéfiques aussi bien pour la santé physique que mentale. (Voir le chapitre 12 pour plus de précisions sur ce sujet.)

Lorsqu'on cherche à minimiser au maximum le risque de diabète, consommer juste un peu de viande peut-il avoir une incidence ? À Taïwan, des chercheurs ont tenté de répondre à cette question. Traditionnellement, les populations asiatiques ont joui d'un taux de diabète très faible. Cependant, au cours de ces dernières années, le diabète a fait son apparition de façon presque épidémique, coïncidant avec l'occidentalisation de l'alimentation asiatique. Au lieu de comparer les végétariens aux omnivores actuels, ces chercheurs ont comparé les végétariens à ceux qui avaient une alimentation asiatique traditionnelle, comportant en général très peu de poisson et autres viandes. Les femmes consommaient l'équivalent d'une seule portion de viande par semaine, tandis que les hommes en mangeaient une portion tous les deux ou trois jours[65].

Le groupe des végétariens, comme celui qui suivait le régime asiatique traditionnel, avait une alimentation saine, évitant les sodas par exemple. En dépit des similitudes entre les régimes suivis par les 4 000 sujets d'étude et après avoir pris en compte le poids, les antécédents familiaux, l'exercice physique et le tabagisme, les chercheurs ont conclu que les végétariens avaient deux fois moins de risques de développer le diabète que les mangeurs de viande occasionnels. Les femmes végétariennes avaient un risque de diabète 75 % moins élevé. Ceux qui avaient totalement exclu la viande présentaient un risque nettement moins élevé de prédiabète et de diabète que ceux qui avaient une alimentation d'origine végétale et consommaient occasionnellement une portion de viande ou de poisson. Les chercheurs n'ont pas pu comparer les taux de diabète des plus de 1 000 végétariens de l'étude aux 69 végétaliens du groupe car la prévalence du diabète chez ces derniers était de zéro[66].

Les polluants qui favorisent le diabète

La hausse spectaculaire de l'obésité a été directement attribuée à la suralimentation et à l'inactivité. Mais pourrait-il y avoir une autre raison, liée à la nourriture que nous ingérons, qui expliquerait que nous prenions du volume ? Les scientifiques ont commencé à identifier des polluants chimiques « obésogènes » rejetés dans l'environnement qui pourraient perturber le métabolisme et prédisposer à l'obésité. Les aliments contaminés sont la source principale d'exposition à ces produits chimiques, qui pourrait provenir à 95 % de la consommation de graisses d'origine animale[67]. En quoi est-ce un problème ? Une étude nationale a conclu qu'un niveau élevé de polluants dans le sang correspondait à un risque 38 fois supérieur de développer le diabète[68]. Les chercheurs de l'université Harvard ont identifié une substance chimique en particulier, l'hexachlorobenzène, comme facteur de risque de la maladie[69].

Où trouve-t-on cette toxine ? À l'épicerie, semble-t-il. Lors d'une enquête en supermarché portant sur une variété d'aliments, les sardines en boîte comportaient la plus grande quantité d'hexachlorobenzène, même si le saumon s'est avéré être l'aliment le plus contaminé de façon générale. Deux douzaines de pesticides différents ont été détectées dans les filets de saumon[70]. Le saumon d'élevage est sans doute le pire, car il contient 10 fois plus de PCB, une catégorie de substances chimiques toxiques, que le saumon sauvage[71].

Les substances industrielles telles que l'hexachlorobenzène et les PCB ont été largement interdites il y a plusieurs décennies. Alors comment pourraient-elles être responsables de l'augmentation de notre taux de diabète ? Ce paradoxe s'explique peut-être par l'épidémie d'obésité. Le lien entre ces substances chimiques toxiques et le diabète était bien plus élevé chez les sujets obèses que chez les sujets minces étudiés, évoquant la possibilité que les réserves de graisses puissent agir comme des réservoirs pour ces polluants[72]. Les individus en surpoids pourraient effectivement porter leur propre décharge de déchets toxiques sur leurs hanches. Sans une perte significative de poids, les personnes dont le corps contient les polluants que l'on trouve dans le saumon pourraient avoir besoin de cinquante à soixante-quinze ans pour éliminer ces substances chimiques de leur organisme[73].

Les individus qui éliminent totalement la viande de leur alimentation bénéficient-ils d'un apport suffisant en nutriments ? Pour le découvrir, des chercheurs ont observé 13 000 personnes à travers les États-Unis pendant une journée, comparant l'apport nutritionnel de ceux qui consommaient de la viande et de ceux qui n'en consommaient pas. L'étude a conclu que, à quantité égale de calories, les personnes végétariennes enregistraient un apport supérieur pour presque tous les nutriments : fibres, vitamine A, vitamine C, vitamine E, et vitamines B telles que thiamine (B1), riboflavine (B2) et acide folique (B9), ainsi qu'un apport plus important de calcium, magnésium et potassium. De plus, un grand nombre de nutriments très abondants dans l'alimentation d'origine végétale font partie de ceux dont les Américains manquent le plus – à savoir les vitamines A, C et E, sans mentionner les fibres, le calcium, le magnésium et le potassium. Dans le même temps, ceux qui n'avaient pas consommé de viande avaient aussi ingéré moins de substances nocives, telles que le sodium, les acides gras saturés et le cholestérol[74].

En termes de contrôle du poids, les mêmes consommaient en moyenne 364 calories de moins par jour[75]. Cela correspond à peu près au nombre de calories que la plupart des gens qui suivent un régime amaigrissant traditionnel s'efforcent de supprimer, ce qui veut dire qu'un régime sans viande pourrait être considéré comme la version « à volonté » d'un régime amaigrissant fondé sur la restriction des calories, sans calcul des calories ni restriction des portions.

Les personnes qui ont une alimentation d'origine végétale pourraient même avoir un taux métabolique 11 % plus élevé[76]. Cela signifie qu'ils brûlent davantage de calories, même pendant leur sommeil. Pourquoi ? Peut-être parce que les végétariens bénéficient d'une expression génétique plus élevée de l'enzyme de la combustion des graisses, nommée « carnitine palmitoyltransférase », qui envoie des pelletées de graisses dans le brasier formé par les mitochondries, dans vos cellules[77].

Ainsi, une calorie n'équivaut peut-être pas à une calorie, dès lors qu'il s'agit de viande. L'étude européenne prospective sur le cancer et la nutrition, plus connue sous le nom d'EPIC-PANACEA, a suivi des centaines de milliers d'hommes et de femmes pendant des années. C'est la plus vaste étude jamais réalisée pour étudier le lien entre la consommation de viande et le poids. Elle a conclu que la consommation de viande était associée à une prise de poids significative, même après avoir procédé à des ajustements au niveau des calories. Cela veut dire que si on comparait deux personnes consommant le même nombre de calories, la personne mangeant le plus de viande prendrait beaucoup plus de poids[78].

INVERSER L'ÉVOLUTION DU DIABÈTE

Que penser des médicaments et de la chirurgie ?

Comme nous l'avons observé précédemment, les personnes touchées par le diabète de type 2 ont un risque élevé de souffrir de graves problèmes de santé tels que : maladie cardiaque, mort prématurée, cécité, insuffisance rénale ou amputations, ainsi que fractures, dépression et démence. Un taux de glycémie élevé va de pair avec un taux supérieur de crises cardiaques et d'AVC, une espérance de vie plus courte et un risque de complications élevé. Pour déterminer si ces conséquences pouvaient être évitées, une étude a été menée au cours de laquelle 10 000 diabétiques ont été randomisés en deux groupes – le groupe « thérapie standard » (dont l'objectif consistait simplement à faire baisser le taux de glycémie) et le groupe « baisse intensive du taux de glycémie » (dans lequel les chercheurs ont administré aux diabétiques cinq classes différentes de médicaments à prendre en même temps par voie orale), avec ou sans injections d'insuline. Dans ce dernier groupe, le but n'était pas de simplement faire baisser le taux de glycémie, mais de le ramener invariablement à un niveau normal[79].

Le diabète de type 2 étant une maladie de la résistance à l'insuline, un taux de glycémie élevée n'est qu'un symptôme de la maladie, et non la maladie elle-même. Donc, même en faisant baisser le taux de glycémie de façon artificielle par tous les moyens nécessaires, nous ne traitons pas la cause – tout comme les médicaments destinés à faire baisser la tension artérielle. Cependant, en faisant baisser un des effets de la maladie, les scientifiques espéraient pouvoir prévenir certaines de ses complications dévastatrices.

Les résultats de cette étude, publiés dans le *New England Journal of Medicine*, ont produit une onde de choc dans la communauté médicale. La thérapie intensive destinée à faire baisser la glycémie a en réalité fait *augmenter* la mortalité des sujets, forçant les chercheurs à interrompre prématurément l'étude pour des raisons de sécurité[80]. L'association de médicaments était peut-être plus dangereuse que l'hyperglycémie qu'ils essayaient de traiter[81].

Les traitements insuliniques peuvent eux-mêmes accélérer le vieillissement, aggraver la perte de vision due au diabète et créer un terrain favorable au développement du cancer, de l'obésité et de l'athérosclérose[82]. L'insuline peut favoriser l'inflammation des artères, ce qui pourrait expliquer l'augmentation de la mortalité dans le groupe qui suivait un traitement intensif[83]. Alors, au lieu d'essayer de vaincre la résistance à l'insuline par la force brute, ne vaudrait-il pas mieux traiter la maladie en éliminant le régime alimentaire malsain qui l'a provoquée ? Cela me fait penser aux gens qui subissent un pontage coronarien car leurs artères sont bouchées. S'ils continuent de manger de façon malsaine, leurs pontages finiront par se boucher à leur tour. Il est préférable de traiter la cause, et non les symptômes.

Que penser du recours à la chirurgie pour traiter le diabète ? Le pontage gastrique – qui réduit la taille de l'estomac de 90 % ou plus – est une des méthodes de traitement les plus efficaces du diabète de type 2, faisant état d'un taux de rémission à long terme de 83 %. Ces résultats ont porté à croire que le pontage gastrique améliorait le diabète par l'altération des hormones digestives. Mais cette interprétation ne prend pas en compte le fait que les patients doivent suivre un régime extrêmement restrictif pendant environ deux semaines après l'intervention chirurgicale. Une restriction calorique extrême peut à elle seule inverser le cours du diabète. Ainsi, la réussite de la chirurgie est-elle la conséquence de l'opération en tant que telle ou celle du régime restrictif ?

Là encore, les chercheurs ont réalisé une étude pour trouver la réponse[84]. Ils ont comparé les diabétiques qui ont suivi ce régime postopératoire, avant et après avoir subi une chirurgie. Si surprenant que cela puisse paraître, ils ont découvert que le régime à lui seul donnait de meilleurs résultats que la chirurgie, y compris au sein d'un même groupe de patients : le contrôle de la glycémie des sujets était meilleur en l'absence d'opération. Ce qui veut dire que les bénéfices d'une opération chirurgicale importante peuvent être obtenus sans que vous passiez sous le scalpel et sans qu'il soit nécessaire qu'on réorganise vos organes internes[85].

En résumé : le taux de glycémie peut être normalisé en l'espace d'une semaine en consommant 600 calories par jour, parce qu'on puise ainsi dans les réserves de graisses des muscles, du foie et du pancréas, leur permettant de fonctionner à nouveau normalement[86].

Cette inversion du diabète peut être obtenue soit par une restriction calorique volontaire[87], soit involontairement, en vous faisant enlever l'essentiel de votre estomac, ce qui est une forme de restriction alimentaire forcée. Passer par la case chirurgie peut s'avérer plus facile que vous affamer, mais une opération lourde comporte des risques majeurs, à la fois lors de l'intervention et ensuite. Ces risques sont notamment les hémorragies, les fuites au niveau de la jonction entre l'estomac et l'intestin, les infections, les occlusions, les hernies et les graves carences nutritionnelles[88].

Alors, que choisir entre la chirurgie et mourir de faim ? Il doit bien y avoir un meilleur moyen. En fait, oui. Au lieu de modifier la quantité de nourriture que vous mangez, il est possible d'inverser le cours du diabète en changeant la *qualité* de votre alimentation.

Manger l'obésité rend-il obèse ?

L'étude EPIC-PANACEA, qui a révélé que la consommation de viande était associée à une prise de poids – même indépendamment du nombre de calories ingérées –, a identifié les volailles comme la viande qui faisait le plus grossir[89], une découverte qui a été depuis confirmée par une autre étude. Les hommes et femmes qui consommaient ne serait-ce que 30 g de poulet par jour voyaient augmenter significativement leur indice de masse corporelle (IMC) pendant la période de suivi de quatorze ans, comparés à ceux qui ne mangeaient pas du tout de poulet[90]. Mais cela ne devrait pas être si surprenant, compte tenu de la façon dont les poulets sont maintenant génétiquement modifiés pour devenir gras.

Selon le département américain de l'Agriculture, il y a environ cent ans, une seule portion de poulet contenait seulement environ 16 calories provenant des matières grasses. Le taux de lipides contenu dans les volailles a grimpé en flèche, passant de moins de 2 g par portion il y a environ un siècle à 23 g aujourd'hui. Cela fait 10 fois plus de graisses. Les poulets contiennent désormais 2 à 3 fois plus de calories provenant des lipides que des protéines, ce qui a poussé les chercheurs en nutrition à se demander : « Manger l'obésité rend-il le consommateur obèse[91] ? » Comme l'industrie de la viande le souligne avec fierté, même le poulet sans peau peut comporter davantage de lipides – et davantage de graisses saturées qui bouchent les artères – qu'une douzaine de morceaux de steak différents[92].

Inverser le cours du diabète grâce à l'alimentation

Nous savons, depuis le siège de Paris de 1870, que le diabète de type 2 peut être inversé par une réduction extrême de la ration alimentaire. Des médecins parisiens ont observé que le glucose disparaissait de l'urine de leurs patients après plusieurs semaines sans nourriture[93]. Les spécialistes du diabète savent depuis longtemps que les patients qui ont une volonté de fer et sont capables de perdre un cinquième de leur poids peuvent inverser le cours de leur diabète et ramener leur fonction métabolique à la normale[94].

Et si, au lieu de s'affamer en mangeant moins, les diabétiques consommaient de meilleurs aliments, avec un régime composé d'au moins 90 % de végétaux, c'est-à-dire beaucoup de légumes ainsi que des légumineuses, des haricots, des céréales complètes, des fruits et des noix ? Dans une étude pilote, on a demandé à 13 hommes et femmes diabétiques de manger au moins une grande salade chaque jour, ainsi qu'une soupe composée de légumes et de haricots, une poignée de noix et de graines, de restreindre leur consommation d'aliments d'origine animale et d'éliminer les céréales raffinées, la junk-food et l'huile. Puis les chercheurs ont mesuré leur taux d'hémoglobine A1C, qui est considéré comme la meilleure mesure du contrôle de la glycémie sur la durée.

Au début de l'étude, les diabétiques avaient un taux d'hémoglobine A1C qui avoisinait 8,2. Un taux d'A1C inférieur à 5,7 est considéré comme normal, entre 5,7 et 6,5 comme prédiabétique. Pourtant, l'objectif de l'Association américaine du diabète vise à maintenir la plupart des diabétiques au-dessous d'un taux de 7[95]. (Rappelez-vous que les essais intensifs destinés à faire baisser la glycémie à l'aide de médicaments, en tentant d'obtenir un taux au-dessous de 6, ont malheureusement propulsé de nombreux diabétiques… six pieds sous terre.)

Après environ sept mois d'un régime composé essentiellement d'aliments complets d'origine végétale, le taux d'A1C des sujets est retombé à 5,8, ce qui caractérise les sujets non diabétiques – et ce après avoir pu mettre un terme à la plupart de leurs traitements médicamenteux[96]. Nous savions que le diabète pouvait être inversé en suivant un régime très basses calories[97]. Il est à présent avéré qu'il peut être inversé grâce à un régime extrêmement sain, mais cela s'explique-t-il par son faible nombre de calories ? Les sujets de l'étude ont perdu autant de poids en suivant le régime riche en aliments d'origine végétale qu'en suivant le régime de sous-alimentation fondé sur des substituts de repas liquides[98]. Mais même si ce type d'inversion du diabète consistait uniquement à une restriction calorique, lequel serait le meilleur pour la santé ? Subsister en s'alimentant presque uniquement de milk-shakes de régime composés de sucre, de lait en poudre, de sirop de maïs et d'huile ou suivre un régime à base d'aliments de source végétale où vous pouvez apprécier de vrais aliments et en quantité ?

Chose étonnante, même les participants qui n'avaient temporairement pas perdu de poids en suivant le régime végétalien, ou qui avaient même pris du poids, avaient malgré tout amélioré leur diabète. Autrement dit, les effets bénéfiques du régime végétalien semblent dépasser la seule perte de poids[99]. Cependant, l'étude ne décrivait qu'une poignée d'individus, ne comportait pas de groupe de contrôle et n'incluait que les sujets qui avaient suivi le régime correctement. Pour prouver que les régimes à base d'aliments végétaux peuvent améliorer le diabète indépendamment de la perte de poids, les chercheurs auraient dû concevoir une étude dans laquelle ils faisaient suivre un régime sain aux sujets, en les forçant à manger assez pour ne pas perdre de poids.

Une étude de ce type a été publiée il y a plus de trente-cinq ans. Les diabétiques de type 2 ont suivi un régime à base d'aliments de source végétale et étaient pesés chaque jour. S'ils commençaient à perdre du poids, on les faisait manger davantage – à tel point que certains des participants ont eu des difficultés à avaler tout ce qui leur était imposé ! Le résultat fut le suivant : même sans perte de poids, les sujets qui avaient suivi le régime végétalien ont vu leurs besoins en insuline diminuer d'environ 60 %, ce qui veut dire que la quantité d'insuline que ces diabétiques devaient s'injecter avait baissé de plus de moitié. En outre, la moitié des diabétiques ont pu cesser de prendre de l'insuline, même si aucun changement au niveau de leur poids n'était constaté – juste en ayant une alimentation plus saine[100].

Cela ne s'est pas produit après des mois ou des années, mais seulement après seize jours en moyenne de régime végétalien. Certains sujets étaient diabétiques depuis deux décennies et s'injectaient 20 unités d'insuline chaque jour. Pourtant, après seulement deux semaines passées à suivre un régime à base d'aliments végétaux, ils ont pu arrêter complètement. Un patient prenait 32 unités d'insuline au début de l'étude. Après dix-huit jours, son taux de glycémie était descendu si bas que les injections n'ont plus été nécessaires. Même en ayant conservé à peu près son poids, il avait en suivant un régime végétalien sans insuline un taux de glycémie inférieur à ce que celui-ci avait été en suivant un régime normal et en s'injectant 32 unités d'insuline par jour[101]. Voilà tout le pouvoir du végétal.

Guérir la neuropathie diabétique

Jusqu'à 50 % des diabétiques finiront par développer une neuropathie, ou altération des nerfs[102].

La neuropathie peut être très douloureuse, et cette douleur est très souvent résistante aux traitements conventionnels. Aucun traitement médical n'est considéré comme efficace pour guérir cette pathologie[103]. Nous, médecins, n'avons à notre disposition que des stéroïdes, des opiacés et des antidépresseurs pour essayer de soulager la souffrance de nos patients. Mais une étude remarquable a été publiée, intitulée « La régression de la neuropathie diabétique par un régime végétalien (composé exclusivement de végétaux) ». On a demandé à 21 diabétiques qui souffraient de neuropathie douloureuse depuis de nombreuses années (jusqu'à dix ans) de suivre un régime à base d'aliments végétaux complets. Après des années de souffrances, 17 patients sur 21 ont rapporté une disparition totale de la douleur – en l'espace de quelques jours. Les symptômes d'engourdissement s'étaient nettement améliorés. Et les effets secondaires étaient tous positifs : les diabétiques avaient perdu en moyenne 5 kg, leur taux de glycémie avait baissé et leurs besoins en insuline furent divisés par deux. Cinq patients ont guéri de leur neuropathie douloureuse, mais aussi de leur diabète. Après avoir été diabétiques pendant de longues années (jusqu'à vingt ans), ils avaient tous cessé de prendre les médicaments hypoglycémiants après moins d'un mois[104].

De surcroît, leur taux de triglycérides et de cholestérol s'étaient également améliorés en moyenne.

L'hypertension artérielle avait tellement baissé que la moitié des sujets semblaient guéris de leur hypertension. En l'espace de trois semaines, les besoins de traitement de l'hypertension ont chuté de 80 % chez les sujets[105]. (C'est pourquoi il est extrêmement important de travailler de concert avec votre médecin lorsque vous améliorez votre alimentation de façon radicale, car s'il ne réduit ou n'adapte pas votre traitement, votre taux de glycémie ou votre tension risquent de devenir trop bas.)

Nous savons depuis longtemps que les régimes végétaliens peuvent inverser le cours du diabète[106] et l'hypertension[107], mais l'inversion des douleurs neuropathiques est une idée nouvelle.

Cette étude impliquait un programme en résidence en milieu hospitalier, lors duquel on fournissait leurs repas aux patients. Que s'est-il passé une fois qu'ils sont rentrés chez eux, de retour dans le monde réel ? Ces 17 sujets ont été suivis pendant des années, et dans tous les cas à l'exception d'un seul le soulagement des douleurs neuropathiques s'est poursuivi – ou amélioré. Comment les chercheurs ont-ils réussi à obtenir un aussi bon suivi du régime, y compris dans un cadre non contrôlé ? « La douleur et la maladie, ont écrit les chercheurs, sont de puissants facteurs de motivation[108]. » En d'autres termes : c'est parce que le régime végétalien est efficace.

Réfléchissez à la situation : les patients sont arrivés avec une des pathologies les plus douloureuses, frustrantes et difficiles à traiter de la médecine, et les trois quarts d'entre eux ont été guéris en quelques jours grâce à un traitement naturel et non toxique – à savoir, un régime composé d'aliments végétaux complets. Cela aurait dû faire la une des journaux.

Comment la douleur neuropathique a-t-elle pu être inversée de façon si soudaine ? Cela ne semblait pas lié à l'amélioration du contrôle de la glycémie. Il a fallu environ dix jours pour contrôler le diabète en tant que tel, mais la douleur a disparu dès le quatrième jour[109].

L'hypothèse la plus intéressante était que les acides gras trans naturellement présents dans la viande et les produits laitiers pourraient provoquer une réaction inflammatoire dans l'organisme des patients. Les chercheurs ont découvert, dans la graisse sous la peau de ceux qui consommaient de la viande, ou juste des produits laitiers et des œufs, des acides gras trans dans une proportion significative, tandis qu'on n'en décelait aucune trace dans les tissus de ceux qui suivaient un régime strictement végétalien à base d'aliments complets[110].

Les chercheurs ont planté des aiguilles dans les fesses de sujets qui avaient suivi différents régimes et découvert que les personnes ayant eu une alimentation végétale complète pendant neuf mois ou plus avaient éliminé tous les acides gras trans de leur organisme (ou du moins de leur derrière[111] !). Mais leur douleur neuropathique n'a pas mis neuf mois à disparaître. Elle s'est améliorée en neuf jours environ. Il est probable que cette inversion étonnante ait été le résultat d'une amélioration de la circulation sanguine[112].

Les nerfs contiennent de minuscules vaisseaux sanguins qui pourraient s'obstruer, bloquant ainsi l'oxygène. En effet, des biopsies chez les diabétiques souffrant d'une grave neuropathie évolutive ont révélé une maladie artérielle au niveau du nerf sural de la jambe[113]. Toutefois, quelques jours seulement après avoir adopté une alimentation plus saine, la circulation sanguine peut être améliorée au point de faire disparaître la neuropathie[114]. Au bout d'environ deux ans d'un régime végétalien composé essentiellement de riz et de fruits, même la perte de vision diabétique peut être inversée chez environ 30 % des patients[115].

Alors pourquoi n'ai-je pas appris tout cela en faculté de médecine ? Parce qu'il y a peu d'argent à gagner en prescrivant des végétaux au lieu de médicaments. L'étude portant sur l'inversion de la maladie neuropathique a été publiée il y a plus de vingt ans, et les études consacrées à l'inversion de la cécité diabétique il y a plus de cinquante ans. Comme l'a écrit un commentateur, « l'indifférence de la communauté médicale dans son ensemble à l'égard de ces recherches importantes frôle l'inadmissible[116] ».

Le rapport taille/hanches versus l'IMC

L'indice de masse corporelle (IMC) est un meilleur prédicteur de la maladie que le poids corporel seul, étant donné que l'IMC tient compte de la taille. Mais l'IMC a longtemps été critiqué dans la mesure où il ne tient pas compte de la nature de votre poids. Les culturistes, par exemple, ont une masse grasse extrêmement faible mais peuvent afficher un IMC hors normes, parce que le muscle pèse davantage que la graisse.

Aujourd'hui, on reconnaît en général que les risques sanitaires peuvent être déterminés aussi bien par la distribution totale des graisses que par leur quantité globale[117]. Qu'est-ce qui est le plus dangereux ? La graisse abdominale – celle qui s'accumule autour de vos organes internes. Avoir une bedaine peut être un puissant indicateur de mort prématurée[118].

Figure 3.

Les deux hommes présentés sur la figure 3 ont le même IMC, mais la distribution de leur poids est différente. Les gens qui ont une morphologie en forme de pomme, avec une graisse corporelle concentrée dans la région abdominale, pourraient avoir l'espérance de vie la plus faible[119].

Heureusement, il existe peut-être un outil de mesure plus fiable que l'IMC pour mesurer les risques liés à la graisse corporelle. Il s'agit du rapport taille/hanches, ou RTH[120] – taille étant à prendre au sens de hauteur, ici. Au lieu de monter sur la balance, prenez simplement un mètre à ruban. Tenez-vous droit et inspirez profondément, expirez et laissez sortir votre ventre. La circonférence de votre ventre (à mi-chemin entre le haut de vos hanches et le bas de votre cage thoracique) devrait correspondre à la moitié de votre taille – idéalement, à moins. Si cette mesure est supérieure à la moitié de votre taille, il est temps de manger plus sainement et de faire plus d'exercice, quel que soit votre poids[121].

Le diabète de type 2 atteint des proportions épidémiques aux États-Unis. Le Centre de contrôle et de prévention des maladies (CDC) estime que 37 % des adultes américains – et 51 % des adultes de plus de 65 ans – sont prédiabétiques. Cela représente 86 millions de gens[122], dont la plupart deviendront des diabétiques déclarés[123]. Mais le diabète de type 2 peut être évité, stoppé dans son évolution et même inversé grâce à un régime relativement sain. Hélas, les médecins n'ont pas l'habitude d'informer leurs patients sur la prévention du diabète. Seul un patient prédiabétique sur trois indique avoir été incité par son médecin à faire de l'exercice ou à améliorer son alimentation[124]. Parmi les raisons expliquant cette défaillance, le temps accordé au sujet dans la consultation, un manque de documentation et de connaissances[125]. Les médecins ne sont simplement pas formés pour responsabiliser les gens dont ils s'occupent.

Le système éducatif actuel de la médecine ne s'est pas encore adapté à la transformation majeure du stade aigu de la maladie au stade chronique. La médecine ne consiste plus à simplement résorber les fractures et guérir une angine streptococcique. Des maladies chroniques telles que le diabète sont désormais la cause principale de mortalité et de handicap aux États-Unis, et elles engloutissent les trois quarts du budget national de la santé. La formation médicale doit encore reconnaître et répondre à la nature changeante des schémas pathologiques, qui nécessitent maintenant de mettre l'accent sur la prévention et le changement de mode de vie[126]. À quel point la formation médicale est-elle en retard sur son temps ? Un rapport de l'Institut de médecine sur la formation médicale a conclu que l'approche fondamentale de l'éducation médicale n'a pas changé depuis 1910[127].

Récemment, j'ai reçu un e-mail qui résume bien où nous en sommes. Tonah, un Amérindien de 65 ans, prenait de l'insuline pour traiter son diabète de type 2 depuis vingt-sept ans. Son médecin lui avait dit que les Amérindiens étaient « génétiquement prédisposés » à la maladie. Il devait juste vivre avec, ainsi qu'avec l'insoutenable douleur neuropathique, trois stents coronariens et une dysfonction érectile. Après avoir regardé ma vidéo intitulée « Éliminer les principales causes de mortalité » sur NutritionFacts.org, sa petite-fille l'a convaincu d'essayer le régime végétalien.

Cela n'a pas été facile, étant donné que le premier magasin de produits frais était situé à 80 km. Malgré tout, en moins de deux semaines, il a transformé sa vie. Sa douleur neuropathique avait diminué de façon spectaculaire, au point qu'elle ne le tenait plus éveillé la nuit. Il avait perdu 15 kg en quelques mois et n'avait plus besoin d'insuline. Son propre médecin ne croyait pas que ce soit possible et lui a fait passer un scanner pour vérifier qu'il n'avait pas de tumeur. Il n'en avait aucune. Aujourd'hui, Tonah peut dire que cela fait des années qu'il ne s'est pas senti aussi bien.

« Je suis heureux que ma petite-fille ne me considère plus comme un vieil homme malade, a conclu Tonah. Je me sens à nouveau jeune, doc. »

7

Comment ne pas mourir d'hypertension artérielle

L'analyse la plus complète et systématique qui ait été menée sur les causes de mortalité a été publiée récemment dans le *Lancet*, une des revues médicales les plus prestigieuses au monde[1]. Financée par la Fondation Bill & Melinda Gates, l'étude intitulée « La charge mondiale de la morbidité » regroupait presque 500 chercheurs de 50 pays et a observé près d'une centaine de sources de données[2]. Les résultats nous permettent de répondre à des questions telles que : « Combien de vies pourrions-nous sauver si les gens, à travers le monde, réduisaient leur consommation de soda ? » La réponse ? 299 521[3]. On en déduit que les boissons gazeuses et leurs calories vides ne se bornent pas à ne pas favoriser la santé – elles favorisent en fait la mortalité. Mais apparemment, le soda est beaucoup moins dévastateur que le bacon, le saucisson, le jambon et les hot dogs. Les viandes transformées sont responsables de la mort de plus de 800 000 personnes chaque année. À l'échelle mondiale, elles font quatre fois plus de victimes que les drogues illicites[4].

L'étude a également mentionné quels aliments pouvaient sauver des vies. Une plus grande consommation de céréales complètes pourrait sauver 1,7 million de vies chaque année. Les chercheurs n'ont pas étudié les légumineuses, mais parmi les aliments qu'ils ont examinés, de quoi le monde a-t-il le plus besoin ? De fruits. Si l'humanité consommait davantage de fruits, 4,9 millions de vies pourraient être sauvées. Presque 5 millions de vies sont donc en jeu, et leur salut ne réside pas dans un médicament ni dans un nouveau vaccin – mais peut-être simplement dans plus de fruits[5,6].

Le facteur de risque n° 1 de mortalité dans le monde qu'ils ont identifié est l'hypertension artérielle – elle fait 9 millions de victimes chaque année[7]. Elle contribue aussi à la mortalité de façon indirecte, en étant à l'origine de l'anévrisme, la crise cardiaque, l'insuffisance cardiaque, l'insuffisance rénale et l'AVC.

On a sans doute déjà pris votre tension chez le médecin, qui vous indique deux chiffres, par exemple « 11,5/7,5 ». Le premier chiffre, dit « systolique », indique la pression artérielle lors de la contraction du cœur. Le second, dit « diastolique », correspond à la pression artérielle mesurée lors du relâchement du cœur entre deux battements. Pour l'American Heart Association, la tension artérielle normale correspond à une pression systolique au-dessous de 12 et une pression diastolique au-dessus de 8 – soit 12/8. Tout ce qui est au-dessus de 14/9 est considéré comme une hypertension. Les valeurs intermédiaires sont considérées comme une pré-hypertension[8].

L'augmentation de la pression artérielle exerce une pression sur le cœur et peut endommager les vaisseaux sanguins sensibles des yeux et des reins, provoquer une hémorragie cérébrale et même entraîner la dilatation de certaines artères, et leur rupture. Le fait que l'hypertension puisse porter atteinte à autant de systèmes organiques et augmenter le risque de maladie cardiaque et d'AVC, deux de nos fléaux majeurs, explique pourquoi elle est le premier facteur de risque de mortalité dans le monde.

Aux États-Unis, presque 78 millions de gens souffrent d'hypertension artérielle – soit environ un adulte sur trois[9]. À mesure que vous vieillissez, votre tension artérielle a tendance à monter. En fait, après 60 ans, 65 % des Américains peuvent s'attendre à recevoir ce diagnostic[10]. Cela a conduit beaucoup de gens, y compris des médecins, à présumer que l'hypertension, au même titre que les rides ou les cheveux blancs, étaient simplement une conséquence du vieillissement. Pourtant, nous savons depuis presque un siècle que ce n'est pas le cas.

Dans les années 1920, des chercheurs ont mesuré la tension d'un millier de Kényans qui avaient une alimentation pauvre en sel et principalement composée de végétaux – céréales complètes, légumineuses, fruits, légumes verts à feuilles et autres légumes[11]. Jusqu'à l'âge de 40 ans, la tension artérielle des Africains ruraux était similaire à celle des Européens et des Américains, soit environ 12,5/8. Toutefois, à mesure que les Occidentaux avançaient en âge, leur tension artérielle commençait à dépasser celle des Kényans. À l'âge de 60 ans, l'Occidental moyen était hypertendu, avec une tension excédant 14/9. Et qu'en était-il des Kényans ? Au même âge, leur tension artérielle moyenne s'était en fait améliorée, descendant aux alentours de 11/7[12].

Le seuil de 14/9 qui définit l'hypertension est considéré comme une limite arbitraire[13]. Tout comme pour l'excédent de cholestérol ou de masse adipeuse, une tension artérielle au-dessous de la fourchette « normale » peut présenter des avantages. Ainsi, même ceux qui ont au départ une tension dite normale de 12/8 pourraient trouver un bénéfice à la faire baisser à 11/7[14]. Mais est-ce réalisable ? Si on prend l'exemple des Kényans, non seulement c'est possible, mais cela semble caractéristique des personnes ayant un mode de vie sain, basé sur une alimentation d'origine végétale.

Sur une période de deux ans, 1800 patients ont été admis dans un hôpital rural au Kenya. Combien de cas d'hypertension a-t-on trouvé ? Aucun. Il n'y avait pas non plus un seul cas du principal fléau américain, l'athérosclérose[15].

L'hypertension se présente donc comme un choix. Vous pouvez continuer à suivre le régime occidental qui provoque la rupture de vos artères ou choisir de relâcher la pression. En vérité, éliminer le principal risque de mortalité de l'humanité peut être simple. Sans médicament ni scalpel. Juste avec une fourchette.

Le sodium

Les deux principaux risques de mortalité et de handicap d'origine alimentaire dans le monde pourraient être : pas assez de fruits et trop de sel. Presque 5 millions de gens mourraient chaque année parce qu'ils ne consomment pas assez de fruits[16], tandis que l'excès de sel pourrait tuer 4 millions d'individus[17].

Le sel est une substance composée d'environ 40 % de sodium et 60 % de chlorure. Le sodium est un nutriment essentiel, mais les légumes et d'autres aliments naturels vous apportent la petite quantité de sodium dont vous avez besoin. Si vous en consommez trop, cela peut provoquer de la rétention d'eau, et votre corps peut réagir en augmentant votre tension artérielle pour éliminer de votre organisme l'excès de fluide et de sel[18].

Pendant 90 % du début de l'évolution humaine, l'alimentation devait comporter l'équivalent d'un quart de cuillère à café de sodium par jour[19]. Pourquoi ? Parce que nous consommions essentiellement des plantes[20]. Nous avons réussi à nous passer de salières pendant des millions d'années, nos corps ont donc évolué comme des machines à conserver le sodium. Cela nous a été très utile, jusqu'à ce que l'on découvre que le sel pouvait être utilisé pour conserver les aliments[21]. À l'heure où la réfrigération n'existait pas, ce fut une bénédiction pour la civilisation humaine. Peu importait que cette adjonction de sel entraîne une augmentation générale de la tension artérielle – l'alternative étant de mourir de faim parce que les aliments pourrissaient.

Mais qu'en est-il aujourd'hui ? Après tout, nous ne sommes plus forcés de subsister en mangeant des aliments conservés dans du vinaigre et du bœuf séché. Les êtres humains sont génétiquement programmés pour manger 10 fois moins de sel que nous le faisons actuellement[22]. Un grand nombre des régimes dits hyposodés sont en réalité très riches en sel. C'est pourquoi il est crucial de comprendre quelle est la consommation « normale » de sodium. Celle-ci peut entraîner une tension artérielle « normale », ce qui peut contribuer au fait que nous mourions de toutes les causes « normales », comme la crise cardiaque ou l'AVC[23].

L'American Heart Association recommande de consommer moins de 1 500 mg de sodium par jour[24] – ce qui correspond à environ trois quarts d'une cuillère à café[25]. Réduire la consommation de sodium de seulement 15 % à l'échelle mondiale pourrait sauver des millions de vies chaque année[26].

Si nous parvenions à réduire notre consommation de sel d'une demi-cuillerée à café par jour, ce qui est réalisable en évitant les aliments salés et en n'ajoutant pas de sel à notre nourriture, nous pourrions prévenir 22 % des décès des suites d'un AVC et 16 % des crises cardiaques fatales. Potentiellement, on sauverait ainsi plus de vies qu'avec un traitement médicamenteux, même efficace[27]. En résumé, réduire le sel est une intervention à domicile simple qui pourrait être plus puissante qu'une ordonnance. Jusqu'à 92 000 vies seraient sauvées aux États-Unis chaque année simplement en consommant moins de sel[28].

La preuve que le sodium fait augmenter la tension artérielle a été faite, y compris lors d'essais randomisés en double aveugle qui datent de plusieurs décennies[29]. Si on prend des sujets et qu'on leur fait suivre un régime à teneur limitée en sodium, leur tension artérielle baisse. Si on continue de leur faire suivre un régime pauvre en sel en ajoutant un placebo, il ne se passe rien. Cependant, si a contrario on leur donne du sel sous la forme de pilules de sodium à libération prolongée, leur tension artérielle remonte[30]. Plus on leur administre de sodium sans qu'ils le sachent, plus leur tension artérielle augmente[31].

Même un seul repas peut suffire. Si on prend des gens ayant une tension artérielle normale et qu'on leur donne un bol de soupe contenant la quantité de sel que l'on peut trouver dans le repas occidental moyen[32], leur tension augmente pendant les trois heures qui suivent, ce qui n'est pas le cas s'ils prennent la même soupe sans ajout de sel[33]. Des dizaines d'études similaires démontrent qu'une réduction de la consommation de sel fait baisser la tension artérielle. Et plus la réduction est importante, plus c'est bénéfique. Mais si vous ne procédez à aucune restriction, une consommation de sel élevée et chronique peut entraîner une augmentation progressive de la pression artérielle tout au long de la vie[34].

Auparavant, on enseignait aux médecins qu'une tension artérielle systolique « normale » est de 100 (mm de mercure) plus l'âge de la personne. Cela correspond d'ailleurs à la tension à la naissance. Les nourrissons naissent avec une tension d'environ 9,5/6 (cm de mercure). Mais, en avançant dans la vie, la mesure de 9,5 peut atteindre 12 à partir de l'âge de 20 ans. Lorsque vous atteignez la quarantaine, elle peut s'élever à 14 – le seuil officiel de l'hypertension – et continuer d'augmenter à mesure que vous vieillissez[35].

Que se passerait-il si, au lieu de consommer 10 fois plus de sodium que ce que votre organisme n'est destiné à supporter, vous n'absorbiez que la quantité naturelle, celle que l'on trouve dans les aliments complets ? Est-il possible que votre tension artérielle reste basse toute votre vie ? Pour vérifier cette théorie, il faudrait que l'on trouve une population de notre époque qui ne consomme pas de sel, pas d'aliments raffinés et ne mange pas à l'extérieur. Pour ce faire, les scientifiques ont dû se rendre au cœur de la forêt amazonienne[36].

On a constaté que les Indiens Yanomami – totalement étrangers aux salières et aux Kentucky Fried Chicken – avaient la plus petite consommation de sodium jamais enregistrée[37]. Et, surprise, les chercheurs ont découvert que la tension artérielle des Yanomami les plus âgés était identique à celle des adolescents[38]. Autrement dit, ils ont au départ une tension de 10/6 et la conservent tout au long de leur vie. Les chercheurs n'ont pu trouver un seul cas d'hypertension[39].

Pourquoi a-t-on pensé que le sodium était en jeu ? Après tout, les Yanomami étudiés ne buvaient pas d'alcool, avaient une alimentation à base de végétaux riches en fibres, faisaient beaucoup d'exercice et n'étaient pas obèses[40]. Un essai interventionnel a prouvé que le sodium était bien le coupable. Imaginez que l'on choisisse des gens qui sont littéralement en train de mourir d'une hypertension totalement incontrôlable (connue sous le nom d'hypertension maligne), un état qui peut entraîner la cécité à cause d'une hémorragie oculaire, une insuffisance rénale et enfin cardiaque. Et si on donnait à ces patients la même quantité de sel que les Yanomami – une consommation normale pour l'espèce humaine ?

C'est là qu'intervient le Dr Walter Kempner et son régime riz et fruits. Sans aucun médicament, il a fait passer la tension artérielle de 24/15 à 10,5/8 chez certains patients, uniquement grâce à un changement de régime alimentaire. Comment a-t-il pu, d'un point de vue éthique, demander à des patients aussi gravement malades d'interrompre leur traitement médicamenteux ? Les pilules modernes pour traiter l'hypertension n'avaient pas encore été inventées – le Dr Kempner a mené cette étude dans les années 1940[41]. À cette époque, l'hypertension maligne était une condamnation à mort, avec une espérance de vie d'environ six mois[42]. Néanmoins, il a réussi à inverser le cours de la maladie dans plus de 70 % des cas[43]. Le régime n'était toutefois pas seulement très faible en sodium – il était aussi strictement végétalien et faiblement chargé en graisses et en protéines. Le Dr Kempner est désormais reconnu comme celui qui a établi – sans l'ombre d'un doute – que l'hypertension peut souvent être réduite par un régime à faible teneur en sodium[44].

En plus de l'hypertension, les repas très salés peuvent altérer la fonction artérielle de façon significative[45], même chez les personnes dont la tension ne semble pas être modifiée par la consommation de sel[46]. En d'autres termes, le sel peut à lui seul endommager nos artères, indépendamment de son effet sur la tension artérielle. Et cet impact négatif peut commencer au bout de trente minutes[47].

En utilisant une technique nommée débimètre doppler laser, des chercheurs ont réussi à mesurer le flux sanguin dans les minuscules vaisseaux de la peau. Après un repas riche en sodium, le flux sanguin ralentit de façon significative – à moins que l'on n'injecte de la vitamine C dans la peau, ce qui semble en grande partie inverser le phénomène. Par conséquent, si un antioxydant contribue à bloquer l'effet du sodium, le mécanisme qui affecte la fonction artérielle pourrait être le stress oxydatif – la formation de radicaux libres dans la circulation sanguine[48]. Il s'avère que la consommation de sodium supprime l'activité d'une enzyme antioxydante qui joue un rôle clé dans l'organisme, la superoxyde dismutase[49], laquelle a la capacité de détoxiquer un million de radicaux libres par seconde[50]. Et lorsque l'action de cette enzyme, véritable bête de somme, est entravée par le sodium, le niveau de stress oxydatif qui endommage les artères peut monter en puissance.

Après un repas salé, non seulement la pression artérielle augmente, mais les artères commencent à se rigidifier[51]. C'est peut-être ainsi que nous avons compris, il y a des milliers d'années, qu'un excès de sel était mauvais pour notre santé, comme le prouve cette citation issue du *Classique interne de l'empereur jaune*, un texte médical de la Chine ancienne : « Lorsqu'il y a trop de sel dans la nourriture, le pouls se durcit[52]… » Nous n'avons donc peut-être même pas besoin d'un essai en double aveugle ; on pourrait simplement donner un sachet de chips à quelqu'un, puis prendre son pouls.

Bien évidemment, l'industrie du sel n'est pas enchantée à l'idée que l'on réduise notre consommation de sel. En 2009, l'American Heart Association a repris les propos de la présidente du Comité consultatif sur les recommandations alimentaires, indiquant que les Américains devraient réduire leur consommation de sodium. Le Salt Institute, une organisation commerciale de l'industrie du sel, l'a accusée d'avoir un « préjugé malsain » à l'encontre du sel, soutenant qu'elle avait « jugé la question du sel a priori[53]. » C'est à peu près comparable à l'industrie du tabac qui se plaint que les gens de l'Association américaine du poumon manquent d'objectivité vis-à-vis du tabagisme. Bien sûr, la Salt Industry n'était pas la seule partie lésée. L'industrie du fromage se classe parmi les principaux contributeurs en sodium du régime américain[54], et le Conseil de l'industrie laitière a fait front avec le Salt Institute dans sa condamnation des recommandations alimentaires du comité consultatif[55].

L'industrie du sel dispose de son propre service de relations publiques, de ses sociétés de lobbying qui appliquent les tactiques de l'industrie du tabac pour minimiser les dangers du produit qu'elles représentent[56]. Mais les véritables méchants ne sont pas forcément les magnats des mines de sel – c'est l'industrie des aliments transformés. Cette industrie qui pèse 3 milliards de dollars utilise du sel et du sucre ajoutés à très bas coût pour vendre sa camelote[57]. C'est pourquoi il n'est pas facile d'éviter le sodium dans le régime traditionnel occidental : les trois quarts du sel consommé proviennent des aliments transformés et non d'une salière[58]. En les rendant accros à des aliments hypersucrés et hypersalés, vos papilles gustatives s'appauvrissent tellement que les aliments naturels peuvent avoir un goût de carton. En effet, le fruit le plus mûr ne sera peut-être pas aussi sucré qu'un bonbon !

Mais il y a deux autres raisons majeures pour lesquelles l'industrie alimentaire ajoute du sel aux aliments. D'abord, ce sel supplémentaire gorge d'eau la viande, donc en augmente le poids de près de 20 % ;

la viande étant vendue au poids, cela fait 20 % de profits en plus pour un coût additionnel très faible. Ensuite, comme tout le monde le sait, manger salé donne soif. Si les bars distribuent des cacahuètes et des biscuits salés, ce n'est pas sans raison, et cela explique aussi pourquoi les conglomérats du soda possèdent des entreprises d'en-cas. Boisson fraîche et en-cas salé vont de pair. Et ce n'est pas non plus une coïncidence si Pepsi et Frito-Lay font partie de la même entreprise[59].

Interro surprise ! Qu'est-ce qui contient le plus de sodium ? Une portion de bœuf, une portion de poulet au four 100 % naturel, une grande frite McDonald's ou une portion de bretzels salés ?

La réponse ? Le poulet. Il n'est pas rare que l'industrie de la volaille injecte de l'eau salée dans les carcasses des poulets pour en augmenter le poids de façon artificielle, et que ceux-ci soient néanmoins considérés comme « 100 % naturels ». Le magazine *Consumer Reports* a découvert que certains poulets vendus en supermarché étaient tellement gorgés de sel qu'on a enregistré 580 mg de sodium par portion – ce qui représente plus de la ration quotidienne de sodium dans un seul morceau de poulet[60].

La première source de sodium des enfants et adolescents américains est la pizza[61]. Une seule part de Pizza Hut au pepperoni peut contenir la moitié de la quantité de sodium recommandée pour une journée entière[62]. Pour les adultes de plus de 50 ans, c'est le pain, mais chez ceux qui ont entre 20 et 50 ans, c'est le poulet qui apporte le plus de sodium dans l'alimentation – et non les soupes en boîte, les bretzels ou les chips, comme on pourrait s'y attendre[63].

Comment pouvez-vous surmonter votre irrésistible envie de sel, de sucre et de gras ? Accordez-vous juste quelques semaines, et vos papilles gustatives commenceront à changer. Lorsque des chercheurs ont prescrit un régime faible en sel à leurs sujets, ces derniers se sont peu à peu mis à apprécier le goût de la soupe sans sel et ont été dégoûtés par la soupe très salée qu'ils adoraient auparavant. Quand la progression de l'étude les a autorisés à saler leur soupe selon leur goût, ils ont préféré en diminuer la quantité, à mesure que leurs papilles gustatives s'habituaient à des niveaux plus sains[64].

Il en va peut-être de même pour le sucre et le gras. Il est probable que, chez les humains, la perception du goût du gras soit équivalente à celle du sucré, de l'acide et du salé[65]. Les personnes à qui on demande de suivre un régime à faible teneur en matières grasses finissent par préférer les aliments peu gras[66]. Votre langue deviendrait ainsi plus sensible au gras, et plus celle-ci devient sensible, moins vous mangez de beurre, de viande, de produits laitiers et d'œufs. En revanche, si vous consommez trop d'aliments de ce type, vous pouvez émousser votre goût pour le gras, ce qui peut vous pousser à ingérer davantage de calories et de graisses, de produits laitiers, de viande et d'œufs et, en définitive, vous faire prendre du poids[67]. Tout cela peut se produire en à peine quelques semaines[68].

Il y a trois choses que vous pouvez faire pour vous déshabituer du sel[69]. Premièrement, ne mettez pas de sel sur la table. (Une personne sur trois a tendance à saler son plat avant même de le goûter[70] !) Deuxièmement, arrêtez d'ajouter du sel en cuisinant. La nourriture peut vous sembler fade au départ, mais au bout de deux à quatre semaines les récepteurs du goût salé présents dans votre bouche deviennent plus sensibles, et la nourriture a meilleur goût. Croyez-le ou non, après deux semaines, vous pourriez préférer le goût des aliments moins salés[71]. Essayez à la place le mélange de votre choix de ces arômes merveilleux : poivre, oignon, ail, tomate, piment, basilic, persil, thym, céleri, citron vert, romarin, paprika, curry, coriandre et citron[72]. Ce serait également une bonne idée d'éviter de manger à l'extérieur autant que possible. Même les restaurants qui ne sont pas des fast-foods ont tendance à abuser du sel[73]. Enfin, faites votre possible pour éviter les aliments transformés.

Dans la plupart des pays observés, les aliments transformés fournissent environ la moitié de la ration de sel, mais aux États-Unis nous consommons tellement de sodium issu de ces aliments que même si on arrêtait totalement d'utiliser du sel en cuisine et à table on ne réduirait notre consommation que de façon infime[74]. Essayez d'acheter des aliments qui comportent moins de milligrammes de sodium que de grammes par portion. Par exemple, si la portion fait 100 g, le produit devrait comporter moins de 100 mg de sodium[75]. Vous pouvez aussi viser un nombre de milligrammes de sodium par portion inférieur au nombre de calories. C'est un truc que j'ai appris d'un de mes diététiciens favoris, Jeff Novick. La plupart des gens ingèrent environ 2 200 calories par jour, donc si tout ce que vous consommez comporte moins de sodium que de calories, vous serez probablement sous la limite fixée par les recommandations alimentaires américaines de 2 300 mg de sodium par jour[76,77].

Mais, idéalement, il est préférable d'acheter la plupart de vos aliments sans aucune étiquette. On considère qu'il est presque impossible d'avoir une alimentation non transformée qui excède la recommandation plus stricte de 1 500 mg de sodium par jour définie par l'American Heart Association.

Les céréales complètes

En moyenne, les médicaments destinés à traiter l'hypertension réduisent le risque de crise cardiaque de 15 % et le risque d'AVC de 25 %[78]. Mais lors d'un essai randomisé, trois portions de céréales complètes par jour ont permis d'abaisser la tension des sujets aussi efficacement que les médicaments[79]. L'étude a révélé qu'une alimentation riche en céréales complètes apportait les mêmes bénéfices, sans les effets indésirables généralement associés aux médicaments antihypertenseurs. Quels sont-ils ? Des troubles électrolytiques, chez les personnes qui prennent des diurétiques[80] ; une augmentation du risque de cancer du sein chez les femmes qui prennent des inhibiteurs calciques (tels que Norvasc ou Cardizem[81]) ; une possibilité de léthargie et d'impuissance chez les personnes prenant des bêtabloquants (comme Lopressor ou Corgard)[82] ; un risque d'œdème soudain et potentiellement mortel chez les personnes prenant des inhibiteurs d'ECA (tels Vasotec et Altace)[83] ; et une augmentation du risque de chute grave pour une classe de ces médicaments antihypertenseurs[84].

Cependant, les céréales complètes ne sont pas dépourvues d'effets secondaires. Mais ils sont positifs ! La consommation de céréales complètes est associée à un risque moindre de diabète de type 2, de maladie coronarienne, de prise de poids[85] et de cancer du côlon[86]. Notez bien l'adjectif *complètes*. Tandis que les céréales complètes telles que l'avoine, le blé complet et le riz brun ont établi la preuve de leur capacité à réduire votre risque de développer une maladie chronique[87], les céréales raffinées pourraient en revanche augmenter ce risque. Des chercheurs de l'université Harvard, pour ne citer qu'eux, ont découvert que si une consommation régulière de riz complet était associée à un risque moindre de diabète de type 2, le riz blanc obtenait des résultats contraires. Des portions quotidiennes de riz blanc ont été associées à une augmentation de 17 % du risque de diabète, tandis que le remplacement d'un tiers de la portion journalière de riz blanc par du riz brun pourrait faire baisser ce risque de 16 %. Et il semblerait que remplacer le riz blanc par de l'avoine et de l'orge serait une initiative encore plus efficace, associée à une baisse du risque de diabète de 60 %[88].

Compte tenu de l'amélioration des facteurs de risque cardiaque constatée lors d'essais interventionnels intégrant des céréales complètes[89], il n'est pas étonnant d'observer une réduction de la progression de la maladie artérielle chez ceux qui en mangent régulièrement. Lors d'études portant sur les deux types d'artères les plus importantes du corps, les artères coronaires qui alimentent le cœur et les artères carotides qui alimentent le cerveau, les sujets qui consommaient le plus de céréales complètes présentaient un rétrécissement des artères significativement plus lent[90,91]. Comme la plaque d'athérome qui se dépose dans les artères est notre principale cause de décès, idéalement il ne faudrait pas seulement ralentir ce processus, mais l'interrompre ou même l'inverser.

Comme nous l'avons vu dans le chapitre 1, il semble qu'il ne faille pas s'arrêter aux céréales complètes : légumes, fruits, légumineuses et autres aliments complets sont nécessaires, ainsi qu'une réduction significative de votre consommation de gras trans, d'acides gras saturés et de cholestérol, les substances alimentaires qui contribuent à obstruer vos artères.

Que penser du régime DASH ?

Que faire si, comme 78 millions d'Américains, vous souffrez d'hypertension ? Comment pouvez-vous y remédier ?

L'American Heart Association (AHA), l'American College of Cardiology (ACC) et les Centers for Disease Control and Prevention (CDC) ont tous recommandé aux patients d'essayer en premier lieu de modifier leur mode de vie, c'est-à-dire de perdre du poids, de limiter leur consommation de sodium et d'alcool, de faire davantage d'exercice et d'avoir une alimentation plus saine[92].

Toutefois, si leur changement de mode de vie n'était pas efficace, ils envoyaient les patients à la pharmacie. En premier lieu, on prescrit un diurétique et, avant même d'avoir eu le temps de prononcer « cocktail pharmaceutique », la liste de médicaments s'allonge, jusqu'à ce que votre tension artérielle baisse. Les patients qui souffrent d'hypertension prennent souvent trois médicaments antihypertenseurs en même temps[93], alors que seulement la moitié d'entre eux parviennent à suivre le premier traitement qui leur avait été prescrit[94]. (Cela s'explique en partie par l'ensemble des effets indésirables, tels que la dysfonction érectile, la fatigue et les crampes dans les jambes[95].) Et malgré tout cela, les médicaments n'ont toujours pas attaqué la raison du problème. L'origine de l'hypertension n'est pas un manque de médicaments. La cause sous-jacente est ce que vous mangez et la façon dont vous vivez.

Comme nous l'avons évoqué précédemment, la tension artérielle idéale, définie comme le niveau au-dessous duquel vous n'obtenez aucun bénéfice supplémentaire, se situe probablement aux alentours de 11/7[96]. Pouvez-vous réellement la faire baisser à ce point sans aucun médicament ? N'oubliez pas qu'il s'agit de la tension artérielle moyenne des hommes âgés de plus de 60 ans dans l'Afrique rurale qui ne suivaient aucun traitement, excepté une alimentation d'origine végétale et un mode de vie traditionnels[97]. Dans la Chine rurale, nous trouvons des résultats similaires : 11/7 tout au long de la vie, sans augmentation avec l'âge[98]. La raison pour laquelle nous suspectons la nature végétale de leur alimentation de jouer un si grand rôle est que, dans le monde occidental, les seules personnes qui parviennent à une telle tension artérielle sont les végétariens[99].

Alors, l'AHA, l'ACC et les CDC préconisent-ils aux hypertendus une alimentation dépourvue de viande ? Non. Ils recommandent le régime DASH, Dietary Approaches to Stop Hypertension (approches diététiques pour arrêter l'hypertension), un régime spécialement conçu pour faire baisser la tension artérielle[100]. Il est décrit à tort comme un régime lacto-végétarien[101] (consommation de lait, et exclusion de la viande et des œufs). Le régime DASH fait la part belle aux fruits, aux légumes et aux produits laitiers à faible teneur en matières grasses, mais la viande reste présente – on est simplement censé en manger moins[102].

Pourquoi ne pas recommander un régime encore plus axé sur des aliments d'origine végétale ? Nous savons depuis des décennies que « la nourriture d'origine animale a été très fortement associée à la tension artérielle systolique et diastolique, après avoir éliminé les facteurs tels que l'âge et le poids[103] ». Il s'agit d'une citation issue d'une série d'études menées par un médecin renommé, Frank Sacks, et ses collègues dans les années 1970. Mais des études remontant aux années 1920 démontraient déjà qu'ajouter de la viande à un régime à base d'aliments d'origine végétale peut faire augmenter la tension artérielle de façon significative en seulement quelques jours[104].

Pourquoi le régime DASH n'est-il pas dépourvu de viande ? En s'appuyant sur les recherches du Dr Sacks à l'université Harvard, l'American Heart Association a admis que « certaines des tensions artérielles les plus basses observées dans les pays industrialisés ont été relevées chez des individus strictement végétariens[105] ». Les concepteurs du régime DASH ignoraient-ils tout simplement les recherches du Dr Sacks ? Non, car le président du comité qui a conçu le régime DASH était justement le Dr Sacks[106].

Le fait que le régime DASH soit explicitement inspiré des régimes végétariens mais n'exclue pas la viande peut vous surprendre. Le premier objectif de ce régime était de créer des habitudes alimentaires « qui auraient les bénéfices d'un régime végétarien en termes de baisse de la tension artérielle, tout en comportant suffisamment de produits d'origine animale pour être acceptées par les non-végétariens[107] ». Le Dr Sacks avait même démontré que plus les végétariens consommaient de produits laitiers, plus leur tension artérielle semblait augmenter[108]. Mais il a pensé qu'il était inutile de faire l'apologie d'un régime que, d'après lui, peu de gens suivraient. C'est un thème récurrent des recommandations nutritionnelles officielles. Au lieu de simplement vous dire ce que la science démontre et de vous laisser faire vos propres choix, les experts traitent la population avec condescendance en lui recommandant ce qu'ils pensent être réalisable plutôt que ce qui serait idéal. En prenant la décision à votre place, ils portent atteinte à ceux qui seraient prêts à de plus grands changements pour parvenir à une santé optimale.

Le régime DASH aide à faire baisser la tension artérielle, cependant les principaux effets ne semblent pas provenir du passage aux produits laitiers ayant une faible teneur en matières grasses ou à la viande blanche, ni de la réduction des sucres et des matières grasses ajoutées, mais de l'ajout de fruits et légumes[109]. Si les bénéfices pour la santé sont dus aux aliments végétaux ajoutés, pourquoi ne pas s'efforcer en premier lieu d'axer l'alimentation sur eux ?

Cette question se pose d'autant plus si on se réfère à une méta-analyse de 2014 (une compilation d'un grand nombre d'analyses similaires), qui démontre que les régimes végétariens peuvent être particulièrement efficaces pour faire baisser la tension artérielle[110]. Et plus les végétaux sont nombreux, mieux c'est, semblerait-il. Les régimes dépourvus de viande, de façon générale, « apportent une protection contre les maladies cardio-vasculaires [...], certains cancers et la mortalité globale », mais de plus les régimes à base d'une alimentation entièrement végétale « semblent offrir une protection supplémentaire contre l'obésité, l'hypertension, le diabète de type 2 et la mortalité cardio-vasculaire[111] ».

Il semble que plus on consomme d'aliments d'origine végétale, plus le taux d'hypertension baisse progressivement. D'après l'étude des 89 000 Californiens mentionnée au chapitre 6, comparés à ceux qui consomment de la viande plus d'une fois par semaine, les flexitariens (ceux qui mangent moins de viande, quelques fois par mois au maximum) ont 23 % de risques d'hypertension en moins. Ceux qui suppriment la viande de leur alimentation à l'exception du poisson ont un risque inférieur de 38 %, tandis que pour ceux qui suppriment tout type de viande la baisse est de 55 %. Quant à ceux qui ne consomment ni viande ni œufs ni produits laitiers, ce sont eux qui s'en sortent le mieux, avec un risque d'hypertension 75 % moins élevé. Les personnes qui suivent un régime entièrement végétalien semblent avoir supprimé les trois quarts des risques de souffrir d'une des principales causes de mortalité[112].

Lorsque les scientifiques ont étudié le diabète et l'obésité, ils ont trouvé les mêmes améliorations progressives à mesure que la consommation d'aliments d'origine animale baissait et qu'augmentait celle d'aliments d'origine végétale. Les personnes qui suivaient un régime à base d'aliments végétaux n'avaient qu'une fraction du risque de diabète, même après avoir écarté le facteur des bénéfices liés au poids[113], mais qu'en est-il de l'hypertension ? En moyenne, les végétaliens stricts avaient un poids 30 % inférieur à ceux qui suivaient un régime conventionnel[114]. Peut-être leur minceur explique-t-elle leur bonne tension artérielle ? Autrement dit, les omnivores qui sont aussi minces que les végétaliens bénéficient-ils de la même tension artérielle ?

Pour répondre à cette question, il faudrait que les chercheurs trouvent un groupe d'individus qui consomment le régime occidental standard et qui soient aussi minces que les végétaliens. Pour trouver un groupe d'omnivores minces et en bonne santé, les chercheurs ont recruté des athlètes d'endurance sur longue distance qui avaient couru, en moyenne, 80 km par semaine pendant vingt ans. En courant l'équivalent de deux marathons par semaine pendant vingt ans, presque n'importe qui deviendrait aussi mince qu'un végétalien, peu importe ce qu'il mange ! Les chercheurs ont ensuite comparé ces athlètes de l'extrême à deux groupes : les carnivores sédentaires qui faisaient moins d'une heure d'exercice par semaine et les végétaliens sédentaires qui mangeaient pour l'essentiel des aliments non raffinés et crus.

Quels chiffres ont-ils obtenu ? Comme on pouvait s'y attendre, les coureurs d'endurance qui suivaient le régime occidental standard présentaient une tension artérielle moyenne meilleure que celle de leurs homologues carnivores : 12,2/7,2 contre 13,2/7,9, ce qui correspond à la définition de pré-hypertensif. Les végétaliens sédentaires, eux, ont obtenu l'extraordinaire résultat moyen de 10,4/6,2[115]. Apparemment, suivre le régime standard occidental, même en courant plus de 3 000 km par an, n'est pas aussi bon pour votre tension artérielle que d'être un végétalien passant son temps affalé sur son canapé.

Les aliments qui apportent une protection supplémentaire contre l'hypertension

Un régime faible en sodium composé essentiellement d'aliments complets d'origine végétale semble être le meilleur moyen de faire baisser une tension artérielle élevée. Que faire si vous avez déjà adopté un tel régime, mais que vous ne parvenez toujours pas à une tension de 11/7 ? Il existe quelques aliments qui pourraient vous apporter une protection supplémentaire.

J'ai déjà évoqué les céréales complètes et je vais aborder de façon plus détaillée les graines de lin, la tisane d'hibiscus et les légumes riches en nitrates. Les graines de lin à elles seules « entraînent un des effets antihypertensifs les plus puissants jamais réalisés par une intervention nutritionnelle[116]. » La consommation d'à peine quelques cuillères à soupe par jour paraît deux fois plus efficace que les effets d'un programme d'exercices d'endurance[117] (ce qui ne veut pas dire que vous ne pouvez pas faire les deux : incorporer les graines de lin à votre alimentation *et* faire de l'exercice).

La consommation de légumes à la fois crus et cuits est associée à une tension artérielle plus basse, mais les légumes crus semblent légèrement plus protecteurs[118]. Des études ont également conclu qu'une importante consommation de haricots, pois cassés, pois chiches et lentilles pourrait contribuer à une meilleure tension[119], alors n'hésitez pas à les ajouter à votre liste de courses. Le vin rouge pourrait également avoir son utilité, mais uniquement lorsqu'il est sans alcool. En effet, seul le vin désalcoolisé semble faire baisser la tension artérielle[120].

La pastèque semble également apporter une protection, ce qui est une excellente nouvelle car ce fruit est délicieux, mais vous serez peut-être forcé d'en manger 1 kg par jour pour obtenir l'effet escompté[121]. En revanche, les kiwis n'ont pas passé ces tests. Lors d'une étude réalisée par un producteur de kiwis, il est apparu qu'ils n'apportaient aucune protection[122]. Peut-être l'industrie du kiwi devrait-elle prendre exemple sur l'office de commercialisation du raisin de Californie, qui a financé une étude pour montrer que le raisin pouvait faire baisser la pression artérielle. Pour majorer les bénéfices du raisin, ils ont utilisé de la junk-food dans le groupe de contrôle. L'étude a donc conclu que le raisin pourrait faire baisser la tension artérielle, mais seulement comparé aux cookies au caramel et aux chips[123] !

Les graines de lin

Dans les chapitres 11 et 13, nous verrons à quel point les graines de lin peuvent s'avérer efficaces contre les cancers du sein et de la prostate, mais on est forcément quelque peu sceptique lorsque les scientifiques emploient des termes tels que « miraculeux » pour les décrire. (Une revue médicale a publié un rapport intitulé « Les graines de lin : un moyen de défense miraculeux contre certaines maladies graves[124]. ») Néanmoins, un essai interventionnel remarquable publié dans la revue *Hypertension* semble indiquer que dans ce cas le terme « miraculeux » pourrait ne pas être éloigné de la vérité.

Il est rare de voir une étude nutritionnelle de ce calibre : prospective, en double aveugle, contrôlée par un placebo, assortie d'un essai randomisé. Difficile de biaiser avec l'alimentation. Lors d'un essai pharmaceutique, une étude en double aveugle est simple : les chercheurs donnent à certaines personnes un comprimé de sucre d'aspect identique au médicament, de sorte que ni les sujets ni les personnes qui donnent les comprimés ne savent s'il s'agit ou non d'un placebo (d'où le terme « double aveugle »). Mais comment fait-on la même chose avec l'alimentation ? Les gens ont tendance à le remarquer, si vous essayez d'intégrer discrètement une poignée de graines de lin à leur déjeuner.

Les chercheurs ont tenté une tactique plutôt maligne pour surmonter ce problème. Ils ont créé un certain nombre de recettes de plats courants tels que les muffins ou les pâtes, dans lesquels ils pouvaient intégrer des ingrédients placebo comme le son et la mélasse pour parvenir à une texture et une couleur identiques à celles des aliments riches en lin. Ainsi, ils ont pu randomiser les gens en deux groupes et introduire secrètement plusieurs cuillères à soupe de graines de lin moulues dans les repas de la moitié des participants pour observer si cela faisait une différence.

Après six mois, ceux qui avaient consommé les aliments placebo et souffraient d'hypertension au début de l'étude étaient toujours hypertendus, en dépit du fait que beaucoup d'entre eux prenaient une variété de pilules antihypertensives. En moyenne, ils avaient commencé l'étude avec une tension de 15,5/8,2 et l'avaient terminée avec 15,8/8,1. Et qu'en était-il des hypertendus qui consommaient chaque jour des graines de lin sans le savoir ? Leur tension artérielle moyenne était passée de 15,8/8,2 à 14,3/7,5. Une baisse de la tension artérielle diastolique de 7 points (calculés en mmHg) peut ne pas sembler énorme, mais cela revient à une baisse du risque d'AVC de 46 %, et de crise cardiaque de 29 % sur le long terme[125].

Comment peut-on comparer ce résultat avec un traitement médicamenteux ? Les graines de lin ont réussi à faire baisser la tension artérielle systolique et diastolique respectivement de 15 et 7 points. Comparativement, les puissants médicaments antihypertenseurs tels que les inhibiteurs calciques (par exemple, Norvasc, Cardizem ou Procardia) réduisent la pression artérielle de seulement 8 et 3 points respectivement. Quant aux inhibiteurs de l'ECA (comme Vasotec, Lotensin, Zestril ou Altace), ils ne font baisser la tension artérielle que de 5 et 2 points respectivement[126]. Les graines de lin pourraient être deux à trois fois plus efficaces que ces médicaments, et elles n'ont que des effets secondaires positifs. En plus de leurs propriétés anticancéreuses, il a été démontré par des études cliniques qu'elles contribuaient à contrôler le cholestérol, les triglycérides et le taux de glycémie, à réduire l'inflammation et à traiter la constipation avec succès[127].

L'infusion d'hibiscus pour traiter l'hypertension

La tisane d'hibiscus, dérivée de la fleur du même nom, est également connue sous le nom d'oseille de Guinée, de roselle en Jamaïque, de karkadé ou de bissap. Avec son goût acide caractéristique, proche de celui de la canneberge, et sa couleur rouge vif, cette tisane est servie et appréciée aussi bien froide que chaude partout dans le monde. Comparé à la teneur en antioxydants moyenne de 280 boissons courantes, l'hibiscus se place au premier rang, détrônant d'autres champions de cette catégorie, y compris le thé vert, si souvent plébiscité[128]. Dans l'heure qui suit son absorption, le pouvoir antioxydant de la circulation sanguine monte en flèche, démontrant que les phytonutriments antioxydants présents dans la tisane sont absorbés par l'organisme[129]. Quels effets cette infusion peut-elle avoir sur votre santé ?

Hélas, son action sur l'obésité a été décevante. Après avoir donné de la tisane d'hibiscus à des individus en surpoids pendant plusieurs mois, les chercheurs n'ont pu démontrer qu'une perte supplémentaire de 250 g par rapport au placebo[130]. Des études préliminaires sur les effets hypocholestérolémiants semblaient prometteuses[131], suggérant que la consommation de deux tasses de tisane d'hibiscus par jour pendant un mois pouvait faire baisser le cholestérol de 8 %, mais lorsqu'on a réalisé une synthèse de l'ensemble des études similaires, le résultat s'est avéré peu concluant[132]. C'est sans doute parce que, pour une raison que l'on ignore, l'infusion d'hibiscus semblait n'avoir eu d'effet que sur la moitié des sujets de l'étude. Si vous êtes dans la moitié chanceuse, vous pouvez constater une baisse de votre taux de cholestérol pouvant aller jusqu'à 12 %[133].

Mais c'est dans la lutte contre l'hypertension que l'hibiscus se distingue réellement[134]. Une étude en double aveugle contrôlée par un placebo et menée par la Tufts University de Boston a comparé l'infusion d'hibiscus avec une boisson artificiellement colorée et aromatisée à l'identique. Elle a démontré que trois tasses quotidiennes d'infusion d'hibiscus pouvaient faire baisser la pression artérielle de façon significative chez les adultes souffrant de pré-hypertension, plus efficacement qu'avec un placebo[135]. Mais dans quelle proportion ? Quelle est l'efficacité de l'infusion d'hibiscus comparativement à d'autres interventions ?

L'étude clinique PREMIER a randomisé des centaines d'hommes et de femmes qui présentaient une pression artérielle élevée : le groupe de contrôle « n'avait reçu que des recommandations », tandis que l'autre groupe devait modifier ses comportements. Les sujets du groupe de contrôle ont reçu une brochure et on leur a demandé de perdre du poids, de réduire leur consommation de sel, de faire davantage d'exercice et de manger plus sainement (autrement dit, de suivre le régime DASH). Le groupe d'intervention comportementale a reçu les mêmes instructions, mais les sujets ont également assisté à des entretiens en face à face et à des réunions de groupe, ils ont tenu un journal alimentaire et surveillé leur activité physique, leur nombre de calories et leur consommation de sodium. Au bout de six mois, le groupe d'intervention comportementale a atteint une baisse de 0,4 point de la pression artérielle systolique comparé au groupe qui avait simplement reçu des conseils. Cela peut ne pas sembler énorme mais, à l'échelle d'une population, une baisse de 5 points peut entraîner une baisse de 14 % des décès à la suite d'un AVC, de 9 % de crises cardiaques, et une chute de la mortalité générale de 7 % chaque année[136]. Dans le même temps, dans l'étude Tufts, une tasse d'infusion d'hibiscus à chaque repas avait fait baisser la pression artérielle systolique des sujets de 6 points par rapport au groupe de contrôle[137].

Pour faire baisser votre tension artérielle, vous devriez malgré tout perdre du poids, réduire votre consommation de sel, faire davantage d'exercice et manger plus sainement, mais les preuves scientifiques montrent que le fait d'ajouter l'infusion d'hibiscus à votre routine quotidienne peut vous offrir un bénéfice supplémentaire, qui est même comparable à celui apporté par les médicaments antihypertenseurs. Lors d'une étude comparative avec un des principaux médicaments antihypertenseurs, deux tasses d'infusion concentrée d'hibiscus chaque matin (en utilisant cinq sachets) étaient aussi efficaces pour faire baisser la pression artérielle que la dose initiale du médicament Captopril en deux prises quotidiennes[138].

Ils ne sont pourtant pas équivalents car le Captopril peut avoir des effets secondaires, dont le plus souvent : démangeaisons, toux et altération du goût ; il peut même, extrêmement rarement, entraîner un gonflement au niveau de la gorge potentiellement fatal[139]. Aucun effet secondaire n'a été rapporté pour l'infusion d'hibiscus, cependant on ne l'appelle pas « thé acide » pour rien. Après en avoir bu, rincez-vous la bouche avec de l'eau pour éviter que ses acides naturels n'attaquent l'émail de vos dents[140]. Et, compte tenu de son extraordinaire richesse en manganèse[141], je vous recommanderais de ne pas en boire plus de 1 litre par jour.

Le pouvoir de l'oxyde nitrique

L'oxyde nitrique (ON) est un messager biologique qui joue un rôle clé dans l'organisme, et son message est : « Sésame, ouvre-toi ! » Lorsqu'il est libéré par votre endothélium (les cellules qui tapissent les parois des artères), il lance un signal aux parois artérielles de sorte qu'elles se détendent, leur permettant ainsi de s'ouvrir pour assurer une meilleure circulation sanguine. C'est ainsi que les pilules de nitroglycérine agissent : la nitroglycérine que les gens prennent lorsqu'ils éprouvent des douleurs thoraciques est convertie en ON, qui dilate les artères coronaires et permet un afflux sanguin vers le muscle cardiaque. Les pilules destinées à traiter des dysfonctions érectiles, comme le Viagra, fonctionnent à l'identique ; elles activent le signal de l'oxyde nitrique, qui détend les artères péniennes et améliore la circulation sanguine jusqu'au pénis.

Cependant, la dysfonction érectile dont vous devez réellement vous préoccuper est la dysfonction endothéliale, c'est-à-dire l'incapacité des parois artérielles à produire suffisamment d'ON pour se dilater complètement. L'oxyde nitrique est produit par une enzyme appelée « synthase de l'ON ». Ses ennemis sont les radicaux libres, qui non seulement l'engloutissent, mais peuvent aussi détourner la synthase de l'ON, la forçant ainsi à rejeter de nouveaux radicaux libres[142]. En l'absence d'une quantité suffisante d'oxyde nitrique, vos artères peuvent alors se raidir, devenir dysfonctionnelles et faire augmenter votre pression artérielle ainsi que votre risque de crise cardiaque.

Vous devez donc abreuver votre organisme de végétaux riches en antioxydants tout au long de la journée pour neutraliser les radicaux libres et laisser la synthase de l'ON reprendre son activité, qui consiste à conserver les artères en parfait état de fonctionnement. Les chercheurs emploient un dispositif à ultrasons pour mesurer la dilatation des artères provoquée par l'oxyde nitrique. Une étude a montré qu'en faisant consommer moins d'antioxydants à des individus la vasodilatation de leurs artères ne se dégradait que légèrement. Il semblerait que nous touchions déjà le fond pour ce qui est de notre fonction artérielle, et que celle-ci ne puisse être bien pire qu'elle n'est déjà. Cependant, en faisant suivre à ces individus un régime riche en antioxydants – par exemple en leur faisant troquer leurs bananes contre des baies ou manger du chocolat noir à la place du blanc –, en seulement deux semaines, on constate une amélioration significative de la capacité de leurs artères à se détendre et se dilater normalement[143].

En plus de consommer des aliments riches en antioxydants qui peuvent augmenter la capacité de votre organisme à produire de l'oxyde nitrique, vous pouvez manger certains légumes, tels que les betteraves et les légumes verts, riches en nitrates naturels, que votre corps peut convertir en ON. (Pour la différence entre nitrates et nitrites, reportez-vous au chapitre 10.) Ce processus explique pourquoi les chercheurs sont parvenus à démontrer une baisse de 10 points de la pression artérielle systolique chez des volontaires, seulement quelques heures après leur avoir fait consommer du jus de betterave – un effet qui a duré une journée entière[144].

Cependant, l'étude avait été menée sur un groupe de sujets en bonne santé. À l'évidence, il est nécessaire de tester le pouvoir de la betterave là où cela importe le plus – chez les personnes qui souffrent d'hypertension. Si les légumes riches en nitrates peuvent moduler de façon aussi puissante le principal facteur de risque de mortalité, pourquoi a-t-il fallu attendre 2015 pour qu'une telle étude soit publiée ? Eh bien… qui allait la financer ? Betterave Pharma ? Les laboratoires pharmaceutiques amassent plus de 10 milliards de dollars par an grâce aux médicaments destinés à traiter l'hypertension artérielle[145]. On ne peut pas gagner des milliards avec des betteraves.

C'est pourquoi nous sommes chanceux d'avoir des organismes caritatifs tels que la British Heart Foundation, qui a enfin financé une étude sur les effets du jus de betterave chez les personnes souffrant d'hypertension.

On a fait consommer 230 ml de jus de betterave par jour à la moitié des sujets pendant quatre semaines, tandis que l'autre moitié prenait une boisson placebo dépourvue de nitrates et impossible à distinguer du jus de betterave. Non seulement la pression artérielle systolique a été réduite de 8 points chez les buveurs de jus de betterave, mais ces bénéfices ont augmenté semaine après semaine, suggérant que leur tension artérielle aurait sans doute continué à s'améliorer encore davantage. Les scientifiques ont conclu que « les légumes riches en nitrates pourraient s'avérer à la fois efficaces, abordables et prometteurs pour une approche de santé publique du traitement de l'hypertension[146] ».

La dose optimale semble être 115 ml[147], mais le jus de betterave est périssable, transformé, et difficile à se procurer. 400 g de betteraves sous vide procureraient la même dose de nitrate, mais les sources les plus concentrées de cette substance se trouvent dans les légumes verts à feuilles. Le tableau suivant offre une liste des aliments les plus riches en nitrates, dans l'ordre décroissant.

LES DIX ALIMENTS LES PLUS RICHES EN NITRATES

10. Betteraves
9. Blettes
8. Salade feuille de chêne
7. Feuilles de betterave
6. Basilic
5. Pousses de plantes potagères (mélange mesclun, par exemple)
4. Cœur de laitue
3. Coriandre
2. Rhubarbe
1. Salade roquette

La salade roquette arrive largement en tête avec 480 mg de nitrate par portion de 100 g, soit quatre fois plus que les betteraves[148].

La façon la plus saine d'obtenir votre dose de nitrate est de manger une grosse salade tous les jours. Vous pourriez prendre des compléments de nitrate et de stimulation de la synthèse de l'oxyde nitrique, mais les données dont nous disposons relatives à leur inocuité[149] et leur efficacité[150] sont discutables, aussi il est préférable de les éviter. Que penser du jus de fruits V8, qui se targue de contenir à la fois du jus de betterave et d'épinard ? Il ne doit pas en contenir beaucoup, parce qu'il faudrait que vous en buviez 19 l par jour pour atteindre la dose journalière recommandée de nitrate[151].

Les bénéfices des nitrates pourraient expliquer pourquoi la consommation de légumes est associée à un risque réduit de maladie cardiaque[152], à une meilleure espérance de vie[153], sans parler de l'« effet

Viagra ». Vous avez bien lu. Il y a un lien entre la consommation de légumes et l'amélioration de la fonction sexuelle[154], ainsi qu'une meilleure irrigation de l'organe le plus important de l'organisme, le cerveau[155]. Et le seul effet secondaire qu'il y a à manger un peu de betterave est de voir la vie en rose – et en particulier au niveau de vos selles et vos urines.

Se doper au jus de betterave

Une Lamborghini roule plus vite qu'un tacot, mais ce n'est pas seulement parce que la combustion de l'essence d'une voiture de sport diffère des autres voitures. C'est parce que la Lamborghini a un moteur plus puissant. De même, les athlètes ont peut-être de plus gros muscles et parviennent à alimenter leurs muscles en oxygène plus rapidement. Mais au fond la quantité d'énergie qu'un corps peut tirer de l'oxygène reste la même... C'est du moins ce que l'on croyait.

Il y a environ cinq ans, une des vérités cardinales de la physiologie du sport a été totalement bouleversée – uniquement à cause du jus de betterave.

Les nitrates concentrés dans les légumes verts à feuilles et les betteraves non seulement aident à transporter le sang oxygéné jusqu'à vos muscles en dilatant vos artères, mais permettent également à votre organisme de tirer davantage d'énergie de cet oxygène – ce que jamais auparavant on n'aurait cru possible. Par exemple, il s'est avéré qu'une petite rasade de jus de betterave a permis à des plongeurs en apnée de retenir leur souffle pendant trente secondes de plus qu'à l'accoutumée[156]. Après avoir siroté du jus de betterave, des cyclistes ont réussi à suivre un entraînement aussi intense tout en consommant 19 % d'oxygène en moins qu'un groupe ayant pris un placebo. Puis, lorsqu'ils ont accéléré pour tester leur résistance pendant un effort très intensif, le temps jusqu'à l'épuisement est passé de 9,43 à 11,15 minutes. Le groupe qui avait bu du jus de betterave avait fait preuve d'une plus grande endurance, tout en utilisant moins d'oxygène. En résumé, chez les cyclistes, le jus de betterave a rendu la production d'énergie significativement plus efficace. Aucun médicament, stéroïde, complément, ni aucune intervention n'avait jamais permis d'obtenir les résultats affichés par le jus de betterave[157].

Cet effet se retrouve avec l'aliment complet. Dans une autre étude, des hommes et des femmes ayant consommé 375 g de betteraves soixante-quinze minutes avant de courir 5 km ont amélioré leurs performances tout en maintenant le même rythme cardiaque, ils ont même rapporté être moins épuisés[158]. Un temps plus rapide avec moins d'efforts ? Vivent les betteraves !

Pour maximiser la performance sportive, la dose idéale et le meilleur moment de prise semblent être 115 ml de jus de betterave (ou trois betteraves de 7 cm de long ou 100 g d'épinards cuits[159]) deux ou trois heures avant une compétition[160].

On a l'impression que dans les bulletins d'information sportive, il est toujours question de stéroïdes et de substances illicites pour améliorer les performances. Pourquoi personne n'a jamais mentionné ce super-légume parfaitement légal ?

Un contrôle de la tension artérielle est toujours facile à ignorer ou à reporter. Contrairement à beaucoup de nos principaux fléaux, les conséquences insidieuses de l'hypertension peuvent passer inaperçues jusqu'à ce que vous vous retrouviez dans une ambulance, ou même dans une tombe. Alors, allez voir votre médecin et faites contrôler votre tension artérielle. Si elle est trop élevée, la mauvaise nouvelle, c'est que vous ferez partie du groupe d'un milliard de personnes qui souffrent de cette affection. La bonne, c'est que vous n'êtes pas forcé de faire partie des millions de gens qui en meurent chaque année. Essayez de manger et de vivre sainement pendant juste quelques semaines, et vous pourriez être étonné du résultat. Voici quelques récits de gens qui ont tenté cette expérience.

Chaque jour, NutritionFacts.org reçoit des centaines d'e-mails, et beaucoup d'entre eux émanent de gens enthousiastes qui expliquent comment ils ont transformé leur vie en prenant leur santé en main. Citons l'exemple de Bob, qui pesait 115 kg et avait un taux de cholestérol supérieur à 5 mmol/l et un taux de triglycérides exorbitant. Il prenait toute une batterie de médicaments contre l'hypertension. Après avoir commencé un régime à base d'aliments complets d'origine végétale, il est maintenant redescendu à 87 kg, son cholestérol total est passé à 3,5 mmol/l et il ne prend plus aucun traitement. Aujourd'hui âgé de 65 ans, Bob ne s'est pas senti aussi bien depuis des décennies. Mais ce n'est pas en essayant un nouveau programme sportif, ni le dernier médicament à la mode, qu'il a réussi cet exploit – c'est simplement en changeant de régime alimentaire.

Patricia m'a récemment envoyé un e-mail. Son frère venait d'apprendre qu'il souffrait d'hypertension et d'athérosclérose. Il avait presque 30 kg de trop, et la peau blanche comme un linge. Il était en si mauvaise santé qu'il ne parvenait même pas à obtenir son permis de conduire. Patricia et son frère ont décidé de commencer ensemble un régime à base d'aliments d'origine végétale. À présent, il est mince et en forme, son poids est normal et il n'a plus besoin de prendre de médicaments pour l'hypertension. Et Patricia remporte sa part du gâteau (sans sucre, lait ni œufs !) et le titre de meilleure sœur !

Enfin, il y a l'exemple de Dean. Il s'est empiffré avec le régime occidental standard et est devenu obèse. Il souffrait d'hypertension, son médecin lui a donc prescrit un traitement médicamenteux. Puis il a eu trop de cholestérol, son médecin lui a donc prescrit davantage de médicaments. De plus, chaque hiver, Dean souffrait de terribles infections respiratoires et devait prendre des antibiotiques. Il a fini par en avoir assez et a adopté un régime à base de végétaux. Il a désormais perdu 25 kg. Son taux de glycémie et de cholestérol ainsi que sa tension artérielle sont tous revenus à la normale. Et il est ravi de ne plus être malade l'hiver. Dean a terminé le message qu'il m'a adressé par cette simple promesse : « Je continuerai de suivre un régime végétalien pour le restant de mes jours. »

Grâce à ce régime sain, cela pourrait durer un bon moment.

8

Comment ne pas mourir d'une maladie hépatique

Il y a certains patients que l'on n'oublie jamais. Lors de mon premier jour de garde en gastro-entérologie, après m'être présenté, je suis allé observer l'équipe de médecins-chefs dans une des salles d'endoscopie – là où les médecins utilisent un endoscope pour observer l'appareil gastro-intestinal pour toutes sortes de procédures de routine. Je m'attendais à tomber sur une coloscopie et à examiner un polype rectal, ou peut-être une endoscopie des voies digestives hautes présentant un ulcère de l'estomac. Mais je me rappellerai toujours ce que j'ai vu. Cela m'anime encore aujourd'hui dans ma mission d'aider les gens à comprendre le lien entre le style de vie et la santé (ou son absence).

Une patiente sous sédatifs était étendue sur un brancard, entourée d'une équipe de médecins munis d'un endoscope avec caméra. J'ai regardé le moniteur, essayant de trouver des repères pour comprendre où était situé l'endoscope. À l'évidence, il était dans la gorge, mais j'ai aperçu ce qui ressemblait à des varices palpitantes qui serpentaient le long de l'œsophage. Il y en avait partout. Elles ressemblaient à des vers qui essayaient d'émerger de la surface lisse de l'œsophage. Plusieurs d'entre elles semblaient s'être érodées et du sang s'en échappait. J'observais, tandis que davantage de sang jaillissait à chaque battement de cœur de la patiente. En fait, elle était en train de se vider de son sang à l'intérieur de son estomac. Les médecins avaient désespérément essayé de cautériser et de ligaturer ces fontaines de sang, mais c'était une partie perdue d'avance. Chaque fois qu'une hémorragie était interrompue, une nouvelle jaillissait.

C'étaient ce qu'on appelle des varices œsophagiennes – des veines dilatées, gorgées de sang accumulé, dues à une cirrhose du foie. En regardant le cauchemar se dérouler sous mes yeux, je me suis demandé comment la patiente avait contracté une cirrhose. Était-elle alcoolique ? Avait-elle eu une hépatite ? Je me souviens avoir pensé à quel point elle avait dû être dévastée lorsqu'elle avait appris qu'elle souffrait d'une maladie hépatique au stade terminal. Comment sa famille faisait-elle face ? Je fus tiré de mes pensées par le son strident de l'alarme du moniteur. Elle faisait une hémorragie.

Les médecins n'ont pas réussi à lui transfuser du sang plus vite qu'elle ne le perdait en interne. Sa tension artérielle a chuté, et son cœur s'est arrêté. L'équipe a aussitôt procédé à des compressions thoraciques, utilisé un défibrillateur, puis fait des injections d'adrénaline pour la ranimer, mais en l'espace de quelques minutes elle n'était plus là.

C'était mon rôle de parler à la famille de la patiente. J'ai appris que sa cirrhose n'était pas due à une surconsommation d'alcool mais à l'usage de drogues injectables. Elle avait eu une fibrose du foie parce qu'elle était obèse et avait développé une stéatose hépatique. Tout ce à quoi j'avais assisté aurait pu être évité, et c'était la conséquence directe d'un choix de mode de vie. Lorsque les gens sont en surpoids, ils peuvent souffrir de stigmatisation sociale, de problèmes aux genoux et d'une augmentation du risque de troubles métaboliques comme le diabète, mais aussi se vider de leur sang et mourir, comme je venais de le voir pour la première fois.

La famille a pleuré. J'ai pleuré. Et je me suis juré que je ferais tout ce qui était nécessaire pour éviter que cela n'arrive à ceux qui seraient sous ma responsabilité.

Vous pouvez vous débrouiller avec un rein. Vous pouvez survivre sans rate ou sans vessie. Vous pouvez même vous en sortir sans estomac. Mais vous ne pouvez vivre sans foie, le plus grand organe interne de l'organisme.

Que fait le foie, exactement ? Jusqu'à 500 fonctions différentes ont été attribuées à cet organe vital[1]. En tout premier lieu, il joue un rôle de videur, empêchant les hôtes indésirables de pénétrer dans la circulation sanguine. Tout ce que vous absorbez à travers votre appareil digestif ne circule pas immédiatement dans l'ensemble de votre organisme. Le sang de vos intestins va directement jusqu'à votre foie, où les nutriments sont métabolisés et les toxines neutralisées. Il n'est donc pas surprenant que ce que vous mangez joue un rôle essentiel sur la santé du foie.

Environ 60 000 Américains meurent de maladie hépatique chaque année, et le taux de mortalité s'est régulièrement élevé ces cinq dernières années[2]. L'incidence du seul cancer du foie a augmenté de 4 % chaque année au cours de la dernière décennie[3]. La dysfonction hépatique peut être héréditaire, comme dans le cas de l'hémochromatose, la maladie de l'excès de fer. Elle peut être causée par des infections susceptibles d'entraîner un cancer, ou provenir de médicaments – le plus souvent d'une overdose de Tylenol, qu'elle soit intentionnelle ou non[4]. Cependant, les causes les plus fréquentes sont l'alcool et la nourriture : la maladie alcoolique du foie et la stéatose hépatique.

LA MALADIE ALCOOLIQUE DU FOIE

Selon une célèbre série d'articles parus dans le *Journal of the American Medical Association* et intitulée « Les *véritables* causes de mortalité aux États-Unis » (c'est moi qui souligne), les principaux fléaux dans les années 2000 ont été le tabac, suivi par l'alimentation et l'inactivité. Le troisième fléau majeur ? L'alcool[5]. Environ la moitié des décès liés à l'alcool étaient provoqués par des causes soudaines telles que des accidents de voiture ; pour l'autre moitié, les décès étaient plus lents, la cause principale étant la maladie alcoolique du foie[6].

L'abus d'alcool peut entraîner une accumulation de graisse dans le foie (appelée stéatose hépatique), susceptible de provoquer une inflammation et d'évoluer vers une sténose du foie et, en définitive, une insuffisance hépatique. Le Centre de contrôle et de prévention des maladies (CDC) définit l'abus d'alcool comme la consommation régulière de plus d'une boisson alcoolisée par jour pour une femme et de plus de deux verres pour un homme. Une boisson est l'équivalent de 33 cl de bière, 22 cl de bière forte, 15 cl de vin, ou 0,04 cl (un « shot ») d'alcool fort[7]. L'évolution de la maladie peut généralement être interrompue par l'arrêt de l'alcool, mais il est parfois trop tard[8].

La consommation excessive d'alcool peut entraîner une stéatose hépatique en moins de trois semaines[9], mais celle-ci se dissipe généralement entre quatre et six semaines après l'arrêt de l'alcool[10]. Cependant, dans 5 à 15 % des cas, la maladie continue d'évoluer, et la fibrose du foie se poursuit malgré l'arrêt de l'alcool[11].

De même, une fois que l'hépatite alcoolique (l'inflammation du foie) est diagnostiquée, le taux de survie à trois ans peut atteindre 90 % chez ceux qui demeurent abstinents après le diagnostic[12]. Mais environ 18 % d'entre eux développent une cirrhose, une fibrose du foie irréversible[13].

La meilleure stratégie pour éviter la maladie alcoolique du foie reste de ne pas trop boire. Mais si vous buvez de façon excessive, vous pouvez toujours vous faire aider. Même si toutes les personnes qui boivent ne sont peut-être pas alcooliques[14], des preuves convaincantes montrent que des programmes en 12 étapes comme celui des Alcooliques anonymes peuvent être efficaces pour les dépendants à l'alcool[15].

N'est-il pas bénéfique de boire avec modération ?

Tout le monde s'accorde pour dire que l'abus d'alcool, la consommation d'alcool pendant la grossesse et le fait de prendre une cuite sont peu recommandables.

Mais peut-on boire « avec modération » ? Bien sûr, les gros buveurs paraissent réduire considérablement leur durée de vie, mais il en va de même de ceux qui ne boivent jamais d'alcool[16]. Si fumer est mauvais pour la santé et s'il est encore pire d'être un gros fumeur, cette logique pourrait ne pas s'appliquer à la consommation d'alcool. Il semblerait qu'il y ait des effets bénéfiques sur la mortalité en général lorsqu'on boit une petite quantité d'alcool – mais seulement pour ceux qui ne prennent pas déjà soin de leur santé[17].

Boire avec modération semble protéger contre la maladie cardiaque, sans doute en raison de l'effet anti-coagulant[18], mais même une consommation très modérée (moins d'une boisson par jour) s'est avérée augmenter le risque de cancer, comme vous le verrez dans le chapitre 11. Comment une chose qui augmente le risque de cancer peut-elle prolonger la durée de vie ? Le cancer est « seulement » notre deuxième cause de mortalité. La maladie cardiaque étant la première, cela explique pourquoi les gens qui boivent avec modération pourraient vivre plus longtemps que les abstinents. Mais cet avantage pourrait se limiter à ceux qui ne s'astreignent pas à un minimum de bons comportements de santé[19].

Pour déterminer qui pouvait bénéficier d'une consommation modérée d'alcool, des chercheurs ont recruté près de 10 000 hommes et femmes et les ont suivis pendant dix-sept ans après avoir évalué leurs habitudes de consommation d'alcool et leur mode de vie. Les résultats ont été publiés dans un article intitulé « Qui bénéficie le plus des effets cardioprotecteurs d'une consommation modérée d'alcool – les obsédés de la santé ou ceux qui passent leur vie vautrés sur leur canapé ? » Mais à quoi reconnaît-on un obsédé de la santé ? Selon la définition des chercheurs, il s'agit de toute personne qui fait au moins trente minutes d'exercice par jour, ne fume pas et mange au moins une portion de fruits *ou* de légumes par jour[20]. (Que doit-on penser de notre alimentation actuelle si manger une pomme par jour veut dire qu'on est un « obsédé de la santé » ?)

Une ou deux boissons alcoolisées par jour faisaient baisser le risque de maladie cardiaque pour les « pantouflards devant leur télé », ceux qui ont un mode de vie peu sain. Mais les personnes qui avaient adopté même un minimum de comportements sains n'ont tiré aucun bénéfice de la consommation d'alcool. La leçon de ce résultat : il vaut mieux consommer les raisins et l'orge sous leur forme non distillée. Et Johnnie Walker ne vous dispense pas de marcher.

LA MALADIE DU FOIE NON ALCOOLIQUE

La cause la plus courante de la stéatose hépatique n'est pas l'alcool, il s'agit de la stéato-hépatite non alcoolique (NASH). Vous vous souvenez sans doute du documentaire *Super Size Me*, dans lequel le réalisateur, Morgan Spurlock, a mangé exclusivement chez McDonald's pendant un mois. Sans grande surprise, son poids, sa tension artérielle et son taux de cholestérol ont considérablement augmenté – mais aussi son taux d'enzymes hépatiques. C'était le signe que ses cellules hépatiques étaient en train de mourir et que leur contenu se déversait dans sa circulation sanguine. Comment son alimentation a-t-elle pu entraîner des lésions hépatiques ? Eh bien, nous pourrions formuler les choses ainsi : son foie commençait à se transformer… en foie gras humain.

Certains critiques ont jugé le film beaucoup trop sensationnel, mais en Suède les chercheurs l'ont pris suffisamment au sérieux pour reproduire l'expérience de Spurlock. Dans leur étude, des hommes et des femmes ont accepté de faire deux repas de fast-food par jour. Au début, leur taux d'enzymes hépatiques était normal, mais après seulement une semaine, chez plus de 75 % des volontaires, le résultat des tests de la fonction hépatique est devenu pathologique[21]. Si une alimentation malsaine peut entraîner des lésions hépatiques en seulement sept jours, il n'est pas surprenant que la NASH soit devenue la cause la plus courante de maladie chronique du foie aux États-Unis, affectant un nombre de personnes estimé à 70 millions[22]. C'est environ un adulte sur trois. Et presque 100 % des personnes souffrant d'obésité grave pourraient être affectées[23].

Comme la maladie alcoolique du foie, la NASH commence par une accumulation de dépôts graisseux dans le foie qui n'entraîne aucun symptôme. Dans de rares cas, cela peut évoluer vers une inflammation et, au fil des ans, entraîner une fibrose du foie qui peut se transformer en cirrhose, puis en cancer du foie, en insuffisance hépatique, et même entraîner la mort – comme je l'ai vu dans cette salle d'endoscopie[24].

Si la nourriture de fast-food déclenche la maladie avec une telle efficacité, c'est parce que la NASH est associée à la consommation de sodas et de viande. Le fait de boire une seule cannette de soda par jour semble faire augmenter de 45 % le risque de développer la NASH[25]. Et ceux qui consomment l'équivalent de 14 nuggets de poulet ou plus par jour ont presque trois fois plus de NASH que ceux qui en mangent 7 ou moins[26].

La maladie non alcoolique du foie, c'est « une histoire de graisse et de sucre[27] », mais toutes les graisses n'affectent pas le foie de la même façon. Il s'est avéré que les personnes qui souffraient de stéatose du foie consommaient davantage de graisses animales (et de cholestérol) et moins de graisses végétales[28] (et de fibres et d'antioxydants). Cela pourrait expliquer pourquoi l'alimentation de type méditerranéen, composée de beaucoup de fruits, de légumes, de céréales complètes et de légumineuses a été associée à des NASH moins graves, alors que ce régime n'est pas particulièrement faible en graisse[29].

La maladie non alcoolique du foie peut également être provoquée par un trop-plein de cholestérol[30]. Le cholestérol alimentaire tel qu'on le trouve dans les œufs, la viande et les produits laitiers peut s'oxyder, puis déclencher une réaction en chaîne qui conduit à un excès de graisse dans le foie[31]. Lorsque la concentration de cholestérol dans vos cellules hépatiques devient trop élevée, il peut se cristalliser comme de petits morceaux de sucre candi et provoquer une inflammation. Ce processus est similaire à la cristallisation de l'acide urique qui entraîne une crise de goutte (comme nous le verrons dans le chapitre 10[32]). Vos globules blancs essaient d'engloutir les cristaux de cholestérol, mais ce processus entraîne leur mort, et répand des composés inflammatoires. Cela pourrait expliquer pourquoi une NASH bénigne peut se transformer en hépatite grave[33].

Pour explorer le lien entre l'alimentation et les maladies hépatiques graves, environ 9 000 Américains adultes ont été observés pendant treize ans. Découverte la plus importante : la consommation de cholestérol pourrait être un important facteur prédictif de la cirrhose et du cancer du foie. Ceux qui consommaient chaque jour la quantité de cholestérol contenue dans deux Egg McMuffins[34] ou plus semblaient doubler leur risque d'hospitalisation ou de mortalité[35].

Votre meilleure carte pour éviter la maladie du foie non alcoolique est sans doute de vous garder des excès de calories, du cholestérol, des graisses saturées et du sucre.

L'HÉPATITE VIRALE

Une autre cause courante de maladie du foie est l'hépatite virale, provoquée par l'un de ces cinq virus : l'hépatite A, B, C, D et E. Le mode de transmission et le pronostic diffèrent pour chacun. L'hépatite A se propage essentiellement par l'ingestion d'eau ou d'aliments contaminés par les matières fécales d'un sujet infecté. Vous pouvez la prévenir par la vaccination, en évitant les fruits de mer crus ou peu cuits, et en essayant de vous assurer que toutes les personnes qui manipulent votre nourriture se lavent les mains après avoir changé une couche ou être allées aux toilettes.

Tandis que le virus de l'hépatite A est d'origine alimentaire, le virus de l'hépatite B est d'origine sanguine et transmis sexuellement. Comme pour l'hépatite A, il existe un vaccin efficace contre l'hépatite B, et tous les enfants devraient être vaccinés. Le virus de l'hépatite D peut survenir uniquement chez une personne déjà infectée par l'hépatite B, il est donc évitable par la prévention de l'hépatite B. Par conséquent, faites-vous vacciner et évitez la consommation de drogues injectables et les relations sexuelles non protégées.

Hélas, il n'existe à l'heure actuelle aucun vaccin contre l'hépatite C, le plus redouté des virus hépatiques. L'exposition à ce virus peut entraîner une infection chronique qui, au fil des décennies, peut occasionner une cirrhose et une insuffisance hépatique. L'hépatite C est désormais la première cause de greffe du foie[36].

La chlorelle et l'hépatite C

La chlorelle est une algue verte qui semble prometteuse dans le traitement de l'hépatite C. Une étude randomisée en double aveugle et contrôlée par un placebo a montré qu'environ deux cuillères à café de chlorelle par jour boostaient l'activité des cellules NK (tueuses naturelles) dans l'organisme des participants, pouvant détruire de façon naturelle les cellules infectées par l'hépatite C[37]. Une étude clinique sur des patients infectés par le virus de l'hépatite C a conclu qu'une supplémentation en chlorelle pouvait faire baisser le niveau d'inflammation du foie, mais cette étude était de faible ampleur et non contrôlée[38].

Nous avons un besoin urgent de traitements alternatifs de l'hépatite C car les traitements anciens, les moins onéreux, échouent en raison de leurs effets secondaires insupportables, tandis que les traitements médicamenteux plus récents coûtent jusqu'à 1000 dollars par cachet[39]. La chlorelle peut être utile en tant que thérapie adjuvante (complémentaire) pour ceux qui ne tolèrent pas ou n'ont pas les moyens de suivre la thérapie antivirale conventionnelle, mais elle pourrait ne pas être totalement dépourvue de risque (voir page 216).

L'hépatite C se transmet par voie sanguine, en général par le partage de seringues plutôt que via une transfusion, puisque les banques de sang font désormais des tests de détection des virus. Cependant, partager des articles de soins personnels potentiellement contaminés par des traces de sang, tels que les brosses à dents et les rasoirs, peut également présenter un risque[40].

Même si on a déjà signalé le cas d'une femme qui avait contracté l'hépatite C en partageant une trancheuse à viande avec un de ses collègues infecté dans le supermarché où elle travaillait[41], le virus ne peut être présent dans la viande, car seuls les humains et les chimpanzés sont prédisposés à la maladie.

On ne peut pas en dire autant du virus de l'hépatite E.

Prévenir l'hépatite E par l'alimentation

Comme un des responsables du laboratoire de la division des hépatites virales du Centre de contrôle et de prévention des maladies (CDC) l'a expliqué dans un article intitulé « Beaucoup de viande, beaucoup de maladies : changer les perceptions de l'épidémiologie de l'hépatite E », le virus de l'hépatite E est désormais considéré comme une maladie zoonotique, autrement dit transmissible de l'animal à l'homme, et le cochon pourrait être le principal réservoir viral[42].

Le changement de perception a commencé en 2003, lorsque des chercheurs japonais ont établi un lien entre le virus de l'hépatite E (VHE) et la consommation de foie de porc grillé. Après avoir testé des foies de porc présents dans les supermarchés japonais, les chercheurs ont déterminé que presque 2 % des morceaux de viande étaient porteurs du VHE[43]. Aux États-Unis, c'était encore pire : 11 % des foies de porc achetés dans les supermarchés étaient contaminés[44].

C'est alarmant, mais combien de personnes consomment du foie de porc ? La viande de porc présente-t-elle des risques ?

Hélas, cette viande pourrait elle aussi être porteuse du VHE. Des experts pensent qu'une grande partie de la population américaine a été exposée au virus, car on trouve un taux élevé d'anticorps VHE parmi les donneurs de sang américains. Cette exposition pourrait être la conséquence de la consommation de viande de porc contaminée[45].

Doit-on en conclure que davantage de gens meurent d'une maladie du foie dans les pays où on consomme davantage de porc ? Il semblerait que ce soit le cas. La corrélation entre les décès dus à une maladie hépatique et la consommation de porc par habitant aux États-Unis se révèle aussi étroite que celle entre ces décès et la consommation d'alcool par habitant. Une côtelette de porc par habitant peut équivaloir à deux bières en termes d'augmentation de risque de mortalité hépatique à l'échelle nationale[46].

Les virus ne sont-ils pas désactivés par la cuisson ? En général si, mais il reste le problème de contamination croisée des mains ou des plans de travail au moment de la manipulation de la viande crue. Une fois que la viande est dans le four, la plupart des pathogènes peuvent être détruits, si la température interne de cuisson est *appropriée*. Les chercheurs de l'Institut national de santé ont soumis le virus de l'hépatite E à plusieurs niveaux de chaleur, et découvert qu'il pouvait survivre à la cuisson qui laisse la viande saignante[47]. Par conséquent, si vous cuisinez du porc, investissez dans un thermomètre à viande, assurez-vous de suivre les techniques de manipulation appropriées, et pensez notamment à nettoyer vos plans de travail avec un détergent à l'eau de Javel[48].

Même si la plupart des gens qui développent l'hépatite E guérissent complètement, elle peut être fatale pour les femmes enceintes : le risque de décès pendant le troisième trimestre peut atteindre 30 %[49]. Si vous êtes enceinte, prêtez une attention toute particulière lorsque vous préparez du porc. Et si des amateurs de porc saignant vivent avec vous, ils doivent prendre la peine de se nettoyer les mains minutieusement après être passés aux toilettes.

Les compléments alimentaires pour perdre du poids et la maladie hépatique

Nous avons tous vu ces plans marketing destinés à vendre des produits qui revendiquent toutes sortes de bénéfices pour la santé. Étant donné la structure pyramidale de ces types de programmes de distribution – où on peut gagner de l'argent en vendant des produits, mais aussi en recrutant d'autres vendeurs –, le message peut se propager très rapidement, ce qui est particulièrement préoccupant lorsque le message communiqué dépasse la réalité.

Tandis que la grande majorité des lésions hépatiques médicamenteuses sont provoquées par des traitements conventionnels, les lésions du foie causées par certaines classes de compléments alimentaires peuvent être encore plus graves et entraîner un taux encore plus élevé de greffes du foie et de décès[50]. Des professionnels du marketing pyramidal vendant des produits associés à des réactions toxiques (tels que le jus de noni[51] et Herbalife[52]) se sont appuyés sur des études scientifiques pour soutenir leurs allégations de santé. Cependant, un rapport de santé publique a montré que celles-ci semblaient « délibérément créées dans un but marketing » et étaient présentées de telle façon qu'elles semblaient « conçues pour induire en erreur les consommateurs potentiels ». Très souvent, ces chercheurs ne révélaient pas leurs sources de financement, mais quelques recherches succinctes peuvent mettre au jour tout un réseau de conflits d'intérêts financiers[53].

Ces études suspectes ont été citées pour apporter la preuve de l'innocuité des produits. Par exemple, une entreprise de marketing pyramidal qui vend du jus de mangoustan a cité une étude qu'elle avait elle-même financée pour étayer son affirmation selon laquelle son produit serait « sans danger pour tous ». L'étude impliquait l'exposition de seulement 30 personnes au produit, tandis qu'on avait donné un placebo à 10 autres personnes. Avec aussi peu de sujets testés, le produit pourrait littéralement tuer 1 ou 2 % des utilisateurs sans qu'on puisse le savoir[54].

Une autre étude citée par l'entreprise qui commercialise la marque Metabolife avait testé le produit sur 35 personnes[55]. Metabolife a depuis été retiré du marché, après avoir été associé à des crises cardiaques, AVC, crises d'épilepsie et décès[56]. L'acide hydroxycitrique, un composant de produits tels qu'Hydroxycut, a fait l'objet d'une étude portant sur 40 personnes[57]. Aucun effet indésirable grave n'a été trouvé, mais l'histoire s'est terminée de la même façon : Hydroxycut a été retiré de la vente après le signalement de dizaines de cas avérés de lésions organiques – dont une insuffisance hépatique grave ayant entraîné une transplantation, et même la mort[58]. Tant que l'industrie des compléments alimentaires à base de plantes, qui pèse plusieurs milliards de dollars, ne sera pas mieux encadrée par la loi, il est préférable que vous économisiez votre argent – et votre santé – en vous en tenant aux véritables aliments.

PROTÉGER SON FOIE AU PETIT DÉJEUNER

Les chercheurs ont apporté la preuve que certains aliments d'origine végétale avaient un effet protecteur sur le foie. Par exemple, commencer la journée avec un bol de porridge et (étonnamment) une tasse de café pourrait nous aider à protéger notre fonction hépatique.

Le porridge

Dans de nombreuses études de population, la consommation de céréales complètes a été associée à un risque réduit d'un large éventail de maladies chroniques[59], mais il est difficile de déterminer si cette consommation n'est pas simplement le signe d'une vie globalement plus saine. Par exemple, les consommateurs de céréales complètes, comme le porridge, le blé complet et le riz complet, ont aussi tendance à être plus actifs physiquement, à moins fumer et à manger plus de fruits, de légumes et de fibres[60] que ceux qui préfèrent prendre des Froot Loops au petit déjeuner. Pas étonnant que le premier groupe puisse avoir un risque de maladies réduit. Par chance, les chercheurs peuvent contrôler ces facteurs, en ne comparant les non-fumeurs qu'aux non-fumeurs qui ont des habitudes alimentaires et d'exercice physique similaires. Une fois ce préambule posé, les céréales complètes confirment leur rôle protecteur[61].

Autrement dit, il semble désormais prouvé que les mangeurs de porridge auraient un taux plus faible de maladies, mais cela n'équivaut pas à démontrer que si vous commencez à consommer davantage de porridge, votre risque baissera. Pour prouver cette relation de cause à effet, il faut la passer à l'épreuve du test en réalisant un essai interventionnel. Autrement dit, on modifie l'alimentation des sujets et on observe ce qui se passe. Idéalement, les chercheurs séparent aléatoirement les sujets en deux groupes en donnant du porridge à une moitié et un placebo à l'autre moitié – un faux porridge, à l'aspect et au goût similaires. Ni les sujets de l'étude ni les chercheurs ne peuvent savoir qui est dans quel groupe jusqu'à la fin. Cette méthode en double aveugle est fiable et facile à utiliser lorsqu'on étudie des médicaments, puisqu'on donne aux sujets des pilules de sucre qui ont le même aspect que le médicament en question. Comme nous l'avons déjà indiqué, il n'est pas facile de créer des aliments placebo.

Mais en 2013, un groupe de chercheurs a publié le premier essai randomisé en double aveugle portant sur la consommation de porridge chez les hommes et les femmes en surpoids[62]. Ils ont découvert une réduction significative de l'inflammation du foie dans le groupe qui consommait du véritable porridge, mais cela pourrait s'expliquer par le fait qu'ils ont aussi perdu beaucoup plus de poids que le groupe de contrôle (les mangeurs de placebo). Presque 90 % des sujets qui avaient consommé le véritable porridge avaient perdu du poids, tandis qu'il n'y avait eu aucune perte de poids, en moyenne, dans le groupe de contrôle. Les bénéfices des céréales complètes sur la fonction hépatique pourraient donc être indirects[63]. En 2014, une étude de suivi a confirmé le rôle protecteur des céréales complètes chez les patients souffrant d'une maladie non alcoolique du foie, par la réduction du risque d'inflammation. Dans cette étude, la consommation de céréales raffinées était associée à une augmentation du risque de développer la maladie[64]. Alors, oubliez le pain de mie raffiné et tenez-vous-en aux merveilleux aliments complets, sans oublier le porridge.

Préparez votre propre cocktail aux canneberges

Une classe spécifique de composants appelés les anthocyanes – les pigments violets, rouges et bleus de plantes comme les baies, les raisins, les prunes, le chou rouge et les oignons rouges – s'est avérée prévenir l'accumulation de graisse dans des cellules du foie humain, dans des études in vitro[65]. Un seul essai clinique (humain) confirmatoire a été publié, dans lequel une boisson à base de patate douce violette réduisait l'inflammation du foie avec plus de succès qu'un placebo[66].

Lorsque les chercheurs ont tenté d'inhiber la croissance des cellules cancéreuses du foie humain dans une boîte de Petri[67], les canneberges ont battu tous les autres fruits les plus courants : pommes, pamplemousses, citrons, oranges, pêches, poires, ananas et fraises. D'autres études ont conclu que les canneberges agissaient aussi efficacement in vitro contre d'autres cancers, notamment ceux qui touchent le cerveau[68], le sein[69], le côlon[70], le poumon[71], la bouche[72], l'ovaire[73], la prostate[74] et l'estomac[75]. Hélas, il n'existe pas encore d'étude clinique sur les effets des canneberges sur des patients cancéreux pour confirmer ces résultats.

De plus, au grand regret de l'industrie pharmaceutique, les scientifiques n'ont pas réussi à déterminer quels étaient les ingrédients actifs créant ces effets spécifiques des canneberges. Des extraits qui concentrent des composants individuels n'ont pas l'effet anticancéreux du fruit dans son ensemble[76], qui bien entendu ne peut être breveté. Encore une preuve qu'il est presque toujours préférable de privilégier les aliments complets.

Mais comment utiliser les canneberges, qui sont particulièrement acides ?

Cela n'est pas si facile d'en trouver au supermarché. 95 % des canneberges sont vendues sous la forme d'aliments industriels, tels que des jus ou des sauces[77]. En fait, pour obtenir la même quantité d'anthocyanes que celle qu'on trouve dans seulement 110 g de fruits frais ou surgelés, il faudrait boire 3,5 litres de cocktail de fruits aux canneberges, manger 800 g de canneberges séchées, ou avaler 26 pots de sauce de canneberge[78]. Le phytonutriment rouge vif présent dans les canneberges est un antioxydant puissant, mais on ajoute aux cocktails de canneberges du sirop de maïs très riche en fructose qui, agissant comme pro-oxydant, annule ainsi une partie des bénéfices[79].

Voici la recette simple d'une version « complète » d'une délicieuse boisson aux canneberges, que j'appelle Jus rose :

1 poignée de canneberges fraîches ou surgelées

50 cl d'eau

8 cuillerées à café d'érythritol (un édulcorant naturel ; à propos de l'érythritol et des autres édulcorants, reportez-vous à la partie 2)

Mettez l'ensemble des ingrédients dans un blender et mixez le tout à vitesse rapide. Ajoutez des glaçons et servez.

Cette recette compte seulement 12 calories, soit 25 fois moins que les boissons courantes à base de canneberge, pour au moins 8 fois plus de phytonutriments[80].

Pour un coup de peps supplémentaire, ajoutez quelques feuilles de menthe fraîche avant de mixer. Vous obtiendrez une mousse verte d'allure étrange sur le dessus ; non seulement ce sera délicieux, mais vous serez heureux de savoir que vous vous apprêtez à boire des baies et des légumes verts à feuilles, deux des aliments les plus sains de la planète. Cul sec !

Le café

En 1986, un groupe de chercheurs norvégiens a fait une découverte étonnante : si la consommation d'alcool est associée à l'inflammation du foie (ce qui n'a rien de surprenant !), celle de café peut réduire cette inflammation[81]. Ces résultats ont été confirmés dans des études ultérieures, à travers le monde. Aux États-Unis, une étude a été menée avec des gens présentant un risque élevé de maladie hépatique – par exemple, des personnes en surpoids ou de gros buveurs d'alcool. Les sujets qui ont bu plus de deux tasses de café par jour semblaient avoir deux fois moins de risques de développer des problèmes hépatiques chroniques que ceux qui en buvaient moins d'une tasse[82].

Qu'en est-il du cancer du foie, une des complications les plus redoutées de l'inflammation chronique du foie ? C'est à présent la troisième cause de mortalité liée au cancer, en nette progression en raison de l'augmentation des infections par le virus de l'hépatite C, ainsi que de la stéatose hépatique non alcoolique[83].

Les nouvelles sont plutôt encourageantes. Un rapport rassemblant les meilleures études parues a conclu que ceux qui buvaient le plus de café avaient deux fois moins de risques de développer un cancer du foie[84]. Une étude ultérieure a conclu que la consommation de quatre tasses ou plus de café par jour était associée à un risque 92 % moins important parmi les fumeurs qui souffraient d'une maladie chronique du foie[85]. Bien sûr, l'arrêt du tabac aurait eu son utilité ; le tabagisme pourrait multiplier par dix le risque de mourir d'un cancer du foie chez les personnes qui ont une hépatite C[86]. De même, les gros buveurs d'alcool qui consomment plus de quatre tasses de café par jour semblent réduire leur risque d'inflammation du foie – mais pas autant que ceux qui réduisent leur consommation d'alcool[87].

Le cancer du foie serait parmi les cancers les plus faciles à prévenir, grâce à la vaccination contre l'hépatite B, au contrôle de la transmission de l'hépatite C et à la réduction de la consommation d'alcool. Ces trois mesures pourraient, en principe, éradiquer 90 % des cancers du foie dans le monde. Le rôle complémentaire du café dans cette lutte reste à déterminer, mais il est néanmoins limité comparé à la prévention des lésions hépatiques, qui s'impose en première instance[88].

Que faire si vous êtes déjà infecté par le virus de l'hépatite C ou si, comme un Américain sur trois[89], vous souffrez déjà de stéatose hépatique non alcoolique ? Jusqu'à une période assez récente, aucun essai clinique n'avait testé le café. Mais en 2013, des chercheurs ont publié une étude dans laquelle 40 patients souffrant d'hépatite C chronique avaient été divisés en deux groupes : le premier groupe avait consommé quatre tasses de café par jour pendant un mois, tandis que le second n'en buvait pas du tout. Au bout de trente jours, on avait inversé les groupes. Bien sûr, deux mois ne suffisent pas pour détecter des changements dans la survenue des cancers, mais dans ce laps de temps les chercheurs ont réussi à démontrer que le café pouvait réduire les lésions de l'ADN, augmenter l'élimination des cellules infectées et ralentir le processus de fibrose[90]. Ces résultats expliqueraient en partie le rôle que le café pourrait jouer dans la réduction du risque d'évolution de la maladie hépatique.

Un article paru dans la revue *Gastroenterology* et intitulé « L'heure est-elle venue de prescrire du café ? » a exploré le pour et le contre[91]. Certains soutiennent qu'il faut d'abord identifier le principe actif protecteur dans le grain de café. Après tout, on a déjà distingué plus de 1 000 substances différentes dans le café[92]. De nouvelles études sont nécessaires, mais d'ici là une consommation modérée de café non sucré devrait être envisagée comme un adjuvant légitime au traitement médical des personnes présentant un risque élevé de lésion hépatique, tels les malades atteints de stéatose hépatique[93]. Gardez à l'esprit qu'une consommation quotidienne de boissons caféinées peut entraîner une dépendance physique, et les symptômes du manque peuvent par exemple se manifester pendant plusieurs jours par des maux de tête, de la fatigue, des difficultés de concentration et des troubles de l'humeur[94,95]. L'ironie étant que la tendance du café à induire une accoutumance pourrait se révéler positive, si ses bénéfices de santé sur le foie sont confirmés.

Pour ce qui est de la maladie du foie, comme toujours, la prévention est la clé. Toutes les maladies hépatiques les plus graves – le cancer, l'insuffisance hépatique et la cirrhose – peuvent commencer par une inflammation du foie. Cette inflammation peut être provoquée par une infection ou par l'accumulation de dépôts graisseux. Les virus hépatiques peuvent être prévenus par des mesures de bon sens. Ne prenez pas de drogues injectables, faites-vous vacciner et évitez les pratiques sexuelles à risque. La stéatose peut également être prévenue par des mesures de bon sens : évitez la consommation excessive d'alcool, de calories, de cholestérol, de graisses saturées et de sucre.

9

Comment ne pas mourir d'un cancer du sang

Missy, âgée de 11 ans, avait une leucémie. Elle était en rémission, en partie grâce aux sacs jaunes de la chimio qui pendaient au bout de la potence pour intraveineuse qu'elle trimballait dans les couloirs de l'hôpital. Missy a été une de mes premières patientes pendant mon internat en pédiatrie à l'Eastern Maine Medical Center de Bangor – la patrie de Stephen King, des panneaux signalant le passage d'élans et des encarts publicitaires vantant la glace au homard.

Pendant cette période, je portais la panoplie complète du Dr Patch Adams, des oreilles de lapin sur la tête aux ressorts sous les pieds. Sur chacun des boutons de ma blouse trônait une petite peluche Beanie Baby. Missy avait dessiné un sourire sur mon hippopotame Beanie et baptisé le coq attaché à mon stéthoscope « Elvis ».

Elle adorait me faire des dessins et les signait tous de son prénom en lettres capitales. Sur ses dessins, elle avait toujours de longs cheveux bruns bouclés. Mais dans la réalité son crâne était entièrement chauve. Elle refusait de porter une perruque, ce qui rendait son sourire plus éclatant.

Je lui avais verni les ongles en rose et elle avait verni les miens d'un magnifique brun pourpre.

Je me souviens du matin où elle a réalisé ma manucure. Le médecin qui était mon supérieur m'a pris à part après la ronde. « Tes ongles dérangent les patients, m'a-t-il dit.

— Pardon ? ai-je demandé.

— Les autres médecins se plaignent, a-t-il répondu. C'est un milieu conservateur. »

J'ai essayé de lui expliquer que je ne m'étais pas moi-même verni les ongles, contrarié de me sentir obligé de me justifier. Mon supérieur savait que c'était Missy qui l'avait fait, mais cela lui importait peu. « La médecine, a-t-il dit, est aussi une profession anti-émotion. »

Plus tard, le président du département s'est entretenu avec moi. Un certain nombre de médecins me trouvaient « trop enthousiaste », « trop théâtral » et « trop sensible ».

Ma femme m'a fait remarquer qu'ils étaient probablement juste un peu jaloux. Le lendemain, tête baissée, je suis entré dans la chambre de Missy.

« Je suis désolé, lui ai-je dit. Les médecins m'ont obligé à enlever le vernis. »

J'ai levé les mains pour les lui montrer. Elle les a inspectées et a dit, avec beaucoup d'indignation : « Si tu ne peux pas le porter, alors moi non plus ! » Je l'ai donc aidée à ôter son vernis, à la fois perplexe et galvanisé par un tel élan de solidarité de la part d'une fillette de 11 ans. (Je l'ai laissée me vernir les ongles des pieds à la place.)

Je me souviens des derniers mots que j'ai inscrits sur la feuille de température de Missy. Dans les hôpitaux, les notes relatives à l'évolution de l'état de santé du malade indiquent les conclusions objectives et subjectives, une appréciation et le traitement projeté. J'ai écrit : « Appréciation : fillette de 11 ans terminant son dernier traitement de chimiothérapie d'entretien. Projet : Disney World. »

La leucémie infantile est une des rares batailles que nous ayons remportées dans notre guerre contre le cancer, avec un taux de survie qui va jusqu'à 90 % après 10 ans[1]. Pourtant, le cancer du sang touche encore plus d'enfants que n'importe quel autre cancer, et il est 10 fois plus souvent diagnostiqué chez les adultes, chez qui les traitements actuels sont beaucoup moins efficaces[2].

Que pouvons-nous faire en premier lieu pour contribuer à la prévention des cancers du sang ?

Ces cancers sont souvent qualifiés de tumeurs liquides, étant donné que les cellules cancéreuses circulent dans l'organisme au lieu d'être concentrées dans une masse solide. Ils débutent généralement dans la moelle osseuse, le tissu spongieux situé à l'intérieur des os, là où sont fabriqués les globules rouges, les globules blancs et les plaquettes. Lorsque vous êtes en bonne santé, vos globules rouges transportent l'oxygène à travers votre organisme, vos globules blancs vous défendent contre les infections et vos plaquettes aident votre sang à coaguler. La plupart des cancers du sang sont liés à une mutation des globules blancs.

Ils peuvent être divisés en trois catégories : la leucémie, le lymphome et le myélome. La leucémie (du grec *leukos*, « blanc », et *haima*, « sang ») se caractérise par une production anormale et excessive de globules blancs par la moelle osseuse. Contrairement aux globules blancs normaux, ces imposteurs sont incapables de combattre une infection. Ils interfèrent également avec la production de globules rouges et blancs normaux en supplantant les globules sains, diminuant le nombre de cellules saines, ce qui peut entraîner une anémie, une infection et, en définitive, la mort. Selon le National Cancer Institute, 52 000 Américains sont atteints de leucémie, et 24 000 en meurent chaque année[3].

Le lymphome est le cancer du sang des lymphocytes, un type spécifique de globules blancs. Les cellules de lymphome se multiplient rapidement et peuvent s'accumuler dans les ganglions lymphatiques, de petits organes immunitaires disséminés dans le corps, notamment au niveau des aisselles, du cou et de l'aine. Les ganglions lymphatiques aident à filtrer le sang. Comme dans la leucémie, le lymphome peut évincer les cellules saines et altérer votre capacité à combattre les infections. Vous avez peut-être déjà entendu parler du lymphome non hodgkinien (LNH). Il peut toucher de jeunes adultes, mais c'est une forme de lymphome rare et en général curable. Ce lymphome regroupe toutes les autres formes de lymphome, soit plusieurs dizaines. Ils sont plus courants, peuvent être plus difficiles à traiter et leur risque augmente avec l'âge. Le National Cancer Institute estime qu'il y a 70 000 nouveaux cas de lymphomes non hodgkiniens chaque année et environ 19 000 décès[4].

Enfin, le myélome est le cancer des plasmocytes, soit les globules blancs qui produisent les anticorps, ces protéines qui se lient aux envahisseurs et aux cellules infectées pour les neutraliser ou les marquer afin de les destiner à la destruction. Les plasmocytes peuvent déplacer des cellules saines de la moelle osseuse et créer des anticorps anormaux susceptibles d'obstruer les reins. Chez environ 90 % des personnes qui souffrent de myélome, on découvre des masses de cellules cancéreuses qui se développent dans de nombreux os du corps, d'où le nom commun qui désigne cette maladie, le myélome multiple. Chaque année, 24 000 personnes reçoivent le diagnostic de myélome multiple, et 11 000 en meurent[5].

La plupart des gens touchés par un myélome multiple ne vivent que quelques années après le diagnostic. Même si on peut le traiter, le myélome multiple est considéré comme incurable. C'est pourquoi la prévention est cruciale. Heureusement, des changements nutritionnels peuvent réduire le risque de contracter l'ensemble des cancers du sang.

LES ALIMENTS ASSOCIÉS À UNE DIMINUTION DU RISQUE DE CANCER DU SANG

Après avoir suivi plus de 60 000 personnes pendant une dizaine d'années, les chercheurs de l'université d'Oxford ont découvert que les végétariens présentaient moins de risques de développer toutes les formes de cancer. Mais c'est contre les cancers du sang que cette protection s'est révélée le plus efficace. L'incidence de la leucémie, du lymphome et du myélome multiple parmi les végétariens est presque deux fois moins importante que chez ceux qui mangent de la viande[6]. Comment l'expliquer ? Dans le *British Journal of Cancer*, on peut lire : « Davantage de recherches seront nécessaires pour comprendre les mécanismes qui expliquent ce phénomène[7]. » En attendant, pourquoi ne pas prendre une longueur d'avance et essayer d'ajouter davantage de végétaux dans nos assiettes dès maintenant ?

Les légumes verts et le cancer

La clé de la prévention et du traitement du cancer est d'empêcher les cellules tumorales de se multiplier de façon anarchique tout en permettant aux cellules saines de se développer normalement. La chimiothérapie et les rayons peuvent anéantir les cellules cancéreuses avec succès, mais avec des cellules saines comme victimes collatérales. Cependant, certains composés présents dans les végétaux savent faire preuve de davantage de discernement.

Par exemple, le sulforaphane, considéré comme l'un des composants les plus actifs des légumes crucifères, tue les cellules de la leucémie humaine dans une boîte de Petri, tout en ayant peu d'incidence sur la croissance des cellules saines[8]. Comme nous l'avons vu, les légumes crucifères comprennent le brocoli, le chou-fleur et le chou kale, mais beaucoup d'autres légumes entrent dans cette famille, comme le chou vert, le cresson, le chou chinois, le chou-rave, le rutabaga, le navet, la salade roquette, les radis (ainsi que le raifort), le wasabi et tous les autres types de choux.

L'action de quelques gouttes de composé de chou sur des cellules cancéreuses en laboratoire est fascinante, mais ce qui importe vraiment est de savoir si les personnes touchées par un cancer du sang qui mangent beaucoup de légumes vivent plus longtemps que celles qui n'en mangent pas. Pendant environ huit ans, des chercheurs de l'université de Yale ont suivi plus de 500 femmes qui avaient un lymphome non hodgkinien. Chez celles qui, au début de l'étude, consommaient trois portions ou plus de légumes par jour, on a constaté une amélioration du taux de survie de 42 % comparées à celles qui en mangeaient moins. Les légumes verts à feuilles, dont les salades et les légumes cuits, ainsi que les agrumes, se sont révélés les plus protecteurs[9]. On n'a cependant pas pu déterminer avec précision dans ces bénéfices la part de l'aide à la lutte contre le cancer et celle de l'amélioration de la tolérance des patients à la chimiothérapie et à la radiothérapie. Un éditorial du journal *Leukemia & Lymphoma* indiquait que « le diagnostic du lymphome pouvait être l'"occasion" d'apprendre à améliorer son alimentation…[10] » Je suggérerais pour ma part de ne pas attendre que le diagnostic de cancer soit posé pour adopter une alimentation plus saine.

L'étude Iowa Women's Health Study, qui a suivi plus de 35 000 femmes pendant plusieurs décennies, a conclu que plus la consommation de brocolis et autres légumes crucifères était élevée, plus le risque de développer un lymphome non hodgkinien baissait[11]. De même, une étude menée à la clinique Mayo a conclu que ceux qui consommaient environ cinq portions ou plus de légumes verts à feuilles par semaine réduisaient de moitié le risque de contracter un lymphome, comparés à ceux qui en mangeaient moins d'une portion par semaine[12].

La protection assurée par les végétaux pourrait en partie s'expliquer par leurs propriétés antioxydantes. Une augmentation de la consommation d'antioxydants d'origine alimentaire est associée à une diminution significative du risque de lymphome. Notez que j'ai précisé « d'origine alimentaire », par opposition aux compléments alimentaires, qui semblent inefficaces[13]. Par exemple, un apport important de vitamine C à travers l'alimentation fait diminuer le risque de lymphome, mais une dose plus élevée de vitamine C sous forme de pilules n'a pas semblé bénéfique. On a fait le même constat pour les caroténoïdes antioxydants tels que le bêta-carotène[14]. Apparemment, les pilules n'ont pas le même effet anticancérigène que les aliments.

Dans le cas de certains autres cancers, comme ceux de l'appareil digestif, les compléments alimentaires antioxydants pourraient même aggraver les choses. Les cocktails d'antioxydants tels que la vitamine A, la vitamine E et le bêta-carotène sous forme de pilules ont été associés à une augmentation du risque de mortalité[15]. Les compléments ne comportent qu'une sélection de quelques antioxydants, tandis que notre organisme s'appuie sur des centaines d'entre eux, qui travaillent tous en synergie pour aider le corps à éliminer les radicaux libres. De fortes doses d'un seul antioxydant pourraient bouleverser cet équilibre délicat et diminuer la capacité de votre organisme à lutter contre le cancer[16].

Acheter des compléments d'antioxydants pourrait revenir à jeter son argent par les fenêtres pour vivre moins longtemps. Conservez votre argent et votre santé en mangeant de vrais aliments, et non des succédanés.

Les baies d'açaï et la leucémie

Les baies d'açaï sont devenues célèbres en 2008 lorsqu'elles ont été évoquées par le Dr Mehmet Oz dans l'émission télévisée « The Oprah Winfrey Show ». Cela a engendré une déferlante de produits de contrefaçon : compléments, poudres, milk-shakes et autres produits douteux portant la mention « baie d'açaï », mais n'en contenant pas nécessairement[17]. Même certaines grandes entreprises ont suivi le mouvement, y compris Anheuser-Busch et son 180 Blue, une boisson énergétique à base d'açaï, et Coca-Cola avec sa boisson Bossa Nova. C'est une pratique bien trop courante sur le marché des compléments alimentaires et des boissons à base de « superfruits », où moins d'un quart des produits vendus contiennent les ingrédients annoncés sur l'étiquette[18, 19]. Les bénéfices de ces produits sont au mieux douteux, mais des recherches préliminaires ont été réalisées sur les véritables baies d'açaï, qui peuvent être achetées sous la forme de pulpe surgelée non sucrée.

La première étude publiée dans la littérature médicale concernant les effets de l'açaï sur les tissus humains a porté sur des cellules leucémiques. Les chercheurs ont déposé quelques gouttes d'extrait d'açaï sur des cellules leucémiques prélevées sur une femme de 36 ans. Cela a déclenché des réactions d'autodestruction pour 86 % des cellules[20]. De plus, une pincée de baies d'açaï lyophilisées saupoudrée sur des cellules de l'immunité – les macrophages (du grec *makros* et *phagein*, signifiant « gros mangeur ») – dans une boîte de Petri a semble-t-il permis aux cellules d'engloutir jusqu'à 40 % de microbes de plus qu'en temps normal[21].

Même si l'étude portant sur la leucémie a été menée avec un extrait d'açaï à une concentration qu'on s'attendrait à trouver dans la circulation sanguine après absorption des baies, aucune étude n'a encore porté sur des patients cancéreux (seulement sur des cellules cancéreuses dans un tube à essai) ; de nouveaux essais sont donc nécessaires. Les deux seules études cliniques sur les baies d'açaï publiées à ce jour étaient financés par cette industrie et montraient des bénéfices modestes pour les personnes souffrant d'arthrose[22] et au niveau des paramètres métaboliques chez des sujets en surpoids[23].

Quant à savoir si vous en aurez pour votre argent en termes de valeur antioxydante, les baies d'açaï obtiennent une mention honorable, surpassant d'autres superstars telles que les noix, les pommes et les canneberges. La médaille de bronze de la meilleure affaire allant aux clous de girofle, l'argent à la cannelle, et la médaille d'or pour la meilleure valeur antioxydante par dollar dépensé – selon la base de données des aliments courants du département américain de l'Agriculture – allant au chou rouge[24]. Les baies d'açaï présentent néanmoins l'avantage de donner un smoothie plus savoureux.

La curcumine et le myélome multiple

Comme nous l'avons indiqué, le myélome multiple est un des cancers les plus redoutés. Il est pratiquement incurable, même avec les traitements médicaux les plus agressifs. Comme les cellules myélomateuses prennent le contrôle de la moelle osseuse, le nombre de globules blancs sains continue de diminuer, ce qui augmente la prédisposition aux infections. La baisse du taux de globules rouges peut entraîner l'anémie, et la diminution du taux de plaquettes peut provoquer de graves hémorragies. Une fois la maladie diagnostiquée, la plupart des gens survivent moins de cinq ans[25].

Le myélome multiple n'apparaît pas du jour au lendemain. Il semble presque toujours précédé d'un état précancéreux connu sous le nom de gammapathie monoclonale de signification indéterminée, ou GMSI[26]. Lorsque les scientifiques ont découvert la GMSI, elle portait bien son nom, car à l'époque on ne savait pas que conclure d'un taux élevé d'anticorps anormaux. Nous savons à présent que c'est un précurseur du myélome multiple, et environ 3 % des Caucasiens de plus de 50 ans en sont atteints[27], un taux doublé chez les Afro-Américains[28].

La GMSI n'entraîne aucun symptôme. Vous ne saurez pas que vous en êtes affecté à moins que votre médecin ne le découvre de façon fortuite, lors d'un examen sanguin de routine. Le risque que la GMSI évolue en myélome multiple est d'environ 1 % par an, ce qui veut dire que beaucoup de gens touchés par la GMSI peuvent mourir d'autres causes, avant que le myélome ne se déclare[29]. Toutefois, le myélome multiple étant une condamnation à mort, les scientifiques ont cherché d'arrache-pied des moyens d'interrompre son évolution.

Compte tenu de l'innocuité et de l'efficacité de la curcumine, un des composants actifs du curcuma, sur d'autres cellules cancéreuses, des chercheurs de l'université du Texas l'ont testée sur des cellules myélomateuses dans une boîte de Petri. Sans aucune intervention, les cellules cancéreuses ont quadruplé en quelques jours – c'est la vitesse à laquelle ce cancer peut se développer. Mais lorsqu'on a ajouté un peu de curcumine au bouillon de culture dans lequel elles baignaient, la croissance des cellules myélomateuses a été soit retardée, soit totalement interrompue[30].

Comme nous l'avons découvert, stopper le cancer en laboratoire est une chose, mais que se passe-t-il chez les êtres humains ? En 2009, une étude pilote a fait apparaître que la moitié (cinq sur dix) des sujets souffrant de GMSI qui présentaient un taux d'anticorps anormaux particulièrement élevé avaient réagi positivement aux compléments de curcumine. Chez aucun de ceux qui prenaient un placebo on n'a constaté de chute du taux d'anticorps[31]. Forts de ce succès, les scientifiques ont mené un essai randomisé en double aveugle, contrôlé par un placebo, et ont obtenu des résultats encourageants chez les patients souffrant de GMSI, comme chez les personnes souffrant d'un myélome multiple « indolent », un stade précoce de la maladie[32,33]. Ce résultat suggère qu'une simple épice facile à trouver pourrait ralentir ou interrompre l'évolution de ce terrible cancer pour un certain pourcentage de patients, mais nous n'en saurons pas plus tant que des études plus longues n'auront pas été réalisées pour voir si ces changements prometteurs au niveau des biomarqueurs sanguins se traduisent positivement chez les patients. D'ici là, épicer votre alimentation ne peut pas vous faire de mal.

LES VIRUS ANIMAUX JOUENT-ILS UN RÔLE DANS LES CANCERS DU SANG HUMAINS ?

Le moindre taux d'incidence de cancers du sang chez les personnes suivant un régime végétal pourrait s'expliquer par les aliments qu'elles choisissent de manger et/ou d'éviter. Pour déterminer le rôle des différents produits d'origine animale dans les nombreux cancers du sang, il faudrait mener une étude très vaste. Et c'est justement ce qu'a fait l'EPIC (la bien nommée), l'étude prospective européenne sur le cancer et la nutrition. Comme nous l'avons vu dans le chapitre 4, des chercheurs ont recruté plus de 400 000 hommes et femmes dans 10 pays différents et les ont suivis pendant près de neuf ans. Souvenez-vous, la consommation régulière de poulet a été associée à une augmentation du risque de cancer du pancréas. Des découvertes similaires ont été faites pour les cancers du sang. De tous les produits d'origine animale étudiés (y compris des catégories moins courantes telles que les abats et les entrailles), la volaille semblait associée à la plus forte augmentation de risque de lymphome non hodgkinien, à tous les grades des lymphomes folliculaires et aux lymphomes cutanés à cellules B, tels que la leucémie lymphoïde chronique[34]. L'étude EPIC a conclu que ce risque augmentait entre 56 % et 280 % pour 50 g consommés par jour. À titre de comparaison, un morceau de blanc de poulet cuit et sans os peut peser jusqu'à 384 g[35].

Pourquoi un risque si important de lymphome et de leucémie est-il associé à la consommation d'une si faible quantité de volaille ? Les chercheurs ont suggéré que ce résultat pouvait être le fait du hasard, ou qu'il était peut-être lié aux médicaments, tels que les antibiotiques, que l'on donne souvent aux poulets et aux dindes pour favoriser leur croissance. Cela pourrait aussi s'expliquer par la présence de dioxines, que l'on trouve dans la viande de certains poulets, et qui ont été associées au lymphome[36]. Mais les produits laitiers peuvent également contenir des dioxines, et la consommation de lait n'a pas été associée au LNH. Les chercheurs ont émis l'hypothèse que les virus aviaires étaient à l'origine des cancers, puisque le risque associé à la viande variait selon qu'on la consommait cuite ou crue[37]. Cette hypothèse concorde avec les résultats de l'étude NIH-AARP (voir page 51), qui a établi un lien entre la consommation de poulet peu cuit et un type de lymphome, ainsi qu'un risque *plus faible* de développer un autre cancer du sang lié à une exposition plus importante à la quilonaxine (MeIQx), cancérigène présent dans la viande cuite[38].

Comment un risque plus faible de cancer peut-il être associé à une exposition plus importante à un cancérigène ? La quinolaxine est un composé organique hétérocyclique créé par la cuisson des viandes à de hautes températures, comme la cuisson au four, les grillades et la friture[39,40,41,42]. Si, dans le cas des cancers du sang, une des causes était un virus aviaire, alors la cuisson pourrait le détruire. Les virus aviaires oncogènes – dont l'herpès-virus aviaire qui entraîne la maladie de Marek, plusieurs rétrovirus tels que le virus de la réticulo-endothéliose, le virus de la leucose-sarcome aviaire que l'on trouve chez les poulets, et le virus de la maladie lymphoproliférative qu'on rencontre chez les dindes – pourraient expliquer le taux plus élevé de cancers du sang chez les éleveurs, les travailleurs des abattoirs et les bouchers. Ces virus peuvent être à l'origine du cancer en insinuant un gène porteur de la maladie directement dans l'ADN de l'individu[43].

Les virus animaux peuvent infecter les personnes qui préparent de la viande en leur transmettant des maladies de peau, telles que la dermatite pustuleuse contagieuse[44]. Il existe même une condition médicale bien définie appelée « verrue du boucher » qui affecte les mains de ceux qui manipulent la viande fraîche, y compris la volaille et le poisson[45]. Même les femmes de boucher semblent connaître un risque plus important de cancer du col de l'utérus, cancer clairement associé à l'exposition aux virus responsables de verrues[46].

On a découvert que les travailleurs des abattoirs de volailles avaient des taux plus élevés de cancers de la bouche, des fosses nasales, de la gorge, de l'œsophage, du rectum, du foie et du sang. En termes de santé publique, on s'inquiète d'une possible transmission des virus responsables du cancer présents dans les volailles vers ceux qui manipulent ou consomment du poulet insuffisamment cuit[47]. Ces résultats ont été récemment reproduits dans la plus vaste étude réalisée à ce jour, portant sur plus de 20 000 travailleurs des abattoirs et usines de traitement de volailles. Ceux-là connaissent en effet un risque plus élevé de mourir de certains cancers, dont les cancers du sang[48].

Les chercheurs commencent enfin à établir les liens qui s'imposent. Les taux élevés d'anticorps contre les virus de la leucose/sarcome aviaire[49] et des virus de la réticulo-endothéliose[50] récemment découverts chez les travailleurs de l'industrie de la volaille apportent la preuve de l'exposition humaine à ces virus. Même chez les travailleurs à la chaîne qui ne faisaient que découper le produit fini, sans être exposés à des volailles vivantes, des taux élevés d'anticorps dans le sang ont été relevés[51]. Au-delà de la seule sécurité des travailleurs, la menace potentielle pour la population générale « n'est pas négligeable[52] », ont conclu les chercheurs.

On peut même remarquer un taux élevé de cancers du sang jusque dans les fermes. Une analyse de plus de 100 000 certificats de décès a conclu que les personnes qui avaient grandi dans une ferme où il y avait des animaux d'élevage semblaient avoir sensiblement plus de risques de développer un cancer du sang plus tard dans leur vie, contrairement à ceux qui grandissaient dans une ferme uniquement agricole. Le pire étant de grandir dans une ferme comportant un élevage de volailles, avec un risque presque multiplié par trois de développer un cancer du sang[53].

L'exposition aux bovins et aux porcs a également été associée au lymphome non hodgkinien[54]. Une étude réalisée en 2003 par les chercheurs de l'université de Berkeley, en Californie, a révélé que presque les trois quarts des sujets humains sont testés positifs au virus de la leucémie bovine, probablement contracté par la consommation de viande et de produits laitiers[55]. Environ 85 % des troupeaux laitiers américains ont été testés positifs au virus (et ce taux s'élève à 100 % dans les exploitations industrielles)[56].

Cependant, l'exposition à un virus à l'origine du cancer chez les vaches ne signifie pas que les humains puissent être infectés activement par lui. En 2014, des chercheurs en partie financés par le programme de recherche de l'armée américaine pour la lutte contre le cancer du sein ont publié un rapport remarquable dans le journal du Centre de prévention et de contrôle des maladies. Ils ont signalé que l'ADN du virus de la leucémie bovine a été retrouvé dans les tissus mammaires normaux et cancéreux, prouvant effectivement que les humains pouvaient être infectés par ce virus animal oncogène[57]. Mais à ce jour, le rôle des virus aviaires et des virus des autres animaux d'élevage dans le développement des cancers humains reste inconnu.

Et qu'en est-il du virus de la leucose féline ? Heureusement, les animaux domestiques sont associés à des taux plus faibles de lymphomes, ce qui est un soulagement personnel étant donné le nombre d'animaux avec lesquels j'ai partagé ma vie. Et plus les gens ont vécu longtemps avec des chats ou des chiens, plus le risque baisse. Dans une étude, le risque le plus faible de lymphome a été trouvé chez ceux qui avaient vécu avec des animaux pendant vingt ans ou davantage. Les chercheurs présument que vivre avec des animaux domestiques pourrait avoir des effets bénéfiques sur le système immunitaire[58].

Deux études de l'université Harvard indiquent que la consommation de soda light pourrait augmenter le risque de lymphome non hodgkinien et de myélome multiple[59], mais cette association a été constatée uniquement chez les hommes et n'a pas été confirmée dans deux autres études de vaste ampleur sur les sodas édulcorés à l'aspartame[60,61]. Éliminer le soda ne peut pas vous faire de mal, mais sans oublier de procéder aux changements nutritionnels exposés précédemment.

Les régimes à base d'aliments d'origine végétale sont associés à un risque de cancer du sang presque divisé de moitié. Cette protection résulte sans doute de l'évitement des aliments liés aux tumeurs liquides, tels que les volailles, et de la consommation accrue de fruits et légumes. Les légumes verts pourraient jouer un rôle particulièrement protecteur contre le lymphome non hodgkinien, et le curcuma contre le myélome multiple. Le rôle joué par les virus des animaux d'élevage dans le développement des cancers humains reste inconnu, mais cela devrait être une priorité de la recherche, étant donné l'étendue potentielle de l'exposition du public.

10

Comment ne pas mourir d'une maladie rénale

Les lettres et e-mails de patients ont toujours le don de m'inspirer. Le message de Dan, un joueur retraité de la NFL, m'est venu à l'esprit en écrivant ce chapitre. Il avait 42 ans quand je l'ai rencontré, mais, quoique relativement jeune, l'ancien athlète professionnel prenait déjà trois médicaments différents pour traiter son hypertension et, malgré cela, sa tension restait élevée. Il était en léger surpoids, peut-être de 12 kilos. Lui et sa compagne étaient venus me parler à la fin d'une de mes conférences.

Le médecin de Dan venait juste de lui annoncer que ses reins commençaient à montrer des signes de lésions dues à son hypertension. Je lui ai d'abord demandé s'il suivait toujours le traitement qui lui avait été prescrit, car beaucoup de gens cessent parfois de le faire en raison des effets secondaires indésirables. Il m'a assuré que ce n'était pas son cas et m'a montré une liste qu'il avait toujours sur lui pour s'assurer de ne pas oublier ses médicaments. Il m'a demandé quels compléments il pouvait ajouter à cette liste pour soutenir ses reins.

Je lui ai dit que, quoi qu'il ait pu lire sur Internet, il n'existait aucune pilule magique. J'ai ajouté que, s'il remplissait son assiette d'aliments complets et sains chaque jour, les dommages pouvaient être stoppés, ou même inversés. Dan a pris ce conseil très à cœur, et il m'a autorisé à partager l'e-mail qu'il m'a envoyé ensuite :

> Nous sommes rentrés chez nous ce soir-là, et nous avons fait le ménage à la maison. Nous avons jeté tout ce qui ne poussait pas en terre, et tout ce qui était transformé. Et devinez quoi, pendant l'année qui a suivi, j'ai perdu ma bedaine de buveur de bière et je me suis débarrassé de mon hypertension. La vie est tellement plus belle sans tous ces médicaments – ils m'occasionnaient une telle fatigue ! Et ma fonction rénale est revenue à la normale. Ça me rend dingue que personne ne m'ait dit ça plus tôt et que j'aie dû me sentir aussi mal avant de me sentir mieux.

Il est facile de prendre vos reins pour acquis, mais ils travaillent vingt-quatre heures sur vingt-quatre, comme un filtre à eau high-tech de votre sang. Ils traitent jusqu'à 150 litres de sang par vingt-quatre heures, juste pour produire les 1 à 2 litres d'urine que vous éliminez chaque jour.

Si vos reins ne fonctionnent pas normalement, les déchets métaboliques peuvent s'accumuler dans le sang et finissent par engendrer des symptômes tels que la sensation de faiblesse, l'essoufflement, la confusion et l'arythmie cardiaque. Mais la plupart des gens qui souffrent d'une détérioration de la fonction rénale n'ont aucun symptôme. Si vos reins cessent totalement de fonctionner, soit vous aurez besoin d'un nouveau rein (une transplantation), soit il vous faudra suivre une dialyse, processus au cours duquel une machine filtre le sang de façon artificielle. Mais les donneurs de reins ne sont pas légion, et l'espérance de vie d'une personne en dialyse est de moins de trois ans[1]. Il est donc préférable de maintenir vos reins en bonne santé en premier lieu.

Même si une défaillance rénale soudaine est possible en réaction à certaines toxines, des infections ou un blocage urinaire, la plupart des maladies des reins se caractérisent par une perte graduelle de la fonction. Une étude nationale a prouvé que seulement 41 % des Américains testés avaient une fonction rénale normale, et ce chiffre est en baisse, car il était de 52 % une décennie plus tôt[2]. Environ un Américain sur trois âgé de plus de 65 ans pourrait souffrir d'une maladie rénale chronique[3] (MRC), même si les trois quarts des personnes concernées ne se savent peut-être pas affectées[4]. On estime que plus de la moitié des adultes américains entre 30 et 64 ans développeront une maladie rénale chronique au cours de leur vie[5].

Pourquoi n'y a-t-il donc pas des millions de gens sous dialyse ? Parce que la défaillance rénale peut être si préjudiciable au reste de l'organisme que la majorité des gens ne vivent pas assez longtemps pour atteindre ce stade. Dans une étude au cours de laquelle plus de 1000 Américains de plus de 64 ans et atteints de MRC ont été suivis pendant une décennie, seul 1 individu sur 20 avait développé une insuffisance rénale au stade terminal. Les autres étaient déjà morts pour la plupart, le plus souvent d'une maladie cardiovasculaire[6]. C'est parce que nos reins jouent un rôle aussi crucial dans le maintien d'une bonne fonction cardiaque que les patients de moins de 45 ans qui souffrent d'insuffisance rénale ont un risque 100 fois plus important de mourir d'une maladie cardiaque plutôt que rénale[7].

La bonne nouvelle ? Les régimes alimentaires les plus sains pour le cœur – ceux qui sont axés sur des aliments végétaux non raffinés – pourraient également être les plus performants pour traiter les maladies rénales.

Endommager les reins avec l'alimentation

Les reins sont des organes fortement vascularisés, ce qui signifie qu'ils sont truffés de vaisseaux sanguins, raison pour laquelle ils paraissent aussi rouges. Nous avons déjà vu que le régime occidental pouvait être toxique pour les artères coronaires et le cerveau – mais quel effet peut-il bien avoir sur les reins ?

Pour étudier cette question, des chercheurs de l'université Harvard ont suivi des milliers de femmes en bonne santé, observant leur alimentation et leur fonction rénale pendant plus d'une décennie[8] pour rechercher la présence d'une protéine dans leur urine. Des reins en bonne santé travaillent dur pour retenir les protéines et les autres nutriments vitaux, filtrant de préférence les déchets toxiques ou inutiles hors de la circulation sanguine via l'urine. Si les reins laissent fuir des protéines dans l'urine, c'est le signe d'un début de défaillance.

Les chercheurs ont découvert que trois composantes nutritionnelles spécifiques sont associées au déclin de la fonction rénale : les protéines animales, les graisses animales et le cholestérol. Chacune de ces composantes n'est présente que dans un seul type d'aliment : les produits d'origine animale. Les chercheurs n'ont trouvé aucun lien entre le déclin de la fonction rénale et la consommation de protéines ou de graisses d'origine végétale[9].

Il y a cent cinquante ans, Rudolf Virchow, le père de la pathologie moderne, a décrit pour la première fois la dégénérescence graisseuse des reins[10]. Ce concept de néphrotoxicité des lipides, ou l'idée que les graisses et le cholestérol présents dans la circulation sanguine puissent être toxiques pour les reins, a depuis été officialisé[11], en partie grâce aux études d'autopsies qui démontrent que des dépôts graisseux peuvent empêcher le travail des reins[12].

L'idée d'un lien entre le cholestérol et la maladie rénale a pris un tel essor dans la communauté médicale que la prescription de statines destinées à faire baisser le taux de cholestérol a été recommandée pour ralentir sa progression[13]. Mais ne serait-il pas préférable (pour ne pas dire moins dangereux et onéreux) de traiter la cause sous-jacente de la maladie en mangeant plus sainement ?

Quelle sorte de protéine est la meilleure pour nos reins ?

Au cours des deux décennies allant de 1990 à 2010, les principales causes de mortalité et de handicap sont restées relativement constantes. Comme indiqué dans le chapitre 1, la maladie cardiaque est toujours la cause majeure de perte de la santé et de la vie.

Certaines maladies, comme le VIH/sida, ont régressé, mais parmi celles dont l'incidence a le plus augmenté au cours de la dernière décennie il y a la maladie rénale chronique. Le nombre de décès a doublé[14].

Cela a été imputé à notre régime « viande-sucre[15] ». L'excès de sucre de table et la consommation de sirop de maïs riche en fructose sont associés à une augmentation de la pression artérielle et du taux d'acide urique, qui peuvent tous deux endommager les reins. Les graisses saturées, acides gras trans, et le cholestérol qu'on trouve dans les aliments d'origine animale et la junk-food sont également associés à une altération de la fonction rénale. De plus, les protéines animales augmentent la charge acide au niveau des reins, stimulant la production d'ammoniaque, et sont potentiellement préjudiciables à nos cellules rénales très sensibles[16]. C'est pourquoi on recommande souvent aux patients souffrant de maladie rénale chronique de limiter leur consommation de protéines pour prévenir une aggravation du déclin fonctionnel[17].

Mais il faut comprendre que toutes les protéines n'ont pas le même effet sur vos reins.

Une consommation importante de protéines animales peut avoir un impact profond sur la fonction rénale humaine en provoquant un état d'hyperfiltration, une très forte augmentation de la charge de travail du rein. L'hyperfiltration n'est pas nocive si elle reste occasionnelle. Nous avons tous une réserve fonctionnelle rénale – à tel point que l'on peut vivre avec un seul rein. Nous pensons que l'évolution du corps humain nous permet de supporter occasionnellement de grandes quantités de protéines, ce qui serait inscrit dans nos gènes depuis l'époque où nous étions chasseurs. Mais, à présent, nous sommes nombreux à ingérer de grandes quantités de protéines jour après jour, forçant nos reins à faire continuellement appel à leur réserve fonctionnelle. Au fil du temps, cette pression continuelle pourrait expliquer pourquoi la fonction rénale a tendance à décliner à mesure que les gens vieillissent, prédisposant même des personnes par ailleurs en bonne santé à une détérioration progressive de cette fonction[18].

On a d'abord pensé que les végétaliens semblaient avoir une meilleure fonction rénale parce qu'ils ingéraient moins de protéines[19]. Nous savons aujourd'hui que c'est plus probablement parce que les reins appréhendent les protéines végétales très différemment des protéines animales[20].

Dans les heures qui suivent la consommation de viande, les reins passent en mode hyperfiltration. Cela vaut pour les diverses protéines animales – le bœuf, le poulet et le poisson semblent avoir des effets similaires[21]. Une quantité équivalente de protéines végétales n'exerce pratiquement aucune pression notable sur la fonction rénale[22]. Mangez du thon et, dans les trois heures qui suivent, le débit de filtration de vos reins peut augmenter de 36 %. Mais le fait de manger la même quantité de protéines sous la forme de tofu ne semble pas entraîner de pression supplémentaire sur les reins[23].

Substituer des protéines végétales aux protéines animales pourrait-il contribuer à ralentir la dégradation de la fonction rénale ? Oui : six essais cliniques ont montré que cela pouvait réduire l'hyperfiltration et/ou la fuite de protéines[24,25,26,27,28,29], mais toutes ces études ont été menées à court terme, sur moins de huit semaines. Ce n'est qu'en 2014 qu'un essai clinique randomisé en double aveugle, contrôlé par un placebo, a été réalisé pour observer comment les reins filtraient les protéines de soja par opposition aux protéines de lait. Conformément aux autres études, il s'est avéré que les protéines végétales contribuaient à préserver la fonction rénale chez les personnes souffrant d'insuffisance[30].

Pourquoi les protéines animales surchargent-elles les reins, au contraire des protéines végétales ? En raison de l'inflammation que peut entraîner la consommation d'aliments d'origine animale. Après avoir donné à des sujets d'étude un puissant médicament anti-inflammatoire en même temps qu'une protéine animale, la réaction d'hyperfiltration et la fuite de protéines ont disparu[31].

Réduire la charge acide d'origine alimentaire

Si les protéines animales nuisent à la fonction rénale, c'est aussi parce qu'elles sont en général plus acidifiantes. Elles contiennent une quantité plus importante d'acides aminés soufrés, tels que la méthionine, qui produit de l'acide sulfurique lorsqu'elle est métabolisée dans l'organisme. Les fruits et les légumes, en revanche, en général alcalinisants, aident à neutraliser les acides dans les reins[32].

La charge acide d'origine alimentaire est déterminée par l'équilibre entre aliments acidifiants (comme la viande, les œufs et le fromage) et aliments alcalinisants (comme les fruits et les légumes). En 2014, une analyse de l'incidence des régimes sur la fonction rénale portant sur plus de 1200 Américains a conclu qu'une charge acide élevée était associée à un risque plus important de fuite des protéines dans l'urine, un indicateur de lésion rénale[33].

Le régime de l'homme des temps anciens était essentiellement composé de plantes, produisant donc vraisemblablement plus de base que d'acide dans les reins. L'être humain a évolué en consommant ces régimes alcalins (basiques) pendant des millions d'années. La plupart des régimes contemporains, en revanche, entraînent un excès d'acide. Ce passage d'un régime alcalinisant à un régime acidifiant pourrait expliquer en partie l'épidémie moderne de maladie rénale[34]. Les régimes acidifiants auraient un impact sur les reins par le biais de la « toxicité tubulaire », c'est-à-dire l'atteinte des conduits, aussi minces que délicats, qui produisent l'urine dans les reins. Pour établir une barrière contre l'acidité créée par votre alimentation, les reins fournissent de l'ammoniaque, qui est une base et peut neutraliser une partie de cet acide. La neutralisation de l'acidité est bénéfique à court terme, mais sur le long terme cet excédent d'ammoniaque dans les reins peut avoir un effet toxique[35]. Le déclin progressif de la fonction rénale pourrait résulter d'une surproduction d'ammoniaque tout au long de la vie[36]. Les reins peuvent commencer à se dégrader dès 20 ans[37], et, à 80 ans, vos reins peuvent avoir perdu la moitié de leur capacité[38,39,40].

L'acidose métabolique légère chronique attribuée à un régime riche en viande explique en partie pourquoi les végétaliens semblent avoir une fonction rénale supérieure et pourquoi les différents régimes à base de végétaux ont traité avec succès l'insuffisance rénale chronique[41,42]. Dans des circonstances normales, un régime végétarien alcalinise les reins, tandis qu'un régime non végétarien porte une charge acide. Cela s'est même avéré chez les végétariens qui consommaient des substituts de viande transformée, comme les burgers végétariens[43].

Si les gens ne sont pas prêts à réduire leur consommation de viande, on devrait les encourager à consommer davantage de fruits et légumes pour compenser la charge acide[44]. « Cependant, a indiqué un néphrologue dans un article, beaucoup de patients ont du mal à suivre un régime riche en fruits et légumes et seraient donc plus favorables à un complément alimentaire[45]. »

Alors, les chercheurs ont donné aux gens des comprimés de bicarbonate de soude. Au lieu de traiter la cause première de la formation d'excès d'acide (trop d'aliments d'origine animale et trop peu de fruits et légumes), ils ont préféré traiter les conséquences. Trop d'acide ? Eh bien, voilà un élément basique pour le neutraliser. Le bicarbonate de soude peut effectivement avoir un effet tampon sur la charge acide[46], mais de toute évidence il contient du sodium, qui sur le long terme peut contribuer aux lésions rénales[47].

Hélas, ce type d'approche qui apporte des solutions de fortune n'est que trop représentatif du modèle médical actuel. Vous avez trop de cholestérol parce que votre régime est anormalement riche en acides gras saturés et en cholestérol ? Prenez des statines pour invalider l'enzyme qui fabrique le cholestérol ! Vous avez une alimentation anormalement riche en aliments acidifiants ? Avalez des comprimés de bicarbonate de soude pour équilibrer tout ça !

Les mêmes chercheurs ont également essayé de donner aux gens des fruits et légumes au lieu du bicarbonate de soude, et ils ont constaté qu'ils offraient une protection similaire tout en présentant l'avantage supplémentaire de faire baisser la tension artérielle. Le titre du texte d'accompagnement qui figurait dans la revue médicale était éloquent : « La clé pour mettre fin à la progression de la maladie rénale chronique pourrait se trouver sur le marché plutôt qu'à la pharmacie[48]. »

Les calculs rénaux

Avoir une alimentation d'origine végétale pour alcaliniser les urines pourrait également contribuer à prévenir et traiter les calculs rénaux – ces dépôts de sels minéraux qui se forment dans vos reins lorsque la concentration de certaines substances dans l'urine devient si élevée qu'elles commencent à se cristalliser. Finalement, ces cristaux peuvent atteindre la taille de cailloux qui bloquent le flux de l'urine, provoquant une douleur intense qui a tendance à irradier d'un côté, du bas du dos vers l'aine. Les calculs rénaux peuvent s'éliminer spontanément (et souvent de façon douloureuse), mais certains deviennent si gros qu'ils doivent être enlevés de façon chirurgicale.

La fréquence des calculs rénaux a augmenté de façon spectaculaire depuis la Seconde Guerre mondiale[49], et plus encore au cours des quinze dernières années. Environ un Américain sur 11 est touché aujourd'hui, alors que ce n'était qu'un sur 20 il y a moins de deux décennies[50]. Comment expliquer cette augmentation ? Un début de réponse est apparu en 1979, lorsque des scientifiques ont fait état d'un lien frappant entre la prévalence des calculs rénaux depuis les années 1950 et l'augmentation de la consommation de protéines animales[51].

Cependant, dans toutes les études observationnelles, les chercheurs n'ont pu prouver la relation de cause à effet. Ils ont donc décidé de réaliser un essai interventionnel, en demandant aux sujets d'ajouter des protéines animales à leur alimentation quotidienne, l'équivalent d'environ une boîte de thon. Deux jours après avoir consommé le thon supplémentaire, le taux de composés susceptibles de former des calculs – le calcium, l'oxalate et l'acide urique – a grimpé en flèche, à tel point que le risque de calcul rénal des sujets a augmenté de 250 %[52].

Notez que le régime expérimental « riche » en protéines animales était destiné à recréer la consommation de protéines animales de l'Américain moyen[53], ce qui suggère que les Occidentaux pourraient réduire considérablement leur risque de calculs rénaux en réduisant leur consommation de viande.

À partir des années 1970, on avait réuni suffisamment de preuves pour que les chercheurs commencent à se demander si les personnes souffrant de calculs rénaux récurrents ne devraient pas cesser totalement de manger de la viande[54]. Mais l'étude portant sur le risque de calculs rénaux chez les végétariens n'a pas été publiée avant 2014. Les chercheurs de l'université d'Oxford ont conclu que les sujets qui ne consommaient pas de viande du tout avaient un risque significativement moins élevé d'être hospitalisés à cause de calculs rénaux. Et pour ceux qui mangeaient de la viande, plus ils en consommaient, plus le risque était important[55].

Certaines viandes sont-elles pires que d'autres ? On conseille souvent dans le cas de calculs rénaux de réduire la consommation de viande rouge, mais que penser du poulet ou du poisson ? Nous n'en savions rien jusqu'à ce qu'une autre étude paraisse en 2014, comparant le saumon et le cabillaud aux blancs de poulet et aux hamburgers. Elle a conclu qu'à poids égal le poisson pouvait être légèrement pire que les autres viandes en matière de risques pour certains calculs rénaux. Dans l'ensemble, « il est conseillé aux personnes sujettes aux calculs rénaux de limiter leur consommation de toute protéine animale[56] ».

La plupart des calculs rénaux sont composés d'oxalate de calcium, qui cristallise comme du sucre candi lorsque les urines sont saturées de calcium et d'oxalate. Pendant de nombreuses années, les médecins ont supposé que les calculs rénaux étaient composés de calcium, ils conseillaient donc simplement à leurs patients de réduire leur apport en calcium[57]. Comme souvent en médecine, la pratique clinique avance à l'aveuglette, sans l'appui d'études expérimentales solides. Mais la situation a évolué grâce à une étude déterminante publiée dans le *New England Journal of Medicine*, qui a comparé les effets du régime traditionnel faible en calcium à un régime faible en protéines animales et en sodium. Après cinq ans, l'étude a conclu que manger moins de viande et de sel était deux fois plus efficace que le régime conventionnel qui limitait l'apport en calcium, réduisant ainsi de moitié le risque de calculs rénaux[58].

Et qu'en est-il de la réduction de l'apport en oxalates, concentrés dans certains légumes ? Une étude récente a montré qu'il n'y avait aucune augmentation du risque de calcul rénal liée à l'augmentation de la consommation de légumes. En fait, cette dernière était associée à un risque réduit, indépendamment de l'ensemble des facteurs de risque connus, ce qui signifie qu'il pourrait y avoir des bénéfices supplémentaires à renforcer son apport en végétaux, indépendamment de la restriction d'aliments d'origine animale[59].

De plus, la réduction de protéines animales permet de limiter les dépôts d'acide urique, qui peuvent former des cristaux à l'origine des calculs de calcium ou former eux-mêmes des calculs. En effet, les calculs d'acide urique sont le deuxième type de calculs les plus courants. Par conséquent, pour limiter votre risque, vous devriez essayer de réduire la production excessive d'acide urique. Il existe deux moyens d'y parvenir : plus de médicaments ou moins de viande[60]. Les médicaments destinés à combattre l'excès d'acide urique tels que l'Allopurinol peuvent être efficaces, mais ils comportent de lourds effets secondaires[61]. En revanche, l'élimination de toutes les viandes du régime occidental standard semble réduire le risque de cristallisation de l'acide urique de plus de 90 %, et ce dès cinq jours[62].

En résumé : lorsque les urines sont plus alcalines, les calculs sont moins susceptibles de se former. Cela permet de comprendre l'effet protecteur de moins de viande et plus de fruits et légumes. Le régime américain standard produit une urine acide. Mais lorsque les gens commencent à suivre un régime à base d'aliments végétaux, leur urine s'alcalinise et leur Ph devient neutre en moins d'une semaine[63].

Cependant, tous les aliments d'origine végétale ne sont pas alcalinisants, et tous les aliments d'origine animale ne sont pas acidifiants dans les mêmes proportions. L'indice LAKE (Load of Acid to Kidney Evaluation) tient compte à la fois de la charge acide des aliments et de la taille des portions standards pour aider les individus à modifier leur alimentation afin de prévenir les calculs rénaux et autres maladies liées à l'acidité, telles que la goutte. Comme vous pouvez le voir sur la figure 4, l'aliment le plus acidifiant était le poisson, y compris le thon, suivi par le porc, les volailles, le fromage et le bœuf. Les œufs sont en fait plus acidifiants que le bœuf, mais les gens ont tendance à en manger moins au cours d'un repas. Certaines céréales peuvent être légèrement acidifiantes, comme le pain et le riz, mais, étonnamment, ce n'est pas le cas des pâtes. Les haricots secs réduisent l'acidité de façon significative, mais pas autant que les fruits, qui sont, avec les légumes, les aliments les plus alcalinisants[64].

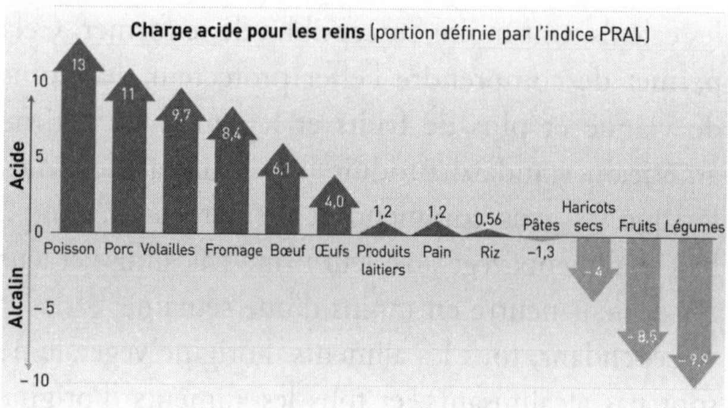

Figure 4.

Les changements de régime alimentaire peuvent avoir un effet si puissant qu'ils contribuent non seulement à prévenir les calculs rénaux, mais aussi à y remédier sans médicament ni chirurgie. Les calculs d'acide urique peuvent, semble-t-il, se dissoudre complètement avec davantage de fruits et légumes, moins de protéines animales et de sel, et au moins dix verres de liquide par jour[65].

Testez votre pH avec le chou rouge

Nous savons que le régime alimentaire occidental moyen est acidifiant, tandis que le régime végétalien moyen réduit l'acidité[66]. Une alimentation acidifiante peut non seulement avoir une incidence sur le risque de calcul rénal, mais également entraîner une acidose métabolique chronique modérée[67] – de l'acide en excès dans la circulation sanguine – qui contribuerait à la dégradation musculaire survenant avec l'âge[68]. Quel est donc le meilleur moyen de déterminer le degré d'acidité de votre alimentation ? La méthode la plus simple (et la plus ennuyeuse) est sans doute d'acheter des bandelettes d'autotest de pH urinaire. Sinon, pourquoi ne pas utiliser ce que vous devriez d'ores et déjà avoir dans le bac à légumes de votre réfrigérateur ? Du chou rouge ! C'est un des meilleurs apports nutritionnels d'un point de vue rapport qualité/prix, et vous pouvez même l'utiliser pour faire des expérimentations chimiques dans la cuisine… et même, dans le cas qui nous intéresse, dans les toilettes !

Faites bouillir du chou rouge jusqu'à ce que l'eau de cuisson devienne violet foncé, ou mélangez du chou rouge cru et de l'eau, avant d'en ôter les morceaux solides à l'aide d'une passoire. Ensuite, allez uriner dans vos toilettes, puis déversez votre cocktail à base de chou rouge dans la cuvette. Si le liquide reste violet ou, pire, s'il devient rose, votre urine est trop acide. L'objectif est qu'il devienne bleu. Si l'eau vire au bleu, alors votre urine n'est pas acide, mais neutre, ou même basique.

Prévenir l'excès de phosphore

Un excès de phosphore dans le sang pourrait augmenter le risque d'insuffisance rénale, d'insuffisance cardiaque, de crise cardiaque et de décès prématuré. Il semble également endommager les vaisseaux sanguins et accélérer le vieillissement et la perte osseuse[69]. À lui seul, un taux élevé de phosphore peut présenter un risque de mort prématurée pour la population générale[70].

On trouve du phosphore dans divers aliments d'origine végétale et animale. La plupart des Américains en consomment deux fois plus que ce dont ils ont besoin[71], mais ce n'est pas tant la quantité de ce que l'on ingère qui importe que ce que l'on assimile. En adoptant une alimentation à base de végétaux, vous pouvez faire baisser le taux de phosphore sanguin de façon significative, car votre consommation restera alors constante[72]. Cela s'explique par le fait que le phosphore que l'on trouve dans les aliments d'origine animale se présente sous la forme d'un composé appelé phosphate, plus facilement absorbé dans la circulation sanguine que le phytate, la forme principale du phosphore dans les aliments végétaux[73]. Comme nous l'avons vu dans le chapitre 4, ce cas est similaire à celui du fer, un autre minéral essentiel que vous pouvez avoir en excès. Votre corps est plus apte à se protéger contre un excès de fer d'origine végétale, mais il ne peut empêcher le surplus de fer héminique (d'origine animale) de traverser la barrière intestinale.

La pire forme de phosphore est néanmoins celle que l'on trouve dans les additifs alimentaires. Ces composés phosphorés sont ajoutés aux boissons au cola et à la viande pour rehausser leur couleur[74]. (Sans phosphate ajouté, le Coca-Cola serait aussi noir que de l'encre[75].) Moins de la moitié des végétaux sont phosphorés[76] et environ les trois quarts des aliments d'origine animale phosphorés passent dans votre circulation sanguine[77], mais les phosphates ajoutés peuvent être absorbés presque totalement[78].

Les additifs phosphatés jouent un rôle particulièrement important dans l'industrie de la viande. On injecte du phosphate dans le poulet pour améliorer sa couleur et le gorger d'eau afin d'en augmenter le poids (et la rentabilité), et pour réduire la perte de liquide qui s'écoule de la viande à mesure qu'elle vieillit[79]. Le problème de cet additif est qu'il peut presque doubler le taux de phosphore de la viande[80]. Les additifs phosphatés ont été décrits comme « un danger réel et insidieux » pour les insuffisants rénaux, en raison de leur faible capacité à l'excréter[81]. Mais compte tenu de ce que nous savons de l'excès de phosphore, c'est une préoccupation pour nous tous.

Aux États-Unis, on autorise l'injection de onze types de sels phosphatés différents dans la viande et le poulet crus[82], une pratique depuis longtemps interdite en Europe[83]. C'est parce que les phosphates présents dans la viande et les aliments transformés sont considérés comme des « toxines vasculaires[84] », capables de porter atteinte à la fonction artérielle quelques heures seulement après un repas riche en phosphates[85]. Dans le cas de la viande, il existe une préoccupation de sécurité alimentaire supplémentaire, car l'ajout de phosphate est susceptible d'augmenter le développement de *Campylobacter*, une des principales bactéries responsables de l'intoxication alimentaire par les volailles[86].

Il est facile d'éviter le phosphore ajouté dans les produits transformés – n'achetez rien qui contienne le mot « phosphate », ainsi que « pyrophosphate » et « triphosphate[87] ». Pour ce qui est de la viande, il est plus difficile de déterminer la teneur en phosphates vu que les producteurs ne sont pas tenus de divulguer les additifs injectés. Le phosphate ajouté peut être étiqueté sous le terme d'« arômes » ou de « bouillon », ou même ne pas figurer sur l'étiquette[88]. La viande contient déjà des phosphates hautement assimilables ; en ajouter davantage ne ferait que renforcer le problème de l'insuffisance rénale. Le poulet semble être le plus incriminable : une étude en supermarché a fait découvrir que plus de 90 % des poulets contenaient des additifs phosphatés[89].

Qui détermine si les additifs alimentaires sont sûrs ?

En 2015, la FDA (Food and Drug Administration) a enfin annoncé sa décision d'éliminer les acides gras trans des aliments transformés[90], citant une estimation du CDC (Centre de contrôle et de prévention des maladies) selon laquelle 20 000 crises cardiaques par an pourraient être évitées en éliminant partiellement les huiles hydrogénées[91]. Jusqu'au 16 juin 2015, les acides gras trans jouissaient du statut GRAS, Generally Recognized as Safe : « généralement considéré comme sûr ».

Pourquoi a-t-on jugé en premier lieu que ces graisses meurtrières étaient sûres ?

Devinez qui détermine si elles sont « généralement considérées comme sûres » ? Ce n'est ni le gouvernement ni une institution scientifique. C'est le fabricant. Oui, vous avez bien lu. C'est celui qui produit les aliments qui détermine si son produit est sûr ou non pour le public, une procédure que la FDA appelle l'« autodétermination GRAS ». De plus, ces fabricants peuvent légalement ajouter des additifs aux aliments sans en informer la FDA[92]. On estime qu'environ 1000 décisions relatives à la sécurité des additifs alimentaires n'ont jamais été rapportées à la FDA ni au public[93].

Mais parfois les fabricants avisent la FDA lorsqu'ils introduisent un nouvel additif. Cela semble réellement responsable de leur part, non ? On suppose qu'ils ont trouvé un comité d'experts indépendants pour évaluer la sécurité de leur produit en évitant tout conflit d'intérêts, n'est-ce pas ?

Eh bien, pas exactement.

Sur l'ensemble des déterminations de sécurité soumises volontairement à la FDA entre 1997 et 2012, 22,4 % ont été faites par une personne employée directement par le fabricant, 13,3 % par une personne directement employée par une entreprise choisie par le fabricant, et 64,3 % par un comité choisi par le fabricant ou choisi par une entreprise employée par le fabricant[94]. Vous avez fait le calcul ? Oui, *aucune* décision relative à la sécurité alimentaire n'a été prise de façon indépendante.

Comment les organismes de contrôle peuvent-ils laisser les entreprises décider elles-mêmes si les additifs alimentaires qu'elles utilisent dans leurs propres produits sont sans danger ? Suivez la piste de l'argent. Trois des plus importantes sociétés de lobbying de Washington travailleraient maintenant pour l'industrie alimentaire[95]. Par exemple, PepsiCo a dépensé à lui seul plus de 9 millions de dollars sur une seule année auprès du Congrès[96]. Plus on creuse, et moins on s'étonne qu'on ait laissé des additifs comme les acides gras trans tuer des milliers de gens, année après année.

Mais tout va bien puisque, d'après le fabricant, ils sont sans danger.

L'alimentation peut-elle avoir un rôle protecteur contre le cancer du rein ?

Chaque année, 64 000 Américains reçoivent le diagnostic du cancer du rein et ils sont environ 14 000 à en mourir[97]. Environ 4 % de ces cas sont dus à l'hérédité[98], mais qu'en est-il des 96 % restants ?

Historiquement, le seul facteur de risque de cancer du rein qui ait été retenu est le tabagisme[99]. Une classe de cancérigènes présente dans la fumée de cigarette appelée « nitrosamines » est considérée comme tellement nocive que même ce qu'on appelle la « fumée tertiaire » est une source de préoccupation. En effet, les risques liés à la fumée de tabac ne cessent pas lorsqu'une cigarette est éteinte, car de la fumée résiduelle peut rester imprégnée sur les murs et autres surfaces[100]. Environ 80 % des nitrosamines présents dans la fumée de cigarette peuvent rester dans une pièce, même avec une ventilation normale[101], essayez donc toujours de choisir des chambres non-fumeurs dans les hôtels. C'est en partie à cause des nitrosamines que vous ne pouvez pas fumer à l'intérieur sans mettre les autres en danger, même si vous fumez sans que personne d'autre ne soit présent. Comme l'a écrit l'un des principaux chercheurs du mouvement de lutte contre le tabagisme, « si des carcinogènes aussi puissants étaient présents dans n'importe quel autre produit destiné à la consommation humaine, ils seraient immédiatement interdits[102] ».

À une exception près : la viande.

Saviez-vous qu'un seul hot dog contient autant de nitrosamines (et de nitrosamides, des cancérigènes équivalents[103]) que quatre cigarettes et qu'on trouve également ces carcinogènes dans la viande fraîche, y compris le bœuf, le poulet et le porc[104] ? Cela pourrait expliquer l'augmentation du nombre de cancers du rein au cours des dernières décennies, en dépit de la baisse du tabagisme.

Dissipons les confusions : nitrates, nitrites et nitrosamines

Si la viande fraîche contient des nitrosamines, la viande transformée ou la charcuterie fumée pourraient être particulièrement nocives. En Europe, la deuxième étude prospective sur l'alimentation et le cancer a calculé qu'en limitant sa consommation de viande transformée à moins de 20 g par jour on pourrait prévenir plus de 3 % de la mortalité globale[105]. L'étude la plus vaste, le NIH-AARP, qui a observé plus de 500 000 Américains (voir page 107), a conclu que la proportion des décès évitables pourrait être encore plus élevée. Les chercheurs ont suggéré, par exemple, que 20 % des maladies cardiaques chez les Américaines pourraient être prévenues si celles qui consommaient le plus de viande transformée réduisaient leur apport de l'équivalent d'une demi-tranche de bacon par jour[106]. Pas étonnant que l'Institut américain pour la recherche sur le cancer ait recommandé d'« éviter les viandes transformées telles que le jambon, le bacon, le saucisson, les hot dogs et les saucisses[107] ».

On ajoute des nitrites aux viandes fumées comme « fixateur de couleur » et pour prévenir la croissance de la bactérie botulique (une maladie paralysante rare mais grave[108]). Et que penser du bacon « non fumé » ? On lit sur le paquet : « Sans nitrites et nitrates ajoutés. » Mais regardez les mentions en petites lettres et vous verrez peut-être une note indiquant : « Sauf ceux naturellement présents dans le jus de céleri. » Les légumes contiennent des nitrates qui, fermentés, se transforment en nitrites, donc ajouter du jus de céleri fermenté au bacon est simplement une façon sournoise d'ajouter des nitrites. Même les journalistes de la revue *Meat Science* ont pris conscience que cela pouvait être perçu par les consommateurs comme « incorrect au mieux, ou trompeur au pire[109] ».

Mais la même fermentation qui convertit les nitrates en nitrites peut se produire lorsque vous mangez des légumes, grâce aux bactéries présentes sur votre langue. Alors pourquoi les nitrates et les nitrites issus des légumes sont-ils inoffensifs, tandis que les mêmes composés issus de la viande sont associés au cancer[110] ? Parce que les nitrites ne sont pas cancérigènes en soi ; ils le deviennent. Les nitrites ne deviennent nocifs que lorsqu'ils se transforment en nitrosamines. Et pour que cela puisse avoir lieu, la présence d'amines et d'amides est nécessaire – on les trouve en abondance dans les aliments d'origine animale. Cette transformation peut avoir lieu dans la viande elle-même ou dans votre estomac après ingestion. Dans le cas des aliments d'origine végétale, la vitamine C et les autres antioxydants qu'ils contiennent naturellement bloquent la formation de ces cancérigènes dans votre organisme[111]. Ce processus expliquerait que les nitrates, comme les nitrites, aient été associés au cancer du rein, mais qu'aucune augmentation du risque n'ait été établie pour la consommation de nitrates ou nitrites d'origine végétale[112].

Tandis que les nitrites de source animale – et non seulement issus des viandes transformées – ont été associés à une augmentation du risque de cancer du rein, des légumes parmi les plus riches en nitrates comme la salade roquette, le chou kale et le chou vert sont associés à une baisse significative du risque de cancer du rein[113].

Les reins ont la lourde tâche et l'immense responsabilité de filtrer votre sang, vingt-quatre heures sur vingt-quatre, sept jours sur sept. C'est beaucoup de travail pour des organes pas plus gros que le poing. Les reins sont extrêmement résistants, mais ils ne sont pas indestructibles. Lorsqu'ils commencent à décliner, le reste du corps peut commencer à décliner lui aussi. Des substances toxiques que des reins en bonne santé auraient d'ordinaire filtrées peuvent passer au travers et s'accumuler dans la circulation sanguine.

Pour conserver des reins forts et un sang pur, vous devez prêter attention à ce que vous mangez. Un régime alimentaire riche en viande et en sucre peut lentement porter atteinte à vos reins, à chaque repas, les forçant à se mettre en état d'hyperfiltration. Imaginez combien de temps le moteur de votre voiture survivrait si vous le poussiez sans cesse au maximum ? Heureusement, la science médicale a prouvé que vous pouvez réduire la charge de travail de vos reins (et leur charge acide) en augmentant la part des végétaux dans votre alimentation.

11

Comment ne pas mourir d'un cancer du sein

« Vous avez un cancer du sein. »

Ces mots sont parmi ceux qu'une femme craint le plus d'entendre aux États-Unis, et ce pour une bonne raison : avec le cancer de la peau, le cancer du sein est le plus courant chez les Américaines. Chaque année, le diagnostic de ce cancer tombe pour environ 230 000 femmes, et 40 000 d'entre elles en meurent[1].

Le cancer du sein ne se développe pas du jour au lendemain. La grosseur que vous ressentez sous la douche un matin a peut-être commencé à se former plusieurs décennies plus tôt. Au moment où les médecins détectent la tumeur, elle peut être présente depuis quarante ans ou même plus[2]. Le cancer s'est développé, a mûri, et acquis des centaines de nouvelles mutations qui lui ont permis de croître encore plus rapidement, tandis qu'il s'employait à déjouer les plans de votre système immunitaire.

L'effrayante réalité, c'est que ce que les médecins appellent une « détection précoce » est en réalité une détection tardive. L'imagerie moderne n'est tout simplement pas assez performante pour détecter le cancer à un stade précoce, il peut donc se propager longtemps avant d'être décelé. Une femme est considérée comme « en bonne santé » jusqu'à ce qu'elle présente des signes ou des symptômes du cancer du sein. Mais si elle a été porteuse d'une tumeur maligne pendant deux décennies, peut-on vraiment la considérer en bonne santé ?

Les gens qui font en sorte d'améliorer leur alimentation dans l'espoir de prévenir le cancer pourraient en fait aussi le traiter avec succès. Des études d'autopsies[3] ont montré que jusqu'à 20 % des femmes âgées de 20 à 54 ans mortes de causes sans lien avec cette maladie, comme un accident de voiture, avaient un cancer du sein « occulte » (silencieux). Parfois, vous ne pouvez rien faire pour prévenir le stade initial du cancer, lorsque la première cellule normale mute en cellule cancéreuse. Certains cancers du sein peuvent même débuter dans le ventre maternel et être liés à l'alimentation de la mère[4,5]. C'est pourquoi nous devons tous adopter un régime et un mode de vie qui non seulement préviennent le stade initial du cancer, mais ralentissent aussi le stade d'évolution pendant lequel il croît pour finalement atteindre une taille menaçante.

La bonne nouvelle, c'est qu'indépendamment de ce que votre mère a pu manger, ou de la façon dont vous avez vécu enfant, en mangeant et vivant sainement vous pouvez ralentir le taux de progression de n'importe quel cancer silencieux. En résumé, vous pouvez mourir *avec* vos tumeurs plutôt que par elles. C'est ainsi que la prévention du cancer par l'alimentation et son traitement peuvent être une seule et même chose.

Une ou deux cellules cancéreuses n'ont jamais fait de mal à personne. Mais qu'en est-il d'un milliard ? C'est le nombre qu'on trouve dans une tumeur au moment où elle est visible sur une mammographie[6]. Comme la plupart des tumeurs, le cancer du sein commence avec une seule cellule, qui se divise en deux, quatre, puis huit. Chaque fois que les cellules cancéreuses mammaires se divisent, la tumeur peut doubler de volume[7].

Voyons combien de fois une minuscule tumeur doit doubler avant d'atteindre un milliard de cellules. Sortez votre calculette. Multipliez par deux. Puis multipliez ce chiffre par deux. Et continuez jusqu'à ce que vous arriviez à un milliard. Ne vous inquiétez pas, cela ne vous prendra pas longtemps. Vous ne devrez doubler le chiffre que 30 fois. En doublant seulement 30 fois, une seule cellule cancéreuse peut se transformer en un milliard de cellules.

Pour un diagnostic précoce, il faut savoir en combien de temps la taille des tumeurs est multipliée par deux. Pour doubler de volume, les cancers du sein peuvent prendre entre quelques jours et vingt-cinq jours[8], mais cela peut aller jusqu'à mille jours ou plus[9]. Autrement dit, il peut falloir deux ans, ou plus de cent ans, avant qu'une tumeur commence à poser problème.

Le point où vous vous situez sur cette échelle de temps – deux ans ou un siècle – pourrait en partie dépendre de ce que vous mangez.

Lorsque j'étais adolescent, j'avais un régime alimentaire épouvantable. Mon repas favori – je ne plaisante pas – était le poulet frit accompagné de steak. Pendant ma jeunesse, j'ai peut-être provoqué la mutation d'une de mes cellules dans mon côlon ou ma prostate. Mais je mange bien plus sainement depuis ces vingt-cinq dernières années. Mon espoir étant que, si j'ai entamé une croissance cancéreuse mais ne la favorise pas, je pourrai peut-être ralentir son évolution. Je me moque pas mal qu'on me diagnostique un cancer dans cent ans. Je ne m'attends pas à être encore là pour avoir à m'en inquiéter.

La controverse actuelle sur le rapport coût/efficacité des mammographies[10] omet un point important : l'examen de dépistage du cancer du sein ne le prévient pas. Il ne peut que détecter un cancer existant. D'après les études d'autopsies, jusqu'à 39 % des femmes de plus de 40 ans ont un cancer du sein qui croît dans leur organisme et peut être simplement trop petit pour être détecté par une mammographie[11]. C'est pourquoi vous ne pouvez pas attendre le diagnostic pour commencer à manger et vivre plus sainement. Vous devriez vous y mettre dès aujourd'hui.

LES FACTEURS DE RISQUE DU CANCER DU SEIN

L'American Institute for Cancer Research (AICR) est considéré comme un des principaux experts mondiaux de la nutrition et du cancer. En s'appuyant sur les meilleures études disponibles, il a élaboré 10 recommandations pour la prévention du cancer[12]. En dehors des conseils du type : « Ne jamais chiquer du tabac », son message nutritionnel est en résumé : « Les régimes alimentaires à base d'aliments complets d'origine végétale – légumes, céréales complètes, fruits et légumineuses – réduisent le risque de nombreux cancers, ainsi que d'autres maladies[13]. »

Pour démontrer à quel point les choix de mode de vie peuvent influencer le risque de cancer du sein, sur une période d'à peu près sept ans, des chercheurs ont suivi un groupe d'environ 30 000 femmes ménopausées sans antécédent de cancer du sein. Le simple fait d'appliquer trois des dix recommandations de l'AICR – limiter l'alcool, manger essentiellement des aliments d'origine végétale et conserver un poids normal – a été associé à une chute du risque de cancer du sein de 62 %[14]. Oui, trois comportements de santé simples semblent avoir réduit le risque de plus de moitié.

Si incroyable que cela puisse paraître, avoir une alimentation d'origine végétale, couplée à une marche quotidienne, peut améliorer vos défenses contre le cancer en moins de deux semaines.

Des chercheurs ont déposé quelques gouttes du sang de femmes, avant et après quatorze jours de vie saine, sur des cellules de cancer du sein en culture dans une boîte de Petri. Le sang prélevé après le régime sain a sensiblement mieux inhibé la croissance des cellules cancéreuses et a tué 20 à 30 % de cellules cancéreuses supplémentaires que chez les mêmes femmes à peine deux semaines plus tôt[15]. Les chercheurs ont attribué cet effet à la diminution du taux d'une hormone qui favorise la croissance du cancer appelée « IGF-1[16] », due probablement à la diminution de la consommation de protéines animales[17].

Quel sang souhaitez-vous pour votre organisme – quel type de système immunitaire ? Le genre de sang qui se contente de se renouveler lorsque de nouvelles cellules cancéreuses surgissent, ou un sang qui circule dans chaque recoin de votre corps, qui a le pouvoir de ralentir et stopper les cellules cancéreuses, leur coupant l'herbe sous le pied ?

L'alcool

En 2010, l'Organisation mondiale de la santé – dont le rôle officiel consiste à déterminer les facteurs de risque de cancer – a modifié sa classification de l'alcool, le faisant passer au rang définitif de cancérigène pour le sein humain[18]. En 2014, il a clarifié sa position en déclarant qu'en matière de cancer du sein aucune quantité d'alcool n'était dénuée de danger[19].

Et si on boit de façon « raisonnable » ? En 2013, des scientifiques ont publié une compilation de plus de 100 études sur le cancer du sein et la consommation modérée d'alcool (jusqu'à un verre de boisson alcoolisée par jour). Celles-ci ont conclu à une légère augmentation du risque de cancer du sein – mais significative d'un point de vue statistique –, et ce même chez les femmes qui buvaient au maximum un verre de boisson alcoolisée par jour (à l'exception, peut-être, du vin rouge – voir l'encadré plus bas). Ils ont estimé que, chaque année dans le monde, presque 5 000 décès des suites d'un cancer du sein pouvaient être imputés à la consommation modérée d'alcool[20].

L'alcool en soi n'est pas cancérigène. Le coupable est en fait le produit de dégradation toxique de l'alcool appelé « acétaldéhyde », qui peut se former dans votre bouche presque immédiatement après la première gorgée. Des expérimentations ont montré que le simple fait de garder en bouche l'équivalent d'une seule cuillère à café d'alcool fort pendant cinq secondes avant de le recracher entraîne la production d'un taux d'acétaldéhyde potentiellement cancérigène qui persiste pendant plus de dix minutes[21].

Si même une seule gorgée d'alcool peut produire des taux d'acétaldéhyde cancérigènes, que penser de l'utilisation des bains de bouche qui contiennent de l'alcool ? Les chercheurs qui ont testé les effets de divers bains de bouche du commerce ont conclu que, même si le risque est faible, il est sans doute préférable de s'abstenir d'utiliser ces produits s'ils contiennent de l'alcool[22].

Le vin rouge comparé au vin blanc

L'étude Harvard Nurses' Study a révélé que même une consommation modérée (moins d'un verre par jour) pouvait être associée à une légère augmentation du risque de cancer du sein[23], sauf s'il s'agit de vin rouge. Pourquoi ? Un composé du vin rouge semble inhiber l'activité d'une enzyme appelée « aromatase », que les tumeurs du sein peuvent utiliser afin de créer des œstrogènes pour alimenter leur propre croissance[24]. Ce composé se trouve dans la peau des raisins noirs, ce qui explique pourquoi le vin blanc ne paraît pas procurer les mêmes bénéfices[25], vu qu'il est produit sans peau.

Les chercheurs ont conclu que le vin rouge pourrait « améliorer le risque élevé de cancer associé à la consommation d'alcool[26] ». En d'autres termes, les raisins présents dans le vin rouge pourraient contribuer à annuler une partie des effets cancérigènes de l'alcool. Mais vous pouvez obtenir les bénéfices sans les risques associés à la consommation d'alcool en buvant simplement du jus de raisin, ou mieux encore en mangeant du raisin noir – de préférence avec les pépins, car ceux-ci semblent être les plus efficaces pour inhiber l'aromatase[27].

Il est également intéressant de savoir que les fraises[28], les grenades[29] et les champignons de Paris[30] pourraient eux aussi inhiber cette enzyme qui favorise le cancer.

La mélatonine et le risque de cancer du sein

Pendant des milliards d'années, la vie sur la planète Terre a évolué dans des conditions d'environ douze heures de jour et douze heures de nuit. Les humains ont maîtrisé le feu pour faire cuire les aliments il y a environ un million d'années, mais nous n'utilisons des bougies que depuis cinq mille ans et l'éclairage électrique depuis seulement un siècle. Autrement dit, nos ancêtres de la préhistoire passaient la moitié de leur vie dans le noir.

De nos jours cependant, à cause de la pollution lumineuse due à l'éclairage électrique la nuit, nos enfants n'ont peut-être aucune chance d'admirer la Voie lactée. L'éclairage électrique nous a permis de rester productifs jusqu'au petit matin, mais cette exposition lumineuse peu naturelle pourrait-elle avoir des effets néfastes sur la santé ?

En philosophie, il y a un argument fallacieux appelé le « sophisme de l'appel à la nature », selon lequel quelqu'un présente une chose comme bonne sous prétexte qu'elle est naturelle. En biologie, cependant, cela pourrait comporter un fond de vérité. Les conditions dans lesquelles nos corps se sont adaptés pendant des millions d'années peuvent parfois nous aider à comprendre quel serait notre mode de fonctionnement optimal. Par exemple, nous avons évolué en courant nus en Afrique équatoriale. Il n'est donc pas surprenant qu'un grand nombre d'entre nous souffrent de carence en vitamine D (la « vitamine du soleil ») lorsque nous vivons sous des climats nordiques ou dans des pays où la culture impose aux femmes d'avoir le corps totalement couvert[31].

Est-ce qu'une chose aussi omniprésente qu'une ampoule pourrait être un bienfait tout relatif ? Au milieu du cerveau se trouve la glande pinéale, ledit troisième œil. Elle est reliée aux yeux et n'a qu'une seule fonction : produire une hormone, la mélatonine. Pendant la journée, la glande pinéale est inactive. Mais, une fois que le ciel s'assombrit, elle s'active et se met à pomper la mélatonine dans la circulation sanguine. Vous commencez à vous sentir fatigué, à être moins alerte, et vous songez à aller vous coucher. La sécrétion de mélatonine culmine entre 2 et 5 heures du matin, puis s'interrompt à l'aube, ce qui vous envoie un signal pour vous réveiller. Le taux de mélatonine dans la circulation sanguine est un des indicateurs par lesquels vos organes internes savent l'heure qu'il est. Elle fonctionne comme une horloge circadienne interne[32].

En plus de réguler le sommeil, on attribue à la mélatonine un autre rôle – celui d'inhiber la croissance du cancer. Vous pouvez envisager la mélatonine comme une aide pour endormir vos cellules cancéreuses la nuit[33]. Pour voir si cette fonction pouvait s'appliquer à la prévention du cancer du sein, des chercheurs du Brigham and Women's Hospital de Boston ont eu la brillante idée d'étudier des femmes aveugles. L'idée de départ étant que leur glande pinéale sécrétait de la mélatonine en permanence. Ils ont effectivement découvert que les femmes aveugles avaient deux fois moins de risques de développer un cancer du sein que les femmes voyantes[34].

À l'inverse, celles qui interrompent leur production de mélatonine en travaillant de nuit semblent connaître un risque de cancer du sein augmenté[35]. Même le fait de vivre dans une rue particulièrement éclairée peut avoir un impact sur ce risque. Des études comparant des photos satellites de nuit et le taux de cancer ont montré que les femmes qui vivaient dans des quartiers plus éclairés avaient tendance à avoir un taux plus élevé de cancer du sein[36,37,38]. Il est donc sans doute préférable de dormir sans lumière et avec les stores baissés, même si les preuves qui soutiennent ces mesures de précaution sont restreintes[39].

La production de mélatonine peut être établie en mesurant sa quantité dans les premières urines du matin. Il s'est avéré que les femmes qui présentaient une sécrétion de mélatonine plus importante avaient un taux de cancer du sein inférieur[40]. Hormis la limitation de l'exposition à la lumière durant la nuit, y a-t-il quoi que ce soit que vous puissiez faire pour entretenir votre production de mélatonine ? Il semblerait que oui. En 2005, des chercheurs japonais ont rapporté qu'il existait un lien entre une consommation élevée de légumes et un taux élevé de mélatonine dans les urines[41]. Qu'est-ce qui, dans votre alimentation, pourrait réduire la production de mélatonine, et ainsi potentiellement augmenter votre risque de cancer du sein ? Nous n'en savions rien jusqu'à ce qu'une étude approfondie sur l'alimentation et la mélatonine soit publiée en 2009. Des chercheurs de l'université Harvard ont interrogé presque 1 000 femmes sur leur consommation de 38 aliments différents, ou groupes alimentaires, et ont mesuré leur taux de mélatonine le matin au réveil. La consommation de viande était le seul aliment associé de façon significative à une production de mélatonine plus faible, pour des raisons encore inconnues[42].

Minimiser les perturbations du cycle de la mélatonine signifie mettre des rideaux à vos fenêtres, manger davantage de légumes et limiter votre consommation de viande.

Exercice et cancer du sein

L'activité physique est considérée comme une mesure préventive prometteuse contre le cancer du sein[43], non seulement parce qu'elle aide à contrôler son poids, mais également parce que l'exercice a tendance à faire baisser le taux d'œstrogènes dans la circulation sanguine[44]. Cinq heures par semaine d'exercice intense peuvent réduire l'exposition aux œstrogènes et à la progestérone d'environ 20 %[45]. Mais avez-vous besoin de faire autant d'exercice pour obtenir cet effet protecteur ?

Dans le cas du cancer du sein, les promenades de détente ne semblent pas efficaces[46]. Même une heure par jour d'activités telles que la danse à un rythme lent ou le ménage pourraient ne pas être particulièrement bénéfiques[47]. D'après la plus vaste étude jamais publiée sur le sujet, seules les femmes qui ont eu une pratique sportive intense au moins cinq fois par semaine semblaient bénéficier d'une protection significative[48]. Mais une activité modérément intense pourrait offrir autant de bénéfices[49]. Marcher à un rythme moyennement soutenu pendant une heure par jour est considéré comme un exercice modérément intense, et une étude de 2013 indique que cet effort est bien associé à une baisse significative du risque de cancer du sein[50].

Darwin avait raison : c'est la survie du plus apte – alors que diriez-vous d'une petite remise en forme ?

Les amines hétérocycliques

En 1939, une découverte étonnante a été publiée dans un article intitulé « La présence de substances cancérigènes dans les aliments grillés ». Un chercheur a décrit la façon dont on pouvait provoquer un cancer du sein chez des souris en leur badigeonnant la tête avec des extraits de muscle de cheval grillé[51]. Les substances cancérigènes ont depuis été identifiées : ce sont les amines hétérocycliques (AH), décrites par le National Cancer Institute comme « des composés chimiques qui se forment lorsque des tissus musculaires de viandes telles que le bœuf, le porc, le poisson et les volailles sont cuits en utilisant une méthode nécessitant de hautes températures[52] ». Ces méthodes incluent la cuisson au four, à la poêle et sur le gril. Manger la viande bouillie est sans doute plus sûr. Les gens qui consomment de la viande à une cuisson toujours inférieure à 100 °C produisent une urine et des selles contenant beaucoup moins d'altérations de l'ADN, comparés à ceux qui mangent des viandes cuites à plus haute température[53]. Cela veut dire qu'ils ont moins de substances mutagènes en circulation dans le sang qui entrent en contact avec leur côlon. En revanche, faire cuire du poulet pendant une durée aussi courte que quinze minutes à une température de 175 °C entraîne une production d'AH[54].

Ces cancérigènes sont formés lors d'une réaction chimique entre certains composants du tissu musculaire (réaction de Maillard). (L'absence de certaines de ces substances dans les végétaux pourrait expliquer pourquoi même les burgers végétariens frits ne comportent pas de quantités notables d'AH[55].) Plus la viande cuit longtemps, plus il se forme d'AH. Ce processus pourrait expliquer pourquoi la consommation de viande très cuite est associée à une augmentation du risque de cancers du sein, du côlon, de l'œsophage, des poumons, du pancréas, de la prostate et de l'estomac[56]. Cette situation crée ce que la Harvard Health Letter a appelé le « paradoxe[57] » de la préparation de la viande : la cuire complètement réduit le risque d'intoxication alimentaire (voir le chapitre 5), mais trop de cuisson pourrait augmenter le risque de cancérigènes alimentaires.

Le fait que les amines hétérocycliques provoquent le cancer chez les rongeurs ne veut pas dire qu'elles soient cancérigènes pour l'homme. Cependant, dans ce cas précis, il s'avère que les humains pourraient avoir une plus grande prédisposition encore. Le foie des rongeurs a présenté une capacité étonnante à se détoxiquer de 99 % des AH que les scientifiques les ont forcés à ingérer[58] (une technique connue sous le nom de gavage). Mais ensuite, en 2008, les chercheurs ont découvert que le foie d'un humain qui consomme du poulet cuit ne parvient à se détoxiquer que de la moitié des cancérigènes, suggérant ainsi que le risque de cancer est bien plus élevé qu'on le pensait auparavant en s'appuyant sur les expérimentations faites sur des rats[59].

Ces carcinogènes que l'on trouve dans la viande cuite expliqueraient pourquoi, comme l'a rapporté l'étude Long Island Breast Cancer Project en 2007, les femmes qui consommaient davantage de viande grillée, cuite au barbecue ou fumée tout au long de leur vie avaient un risque plus élevé de cancer du sein, pouvant atteindre 47 %[60]. Et l'étude Iowa Women's Health Study a conclu que les femmes qui mangeaient le bacon, les steaks et les burgers bien cuits avaient presque cinq fois plus de risques de développer un cancer du sein que celles qui les préféraient saignants ou à point[61].

Pour observer ce qui se passe à l'intérieur du sein, les chercheurs ont interrogé des femmes qui subissaient une opération de réduction mammaire sur leurs habitudes alimentaires. Ils ont réussi à établir un lien entre la consommation de viande frite et la proportion d'altérations d'ADN retrouvées dans les tissus mammaires[62], le type d'altération qui peut provoquer la mutation d'une cellule normale en cellule cancéreuse[63].

Les AH semblent à la fois amorcer et favoriser la croissance du cancer. On a découvert que les HAP (hydrocarbures aromatiques polycycliques), une forme d'AH parmi les plus abondantes dans la viande rouge cuite, avaient un effet œstrogen-like, alimentant la croissance des cellules cancéreuses du sein. Leur effet est au moins aussi puissant que l'œstrogène pur[64], à partir duquel la plupart des tumeurs du sein se développent chez l'humain. Mais ces résultats sont le fruit d'expérimentations dans une boîte de Petri. Comment savons-nous que les carcinogènes de la viande cuite parviennent jusqu'aux conduits du sein humain, là où naissent la plupart des cancers ? Nous n'en savions rien, jusqu'à ce que des chercheurs aient mesuré le niveau d'HAP dans le lait de femmes allaitantes non fumeuses. (On trouve également des HAP dans la fumée de cigarette[65].) Des HAP étaient présents dans le lait maternel des femmes carnivores dans des concentrations connues pour favoriser la croissance des cellules cancéreuses[66]. Aucune trace d'HAP n'a été trouvée dans le lait maternel de la seule participante végétarienne[67].

Une découverte similaire a été rapportée dans une étude comparant le niveau d'HAP dans les cheveux des sujets. La substance chimique a été détectée dans les échantillons de cheveux des six sujets carnivores testés, mais seulement chez un végétarien sur six[68]. (On trouve également des HAP dans les œufs frits[69].)

Votre organisme peut se débarrasser rapidement de ces toxines une fois que l'exposition a cessé. En fait, le taux d'HAP dans les urines peut descendre à zéro moins de vingt-quatre heures après avoir cessé de manger de la viande[70]. Par conséquent, si vous vous abstenez de manger de la viande tous les lundis, dès le mardi matin, le taux d'HAP présents dans vos urines peut devenir indétectable. Mais l'alimentation n'est pas la seule source de ces toxines, et le taux d'HAP chez les végétariens fumeurs peut avoisiner celui des carnivores non fumeurs[71].

L'amine hétérocyclique HAP n'est pas seulement ce qu'on appelle un « cancérigène complet », capable à la fois d'amorcer le cancer et d'en favoriser la croissance. Les HAP pourraient également en faciliter ensuite la propagation. Le cancer se développe selon trois stades principaux : 1) l'initiation, la dégradation irréversible de l'ADN qui commence le processus ; 2) le développement, la croissance et la division des cellules cancéreuses qui se transforment en tumeur ; 3) l'évolution, qui peut impliquer l'invasion de la tumeur dans les tissus avoisinants et la métastase (la propagation) à d'autres parties du corps.

On peut savoir à quel point un cancer est invasif, ou agressif, en plaçant ses cellules dans un appareil appelé « chambre d'invasion ». Les cellules cancéreuses se trouvent d'un côté d'une membrane poreuse, puis on jauge leur capacité à pénétrer la membrane et à s'y propager. Des chercheurs ont placé des cellules métastasiques de cancer du sein d'une femme âgée de 54 ans dans une chambre d'invasion, et assez peu de cellules ont réussi à faire une brèche dans la membrane. Mais, moins de soixante-douze heures après leur avoir ajouté des HAP, les cellules cancéreuses ont commencé à devenir plus invasives, traversant la membrane à un rythme accéléré[72].

Les HAP présents dans la viande pourraient donc constituer un type de cancérigène particulièrement dangereux, car potentiellement impliqué dans les trois stades du développement du cancer du sein. Cependant, comme l'a noté un chercheur, « l'exposition aux HAP est difficile à éviter en raison de sa présence dans un grand nombre de viandes cuites vendues sous vide, et particulièrement le poulet, le bœuf et le poisson[73] ».

Le cholestérol

Vous souvenez-vous que nous avons mentionné un peu plus tôt l'American Institute for Cancer Research ? Une étude a conclu qu'en suivant ses recommandations pour la prévention du cancer on semblait réduire le risque de cancer du sein, mais aussi le risque de maladie cardiaque[74]. Non seulement manger plus sainement pour prévenir le cancer peut contribuer à prévenir la maladie cardiaque, mais l'inverse est aussi vrai. Une des raisons ? Le cholestérol pourrait jouer un rôle dans le développement et la progression du cancer du sein[75].

Le cholestérol semble alimenter les cancers. Le cholestérol LDL stimule la croissance des cellules du cancer du sein in vitro – elles engloutissent littéralement celui qu'on appelle le « mauvais cholestérol ». Les tumeurs peuvent en absorber tellement que le taux de cholestérol des patients cancéreux a tendance à chuter à mesure que le cancer évolue[76]. Et cela n'est pas bon signe, étant donné que la survie du patient est moindre lorsque l'absorption du cholestérol est la plus élevée[77].

On pense que le cancer utilise le cholestérol pour fabriquer des œstrogènes ou pour consolider les membranes tumorales dans le but d'aider le cancer à migrer et envahir de nouveaux tissus[78]. En d'autres termes, les tumeurs mammaires pourraient tirer avantage d'un taux élevé de cholestérol pour alimenter et accélérer leur propre croissance[79]. Le cancer a une telle soif de cholestérol que les laboratoires pharmaceutiques ont envisagé d'utiliser le cholestérol LDL comme un cheval de Troie pour transporter les médicaments antitumoraux jusqu'aux cellules cancéreuses[80].

Même si les données sont parfois contradictoires, la plus vaste étude réalisée sur le lien entre cholestérol et cancer – qui comptait plus d'un million de participants – a mis en relief une augmentation du risque de 17 % chez les femmes qui totalisaient un taux de cholestérol supérieur à 240 (6,2 mmol/l), comparées à celles chez qui il était inférieur à 160[81] (4,1 mmol/l). Si la baisse du cholestérol peut contribuer à celle du risque de cancer du sein, que penser de la prescription de statines ?

Les statines semblaient très prometteuses dans une boîte de Petri, mais les études de population ayant comparé les taux de cancer du sein chez les femmes qui prenaient des statines et chez celles qui n'en prenaient pas ont fait état de résultats contradictoires. Certaines paraissaient indiquer que les statines faisaient baisser le risque de cancer du sein, tandis que d'autres suggéraient le contraire. Cependant, presque toutes ces études ont été réalisées sur un terme de cinq ans, correspondant à une prise de statines à long terme, alors que le cancer du sein peut mettre plusieurs décennies à se développer[82].

La première étude majeure d'une durée d'au moins dix ans a été publiée en 2013. Elle a conclu que les femmes qui avaient pris des statines pendant une décennie ou plus présentaient deux fois plus de risques de développer un des deux types de cancer du sein infiltrants les plus courants : le carcinome canalaire invasif et le carcinome lobulaire invasif[83]. Les médicaments anticholestérol ont doublé ce risque. Si ces résultats sont confirmés, les répercussions de ces découvertes sur la santé publique seront colossales : aux États-Unis, environ une femme de plus de 45 ans sur quatre est susceptible de prendre ces médicaments[84].

La principale cause de mortalité chez les femmes est la maladie cardiaque, et non le cancer du sein, les femmes ont donc malgré tout besoin de faire baisser leur cholestérol. Vous pouvez probablement y parvenir avec un régime alimentaire relativement sain à base d'aliments d'origine végétale. Et certains peuvent s'avérer particulièrement protecteurs.

PRÉVENIR (ET TRAITER) LE CANCER DU SEIN EN MANGEANT DES VÉGÉTAUX

Récemment, j'ai reçu un message très émouvant de Bettina, une femme qui avait suivi mon travail sur NutritionFacts.org. On lui avait diagnostiqué un cancer du sein « triple négatif » – le plus difficile à traiter. Elle avait suivi un traitement de huit mois, comprenant chirurgie, chimiothérapie et radiothérapie. Le diagnostic est déjà assez stressant, mais l'anxiété et la dépression peuvent être aggravées par ce type de traitement très lourd.

Pourtant, Bettina a mis à profit cette expérience pour engager des changements positifs dans sa vie. Après avoir regardé un certain nombre de mes vidéos, elle a commencé à manger plus sainement. Elle a suivi un grand nombre des recommandations que vous trouverez dans ce chapitre pour contribuer à prévenir la récidive du cancer, comme de manger davantage de brocolis et de graines de lin. La bonne nouvelle : Bettina vit sans cancer depuis plus de trois ans maintenant.

Compte tenu de toutes les études que je lis, il est facile pour moi d'oublier que derrière les statistiques il y a des personnes. Les histoires comme celle de Bettina m'aident à mettre des visages sur les données et les chiffres. Lorsque les vrais gens procèdent à de vrais changements, ils obtiennent de vrais résultats.

Hélas, même après un diagnostic du cancer du sein, la plupart des femmes n'opèrent pas les changements alimentaires qui pourraient être les plus utiles, comme consommer moins de viande et davantage de fruits et légumes[85]. Peut-être n'ont-elles pas conscience (ou leur médecin ne leur a jamais dit) qu'un changement de régime alimentaire pouvait améliorer leurs chances de survie. Par exemple, une étude portant sur presque 1 500 femmes a montré que des changements incroyablement simples – manger seulement cinq portions ou plus de fruits et légumes par jour, ainsi qu'une marche de trente minutes six fois par semaine – étaient associés à un avantage significatif en termes de survie. Celles qui ont suivi ces recommandations semblaient avoir presque deux fois moins de risques de mourir de leur cancer dans les deux ans qui ont suivi le diagnostic[86].

Même si des histoires comme celle de Bettina peuvent aider à rendre les statistiques plus humaines et inspirantes, il nous faut revenir à la science. Au fil du temps, ce que nous mangeons et ce que nous préparons pour notre famille sont des décisions de vie ou de mort. Et comment pourrions-nous prendre ces décisions autrement qu'en nous en remettant aux meilleures preuves scientifiques disponibles ?

Les fibres

Une consommation insuffisante de fibres pourrait également être un facteur de risque de cancer du sein. Des chercheurs de l'université Yale et d'ailleurs ont découvert que les femmes non ménopausées qui mangeaient plus de 6 g de fibres solubles par jour (l'équivalent de seulement 50 g de haricots noirs) avaient 62 % de risques en moins de développer un cancer du sein, comparées aux femmes qui en consommaient moins de 4 g environ. Les bénéfices apportés par les fibres semblaient encore plus importants dans le cas des tumeurs qui possèdent des récepteurs d'œstrogènes négatifs, plus difficiles à traiter : les femmes non ménopausées au régime alimentaire plus riche en fibres présentaient un risque 85 % moins important de développer ce type de cancer du sein[87].

Comment les chercheurs sont-ils arrivés à ces chiffres ? L'étude de Yale était ce que l'on appelle une « étude cas-témoins ». Les scientifiques ont comparé l'alimentation passée de femmes qui avaient un cancer du sein (les cas) au régime alimentaire passé de celles en bonne santé (le groupe de contrôle) pour essayer de déterminer un élément distinctif. Ils ont trouvé que certaines femmes malades avaient consommé beaucoup moins de fibres solubles en moyenne que les autres. Par conséquent, les fibres pourraient avoir un effet protecteur.

Notons que les femmes de l'étude ne trouvaient pas leur ration de fibres dans des compléments alimentaires, mais dans l'alimentation. Cela pourrait signifier que les femmes qui n'ont pas de cancer mangent davantage de végétaux, seuls aliments où l'on trouve des fibres à l'état naturel. Et la fibre elle-même pourrait ne pas être l'ingrédient actif. Peut-être y a-t-il un autre élément protecteur dans les végétaux. « D'un autre côté, ont noté les chercheurs, une augmentation de la consommation de fibres issues d'aliments d'origine végétale (…) pourrait refléter une réduction de la consommation d'aliments d'origine animale…[88] » Autrement dit, la différence n'était peut-être pas dans ce qu'elles mangeaient plus, mais dans ce qu'elles mangeaient moins. La raison pour laquelle les femmes à la consommation élevée de fibres sont mieux protégées pourrait être qu'elles consomment plus de haricots… ou moins de saucisson.

Quoi qu'il en soit, l'analyse d'une douzaine d'autres études cas-témoins a présenté des conclusions similaires, avec un risque plus faible de cancer du sein associé à des indicateurs de consommation de fruits et légumes, tels que la consommation de vitamine C, et un risque plus élevé de cancer du sein associé à une plus forte consommation d'acides gras saturés (un indicateur de consommation de viande, de produits laitiers et d'aliments transformés). Et, d'après ces études, plus vous consommez d'aliments complets d'origine végétale, mieux cela vaut pour votre santé : 20 g seulement de fibres par jour correspond à une baisse du risque de cancer du sein de 15 %[89].

Ces études posent néanmoins un problème : elles s'appuient sur le souvenir de ce que les sujets ont mangé, introduisant ce que l'on appelle le « biais de mémoire » (ou biais de rappel). Par exemple, si les gens malades sont plus susceptibles de se souvenir de façon sélective des choses peu saines qu'ils ont mangées, ce rappel faussé pourrait augmenter artificiellement la corrélation finale. Les études de cohorte prospective évitent ce problème en suivant un groupe de femmes (les cohortes) en bonne santé ainsi que leur alimentation à long terme (prospectivement) pour voir qui développe un cancer et qui n'en développe pas. Une compilation de dix études de cohorte sur le lien entre cancer du sein et consommation de fibres a montré les mêmes résultats que la douzaine d'études cas-témoins mentionnées ci-dessus, soit une baisse du risque de 14 % par tranche de 20 g de fibres par jour[90]. Avec cette précaution que le risque de cancer du sein pourrait baisser significativement à partir de 25 g quotidiens de fibres[91].

Hélas, aux États-Unis, la femme moyenne semble consommer moins de 15 g de fibres par jour – seulement la moitié de la recommandation quotidienne minimale[92] ; même le végétarien moyen pourrait n'en consommer que 20 g par jour [93]. Cependant, les végétariens qui se nourrissent de façon plus saine pourraient atteindre 37 g par jour en moyenne, et 46 g pour les végétaliens[94]. Cela étant dit, les régimes alimentaires à base d'aliments complets d'origine végétale préconisés dans un but thérapeutique pour inverser les maladies chroniques apportent plus de 60 g de fibres par jour[95].

Avoir la peau du cancer du sein

« Est-ce qu'une pomme par jour éloigne l'oncologue ? » C'était le titre d'une étude publiée dans *Annals of Oncology* qui avait tenté de déterminer si manger une pomme (ou plus) par jour influençait le risque de cancer. Résultats : comparés aux gens qui mangeaient en moyenne moins d'une pomme par jour, ceux qui en consommaient plus faisaient baisser significativement leur risque de développer un cancer ovarien, un cancer du larynx et un cancer colorectal. Cette association protectrice a persisté, même après avoir pris en compte la consommation de légumes et d'autres fruits, indiquant qu'une pomme par jour n'était pas simplement le signe d'une alimentation saine par ailleurs[96].

La protection contre le cancer que semblent apporter les pommes est supposée provenir de leurs propriétés antioxydantes. Les antioxydants des pommes sont concentrés dans la peau, ce qui est parfaitement logique : la peau est la première ligne de défense contre le monde extérieur. Une fois la chair exposée à l'air, elle commence à brunir (à s'oxyder) en l'espace de quelques instants. Le pouvoir antioxydant de la peau peut être 2 fois (Golden Delicious) à 6 fois (Idared) plus important que celui de la chair[97].

Au-delà de la protection contre les radicaux libres qui oxydent votre ADN, il est apparu que l'extrait de pomme supprimait la croissance des cellules qui possèdent des récepteurs d'œstrogènes positifs comme négatifs in vitro sur des cultures cellulaires[98]. Lorsque les chercheurs de l'université Cornwell, où j'ai étudié, ont déposé séparément des gouttes d'extrait de chair et de peau provenant des mêmes pommes sur les cellules cancéreuses, la peau a interrompu la croissance du cancer 10 fois plus efficacement[99].

Les chercheurs ont trouvé une substance dans la peau des pommes biologiques (vraisemblablement aussi présente dans les pommes classiques) qui semble réactiver un gène suppresseur de tumeur appelé Maspin (l'acronyme de Mammary Serine Protease Inhibitor). Le gène Maspin paraît être l'un des outils employés par l'organisme pour tenir le cancer du sein à distance. Les cellules cancéreuses du sein trouvent le moyen d'inactiver ce gène, mais les pommes seraient capables de l'activer à nouveau. Les chercheurs ont conclu que « la peau des pommes ne devrait pas être éliminée de l'alimentation »[100].

Prévenir le cancer du sein par tous les moyens, et en particulier avec les légumes verts

Un peu plus tôt, j'ai évoqué l'étude des femmes de Long Island qui établissait un lien entre le risque de cancer du sein et les amines hétérocycliques formées dans la viande. On a constaté que les femmes d'un certain âge qui ont consommé le plus de viande au barbecue, grillée ou fumée au cours de leur vie avaient un risque 47 % plus élevé de développer un cancer du sein. Et celles qui avaient une forte consommation de viande et mangeaient *aussi* de faibles quantités de fruits et légumes avaient un risque 74 % plus élevé[101].

Une faible consommation de fruits et légumes pourrait juste être le signe de mauvaises habitudes en matière de mode de vie et de santé en général, mais des preuves de plus en plus nombreuses indiquent que certaines substances alimentaires assureraient une protection active contre le cancer. Par exemple, les légumes crucifères comme le brocoli stimulent l'activité des enzymes de détoxification du foie. La recherche a démontré que si vous vous nourrissez de brocolis et de choux de Bruxelles, vous éliminerez la caféine plus rapidement – ce qui signifie que vous devrez boire plus de café pour obtenir le même effet coup de fouet parce que votre foie (la station d'épuration de votre organisme) sera passé en surrégime[102]. Ce processus pourrait-il être aussi efficace sur les cancérigènes des viandes cuites ?

Pour le savoir, des chercheurs ont fait manger de la viande cuite à la poêle à des non-fumeurs. Puis ils ont mesuré le taux d'amines hétérocycliques circulant dans leur sang grâce à un prélèvement d'urine. Pendant deux semaines, les sujets ont ensuite ajouté environ 400 g de brocolis et de choux de Bruxelles à leur alimentation quotidienne. Alors qu'ils avaient ingéré la même quantité de cancérigènes que précédemment, une quantité significativement inférieure a été trouvée dans leurs urines, ce qui venait confirmer la capacité du brocoli à stimuler les capacités de détoxification du foie[103].

Ce qui s'est passé après était inattendu. Les sujets ont à nouveau consommé de la viande sans légumes. On pourrait supposer que leur capacité de détoxification des cancérigènes était revenue à ce qu'elle était au départ. Mais, au lieu de cela, la fonction hépatique des sujets était toujours augmentée, même après plusieurs semaines[104]. Cette découverte indique que non seulement le fait d'accompagner votre steak de brocolis diminue votre exposition aux substances cancérigènes, mais que, de plus, consommer ces légumes plusieurs jours ou semaines avant le grand barbecue pourrait améliorer vos défenses. Cependant, le burger végétarien serait malgré tout le choix le plus sûr car il ne comporte aucune amine hétérocyclique à détoxifier[105].

Par conséquent, les femmes qui consomment beaucoup de légumes sont-elles moins susceptibles de développer un cancer du sein ? Une étude portant sur 50 000 Amérindiennes (une population hélas négligée par la recherche médicale et qui a tendance à consommer davantage de légumes) a conclu que deux portions de légumes par jour faisaient nettement baisser le risque de développer un type de cancer difficile à traiter, les cancers à récepteurs d'œstrogènes et de progestérone négatifs[106]. Le brocoli s'est révélé particulièrement protecteur chez les femmes préménopausées, tandis que la consommation de chou vert était associée à une baisse du risque de cancer du sein à tous les âges[107].

Les cellules souches du cancer du sein

Et si vous êtes déjà en train de lutter contre un cancer du sein ou en rémission ? Les légumes crucifères peuvent malgré tout avoir un effet protecteur. Au cours de la décennie écoulée, les scientifiques ont élaboré une nouvelle théorie de la biologie du cancer fondée sur le rôle des cellules souches. Les cellules souches sont en quelque sorte les matières premières de l'organisme – les « parents » à partir desquels toutes les autres cellules aux fonctions spécifiques sont créées. En conséquence, elles jouent un rôle crucial dans le système de réparation du corps, qui consiste notamment à régénérer la peau, les os et les muscles. Le tissu mammaire possède naturellement de nombreuses cellules souches en réserve, qui sont utilisées pendant la grossesse pour créer de nouvelles glandes lactogènes[108]. Néanmoins, si miraculeuses soient-elles, leur immortalité peut aussi agir contre nous. Au lieu de reconstruire les organes, si elles deviennent cancéreuses, elles peuvent construire des tumeurs[109].

Les cellules souches pourraient expliquer pourquoi le cancer peut récidiver, même jusqu'à vingt-cinq ans après avoir été traité avec succès une première fois[110]. Les tumeurs ont disparu, mais si les cellules souches sont toujours cancéreuses, elles risquent de réapparaître des années plus tard. Hélas, une femme qui n'a pas fait de rechute pendant dix ans peut se considérer comme guérie mais n'être qu'en rémission. Des cellules cancéreuses en sommeil pourraient simplement attendre de se réactiver.

La batterie actuelle de médicaments chimiothérapiques sophistiqués et de radiothérapies est fondée sur des modèles animaux. Le succès d'un traitement se mesure souvent par sa capacité à réduire la taille des tumeurs chez les rongeurs – mais les rats de laboratoire ne vivent que deux à trois ans quoi qu'il en soit. Les médecins parviennent peut-être à réduire la taille des tumeurs, mais des cellules souches ayant subi une mutation pourraient subsister de façon silencieuse, et être susceptibles de recréer lentement de nouvelles tumeurs au fil des années suivantes[111].

Nous devons attaquer le cancer à la racine, c'est-à-dire concevoir des traitements destinés non seulement à réduire le volume de la tumeur, mais également à cibler ce qu'on a appelé le « cœur battant de la tumeur[112] » : les cellules souches du cancer.

C'est là-dessus que le brocoli pourrait jouer un rôle.

On a démontré que le sulforaphane, un composé des légumes crucifères comme le brocoli, pouvait inhiber la capacité des cellules souches du cancer du sein à former des tumeurs[113]. Ce qui signifie que si vous êtes actuellement en rémission, manger beaucoup de brocolis pourrait en théorie prévenir une récidive. (Je dis bien en théorie, parce que ces résultats sont le fruit de recherches in vitro dans une boîte de Petri.)

Pour lutter efficacement contre le cancer, il faudrait d'abord que le sulforaphane soit absorbé par votre système sanguin lorsque vous mangez des brocolis. Puis il faudrait qu'il atteigne la même concentration qu'en laboratoire dans le tissu mammaire.

Est-ce possible ? Des chercheurs ont demandé à des femmes qui devaient subir une opération chirurgicale de réduction mammaire de boire du jus de pousses de brocoli une heure avant l'intervention. Après avoir disséqué les tissus mammaires post-chirurgicaux, les chercheurs ont trouvé des preuves d'une concentration significative de sulforaphane[114]. En d'autres termes, nous savons à présent que les nutriments anticancéreux du brocoli réussissent à parvenir là où ils sont nécessaires lorsque nous les ingérons.

Cependant, afin d'atteindre la concentration de sulforaphane nécessaire pour inhiber les cellules souches du cancer du sein, vous devez consommer au minimum 40 g de pousses de brocoli par jour[115]. Vous pouvez les acheter en grande surface, mais il est facile et bon marché de les faire pousser chez soi. Elles ont un petit goût de radis, alors vous pouvez les mêler à une salade pour atténuer leur goût.

Il n'y a pas encore d'essai clinique randomisé qui indique si les rescapées d'un cancer du sein qui consomment des brocolis survivent plus longtemps que celles qui n'en mangent pas, mais comme il n'y a aucun effet indésirable et seulement des effets positifs, je recommanderais à tout le monde de manger des brocolis et d'autres légumes de la famille des crucifères.

Les graines de lin

Les graines de lin figurent parmi les premières graines à avoir été considérées comme un aliment bon pour la santé : elles sont prisées pour leurs propriétés thérapeutiques depuis la Grèce antique, époque à laquelle Hippocrate a écrit qu'il s'en servait pour traiter ses patients[116].

Surtout connues pour être la source végétale la plus riche en acides gras oméga-3, les graines de lin se distinguent en réalité par leur teneur élevée en lignanes. Même si on trouve des lignanes dans de très nombreux végétaux, les graines de lin en possèdent environ 100 fois plus que les autres aliments[117]. Mais que sont les lignanes ?

Ce sont des phyto-œstrogènes qui peuvent atténuer les effets des œstrogènes du corps humain. C'est pourquoi les graines de lin sont considérées comme un traitement médical de première intention des seins douloureux en période menstruelle[118]. Consommer chaque jour l'équivalent d'une cuillerée à soupe de graines de lin moulues peut allonger le cycle menstruel d'une femme d'un jour environ[119]. Cela signifie qu'elle aura moins de règles au cours de sa vie, et par conséquent sans doute une moins grande exposition aux œstrogènes, ce qui réduirait le risque de cancer du sein[120]. Tout comme le brocoli ne contient techniquement pas de sulforaphane (seulement des précurseurs qui se transforment en sulforaphane lorsqu'ils sont mâchés – voir page 673), les graines de lin ne contiennent pas de lignanes, seulement des précurseurs qui ont besoin d'être activés. Cette tâche est effectuée par les bonnes bactéries dans votre intestin.

Le rôle des bonnes bactéries pourrait expliquer pourquoi les femmes qui souffrent de fréquentes infections urinaires présentent un risque plus élevé de cancer du sein : chaque prise d'antibiotiques détruisant les bactéries sans distinction, cela peut empêcher les bonnes bactéries de leur intestin de tirer pleinement profit des lignanes présents dans leur alimentation[121]. (Encore une raison pour essayer de ne prendre des antibiotiques que lorsque c'est absolument nécessaire.)

La consommation de lignanes est associée à une réduction significative du risque de cancer du sein chez les femmes ménopausées[122]. Cela s'explique sans doute par le fait qu'ils atténuent l'effet des œstrogènes. Mais comme on trouve des lignanes dans les aliments sains tels que les baies, les céréales complètes et les légumes à feuilles vert foncé, pourraient-ils simplement être l'indicateur d'une alimentation saine ?

In vitro, les lignanes inhibent directement la prolifération des cellules cancéreuses du sein[123]. Mais l'indice le plus probant à ce jour du caractère exceptionnel de cette classe de phytonutriments vient des essais interventionnels, à commencer par une étude de 2010 financée par le National Cancer Institute. Les chercheurs ont rassemblé 45 femmes présentant un risque de cancer du sein élevé – biopsies mammaires suspectes ou rémission d'un précédent cancer du sein – et leur ont donné l'équivalent de deux cuillerées à café de graines de lin moulues par jour. On a procédé à des biopsies à l'aiguille des tissus mammaires avant et après cette étude d'une durée d'un an. Les résultats ont été les suivants : en moyenne, les femmes ont connu moins de changements précancéreux mammaires après une année de consommation de graines de lin qu'avant. 80 % d'entre elles (36 femmes sur 45) ont constaté une baisse de leur taux de Ki-67, un biomarqueur de la prolifération des cellules tumorales. Cette constatation permet de supposer que saupoudrer quelques cuillères de graines de lin moulues sur votre porridge ou quoi que vous mangiez tout au long de la journée pourrait réduire le risque de cancer du sein[124].

Qu'en est-il pour les femmes déjà malades ? Les rescapées d'un cancer du sein qui ont un taux élevé de lignanes dans le sang[125,126] et dans leur alimentation[127] semblent survivre sensiblement plus longtemps. Ce résultat peut être dû au fait que la consommation de graines de lin peut faire augmenter le taux d'endostatine à l'intérieur des seins[128]. (L'endostatine est une protéine produite par l'organisme pour aider à priver la tumeur d'alimentation en sang.)

Les preuves apportées par des études comme celle-ci ont semblé si irréfutables que les scientifiques ont réalisé un essai randomisé en double aveugle contrôlé par un placebo sur l'effet des graines de lin sur les patientes atteintes d'un cancer du sein – cela a été une des rares fois où un aliment a été testé de façon aussi rigoureuse. Les chercheurs ont trouvé des femmes malades qui devaient subir une opération chirurgicale et les ont divisées en deux groupes de façon aléatoire : chaque jour, le groupe 1 consommait des muffins contenant des graines de lin, et le groupe 2 des muffins à l'aspect et au goût identiques mais ne contenant pas de graines de lin. Des biopsies des tumeurs ont été réalisées dans les deux groupes au début de l'étude, puis comparées aux tumeurs ôtées durant l'opération chirurgicale, environ cinq semaines plus tard.

Quelles différences a-t-on constatées chez les femmes qui avaient consommé les muffins contenant des graines de lin, comparées à celles qui avaient mangé les muffins placebo ? On a observé, en moyenne, à la fois une diminution de la taille de la tumeur, une augmentation de la mort des cellules cancéreuses et une baisse de l'expression de c-erB2 (un marqueur de l'agressivité du cancer). Plus son degré d'expression est élevé, plus il y a de risques que le cancer forme des métastases et prolifère à travers le corps. En d'autres termes, les graines de lin ont semblé rendre le cancer des sujets observés moins agressif. Les chercheurs ont conclu : « La consommation de graines de lin peut réduire la croissance des tumeurs chez les patientes qui ont un cancer du sein [...] Les graines de lin, qui sont peu onéreuses et faciles à se procurer, pourraient être une alternative nutritionnelle potentielle aux médicaments employés actuellement pour traiter le cancer du sein, ou être utilisées comme adjuvant thérapeutique[129]. »

Le soja et le cancer du sein

Les fèves de soja contiennent une autre classe de phyto-œstrogènes – les isoflavones. Les gens entendent le mot « œstrogènes » dans « phyto-œstrogènes » et supposent aussitôt que cela signifie que le soja en favorise la production. Pas nécessairement. Les phyto-œstrogènes se lient aux mêmes récepteurs que vos propres œstrogènes, mais ont un effet plus faible, et peuvent donc bloquer les effets des œstrogènes plus puissants, d'origine animale.

Il existe deux types de récepteurs des œstrogènes dans l'organisme, alpha et bêta. Vos propres œstrogènes préfèrent les récepteurs alpha, tandis que les œstrogènes des plantes (les phyto-œstrogènes) ont une affinité avec les récepteurs bêta[130]. Les effets des phyto-œstrogènes du soja sur les différents tissus dépendent donc du ratio entre les récepteurs alpha et bêta[131].

L'œstrogène a des effets positifs sur certains tissus et des effets potentiellement négatifs sur d'autres. Par exemple, un taux élevé d'œstrogènes peut être bon pour les os mais augmenter le risque de développer un cancer du sein. Idéalement, votre organisme aurait besoin d'un « modulateur sélectif des récepteurs aux œstrogènes » qui aurait des effets pro-œstrogène sur certains tissus et anti-œstrogène sur d'autres.

Eh bien, c'est le rôle que semblent jouer les phyto-œstrogènes[132]. Le soja paraît réduire le risque de cancer du sein[133], ce qui est un effet anti-œstrogène, mais également le symptôme des bouffées de chaleur de la ménopause[134], ce qui est un effet pro-œstrogène. En mangeant du soja, vous pourriez ainsi jouir du meilleur des propriétés des œstrogènes.

Et pour les femmes déjà atteintes ? Cinq études ont été réalisées sur les survivantes au cancer du sein et la consommation de soja. Dans l'ensemble, les chercheurs ont découvert que les femmes qui mangeaient le plus de soja vivaient sensiblement plus longtemps et avaient un risque significativement moins élevé de rechute que celles qui en consommaient moins[135]. La quantité de phyto-œstrogènes que l'on trouve dans seulement 230 ml de lait de soja[136] pourrait réduire le risque de rechute de cancer du sein de 25 %[137].

L'amélioration du taux de survie chez les personnes qui consomment davantage de soja a été constatée à la fois dans le cas de tumeurs sensibles aux œstrogènes (cancer du sein à récepteurs d'œstrogènes positifs) et non sensibles (cancer du sein à récepteurs d'œstrogènes négatifs). Cela s'est vérifié aussi bien chez les jeunes femmes que chez les plus âgées[138]. Dans une étude, par exemple, 90 % des patientes qui avaient un cancer du sein et mangeaient plus de phyto-œstrogènes après le diagnostic étaient encore en vie cinq ans plus tard, tandis que la moitié de celles qui consommaient peu ou pas de soja avaient perdu la vie[139].

Une raison pour laquelle le soja pourrait faire baisser le risque de cancer et améliorer la survie est qu'il contribue à réactiver les gènes BRCA[140]. BRCA1 et BRCA2, des gènes qu'on qualifie de « gardiens » car ils inhibent le cancer et sont responsables de la réparation de l'ADN. Les mutations de ces gènes peuvent entraîner une forme héréditaire rare du cancer du sein. Comme cela a été largement diffusé dans les médias, Angelina Jolie a décidé de subir une double mastectomie préventive. Une étude, la National Breast Cancer Coalition, a découvert que la majorité des femmes croyaient que, dans la plupart des cancers du sein, les antécédents familiaux ou une prédisposition génétique à la maladie étaient prépondérants[141]. La réalité est que seulement 2,5 % des cancers du sein sont attribuables à l'hérédité[142].

La grande majorité des patientes atteintes possèdent des gènes BRCA tout à fait fonctionnels : leurs mécanismes de réparation de l'ADN sont intacts. Comment leur cancer s'est-il donc formé et a-t-il évolué avant de se propager ? Les tumeurs du sein semblent en mesure d'inhiber l'expression du gène par un processus appelé « méthylation ». Le gène lui-même est opérationnel, mais le cancer l'a désactivé ou a au minimum atténué son expression, facilitant ainsi la propagation métastasique de la tumeur[143]. C'est là que le soja pourrait intervenir.

Les isoflavones de soja paraissent capables de contribuer à réactiver la protection du gène BCRA, ôtant la camisole de méthyle dans laquelle la tumeur avait essayé de l'emprisonner[144]. La dose employée par les chercheurs pour parvenir à ce résultat était cependant assez colossale – l'équivalent de 100 g de germes de soja ingérés !

Le soja pourrait également être utile aux femmes porteuses d'autres gènes de susceptibilité au cancer du sein, tels que MDM2 et CYP1B1. Les femmes présentant un risque génétique accru de cancer du sein pourraient donc tout particulièrement tirer bénéfice d'une consommation importante de soja[145]. Ce qu'il faut retenir, c'est que, quels que soient les gènes dont vous héritez, modifier votre alimentation peut avoir un effet sur l'expression de votre ADN au niveau génétique, stimulant potentiellement votre capacité à lutter contre la maladie.

Pourquoi les femmes ont-elles moins de cancers du sein en Asie ?

Même si le cancer du sein est spécifiquement le cancer féminin le plus courant dans le monde, les femmes qui vivent en Asie risquent cinq fois moins de le développer que celles d'Amérique du Nord[146]. Pourquoi ?

Cela s'explique peut-être par la consommation de thé vert, un des produits de base de nombreux régimes asiatiques, associé à une diminution du risque d'environ 30 %[147]. Une autre possibilité, et non des moindres, est la consommation relativement élevée de soja qui, s'il est mangé de façon régulière pendant l'enfance, peut réduire de moitié le risque de cancer du sein à un stade plus tardif de la vie. Mais si les femmes ne commencent à le consommer qu'à l'âge adulte, la diminution du risque n'est plus que de 25 % environ[148].

La consommation de thé vert et de soja pourrait ainsi compter pour une réduction de moitié du risque de cancer du sein chez les femmes asiatiques, mais cela n'explique pas totalement la disparité entre l'Orient et l'Occident.

Les populations asiatiques consomment aussi davantage de champignons[149]. Comme indiqué dans l'encadré sur le vin rouge qui figure à la page 419, il a été démontré que les champignons de Paris parvenaient à bloquer la synthase de l'œstrogène, tout du moins in vitro, en laboratoire. Les scientifiques ont cherché s'il y avait un lien entre la consommation de champignons et le cancer du sein. Ils ont comparé la consommation de 1 000 patientes atteintes de cancer du sein à celle de 1 000 femmes d'âge et de poids similaires et ayant les mêmes habitudes en termes d'exercice physique et de tabagisme. Les femmes qui consommaient seulement 50 g de champignons ou plus par jour présentaient un risque de cancer du sein inférieur de 64 % comparées aux femmes qui n'en mangeaient pas du tout. Manger des champignons *et* siroter au moins l'équivalent d'un demi-sachet de thé vert chaque jour était associé à une baisse de presque 90 % du risque de cancer du sein[150].

Les oncologues peuvent être fiers des avancées qu'ils ont réalisées. Grâce aux progrès dans le traitement du cancer, les patients vivent plus longtemps et en meilleure santé, comme s'en est réjouie une revue d'oncologie avec des titres tels que celui-ci : « Survivants du cancer : 10 millions, un chiffre en augmentation constante ! » Certes, plus de 10 millions de patients cancéreux sont encore en vie aujourd'hui, et « ils sont peut-être jusqu'à un million de plus encore chaque année aux États-Unis[151] ». C'est une réussite, mais ne serait-il pas préférable de prévenir ces millions de cas en premier lieu ?

En médecine, un diagnostic de cancer est considéré comme « un moment propice à l'apprentissage », celui où l'on peut motiver un patient à améliorer son mode de vie[152]. Mais, à ce stade, il peut déjà être trop tard.

12

Comment ne pas mourir d'une dépression suicidaire

Une alimentation saine peut avoir un effet puissant sur l'humeur. Mais ne vous contentez pas de mon seul avis. Fiez-vous aussi à celui de Margaret. À la suite d'une de mes interventions dans son église locale, elle m'a envoyé cet e-mail :

> Cher docteur Greger,
> Un psychiatre m'a diagnostiqué une dépression clinique lorsque j'avais 10 ans. J'ai passé toutes mes années d'adolescence et la période de mes 20 ans sous l'effet d'un cocktail de médicaments contre la dépression. Même en suivant ces traitements, j'étais hantée par des idées suicidaires au quotidien. Pire encore, les médicaments me donnaient des maux de tête, des nausées et des rêves troublants, souvent terrifiants. Je somnolais sans cesse

et, en dépit des rêves effrayants, je ressentais le besoin de faire la sieste tous les jours. Je dormais vraiment beaucoup - deux heures au moment du déjeuner, puis près de dix heures chaque nuit. Et malgré tous ces effets indésirables, j'avais peur de ne pas prendre ces médicaments car je voulais réellement vivre. Je craignais, si je ne les prenais pas, de tellement déprimer que je me tuerais.

J'ai fini par me marier... puis divorcer. J'ai été hospitalisée plusieurs fois au cours de mon mariage pour dépression. Pour être honnête, je n'ai jamais eu de désir sexuel, et mon mari l'a pris personnellement. Je suppose que je ne saurai jamais si mon manque de libido était un effet secondaire des médicaments ou de la dépression.

Il y a environ neuf ans, je vous ai entendu lors d'une de vos interventions dans mon église. J'ai pris conscience que j'avais passé les deux dernières décennies dans le brouillard, en raison des médicaments. Et à aucun moment je ne me suis sentie bien. J'ai dit à ma psychiatre que je voulais changer totalement d'alimentation et essayer d'arrêter peu à peu de prendre mes médicaments, sous son contrôle. À ma grande surprise, elle m'a soutenue et encouragée. Eh bien, cela fait neuf ans que j'ai une alimentation à base d'aliments végétaux complets et je n'ai pas fait de rechute. Je ne peux pas dire que je ne me suis pas sentie triste de temps à autre, mais je n'ai plus d'idées de suicide et je n'ai pas été hospitalisée depuis. Et je dors même comme une personne normale maintenant ! Tout le monde me dit que je suis différente depuis que j'ai changé d'alimentation. Je voulais simplement vous remercier. Et mon fiancé voudrait vous remercier, lui aussi ! Je vous dois la vie !

Comment prévenir le décès par suicide ? Ceux qui ne connaissent pas les ravages de la maladie mentale peuvent répondre avec désinvolture : « Ne le faites pas, tout simplement. » En fait, mourir des suites d'un autre fléau majeur (comme la maladie cardiaque, le diabète de type 2 ou l'hypertension) peut se révéler être un choix autant que la mort par suicide, tant les troubles psychiatriques altèrent parfois le jugement. Presque 40 000 Américains se suppriment chaque année[1], et la dépression semble en être une cause majeure[2]. Heureusement, des interventions sur votre mode de vie sont susceptibles de vous aider à guérir de corps et d'esprit.

En 1946, l'OMS a défini la santé comme « un état complet de bien-être physique, mental et social qui ne consiste pas simplement en une absence de maladie ou d'infirmité[3] ». En d'autres termes, vous pouvez être en excellente forme physique – jouir d'un faible taux de cholestérol, d'un poids sain et d'une bonne condition physique générale – sans pour cela être en bonne santé. La santé mentale peut être tout aussi importante que la santé physique.

La dépression majeure est l'une des maladies mentales les plus fréquemment diagnostiquées. On estime que 7 % des adultes américains souffrent de dépression sévère – ce qui signifie qu'environ 16 millions de gens connaissent au moins un épisode dépressif chaque année[4]. Cependant, tout le monde ressent de la tristesse de temps à autre. Cela fait partie de la palette d'émotions qui font de nous des êtres humains. Mais la dépression n'est pas un simple accès de tristesse. Elle se caractérise par des semaines de symptômes tels que les états de tristesse et de morosité, une perte d'intérêt pour des activités qui étaient agréables jusque-là, un gain ou une perte de poids, de la fatigue, un sentiment de culpabilité inapproprié, des difficultés de concentration et des pensées morbides récurrentes.

La dépression majeure est une affection qui peut mettre la vie en danger.

Pourtant, une bonne santé mentale n'est pas « simplement l'absence de maladie ». Ce n'est pas parce que vous n'êtes pas déprimé que vous êtes nécessairement heureux. Il existe 20 fois plus d'études publiées sur la santé et la dépression que sur la santé et le bonheur[5]. Cependant, au cours des dernières années, le champ de la « psychologie positive » est apparu, se concentrant sur le lien entre la santé mentale optimale et la santé physique.

Il y a de plus en plus de preuves que le bien-être psychologique est associé à une réduction du risque de maladie physique, mais lequel des deux vient en premier ? Les gens sont-ils en meilleure santé parce qu'ils sont heureux ou plus heureux parce qu'ils sont en bonne santé ?

Des études prospectives qui suivent les individus sur le long terme ont mis en relief que ceux qui sont d'abord plus heureux bénéficient en définitive d'une meilleure santé. Une analyse de 70 études prospectives sur la mortalité a conclu : « Le bien-être psychologique a un effet favorable sur la survie, tant chez les populations en bonne santé que chez les malades[6]. » Ce sont les personnes les plus heureuses qui paraissent vivre le plus longtemps.

Mais n'allons pas trop vite. Si un état mental positif peut signifier moins de stress et une plus grande résistance aux infections, le bien-être psychologique pourrait également aller de pair avec un mode de vie sain. En général, les gens qui éprouvent de la satisfaction semblent fumer moins, faire davantage d'exercice et manger plus sainement[7]. Être plus heureux serait-il donc juste un marqueur d'une bonne santé et non la cause de celle-ci ? Pour le découvrir, des chercheurs ont entrepris de rendre des gens malades.

Des scientifiques de l'université Carnegie Mellon de Pittsburgh ont rassemblé des centaines d'individus – heureux et malheureux – et les ont payés 800 dollars chacun pour pouvoir les exposer au virus du rhume. Même si une personne enrhumée éternue juste sous votre nez, vous ne tomberez pas automatiquement malade, parce que votre système immunitaire peut réussir à lutter contre le virus. Le sujet de l'étude était donc : Qui avait le système immunitaire le plus apte à lutter efficacement contre un virus courant ? Le groupe des gens considérés comme heureux, enjoués et détendus, ou celui des personnes anxieuses, hostiles et déprimées ?

Environ une personne sur trois parmi celles qui ressentaient des émotions négatives n'a pas réussi à lutter efficacement contre le virus et a attrapé le rhume. Mais seulement une sur cinq l'a contracté dans le groupe des personnes heureuses (avec prise en compte des facteurs comme les habitudes de sommeil, d'exercice physique et le niveau de stress[8]). Dans une étude ultérieure, les chercheurs ont même exposé les sujets (également rémunérés) au virus de la grippe, une infection plus grave. Là encore, les personnes qui éprouvaient le plus d'émotions positives étaient les moins malades[9].

La santé mentale semble donc jouer un rôle dans la santé physique. C'est pourquoi il est essentiel que les aliments que vous mangez soutiennent à la fois votre esprit et votre corps. Comme vous allez le voir, des aliments aussi communs que les légumes verts à feuilles ou les tomates pourraient affecter la chimie de votre cerveau de façon positive et contribuer à vous prémunir contre la dépression. Et le simple fait de sentir une épice courante pourrait améliorer votre état émotionnel.

Mais ce n'est pas uniquement en mangeant des légumes verts que vous éviterez le blues. En effet, les composants de certains aliments pourraient augmenter votre risque de dépression, comme l'acide arachidonique, un composé pro-inflammatoire que l'on trouve essentiellement dans le poulet et les œufs, qui serait susceptible d'affecter l'humeur en provoquant une inflammation au niveau du cerveau.

L'acide arachidonique

Les études portant sur la santé émotionnelle et les variations de l'humeur chez ceux qui suivent un régime à base d'aliments de source végétale indiquent que consommer moins de viande n'est pas seulement bon pour notre santé physique ; c'est également bon pour notre état émotionnel. Des chercheurs ont employé deux tests psychologiques, le POMS (Profile of Mood States) et le DDAS (Depression and Anxiety Stress Scale). Le POMS mesure les différents niveaux de dépression, de colère, d'agressivité, de fatigue et de confusion. Le DASS jauge d'autres états émotionnels négatifs, comprenant le désespoir, le manque d'intérêt, l'anhédonie (le manque de plaisir), l'agitation, l'irritabilité et le manque de patience vis-à-vis d'autrui. Les sujets ayant une alimentation d'origine végétale semblaient éprouver sensiblement moins d'émotions négatives que les omnivores. Ceux qui mangeaient plus sainement ont également indiqué ressentir davantage d'« énergie[10] ».

Les chercheurs ont proposé deux explications à leurs découvertes. Tout d'abord, les gens qui s'alimentent le mieux pourraient être plus heureux parce qu'ils sont en meilleure santé[11]. Les végétariens ne présentent pas seulement un taux moins élevé des nombreuses maladies qui figurent parmi les principales causes de mortalité, ils semblent aussi connaître moins de maux ennuyeux tels que les hémorroïdes, les varices et les ulcères. De plus, ils subissent moins d'opérations chirurgicales, moins d'hospitalisations et ont deux fois moins de risques de se voir prescrire un traitement médicamenteux, dont les tranquillisants, l'aspirine, l'insuline, les pilules contre l'hypertension artérielle, les analgésiques, les antiacides, les laxatifs ou les somnifères[12]. (Pouvoir éviter les visites chez le médecin et la paperasse avec les mutuelles rendrait n'importe qui moins irritable, stressé et déprimé !)

Les chercheurs ont également formulé une hypothèse plus directe : l'acide arachidonique étant un composé pro-inflammatoire – présent dans les aliments d'origine animale –, il pourrait « avoir une influence négative sur la santé mentale via une cascade de neuro-inflammations[13] ». Le corps métabolise l'acide arachidonique en une grande variété de substances chimiques inflammatoires. En fait, c'est ainsi que des médicaments anti-inflammatoires tels que l'aspirine ou l'ibuprofène fonctionnent pour soulager la douleur et diminuer les gonflements – en bloquant la conversion de l'acide arachidonique en substance pro-inflammatoire. Il est possible que la santé mentale des omnivores ait été mise en péril par l'inflammation qui se joue dans leur cerveau.

L'inflammation n'est pas toujours néfaste, bien sûr. Lorsque la zone qui entoure une écharde devient rouge, chaude et enflée, c'est le signe que l'organisme utilise l'acide arachidonique pour déclencher une réaction inflammatoire afin de lutter contre l'infection. Mais votre corps fabrique déjà tout l'acide arachidonique dont vous avez besoin, il n'est donc pas nécessaire que vous en assimiliez davantage via l'alimentation[14]. En ce sens, l'acide arachidonique ressemble au cholestérol, un autre composant essentiel que l'organisme fabrique : consommé en excès, il peut perturber votre équilibre interne[15]. Dans ce cas particulier, les chercheurs ont présumé que la consommation d'acide arachidonique pouvait affecter l'état émotionnel des sujets. Des données indiquent un lien entre un taux élevé d'acide arachidonique dans le sang et le risque sensiblement plus élevé de suicide et d'épisodes de dépression majeure[16].

Les cinq principales sources d'acide arachidonique dans le régime alimentaire américain sont le poulet, les œufs, le bœuf, le porc et le poisson, même si le poulet et les œufs sont à eux seuls de plus forts contributeurs que toutes les autres sources réunies[17]. La quantité d'acide arachidonique qu'on trouve dans un seul œuf peut faire augmenter sensiblement le taux d'acide arachidonique dans le sang[18]. En général, les omnivores semblent consommer neuf fois plus d'acide arachidonique que les végétaliens[19].

L'étude qui a montré une amélioration de l'humeur et des états émotionnels chez les végétaliens était une étude transversale, c'est-à-dire une observation à un instant donné. Et si une meilleure santé mentale préexistait à la décision de manger sainement, et non l'inverse ? Pour montrer le rapport de cause à effet, les chercheurs devraient réaliser une étude interventionnelle, la référence dans le domaine de la science de la nutrition : réunir des sujets, modifier leur alimentation et voir ce qui se passe. La même équipe de recherche a réalisé cette étude. Elle a rassemblé des hommes et des femmes qui consommaient de la viande au moins une fois par jour et supprimé les œufs et le poulet de leur alimentation, ainsi que la viande, pour voir quelle influence cela aurait sur leur humeur. En à peine deux semaines, les sujets de l'expérience ont constaté une amélioration significative de leur humeur[20]. Les chercheurs ont conclu : « Manger moins de viande pourrait contribuer à assurer une protection au niveau de l'humeur chez les omnivores, particulièrement importante chez les personnes prédisposées aux troubles affectifs[21] [tels que la dépression]. »

Compte tenu de ces résultats, une autre équipe de chercheurs a décidé de tester un régime alimentaire sain sur le lieu de travail, où un corps et un esprit en bonne santé pourraient se traduire par une amélioration de la productivité – et ainsi l'amélioration de l'humeur des actionnaires. Des employés d'une compagnie d'assurances, diabétiques et en surpoids, ont été encouragés à suivre un régime végétal à base d'aliments complets, en supprimant toutes les viandes, les œufs, les produits laitiers, l'huile et la junk-food. Il n'y avait aucune restriction sur la taille des portions, aucun décompte des calories ni contrôle des féculents, et on a explicitement demandé aux participants de ne rien changer à leurs habitudes en matière d'exercice physique. Les repas n'étaient pas fournis, mais la cafétéria a commencé à proposer de nouveaux plats, tels que des burritos aux haricots ou de la soupe de lentilles et du minestrone. Un groupe de contrôle était composé d'employés n'ayant reçu aucune consigne nutritionnelle[22].

En dépit des restrictions alimentaires, au cours des cinq mois qu'a duré l'étude, le groupe végétalien a rapporté une plus grande satisfaction vis-à-vis de l'alimentation que le groupe de contrôle. Les mêmes ont constaté une amélioration de la digestion, une plus grande énergie, ainsi qu'une amélioration significative des fonctions physiques, de la santé en général et de la santé mentale. Sans surprise, on a également observé une amélioration notable de leur productivité professionnelle[23].

Après ce succès, une étude bien plus vaste sur la nutrition à base d'aliments végétaux a été réalisée dans 10 sites professionnels à travers le pays, de San Diego en Californie à Macon en Géorgie. Le même succès retentissant a été rapporté, montrant des améliorations au niveau non seulement du poids des sujets et de leur taux de glycémie, de leur capacité à contrôler le cholestérol[24], mais encore de leur état émotionnel, dont la dépression, l'anxiété, la fatigue, la sensation de bien-être au quotidien[25].

Lutter contre le blues avec les légumes verts

Voici une statistique que vous n'avez probablement jamais entendue : une plus grande consommation de légumes réduirait le risque de dépression dans une proportion qui peut atteindre 62 %[26]. Un rapport présenté dans la revue *Nutritional Neuroscience* a conclu qu'en général manger beaucoup de fruits et légumes pouvait représenter « un moyen thérapeutique non invasif, naturel et peu onéreux de garder un cerveau en bonne santé[27] ».

Mais comment, exactement ?

L'explication traditionnelle du mode de fonctionnement de la dépression, connu comme la théorie monoaminergique, propose que cette maladie résulte d'un déséquilibre chimique dans le cerveau. Les milliards de nerfs du cerveau communiquent entre eux par des composés chimiques appelés neurotransmetteurs. Les cellules nerveuses ne se touchent pas physiquement. Pour combler le vide qui les sépare, elles fabriquent et déploient les neurotransmetteurs. Le taux d'une classe importante de neurotransmetteurs appelés « monoamines », qui comprend la sérotonine et la dopamine, est contrôlé par une enzyme appelée monoamine oxydase (MAO) qui dégrade les monoamines en excès. Les gens déprimés semblent avoir un taux élevé de cette enzyme dans le cerveau[28]. C'est ainsi qu'est née la théorie selon laquelle la dépression serait causée par un taux anormalement bas de monoamines dû à un taux élevé d'enzymes qui dévorent ces neurotransmetteurs.

Les médicaments antidépresseurs ont été élaborés pour essayer d'augmenter le taux de neurotransmetteurs afin de compenser leur dégradation accélérée. Mais si l'excès de MAO est responsable de la dépression, pourquoi ne pas simplement mettre au point un médicament qui bloque cette enzyme ? De tels médicaments existent, mais ils comportent des risques importants – l'un d'entre eux, et pas le moindre, étant l'« effet fromage » tant redouté : la consommation de certains aliments (comme certains fromages, les viandes fumées et les aliments fermentés) pendant la prise du traitement peut entraîner une hémorragie cérébrale fatale[29].

Si seulement il existait un moyen de tempérer l'enzyme monoamine oxydase sans danger ! En fait, il s'avère que beaucoup d'aliments d'origine végétale, dont les pommes, les baies, les raisins, les oignons et le thé vert, contiennent un phytonutriment qui semble inhiber naturellement les MAO ; on le trouve également dans les clous de girofle, l'origan, la cannelle et la noix de muscade[30]. Cela pourrait expliquer pourquoi ceux qui ont une alimentation riche en végétaux ont un taux moins élevé de dépression[31].

Même au jour le jour, des études ont montré que plus vous consommez de fruits et légumes au cours d'une journée, plus vous vous sentez heureux, calme et énergique ce jour-là – et les effets positifs peuvent se prolonger jusqu'au lendemain. Mais pour que votre alimentation ait un impact psychologique significatif, vous devez consommer environ sept portions de fruits et huit portions de légumes chaque jour[32].

Les graines et la sérotonine

Même si certains aliments d'origine végétale contiennent des quantités significatives de sérotonine[33], ladite hormone du bonheur, celle-ci ne peut traverser la barrière hémato-encéphalique. Cela signifie que les sources alimentaires de la sérotonine ne peuvent parvenir jusqu'au cerveau, mais un des composants de base de la sérotonine, un acide aminé appelé tryptophane, peut passer de votre bouche à votre sang, avant de parvenir à votre cerveau. Des expériences réalisées dans les années 1970 ont montré que les personnes à qui on faisait suivre un régime pauvre en tryptophane souffraient d'irritabilité, de colère et de dépression[34]. Par conséquent, avec un supplément de tryptophane, se sent-on mieux ?

En théorie, on pourrait le supposer. Cependant, dans les années 1980, certains compléments de tryptophane ont provoqué un tollé en entraînant une série de décès[35]. Mais si le tryptophane est un acide aminé et que les protéines sont composées d'acides aminés, pourquoi ne pas donner aux gens des repas riches en protéines pour faire augmenter leur taux de sérotonine, apportant ainsi au cerveau un supplément de tryptophane ? On a déjà tenté l'expérience, et ce fut un échec[36], sans doute parce que les autres acides aminés des aliments riches en protéines empêchent le tryptophane de parvenir jusqu'au cerveau. Par exemple, un petit déjeuner riche en hydrates de carbone, comme des gaufres et un jus d'orange, a conduit à un taux de tryptophane plus élevé chez les sujets observés qu'un petit déjeuner riche en protéines composé de dinde, d'œufs et de fromage[37].

Ce principe pourrait expliquer pourquoi les femmes qui souffrent du syndrome prémenstruel (SPM) ont parfois des fringales d'aliments riches en hydrates de carbone (glucides). On a démontré que la consommation d'un seul repas riche en hydrates de carbone et pauvre en protéines améliorait la dépression, la tension, la colère, la confusion, la tristesse, la fatigue chez les femmes souffrant de SPM[38]. Dans une étude qui a duré une année, on a attribué de façon aléatoire à environ 100 hommes et femmes un régime soit à faible teneur en hydrates de carbone, soit à forte teneur. À la fin de l'année, les sujets qui avaient une alimentation riche en glucides ont beaucoup moins souffert de dépression, d'agressivité et de troubles de l'humeur que ceux qui suivaient un régime pauvre en glucides. Ce résultat concorde avec d'autres études qui ont observé une meilleure humeur et moins d'anxiété chez les populations ayant une alimentation riche en hydrates de carbone et faible en graisses et en protéines[39].

Les hydrates de carbone pourraient faciliter le transport du tryptophane jusqu'au cerveau, mais une source alimentaire reste nécessaire. Idéalement, un ratio tryptophane/protéines élevé faciliterait l'accès jusqu'au cerveau[40]. Des graines, par exemple de sésame, de tournesol ou de courge, pourraient remplir ces conditions. En effet, un essai en double aveugle contrôlé par un placebo portant sur les graines de courge et la phobie sociale a fait ressortir une amélioration significative après une mesure objective de l'anxiété dans l'heure suivant la consommation[41]. L'ensemble de ces facteurs pourrait contribuer à une amélioration de l'humeur quelques semaines seulement après avoir commencé à suivre un régime à base d'aliments de source végétale[42].

Le safran

Le premier usage médicinal d'une épice semble remonter à plus de trois mille six cents ans, lorsque le safran a été utilisé pour la première fois dans un but thérapeutique[43]. Quelques milliers d'années plus tard, les scientifiques ont enfin testé le safran lors d'un essai clinique comparatif avec le médicament antidépresseur Prozac pour le traitement de la dépression clinique. L'épice et le médicament se sont montrés tout aussi efficaces pour réduire les symptômes de la dépression[44]. Comme vous pouvez le voir dans l'encadré qui figure aux pages 482-483, cela ne semble peut-être pas très probant, mais au minimum le safran est moins dangereux en termes d'effets secondaires. Par exemple, 20 % des gens qui étaient dans le groupe du Prozac souffraient de dysfonctionnements sexuels, ce qui est fréquent avec de nombreux médicaments antidépresseurs, tandis que personne n'en a souffert dans le groupe du safran.

Cependant, le safran pourrait constituer un des rares cas où le remède naturel est plus onéreux que le médicament. Le safran est l'épice la plus chère au monde. Il est extrait de la fleur de crocus, et plus précisément des stigmates séchés, qui sont moulus pour produire l'épice. Il faut plus de 50 000 crocus – assez pour recouvrir un stade de football – pour produire à peine 500 g de safran[45].

Une quantité de safran équivalente à une dose de Prozac pourrait coûter jusqu'à deux fois le prix du médicament, mais une étude ultérieure a montré que le seul fait de sentir le safran semblait avoir des effets bénéfiques. Quoique les chercheurs aient dilué l'épice au point que les sujets de l'étude ne pouvaient déceler son odeur, ils ont noté une baisse significative des hormones du stress chez les femmes qui avaient respiré le safran pendant vingt minutes comparées à celles qui avaient respiré un placebo pendant trente minutes, ainsi qu'une amélioration notable des symptômes de l'anxiété[46].

Alors, si vous vous sentez angoissé, respirez un peu de safran.

Le café et l'aspartame

Une tasse de café peut avoir un effet très puissant sur le cerveau, dépassant la simple sensation d'être moins groggy le matin. Les chercheurs de l'université Harvard ont observé les données de trois études de cohorte de grande ampleur portant sur plus de 200 000 hommes et femmes américains. Ils ont découvert que ceux qui buvaient deux tasses de café par jour ou plus semblaient avoir deux fois moins de risques de suicide que ceux qui n'en buvaient pas[47]. Et au-delà de quatre tasses par jour ? Une étude de la Kaiser Permanente (système d'assurance maladie américain) portant sur plus de 100 000 personnes a permis de constater que le risque de suicide semblait continuer à baisser lorsqu'on augmentait la dose de café. Les individus qui buvaient plus de six tasses de café par jour présentaient 80 % de risques en moins de se suicider[48], mais huit tasses ou plus par jour sont associées à une augmentation de ce risque[49].

Ce que vous mettez dans votre café pourrait également faire la différence. L'étude NIH-AARP, qui a suivi des centaines de milliers d'Américains pendant une décennie, a conclu que la consommation de boissons sucrées pouvait augmenter le risque de dépression chez les adultes âgés. En effet, sucrer le café peut réduire à néant un grand nombre de ses effets positifs sur l'humeur, et ajouter des édulcorants comme l'aspartame ou la saccharine peut augmenter le risque de dépression[50].

La controverse qui entoure les effets neurologiques de l'aspartame a commencé dans les années 1980[51]. Dans un premier temps, l'inquiétude se limitait aux individus qui souffraient de maladie mentale. Une des premières études réalisées par l'université Case Western Reserve de Cleveland a été interrompue prématurément pour des raisons de sécurité, parce qu'un des sujets qui avait des antécédents de dépression semblait faire des réactions graves à l'édulcorant. Les chercheurs ont conclu que « les individus qui souffrent de troubles de l'humeur sont particulièrement sensibles à cet édulcorant artificiel et [que] son usage chez cette population devrait être évité[52] ».

Ce n'est que récemment que les effets neurocomportementaux de l'aspartame ont été étudiés chez une population qui ne souffrait pas de maladie mentale. Des individus en bonne santé ont été divisés en deux groupes – on a donné à la moitié d'entre eux une dose plus importante d'aspartame (l'équivalent de 3 l de Diet Coke environ) et à l'autre moitié une dose inférieure (l'équivalent d'1 l de Diet Coke). Puis on a inversé les groupes[53]. Gardez à l'esprit que le régime comportant la dose la plus élevée d'aspartame correspond à seulement la moitié de la quantité jugée acceptable par la Food and Drug Administration[54]. Après huit jours avec la dose la plus élevée d'aspartame, les participants ont présenté davantage de dépressions et d'irritabilité et ont eu de moins bons résultats à certains tests de la fonction cérébrale[55]. Donc, non seulement l'aspartame pourrait avoir des effets néfastes sur la santé mentale chez les populations sensibles, mais il pourrait aussi être néfaste pour le grand public à partir d'une certaine dose.

Éviter les sodas light et les sucrettes peut sembler assez facile, mais les édulcorants artificiels sont également présents dans plus de 6 000 produits[56], dont les pastilles à la menthe, les confitures et les gelées, les jus de fruits, et même les barres nutritionnelles et les yaourts[57]. Cette prédominance a conduit les chercheurs à affirmer qu'il « est presque impossible de totalement éviter d'être en contact avec l'aspartame au quotidien[58,59] ». Mais, bien sûr, cela n'est vrai que pour les gens qui consomment des aliments transformés. Encore une bonne raison de fréquenter plus assidûment le rayon des fruits et légumes de votre supermarché. Les clients avisés mettent un point d'honneur à lire la liste des ingrédients, mais les aliments les plus sains du supermarché n'en possèdent pas.

L'exercice comparé aux antidépresseurs

Nous savons depuis des décennies que même une seule séance d'entraînement peut améliorer l'humeur et que l'activité physique est associée à une diminution des symptômes de la dépression. Une étude portant sur presque 5 000 personnes à travers les États-Unis a démontré que les personnes qui faisaient régulièrement de l'exercice avaient un risque inférieur de 25 % de recevoir un diagnostic de dépression majeure[60].

Bien sûr, les études de ce type ne signifient pas nécessairement que l'exercice réduit la dépression. Il est possible que ce soit la dépression qui réduise l'exercice. Autrement dit, si vous êtes déprimé, vous pouvez vous sentir trop mal pour sortir de votre lit et aller faire une balade à pied. Pour vérifier cette hypothèse, il était nécessaire de réaliser une étude interventionnelle dans laquelle les sujets seraient divisés de façon aléatoire en deux groupes, l'un qui faisait de l'exercice et l'autre qui n'en faisait pas.

C'est ce qu'a tenté une équipe de chercheurs de l'université Duke de Durham, en Caroline du Nord. Ils ont demandé de façon aléatoire à des personnes déprimées âgées de 50 ans ou plus soit de commencer un programme d'exercices d'aérobic, soit de prendre de la sertraline, un antidépresseur (Zoloft). Au bout de quatre mois, l'humeur des sujets qui prenaient le médicament s'est tellement améliorée qu'ils n'étaient, en moyenne, plus déprimés. Mais un effet tout aussi puissant a été constaté dans le groupe qui faisait de l'exercice – c'est-à-dire ceux qui ne prenaient pas de médicament. Il semble donc que l'exercice soit aussi efficace que le traitement médicamenteux[61].

Faisons-nous l'avocat du diable pendant un instant : les membres du groupe qui ne prenaient aucun médicament dans l'étude Duke se rencontraient trois fois par semaine pour suivre le cours d'aérobic. Se pourrait-il que ce soit la stimulation sociale et non l'exercice qui ait amélioré leur humeur ? Préoccupés par cette question, les mêmes chercheurs ont ultérieurement réalisé le plus vaste essai sur les effets de l'exercice chez des patients souffrant de dépression. Cette fois, ils ont ajouté un groupe supplémentaire : un premier groupe prenait des antidépresseurs, un deuxième assistait à des cours de sport et un troisième faisait de l'exercice à domicile. Quel fut le résultat ? Quel que soit le cadre – que les sujets soient seuls ou en groupe –, l'exercice semblait aussi efficace que les médicaments pour entraîner une rémission chez les patients dépressifs[62].

Par conséquent, avant que votre médecin ne vous prescrive un antidépresseur, prescrivez-vous une séance quotidienne de sport à la place.

Les antioxydants et les folates

Un ensemble de preuves suggèrent que les radicaux libres – ces molécules extrêmement instables qui entraînent des lésions des tissus et contribuent au vieillissement – pourraient jouer un rôle important dans le développement de plusieurs troubles psychiatriques, dont la dépression[63]. Les techniques d'imagerie modernes confirment des études d'autopsies qui révèlent un affaiblissement de certains centres émotionnels du cerveau chez les patients déprimés, ce qui pourrait être dû à la mort des cellules nerveuses dans ces régions provoquée par les radicaux libres[64].

Ce phénomène pourrait expliquer pourquoi les personnes qui consomment davantage de fruits et légumes, riches en antioxydants qui anéantissent les radicaux libres, semblent mieux protégées contre la dépression. Une étude portant sur presque 3 000 Canadiens a montré qu'une consommation de fruits et légumes plus élevée était associée à un risque plus faible de dépression, de détresse psychologique, de troubles de l'humeur et de l'anxiété, et d'une santé mentale perçue comme mauvaise. Les chercheurs ont conclu que le fait de consommer des aliments végétaux riches en antioxydants « pourrait atténuer les effets néfastes du stress oxydatif sur la santé mentale[65] ».

L'étude canadienne s'appuyait sur des questionnaires qui demandaient aux sujets d'autoévaluer leur consommation de fruits et légumes, une méthode pas toujours fiable. Une étude menée dans l'ensemble des États-Unis est allée plus loin et a mesuré le taux de caroténoïdes dans le sang des participants. Ces phytonutriments sont des pigments antioxydants jaunes, orange et rouges que l'on trouve naturellement dans certains des aliments les plus sains, comme les patates douces et les légumes verts à feuilles. Non seulement ceux qui présentaient un taux plus élevé de ces nutriments dans le sang connaissaient un risque moindre de présenter des symptômes de dépression, mais il y avait également une « relation dose-effet » évidente, ce qui veut dire que plus le taux de nutriments était élevé, mieux les gens se sentaient[66].

Dans la classe des caroténoïdes, le lycopène (le pigment rouge des tomates) possède l'activité antioxydante la plus importante. D'ailleurs, une étude portant sur presque 1 000 hommes et femmes âgés a conclu que ceux qui mangeaient quotidiennement des tomates ou des produits à base de tomates avaient deux fois moins de risques de dépression que ceux qui n'en consommaient qu'une fois par semaine ou moins souvent[67].

Si les antioxydants sont si efficaces, pourquoi ne prendrait-on pas quelques pilules d'antioxydants chaque jour ? En fait, seules les sources alimentaires d'antioxydants semblent avoir un effet protecteur contre la dépression. On ne peut pas en dire autant des compléments alimentaires[68]. Cette découverte pourrait indiquer que la forme et le mode d'administration des antioxydants que nous consommons sont cruciaux pour assurer un effet optimal. Il est également possible que les antioxydants soient seulement un marqueur d'autres composants des régimes riches en aliments d'origine végétale, tels que les folates.

L'acide folique (les folates) est une vitamine B, très concentrée dans les haricots et les légumes verts. (Son nom vient du latin *folium*, qui signifie « feuille », parce qu'il a d'abord été isolé dans l'épinard.) Les premières études à établir un lien entre la dépression et le taux de folates dans le sang étaient de nature transversale, ce qui signifie qu'elles ont été réalisées sur une courte durée. C'est pourquoi nous ne savions pas si une faible consommation de folates entraînait la dépression ou si c'était la dépression qui induisait une faible consommation de folates[69]. Cependant, des études plus récentes à long terme semblent indiquer qu'une faible consommation de folates pourrait bien augmenter le risque de dépression, et même le multiplier par trois[70]. Cependant, cette fois encore, les compléments de folates ne paraissaient d'aucune utilité[71].

Les légumes – dont les tomates riches en antioxydants et les légumes verts très riches en folates – pourraient être bénéfiques pour le corps et l'esprit.

Les antidépresseurs sont-ils réellement efficaces ?

Nous avons vu que le safran et l'exercice soutiennent la comparaison avec les médicaments pour traiter la dépression, mais que doit-on vraiment comprendre ? Des milliers d'études publiées semblent avoir démontré que les médicaments antidépresseurs sont efficaces[72]. Le mot clé ici est sans doute « publiées ». Et si les laboratoires pharmaceutiques décidaient de ne publier que les études qui montrent un effet positif, dissimulant celles aux résultats contraires ? Pour découvrir ce qu'il en était, les chercheurs se sont adressés à la Food and Drug Administration en vertu de la Freedom of Information Act (FOIA, loi pour la liberté de l'information), pour avoir accès aux études publiées et non publiées par les laboratoires pharmaceutiques. Ce qu'ils ont découvert est scandaleux.

Selon la littérature publiée, les résultats de presque tous les essais portant sur les antidépresseurs étaient positifs. En revanche, l'analyse des données des essais thérapeutiques – y compris les études non publiées – a établi qu'environ la moitié des essais démontraient l'inefficacité des antidépresseurs. Lorsqu'on rassemble toutes ces données – publiées et non publiées –, les antidépresseurs ne présentent pas d'avantage notable sur le plan clinique comparés aux pilules placebo[73]. Cette conclusion suggère que l'apparente efficacité clinique des antidépresseurs s'explique par l'effet placebo. Autrement dit, l'amélioration de l'humeur pourrait être la conséquence de la croyance en l'efficacité du médicament – et non l'effet du médicament[74].

Pire encore, les documents de la FOIA ont révélé que la FDA savait que ces médicaments – comme le Praxil et le Prozac – n'étaient pas plus efficaces qu'un placebo, et qu'elle avait pourtant pris la décision de couvrir les laboratoires pharmaceutiques en cachant cette information au public et aux médecins prescripteurs[75]. Comment les laboratoires pharmaceutiques s'en sont-ils sortis impunément ? L'industrie pharmaceutique est considérée comme l'une des plus lucratives et politiquement puissantes des États-Unis et, dans ce contexte, la maladie mentale fait figure de poule aux œufs d'or : c'est une condition chronique, courante et souvent traitée à l'aide de multiples médicaments[76]. Les antidépresseurs sont en effet prescrits à plus de 8 % de la population[77].

Mais le fait que les antidépresseurs ne sont peut-être pas plus efficaces que de fausses pilules ne veut pas dire qu'ils n'ont aucun effet. Les antidépresseurs apportent des bénéfices substantiels à des millions de gens qui souffrent de dépression. Et même si l'effet placebo est réel et puissant, les antidépresseurs semblent l'emporter sur les pilules de sucre en réduisant les symptômes chez ceux qui souffrent des dépressions les plus graves – ce qui correspond à environ 10 % des patients (même si ces statistiques signifient également que 90 % des patients déprimés suivraient un traitement médicamenteux aux bénéfices négligeables[78]).

Si les médecins sont prêts à donner à leurs patients des traitements placebo, certains soutiennent qu'il serait préférable pour eux de leur mentir et de leur donner des pilules de sucre[79]. Contrairement aux médicaments, les pilules de sucre n'ont pas d'effets indésirables. Par exemple, les antidépresseurs entraînent des dysfonctionnements sexuels qui peuvent toucher jusqu'à trois quarts des patients. D'autres problèmes peuvent se poser, tels que la prise de poids à long terme et l'insomnie. Et environ une personne sur cinq souffre de symptômes de sevrage lorsqu'elle tente d'arrêter le traitement[80].

Ce qui est sans doute le plus tragique, c'est que selon certaines études les patients sont plus susceptibles d'être à nouveau déprimés après avoir suivi un traitement d'antidépresseurs qu'après avoir été traités par un autre moyen, y compris avec un placebo[81]. Alors, même si les bénéfices sur l'amélioration de l'humeur dus à l'exercice physique étaient également un effet placebo, au moins celui-ci a-t-il des effets bénéfiques plutôt que dangereux.

À la simple lecture des statistiques qui émaillent les études, il est difficile de mesurer la souffrance des individus. Voir un graphique dans lequel la dépression diminue pour des centaines de gens ne me touche pas autant qu'un seul e-mail qui m'est adressé par une personne partageant avec moi son expérience de changement physique et émotionnel.

Récemment, une femme m'a écrit pour me raconter sa lutte contre la dépression. Shay, âgée d'une quarantaine d'années, avait toujours suivi le régime américain standard. Au cours des dernières années, elle avait souffert de graves migraines, de constipation insoutenable et de cycles menstruels douloureux et irréguliers. Parallèlement, sa dépression s'était tellement aggravée qu'elle n'était plus en mesure d'aller travailler. Puis Shay a découvert mon site Internet et elle a peu à peu fait son éducation nutritionnelle. Très vite, elle a commencé à comprendre de quelle façon le régime occidental pouvait contribuer à ses problèmes de santé, sans parler de son mal de vivre, et elle est devenue une fervente spectatrice des vidéos de Nutritionfacts.org.

Shay a opté pour un régime à base d'aliments complets d'origine végétale. Elle a cessé de manger des produits d'origine animale et de la junk-food et a augmenté sa consommation de fruits et légumes. Au bout de quelques mois, son transit était revenu à la normale, ses migraines invalidantes avaient totalement disparu, son cycle menstruel était plus régulier, moins douloureux et plus court – et sa dépression n'était plus qu'un mauvais souvenir. À peine quelques mois plus tôt, Shay se sentait si mal qu'elle ne parvenait plus à sortir de son lit le matin. Mais après avoir amélioré son alimentation, elle est en bien meilleure santé, tant au niveau physique que mental.

C'est un magnifique exemple du pouvoir d'une alimentation saine.

13

Comment ne pas mourir d'un cancer de la prostate

Lorsque Tony, un lecteur régulier de NutritionFacts.org, a su que j'écrivais ce livre, il m'a demandé de partager son histoire avec vous dans l'espoir d'aider d'autres hommes à éviter ce qui lui est arrivé. Tony est un mari et un père comblé, cet ingénieur se décrit comme un fanatique de culture physique. Il a toujours essayé de faire les bons choix par respect pour son corps, et tous ses ancêtres ont vécu longtemps et en bonne santé. Tony faisait de la course à pied et a toujours maintenu son poids de forme. Il ne fumait pas, ne buvait pas et ne s'était jamais drogué. Dans les années 1980, en s'appuyant sur les recommandations de l'USDA (département de l'Agriculture américain), il a convaincu l'ensemble de sa famille de passer du lait entier au lait écrémé et de remplacer le bœuf par du poisson et du poulet – beaucoup de poulet.

Tony était le genre de patient dont les médecins adorent s'occuper – de ceux qui disent : « Que pourrais-je faire d'autre pour être au mieux de ma forme ? » Alors, imaginez sa surprise lorsque, à 50 ans à peine, on lui a annoncé qu'il avait un cancer de la prostate agressif. Il s'est fait soigner dans un centre médical de renommée mondiale et a subi une prostatectomie totale, qui l'a débarrassé de son cancer avec succès, mais l'a laissé face à l'épreuve quotidienne des conséquences de la chirurgie – à savoir des fuites urinaires et une dysfonction érectile.

Il dit qu'il aurait voulu connaître les conflits d'intérêts au sein de l'USDA (que j'ai développés dans le chapitre 5), qui ont affecté la capacité de l'agence gouvernementale à élaborer des recommandations dans l'intérêt du public, indépendamment de celui de l'industrie alimentaire.

Tony a ensuite découvert l'ensemble des recherches qui seront abordées dans ce chapitre et, en tant que scientifique, il a immédiatement compris cette évidence : une alimentation saine peut améliorer la santé des hommes. Il suit un régime végétalien depuis sept ans, consomme des graines de lin chaque jour et n'a pas fait de rechute. Comme je vais l'expliquer, le régime qui pourrait prévenir le cancer de la prostate a également fait la preuve qu'il pouvait ralentir sa progression et même l'inverser chez ceux qui en souffrent déjà. Donc, selon le désir de Tony (et le mien), j'espère que ce chapitre vous aidera à comprendre l'importance d'une alimentation saine pour avoir une prostate en parfaite santé.

La prostate est une glande de la taille d'une noix située entre la vessie et la base du pénis, juste face au rectum. Elle entoure l'urètre, le canal de sortie de la vessie, et sécrète le liquide séminal. Comme le tissu glandulaire situé à l'intérieur des seins, le tissu glandulaire de la prostate peut devenir cancéreux.

Des études d'autopsies ont montré qu'environ la moitié des hommes de plus de 80 ans avaient un cancer de la prostate[1]. La plupart des hommes meurent avec un cancer de la prostate, sans même le savoir. C'est tout le problème de l'importance croissante accordée au dépistage – de nombreux cancers de la prostate détectés pourraient n'avoir jamais causé le moindre problème s'ils n'avaient pas été découverts[2]. Hélas, tous les hommes n'ont pas cette chance. Presque 28 000 d'entre eux meurent chaque année de ce cancer[3].

Le lait et le cancer de la prostate

Depuis que l'Office national des produits laitiers américains (US National Dairy Board) a été créé en 1983, il a dépensé plus d'un milliard de dollars en publicité. Ses différents slogans, tels que « Le lait est naturel », nous sont devenus familiers. Mais l'est-il vraiment ? Réfléchissez-y un instant. Les humains sont la seule espèce qui continue de boire du lait après le sevrage. De plus, il ne semble pas très naturel de boire le lait d'autres espèces.

Et que penser de cet autre slogan : « Le lait : il fait du bien au corps » ? Tous les aliments d'origine animale contiennent des hormones stéroïdes sexuelles, comme l'œstrogène, mais les vaches laitières d'aujourd'hui, génétiquement « améliorées », sont traitées pendant leur gestation, lorsque leurs hormones reproductives sont particulièrement élevées[4]. Ces hormones que l'on trouve naturellement dans le lait et les produits laitiers, même biologiques, pourraient jouer un rôle dans les différentes associations avec les affections liées aux hormones, dont l'acné[5], une baisse de la fécondité masculine[6], et la puberté prématurée[7]. La teneur en hormones du lait pourrait expliquer pourquoi ses consommatrices semblent avoir cinq fois plus de jumeaux que celles qui n'en boivent pas[8]. Mais pour ce qui est du cancer, la principale inquiétude pourrait être liée aux hormones de croissance[9].

Dame Nature a conçu le lait de vache de telle sorte que le petit veau prenne environ 200 kg en quelques mois. L'exposition de l'humain pendant toute sa vie à ces facteurs de croissance pourrait expliquer au moins partiellement les liens établis entre la consommation de produits laitiers et certains cancers[10]. Les experts en nutrition de l'université Harvard ont exprimé leurs craintes que les hormones présentes dans les produits laitiers et autres facteurs de croissance puissent stimuler la croissance des tumeurs sensibles aux hormones[11]. Des preuves expérimentales semblent indiquer que les produits laitiers pourraient également favoriser la transformation de lésions précancéreuses ou de cellules mutées en cancers invasifs[12].

L'inquiétude sur le lait et les produits laitiers est d'abord née de données à l'échelle des populations. Par exemple, le nombre de cancers de la prostate a été multiplié par 25 au Japon depuis la Seconde Guerre mondiale, ce qui a coïncidé avec une consommation d'œufs multipliée par 7, de viande par 9 et de produits laitiers par 20[13]. Le reste de l'alimentation des Japonais est demeurée relativement stable et des tendances similaires ont été observées dans d'autres pays[14] ; beaucoup d'autres changements dans la société japonaise pourraient donc avoir contribué à cette augmentation du taux de cancers. Les scientifiques ont étudié cela de plus près.

Pour contrôler autant de variables que possible, ils ont conçu une expérimentation en laboratoire au cours de laquelle ils ont déposé des gouttes de lait de vache, in vitro, sur des cellules de cancer de la prostate. Ils ont choisi du lait de vache biologique pour exclure l'effet d'éventuelles hormones ajoutées, telle l'hormone de croissance bovine couramment injectée aux vaches de la filière traditionnelle pour qu'elles produisent davantage de lait[15]. Les chercheurs ont découvert que le lait de vache stimulait la croissance du cancer de la prostate chez l'humain dans chacune des 14 expérimentations différentes, donnant lieu en moyenne à une augmentation de plus de 30 % du risque de croissance des cellules cancéreuses[16].

Mais ce qui se passe in vitro ne se produit pas forcément chez les gens. Néanmoins, une compilation d'études cas-témoins a conclu que la consommation de lait de vache est un facteur de risque du cancer de la prostate[17], et les études de cohorte ont abouti au même résultat[18]. Une méta-analyse de 2015 a montré qu'une consommation importante de produits laitiers – lait, lait écrémé et fromage, et non les sources de calcium non laitières – semblent augmenter le risque global de cancer de la prostate[19].

Mais une question vous taraude peut-être : si vous ne consommez pas de lait, qu'adviendra-t-il de vos os ? Le lait ne contribue-t-il pas à la prévention de l'ostéoporose ? Il s'avère que les bénéfices promis pourraient n'être qu'une nouvelle opération marketing. Une méta-analyse de la consommation de lait de vache et son association avec les fractures de la hanche montrent qu'il n'apporte pas de protection significative[20]. Même si vous commenciez à boire du lait dès l'adolescence dans le but de renforcer votre masse osseuse, cela ne réduirait probablement pas vos risques de fracture plus tard dans la vie[21]. Une série d'études récentes portant sur 100 000 hommes et femmes suivis pendant deux décennies a même indiqué que le lait pourrait augmenter le taux de fractures osseuses[22].

Certains nourrissons naissent avec une maladie génétique rare appelée galactosémie, induisant un manque d'enzymes de détoxication du galactose, un des sucres du lait. Cela signifie qu'ils se retrouvent avec un taux élevé de galactose dans le sang, ce qui peut entraîner une perte osseuse[23]. Un groupe de chercheurs suédois a conclu que même chez les gens qui parviennent à détoxifier le galactose, il pourrait être néfaste pour leurs os de consommer trop de lait chaque jour[24]. Et le galactose pourrait ne pas être néfaste uniquement pour les os. Les scientifiques l'ont par exemple utilisé pour provoquer un vieillissement prématuré chez les animaux de laboratoire qui « ont montré des signes de neurodégénérescence, de déficience mentale et de dysfonctionnement cognitif… une diminution de la réponse immunitaire et de la fécondité[25] ». Et il en faut peu : seulement l'équivalent humain d'un ou deux verres de lait par jour[26].

Cependant, les humains n'étant pas des rongeurs, les chercheurs ont étudié le lien entre la consommation de lait et la mortalité, ainsi que le risque de fracture chez une vaste population de buveurs de lait[27]. En plus d'un nombre de fractures sensiblement plus important, ils ont trouvé un nombre plus élevé de décès prématurés, de maladies cardiaques, et sensiblement plus de cancers pour chaque verre de lait consommé quotidiennement par les femmes. Trois verres par jour ont été associés à un risque de mort prématurée presque multiplié par deux[28]. Les hommes qui consommaient le plus de lait avaient également un taux plus élevé de décès prématuré[29] (mais pas plus de fractures).

Dans l'ensemble, l'étude a montré un taux de mortalité (chez les hommes et les femmes) et de fractures (chez les femmes) proportionnel à la dose. En revanche, cela ne s'est pas confirmé pour les autres produits laitiers, comme le lait caillé et le yaourt, ce qui tendrait à confirmer la théorie du galactose, car les bactéries présentes dans ces aliments peuvent faire fermenter une partie du lactose[30].

L'éditorial de la revue médicale qui accompagnait la publication de l'étude a insisté sur le fait que, compte tenu de l'augmentation de la consommation de lait à travers le monde, le « rôle du lait dans la mortalité devait désormais être établi de façon catégorique[31] ».

Les œufs, la choline et le cancer

Plus de 2 millions d'hommes vivent actuellement avec un cancer de la prostate. Malgré tout, cela vaut mieux que d'en mourir. Si le cancer est traité au stade où il reste localisé à l'intérieur de la prostate, les risques de mourir dans les cinq ans qui suivent sont pratiquement nuls. Néanmoins, s'il se propage, les chances de survie cinq ans plus tard peuvent être aussi faibles qu'une sur trois[32]. C'est pourquoi les scientifiques ont cherché d'arrache-pied à identifier les facteurs impliqués dans la propagation du cancer de la prostate.

Espérant identifier les éventuels coupables, les chercheurs de l'université Harvard ont réuni plus de 1 000 hommes atteints d'un cancer de la prostate à un stade précoce et les ont suivis pendant plusieurs années. Comparés aux hommes qui consommaient rarement des œufs, ceux qui en mangeaient ne serait-ce qu'un seul par jour semblaient multiplier par deux la progression du cancer, comme les métastases osseuses. Le seul aliment potentiellement pire que les œufs était la volaille : les hommes qui avaient les cancers les plus agressifs et consommaient régulièrement du poulet et de la dinde multipliaient jusqu'à quatre le risque de propagation[33].

Les chercheurs ont suggéré que le lien entre la consommation de volailles et la progression du cancer pourrait s'expliquer par les substances cancérigènes présentes dans la viande cuite (tels que les amines hétérocycliques abordées dans le chapitre 11). Pour des raisons inconnues, ces carcinogènes s'accumulent davantage dans les muscles des poulets et des dindes que dans ceux des autres animaux[34].

Quelle est la substance cancérigène présente dans les œufs ? Comment le fait de consommer moins d'un œuf par jour peut doubler le risque d'invasion cancéreuse ? La réponse réside peut-être dans la choline, une substance concentrée dans les œufs[35].

Un taux plus élevé de choline dans le sang a été associé à une augmentation du risque de développer le cancer de la prostate en premier lieu[36]. Cela pourrait expliquer le lien entre la choline et la progression du cancer[37]. Dans un article intitulé « Consommation de choline et risque de cancer de la prostate mortel », la même équipe de Harvard a conclu que les hommes qui consommaient le plus de choline d'origine alimentaire avaient également un risque plus élevé de mourir des suites d'un cancer[38]. Les hommes qui consomment deux œufs et demi ou plus par semaine – un œuf tous les trois jours en fait – voient leur risque de mourir d'un cancer de la prostate augmenter jusqu'à 81 %[39]. La choline des œufs, comme la carnitine de la viande rouge, est transformée en une toxine, la tryméthylamine[40], par les bactéries présentes dans l'intestin des carnivores[41]. Et la tryméthylamine, une fois oxydée dans le foie, semble augmenter le risque de crise cardiaque, d'AVC et de mort prématurée[42].

Ironiquement, la présence de choline dans les œufs est mise en avant par l'industrie, même si la plupart des gens en consomment largement assez par ailleurs[43]. Pourtant, les dirigeants de l'industrie des œufs sont conscients du lien entre choline et cancer. Grâce au libre accès des données garanti par le Freedom of Information Act, j'ai réussi à me procurer un e-mail émanant du directeur exécutif de l'Egg Nutrition Board envoyé à un autre dirigeant de l'industrie des œufs à propos de l'étude de Harvard. Il indiquait que la choline avait une part de responsabilité dans la progression du cancer. « Cette information mérite certainement d'être retenue, a-t-il écrit, tandis que nous continuons de faire la promotion de la choline comme une bonne raison supplémentaire de consommer des œufs[44]. »

Le régime *versus* l'exercice

Nathan Pritikin, l'homme qui a contribué à l'avènement de la révolution de la médecine liée au mode de vie – et sauvé la vie de ma grand-mère –, n'était ni nutritionniste ni diététicien. Il n'était même pas médecin, mais ingénieur. Lorsqu'on lui a diagnostiqué une maladie cardiaque alors qu'il avait une quarantaine d'années, il a lui-même passé en revue l'ensemble des comptes rendus de recherche et décidé d'essayer d'adopter le type de régime suivi par les populations où les maladies cardiaques étaient rares, comme dans l'Afrique rurale. Il a supposé que, s'il cessait de suivre un régime favorisant la maladie cardiaque, il pourrait interrompre son évolution. Ce qu'il a découvert était plus incroyable encore : il n'a pas simplement empêché l'aggravation de la maladie, mais en a inversé le cours[45]. Et il a ensuite aidé des milliers d'autres personnes à faire de même.

Après avoir vaincu notre principal fléau, la maladie cardiaque, les chercheurs de la Research Foundation des Drs Dean Ornish et Pritikin se sont ensuite penchés sur le deuxième : le cancer. Ils ont conçu une série d'expérimentations, faisant suivre aux gens différents régimes, puis ont testé leur sang sur des cellules cancéreuses humaines mises en culture dans une boîte de Petri. Qui a le mieux réussi à inhiber la croissance du cancer ?

Les recherches ont montré que le sang des personnes sélectionnées aléatoirement pour suivre un régime à base d'aliments d'origine végétale a été nettement moins favorable à la croissance des cellules cancéreuses que le sang des membres du groupe de contrôle, qui ont continué à suivre leur régime habituel. Le sang des personnes qui suivent le régime occidental standard lutte bien contre le cancer – sinon, beaucoup d'entre nous serions morts ! –, mais huit fois moins efficacement que celui des végétariens[46].

Le sang des hommes qui suivaient le régime occidental standard a ralenti de 9 % le taux de croissance des cellules cancéreuses du cancer de la prostate. Mais si on leur fait suivre un régime végétalien pendant un an, leur sang parviendra à supprimer 70 % de la croissance des cellules cancéreuses – environ huit fois plus qu'avec un régime riche en viande[47]. Des études similaires ont montré que les femmes suivant un régime à base de végétaux semblaient renforcer les défenses de leur organisme contre le cancer du sein en seulement quatorze jours[48] (cf. détail dans le chapitre 11). C'est comme si elles étaient devenues des personnes totalement différentes après avoir mangé sainement pendant seulement deux semaines.

Notons cependant que dans l'ensemble de ces études le renforcement des défenses contre le cancer impliquait à la fois une alimentation végétalienne et de l'exercice. Par exemple, dans l'étude portant sur le cancer du sein, on a demandé aux femmes de marcher entre trente et soixante minutes par jour. Comment peut-on être sûr que c'est bien l'alimentation qui a amélioré les défenses contre la croissance du cancer ? Pour déterminer les effets respectifs de l'alimentation et de l'exercice, une équipe de recherche de l'université de Californie à Los Angeles (UCLA) a comparé trois groupes d'hommes : un groupe suivant un régime végétalien et qui faisait de l'exercice, un groupe faisant seulement de l'exercice et un groupe de contrôle composé de personnes sédentaires suivant le régime standard[49].

Le groupe « régime et exercice » a suivi un régime végétalien pendant quatorze ans en pratiquant des exercices modérés, comme une marche quotidienne.

Le groupe faisant seulement de l'exercice a suivi le régime américain standard, mais les sujets ont pratiqué pendant quinze ans un entraînement intensif durant une heure par jour en salle de gym, au moins cinq jours par semaine. Les chercheurs voulaient savoir si les individus qui s'entraînaient beaucoup et longtemps développaient des capacités de défense contre le cancer capables d'égaler celles des végétaliens qui faisaient un peu de marche[50].

Pour le découvrir, le sang des personnes de chacun des trois groupes a été déposé sur les cellules de cancer de la prostate in vitro pour voir lequel supprimait le plus de cellules cancéreuses. Le sang du groupe de contrôle n'était pas totalement dépourvu de défenses. Même si vous êtes un mangeur de frites et que vous passez vos journées sur votre canapé, votre sang peut encore parvenir à tuer 1 à 2 % des cellules cancéreuses. Mais le sang de ceux qui ont suivi un entraînement sportif intensif a tué 2 000 % de cellules cancéreuses de plus que celui du groupe de contrôle. Ces résultats sont fantastiques. Cependant, le sang du groupe cumulant régime végétalien et exercice a tué 4 000 % de cellules cancéreuses de plus que le premier groupe. À l'évidence, l'exercice à lui seul a eu un effet spectaculaire, mais en définitive des milliers d'heures au club de gym ne parviennent pas à rivaliser avec une alimentation d'origine végétale[51].

Peut-on inverser le cancer de la prostate grâce à l'alimentation ?

Si une alimentation saine est en mesure de transformer votre sang en machine à lutter contre le cancer, ne pourrait-on pas s'en servir non seulement pour le prévenir, mais aussi pour le traiter ? Si d'autres fléaux majeurs, comme la maladie cardiaque, le diabète de type 2 et l'hypertension peuvent être prévenus, interrompus et même inversés, pourquoi pas le cancer ?

Pour vérifier cette hypothèse, le Dr Ornish et ses collègues ont recruté 93 hommes souffrant d'un cancer de la prostate et qui avaient choisi de ne pas suivre de traitement conventionnel. L'évolution du cancer de la prostate est parfois si lente, et les effets secondaires du traitement si lourds que les patients choisissent souvent une solution d'observation médicale appelée « attente vigilante » ou « surveillance active ». Comme l'étape suivante est fréquemment la chimiothérapie, la radiothérapie et/ou la chirurgie radicale après laquelle les hommes peuvent se retrouver incontinents ou impuissants, les médecins essaient de différer le traitement aussi longtemps que possible. Et comme ces patients n'entreprennent aucune démarche active pour traiter la maladie, ils représentent une population idéale pour étudier le pouvoir de l'alimentation et des interventions sur le mode de vie.

Les patients ont été randomisés en deux groupes : un groupe de contrôle qui ne suivait pas de régime particulier et n'avait apporté aucune modification à son mode de vie autres que les conseils du médecin traitant, et un groupe « vie saine » à qui on avait prescrit un régime strictement végétalien axé sur les fruits, les légumes, les céréales complètes et les légumineuses, ainsi que d'autres changements liés au mode de vie, comme par exemple de marcher pendant trente minutes, six jours par semaine[52].

La progression du cancer a été suivie en mesurant les taux de PSA, qui est un marqueur de la croissance du cancer de la prostate dans l'organisme. Au bout d'un an, le taux de PSA du groupe de contrôle avait augmenté de 6 %. C'est la tendance naturelle du cancer : croître au fil du temps. Mais parmi le groupe « vie saine », le taux de PSA avait baissé de 4 %, indiquant une régression moyenne des tumeurs[53]. Aucune chirurgie, chimiothérapie ni radiothérapie – juste une alimentation et un mode de vie sains.

Des biopsies effectuées avant et après l'intervention sur l'alimentation et le mode de vie ont montré que l'expression de plus de cinq gènes avait été modifiée. C'était une des premières preuves que changer son alimentation et son mode de vie peut avoir un effet à un niveau génétique – cela détermine quels gènes sont activés ou désactivés[54]. Moins d'un an après la fin de l'étude, les cancers des patients du groupe de contrôle avaient connu une telle croissance qu'environ 10 % ont dû subir une prostatectomie totale[55], opération chirurgicale qui consiste dans l'ablation de l'ensemble de la prostate et des tissus environnants. Ce traitement peut non seulement entraîner l'incontinence urinaire et l'impuissance, mais également des altérations de la fonction orgasmique chez environ 80 % des hommes[56]. En revanche, aucun des hommes appartenant au groupe « vie saine » n'a fini sur la table d'opération.

Comment les chercheurs ont-ils réussi à convaincre un groupe d'hommes d'un certain âge de suivre un régime végétalien pendant un an ? Ils leur ont fait livrer des plats préparés à leur domicile, bien sûr[57]. Les chercheurs se sont sans doute dit que les hommes étaient si paresseux qu'ils mangeraient ce qu'on leur servirait – et ils ont eu raison !

Mais comment faire dans le monde réel ? Conscients que les médecins ne parvenaient pas à faire consommer aux hommes malades ne serait-ce que cinq portions de fruits et légumes par jour[58], des chercheurs de l'université du Massachusetts ont décidé de simplement essayer de modifier la proportion de protéines végétales et animales dans leur alimentation[59]. Une réduction de la consommation de viande et de produits laitiers et une augmentation des végétaux seraient-elles suffisantes pour faire passer le cancer en phase de rémission ?

Pour vérifier cette hypothèse, les chercheurs ont randomisé des patients cancéreux en deux groupes, un qui suivait des cours pour apprendre à axer son alimentation sur les végétaux et un autre, soumis à des soins plus conventionnels, qui n'a reçu aucune consigne diététique. Le premier groupe a réussi à équilibrer son alimentation en trouvant la moitié de ses protéines dans des aliments d'origine végétale. En revanche, le groupe de contrôle a continué à consommer deux tiers de ses protéines via des aliments d'origine animale[60].

Ceux qui ont suivi le régime semi-végétal ont ralenti la croissance de leur cancer. Le délai de doublement moyen du taux de PSA – une estimation de la rapidité à laquelle leur tumeur a doublé – a ralenti, passant de vingt et un à cinquante-huit mois[61]. En d'autres termes, le cancer a continué à croître, mais même un régime végétalien à temps partiel a réussi à ralentir son développement. Cependant, il est intéressant de noter que le Dr Ornish et ses confrères ont réussi à prouver qu'un régime à base de végétaux à plein temps permettait une apparente inversion de la croissance du cancer : le taux de PSA des sujets n'a pas seulement augmenté moins vite, il a eu tendance à baisser. Par conséquent, la proportion idéale des protéines végétales serait plus proche de 100 %.

Le pire du monde animal et le meilleur du végétal

Et s'il n'y avait aucune chance que votre grand-père devienne végétalien, ne vous laissant comme marge de manœuvre que des demi-mesures ? Quelle serait la liste restreinte des aliments à éviter ou à ajouter à son alimentation ?

Selon les résultats de l'étude sur la progression du cancer de la prostate et la mortalité réalisée par l'université Harvard que nous venons d'exposer en détail, les œufs et les volailles seraient les pires : les patients pourraient voir leur risque de progression du cancer doubler en mangeant moins d'un seul œuf par jour, et le voir multiplié par quatre en consommant moins d'une seule portion de poulet ou de dinde par jour[62].

En revanche, si vous deviez n'ajouter qu'une seule chose à votre alimentation, pensez aux légumes crucifères. Moins d'une seule portion par jour de brocoli, de choux de Bruxelles, de chou vert, de chou-fleur ou de kale pourrait réduire le risque de progression du cancer de plus de moitié[63].

Surveiller la proportion de protéines végétales dans votre alimentation pourrait être utile pour prévenir le cancer de manière générale. Par exemple, la plus vaste étude jamais menée sur l'alimentation et le cancer de la vessie – portant sur presque 500 000 personnes – a fait ressortir qu'une augmentation de la consommation de protéines animales de seulement 3 % était associée à une augmentation de 15 % du risque de cancer de la vessie. En contrepartie, une augmentation de la consommation de protéines végétales de seulement 2 % était associée à une baisse de 23 % du risque de cancer[64].

Les graines de lin

Le taux de cancers de la prostate varie énormément à travers le monde. Chez les Amérindiens, par exemple, la tumeur cliniquement décelable est 30 fois plus fréquente que chez les Japonais et 120 fois plus que chez les Chinois. Cette disparité a été attribuée en partie aux quantités plus importantes de protéines et graisses animales du régime occidental[65]. Un autre facteur pourrait être le soja, qui est très courant dans le régime asiatique et contient des phyto-œstrogènes protecteurs – les isoflavones[66].

Comme il est précisé dans le chapitre 11, les lignanes sont une classe majeure de phyto-œstrogènes présents dans l'ensemble du règne végétal, mais tout particulièrement concentrés dans les graines de lin. On trouve généralement des taux élevés de lignanes dans les fluides de la prostate des populations d'hommes présentant un taux relativement faible de cancer de la prostate[67], et une étude in vitro a également montré que les lignanes pouvaient ralentir la croissance des cellules cancéreuses de la prostate dans une boîte de Petri[68].

Les chercheurs ont décidé de tester l'efficacité des lignanes en demandant à des hommes malades qui devaient subir une opération chirurgicale d'ablation de la prostate le mois suivant de consommer trois cuillères à soupe de graines de lin par jour. Après l'opération chirurgicale, leurs tumeurs ont été examinées. En à peine quelques semaines, la consommation de graines de lin semblait avoir diminué le taux de prolifération des cellules cancéreuses, tout en augmentant leur taux de destruction[69].

Mieux encore, les graines de lin pourraient aussi avoir un rôle préventif, empêchant l'évolution au stade de cancer. La néoplasie intra-épithéliale prostatique (NIP) est une lésion précancéreuse de la prostate que l'on découvre lors d'une biopsie ; elle est analogue au carcinome canalaire in situ du sein. Les hommes ayant une NIP ont un risque élevé d'apparition du cancer lors des biopsies ultérieures – dans 25 % à 79 % des cas[70]. Puisque ces hommes sont soumis à des biopsies régulières pour surveiller leur maladie, on a l'occasion de constater si une intervention nutritionnelle peut empêcher les lésions d'évoluer en cancer.

Après que 15 hommes ont reçu le diagnostic de NIP à la suite d'une première biopsie, on leur a demandé de consommer trois cuillères à soupe de graines de lin par jour pendant les six mois précédant la biopsie suivante. À l'issue de cette période, on a constaté chez ces hommes une baisse significative du taux de PSA et du taux de prolifération cellulaire, indiquant que les graines de lin pouvaient en effet freiner la progression du cancer de la prostate. Deux d'entre eux ont vu leur taux de PSA revenir à la normale et n'ont même pas eu besoin d'une seconde biopsie[71].

En résumé : les recherches ont prouvé que les graines de lin étaient une source nutritionnelle sûre et peu onéreuse et qu'elles pourraient réduire le taux de prolifération des tumeurs[72]. Pourquoi ne pas essayer ? Assurez-vous simplement de moudre les graines avant de les consommer si vous ne les achetez pas déjà moulues – autrement, elles risqueraient de traverser votre organisme sans être digérées.

L'hypertrophie de la prostate

Si une alimentation saine peut ralentir la croissance normale des cellules cancéreuses de la prostate, pourrait-elle aussi ralentir la croissance anormale des cellules normales de la prostate ? L'hyperplasie bénigne (ou adénome) de la prostate (HBP) est une affection caractérisée par l'augmentation du volume de la prostate. Aux États-Unis, l'HBP affecte des millions d'hommes[73] – la moitié des hommes à partir de la cinquantaine et 80 % des hommes à partir de 80 ans[74]. Comme la prostate masculine entoure l'urètre, elle peut obstruer le flux normal de l'urine si elle prend trop de volume. Cette obstruction entraîne un jet faible et une mauvaise vidange de la vessie, provoquant des envies d'uriner fréquentes. L'urine stagnante retenue dans la vessie peut également créer un terrain favorable aux infections.

Hélas, le problème semble s'aggraver à mesure que le volume de la glande augmente. Des milliards de dollars ont été dépensés en médicaments et compléments alimentaires, et des millions d'hommes ont dû être opérés de l'adénome de la prostate[75]. Les procédures chirurgicales comprennent diverses techniques désignées par des sigles à l'air innocent comme TMUT, TUNA et RTUP. Le T signifie transurétral – ce qui veut dire que l'on introduit dans le pénis un instrument appelé résecteur. TMUT signifie thermothérapie micro-ondes transurétrale, au cours de laquelle le médecin insère une sonde à l'intérieur du pénis et détruit des tissus par émission de micro-ondes[76]. Et TUNA signifie thermothérapie par radiofréquence (ou Transuretral Needle Ablation), au cours de laquelle on fait chauffer les cellules à l'aide d'aiguilles chauffées introduites dans l'urètre. Et ce sont des techniques qualifiées de mini-invasives[77] ! La procédure de référence est la RTUP (résection transurétrale de la prostate), où les chirurgiens utilisent un instrument comportant une anse coupante destinée à retirer le tissu prostatique pour réduire la taille de la prostate. Parmi les effets secondaires, on peut ressentir une « gêne postopératoire[78] ». Non, sans blague ?

Il doit exister une autre solution.

L'adénome de la prostate est si courant que la plupart des médecins le considèrent comme une conséquence inévitable de la vieillesse. Mais il n'en a pas toujours été ainsi. En Chine, dans les années 1920 et 1930, par exemple, selon les données d'une université de médecine de Beijing, l'HBP n'affectait pas 80 % des patients masculins, mais représentait un total de 80 cas en quinze ans. La rareté de l'adénome de la prostate, comme du cancer de la prostate au Japon et en Chine, a été attribuée au régime traditionnel à base de végétaux[79].

Ce postulat a été étudié par les mêmes chercheurs de la Fondation Pritikin qui ont examiné le sang des sujets avant et après un régime à base d'aliments végétaux pour mesurer l'effet produit sur la croissance des cellules cancéreuses de la prostate. Cette fois, ils ont procédé à la même expérience sur le type de cellules normales de la prostate qui croissent au point d'obstruer le flux de l'urine. En à peine deux semaines, le sang des sujets qui suivaient un régime à base de végétaux était capable de supprimer la croissance anormale des cellules non cancéreuses de la prostate – et les effets n'ont pas semblé se dissiper au fil du temps. Le sang des personnes suivant un régime végétalien sur le long terme a eu le même effet bénéfique pendant une période qui a duré jusqu'à vingt-huit ans d'affilée. Il semble donc que, tant que l'on continue de manger sainement, le taux de croissance des cellules de la prostate continue de baisser et de rester bas[80].

Certaines plantes pourraient être particulièrement bénéfiques pour la prostate. Les chercheurs ont découvert l'action des graines de lin dans le traitement de l'adénome. Trois cuillères à soupe de graines de lin par jour apportent un soulagement comparable à celui que produisent les médicaments généralement prescrits comme Flomax ou Proscar[81] – sans les effets indésirables des médicaments, tels que les vertiges ou les dysfonctions sexuelles.

Est-il possible de prévenir l'adénome de la prostate en premier lieu ? La consommation d'ail et d'oignon a été associée à un risque d'HBP sensiblement plus faible[82]. En général, les légumes pourraient avoir un effet plus important cuits que crus, et les légumineuses – haricots, pois chiches, pois cassés et lentilles – ont également été associés à un risque plus faible[83]. La protéine végétale texturée (PVT) est un produit à base de soja souvent employé dans les sauces pour les pâtes et les chilis végétariens. Je vous recommanderais la PVT plutôt que la TUVP, abréviation employée en urologie pour désigner la vaporisation transurétrale de la prostate[84].

Les IGF-1

Pourquoi les gens qui vivent jusqu'à cent ans et plus semblent-ils échapper au cancer ? À mesure que vous vieillissez, votre risque de développer un cancer et d'en mourir augmente chaque année – jusqu'à ce que vous atteigniez l'âge de 85 ou 90 ans, auquel, étonnamment, le risque commence à baisser[85]. En effet, si vous n'avez pas eu de cancer à un certain âge, vous n'en aurez sans doute jamais. Qu'est-ce qui explique cette résistance chez les centenaires ? Cela pourrait être lié à une hormone qui favorise la croissance du cancer appelée IGF-1[86] (Insulin-Like Growth Factor).

Chaque année, vous renaissez. Vous renouvelez la totalité de votre poids grâce à de nouvelles cellules. Chaque jour, environ 50 milliards de vos cellules meurent, et à peu près autant de nouvelles cellules naissent pour maintenir l'équilibre[87]. Bien sûr, vous avez parfois besoin de grandir, comme à l'âge du nourrisson ou de la puberté. Vos cellules ne grossissent pas lors de votre croissance, elles deviennent simplement plus nombreuses. L'organisme d'un adulte totalise environ 40 000 milliards de cellules, soit quatre fois plus que celui d'un enfant.

Une fois dépassé l'âge de la puberté, vous n'avez plus besoin de produire bien plus de cellules que vous n'en perdez. Vous avez encore besoin de faire croître vos cellules et qu'elles se divisent – certaines meurent, de nouvelles se créent –, mais plus de créer plus de cellules que vous n'en détruisez. Chez les adultes, une croissance de cellules en excès peut signifier le développement de tumeurs.

Comment votre organisme parvient-il à maintenir l'équilibre ? En envoyant des signaux chimiques – les hormones – à l'ensemble des cellules. Un des signaux clés est une hormone de croissance appelée IGF-1. Cela ressemble à un droïde tout droit sorti de *La Guerre des étoiles*, mais IGF-1 est en fait un facteur crucial de régulation de la croissance cellulaire. Son taux augmente dans l'enfance pour assurer votre croissance, puis il diminue lorsque vous avez atteint l'âge adulte. C'est le signal envoyé par votre organisme pour cesser de produire plus de cellules qu'il n'en détruit.

Cependant, si le taux d'IGF-1 restait trop élevé à l'âge adulte, vos cellules recevraient en permanence le message de croître et de se diviser. Il n'est donc pas surprenant que plus votre taux d'IGF-1 est élevé, plus vous avez de risques de développer un cancer, comme le cancer de la prostate par exemple[88].

Il existe une forme rare de nanisme appelé le syndrome de Laron, provoqué par l'incapacité de l'organisme à produire l'IGF-1. Les individus touchés par ce syndrome ne dépassent jamais 1,20 m environ, mais ils ne sont presque jamais touchés par le cancer[89]. Le syndrome de Laron est une sorte de mutation qui prémunit contre le cancer, ce qui a conduit les scientifiques à se demander : si l'IGF-1 était suffisant pour grandir durant l'enfance, pourrait-on le réguler à l'âge adulte pour qu'il reste à un taux bas, et ainsi désactiver le signal de croissance excessive ? Il s'avère que c'est possible – non pas grâce à la chirurgie ni aux médicaments, mais en faisant de simples choix alimentaires.

La libération de l'IGF-1 semble déclenchée par la consommation de protéines animales[90]. Cela pourrait expliquer pourquoi on peut stimuler aussi puissamment la capacité de lutte contre le cancer du sang avec seulement quelques semaines de régime à base de végétaux. Rappelez-vous les expériences où le fait de déposer quelques gouttes du sang de sujets suivant un régime sain sur des cellules cancéreuses a permis d'en détruire un plus grand nombre. Eh bien, si vous ajoutez à ce sang la quantité d'IGF-1 qui a quitté l'organisme des végétaliens, devinez ce qui se produit : les effets du régime et de l'exercice disparaissent. La croissance des cellules cancéreuses augmente à nouveau. C'est ainsi que nous pensons que l'alimentation d'origine végétale stimule nos défenses sanguines : en réduisant notre consommation de protéines animales, nous réduisons notre taux d'IGF-1[91].

Après avoir réduit la consommation de protéines pendant seulement onze jours, votre taux d'IGF-1 peut baisser de 20 %, et votre taux de protéines de liaison IGF-1 augmenter de 50 %[92,93,94]. Un des moyens de protection employés par votre organisme pour se protéger du cancer – c'est-à-dire de la croissance excessive – est de libérer une protéine de liaison dans votre circulation sanguine pour piéger l'IGF-1 en excès. Imaginez cela comme le frein à main de l'organisme. Même si vous avez réussi à réguler la production de nouvelles IGF-1 grâce à votre régime alimentaire, des IGF-1 en excès circulent encore dans votre sang à cause des œufs et du bacon que vous avez peut-être mangés deux semaines plus tôt. Pas de problème : le foie libère une brigade d'intervention de protéines de liaison qui contribuent à les faire disparaître de la circulation.

Pourquoi un régime alimentaire axé sur les végétaux est-il nécessairement faible en IGF-1 ? Les protéines animales stimulent la production d'IGF-1, qu'elles proviennent de la viande, du blanc d'œuf ou des produits laitiers. Les végétariens qui incluent les œufs et les produits laitiers dans leur alimentation ne semblent pas parvenir à une réduction significative du taux d'IGF-1. Seules les personnes qui limitent la consommation de toutes les protéines animales semblent pouvoir faire baisser sensiblement le taux de cette hormone favorisant le cancer et à augmenter leur taux de protéines de liaison protectrices.

Le cancer de la prostate n'est pas inévitable. J'ai un jour donné une conférence à Bellport, dans l'État de New York, sur la prévention des maladies chroniques par l'alimentation. Par la suite, un membre du public prénommé John m'a envoyé un e-mail pour me raconter son combat contre le cancer de la prostate. Après avoir reçu le diagnostic de sa maladie à l'âge de 52 ans, John a subi six biopsies à l'aiguille fine, et chacune d'entre elles a montré que son cancer était très agressif. Les médecins de John ont immédiatement recommandé l'ablation chirurgicale totale de la prostate.

Au lieu de passer sur le billard, John a décidé d'adopter une alimentation d'origine végétale. Huit mois plus tard, il a subi une nouvelle biopsie. Ses médecins ont été stupéfaits de constater qu'il ne subsistait que 10 % de son cancer. De surcroît, ses tests PSA sont totalement normaux depuis.

John a été diagnostiqué en 1996. Après avoir modifié son alimentation, son cancer a disparu et il n'a eu aucune rechute.

Mais John a peut-être simplement eu de la chance. Je ne recommande à personne de ne pas tenir compte des conseils de son médecin. Quoi que vous et votre médecin décidiez ensemble, un régime et un mode de vie sains peuvent sans doute être utiles. C'est ce qui est très appréciable avec les interventions sur le mode de vie – elles peuvent être mises en œuvre en complément de n'importe quel autre traitement. Dans le cadre de la recherche, cela peut compliquer les choses, car on ne sait jamais quelle action est responsable d'une amélioration. Mais, face au cancer, vous voudrez sans doute chercher toute l'aide possible. Que les patients optent pour la chimiothérapie, la chirurgie ou les rayons, ils peuvent toujours améliorer leur alimentation. Un régime bon pour la prostate l'est aussi pour les reins, le cœur et l'ensemble de l'organisme.

14

Comment ne pas mourir de la maladie de Parkinson

Dans les années 1960, en plein mouvement des droits civiques, mon père esquivait les balles durant les émeutes de Brooklyn, cherchant l'angle parfait pour capturer les meilleures images de ma mère arrêtée par la police lors des manifestations. Une de ses œuvres les plus célèbres – une des photos de l'année 1963 du journal *Esquire* – représentait Mineral Bramletter, un ami de la famille, suspendu entre deux policiers blancs dans une pose christique tandis qu'un troisième policier lui serrait la gorge.

Quelle cruelle ironie du sort qu'un célèbre photojournaliste développe une maladie qui fait trembler ses mains ! Pendant des années, mon père a souffert de la maladie de Parkinson. Lentement et bien trop douloureusement, il a perdu la capacité de prendre soin de lui-même et de vivre un tant soit peu comme avant. Il s'est retrouvé cloué dans un lit et forcé d'accepter une vie faite de compromissions.

Après seize ans de lutte, il s'est rendu une dernière fois à l'hôpital. Comme cela se produit souvent avec les maladies chroniques, une complication en a entraîné une autre. Il a contracté une pneumonie et passé ses dernières semaines sous respirateur artificiel, dans de longues souffrances. Ces semaines d'hospitalisation ont été les pires de sa vie, et de la mienne.

Les hôpitaux sont des lieux où il est très pénible de vivre et tout aussi pénible de mourir. C'est pourquoi nous devons tous prendre soin de nous-mêmes.

Comme le montre l'histoire de mon père, la maladie de Parkinson peut finir de façon dramatique. Il s'agit de la deuxième maladie dégénérative la plus courante après la maladie d'Alzheimer. La maladie de Parkinson est un trouble invalidant qui affecte la rapidité, la qualité et l'aisance des mouvements. Ses symptômes caractéristiques, qui s'aggravent au fil de l'évolution de la maladie, sont des tremblements des mains, des raideurs dans les membres, des pertes d'équilibre et des difficultés à marcher. Elle peut également affecter l'humeur, la pensée et le sommeil. La maladie de Parkinson est à l'heure actuelle incurable.

La maladie est causée par la mort des cellules nerveuses d'une région du cerveau qui contrôle les mouvements. Elle intervient en général après 50 ans. Un antécédent de traumatisme crânien peut augmenter le risque[1], ce qui pourrait expliquer pourquoi des boxeurs poids lourds, dont Mohamed Ali, et des joueurs de la NFL tels que Forrest Gregg en aient été victimes. Néanmoins, pour la plupart des gens, un des facteurs de risque réside dans les polluants toxiques présents dans notre environnement, qui peuvent s'accumuler dans l'alimentation et, à la longue, affecter le cerveau.

Le Panel présidentiel américain sur le cancer de 2008-2009 a présenté au Président un rapport du National Cancer Institute, sur cette omniprésence des produits chimiques industriels dans le monde actuel. Il a conclu :

« Le peuple américain – même avant la naissance – est continuellement bombardé d'expositions dangereuses. Le Panel vous exhorte [Monsieur le Président] à utiliser votre pouvoir pour éliminer de notre nourriture, de l'eau et de l'air les substances cancérigènes et autres toxines qui augmentent inutilement les coûts des soins de santé, paralysent la productivité de notre nation et dévastent des vies américaines[2]. »

En plus d'augmenter le risque de développer de nombreux cancers, les polluants industriels pourraient jouer un rôle dans la survenue de maladies neurodégénératives telles que la maladie de Parkinson[3].

Et on trouve ces toxines dans les organismes de la plupart des gens.

Régulièrement, le CDC (Centre de contrôle et de prévention des maladies) mesure le taux de polluants chimiques dans l'organisme de milliers d'Américains à travers le pays. Selon ses découvertes, le corps de la plupart des femmes américaines est contaminé par des métaux lourds et un certain nombre de solvants toxiques, perturbateurs endocriniens, agents ignifugeants, produits chimiques dérivés du plastique, biphényles polychlorés (PCB) et pesticides interdits tels que le DDT[4] (contre lequel la biologiste américaine Rachel Carson a alerté l'opinion publique dans son best-seller *Silent Spring*, publié en 1962).

Dans 99 à 100 % des cas sur les centaines de femmes testées, on a relevé un taux de polluants décelable dans le sang. Chez les femmes enceintes, on a trouvé, en moyenne, jusqu'à 50 produits chimiques différents[5]. Ces substances potentiellement toxiques sont-elles transmises à leurs enfants ? Les chercheurs ont décidé de vérifier cette hypothèse en mesurant le taux de polluants dans le sang du cordon ombilical juste après l'accouchement. (Dès que le cordon est coupé, un peu de sang peut être recueilli dans un flacon de verre.) Après avoir examiné plus de 300 femmes qui venaient d'accoucher, ils ont trouvé que 95 % des échantillons de cordon ombilical présentaient des résidus de DDT[6]. Et ce alors que le pesticide est banni depuis des décennies.

Qu'en est-il des hommes ? Pour certains polluants, ils présentent un taux supérieur aux femmes. L'explication de ce mystère a été trouvée dans les antécédents d'allaitement. Dans l'organisme des femmes qui n'avaient jamais allaité, on trouvait le même taux de certains toxiques que chez les hommes, mais chez celles qui avaient allaité longtemps, ce taux avait baissé en proportion, indiquant qu'elles se détoxiquaient en transmettant les polluants à leurs enfants[7].

Il semble que, chez les femmes, le taux de certains polluants dans le sang puisse être divisé par deux pendant la grossesse[8], en partie parce que leur organisme les transmet par l'intermédiaire du placenta[9]. Cela pourrait expliquer pourquoi les concentrations de polluants dans le lait maternel paraissent plus élevées après la première grossesse que lors des suivantes[10]. Le rang de naissance s'est donc avéré être un bon indicateur du taux de polluants chez les jeunes gens. Pour l'essentiel, les aînés pourraient avoir reçu la plus grosse ration du stock de déchets toxiques de leur mère, ce qui en laisse moins à leurs frères et sœurs[11].

Même les mères qui ont été allaitées ont tendance à présenter un taux plus élevé de polluants dans leur propre lait une fois adultes, ce qui suggère une transmission multigénérationnelle de ces substances chimiques[12]. En d'autres termes, ce que vous mangez aujourd'hui pourrait affecter le taux de substances chimiques de vos petits-enfants. Maintenant, pour ce qui est de l'alimentation des nourrissons, l'allaitement reste – absolument[13] – préférable, mais, au lieu de nous décharger de nos substances toxiques sur nos enfants, nous devrions nous efforcer de ne pas nous intoxiquer en premier lieu.

En 2012, des chercheurs de l'université de Californie à Davis ont publié une analyse du régime alimentaire des enfants californiens âgés de 2 à 7 ans. (On estime que les enfants sont particulièrement vulnérables aux substances chimiques d'origine alimentaire parce qu'ils sont en pleine croissance et ont par conséquent un apport plus important de nourriture et de liquides comparativement à leur poids.) Les substances chimiques et les métaux lourds d'origine alimentaire trouvés dans l'organisme des enfants dépassaient le seuil de toxicité dans des proportions plus importantes que chez l'adulte. Cela peut aussi faire augmenter le facteur de risque de cancer de façon non négligeable. Pour chaque enfant observé, les taux de référence étaient dépassés pour l'arsenic, la dieldrine (un pesticide interdit) et un sous-produit industriel potentiellement très toxique : les dioxines. Ils avaient également un taux trop élevé de DDE, sous-produit du DDT[14].

Quels aliments ont le plus contribué à l'intoxication aux métaux lourds ? La principale source d'arsenic était les volailles chez les enfants d'âge préscolaire et, pour leurs parents, le thon[15]. La source principale de plomb ? Les produits laitiers. Et de mercure ? Les fruits de mer[16].

Les personnes qui craignent d'exposer leurs enfants aux vaccins contenant du mercure devraient savoir que la consommation d'une seule portion de poisson par semaine pendant la grossesse peut laisser des quantités de mercure plus importantes dans l'organisme de leur enfant qu'une injection directe d'une douzaine de vaccins en contenant[17]. Vous devriez vous efforcer de limiter votre exposition au mercure, mais les bénéfices de la vaccination excèdent largement les risques. On ne peut pas en dire autant du thon[18].

Dans quels aliments trouve-t-on tous ces polluants ? À l'heure actuelle, le DDT provient en majorité de la viande, et en particulier du poisson[19]. Les océans sont les égouts de l'humanité ; tout finit par se retrouver dans la mer. C'est également vrai pour les PCB – un autre ensemble de substances chimiques interdites, autrefois largement utilisées comme fluide isolant dans les équipements électriques. Une étude portant sur plus de 12 000 échantillons de denrées alimentaires et d'aliments pour animaux et s'étendant sur plus de 18 pays a montré que la plus forte concentration de PCB était présente dans le poisson et les huiles de poisson, suivis par les œufs, les produits laitiers et les autres viandes. Le taux de contamination le plus faible se trouvait à la base de la chaîne alimentaire, dans les végétaux[20].

L'hexachlorobenzène, un autre pesticide interdit depuis presque un demi-siècle, se trouve aujourd'hui principalement dans les produits laitiers et la viande, y compris le poisson[21]. Et qu'en est-il des produits chimiques perfluorés, ou des PCB ? Ils figurent pour l'essentiel dans le poisson et les autres viandes[22]. Quant aux dioxines, pour les États-Unis, la source la plus concentrée pourrait être le beurre, suivi par les œufs, puis la viande transformée[23]. Le taux de dioxines relevé dans les œufs pourrait expliquer qu'une étude ait conclu que manger plus d'un demi-œuf par jour était associé à un risque deux à trois fois plus élevé de cancers de la bouche, du côlon, de la vessie, de la prostate et du sein comparativement à une consommation nulle[24].

Si les femmes souhaitent adopter une alimentation plus saine avant la conception, combien de temps faut-il pour éliminer ces polluants de l'organisme ? Pour le découvrir, des chercheurs ont demandé à des gens de consommer chaque semaine une large portion de thon ou d'autres poissons à teneur élevée en mercure, pendant quatorze semaines, afin de faire augmenter leur taux de métaux lourds, puis d'arrêter.

En mesurant la vitesse à laquelle le taux de métaux lourds baissait, les scientifiques ont pu calculer la demi-vie du mercure dans l'organisme[25]. Les sujets paraissaient en mesure d'éliminer la moitié du mercure en deux mois. Ce résultat semble indiquer que, moins d'un an après avoir cessé de consommer du poisson, l'organisme pourrait se détoxiquer d'environ 99 % du mercure. Hélas, il semble avoir plus de mal à éliminer d'autres polluants industriels présents dans le poisson ; la demi-vie de certaines dioxines, des PCB et des dérivés du DDT présents dans le poisson pourrait aller jusqu'à dix ans[26]. Donc, une baisse de 99 % pourrait prendre plus d'un siècle – ce qui est un peu long pour reporter la conception de son premier enfant.

À ce stade, vous vous demandez sans doute comment ces substances chimiques se retrouvent dans nos aliments. Mais nous avons tellement pollué notre planète que les polluants peuvent même se retrouver dans l'eau de pluie. Par exemple, des scientifiques ont découvert que huit pesticides différents contaminaient les sommets enneigés des montagnes Rocheuses du Colorado[27]. Une fois que les polluants ont pénétré dans la terre, ils peuvent remonter la chaîne alimentaire à des concentrations plus élevées. Songez qu'avant de passer à l'abattoir pour être transformée en viande une vache laitière peut consommer jusqu'à 40 000 kg de végétaux. Les produits chimiques des végétaux peuvent s'accumuler dans sa graisse. Par conséquent, dans le cas de nombreux pesticides et polluants liposolubles, chaque fois que vous mangez un hamburger, vous mangez aussi tout ce que ce bœuf a consommé. Le meilleur moyen de réduire l'exposition aux toxines industrielles pourrait être de consommer le plus possible d'aliments à la base de la chaîne alimentaire, soit les végétaux.

Réduire la consommation de dioxines

Les dioxines sont des polluants extrêmement toxiques qui s'accumulent dans les tissus adipeux des animaux, et environ 95 % de l'exposition humaine provient de la consommation de produits animaux[28]. La contamination de la nourriture pour animaux peut être en cause. Dans les années 1990, par exemple, lors d'une étude réalisée dans les supermarchés, les concentrations les plus élevées de dioxines ont été trouvées dans le poisson-chat d'élevage[29]. Il semblerait que les poissons-chats étaient nourris avec un antiagglomérant bourré de dioxines qui provenaient sans doute des boues d'épuration[30].

La même nourriture a été donnée aux poulets, affectant ainsi sans doute 5 % de leur production aux États-Unis à l'époque[31]. Cela signifie que les gens ont mangé des centaines de millions de poulets contaminés[32]. Et bien sûr, si les dioxines étaient présentes dans les poulets, elles l'étaient aussi dans leurs œufs. D'ailleurs, on a relevé un taux élevé de dioxines dans les œufs américains[33]. Le département américain de l'Agriculture a estimé que moins d'1 % des aliments étaient contaminés, mais 1 % de la production d'œufs correspond à plus d'un million d'œufs chaque jour. La contamination du poisson-chat était encore plus étendue : plus d'un tiers de tous les poissons-chats d'élevage américains testés se sont révélés contaminés aux dioxines[34].

En 1997, la Food and Drug Administration a mis en demeure les fabricants d'aliments destinés aux animaux de cesser d'utiliser ces ingrédients contaminés aux dioxines, déclarant qu'« une exposition prolongée à des taux élevés de dioxines dans la nourriture pour animaux augmente le risque d'effets néfastes sur la santé des animaux, et des humains qui consomment des produits alimentaires d'origine animale[35] ». L'industrie agroalimentaire a-t-elle assaini ses pratiques ? Un quart de milliard de kilos de poissons-chats ont continué à être produits par les exploitations piscicoles chaque année[36], mais le gouvernement n'en a vérifié la conformité que plus de dix ans après. Des chercheurs du département américain de l'Agriculture ont testé des échantillons de poisson-chat dans l'ensemble du pays et ont signalé que 96 % d'entre eux contenaient toujours des dioxines ou des composés apparentés. Quant aux aliments utilisés pour l'élevage, plus de la moitié des échantillons étaient contaminés[37].

Autrement dit, l'industrie agroalimentaire sait depuis plus de deux décennies que ce avec quoi elle nourrit les animaux (et, en définitive, la plupart d'entre nous[38]) peut contenir des dioxines, mais apparemment elle poursuit cette pratique sans états d'âme.

L'Institute of Medicine a émis des suggestions pour réduire l'exposition à la dioxine, par exemple enlever le gras de la viande et éviter de recycler les graisses animales en sauce[39]. Ne serait-il pas plus prudent de simplement débarrasser votre alimentation des aliments d'origine animale ? Les chercheurs ont estimé qu'une alimentation d'origine végétale pouvait éliminer environ 98 % de votre absorption de dioxines[40].

Le tabagisme et la maladie de Parkinson

Le Centre de contrôle et de prévention des maladies a récemment célébré le 52e anniversaire du rapport du département de la Santé américain de 1964 sur le tabagisme, considéré comme une des grandes avancées de la santé publique de notre époque[41]. Il est intéressant de faire un retour dans le temps et de lire les réactions de l'industrie du tabac à ce rapport. Par exemple, un industriel a soutenu que, contrairement à l'argument du département de la Santé selon lequel le tabac coûterait des milliards à la nation, « le tabagisme fait économiser de l'argent au pays en augmentant le nombre de ceux qui meurent peu après avoir pris leur retraite[42] ». Qu'on pense donc à tout l'argent épargné, pour le système de soins et de santé publique, grâce aux cigarettes !

L'industrie du tabac a également critiqué le « manque de prise en considération des avantages du tabagisme[43] ». Comme les acteurs de l'industrie en ont témoigné devant le Congrès, ces « bénéfices pour la santé » comprennent « un sentiment de bien-être, de satisfaction, le bonheur et tout le reste ». Au-delà de ce bonheur que le département de la Santé essayait de réduire à néant, le Tobacco Institute plaidait en faveur de « tout le reste », y compris une protection contre la maladie de Parkinson[44].

En effet, de façon inattendue, plus d'une soixantaine d'études au cours du demi-siècle passé ont montré que le tabagisme est associé à une baisse significative de l'incidence de la maladie de Parkinson[45]. Toutes les tentatives d'explication de ces découvertes ont échoué. Les scientifiques de la santé publique ont répliqué que c'était sans doute parce que les fumeurs mouraient avant d'avoir contracté la maladie de Parkinson. Mais, en réalité, le tabagisme semble protecteur à tous les âges[46]. Cela pourrait être parce que les fumeurs boivent davantage de café, dont nous connaissons les effets protecteurs[47]. Mais, là encore, les chercheurs ont éliminé cette explication grâce à des études contrôlées sur la consommation de café[48]. D'autres études portant sur des jumeaux monozygotes ont éliminé le facteur génétique[49]. Même le simple fait de grandir dans une maison où les parents fument semble avoir un effet protecteur contre le développement de la maladie de Parkinson[50]. L'industrie du tabac avait-elle donc raison ? Et cela a-t-il vraiment la moindre importance ?

Depuis le rapport de 1964, plus de 20 millions d'Américains sont morts des suites du tabagisme[51]. Même si vous étiez indifférent à l'idée de mourir d'un cancer ou d'un emphysème, ou même si votre seul souci était de protéger votre cerveau, vous ne devriez pas fumer. Le tabagisme est un important facteur de risque d'AVC[52]. Mais peut-être pourriez-vous obtenir les bénéfices du tabagisme sans ses risques ?

Peut-être est-ce possible. L'agent protecteur du tabac s'avère être la nicotine[53]. Le tabac fait partie de la famille des solanacées, groupe de végétaux qui comprend les tomates, les pommes de terre, les aubergines et les poivrons. Tous contiennent de la nicotine, mais dans des quantités si infimes – plusieurs centaines de fois moins que dans une seule cigarette – que le potentiel protecteur des légumes a été exclu[54]. On a cependant découvert ensuite que seulement une ou deux bouffées de cigarette pouvaient saturer la moitié des récepteurs nicotiniques de votre cerveau[55]. Puis on a appris que le tabagisme passif pouvait faire baisser le risque de développer la maladie de Parkinson[56] et que l'exposition à la nicotine est identique dans un restaurant fumeurs et avec un repas sain dans un restaurant non fumeurs[57]. Par conséquent, manger beaucoup de légumes de la famille des solanacées aurait-il des effets protecteurs contre la maladie de Parkinson en fin de compte ?

Des chercheurs de l'université de Washington ont décidé de vérifier cette hypothèse en testant la teneur en nicotine des solanacées. Ils n'en ont pas trouvé du tout dans les aubergines, en ont relevé très peu dans les pommes de terre, un peu dans les tomates et une quantité plus importante dans les poivrons. Ces résultats concordaient avec ce que les chercheurs ont découvert en étudiant presque 500 sujets à qui on avait récemment diagnostiqué la maladie de Parkinson et en les comparant à un groupe de contrôle. La consommation de légumes riches en nicotine, en particulier les poivrons, est corrélée avec un risque sensiblement moins élevé de développer la maladie de Parkinson[58]. (Cet effet n'a été constaté que chez les non-fumeurs, l'afflux de nicotine qui provient des cigarettes noyant probablement tout effet nutritionnel.) Cette étude pourrait expliquer les associations précédentes entre le risque de la maladie de Parkinson et un effet relativement protecteur de la consommation de tomates et de pommes de terre, ainsi que du régime méditerranéen riche en solanacées[59].

Les chercheurs de l'université de Washington ont conclu que de nouvelles études seraient nécessaires avant d'envisager des interventions nutritionnelles pour la prévention de la maladie de Parkinson. Mais si ces interventions consistent à se faire plaisir en mangeant des plats sains comme des poivrons farcis à la sauce tomate, je ne vois aucune raison d'attendre.

Les produits laitiers

On a remarqué que les patients atteints de la maladie de Parkinson avaient un taux élevé de pesticides organochlorés dans le sang, une classe de pesticides qui sont pour la plupart interdits et incluent le DDT[60]. Des études d'autopsies ont également révélé un taux élevé de pesticides dans les tissus cérébraux des malades de Parkinson[61]. On a aussi trouvé des taux élevés d'autres polluants dans leur cerveau, et les plus fortes concentrations de certains PCB correspondaient aux lésions les plus profondes dans la région du cerveau que l'on considère comme responsable de la maladie, nommée *substantia nigra*[62]. Ainsi que nous l'avons précisé un peu plus tôt, même si un grand nombre de ces substances chimiques sont interdites depuis plusieurs décennies, elles peuvent subsister dans l'environnement. Vous pouvez continuer à y être exposé à travers la consommation de denrées animales contaminées, y compris les produits laitiers[63]. On a remarqué que les personnes qui ont une alimentation d'origine végétale et ne consomment pas de produits laitiers présentent un taux sanguin de PCB impliqués dans le développement de la maladie de Parkinson nettement moins important[64].

Une méta-analyse d'études portant sur plus de 300 000 participants a conclu que la consommation de produits laitiers était associée à une augmentation significative du risque de développer la maladie de Parkinson. Les scientifiques ont estimé que le risque pouvait augmenter de 17 % pour chaque verre de lait consommé par jour[65]. « La contamination du lait par des neurotoxines pourrait être d'une importance cruciale[66] », ont indiqué les chercheurs en guise d'explication. Par exemple, une substance chimique neurotoxique telle que la tétrahydroisoquinoline (THIQ), un composé employé pour induire le parkinsonisme chez les primates pour les études en laboratoire[67], semble se trouver principalement dans le fromage[68]. Les concentrations relevées étaient faibles, mais on craint qu'elles puissent s'accumuler dans l'organisme tout au long de la vie[69], provoquant un taux élevé dans le cerveau des patients parkinsoniens[70]. On a demandé à plusieurs reprises à l'industrie laitière de procéder à un dépistage des toxines dans le lait[71], mais jusqu'à présent en vain.

Un récent éditorial d'une revue de nutrition a considéré que le dossier était clos : « La seule explication possible de cet effet est la preuve de la contamination du lait par des neurotoxines[72]. » Mais il existe d'autres explications de l'évidence du lien entre les produits laitiers et la maladie de Parkinson[73]. Par exemple, le taux de polluants ne permet pas d'expliquer pourquoi cette maladie semble plus étroitement liée à la consommation de lactose que de graisses du lait[74], et plus étroitement liée au lait qu'au beurre[75]. Le coupable serait donc peut-être le galactose, le sucre du lait décrit dans le chapitre 13, qui est responsable d'une augmentation du risque de fracture osseuse, de cancer et de décès[76]. Les personnes incapables de se détoxiquer du galactose du lait souffrent d'atteinte osseuse, mais aussi cérébrale[77]. Cela pourrait expliquer en partie le lien entre la consommation de lait et la maladie de Parkinson, et une autre maladie neurodégénérative – la maladie de Huntington. En effet, une consommation élevée de produits laitiers semblerait doubler le risque de maladie de Huntington précoce[78].

Une autre explication serait que la consommation de lait fait baisser le taux sanguin d'acide urique, qui est un antioxydant[79] du cerveau important, protégeant les cellules nerveuses du stress oxydatif causé par les pesticides[80]. L'acide urique pourrait également ralentir la progression des maladies de Huntington[81] et de Parkinson[82] et, plus important, réduirait le risque de développer la maladie de Parkinson en premier lieu[83]. En revanche, trop d'acide urique pourrait cristalliser dans vos articulations et entraîner une maladie douloureuse – la goutte ; l'acide urique peut donc être considéré comme une arme à double tranchant[84]. Un excès d'acide urique est aussi associé à la maladie cardiaque et rénale ; un manque, à la maladie d'Alzheimer, de Huntington, de Parkinson, à la sclérose en plaques et à l'AVC[85,86]. Les personnes qui ont une alimentation d'origine végétale dépourvue de produits laitiers paraissent parvenir au taux d'acide urique optimal en termes de longévité[87].

Le lait n'est certainement pas bon pour votre organisme, du moins pour vos os et votre cerveau.

Les régimes d'origine végétale et les polluants

Comme nous l'avons indiqué, les organochlorés sont un groupe de composés chimiques qui comprennent les dioxines, les PCB et des insecticides tels que le DDT. Même si la plupart d'entre eux ont été interdits depuis plusieurs décennies, ils persistent dans l'environnement et pénètrent dans la chaîne alimentaire à travers les graisses animales consommées par les humains.

Et si vous ne consommiez aucun produit d'origine animale ? Les chercheurs ont découvert que « les végétaliens sont sensiblement moins pollués que les omnivores » en mesurant leur taux sanguin d'organochlorés[88]. Cette conclusion concorde avec d'autres études qui montrent un taux élevé de pesticides organochlorés dans la graisse corporelle[89] et le lait maternel[90] des personnes consommant de la viande.

On a également remarqué que les gens qui ont une alimentation d'origine entièrement végétale avaient un taux de dioxines dans l'organisme[91] nettement inférieur, ainsi qu'une moindre contamination aux PBDE[92], un polluant chimique ignifuge également lié à des problèmes neurologiques[93]. Mais cela n'est pas étonnant : les taux les plus élevés de polluants ignifuges d'origine alimentaire ont été retrouvés dans le poisson, cependant la source principale d'ingestion pour la plupart des Américains est la volaille, suivie de la viande transformée[94]. Cette découverte explique en partie le faible taux de PBDE dans l'organisme de ceux qui ne consomment pas de viande[95]. Il semble que plus vous mangez de produits d'origine végétale et plus vous restez longtemps sans manger d'aliments d'origine animale, plus votre taux baisse[96]. Aucune limite réglementaire n'a été fixée concernant le taux des PBDE dans l'alimentation, mais comme les chercheurs du département américain de l'Agriculture l'ont noté dans une étude portant sur les substances chimiques ignifuges dans la viande et la volaille, « réduire le taux de composés toxiques non nécessaires et rémanents dans les aliments et dans votre régime alimentaire est certainement souhaitable[97] ».

Manger plus sainement peut également réduire les concentrations de métaux lourds dans l'organisme. On a remarqué que le taux de mercure mesuré dans les cheveux des végétaliens était dix fois plus faible que chez ceux qui consommaient du poisson[98]. Moins de trois mois après l'adoption d'un régime à base de végétaux, le taux de mercure, de plomb et de cadmium dans les cheveux semble chuter sensiblement (toutefois, il grimpe à nouveau lorsque les œufs et la viande reviennent au menu[99]). Mais, contrairement aux métaux lourds, certains polluants peuvent persister pendant des décennies[100]. Et les DDT que vous absorbez en consommant du poulet peuvent vous accompagner pour le reste de vos jours.

Les baies

Le Dr James Parkinson, dans sa première description de la maladie qui porte son nom, vieille de plusieurs siècles, a décrit un de ses traits caractéristiques : un transit très lent, ou une constipation qui peut précéder le diagnostic de nombreuses années[101]. Nous avons appris depuis que la fréquence du transit pouvait même être un facteur prédictif de la maladie de Parkinson. On a découvert que les hommes qui allaient à la selle moins d'une fois par jour, par exemple, présentaient quatre fois plus de risques de développer la maladie des années plus tard[102]. On a suggéré un rapport de cause à effet inversé : la constipation n'entraînait peut-être pas la maladie de Parkinson, mais il est possible que la maladie de Parkinson, même des années avant d'être diagnostiquée, soit à l'origine de la constipation. Cette hypothèse a été corroborée par des sources non confirmées indiquant que, tout au long de leur vie, ceux qui ont développé la maladie de Parkinson n'ont jamais ressenti la soif, et peut-être cette faible consommation d'eau a-t-elle provoqué leur constipation[103].

Par ailleurs, compte tenu du lien qui existe entre les polluants alimentaires et la maladie de Parkinson, la constipation pourrait directement contribuer à la maladie : plus les selles restent longtemps dans l'intestin, plus les substances neurotoxiques présentes dans l'alimentation risquent d'être absorbées[104]. Plus de 100 études établissent désormais un lien entre les pesticides et une augmentation du risque de développer la maladie de Parkinson[105], mais un grand nombre d'entre eux résultent d'une exposition professionnelle ou ambiante. Environ un demi-milliard de kilos de pesticides sont utilisés chaque année aux États-Unis[106], et le simple fait de vivre ou de travailler dans une zone de pulvérisation intensive pourrait augmenter votre risque[107]. L'utilisation de pesticides domestiques courants tels que les bombes insecticides est aussi associée à une augmentation significative du risque[108].

De quelle façon les pesticides augmentent-ils le risque de développer la maladie de Parkinson ? Les scientifiques pensent qu'ils pourraient entraîner des mutations d'ADN qui augmentent la prédisposition[109] ou affectent la façon dont certaines protéines se replient dans le cerveau. Pour fonctionner efficacement, les protéines doivent avoir la forme adéquate. À mesure que de nouvelles protéines sont créées dans vos cellules, les défaillantes, qui naissent pliées de façon incorrecte, sont simplement recyclées et l'organisme recommence l'opération. Cependant, certaines protéines mal pliées peuvent prendre une forme que l'organisme a du mal à décomposer. Et si ce problème se répète continuellement, les protéines mal formées peuvent s'accumuler et entraîner la mort des cellules nerveuses du cerveau. Les protéines bêta-amyloïdes mal pliées, par exemple, sont impliquées dans la maladie d'Alzheimer (voir dans le chapitre 3) ; les protéines de prion mal pliées provoquent la maladie de la vache folle, une autre protéine malformée entraîne la maladie de Huntington, et enfin une protéine alpha-synucléine peut être à l'origine de la maladie de Parkinson[110]. Dans l'étude la plus complète à ce jour, 8 pesticides parmi les 12 les plus courants ont provoqué l'accumulation de protéines alpha-synucléine dans des cellules nerveuses du cerveau humain dans une boîte de Petri[111].

Comme je l'ai mentionné, la maladie de Parkinson est provoquée par la mort de cellules nerveuses spécifiques d'une région du cerveau qui contrôle les mouvements. Lorsque le premier symptôme se manifeste, 70 % de ces cellules d'une importance cruciale sont peut-être déjà mortes[112]. Les pesticides tuent ces neurones avec une telle facilité que les scientifiques en utilisent souvent en laboratoire pour essayer de recréer la maladie de Parkinson chez les animaux afin de tester de nouveaux traitements[113].

Si les pesticides tuent vos cellules cérébrales, y a-t-il quoi que ce soit que vous puissiez faire pour interrompre ce processus, excepté réduire votre exposition ? Il n'existe aucun médicament connu qui puisse empêcher ces protéines mal formées de s'accumuler, mais certains phytonutriments, les flavonoïdes – que l'on trouve dans les fruits et les légumes – pourraient avoir des effets protecteurs. Les chercheurs ont testé 48 composés végétaux capables de traverser la barrière hémato-encéphalique pour voir s'ils pouvaient empêcher les protéines alpha-sinucléine de s'agglomérer. À leur grand étonnement, non seulement un certain nombre de flavonoïdes y sont parvenus, mais ils ont également éliminé des dépôts existants[114].

Cette étude suggère qu'en ayant une alimentation saine, vous pouvez réduire votre exposition aux polluants, tout en neutralisant leurs effets. Et pour neutraliser les effets des pesticides, les baies s'avèrent particulièrement efficaces. Lors d'une confrontation directe des pesticides et des baies, les chercheurs ont découvert que des cellules nerveuses pré-incubées avec un extrait de myrtille étaient devenues plus résistantes aux effets débilitants d'un pesticide courant[115]. Mais la plupart des études telles que celle-ci ont été réalisées in vitro, dans une boîte de Petri. Y a-t-il la moindre preuve que les baies puissent avoir un effet significatif chez l'être humain ?

Une étude restreinte publiée il y a plusieurs décennies indique que la consommation de myrtilles et de fraises pourrait avoir un effet protecteur contre la maladie de Parkinson[116], mais la question est restée en suspens jusqu'à ce qu'une étude de l'université Harvard portant sur environ 130 000 personnes montre que les gens qui consomment davantage de baies paraissent en effet avoir un risque nettement plus faible de développer la maladie[117].

L'éditorial qui accompagnait l'étude dans la revue *Neurology* a conclu que de nouvelles recherches sont nécessaires, mais que « d'ici là manger une pomme par jour serait sans doute une idée judicieuse[118] ». Les pommes semblaient avoir un effet protecteur contre la maladie de Parkinson, mais seulement chez les hommes. En revanche, tout le monde avait l'air de tirer bénéfice de la consommation de myrtilles et de fraises, les seules baies testées dans cette étude[119].

Si vous décidez de suivre mon conseil et de manger des baies tous les jours, je vous recommande de ne pas les servir avec de la crème. Non seulement il a été démontré que les produits laitiers inhibaient une partie des effets bénéfiques des baies[120], mais, comme nous l'avons vu précédemment, les produits laitiers pourraient contenir des composés qui provoquent les dommages auxquels les baies tentent de remédier.

La biomagnification du cannibalisme animal

Si les gens ne consomment que des aliments appartenant aux deux premiers niveaux de la chaîne alimentaire, les végétaux et ceux qui les consomment – c'est-à-dire les vaches, les cochons et les poulets nourris aux grains et au soja –, pourquoi la population est-elle aussi contaminée ? Ceux qui parmi vous se souviennent de la maladie de la vache folle connaissent peut-être la réponse. Dans le monde agroalimentaire moderne, les herbivores ont en gros été rayés de la carte.

Des millions de tonnes de sous-produits des abattoirs continuent de nourrir les animaux d'élevage aux États-Unis chaque année[121]. Nous avons transformé ces animaux non seulement en carnivores, mais également en cannibales virtuels. Lorsque nous nourrissons les animaux d'élevage avec des millions de tonnes de viande et de farines animales, nous leur transmettons également tous les polluants que cette nourriture peut contenir. Puis, une fois que ces animaux sont passés à l'abattoir, leurs déchets nourrissent la génération suivante d'animaux d'élevage, augmentant potentiellement la concentration des polluants de façon exponentielle[122]. Nous pouvons donc nous retrouver comme les ours polaires ou les aigles, au faîte de la chaîne alimentaire, et pâtir des conséquences des polluants biomagnifiés. Lorsque nous mangeons ces animaux d'élevage, c'est presque comme si nous mangions dans le même temps tous les animaux qu'ils ont ingérés.

L'utilisation des sous-produits des abattoirs pour nourrir les animaux d'élevage peut recycler à la fois les métaux lourds et les substances chimiques industrielles, qui se retrouvent ainsi dans l'alimentation. Le plomb s'accumule dans les os des animaux et le mercure dans les protéines animales[123] (ce qui explique pourquoi le blanc des œufs contient jusqu'à 20 fois plus de mercure que le jaune[124]).

Les polluants organiques persistants[125] (POP) s'accumulent dans les graisses animales. En réduire la consommation peut contribuer à limiter l'exposition, mais ces polluants peuvent se retrouver dans un grand nombre de produits d'origine animale. « Même si un mode de vie végétarien peut limiter la charge corporelle de POP, de mercure et de plomb, a noté un oncologue, de tels bénéfices peuvent être amoindris par la consommation de produits laitiers et d'œufs contaminés[126]. »

Si vous voulez faire baisser votre taux de POP, mangez le plus possible d'aliments à la base de la chaîne alimentaire.

Le café pour prévenir et traiter la maladie de Parkinson

Votre tasse de café matinale pourrait-elle contribuer à prévenir et peut-être même traiter une des maladies neurodégénératives les plus invalidantes ? Il semblerait que ce soit le cas.

Au moins 19 études ont été réalisées sur le sujet et, dans l'ensemble, la consommation de café est associée à une baisse d'un tiers du risque[127,128]. L'ingrédient clé semble être la caféine, étant donné que le thé a également un effet protecteur, et que le café décaféiné n'en a pas[129]. Comme pour les phytonutriments des baies, il a été démontré en laboratoire que la caféine protégeait les cellules nerveuses humaines, les empêchant d'être tuées par un pesticide et d'autres neurotoxines[130].

Que penser du café pour traiter la maladie de Parkinson ? Dans un essai contrôlé randomisé, en donnant à des patients atteints l'équivalent en caféine de deux tasses de café par jour (ou environ quatre tasses de thé noir, ou huit tasses de thé vert), on a constaté une amélioration significative des troubles du mouvement en l'espace de trois semaines[131,132].

Bien sûr, on ne peut pas faire payer des fortunes pour une tasse de café, alors les laboratoires pharmaceutiques ont essayé de tirer de la caféine de nouveaux médicaments expérimentaux, tels que le Preladenant et l'Istradefylline. Mais ils ne s'avèrent pas plus efficaces que le café, qui est nettement moins onéreux et a mieux fait ses preuves en termes d'innocuité.

Quelques choses simples peuvent réduire votre risque de mourir de la maladie de Parkinson : porter des ceintures de sécurité et des casques de vélo pour éviter les chocs à la tête ; faire régulièrement de l'exercice[133] ; éviter le surpoids[134] ; consommer des poivrons, des baies et du thé vert, et limiter votre exposition aux pesticides, aux métaux lourds et aux produits laitiers et autres produits animaux. Et croyez-moi lorsque je dis qu'aucune famille ne devrait avoir à supporter la tragédie de la maladie de Parkinson.

15

Comment ne pas mourir de causes iatrogènes

(ou Comment ne pas mourir à cause des médecins)

Comme le dit le proverbe, mieux vaut prévenir que guérir. Pourquoi changer votre alimentation et votre style de vie alors que vous pouvez simplement laisser la médecine moderne faire son boulot et vous guérir lorsque c'est nécessaire ?

Hélas, la médecine moderne n'est pas aussi efficace que le pensent la plupart des gens[1]. Les médecins excellent dès lors qu'il est question de traiter des affections aiguës, comme les fractures osseuses ou les infections, mais pour ce qui est des maladies chroniques, la médecine conventionnelle n'a pas beaucoup à offrir, et parfois même elle peut faire plus de mal que de bien.

Par exemple, on estime que les effets indésirables des médicaments prescrits dans les hôpitaux tuent environ

106 000 Américains chaque année[2]. Cette seule statistique fait des soins médicaux la sixième cause de décès dans notre pays. Et ce chiffre ne reflète que le nombre de décès consécutifs à la prise de médicaments tels qu'ils étaient prescrits. 7 000 personnes supplémentaires meurent chaque année d'avoir pris le mauvais médicament par erreur, et 20 000 autres d'erreurs médicales commises dans le cadre hospitalier[3]. Les hôpitaux sont des lieux dangereux, et c'est sans compter les 99 000 décès estimés chaque année à cause des infections nosocomiales[4]. Mais les décès consécutifs à une infection peuvent-ils être reprochés aux médecins ? Oui, si ces derniers ne se lavent même pas les mains.

Nous savons depuis 1840 que se laver les mains est le meilleur moyen de prévenir les infections nosocomiales, pourtant l'application de cette règle simple parmi le personnel médical dépasse rarement 50 %. Et les médecins sont les pires contrevenants[5]. Une étude a montré que, même dans une unité de soins intensifs où est affiché un signe de « précautions de contact » (signalant un risque particulièrement élevé d'infection), moins d'un quart des médecins se lavent les mains convenablement et utilisent un désinfectant pour les mains lorsqu'ils traitent les patients[6]. C'est la vérité. Pas même un médecin sur quatre ne s'est lavé les mains avant de les poser sur un malade. Beaucoup de médecins craignent que la révélation du nombre de gens morts chaque année des suites d'erreurs médicales soit susceptible d'« ébranler la confiance du public[7] ». Mais s'ils ne peuvent même pas se donner la peine de se laver les mains, quelle confiance méritent-ils ?

Cette situation regrettable (et très grave !) signifie que vous pouvez entrer à l'hôpital pour une simple opération et en ressortir avec une infection potentiellement mortelle – si vous en sortez. Chaque année, 12 000 Américains meurent des complications d'opérations chirurgicales qui n'étaient même pas nécessaires. Au total, cela fait 200 000 personnes décédées de causes dites iatrogènes (du grec ancien *iatrós*, signifiant « médecin »). Et ces chiffres ne reposent que sur les données relatives aux patients hospitalisés. Dans le cadre ambulatoire – par exemple, dans le cabinet de votre médecin –, les effets secondaires des médicaments prescrits pourraient à eux seuls être à l'origine de 199 000 décès supplémentaires[8].

L'Institute of Medicine estime que les erreurs médicales pourraient tuer encore davantage d'Américains – jusqu'à 98 000[9] –, ce qui amènerait le nombre total de décès annuels plus près de 300 000. C'est plus que l'ensemble de la population de Newark, Buffalo ou Orlando. Même en se référant à un calcul plus conservateur du nombre de décès dû aux erreurs médicales, les soins de santé représentent la troisième cause de mortalité en Amérique[10].

Comment la communauté médicale a-t-elle réagi à ces conclusions accablantes ? Par un silence assourdissant, tant en ce qui concerne les mots que les actes[11]. Le premier rapport, paru en 1978, indiquait qu'environ 120 000 décès survenus dans les hôpitaux auraient pu être évités[12]. Puis, seize ans plus tard, un autre rappel cinglant a été publié dans le *Journal of the American Medical Association*, indiquant que le nombre de morts iatrogènes pourrait équivaloir à « trois jumbo-jets qui s'écraseraient tous les deux jours[13] ».

Au cours des années qui ont séparé ces deux rapports, presque 2 millions d'Américains pourraient avoir succombé pour cause d'erreurs médicales, et pourtant la communauté médicale s'est refusée à tout commentaire sur cette tragédie et n'a fourni aucun effort substantiel pour réduire le nombre de morts[14]. Puis, 600 000 morts plus tard selon les estimations, le prestigieux Institute of Medicine a communiqué son propre rapport sur les conséquences catastrophiques des erreurs médicales[15] – mais, là encore, on n'a pas pris la mesure du problème[16].

Finalement, quelques changements ont été mis en application. Par exemple, on ne pouvait plus faire travailler les internes et les médecins résidents plus de quatre-vingts heures par semaine (du moins en théorie), et les gardes ne pouvaient dépasser trente heures consécutives. Cela peut ne pas paraître une grande avancée, mais lorsque j'ai commencé mon internat après l'obtention de mon diplôme de médecin, nous faisions des gardes de trente-six heures tous les trois jours – soit une semaine de cent dix-sept heures. Lorsque les internes et les résidents sont forcés de travailler des nuits entières, il pourrait y avoir 36 % d'erreurs médicales graves en plus, cinq fois plus d'erreurs de diagnostic et deux fois plus de « défaillances par manque d'attention[17] » (comme de s'endormir pendant une opération chirurgicale). Le patient est censé être endormi pendant l'opération, pas le chirurgien. Il n'est donc pas surprenant que des médecins surmenés présentent un risque 300 % supérieur d'erreur médicale liée à la fatigue qui entraîne la mort du patient[18].

Si chaque jour des avions de ligne s'écrasaient et tuaient des centaines de gens, nous demanderions à l'Administration fédérale de l'aviation d'intervenir. Pourquoi personne n'affronte la profession médicale ? Au lieu de se contenter de publier des rapports, des entités telles que l'Institute of Medicine auraient pu exiger que les médecins et les hôpitaux adoptent un minimum de mesures préventives, comme mettre des codes-barres sur les médicaments pour éviter les confusions[19]. (Vous savez, ce truc qu'on trouve même sur un paquet de bonbons au supermarché.)

Cependant, seuls les gens malades meurent des suites d'erreurs de médication ou des effets secondaires de leur traitement. Il faut que vous soyez hospitalisé pour mourir d'une erreur médicale ou attraper une infection nosocomiale. La bonne nouvelle, c'est que la plupart des consultations chez le médecin concernent des maladies qui peuvent être prévenues grâce à une alimentation et un mode de vie sains[20].

Le meilleur moyen d'éviter les effets indésirables des examens et traitements médicaux est d'éviter, non pas les médecins, mais la maladie.

Les radiations

Il existe des risques associés non seulement au traitement médical, mais parfois aussi au diagnostic. Un article intitulé « Les risques estimés de cancer mortel des suites du CT-scan pédiatrique », émanant de l'université de Columbia en 2001, a ravivé une inquiétude de longue date sur les risques associés à l'exposition aux radiations lors du diagnostic médical. Les CT-scans ou les CAT-scans utilisent de multiples rayons X sous différents angles pour créer des images en coupe, exposant l'organisme à des radiations considérablement plus nombreuses qu'une simple radiographie[21]. En s'appuyant sur l'augmentation du risque de cancer des survivants d'Hiroshima exposés à des doses de radiation similaires[22], on a estimé que, sur l'ensemble des enfants qui subissaient un CT-scan abdominal ou cérébral chaque année,

500 « pourraient mourir d'un cancer attribuable aux radiations du CT scan[23] ». En réponse à cette révélation, le rédacteur en chef d'une des principales revues de radiologie a concédé : « Nous, radiologues, pouvons avoir une part de responsabilité dans le manque de précautions vis-à-vis des enfants[24]. »

Le risque de développer un cancer après un seul CT-scan pourrait s'élever à un sur 150 pour un nourrisson de sexe féminin[25]. En général, on estime que la radiologie diagnostique réalisée sur une année pourrait entraîner 2 800 cancers du sein chez les femmes américaines, ainsi que 25 000 autres cancers[26]. Autrement dit, les médecins pourraient être à l'origine de dizaines de milliers de cancers chaque année.

Les patients qui passent un scanner sont rarement informés de ces risques. Par exemple, saviez-vous qu'on estime qu'un CT-scan du thorax fait courir le même risque de cancer que de fumer 700 cigarettes[27] ? Une femme d'âge mûr sur 270 pourrait développer un cancer à cause d'un simple angiogramme[28]. Les CT-scans et les radiographies peuvent sauver des vies, mais des preuves scientifiques indiquent qu'entre un cinquième et la moitié de l'ensemble des CT-scans ne sont absolument pas nécessaires et pourraient être remplacés par un type d'imagerie moins dangereuse, voire ne pas être réalisés du tout[29].

De nombreuses personnes ont exprimé leur inquiétude concernant l'exposition aux radiations liées aux scanners corporels à rayons X utilisés dans les aéroports[30], mais ces machines ont été progressivement supprimées. En revanche, pour ce qui est de l'avion lui-même, c'est une autre histoire. Parce que vous êtes exposé à davantage de rayons cosmiques dans l'espace aux plus hautes altitudes, un seul voyage aller d'un côté à l'autre des États-Unis pourrait vous exposer au même niveau de radiation qu'une radiographie du thorax[31]. (Compte tenu du nombre de conférences que j'ai données, je devrais être fluorescent dans le noir à présent !)

Pouvez-vous atténuer le risque lié aux radiations ? Comme pour beaucoup d'autres questions de santé, la réponse reste la même : vous pouvez manger sainement.

Dans une étude financée par le National Cancer Institute, des chercheurs ont observé les régimes alimentaires et l'intégrité chromosomique des pilotes de ligne, qui sont bombardés de radiations au quotidien, pour voir quels aliments pouvaient être protecteurs. Ils ont découvert que les pilotes qui consommaient le plus d'antioxydants d'origine alimentaire étaient ceux qui souffraient le moins de dégradations de l'ADN. Et notez que j'ai bien précisé : d'origine alimentaire. En effet, les compléments alimentaires de vitamines C et E n'ont semblé d'aucune utilité.

Les pilotes qui consommaient le plus de vitamine C issue des fruits et légumes semblaient bénéficier de ses effets protecteurs[32]. La prise de compléments d'antioxydants n'a pas l'air d'être simplement une perte d'argent. Les gens à qui on a administré 500 mg de vitamine C par jour ont subi en définitive davantage de lésions oxydatives de l'ADN[33].

N'oubliez pas que les antioxydants naturels des aliments ont une action synergique ; c'est la combinaison et l'interaction de l'ensemble des différents composés qui vous protègent, et non un seul antioxydant à haute dose tel qu'on en trouve dans les compléments. Par exemple, les pilotes qui absorbaient une variété d'antioxydants concentrés dans plusieurs aliments d'origine végétale comme les agrumes, les noix, les citrouilles et les poivrons avaient le taux le plus bas de lésions ADN en réaction aux radiations[34].

L'équipe de recherche a également découvert que les légumes verts, les légumes à feuilles tels que l'épinard et le kale semblaient un peu plus protecteurs vis-à-vis des radiations que les autres fruits et légumes[35]. J'ai emporté des chips de kale en avion pendant des années, juste parce qu'ils sont légers, et il s'avère qu'ils pourraient protéger mon ADN.

Cette protection assurée par les végétaux dont jouissent les pilotes de ligne a également fait ses preuves chez les survivants de la bombe atomique. Pendant plusieurs décennies, des chercheurs ont suivi 36 000 survivants des attaques nucléaires d'Hiroshima et de Nagasaki. Ceux dont l'alimentation était riche en fruits ou en légumes semblaient réduire de 36 % leur risque de cancer[36]. Nous avons fait le même constat après l'accident du réacteur nucléaire de Tchernobyl, en Ukraine : la consommation de fruits et légumes frais a paru protéger le système immunitaire des enfants, tandis que celle d'œufs et de poisson était associée à une augmentation significative du risque de dégradation de l'ADN. Les chercheurs ont suggéré que les aliments d'origine animale étaient contaminés par des éléments radioactifs, et invoqué le rôle des graisses animales dans la formation des radicaux libres[37].

Les événements nucléaires offrent une occasion rare d'étudier leurs effets sur les êtres humains, puisque, à l'évidence, il est contraire à la déontologie d'exposer intentionnellement les gens aux radiations. Pourtant, comme nous l'avons appris des documents datant de la guerre froide américaine et rendus publics, cela n'a pas empêché notre gouvernement d'injecter du plutonium aux gens « de couleur[38] », ni de placer des isotopes radioactifs dans les céréales du petit déjeuner d'enfants prétendument « attardés[39] ». En dépit de l'affirmation du Pentagone indiquant que c'était « le seul moyen possible » de développer des modes de protection de la population contre les radiations[40], les chercheurs ont depuis trouvé quelques méthodes qui ne violent pas le code de Nuremberg.

L'une d'elles consiste à étudier les cellules humaines dans un tube à essai. La recherche a mis en évidence, par exemple, que les globules blancs bombardés de rayons gamma subissaient moins de lésions d'ADN lorsqu'ils étaient au préalable traités avec des phytonutriments de racine de gingembre. Les composés du gingembre ont eu un effet protecteur sur l'ADN presque aussi efficace que le médicament majeur pour traiter la maladie liée aux radiations[41], à une dose 150 fois inférieure[42]. Ceux qui prennent du gingembre pour éviter le mal des transports pourraient se protéger de bien plus que de simples nausées.

D'autres aliments courants pourraient avoir un effet protecteur contre les dommages causés par les radiations, dont l'ail, le curcuma, les baies de goji et les feuilles de menthe[43], mais aucun d'eux n'a été testé lors d'études cliniques. Comment tester le pouvoir protecteur des aliments chez les gens plutôt que dans une boîte de Petri ? Pour étudier l'effet protecteur de l'alimentation contre les rayons cosmiques, on a observé des pilotes de ligne. Devinez qui a été observé pour voir si les aliments pouvaient protéger contre les rayons X ? Des techniciens en radiologie.

Les agents hospitaliers qui utilisent du matériel de radiographie au quotidien souffrent de davantage de lésions des chromosomes et présentent un taux de stress oxydatif supérieur aux autres agents hospitaliers[44]. C'est pourquoi les chercheurs ont recruté un groupe de techniciens en radiologie et leur ont demandé de boire deux tasses de tisane de mélisse pendant un mois. (La mélisse est une plante de la même famille que la menthe.) Même sur une aussi courte période, la tisane de mélisse a semblé capable de stimuler le taux sanguin d'enzymes antioxydantes chez les sujets, tout en réduisant la quantité de lésions ADN subies[45].

Les bénéfices de l'alimentation comparée aux médicaments

Selon une étude qui s'appuie sur plus de 100 000 habitants du Minnesota, 7 personnes sur 10 se verraient prescrire au moins un médicament chaque année. Au moins deux médicaments pour plus de la moitié et cinq ou plus pour 20 % d'entre elles[46]. Au total, les médecins dispensent environ 4 milliards d'ordonnances pour des médicaments chaque année aux États-Unis[47]. Ce qui fait environ 13 ordonnances par an pour chaque homme, femme et enfant.

Les deux médicaments les plus prescrits lors des consultations médicales sont le simvastatine, un médicament destiné à faire baisser le taux de cholestérol, et le lisinopril, une pilule destinée à traiter l'hypertension[48]. Un grand nombre de médicaments sont donc distribués pour prévenir la maladie. Mais à quel point ces milliards de pilules sont-elles efficaces ?

Une confiance exagérée dans le pouvoir des pilules et des procédures de prévention de la maladie pourrait expliquer en partie pourquoi médecins comme patients sous-estiment l'importance des interventions sur l'alimentation et le mode de vie. Lorsqu'on les interroge, les gens ont tendance à largement surestimer la capacité des mammographies et des coloscopies à prévenir les décès des suites d'un cancer, ou le pouvoir des médicaments tels que le Fosamax pour prévenir les fractures de la hanche, ou le Lipitor pour prévenir des crises cardiaques fatales[49]. Les patients croient que les statines destinées à faire baisser le cholestérol sont environ 20 fois plus efficaces pour prévenir les crises cardiaques qu'elles ne le sont en réalité[50]. Pas étonnant que la plupart des gens continuent à compter sur les médicaments pour les sauver ! Mais le secret le mieux gardé, c'est que la plupart des gens interrogés ont indiqué qu'ils ne seraient pas prêts à prendre un grand nombre de ces médicaments s'ils savaient le peu de bénéfices que ces produits apportent en réalité[51].

À quel point certains des médicaments parmi les plus prescrits aux États-Unis sont-ils inefficaces ? En ce qui concerne les médicaments anticholestérol, antihypertenseurs et anticoagulants, la probabilité pour qu'ils soient bénéfiques, même auprès de patients présentant un risque élevé, est de moins de 5 % sur une période de cinq ans[52]. La plupart des patients interrogés affirment qu'ils veulent qu'on leur dise la vérité[53]. Cependant, en tant que médecins, nous savons que si nous divulguions cette information, rares seraient les patients qui accepteraient de prendre ces médicaments chaque jour pour le reste de leur vie, ce qui nuirait au faible pourcentage qui en tirent un réel bénéfice. C'est pourquoi les médecins informés et les sociétés pharmaceutiques exagèrent les bénéfices en ne mentionnant pas, opportunément, à quel point ils sont en réalité infimes. Pour ce qui est de la gestion des maladies chroniques, la pratique de la médecine conventionnelle peut être perçue comme une pratique trompeuse.

Pour des centaines de millions de gens qui prennent ces médicaments dont ils ne tirent aucun bénéfice, le problème n'est pas simplement l'argent dépensé et les effets secondaires endurés. À mes yeux, la véritable tragédie réside dans toutes les occasions perdues de s'occuper de la cause profonde de l'état de santé du patient. Lorsque les gens surestiment très largement la protection que leur apporte leur traitement médicamenteux, ils sont sans doute moins susceptibles de procéder aux changements nutritionnels nécessaires pour réduire considérablement les risques qu'ils courent.

Prenons l'exemple des statines destinées à faire baisser le cholestérol. Le mieux que ces médicaments puissent offrir en termes de réduction du risque absolu d'une crise cardiaque ultérieure ou de décès est d'environ 3 % sur une période de six ans[54]. Un régime à base d'aliments végétaux complets pourrait être 20 fois plus efficace, offrant potentiellement une réduction du risque absolu de 60 % après moins de quatre ans[55]. En 2014, le Dr Caldwell Esselstyn Jr. a publié une série de cas relatifs à environ 200 individus souffrant de maladie cardiaque grave qui montrait qu'un régime alimentaire relativement sain à base de végétaux avait pu prévenir la survenue de malaises cardiaques graves chez 99,4 % des patients qui l'avaient suivi[56].

Mais on ne peut pas vraiment se permettre le luxe de choisir entre un régime sain et des pilules pour prévenir une attaque cardiaque, même quand on sait que les pilules en question n'auront peut-être aucun effet dans 97 % des cas. Bien sûr, régime et médicaments ne s'excluent pas mutuellement, et un grand nombre de patients suivis par le Dr Esselstyn ont continué de suivre leur traitement. Il s'agit donc avant tout d'avoir une compréhension réaliste du rôle limité que joue le contenu de votre armoire à pharmacie comparé à celui de votre réfrigérateur. La maladie cardiaque pourrait continuer d'être le principal fléau chez les hommes, les femmes, et en définitive les enfants si les médecins persistent à se reposer sur les médicaments et les stents. Toutefois, si vous adoptez une alimentation saine, vous parviendrez peut-être à vous libérer du joug que cette maladie fait peser sur votre cœur. Et c'est une information que les médecins peuvent fièrement divulguer à leurs patients.

L'aspirine

Quelle est l'efficacité des médicaments en vente libre ? Prenons l'exemple de l'aspirine, sans doute le médicament le plus utilisé au monde[57], qui existe sous forme de pilule depuis plus d'un siècle. Son ingrédient actif, l'acide salicylique, a été employé sous sa forme naturelle (l'écorce de saule) pour soulager la douleur pendant des milliers d'années[58]. Une des raisons de sa popularité – en dépit du fait que de meilleurs antidouleurs existent à présent – est son action anticoagulante pour laquelle des millions de gens l'utilisent au quotidien pour réduire le risque de crise cardiaque. Comme nous l'avons vu dans le chapitre 1, les crises cardiaques surviennent lorsqu'un caillot de sang se forme à cause de la rupture de la plaque d'athérome dans une des artères coronaires. Prendre de l'aspirine peut contribuer à empêcher que cela ne se produise.

L'aspirine pourrait aussi diminuer le risque de cancer[59], car elle inhibe une enzyme à l'origine de facteurs de coagulation. Dans le même temps, l'aspirine élimine des composés pro-inflammatoires, les prostaglandines, et atténue ainsi la douleur, l'enflure et la fièvre. Les prostaglandines pourraient également dilater les vaisseaux lymphatiques à l'intérieur des tumeurs, favorisant potentiellement la propagation des cellules cancéreuses[60].

Tout le monde devrait-il prendre une petite dose d'aspirine par jour ? (Notez qu'on ne doit jamais en donner aux nourrissons ni aux enfants[61].) Non, car elle peut entraîner des effets indésirables. Les propriétés anticoagulantes bénéfiques qui ont un effet sur la prévention de la crise cardiaque peuvent également provoquer un AVC hémorragique dans le cerveau. L'aspirine peut de plus endommager la paroi du tube digestif. Pour ceux qui ont déjà subi une crise cardiaque et qui continuent de suivre le régime alimentaire à l'origine de cette crise (qui sont donc exposés à un risque extrêmement élevé d'une autre attaque), l'analyse bénéfice/risque semble claire : prendre de l'aspirine préviendrait sans doute environ six fois plus de problèmes graves que cela ne pourrait en causer. Mais pour l'ensemble de la population qui n'a pas encore été victime d'une première crise cardiaque, les risques et les bénéfices sont à peu près équivalents[62]. Par conséquent, prendre un cachet d'aspirine par jour n'est en général pas recommandé[63]. Si l'on ajoute même 10 % de réduction de la mortalité liée au cancer, cela pourrait cependant faire pencher le rapport bénéfice/risque en faveur de l'aspirine[64]. Étant donné qu'une faible dose d'aspirine pourrait réduire le risque de mortalité liée au cancer d'un tiers[65], il est tentant de la recommander à presque tout le monde. Si seulement on pouvait avoir les bénéfices sans les risques…

Eh bien, c'est peut-être possible.

Le saule n'est pas la seule plante qui contient de l'acide salicylique, un grand nombre de fruits et légumes[66] en ont aussi. Cela explique pourquoi on trouve souvent l'ingrédient actif de l'aspirine dans le sang de personnes qui n'en prennent pas[67]. Plus vous consommez de fruits et légumes, plus votre taux d'acide salicylique est susceptible d'augmenter[68]. En fait, chez les végétaliens, ce taux dépasse celui des gens qui prennent une faible dose d'aspirine[69].

Avec tout l'acide salicylique qui circule dans leur sang, on pourrait penser que les végétaliens présentent un taux d'ulcère élevé, parce qu'on sait que l'aspirine érode la muqueuse digestive. Mais en réalité c'est tout le contraire[70]. Pour quelle raison ? Parce que l'acide salicylique présent dans les végétaux paraît être naturellement accompagné de nutriments protecteurs de l'intestin. Par exemple, l'oxyde nitrique qui provient des nitrates d'origine alimentaire a une action protectrice sur l'estomac en stimulant la circulation sanguine et en produisant du mucus dans la paroi stomacale, et ces effets contrent ceux de l'aspirine[71]. Par conséquent, pour la majorité des personnes, consommer des végétaux plutôt que de l'aspirine peut apporter les mêmes bénéfices, en évitant les risques.

Les gens qui ont eu une crise cardiaque doivent suivre les conseils de leur médecin, qui impliquent sans doute la prise quotidienne d'aspirine. Mais qu'en est-il pour le reste de la population ? Je pense que tout le monde devrait prendre de l'aspirine, mais sous forme d'aliments et non de médicament.

L'acide salicylique contenu dans les végétaux pourrait expliquer en partie pourquoi les régimes traditionnels à base d'aliments d'origine végétale étaient aussi protecteurs. Par exemple, avant que l'alimentation des Japonais ne s'occidentalise, les produits d'origine animale n'y représentaient que 5 % environ[72]. À cette époque, dans les années 1950, le taux de mortalité des suites du cancer du côlon, de la prostate, du sein et des ovaires était cinq à dix fois plus faible au Japon qu'aux États-Unis. Et l'incidence du cancer du pancréas, de la leucémie et du lymphome était trois à quatre fois plus faible. Ce phénomène ne se limitait pas au Japon. Comme nous l'avons vu depuis le début de ce livre, on a remarqué que le taux de cancers et de maladie cardiaque est sensiblement moins élevé chez ceux qui suivent un régime à base d'aliments d'origine végétale[73].

Si une partie de cette protection provient des phytonutriments de l'acide salicylique, quelles plantes en contiennent le plus ? S'il est omniprésent dans les fruits et légumes, c'est dans les herbes aromatiques et les épices qu'on en trouve les plus fortes concentrations[74]. Le piment en poudre, le paprika et le curcuma sont très riches, mais c'est dans le cumin qu'il est le plus concentré. En effet, une seule cuillère à café de cumin est à peu près l'équivalent d'une faible dose d'aspirine. Cela pourrait expliquer en partie pourquoi l'Inde, avec son alimentation riche en épices, se place parmi les pays du monde qui ont un des plus faibles taux de cancers colorectaux[75] – le cancer qui semble le plus sensible aux effets de l'aspirine[76].

Et plus vous épicez vos plats, mieux c'est ! On a calculé qu'un curry de légumes vindaloo épicé contenait quatre fois plus d'acide salicylique qu'un curry de légumes madras moins épicé. Après un seul repas, vous pouvez connaître le même pic d'acide salicylique dans le sang qu'après avoir pris une aspirine[77].

Les bénéfices de l'acide salicylique sont une des raisons pour lesquelles vous devriez vous efforcer de choisir des produits biologiques. Les végétaux utilisant le composé comme une hormone de défense, sa concentration peut être augmentée lorsque la plante est attaquée par des insectes. Les plantes qui contiennent beaucoup de pesticides sont moins attaquées et, en conséquence, elles semblent produire moins d'acide salicylique. Par exemple, une étude a montré qu'une soupe de légumes biologiques contenait presque six fois plus d'acide salicylique qu'une autre à base de légumes non biologiques[78].

Une autre façon, plus économique, d'obtenir davantage d'acide salicylique est d'opter pour des aliments complets. Le pain complet, par exemple, apporte non seulement plus d'acide salicylique, mais il contient en général 100 fois plus de substances phytochimiques que le pain blanc – environ 800 contre 8[79].

On a porté une attention particulière à l'acide salicylique en raison des données très importantes dont on dispose sur l'aspirine, mais des centaines d'autres phytonutriments ont eux aussi une activité anti-inflammatoire et anti-oxydante. Malgré tout, compte tenu de l'importance des preuves liées à l'aspirine, certains membres de la communauté de la santé publique ont parlé d'une « carence en acide salicylique » généralisée et ont proposé que le composé soit classé comme une vitamine essentielle : la « vitamine S[80] ». Que ce soit l'acide salicylique ou une combinaison d'autres phytonutriments qui soit à l'origine des bénéfices des végétaux complets, la solution reste la même : mangez-en davantage.

Les coloscopies

La coloscopie ! Difficile de trouver un examen de routine qui soit plus redouté. Chaque jour, les médecins américains réalisent plus de 14 millions de coloscopies[81] pour détecter des changements anormaux dans le gros intestin (le côlon) et le rectum. Au cours de cette procédure, le médecin insère dans le côlon un tube flexible d'1,50 m muni d'une caméra et y insuffle de l'air pour visualiser ses parois. Tout polype suspect ou tout autre tissu anormal peut être prélevé pendant l'examen pour procéder à une biopsie. Les coloscopies peuvent aider les médecins à diagnostiquer les causes de saignements rectaux ou de diarrhée chronique, mais c'est avant tout le dépistage systématique du cancer du côlon qui conduit à réaliser cet examen.

Les médecins ont souvent du mal à convaincre leurs patients de faire de nouvelles coloscopies pour plusieurs raisons ; d'abord à cause de la préparation nécessaire : il faut boire des litres d'un puissant laxatif avant la procédure pour nettoyer l'intestin. Il y a également la douleur et l'inconfort de l'examen[82] (même si on donne au patient des médicaments aux effets amnésiques pour qu'il ne se souvienne pas de ce qu'il a ressenti[83]), un sentiment de gêne et de vulnérabilité, et une peur des complications[84]. Cette peur n'est pas infondée. En dépit de la fréquence de cet examen, de graves complications se produisent dans un cas sur 350, pouvant aller jusqu'à la perforation et l'hémorragie potentiellement mortelle[85]. Les perforations peuvent survenir lorsque l'extrémité du coloscope perce la paroi du côlon, lorsqu'on insuffle trop d'air ou lorsque le médecin cautérise le saignement d'un site de biopsie. Dans des cas extrêmement rares, cette cautérisation peut enflammer des gaz résiduels, et le côlon littéralement exploser[86].

Il reste rare de mourir des suites : une fois sur 2 500 procédures[87]. Malgré tout, cela représente des milliers de victimes, alors les bénéfices dépassent-ils les risques ?

La coloscopie n'est pas uniquement une technique de dépistage du cancer du côlon. Le groupe de travail des services de prévention américain (US Preventive Services Task Force, USPSTF) considère la coloscopie comme une des trois stratégies acceptables de prévention du cancer du côlon. À partir de l'âge de 50 ans, tout le monde devrait soit passer cet examen chaque décennie, soit faire procéder annuellement à une analyse des selles pour rechercher la présence éventuelle de sang occulte (ce qui n'est absolument pas intrusif), ou passer une rectosigmoïdoscopie tous les cinq ans, alliée à un examen de selles tous les trois ans. Les éléments de preuve relatifs au bien-fondé des coloscopies « virtuelles » ou l'analyse ADN des selles ont été jugés insuffisants[88]. Cependant, les dépistages systématiques ne sont plus recommandés à partir de 75 ans, mais cela part du principe que vos tests se sont révélés négatifs pendant vingt-cinq ans. Si vous avez 75 ans et que vous n'avez jamais fait de test de dépistage, il serait judicieux d'y remédier, et ce pendant quelques années au moins[89].

La rectosigmoïdoscopie utilise un tube bien plus petit que la coloscopie et les complications sont dix fois moins nombreuses[90], mais elle n'explore le côlon que sur 60 cm environ et peut de ce fait passer à côté de tumeurs plus profondes. Que faut-il donc privilégier ? Nous ne le saurons pas tant que les résultats d'essais randomisés contrôlés en cours n'auront pas été publiés, au milieu des années 2020[91]. Cependant, la plupart des autres pays industrialisés ne recommandent aucune des deux procédures mais l'analyse de sang fécal non invasive[92,93].

Laquelle des trois options est la plus appropriée pour vous ? Les chercheurs ont réalisé des enregistrements audio de visites en clinique pour le déterminer. Ils étaient à l'affût des neuf éléments essentiels d'une décision éclairée, incluant l'explication des avantages et inconvénients de chaque méthode, décrivant les alternatives et s'assurant que le patient comprenne les choix pour le dépistage du cancer du côlon. Dans la plupart des cas, les médecins et les infirmiers praticiens étudiés n'ont communiqué aucun des éléments d'information décisifs, soit zéro sur neuf éléments[94]. Pour reprendre la formulation d'un éditorial du *Journal of the American Medical Association*, « les patients ont trop de probabilités et d'incertitudes à prendre en considération, et les médecins n'ont pas assez de temps pour les aborder avec les patients[95] ». Les médecins ont donc tendance à décider pour les patients. Et que choisissent-ils ? Une étude financée par le National Cancer Institute portant sur plus de 1 000 médecins a montré que presque tous (94,8 %) recommandaient une coloscopie[96]. Pourquoi, alors que le reste du monde semble préférer des alternatives non invasives[97] ? Peut-être parce que, dans le reste du monde, la plupart des médecins ne sont pas payés à la procédure[98]. Comme l'a dit un gastro-entérologue américain, « la coloscopie… est la poule aux œufs d'or[99] ».

Un article du *New York Times* sur l'escalade des coûts de santé a noté que, dans de nombreux pays développés, les coloscopies ne coûtaient que quelques centaines de dollars. Et aux États-Unis ? La procédure pourrait coûter plusieurs milliers de dollars, ce qui, ont conclu les journalistes, a peu à voir avec la grande qualité des soins médicaux, mais beaucoup avec le *business plan* visant l'optimisation des revenus, le marketing et le lobbying[100].

Qui définit les prix ? L'American Medical Association. Une enquête du *Washington Post* a révélé que, chaque année, un comité secret de l'AMA détermine les normes de facturation pour les procédures courantes. En conséquence, on constate une importante surestimation du temps nécessaire à la réalisation d'examens courants tels que la coloscopie. Comme l'a fait remarquer le *Washington Post*, si on en croit les critères de l'AMA, certains médecins devraient travailler plus de vingt-quatre heures par jour pour pouvoir réaliser toutes les procédures qu'ils déclarent à l'assurance santé et aux assureurs privés. Est-il étonnant que les gastro-entérologues gagnent presque 500 000 dollars par an[101] ?

Mais pourquoi votre médecin de famille ou un interne vous pousseraient-ils à faire cet examen puisque ce n'est pas eux qui le réalisent ? De nombreux médecins qui recommandent leurs patients à des gastro-entérologues reçoivent des récompenses financières. Le Government Accountability Office (GAO) a fait état de cette pratique : des dispensateurs de soins envoient les patients vers des entités dans lesquelles ils ont un intérêt financier. Le GAO a estimé que, chaque année, cet intérêt justifie d'envoyer un million de patients vers un confrère[102].

Que prendre avant une coloscopie ?

Avez-vous déjà pris une pastille à la menthe après un gros repas au restaurant ? La menthe ne vous donne pas seulement meilleure haleine ; elle vous aide également à réduire le réflexe gastro-colique – le besoin pressant de déféquer après un repas. Les nerfs de l'estomac se détendent après que vous avez mangé, ce qui provoque des spasmes dans le côlon, pour permettre à votre corps de faire de la place aux nouveaux aliments. La menthe peut réduire ces spasmes en relaxant les muscles qui tapissent le côlon[103].

Quel est le rapport avec les coloscopies ? Si vous prenez des bandes circulaires de côlon humain prélevées lors d'une opération chirurgicale et que vous les étalez sur une table, elles se contractent spontanément trois fois par minute. Ça fait froid dans le dos, non ? Mais si vous déposez des gouttes de menthol (que l'on trouve dans la menthe poivrée) sur ces bandes de côlon, la force des contractions diminue de façon significative[104]. Pendant la coloscopie, de tels spasmes peuvent faire obstacle à la progression du coloscope et causer un inconfort pour le patient. En relaxant les muscles du côlon, la menthe peut faciliter l'examen, pour le médecin comme pour le patient.

Les médecins ont fait des expériences en vaporisant de l'huile de menthe à l'extrémité du coloscope[105], ainsi qu'en utilisant une pompe manuelle pour asperger le côlon d'une solution de menthe avant l'examen[106]. Mais la solution la plus simple pourrait être la meilleure : demander au patient d'avaler des capsules d'huile de menthe. On a découvert qu'une prémédication de huit gouttes d'huile essentielle de menthe poivrée quatre heures avant une coloscopie réduisait de façon significative les spasmes du côlon, la douleur du patient, et facilitait l'insertion du coloscope[107].

Si vous devez subir une coloscopie, demandez à votre médecin d'employer ce remède simple à base de plantes. Cela pourrait faciliter les choses pour lui, comme pour vous.

À l'évidence, aux États-Unis, les patients bénéficient de plus de soins qu'ils n'en ont réellement besoin. C'est en tout cas ce qu'a affirmé Barbara Starfield, qui a écrit un livre sur les soins de santé primaires[108]. Elle est un de nos médecins les plus prestigieux et on lui doit le commentaire virulent du *Journal of the American Medical Association*, accusant les soins médicaux d'être la troisième cause de mortalité aux États-Unis[109].

Son livre sur les soins primaires a reçu un soutien très important, mais ses découvertes sur la nature potentiellement inefficace et même nocive de notre système de santé n'ont presque pas retenu l'attention. « Le public américain semble avoir été berné et porté à croire qu'un plus grand nombre d'interventions est gage d'une meilleure santé », a-t-elle constaté par la suite dans une interview[110]. Comme l'a remarqué un conseiller qualité sur les soins de santé, l'indifférence généralisée vis-à-vis des preuves apportées par le Dr Starfield « rappelle la sombre contre-utopie de *1984* de George Orwell, où des faits encombrants disparaissaient dans le “trou de mémoire”, se volatilisant comme s’ils n’avaient jamais existé[111] ».

Hélas, le Dr Starfield n’est plus parmi nous. Et l’ironie veut qu’elle soit sans doute morte d’un des effets indésirables des médicaments contre lesquels elle nous avait mis en garde avec tant de véhémence. Après avoir commencé à prendre un traitement incluant deux anticoagulants pour empêcher l’obstruction du stent placé dans une de ses artères coronaires, elle avait rapporté à son cardiologue une tendance à avoir davantage d’ecchymoses et à saigner plus longtemps – on espère toujours que les risques d’un médicament ne l’emportent pas sur les bénéfices. Puis le Dr Starfield est morte après s’être cogné la tête en nageant, ce qui a provoqué une hémorragie cérébrale[112].

La question que je me pose n’est pas de savoir si elle aurait dû ou non prendre deux anticoagulants pendant aussi longtemps – ni si on a bien fait de lui poser un stent ou non. Je me demande plutôt comment elle aurait pu éviter la maladie cardiaque en premier lieu. On considère qu’on peut prévenir 96 % des crises cardiaques chez les femmes lorsqu’elles suivent un régime à base d’aliments complets et ont un mode de vie sain[113]. La principale cause de mortalité chez les femmes devrait être presque inexistante.

DEUXIÈME PARTIE

Introduction

Dans la première partie de ce livre, j'ai exploré les preuves scientifiques du rôle capital que peut jouer un régime d'origine végétale riche en certains aliments dans la prévention, le traitement et même l'inversion du cours des 15 principales causes de mortalité. Pour ceux d'entre vous qui ont déjà reçu le diagnostic d'une ou plusieurs de ces maladies, les informations qui se trouvent dans cette première partie peuvent être salvatrices. Mais, pour tous les autres – qui craignent d'avoir hérité d'antécédents familiaux défavorables, ou qui souhaitent simplement que leur alimentation les aide à rester en bonne santé et pour longtemps –, la principale question est de savoir quels choix alimentaires faire jour après jour. J'ai donné plus de 1 000 conférences, et une des questions qui sont revenues le plus souvent est : « Que mangez-vous au quotidien, docteur Greger ? »

La deuxième partie de ce livre est ma réponse à cette question.

Je n'ai jamais eu une grande prédilection pour le sucré, mais j'ai toujours adoré ce qui était gras. La pizza au pepperoni ; un saladier entier d'ailes de poulet ; les chips à la crème et à l'oignon ; le cheeseburger au bacon (presque tous les jours quand j'étais étudiant)… voilà mes points faibles. En résumé : tout ce qui est bien gras, et de préférence arrosé d'un soda glacé. Bon, d'accord, je l'admets, j'aime bien le sucre de temps à autre aussi… en particulier les donuts avec un glaçage à la fraise.

Même si la guérison miraculeuse de ma grand-mère qui souffrait de maladie cardiaque m'a inspiré pour devenir médecin, je n'ai prêté attention à ma propre alimentation qu'à partir de la publication qui a fait date de l'essai du Dr Ornish, en 1990 : *Lifestyle Heart Trial.* J'étais un tel geek quand j'étais étudiant que je passais toutes mes vacances d'été à traîner à la bibliothèque de sciences de l'université locale. Et c'est là que je suis tombé sur cet essai, publié dans une des plus prestigieuses revues médicales – la preuve que l'histoire de ma famille n'était pas un simple hasard : on pouvait inverser le cours de la maladie cardiaque. Le Dr Ornish et son équipe avaient réalisé des radiographies des artères des sujets qu'ils avaient étudiés « avant et après », et apporté la preuve qu'elles pouvaient s'ouvrir à nouveau sans angioplastie. Ni chirurgie. Ni aucun médicament miracle. Juste avec une alimentation d'origine végétale et quelques changements dans le mode de vie. C'est ce qui m'a motivé à modifier ma propre alimentation et a amorcé le début de mon histoire d'amour avec la science de la nutrition, qui dure depuis vingt-cinq ans déjà. À partir de ce moment-là, j'ai été déterminé à faire circuler l'information sur le pouvoir de l'alimentation : vous apporter la santé, vous aider à la conserver, et si nécessaire à la recouvrer.

Pour les besoins de ce livre, j'ai créé deux outils simples afin de vous aider à intégrer à votre vie quotidienne tout ce que j'ai appris :

1. Un système de feu tricolore pour identifier rapidement les choix les plus sains ;
2. Une liste des « 12 aliments quotidiens » qui vous aidera à inclure les aliments que je considère essentiels pour une alimentation optimale.

Quels sont donc les aliments bons pour vous, et quels sont les mauvais ?

Cette question semble assez simple, mais en réalité il m'a été difficile d'y répondre. Chaque fois qu'on me demande lors d'une conférence si un aliment est sain ou pas, je réponds invariablement : « Comparé à quoi ? » Par exemple, les œufs sont-ils sains ? Comparés au porridge, certainement pas. Mais comparés aux saucisses qui les accompagnent dans l'assiette du petit déjeuner, oui.

Et les pommes de terre ? Ce sont des légumes, alors elles doivent être saines ? Quelqu'un m'a posé cette question il y a quelques années, au moment où un groupe de chercheurs de l'université Harvard faisait état de certaines préoccupations à propos des pommes de terre cuites au four et en purée[1]. Alors, sont-elles saines ? Comparées aux frites, oui. Mais comparées à des patates douces au four ou en purée ? Non.

J'ai conscience que ces réponses ne sont pas satisfaisantes pour des gens qui veulent savoir s'ils doivent ou non manger cette fichue pomme de terre. Mais la seule façon de répondre de manière pertinente à la question est de se demander quels autres choix s'offrent à vous. Dans un fast-food, une pomme de terre au four sera peut-être votre option la plus saine.

Comparé à quoi ? Cette question n'est pas un simple exercice d'apprentissage socratique que je pratique avec mes étudiants et mes patients. L'alimentation est pour l'essentiel un jeu où les contraires s'annulent : lorsque vous choisissez de manger une chose, c'est en général au détriment d'une autre. Bien sûr, vous pourriez faire la grève de la faim, mais votre corps a tendance à rétablir l'équilibre en vous incitant à manger davantage par la suite. Donc, tout ce que nous choisissons de manger a un coût : ce à quoi nous devons renoncer.

Chaque fois que vous mettez quelque chose dans votre bouche, c'est une occasion perdue de manger quelque chose d'encore plus sain. Imaginez que vous possédiez 2 000 calories dans votre banque journalière. Comment voulez-vous les dépenser ? Pour le même nombre de calories, vous pouvez manger un Big Mac, 100 fraises ou l'équivalent d'un seau de 5 l de salade. Bien sûr, ces trois options ne sont pas réellement comparables d'un point de vue culinaire – si vous avez envie d'un hamburger, vous n'avez pas forcément envie de salade, et je ne pense pas que des litres de salade figurent dans le menu à 1 dollar dans un avenir proche – mais cela illustre la variété nutritionnelle disponible pour un nombre de calories données.

Le coût de renonciation ne concerne pas seulement les nutriments dont vous pourriez bénéficier, mais aussi les composants nocifs que vous pourriez éviter. Franchement, avez-vous déjà entendu un de vos amis annoncer qu'il souffre de kwashiorkor, du scorbut ou de la pellagre ? Il s'agit de maladies traditionnelles liées à une déficience en nutriments qui ont été à l'origine de la création du champ de la nutrition. Aujourd'hui encore, les professions de la nutrition et de la diététique restent concentrées sur les nutriments dont nous pourrions manquer, mais la plupart de nos maladies chroniques sont sans doute davantage liées à ce que nous absorbons en trop grande quantité. Ne connaîtriez-vous pas quelqu'un qui souffre d'obésité, de maladie cardiaque, de diabète de type 2 ou d'hypertension ?

N'est-il pas coûteux de manger sain ?

Les chercheurs de l'université Harvard ont comparé le coût et la valeur nutritive de plusieurs aliments à travers le pays, à la recherche des meilleures affaires. Ils ont trouvé que le meilleur rapport qualité/prix résidait dans la consommation de davantage de noix, d'aliments à base de soja et de céréales complètes, et dans la réduction des viandes et des produits laitiers. Ils ont conclu : « L'achat d'aliments d'origine végétale pourrait offrir le meilleur investissement pour votre santé[2]. »

Les aliments moins sains ne battent les aliments plus sains que dans un calcul coût/calorie, à savoir la façon dont on mesurait le coût de la nourriture au XIXe siècle. À cette époque, il importait que les calories soient bon marché, et leur provenance ne comptait guère. Alors que les haricots et le sucre avaient le même coût en ce temps-là (5 *cents* les 500 g), le département américain de l'Agriculture, a encouragé la consommation de sucre, le considérant comme plus rentable du point de vue de la « valeur énergétique[3] ».

On peut excuser l'USDA de ne pas avoir tenu compte de la différence nutritionnelle entre les haricots et le sucre. Après tout, on n'avait pas encore étudié les vitamines. Aujourd'hui, nos connaissances ont évolué et nous pouvons comparer le coût des aliments sur la base de leur valeur nutritionnelle. Une portion moyenne de légumes coûte à peu près 4 fois plus cher qu'une portion moyenne de junk-food, mais on a calculé que ces légumes comptaient en moyenne 24 fois plus de nutriments. Donc, du point de vue du coût nutritionnel, les légumes ont une valeur 6 fois plus importante par dollar dépensé, comparés à des aliments hautement transformés. La viande coûte environ 3 fois plus cher que les légumes, mais possède une valeur nutritionnelle 16 fois moindre[4]. La viande étant moins nutritive et plus coûteuse, les légumes affichent une valeur nutritionnelle 48 fois supérieure par dollar dépensé.

Si votre but est d'ingurgiter autant de calories que possible pour le moins d'argent possible, alors les aliments les plus sains sont perdants. Mais si vous préférez ingérer des aliments avec la plus forte valeur nutritionnelle, en dépensant le moins possible, alors ne cherchez pas ailleurs qu'au rayon des fruits et légumes frais. Avec seulement 50 *cents* par jour en fruits et légumes, vous pouvez faire baisser votre risque de mortalité de 10 %[5]. Une affaire ! Imaginez qu'il existe un médicament qui puisse réduire de 10 % votre risque de mourir dans la décennie à venir sans aucun effet indésirable. Combien pensez-vous que la société pharmaceutique le vendrait ? Sans doute plus de 50 *cents*.

Dîner en fonction du feu tricolore

Les recommandations nutritionnelles officielles du gouvernement américain comportent (au moment de l'écriture de ce livre) un chapitre relatif aux « composants alimentaires qu'il faut réduire ». Il énumère en particulier les sucres, les calories, le cholestérol, les acides gras saturés, le sodium et les acides gras trans[6]. Dans le même temps, au moins un quart des Américains seraient carencés en neuf nutriments. Il s'agit des fibres, des minéraux (calcium, magnésium et potassium) et des vitamines A, C, D, E et K[7]. Mais vous ne mangez pas des « composants », vous mangez de la nourriture. Et il n'y a pas de rayon magnésium dans votre supermarché. Quels sont donc les aliments qui possèdent le plus de bons composants et le moins de mauvais ? J'ai simplifié la question dans une illustration sous la forme d'un feu tricolore (voir figure 5).

Comme pour la signalisation routière, *vert* signifie Allez-y, *orange* veut dire Attention, et *rouge*, Stop. (Dans ce cas, arrêtez-vous et réfléchissez avant de mettre quoi que ce soit dans votre bouche.) Dans l'idéal, les aliments « feu vert » devraient être privilégiés au maximum, les aliments « feu orange », minimisés, et les aliments « feu rouge », évités.

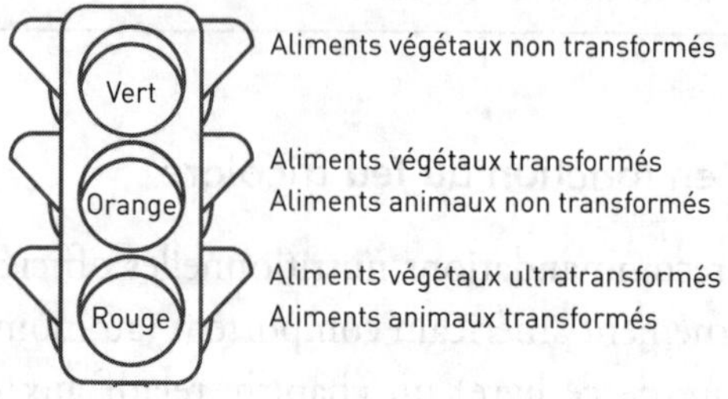

Figure 5.

« Éviter » est-il trop fort ? Après tout, les recommandations nutritionnelles encouragent à « modérer » l'apport d'aliments mauvais pour la santé[8]. Par exemple, « mangez moins de… bonbons[9] ». Du point de vue de la santé, cependant, ne devriez-vous pas toujours éviter les bonbons ? Les autorités de santé publique ne vous conseillent pas de simplement fumer *moins* de tabac. Elles savent que seulement une part infime de fumeurs tiendra compte de ce conseil, mais leur rôle consiste à indiquer ce qui est préférable et à laisser les gens décider pour eux-mêmes.

C'est pourquoi j'apprécie les recommandations de l'American Institute for Cancer Research (AICR). N'étant pas subordonné au département américain de l'Agriculture, l'AICR expose simplement les faits scientifiques. Lorsqu'il s'agit du pire de notre alimentation, il ne tergiverse pas. Contrairement aux recommandations nutritionnelles du gouvernement américain invitant à « consommer moins… de sodas[10] », l'AICR conseille, pour prévenir le cancer : « Évitez les boissons sucrées. » De même, il ne préconise pas de réduire le bacon, les hot dogs, les saucisses et les viandes en conserve, mais d'« éviter les viandes transformées ». Point barre. Pourquoi ? Parce que « les données scientifiques ne nous montrent pas qu'une consommation, si faible soit-elle, ne soit pas associée à un risque[11] ».

Tout comme lorsqu'on grille des feux rouges dans la vraie vie, on peut s'en tirer impunément une fois de temps en temps, mais je ne vous recommande pas d'en faire une habitude.

Cela confirme ce que nous avons abordé dans les chapitres précédents : les aliments végétaux non raffinés ont tendance à contenir davantage de nutriments protecteurs – ce dont nous avons tendance à manquer – et moins de facteurs favorisant la maladie. Il n'est donc pas étonnant que l'habitude alimentaire qui semble la plus adaptée pour contrôler les épidémies de maladies liées à l'alimentation soit un régime à base de végétaux complets.

En somme, la nourriture est un concept global. Voilà une des notions les plus importantes de la nutrition. Bien sûr, il y a du calcium dans le fromage, des protéines dans le porc et du fer dans le bœuf, mais que faire du « passif » qui accompagne les nutriments – comme les hormones des produits laitiers ou les acides gras saturés des viandes ? Burger King a beau proclamer : « Faites comme vous voulez ! », vous ne pouvez pas aller au comptoir et demander un burger sans cholestérol ni graisses saturées. L'alimentation est bel et bien un concept global.

Les produits laitiers représentent la première source de calcium aux États-Unis, mais également la source principale de graisses saturées. À quel type de « passif » vous exposez-vous en absorbant le calcium présent dans les légumes verts à feuilles ? Des fibres, des folates, du fer et des antioxydants – tous les nutriments qu'on ne trouve justement pas dans le lait. En puisant la majorité de vos nutriments dans des aliments végétaux complets, vous obtenez un bonus, au lieu d'un passif.

Lorsque le National Pork Board présente le jambon comme « une excellente source de protéines[12] », je ne peux m'empêcher de penser à la célèbre phrase d'un des vice-présidents du marketing de McDonald's, qui, sous serment dans une cour de justice, a indiqué que le Coca-Cola était nutritif parce qu'il « apportait de l'eau[13] ».

Pourquoi les recommandations nutritionnelles ne disent-elles pas simplement « non » ?

Les messages « feu vert » s'affichent fièrement dans les déclarations vous incitant à « manger plus de fruits et légumes », mais les « feux orange et rouge » peuvent être rendus plus obscurs et nébuleux pour des raisons politiques. Autrement dit, les recommandations sont claires lorsque les messages vous incitent à manger plus (« Mangez plus de produits frais »), mais ceux qui vous incitent à manger moins prennent la forme absconse de composants biochimiques (« Mangez moins d'acides gras saturés et d'acides gras trans »). Les autorités nationales de santé disent rarement : « Mangez moins de viande et de produits laitiers. » C'est pourquoi mon message « feu vert » vous semblera familier, et les « feu orange » et « feu rouge », plus controversés (*Quoi ? Réduire la viande ? Vraiment ?*).

Une partie de la mission du département américain de l'Agriculture consiste à « développer les marchés des produits agricoles[14] ». Dans le même temps, l'agence fédérale est chargée de la protection de la santé publique à travers l'élaboration de recommandations nutritionnelles. Lorsque ces deux directives sont en accord, le message est clair : « Mangez plus de fruits », « Mangez plus de légumes[15] ». Mais lorsque les deux mandats entrent en conflit, le message subit une reformulation et finit par faire référence aux composés biochimiques : « Réduisez votre consommation de graisses solides (les sources principales d'acides gras saturés et acides gras trans[16]). »

Comment le consommateur moyen est-il censé utiliser cette précieuse information, totalement incompréhensible pour la plupart des gens ?

Lorsque les recommandations nutritionnelles vous indiquent de manger moins de sucre ajouté, de calories, de cholestérol, d'acides gras saturés et d'acides gras trans, c'est un code pour : moins de junk-food, moins de viande, moins de produits laitiers, moins d'œufs et moins d'aliments transformés. Car cela ne peut pas être formulé aussi clairement. Lorsque cela a été fait par le passé, cela a provoqué un tollé. Par exemple, quand le bulletin des employés du département américain de l'Agriculture a suggéré d'essayer de faire un repas sans viande par semaine, dans le cadre de l'initiative du « Meatless Monday » (lundi sans viande) lancée par l'université de santé publique Johns Hopkins[17], cela a déclenché les foudres de l'industrie de la viande, poussant l'USDA à se rétracter au bout de seulement quelques heures[18]. « En conséquence de ces conflits d'intérêt, a conclu une analyse publiée dans le *Food and Drug Law Journal*, les recommandations privilégient les intérêts des industries alimentaire et pharmaceutique au détriment de l'intérêt public dans leurs conseils nutritionnels supposés exacts et impartiaux[19]. »

Cela me rappelle le rapport majeur sur les acides gras trans émis par la National Academy of Sciences' Institute of Medicine, une de nos plus prestigieuses institutions[20]. Ses chercheurs ont conclu qu'aucune quantité d'acides gras trans n'était dénuée de danger « parce que toute augmentation de la consommation des acides gras trans augmente le risque de maladie coronarienne[21] ». Étant donné que l'on trouve naturellement les acides gras trans dans la viande et les produits laitiers[22], ils étaient face à un dilemme : « Comme on ne peut éviter les acides gras trans dans l'alimentation ordinaire non végétarienne, ne pas en consommer du tout nécessite des changements significatifs dans les habitudes de consommation alimentaire[23]. »

Par conséquent, si les acides gras trans se trouvent dans la viande et les produits laitiers et que la seule consommation dénuée de danger est égale à zéro, cela veut dire que l'Institute of Medicine a encouragé tout le monde à adopter un régime à base d'aliments végétaux, n'est-ce pas ? En fait, non. Et le directeur du programme d'épidémiologie cardio-vasculaire de Harvard a expliqué pourquoi : « Nous ne pouvons pas dire aux gens de cesser totalement de manger de la viande et des produits laitiers. » « Enfin, nous pourrions dire aux gens de devenir végétariens, a-t-il ajouté. Si nous ne nous appuyions que sur la science, nous le ferions, mais ce serait un peu extrême[24]. »

En effet, nous ne voulons certainement pas que les scientifiques s'appuient sur la science !

Le régime américain standard (SAD) est-il triste ?

Je suis certainement devenu un peu cynique en ce qui concerne l'alimentation et la nutrition dans notre pays, mais j'ai malgré tout été surpris par un rapport publié en 2010 par le National Cancer Institute sur le statut du régime américain[25]. Par exemple, 3 Américains sur 4 ne mangent aucun fruit ou légume par jour, et presque 9 sur 10 n'atteignent pas le minimum quotidien de légumes recommandé. Sur une base hebdomadaire,

96 % d'entre eux n'atteignent pas le minimum de légumes verts ou de haricots (trois portions par semaine pour les adultes), 98 % sont sous le minimum de légumes orange (deux portions par semaine), et 99 % sous le minimum de céréales complètes (environ 100 g par jour).

Se pose ensuite le problème de la malbouffe. Les recommandations fédérales étaient si laxistes que 25 % de votre alimentation pouvait être composée de « calories discrétionnaires », autrement dit d'aliments industriels. Un quart de vos calories pourraient provenir de barbe à papa arrosée de soda, et vous resteriez néanmoins dans le cadre des recommandations. Malgré tout, elles ont échoué. Si incroyable que cela puisse paraître, 95 % des Américains ont dépassé leur quota de calories discrétionnaires. Un enfant américain sur 1 000 a réussi à ne pas dépasser la limite d'une douzaine de cuillerées de sucre par jour[26].

Et nous nous interrogeons sur les causes de l'épidémie d'obésité ?

« En conclusion, a écrit le chercheur, la presque totalité de la population américaine a une alimentation contraire aux recommandations. Ces découvertes viennent compléter le tableau assez inquiétant qui se dégage du régime en crise d'une nation[27]. »

Les producteurs de denrées malsaines ne le font pas dans le but de vous rendre malade. Ils essaient seulement de gagner de l'argent. La marge bénéficiaire de Coca-Cola, par exemple, représente environ un quart du prix de vente du soda, faisant de la production de boissons gazeuses, de même que celle du tabac, une des industries les plus profitables[28]. Ce qui est plus difficile à comprendre, c'est pourquoi la communauté de la santé publique ne s'insurge pas davantage.

« Lorsqu'on rédigera l'histoire de la tentative du monde d'aborder le problème de l'obésité, a écrit le responsable du Rudd Center for Food Policy & Obesity de l'université Yale, l'échec le plus flagrant sera sans doute la collaboration et la conciliation avec l'industrie alimentaire[29]. » Par exemple, la fondation Susan G. Komen, une organisation caritative au profit de la recherche sur le cancer du sein, s'est associée à KFC, un des géants du fast-food, pour vendre du poulet frit dans des paniers roses[30].

Save the Children (une ONG de défense des droits de l'enfant) a été une des premières à demander une hausse des taxes sur les sodas pour compenser une partie des coûts de l'obésité infantile. Puis l'organisation a fait un virage à 180 degrés, cessant de soutenir cette campagne au prétexte qu'elle « ne correspondait plus au mode de fonctionnement de Save the Children ». Le fait qu'elle cherchait au même moment à obtenir une subvention de Coca-Cola et en avait déjà accepté une, de 5 millions de dollars, de la part de Pepsi n'était sans doute qu'une coïncidence[31].

Même si nos habitudes alimentaires tuent désormais plus de gens que le tabagisme[32], j'entends souvent dans les cercles de la santé publique le même refrain, selon lequel nous devons travailler avec ces entreprises et non contre elles : nous ne sommes pas obligés de fumer, mais nous sommes forcés de manger[33]. Certes, nous avons besoin de respirer – mais pas d'inhaler de la fumée. Et oui, nous avons besoin de manger, mais pas d'ingurgiter de la malbouffe industrielle.

Comment je définis le terme « transformé »

Mon principe de feu tricolore met l'accent sur deux idées importantes : les aliments de source végétale, qui possèdent de nombreux facteurs nutritionnels protecteurs et peu de composants favorisant la maladie, sont plus sains que les aliments de source animale ; les aliments non transformés sont plus sains que les aliments qui ne le sont pas. Est-ce toujours vrai ? Non. Tous les aliments végétaux sont-ils meilleurs que tous les aliments animaux ? Non. En fait, un des pires produits que l'on trouve en supermarché est la matière grasse végétale partiellement hydrogénée – et pourtant, c'est clairement végétal, non ? Même des végétaux non raffinés – comme les algues bleu-vert – peuvent être toxiques[34]. Tous ceux qui ont été empoisonnés par un sumac vénéneux savent qu'il faut parfois se méfier des plantes. Mais en général il est préférable de choisir les aliments de source végétale au détriment de ceux de source animale, et les aliments non transformés plutôt que transformés. Michael Pollan, l'auteur du best-seller *The Omnivore's Dilemma* (Le Dilemme des omnivores), a dit : « Si cela provient d'une plante, mangez-le. Si cela provient d'une usine, abstenez-vous[35]. »

Qu'est-ce que j'entends par *transformé* ? L'exemple classique est la mouture des céréales complètes pour en extraire de la farine blanche. N'est-il pas ironique de qualifier la farine ainsi obtenue de « raffinée », un mot qui signifie amélioré ou rendu plus élégant ? Cette élégance a échappé aux millions de victimes du béribéri au XIXe siècle, une maladie provoquée par une carence en vitamine B qui a résulté du polissage du riz pour le rendre blanc[36]. (Le riz blanc est maintenant enrichi en vitamines pour compenser le « raffinage ».) Un prix Nobel a été décerné pour la découverte de la cause du béribéri – on avait ôté le son de riz, sa partie brune. Le béribéri peut entraîner une lésion du muscle cardiaque, provoquant la mort des suites d'une insuffisance cardiaque. Bien sûr, une telle épidémie ne pourrait avoir lieu à l'heure actuelle – une épidémie de maladie cardiaque qui pourrait être prévenue et guérie par un changement de régime alimentaire ? Soyons sérieux ! (Je vous invite à relire le chapitre 1.)

Pourtant, il arrive que la transformation rende les aliments plus sains. C'est le cas pour la tomate, dont le jus semble être plus sain que le fruit lui-même. La transformation des produits à base de tomate multiplie la disponibilité du pigment rouge nommé lycopène jusqu'à cinq fois[37]. De même, supprimer la graisse de la fève de cacao pour en faire de la poudre améliore son profil nutritionnel, le beurre de cacao étant une des rares graisses végétales saturées (avec les huiles de coco et de palme) susceptibles de faire augmenter votre taux de cholestérol[38].

Donc, j'entends par *non transformé* un aliment auquel « rien de mauvais n'est ajouté, et rien de bon n'est enlevé ». Ainsi, le jus de tomate est relativement peu transformé compte tenu de la quantité de fibres conservée – à moins qu'on n'y ait ajouté du sel, ce qui en ferait un aliment transformé et le ferait aussitôt sortir de la « zone verte ». De même, je considère le chocolat comme un aliment transformé – contrairement à la poudre de cacao – parce qu'on y a ajouté du sucre.

En utilisant ma définition du « rien de mauvais n'est ajouté, et rien de bon n'est enlevé », l'avoine concassée, le gruau d'avoine et même le porridge instantané (nature) peuvent tous être considérés comme non transformés. Les amandes sont à l'évidence un aliment végétal complet. Je considère le beurre d'amande non salé comme un aliment « feu vert », mais un lait d'amande, même non sucré, est un aliment transformé, auquel on a enlevé des nutriments. Suis-je en train de dire pour autant que le lait d'amande est mauvais pour la santé ? Plutôt que de considérer les aliments comme bons ou mauvais, il est préférable de les envisager comme meilleurs ou pires. En résumé, les aliments non transformés ont tendance à être meilleurs que les aliments transformés.

À mes yeux, le rôle des aliments « feu orange » dans un régime sain est de promouvoir la consommation des aliments « feu vert ». Par exemple, si la seule façon d'amener les patients à manger du porridge le matin est de le rendre crémeux en ajoutant du lait d'amande, je leur dis de ne pas hésiter. Et on pourrait dire la même chose des aliments « feu rouge ». Sans Hot Sauce (sauce piquante industrielle), ma consommation de légumes verts à feuilles chuterait de façon drastique. Oui, je sais qu'il existe toutes sortes de vinaigres aux saveurs exotiques, et peut-être un jour réussirai-je à me passer de Tabasco. Mais, compte tenu de mes goûts actuels, le but vert justifie le moyen rouge. Si la seule façon pour vous de manger une grande salade verte est de la saupoudrer de miettes de chips, alors ne vous en privez pas.

Les chips sont des aliments qu'on qualifie d'ultra-transformés, parce qu'ils ne sont dotés d'aucune qualité nutritionnelle, ne ressemblent à rien qui sort de terre et contiennent souvent des saloperies ajoutées. En particulier des acides gras trans, du sel, du sucre et des colorants chimiques[39]. En tant qu'aliment « feu rouge », idéalement, elles devraient être évitées, mais si votre alternative à une grande salade saupoudrée de chips est un McDo, il est préférable de manger la salade avec des chips. C'est un peu comme la cuillère de sucre qui vous aide à avaler votre médicament. Mais j'aurais tout aussi bien pu prendre l'exemple du bacon.

Je suis conscient que certaines personnes ne supportent pas l'idée de manger même une quantité infime de produits d'origine animale, pour des raisons religieuses ou éthiques. (Enfant juif, et élevé près d'une des plus grandes exploitations porcines de l'ouest du Mississippi, je peux comprendre ces deux raisons.) Mais du point de vue de la santé humaine, en ce qui concerne les produits de source animale et les aliments transformés, c'est le régime alimentaire global qui importe.

Que veut dire exactement « aliment complet de source végétale » ?

Les gens ont parfois une façon de s'alimenter qui correspond à un sens du sacré très personnel. Je me souviens d'un homme me disant qu'il lui serait impossible d'adopter un « régime végétal » car il ne pourrait jamais renoncer à la soupe de poulet de sa grand-mère. *Pardon ?* Eh bien n'y renoncez pas ! Après lui avoir demandé de saluer sa grand-mère de ma part, j'ai ajouté que le fait d'apprécier sa soupe ne l'empêchait pas de faire des choix plus sains le reste du temps. Le problème avec la logique du tout-ou-rien, c'est qu'elle empêche de faire le premier pas. L'idée de ne plus jamais manger de pizza au pepperoni devient une excuse pour en commander une toutes les semaines. Pourquoi ne pas se limiter à une fois par mois ou la réserver aux occasions spéciales ? Nous ne pouvons pas laisser la « perfection » être l'ennemi du bien.

C'est vraiment ce que vous mangez au quotidien qui importe le plus. Ce que vous mangez lors des occasions spéciales est insignifiant en comparaison. Alors, ne culpabilisez pas si vous avez envie de piquer des bougies comestibles aromatisées au bacon sur votre gâteau d'anniversaire. (Je n'invente rien[40] !) Votre corps possède l'incroyable faculté de se remettre des attaques sporadiques tant que vous ne l'agressez pas en permanence à coups de fourchette.

Ce livre n'est pas un pamphlet pour le végétarisme, le véganisme, ni tout autre concept en « -isme ». Certaines personnes ont éliminé tout produit d'origine animale de leur alimentation pour des raisons morales ou religieuses et en ont retiré l'avantage secondaire d'être en bien meilleure forme[41]. Mais, du point de vue de la santé humaine, il vous sera très difficile de soutenir, par exemple, que le régime traditionnel d'Okinawa, composé à 96 % de végétaux[42], est inférieur à un régime occidental 100 % végétalien. Dans le guide de Kaiser Permanente (l'organisme de gestion de soins aux États-Unis) intitulé « Le régime à base de végétaux : une façon de manger plus saine », les auteurs définissent un régime à base de végétaux comme excluant totalement les produits de source animale, mais ils prennent le soin d'ajouter : « Si vous ne pouvez pas avoir un régime à base de végétaux 100 % du temps, alors efforcez-vous de le suivre 80 % du temps. Toute tentative visant à consommer plus de végétaux et moins de produits de source animale peut améliorer votre santé[43] ! »

Je n'aime pas les termes *végétarien* et *végétalien* parce qu'ils sont définis négativement, par ce que vous ne mangez pas. Quand j'intervenais dans des campus universitaires, je rencontrais des végétaliens qui semblaient se nourrir exclusivement de frites et de bière. En théorie, ils étaient bien végétaliens, mais leur alimentation n'était pas franchement un atout santé. C'est pourquoi je préfère parler de nutrition à base d'aliments complets de source végétale. Pour autant que je puisse en juger, les dernières recherches scientifiques indiquent que le meilleur régime pour la santé est basé sur les aliments végétaux non transformés. Au quotidien, plus vous consommerez d'aliments végétaux complets, et moins de produits transformés et de source animale, mieux cela vaudra[44].

Préparez-vous à des habitudes plus saines

Tout d'abord, vous devez connaître votre propre psychologie. Certains types de personnalité obtiennent de meilleurs résultats en jouant le tout pour le tout. Si vous avez tendance à être sujet aux addictions, ou si vous êtes le genre de personne qui pousse les choses à l'extrême – ne pas boire du tout ou au contraire boire excessivement –, il est sans doute mieux pour vous de respecter le programme. Mais certaines personnes peuvent se permettre le « tabagisme social », par exemple : elles peuvent fumer quelques cigarettes par an et échapper à la dépendance à la nicotine[45]. Si nous, médecins, recommandons à nos patients de cesser de fumer définitivement, ce n'est pas parce que nous pensons qu'une cigarette de temps à autre peut causer des dommages irréversibles, mais parce que nous craignons qu'une cigarette en entraîne une autre, jusqu'à ce qu'une habitude nuisible à la santé s'installe. De même, un hamburger (bien cuit) n'a jamais tué personne. C'est ce que vous mangez jour après jour qui s'additionne. Vous devez faire le point sur vos tendances à surmonter le risque de glisser sur les pentes savonneuses.

Il y a un concept en psychologie appelé la « fatigue décisionnelle », que les professionnels du marketing utilisent pour exploiter les consommateurs. Il semble que les êtres humains ont une capacité limitée à prendre un grand nombre de décisions sur une courte durée ; la qualité de nos décisions a tendance à se dégrader, jusqu'au point où elles deviennent carrément irrationnelles. Vous êtes-vous déjà demandé pourquoi les supermarchés entassaient la junk-food aux caisses ? Après avoir traversé les rayons chargés des 40 000 produits qui composent le stock d'un supermarché moyen[46], nous avons moins de volonté pour résister aux achats d'impulsion[47]. Par conséquent, établir des règles et vous y tenir pourrait vous aider à faire des choix plus judicieux sur le long terme. Par exemple, la décision ferme de ne jamais cuisiner avec de l'huile, de totalement éviter la viande ou de ne manger que des céréales complètes peut rendre votre décision de changer de mode de vie plus solide. En n'ayant pas de junk-food chez vous, vous supprimez la tentation en supprimant le choix. Je sais que si j'ai faim, je mangerai une pomme.

Il peut également y avoir un argument *physiologique* pour ne pas dévier de façon trop extrême d'un régime bien planifié. Après une période de vacances pendant laquelle vous vous êtes adonné à toutes sortes d'aliments riches, votre palais pourrait s'émousser au point que vous n'appréciez plus les aliments naturels qui, la semaine précédente, vous apportaient satisfaction. Pour certains, cela ne demandera qu'une période de réajustement. Mais, pour d'autres, cette entorse à une alimentation habituellement saine peut les replonger dans des excès culinaires impliquant sel, sucre et graisses ajoutées.

Pour ceux qui ont grandi avec le régime occidental standard, commencer à manger sainement peut être un changement conséquent. Je sais que ça l'a été pour moi. Même si ma mère essayait de nous faire manger ce qui était « bon pour nous » à la maison, mes sorties avec mes amis regorgeaient de petits gâteaux industriels et de repas bien gras au restaurant chinois du coin, où je commandais des travers de porc ou n'importe quel autre plat comportant de la viande frite. Un de mes en-cas favoris était les Slim Jim (saucisse sèche industrielle) aromatisés au nachos et au fromage.

Heureusement, j'ai réussi à échapper aux sirènes de la malbouffe avant qu'un problème de santé manifeste ne survienne. C'était il y a vingt-cinq ans. Avec le recul, je considère que cela a été une des meilleures décisions de ma vie.

Certains procèdent à un sevrage brutal, tandis que d'autres font la transition plus lentement, ayant recours à diverses approches. Une de celles que j'ai employées dans ma pratique médicale est la méthode en trois étapes de Kaiser Permanente. Après avoir pris conscience que la plupart des familles ont tendance à alterner les mêmes huit ou neuf repas, la première étape suggérait de réfléchir aux trois repas que vous appréciez déjà qui sont d'origine végétale – par exemple les pâtes à la sauce marinara, qui peuvent facilement être remplacées par des pâtes complètes, auxquelles on ajoute des légumes. La deuxième étape consiste à réfléchir à trois repas que vous consommez déjà et qui pourraient être adaptés pour devenir des repas « feu vert » – par exemple remplacer un chili con carne par un chili aux cinq haricots. La troisième étape est ma préférée : découvrez de nouvelles options santé[48].

On constate, non sans ironie, que beaucoup de ceux qui adoptent un régime sain consomment une plus grande variété d'aliments que lorsqu'ils avaient une alimentation dénuée de restrictions. Avant la vulgarisation d'Internet, je conseillais d'emprunter des livres de cuisine dans la bibliothèque locale. Aujourd'hui, si vous cherchez sur Google « recettes à base d'aliments végétaux complets », vous trouverez des milliers d'entrées. Si vous ne parvenez pas à faire le tri, je vous suggère* :

- Forksoverknives.com : ce site est né du documentaire et du livre populaires éponymes et offre des centaines de recettes.
- StraightUpFood.com : le chef et professeur de cuisine Cathy Fisher partage plus de 100 recettes sur ce site.
- HappyHealthyLongLife : l'accroche du site indique : « Les aventures d'une bibliothécaire médicale de la clinique de Cleveland au royaume du mode de vie basé sur les preuves scientifiques. »

* Sites en anglais. (*N.d.l.T*).

Une fois que vous aurez trouvé les trois repas que vous aimez et faciles à préparer, vous aurez achevé la troisième étape. Vous avez désormais neuf repas que vous pouvez alterner. Vous êtes prêt ! Ensuite, la question du petit déjeuner et du déjeuner coule de source.

Si vous détestez cuisiner et que vous voulez seulement trouver le moyen le plus simple et le moins onéreux de préparer des repas sains, je vous recommande chaudement la série de DVD *Fast Food* du diététicien Jeff Novick*. En utilisant des aliments de base comme des haricots en boîte, des légumes surgelés, des céréales complètes à cuisson rapide et des mélanges d'épices, Jeff vous montre comment nourrir votre famille pour environ 4 dollars par personne et par jour. Les DVD comprennent également des conseils pour faire vos courses et des informations pour déchiffrer les étiquettes nutritionnelles. Vous trouverez ses DVD à l'adresse suivante : JeffNovick.com/RD/DVDs.

Si vous cherchez une approche plus structurée et le soutien d'un groupe, le Physicians Committee for Responsible Medicine (PCRM, Comité des médecins pour une médecine responsable), une organisation de recherche nutritionnelle à but non lucratif basée à Washington, propose un programme en trois

* En anglais. (*N.d.l.T.*)

semaines d'alimentation à base de végétaux. Vous le trouverez à l'adresse : 21DayKickstart.org. Ce programme de nutrition gratuit en ligne commence le 1er de chaque mois et propose un programme alimentaire complet, des recettes, des astuces et un forum communautaire. Des centaines de milliers de gens en ont déjà bénéficié, alors n'hésitez pas à le tester.

J'ai toujours essayé d'inciter mes patients à envisager l'alimentation saine comme une expérimentation. Il peut être effrayant de considérer un changement aussi radical comme permanent. C'est pourquoi je leur demande de m'accorder seulement trois semaines. Il me semble que si mes patients considèrent cela comme une simple expérience, ils ont plus de chances de faire le grand saut et d'en tirer un maximum de bénéfices. Mais c'est très sournois de ma part. Je sais qu'une fois ces trois semaines écoulées, s'ils ont réellement joué le jeu, ils se sentiront nettement mieux, leurs résultats d'analyses médicales seront réellement meilleurs, et leur palais aura commencé à changer. Plus longtemps vous maintiendrez une alimentation saine, meilleur goût elle aura.

Je me rappelle avoir abordé cette question avec le Dr Neal Barnard, le président fondateur de PCRM, qui publie les résultats de nombreuses études scientifiques mesurant les effets d'un régime sain sur diverses affections courantes – allant de l'acné et l'arthrite aux crampes menstruelles et aux migraines. Il a souvent recours à un modèle d'étude ABA (Applied Behaviour Analysis – analyse appliquée du comportement). La santé des participants est évaluée au départ, tandis qu'ils s'alimentent selon leurs habitudes, puis on leur fait suivre un régime thérapeutique. Dans le but de s'assurer que les changements de leur état de santé consécutifs au nouveau régime ne sont pas une simple coïncidence, on leur demande ensuite de revenir à leur alimentation habituelle pour voir si les changements disparaissent.

Ce type d'étude rigoureuse améliore la validité des résultats, mais le problème, a indiqué le Dr Barnard, c'est que la santé des gens s'améliore parfois *trop*. Après quelques semaines passées à suivre un régime à base de végétaux, les sujets se sentent tellement mieux qu'ils refusent de revenir à leur alimentation de départ[49] – même si cela est exigé par le protocole d'étude. Et, du fait qu'ils n'ont pas terminé l'étude comme convenu, les données les concernant doivent être supprimées, et peuvent ne jamais apparaître dans les résultats. L'ironie étant que l'alimentation saine peut être si efficace que cela sabote les études censées la mesurer !

Que mange le Dr Greger ?

On me demande souvent ce que je mange au quotidien. J'hésite toujours à répondre à cette question pour plusieurs raisons. Tout d'abord, ce que moi ou qui que ce soit d'autre mange, dit ou fait ne devrait pas avoir d'importance. La science reste la science. L'univers de la nutrition est trop souvent divisé en camps, chacun suivant son gourou respectif. Dans quel autre domaine de recherche scientifique sérieux voit-on de telles dérives ? Après tout, 2 + 2 = 4, quel que soit votre mathématicien préféré. C'est parce qu'il n'y a pas d'industrie pesant 1 milliard de dollars qui tire profit de la confusion qu'elle sème dans l'esprit des gens. Si vous receviez sans cesse des messages contradictoires à propos des mathématiques de base, en désespoir de cause, vous seriez peut-être forcé de choisir une autorité de référence, en espérant que cette personne transmettrait avec justesse les résultats des recherches scientifiques les plus récentes. Qui a le temps de lire et de déchiffrer l'ensemble des sources d'information ?

Au début de ma pratique médicale, j'ai décidé que je ne voulais pas me fier à l'interprétation de qui que ce soit pour prendre des décisions dont la vie de mes patients pouvait dépendre. J'avais l'accès aux informations et la formation qui me permettaient d'interpréter les résultats scientifiques par moi-même. Quand j'ai commencé à compiler la littérature nutritionnelle, c'était simplement pour devenir un meilleur médecin. Mais lorsque j'ai compris que j'avais entre les mains une véritable mine d'informations, j'ai su que je ne pouvais pas la garder pour moi seul. Mon espoir est de les diffuser tout en restant, autant que possible, hors de l'équation. Je ne veux pas présenter le régime du Dr Greger comme une marque déposée ; je veux présenter le régime qui s'appuie sur les meilleures preuves scientifiques. C'est pourquoi je montre les articles, graphiques et citations, ainsi que les liens vers mes sources, dans mes vidéos du site NutritionFacts.org. J'essaie de limiter au maximum ma propre interprétation – mais j'admets que, parfois, je ne peux pas m'en empêcher !

Ce que chacun choisit de faire de cette information est tout à fait personnel et dépend souvent de sa propre situation et des risques qu'il est disposé à prendre. À partir de la même information, deux individus peuvent prendre deux décisions complètement différentes et néanmoins légitimes. C'est pour cette raison que j'ai toujours hésité à partager mes choix personnels, car je crains d'influencer les gens dans la prise de décisions pas forcément judicieuses dans leur cas précis. Je préférerais présenter simplement les faits scientifiques et laisser les individus décider pour eux-mêmes.

De plus, les goûts de chacun sont différents. Et j'imagine tout à fait que quelqu'un puisse penser : *Quoi ? Il met de la sauce pimentée sur ce plat ?* Lorsque les gens m'entendent vanter les mérites de l'houmous et non ceux du caviar d'aubergines, ils pourraient avoir l'impression que je pense que l'un est plus sain que l'autre. C'est possible (et c'est sans doute le cas en réalité), mais ma véritable raison est simple : je n'aime pas le goût des aubergines.

Et à l'inverse, ce n'est pas parce que je mange quelque chose que c'est nécessairement sain. Par exemple, les gens sont surpris d'apprendre que je mange du cacao alcalinisé. Dans ce processus de transformation, plus de la moitié des antioxydants et des flavonoïdes sont détruits[50]. Pourquoi le consommer, dans ce cas ? Parce que son goût est nettement meilleur que celui du cacao non transformé. Tandis que j'encourage les gens à consommer du cacao naturel, je ne suis pas mon propre conseil. Dans certains cas, il serait préférable que les gens fassent ce que je dis, et non ce que je fais.

Et si je partageais une recette que quelqu'un trouverait absolument répugnante ? Je serais affligé que cette personne pense : *Si c'est ça l'alimentation saine, ce sera sans moi !* À mesure que vous mangez plus sainement, votre palais change. C'est un phénomène étonnant. Vos papilles gustatives s'adaptent en permanence – à chaque minute, en fait. Si vous buviez du jus d'orange maintenant, il aurait un goût sucré. Mais si vous mangiez des bonbons, et buviez ensuite le même jus d'orange, il aurait un goût désagréablement amer. Sur le long terme, plus vous mangerez d'aliments sains, meilleurs ils vous sembleront.

Je me souviens de la première fois où j'ai bu un smoothie aux légumes verts. Je donnais une conférence quelque part dans le Michigan, et étais hébergé chez un couple adorable. Ils m'ont dit qu'ils buvaient des « jus de salade au blender » au petit déjeuner. D'un point de vue purement intellectuel, j'adore l'idée. Les légumes verts, les aliments les plus sains de la planète, sous une forme liquide très pratique ? Je me suis imaginé buvant de la salade liquide chaque matin en allant travailler. Mais lorsque j'ai goûté, j'ai eu l'impression de boire du gazon liquide. J'ai eu un haut-le-cœur et ai failli vomir sur la table de cuisine de mes hôtes.

Les smoothies verts, on doit s'y habituer progressivement. Un smoothie bananes-fraises – miam ! Étonnamment, vous pouvez y ajouter une poignée de pousses d'épinard, et vous sentirez à peine le goût. Essayez, vous serez surpris. Et si une poignée vous semble faisable, pourquoi pas deux ? Lentement, vos papilles peuvent s'adapter à des quantités de plus en plus importantes de légumes verts. Il en va de même pour tous vos sens. Entrez dans une pièce sombre, et vos yeux s'adapteront peu à peu à l'obscurité. Plongez un pied dans un bain chaud, et peu à peu l'eau vous semblera moins chaude. De même, dans à peine deux semaines, vous pourrez boire – et apprécier – des breuvages qui vous semblent aujourd'hui absolument épouvantables.

Cela étant posé, je vais maintenant vous dire ce que je mange, ce que je bois, ce que je fais et de quelle façon je le fais. Dans chacun des chapitres suivants, j'aborderai plus en détail chacune des catégories de la liste de mes « 12 aliments quotidiens » pour préciser quels sont mes préférés parmi ces aliments « feu vert », ainsi que les astuces et techniques que j'utilise pour les préparer. Je ne passerai pas en revue tous les types de légumineuses, fruits, légumes, noix ou épices que je mange. Mon objectif consiste plutôt à explorer les résultats des recherches scientifiques portant sur mes aliments favoris dans chaque catégorie.

Mais comprenez bien que ma stratégie consiste à vous faire découvrir une façon de faire, plutôt que *la* façon de faire. Si par chance cela vous convenait, ce serait parfait. Sinon, j'espère que vous explorerez les innombrables autres façons de tirer profit de cet ensemble de preuves pour vous aider à améliorer et prolonger votre vie.

Les « 12 aliments quotidiens » du Dr Greger

La nutrition à base d'aliments complets d'origine végétale – ça se passe d'explications, non ? Mais certains aliments « feu vert » ne sont-ils pas meilleurs que d'autres ? Par exemple, vous pouvez semble-t-il vivre pendant de longues périodes en ne mangeant presque rien d'autre que des pommes de terre[1]. Ce serait donc, par définition, un régime à base d'aliments complets d'origine végétale – mais ce ne serait pas très sain. Tous les végétaux ne se valent pas.

Au fil de mes années de recherche, j'ai compris que les aliments sains ne sont pas nécessairement interchangeables. Certains aliments ou catégories d'aliments contiennent des nutriments qu'on ne trouve pas ailleurs en abondance. Par exemple, le sulforaphane, ce composé qui possède l'incroyable faculté de stimuler la capacité de détoxification des enzymes hépatiques que j'ai présenté dans les chapitres 9 et 11, provient presque exclusivement des légumes crucifères. Vous pourriez consommer des tas d'autres légumes au cours d'une journée sans obtenir de sulforaphane en quantité suffisante si vous ne mangiez aucun crucifère. Il en va de même pour les graines de lin et les composés anticancer que sont les lignanes. Comme je l'ai mentionné dans les chapitres 11 et 13, le lin peut comporter en moyenne 100 fois plus de lignanes que n'importe quel autre aliment. Et en ce qui concerne les champignons, ce ne sont même pas des végétaux, ils appartiennent à une classe biologique complètement à part et pourraient contenir des nutriments (tels que l'ergothionéine), que l'on ne trouve pas ailleurs dans le règne végétal[2]. (Donc, en théorie, on devrait peut-être parler de régime à base de plantes et de champignons, mais ce serait un peu lourd.)

Il semble que chaque fois que je reviens de la bibliothèque médicale, tout excité d'avoir découvert de nouvelles données très prometteuses, les membres de ma famille lèvent les yeux au ciel, soupirent et demandent : « Qu'est-ce qu'on doit arrêter de manger, maintenant ? » Ou bien ils disent : « Attends une minute, pourquoi faut-il tout à coup tout parsemer de persil ? » Ma pauvre famille ! Mais je dois reconnaître qu'ils ont été très tolérants à mon égard.

Comme la liste des aliments que j'essaie d'intégrer à mon alimentation quotidienne n'a cessé de s'allonger, j'ai établi une sorte de liste pense-bête que j'ai affichée sur un petit tableau effaçable sur mon réfrigérateur. On s'est ensuite amusés à en cocher les cases. Elle a évolué pour devenir « Les 12 aliments quotidiens » (voir figure 6).

Les 12 aliments quotidiens

Nombre de portions

☑☑☑	Haricots
☑	Baies
☑☑☑	Autres fruits
☑	Légumes crucifères
☑☑	Légumes verts
☑☑	Autres légumes
☑	Graines de lin
☑	Noix et graines
☑	Herbes aromatiques et épices
☑☑☑	Céréales complètes
☑☑☑☑☑	Boissons
☑	Exercice

Figure 6.

Par haricots, j'entends les légumineuses, qui comprennent toutes sortes de haricots, y compris les graines de soja, les pois cassés, les pois chiches et les lentilles. En mangeant un bol de soupe de pois cassés, ou en trempant des carottes dans de l'houmous, vous n'avez peut-être pas l'impression de manger des haricots, mais c'est pourtant ce que vous faites ! Vous devriez essayer d'en consommer trois portions par jour. Une portion correspond à environ 50 g d'houmous, 100 g de haricots cuits, pois cassés, lentilles, tofu ou tempeh ; ou 200 g de petits pois ou de lentilles germées. Même si les cacahuètes sont en théorie des légumineuses, d'un point de vue nutritionnel, je les ai placées dans la catégorie des noix, tout comme je place les haricots verts dans la catégorie « Autres légumes ».

Une portion de baies correspond à 200 g environ lorsqu'elles sont fraîches ou surgelées ou à 100 g si elles sont déshydratées. Si, du point de vue de la biologie, les avocats, les bananes et même les pastèques sont en théorie des baies, j'emploie ce terme familier pour tous les petits fruits comestibles, ce qui explique pourquoi j'inclus les kumquats et les raisins dans cette catégorie, ainsi que ceux que l'on considère habituellement comme des baies mais qui n'en sont pas en théorie, par exemple les cerises, les mûres, les mûres blanches, les framboises et les fraises.

Pour les autres fruits, une portion correspond à un fruit de taille moyenne, ou 200 g de fruits coupés en morceaux, ou 50 g de fruits secs. Là encore, je me réfère aux classifications familières plutôt que botaniques, je place donc les tomates dans le groupe des « Autres légumes ». (Il est intéressant de constater que la Cour suprême américaine a statué sur le sujet en 1893[3]. L'Arkansas a décidé de jouer sur les deux tableaux, en déclarant que la tomate était à la fois le fruit officiel de l'État et son légume officiel[4].)

Les légumes crucifères courants comprennent le brocoli, le chou et le kale. Je recommande au moins une portion par jour (environ 100 g) et au moins deux portions de légumes verts supplémentaires par jour, crucifères ou autres. Les portions des légumes verts et autres légumes correspondent à environ 300 g de légumes crus à feuilles et 150 g pour les autres légumes crus ou cuits.

Tout le monde devrait essayer d'incorporer une cuillère à soupe de graines de lin moulues dans son alimentation quotidienne, en plus d'une portion de noix et autres graines. Une portion de noix représente à peu près 40 g ou deux cuillères à soupe de noix ou beurre de noix ou graines, y compris le beurre de cacahuète. (Les châtaignes et les noix de coco n'entrent pas dans la catégorie des noix d'un point de vue nutritionnel.)

Je recommande également un quart de cuillère à café par jour de curcuma, accompagné d'autres herbes aromatiques et épices (non salées) que vous appréciez.

Une portion de céréales complètes peut correspondre à un demi-bol de céréales chaudes telles que le porridge, des céréales cuites comme le riz (y compris les « pseudo-céréales » telles que l'amarante, le sarrasin ou le quinoa), des pâtes cuites ou des grains de maïs ; un petit bol de céréales froides ; une tortilla ou une tranche de pain, un demi-bagel ou muffin anglais ; ou un gros bol de pop-corn.

Dans la catégorie des boissons, une portion équivaut à un verre, et les cinq verres par jour recommandés viennent en complément de l'eau naturellement contenue dans les aliments que vous consommez.

Enfin, même s'il ne s'agit pas d'un aliment, je conseille une « portion » par jour d'exercice, qui peut être répartie dans la journée. Je préconise quatre-vingt-dix minutes d'activité modérée, comme une marche rapide, ou quarante minutes d'activité intense (comme le jogging ou un autre sport) chaque jour. Pourquoi autant ? J'expliquerai mon raisonnement dans le chapitre consacré à l'exercice.

Cela peut vous paraître un grand nombre de cases à cocher, mais il n'est pas difficile d'en cocher un certain nombre en une seule fois. Imaginez que vous prépariez une grande salade : des épinards, une poignée de salade roquette, une poignée de noix grillées, des poivrons et une petite tomate. Vous venez de cocher sept cases en un seul plat. Saupoudrez le tout de poudre de graines de lin, ajoutez une poignée de baies de goji, et dégustez avec un verre d'eau et un fruit pour le dessert : vous pouvez cocher la moitié de vos cases de la journée en un seul repas. Et ensuite, si vous mangez sur un tapis de course… non, je plaisante !

Est-ce que je coche une case chaque fois que je bois un verre d'eau ? Non. En fait, je ne me sers plus de la liste pense-bête, je l'ai utilisée comme un outil pour m'aider à prendre de nouvelles habitudes. À chaque repas, je me demandais : *Est-ce que je peux ajouter des légumes verts à ce plat ? Pourrais-je ajouter des haricots ?* (J'ai toujours une boîte de haricots ouverte au réfrigérateur.) *Puis-je saupoudrer des graines de lin moulues là-dessus, des graines de courge ou peut-être des fruits secs ?* La liste pense-bête m'a juste fait prendre l'habitude de me demander : *Comment puis-je rendre cela encore plus sain ?*

J'ai également remarqué que la liste était utile pour faire les courses. Bien que je conserve toujours quelques sacs de baies surgelées et de légumes verts au congélateur, si je suis au supermarché et que j'envisage d'acheter des produits frais pour la semaine, cela m'aide à savoir de quelles quantités de kale et de myrtilles j'ai besoin.

La liste m'aide aussi à me représenter un repas. En y jetant un coup d'œil, vous verrez qu'il y a trois portions respectives de haricots, de fruits et de céréales complètes, et environ deux fois plus de légumes au total que de n'importe quelle autre catégorie d'aliment. Je peux donc facilement imaginer qu'un quart de mon assiette contiendra des céréales, un autre quart sera composé de légumineuses et la moitié restante sera constituée de légumes, avec peut-être une salade verte pour l'accompagner et un fruit en dessert. Je préfère les repas composés uniquement d'un plat principal dans lequel tout est mélangé, mais la liste m'aide malgré tout à visualiser. Au lieu d'un grand bol de pâtes avec des légumes et quelques lentilles, je pense à un grand bol de légumes, avec un peu de pâtes et de lentilles. Au lieu d'une grande assiette de riz brun accompagné de légumes, j'imagine une assiette composée essentiellement de légumes et… comme par magie, apparaissent du riz et des haricots.

Mais inutile de s'obséder avec les 12 aliments quotidiens. Les jours où je voyage, lorsqu'il ne me reste plus aucun en-cas en réserve et que j'essaie de composer un semblant de repas sain dans l'aire de restauration d'un aéroport, j'ai parfois de la chance si j'atteins le quart de mon objectif. Si vous ne mangez pas très bien un jour, essayez simplement de manger mieux le lendemain. J'espère seulement que la liste sera un aide-mémoire précieux qui vous permettra de manger une variété d'aliments les plus sains chaque jour.

Mais vaut-il mieux consommer les légumes crus ou cuits ? Doit-on les choisir au rayon bio ou conventionnel ? Et que penser des OGM ? Du gluten ? Toutes ces questions et plus encore seront abordées tandis que je passerai en revue chacun des 12 aliments quotidiens dans les chapitres suivants.

Les haricots

Les haricots préférés du Dr Greger

Haricots noirs, haricots cornille (haricots à œil noir), haricots de Lima, haricots blancs, pois chiches, edamame (fèves de soja), petits pois, haricots lingots, haricots rouges, lentilles (verte du Puy, blondes, corail, Beluga), miso, pois cassés et tempeh.

Taille des portions

50 g d'houmous ou de pâte à tartiner à base de légumineuses.

100 g de haricots cuits, de pois cassés, de lentilles, de tofu ou de tempeh.

200 g de petits pois ou de lentilles germées.

Recommandations

3 portions par jour.

La campagne « MyPlate » menée par le gouvernement fédéral américain visait à inciter la population à composer des repas sains. L'essentiel de votre assiette devrait être composé de légumes et de céréales (de préférence complètes), et le reste devrait être réparti entre les fruits et les protéines. Les légumineuses bénéficient d'un statut particulier, appartenant à la fois au groupe des protéines et à celui des légumes. Elles sont extrêmement riches en protéines, fer et zinc, comme on peut s'y attendre d'autres sources de protéines telles que la viande, mais elles contiennent des nutriments – fibres, folates et potassium – très concentrés. Avec les légumineuses, vous obtenez le meilleur des deux groupes, tout en profitant d'un aliment naturellement faible en acides gras saturés et en sodium et dépourvu de cholestérol.

L'analyse la plus approfondie jamais menée sur la relation entre l'alimentation et le cancer a été publiée en 2007 par l'American Institute for Cancer Research. Environ un demi-million d'études ont été passées au crible, et neuf équipes de recherche indépendantes issues des quatre coins du globe ont établi un rapport scientifique qui a fait date, révisé par 21 des meilleurs chercheurs au monde en cancérologie. Une de leurs recommandations pour la prévention du cancer est de consommer des légumes verts et des céréales complètes et/ou légumineuses à chaque repas[1]. Ni chaque semaine ni chaque jour. *À chaque repas !*

Consommer du porridge le matin au petit déjeuner permet de suivre assez facilement les recommandations relatives aux céréales, mais comment faire pour les légumineuses ? Qui mange des haricots au petit déjeuner ? En fait, pas mal de gens à travers le globe. Un petit déjeuner anglais traditionnel comprend un savoureux mélange de haricots à la sauce tomate sur un toast, de champignons et de tomates grillées. Le petit déjeuner japonais est composé de soupe miso, et de nombreux enfants en Inde commencent leur journée avec un idli, un genre de gâteau de lentilles cuit à la vapeur. Les palais occidentaux pourront suivre les recommandations pour la prévention du cancer plus facilement en dégustant un bagel aux céréales complètes tartiné d'houmous. Mon ami Paul écrase des haricots blancs dans son porridge et jure qu'on ne les voit pas et qu'on n'en sent même pas le goût. Pourquoi pas ?

Le soja

Le soja est sans doute la légumineuse que nous incorporons le plus facilement à notre petit déjeuner. Le lait de soja, par exemple, s'est développé au point de représenter un marché de 1 milliard de dollars. Mais le lait de soja et même le tofu sont des aliments transformés. Pour ce qui est des nutriments que l'on a tendance à associer aux légumineuses – fibres, fer, magnésium, potassium, protéines et zinc –, on en perd environ la moitié lorsque les fèves de soja sont transformées en tofu. Cependant, les légumineuses sont si saines que vous pouvez supprimer la moitié des nutriments et garder malgré tout une nourriture réellement bonne pour la santé. Si vous consommez du tofu, choisissez une variété qui contient du calcium (il apparaîtra dans la liste des ingrédients), jusqu'à 550 mg de calcium par tranche[2] (de 85 g).

Mieux encore que le tofu, il y a les aliments à base de soja complet, comme le tempeh, qui est un genre de steak de graines de soja fermentées. D'ailleurs, si vous observez le tempeh de près, vous verrez ces petites graines. Je ne consomme en général pas de tempeh au petit déjeuner, mais j'aime bien le couper en tranches fines et les plonger dans un mélange d'« œufs » de lin (voir ma recette page 457). Je les saupoudre ensuite de chapelure de pain complet assaisonné au romarin, avant de les faire griller au four à 200 °C jusqu'à ce qu'elles soient dorées. Puis je les trempe dans la Hot Sauce pour me rapprocher de la version plus saine des ailes de poulet que j'aimais dans ma jeunesse.

Que penser du soja génétiquement modifié ?

Une revue scientifique de premier plan a récemment déclaré que, si nous sommes désormais submergés d'informations sur les produits génétiquement modifiés, celles-ci sont fausses en grande partie – qu'elles viennent du camp des « pro » ou de celui des « anti ». « Beaucoup de ces informations incorrectes sont complexes, soutenues par des recherches qui semblent légitimes et rédigées avec assurance », lit-on dans cet éditorial, ce qui indique non sans humour que, lorsqu'il est question d'OGM, une bonne façon de mesurer le caractère fallacieux d'une déclaration peut être « la conviction avec laquelle elle est communiquée[3] ».

Le soja Roundup Ready de Monsanto est le premier aliment génétiquement modifié au monde, conçu pour résister à l'herbicide Roundup (également vendu par Monsanto), qui permet aux agriculteurs de tuer les mauvaises herbes sans détruire les cultures de soja[4].

Même si de nombreux débats continuent de fleurir sur les risques hypothétiques des aliments transgéniques, la principale préoccupation pour la santé humaine serait que les aliments transgéniques contiennent un niveau élevé de résidus de pesticides[5]. Cette crainte remonte à 2014, au moment où on a relevé un taux élevé de pesticides dans le soja transgénique (et non dans le soja non modifié, ni dans le soja biologique[6,7]). Le taux de résidus était considéré comme élevé comparé aux seuils maximums autorisés de l'époque, mais l'était-il assez pour avoir des effets néfastes sur les consommateurs ?

Les activistes anti-OGM citent des études montrant que le Roundup pourrait affecter le développement embryonnaire et provoquer des déséquilibres hormonaux. Ces études portaient respectivement sur des embryons d'oursin et des cellules de testicule de souris[8]. Des titres de blogs racoleurs tels que « Hommes : sauvez vos testicules ! », citant des articles à l'intitulé inquiétant comme « L'exposition prépubère au glyphosate des herbicides altère le taux de testostérones et la morphologie des testicules[9] ». Mais l'étude portait sur la puberté chez le rat. Je doute que le blog aurait eu autant de visiteurs si l'article avait eu pour titre : « Hommes : sauvez les testicules des rats prépubères[10] ! »

Suis-je trop sévère ? Après tout, où les scientifiques pourraient-ils se procurer des tissus humains pour mener leurs expériences ? Une équipe de recherche a trouvé une solution géniale : étudier les placentas ! Des millions de femmes accouchent chaque année et le placenta, l'organe temporaire formé dans l'utérus pour nourrir le fœtus pendant la grossesse, est généralement incinéré après l'accouchement. Alors pourquoi ne pas tester le Roundup sur le tissu du placenta humain ? C'est ce qu'ont fait les chercheurs, et ils ont découvert qu'à la concentration où ils sont pulvérisés sur les cultures dans les champs les pesticides avaient bien un effet toxique sur le tissu humain[11].

Cette découverte pourrait expliquer que quelques études préliminaires aient indiqué des effets néfastes sur les travailleurs exposés aux pesticides[12,13] et sur leurs enfants[14], mais au moment où les pesticides se retrouvent dans l'alimentation ils sont fortement dilués. Les concentrations de pesticide Roundup n'atteignent que quelques parties par million (ppm) dans l'alimentation, et quelques parties par milliard dans votre organisme. Toutefois, les chercheurs ont découvert que les pesticides pouvaient encore avoir un effet concentré à quelques parties par billion. Et, même à cette dose infime, on a remarqué que le pesticide Roundup avait des effets œstrogéniques in vitro, stimulant la croissance des cellules cancéreuses du sein humain à récepteurs d'œstrogènes positifs[15].

Cependant, comme nous l'avons vu dans le chapitre 11, la consommation de soja est associée à un risque de cancer du sein plus faible et à une amélioration de la survie des femmes qui en sont atteintes. Cela peut s'expliquer par le fait qu'aux États-Unis l'essentiel du soja transgénique est employé pour nourrir les poulets, les porcs et les bovins, tandis que la plupart des producteurs de soja alimentaire emploient du soja non génétiquement modifié. C'est peut-être également parce que les bénéfices qu'il y a à manger du soja l'emportent largement sur les risques. Quoi qu'il en soit, pourquoi accepter le moindre risque lorsque vous pouvez choisir du soja biologique, qui, selon la loi, exclut les produits génétiquement modifiés ?

Ce qu'il faut retenir, c'est qu'il n'existe aucune donnée humaine indiquant qu'il est nocif de consommer des aliments génétiquement modifiés, même si on n'a jamais mené d'étude sur le sujet (c'est d'ailleurs sur ce point qu'ils sont critiqués[16]). C'est pourquoi un étiquetage obligatoire sur les produits OGM serait utile, de sorte que cette traçabilité permette aux chercheurs de la santé publique de déterminer si les OGM ont des effets nocifs sur la santé.

Mais je pense qu'il est important de mettre en perspective la question des OGM. Comme j'ai essayé de le montrer, nous pouvons adopter des changements alimentaires et de mode de vie qui pourraient éliminer pour l'essentiel la maladie cardiaque, les AVC, le diabète et le cancer. Des *millions* de vies pourraient être sauvées. C'est pourquoi je compatis à l'exaspération de l'industrie biotechnologique envers les inquiétudes liées aux OGM alors que tant de gens meurent de tout ce qu'ils mangent d'autre[17]. Comme on peut le lire dans une revue spécialisée, « la consommation d'aliments génétiquement modifiés implique des risques d'effets indésirables similaires à la consommation de nourriture traditionnelle[18,19] ». Autrement dit, acheter une pâtisserie industrielle sans OGM ne sera pas très bon pour votre santé.

Le miso est un autre aliment fermenté complet à base de soja. Cette pâte épaisse est généralement mélangée à de l'eau chaude pour élaborer une soupe délicieuse qui constitue un des aliments de base de la cuisine japonaise. Si vous voulez essayer, je vous conseille le miso blanc, à la saveur plus douce que le rouge. La recette de la soupe miso est d'une simplicité enfantine : mélangez une cuillère à soupe avec deux tasses d'eau chaude et ajoutez vos légumes préférés. C'est tout !

Comme le miso peut contenir des probiotiques, il est sans doute préférable de ne pas le faire cuire, pour éviter que les bonnes bactéries ne soient détruites.

Pour ma part, je fais bouillir des champignons déshydratés, une pincée d'algue aramé, quelques tomates séchées et des légumes verts dans une casserole. Je verse environ 60 cl de ce bouillon chaud dans un grand bol et j'y écrase le miso avec une fourchette jusqu'à ce qu'il ne reste plus qu'une pâte fine. J'ajoute ensuite le reste de la soupe dans le bol et mélange le tout. Et, comme je suis un peu accro à la sauce piquante, j'en ajoute un peu pour relever l'ensemble, ainsi que des graines de sésame grillées. Dès qu'elles sont dorées, et encore grésillantes, je les mets dans la soupe. Et cela répand une odeur divine dans la cuisine.

La soupe miso : soja versus sodium

Le processus de fabrication du miso implique l'ajout de sel – de beaucoup de sel. Un seul bol de soupe miso pourrait contenir la moitié du maximum quotidien recommandé par l'American Heart Association. C'est pourquoi j'avais toujours le réflexe de l'éviter par le passé dès que je la voyais sur un menu. Mais j'ai étudié la question de plus près et j'ai été surpris de ce que j'ai découvert.

Il y a deux raisons principales d'éviter le sel : le cancer de l'estomac et l'hypertension artérielle. Considéré comme une « cause probable » du cancer de l'estomac[20], l'excès de sel pourrait être à l'origine de milliers de cas chaque année aux États-Unis[21]. Le risque élevé de cancer de l'estomac associé à la consommation de sel semble comparable au risque lié au tabagisme ou à une consommation d'alcool élevée, mais il serait deux fois moins dangereux que l'usage d'opium[22] ou qu'une portion de viande par jour. Une étude portant sur presque un demi-million de gens a conclu qu'une portion de viande par jour (de la taille d'un jeu de cartes environ) était associée à un risque cinq fois plus élevé de développer un cancer de l'estomac[23].

Cela pourrait expliquer pourquoi les gens qui ont une alimentation d'origine végétale semblent présenter un risque sensiblement moins élevé[24]. Mais les produits de source animale riches en sodium tels que les viandes transformées et les poissons salés ne sont pas les seuls à présenter une corrélation avec le risque plus élevé de cancer de l'estomac – c'est aussi le cas des légumes marinés au vinaigre[25]. Le kimchi, du chou épicé mariné au vinaigre, est un accompagnement de base de la cuisine coréenne et pourrait expliquer en partie pourquoi ce pays enregistre le taux de cancer de l'estomac le plus élevé au monde[26].

Pourtant, le miso n'a pas été associé à une augmentation du risque de cancer[27]. Les effets cancérigènes du sel pourraient être compensés par les effets anticancérigènes du soja. Par exemple, la consommation de tofu a été associée à une baisse de 50 % du risque de cancer de l'estomac[28], tandis que ce risque augmentait de 50 % avec la consommation élevée de sel[29], ce qui expliquerait comment l'un peut neutraliser l'effet de l'autre. Les légumes de la famille des liliacées[30] (oignon) sembleraient offrir une meilleure protection, donc pour une soupe miso aux vertus anticancer, n'hésitez pas à ajouter de l'ail ou des échalotes.

Cependant, le cancer n'est pas la principale raison pour laquelle on dit aux gens d'éviter le sel. Il pourrait y avoir une relation similaire avec l'hypertension artérielle. Le sel de la soupe miso pourrait augmenter la pression artérielle, tandis que la protéine de soja du miso pourrait la faire baisser[31]. Par exemple, si on compare les effets du lait de soja au lait de vache écrémé (pour une juste comparaison, en ôtant les matières grasses), le lait de soja fait baisser la tension artérielle neuf fois plus efficacement que le lait de vache écrémé[32]. Mais les effets du soja suffisent-ils à neutraliser ceux du sel dans le miso ? Des chercheurs japonais ont décidé d'étudier la question.

Sur une période de quatre ans, ils ont suivi des hommes et des femmes d'une soixantaine d'années qui avaient une pression artérielle normale au début de l'étude, pour déterminer qui pouvait présenter un risque d'hypertension artérielle : ceux qui consommaient deux bols ou plus de soupe miso par jour, ou ceux qui en mangeaient un bol ou moins. Deux bols quotidiens équivalent à l'ajout d'une demi-cuillerée à café de sel dans votre alimentation quotidienne, et malgré tout on a découvert que ceux qui consommaient au minimum deux bols de soupe miso avaient cinq fois moins de risques de devenir hypertendus. Les chercheurs ont conclu : « Nos résultats sur la soupe miso ont montré que l'effet antihypertenseur du miso est sans doute supérieur à l'effet hypertenseur du sel[33]. » La soupe miso serait donc globalement protectrice.

Les edamame sont la forme de soja la plus complète qu'on puisse trouver, puisque ce sont des fèves de soja encore dans leur cosse. Vous pouvez les acheter surgelés et en mettre une poignée dans de l'eau bouillante chaque fois que vous avez envie d'un en-cas sain. Ils cuisent en cinq minutes environ. Vous n'avez qu'à les égoutter et, si vous partagez mes goûts, les parsemer de poivre frais et les grignoter tels quels. (Vous pouvez aussi les acheter écossés, mais ils sont alors beaucoup moins amusants à manger.)

À l'opposé, il existe des alternatives à la viande à base de végétaux comme les hamburgers végétariens, qui ne sont sains que dans la mesure où ils remplacent un aliment qui ne l'est pas. Si on les compare au poulet, par exemple, on y trouvera des fibres, pas d'acides gras saturés ni de cholestérol, autant de protéines et moins de calories que dans un blanc de poulet (et vraisemblablement moins de risques d'intoxication alimentaire). Mais le succédané végétal de poulet fait pâle figure comparé aux fèves de soja, aux lentilles ou aux graines d'amarante à partir desquels il est fait ; il est beaucoup moins intéressant d'un point de vue nutritionnel. Bien sûr, les gens qui choisissent ces alternatives au supermarché n'hésitent pas entre des aiguillettes de poulet grillé et un bol de légumes et de céréales complètes. Donc, si les fajitas sont la seule alternative, il serait certainement plus sain de choisir un succédané de viande que la viande elle-même. Je considère ces produits alternatifs comme des aliments de transition vers une alimentation plus saine, tandis que l'on se déshabitue du régime traditionnel. Même si vous vous arrêtiez là, cela vaudrait toujours mieux, mais plus vous vous orienterez vers une alimentation à base d'aliments végétaux complets, mieux vous vous porterez. Il serait dommage de rester bloqué au « feu orange ».

Les petits pois

Comme les edamame, les petits pois (également connus sous le nom de pois de jardin ou pois potager) peuvent constituer un en-cas très sain, consommés au naturel. Je suis tombé amoureux des pois à écosser la première fois que je les ai cueillis sur pied dans une ferme où mon frère et moi avons passé un été lorsque nous étions enfants. C'était comme manger de petits bonbons. Chaque année, j'attends avec impatience les quelques semaines où je peux les acheter frais.

Les lentilles

Les lentilles sont de petites légumineuses qui ont eu leur heure de gloire en 1982, lors de la découverte de l'« effet lentille » – leur capacité à atténuer le pic de glycémie provoqué par des aliments consommés des heures plus tard, lors du repas suivant[34]. Les lentilles sont si riches en prébiotiques qu'elles représentent un festin pour votre flore intestinale, qui vous abreuve ensuite de composés bénéfiques, tels que le propionate, qui détend votre estomac et ralentit l'absorption du sucre dans votre organisme[35]. Les pois chiches et d'autres légumineuses se sont avérés avoir la même propriété, ce phénomène a donc été rebaptisé par la suite l'« effet second repas[36] ».

Les lentilles figurent parmi les légumineuses les plus riches en nutriments. Mais lorsqu'on les fait germer, on double leur pouvoir antioxydant (celui des pois chiches est multiplié par cinq[37]). Les lentilles germées peuvent représenter un des en-cas les plus sains qui soient. Je suis resté stupéfait la première fois que je les ai fait germer. Ce qui ressemblait au départ à de petits cailloux s'est transformé en tendres bouchées en à peine deux jours. Pourquoi ajouter de la poudre de protéine à vos smoothies alors que vous pouvez y ajouter des lentilles germées ? Dans un germoir, ou dans un simple bocal couvert d'étamine tenue par un élastique, faites tremper les lentilles dans de l'eau pendant une nuit, égouttez-les puis rincez-les, et égouttez-les deux fois par jour pendant deux jours. La germination est pour moi une sorte de jardinage dopé aux stéroïdes – je peux créer des produits frais en trois jours dans ma cuisine. (Bien sûr, si vous ouvrez une boîte de lentilles, vous pouvez les déguster trois secondes plus tard.)

Tremper des légumes dans de l'houmous vous permet de cocher deux cases. Et il existe bien d'autres mélanges possibles avec d'autres haricots : des pâtes à tartiner à base de haricots blancs et d'ail, des pâtés à base de haricots pinto ou de la pâte à tartiner épicée aux haricots noirs. Un autre en-cas fantastique (vous aurez compris que j'adore les en-cas, je pense) : les pois chiches grillés. Cherchez une recette sur Google. Celle que je préfère, sans surprise : les pois chiches grillés goût ranch buffalo (tirée du blog Kid Tested Firefighter Approved[40,41]), sur un tapis de cuisson en silicone.

Les haricots en boîte sont-ils aussi sains que ceux que l'on fait cuire ?

Les haricots en boîte sont pratiques, mais sont-ils aussi sains d'un point de vue nutritionnel que ceux que l'on fait cuire soi-même ? Une étude récente a conclu qu'ils étaient tout aussi sains, à un point près : le sodium. Les haricots en boîte contiennent souvent du sel ajouté, pouvant multiplier le taux de sodium par cent, comparés à des haricots que vous faites cuire sans sel[38]. En égouttant et rinçant vos haricots en boîte, vous pouvez ôter environ la moitié du sel ajouté, mais vous perdez aussi une partie des nutriments. Je vous recommande d'acheter les variétés sans sel ajouté et de les cuisiner avec le liquide contenu dans la boîte.

Les haricots cuits maison peuvent être plus savoureux, en particulier du point de vue de la texture. Les haricots en boîte finissent parfois un peu en purée, tandis que lorsqu'on les fait tremper puis cuire, ils restent à la fois fermes et tendres. Utiliser des haricots secs est également meilleur marché. Des chercheurs ont conclu que les haricots en boîte revenaient en moyenne trois fois plus cher que ceux cuits maison, avec toutefois une différence de quelques *cents* seulement par portion[39]. Dans ma famille, on choisit de dépenser 20 *cents* de plus et d'économiser le temps de préparation.

Les seules légumineuses que j'ai la patience de faire cuire sont les lentilles. Elles cuisent rapidement et il n'est pas nécessaire de les faire prétremper. Comme pour les pâtes, vous pouvez les laisser simplement frémir dans une casserole avec beaucoup d'eau, pendant environ une demi-heure. En fait, si vous faites cuire des pâtes, vous pouvez aussi bien laisser des lentilles bouillir dans la casserole pendant vingt minutes avant d'ajouter les pâtes. Les lentilles sont délicieuses dans la sauce pour spaghettis. Lorsque je fais cuire du riz ou du quinoa, j'ajoute une poignée de lentilles et ils cuisent en même temps. Les lentilles cuites écrasées et assaisonnées font également une très bonne pâte à tartiner. Et cela vous permet de cocher plusieurs cases d'un coup !

Parmi les différents repas possibles, vous pouvez choisir par exemple : un burrito aux haricots, un chili, des *pasta e fagioli* (pâtes et haricots), des haricots rouges et riz mélangés, un minestrone, un ragoût de haricots blancs à la toscane, ou une soupe de haricots noirs, de lentilles ou de pois cassés. Ma mère m'a donné le goût de la soupe de petits pois en sachet. Il suffit d'ajouter de l'eau chaude et des légumes surgelés et de mélanger. J'emporte toujours des sachets de soupe aux petits pois quand je voyage. C'est léger, et je peux les préparer avec une bouilloire dans ma chambre d'hôtel.

Investir dans les bénéfices des haricots

Pendant plus d'une décennie, les aliments à base de soja ont bénéficié du rare privilège d'être « approuvés par la FDA », leurs étiquettes affichant des allégations sur l'effet protecteur du soja vis-à-vis de la maladie cardiaque. L'industrie du soja, qui pèse 1 milliard de dollars, a beaucoup d'argent pour financer les recherches vantant les bénéfices de leur haricot. Mais le soja est-il réellement le meilleur d'entre eux ? Il s'avère que les autres légumineuses, dont les lentilles, les haricots de Lima, les haricots blancs et les haricots pinto, font baisser le taux de mauvais cholestérol aussi efficacement que les protéines de soja[42]. Lors d'une étude, par exemple, les chercheurs ont conclu qu'en consommant 100 g de haricots pinto par jour pendant deux mois vous pouviez faire baisser votre taux de cholestérol de 19 %[43].

Pour composer un de mes repas sur le pouce favoris, je commence par faire griller des tortillas de maïs, puis j'écrase des haricots en boîte et j'y ajoute une ou deux cuillères à soupe de sauce salsa. Et c'est encore mieux si j'ajoute de la coriandre fraîche, de la salade verte ou de l'avocat. Et si par chance j'ai du chou vert, j'en fais cuire quelques feuilles à la vapeur et je les utilise pour remplacer les tortillas. Des légumes verts et des haricots : difficile de faire plus sain !

Quel dessert mettra encore plus de légumineuses au menu ? La réponse tient en quelques mots : des brownies aux haricots noirs. Je n'ai pas de recette fétiche, mais Internet vous en procurera un certain nombre, dont celle du Dr Joel Fuhrman[44,45], diffusée dans « The Dr Oz Show », qui utilise du beurre d'amandes comme source de gras « feu vert », et des dattes comme source de sucre « feu vert ».

Les haricots, ça gaze ?

Les haricots sont bons pour le cœur. On a établi qu'ils étaient « l'élément prédicteur de survie le plus important chez les personnes âgées[46] » dans le monde entier. Qu'il s'agisse des Japonais avec le soja, des Suédois avec les haricots noirs et les petits pois ou des populations des régions méditerranéennes avec les lentilles, les pois chiches et les haricots blancs, la consommation de légumineuses a invariablement été associée à une prolongation de l'espérance de vie. Les chercheurs ont conclu à une diminution du risque de mort prématurée de 8 % chaque fois qu'on ajoutait 20 g de haricots à sa consommation quotidienne – c'est à peine deux cuillères à soupe[47] !

Alors pourquoi les gens ne profitent-ils pas de cette « fontaine de jouvence » diététique ? À cause de la peur des flatulences[48]. Ce serait donc réellement le choix qui s'offre à vous ? Faire des vents ou mettre les voiles de façon définitive ? Émettre des gaz ou pousser son dernier soupir ?

L'inquiétude relative aux flatulences provoquées par les haricots ne serait-elle pas juste une rumeur qui ne cesse d'enfler ?

Lorsque les chercheurs ont ajouté 100 g de haricots à l'alimentation de leurs sujets, la plupart n'ont ressenti aucun symptôme. Parmi ceux qui avaient eu des flatulences, 70 % ont rapporté une atténuation du phénomène à partir de la deuxième ou troisième semaine de l'étude. Les chercheurs ont conclu : « La peur des flatulences excessives liées à la consommation des haricots pourrait être exagérée[49]. »

Les flatulences pourraient être plus courantes que vous ne le pensez. Les Américains déclarent avoir des gaz en moyenne 14 fois par jour[50], la norme pouvant aller jusqu'à 23[51]. La flatulence a deux origines : l'air que l'on avale et la fermentation dans l'intestin. Les facteurs expliquant que l'on avale de l'air en excès sont multiples : mâcher du chewing-gum, avoir des prothèses dentaires mal ajustées, sucer des bonbons, boire avec une paille, manger trop vite, parler en mangeant et fumer des cigarettes. Par conséquent, si la peur du cancer ne vous incite pas à arrêter de fumer, la peur des flatulences vous motivera peut-être.

La source principale de gaz reste néanmoins la fermentation bactérienne normale provoquée par les sucres non digérés dans le côlon. Les produits laitiers sont une des causes principales de flatulence excessive[52], due à la mauvaise digestion du lactose[53] (le sucre du lait). Un patient souffrant beaucoup de flatulences a constaté une disparition des symptômes après avoir totalement supprimé les produits laitiers de son alimentation. Ce cas, rapporté dans le *New England Journal of Medicine* et entré dans le livre Guinness des records, était celui d'un homme qui, après avoir consommé des produits laitiers, avait eu « 70 gaz sur une période de quatre heures[54] ». À ce stade, il est temps de lever le pied en ce qui concerne le fromage.

À long terme, la plupart des individus qui augmentent leur consommation de végétaux riches en fibres ne semblent pas connaître davantage de problèmes de flatulences[55]. Les selles flottantes en raison du gaz qu'elles contiennent peuvent en réalité être le signe d'une consommation suffisante de fibres[56]. Les sucres des haricots non digérés dans le côlon peuvent même jouer le rôle de prébiotiques, alimentant les bonnes bactéries qui participent à la santé du côlon.

Même si vous souffrez de quelques flatulences lorsque vous consommez des haricots, ils sont tellement bons pour la santé que vous devriez à tout prix essayer de les conserver dans votre alimentation. Les lentilles, les pois chiches et les haricots en boîte ont tendance à produire moins de gaz, et le tofu n'est en général pas à incriminer. Mettre à tremper des haricots secs dans de l'eau contenant un quart de cuillère à café de bicarbonate de soude par litre[57] puis jeter l'eau de cuisson peut être utile si vous les faites cuire vous-même. Parmi les épices testées et éprouvées, les clous de girofle, la cannelle et l'ail semblent les plus efficaces pour réduire les flatulences, suivis du curcuma (mais seulement lorsqu'il n'est pas cuit), du poivre et du gingembre[58]. Dans le pire des cas, il existe des compléments alimentaires bon marché qui contiennent de l'alpha-galactosidase, une enzyme qui décompose les sucres des haricots et réduit ainsi les flatulences[59].

L'odeur est un problème distinct. Elle semble provenir principalement de la digestion des aliments riches en soufre. Pour éviter ce problème, les experts ont recommandé de réduire les aliments tels que la viande et les œufs[60]. (Ce n'est pas sans raison qu'on dit que le sulfure d'hydrogène a une odeur d'œuf pourri.) C'est sans doute pourquoi on a remarqué que les gens qui consomment régulièrement de la viande produisent jusqu'à 15 fois plus de sulfure d'hydrogène que ceux qui ont une alimentation à base de végétaux[61].

Mais certains aliments sains sont aussi riches en soufre, comme l'ail et le chou-fleur. Si vous vous apprêtez à faire un long voyage après avoir mangé beaucoup de chou-fleur, des compléments alimentaires à base de bismuth pourraient être une solution, mais ne devraient être employés que ponctuellement, en raison d'une potentielle toxicité du bismuth sur le long terme[62].

Il existe d'autres solutions high-tech, telles que les sous-vêtements en fibre de carbone qui absorbent les odeurs[63].

Mais je rappelle simplement que les gaz intestinaux sont normaux et sains. On a d'ailleurs attribué à Hippocrate la formule suivante : « Les flatulences sont nécessaires au bien-être[64] ». Dans un article qui passait en revue les différents médicaments antiflatulences, le Dr John Fardy, titulaire d'une chaire de gastro-entérologie, a écrit : « Une meilleure tolérance vis-à-vis des flatulences serait sans doute une meilleure solution, car c'est à nos risques que nous essayons de manipuler un phénomène naturel inoffensif[65]. »

La consommation de légumineuses est associée à une taille plus fine et à une tension artérielle plus basse. Des essais randomisés ont montré qu'elle pouvait être aussi efficace, voire plus, que nos régimes fondés sur la réduction de calories, pour perdre du ventre et améliorer la glycémie, le taux d'insuline et de cholestérol. Les haricots sont riches en fibres, en folates et en phytates qui contribuent à la réduction du risque d'AVC, de dépression et de cancer du côlon. Les phyto-œstrogènes du soja sont particulièrement efficaces pour la prévention du cancer du sein et la survie des femmes atteintes de cette maladie. Il n'est donc pas étonnant que les recommandations pour la prévention du cancer suggèrent d'intégrer les haricots à vos repas – en plus, c'est réellement facile ! On peut les ajouter à presque tous les repas, ou les consommer en tant qu'en-cas. Les possibilités qu'ils offrent sont infinies.

Les baies

Les baies préférées du Dr Greger

Baies d'açaï, épine-vinette, mûres, myrtilles, cerises, raisin noir, canneberge, baies de goji, kumquats, mûres blanches, framboises et fraises.

Taille des portions

200 g de baies fraîches ou surgelées.
100 g de baies séchées.

Recommandations

1 portion par jour.

Tout au long de ce livre, j'ai vanté les mérites des baies. Elles ont un effet protecteur contre le cancer (chapitres 4, 11 et 13), pour le foie (chapitre 8) et le cerveau (chapitres 3 et 14) ; elles stimulent le système immunitaire (chapitre 5). Une étude de l'American Cancer Society portant sur presque 100 000 femmes et hommes a conclu que les plus gros consommateurs de baies semblaient avoir nettement moins de risques de succomber à une maladie cardio-vasculaire[1].

Avez-vous bien lu ? Elles ont un goût extraordinaire et peuvent de surcroît vous aider à vivre plus longtemps ? Oui. C'est toute la magie de l'alimentation de source végétale.

Les légumes verts sont les légumes les plus sains, et les baies sont les fruits les meilleurs pour la santé – tout cela… grâce, entre autres, à leurs pigments respectifs. Les feuilles sont gorgées d'un pigment vert, la chlorophylle, qui déclenche la photosynthèse. Les légumes verts doivent donc être très riches en antioxydants pour affronter les électrons à haute énergie qui se forment. (Vous souvenez-vous du superoxyde évoqué dans le chapitre 3 ?) De même, les baies ont évolué afin d'acquérir des couleurs vives et contrastantes pour attirer les créatures mangeuses de fruits qui les aident à disperser leurs graines. Et les mêmes caractéristiques moléculaires qui confèrent aux baies des couleurs si éclatantes pourraient expliquer une partie de leur pouvoir antioxydant[2].

Les Américains consomment beaucoup d'aliments pâles et beiges : pain blanc, pâtes blanches, pommes de terres blanches, riz blanc. Les aliments colorés sont souvent plus sains parce qu'ils contiennent des pigments antioxydants, que ce soit le bêta-carotène, qui rend les carottes et les patates douces orange, le lycopène qui rend les tomates rouges, ou l'anthocyanine qui rend les myrtilles bleues. Les couleurs *sont* les antioxydants. Cette seule information devrait révolutionner votre parcours au rayon des produits frais.

Devinez lequel des deux comporte le plus d'antioxydants : l'oignon blanc ou l'oignon rouge ? La différence se voit à l'œil nu. (En effet, la capacité antioxydante de l'oignon rouge est 76 % supérieure à celle de l'oignon blanc, et le jaune se situe entre les deux[3].) Donc, si vous avez le choix, pourquoi continuer d'acheter des oignons blancs ?

Le chou rouge peut contenir huit fois plus d'antioxydants que le chou vert[4], ce qui explique pourquoi vous ne trouverez jamais de chou vert chez moi.

Question test : qu'est-ce qui détruit le plus de radicaux libres – le pamplemousse rose ou jaune ? La pomme Granny Smith ou la Red Delicious ? La laitue iceberg ou la romaine ? Les raisins noirs ou blancs ? Le maïs jaune ou blanc ? Vous voyez, vous n'avez pas besoin que je vous accompagne au supermarché. Vous pouvez très bien répondre tout seul.

Et qu'en est-il pour l'aubergine violette et la blanche ? C'est une question piège ! N'oubliez pas que la couleur est l'antioxydant, donc la couleur de la peau importe peu si vous pelez l'aubergine. Comme nous l'avons vu au chapitre 11, c'est pour cela que vous ne devriez jamais peler les pommes. Le kumquat pourrait être l'agrume le plus sain, étant donné que vous pouvez manger sa peau.

Vous devez donc choisir les fraises les plus rouges, les mûres les plus noires, les tomates les plus écarlates et les brocolis les plus verts. Les couleurs *sont* les antioxydants antiâge et anticancer. C'est en raison de leur teneur en antioxydants que j'ai réservé une place particulière aux baies. Elles se placent en deuxième position pour leur richesse en antioxydants, juste après la catégorie des herbes aromatiques et des épices. En tant que groupe, elles comptent en moyenne 10 fois plus d'antioxydants que les autres fruits et légumes (et 50 fois plus que les aliments d'origine animale[5]).

Le pouvoir antioxydant des baies

Comme pour les autres aliments « feu vert », les variétés les meilleures pour la santé sont celles que vous consommerez le plus souvent, mais si vous n'avez pas de préférence, pourquoi ne pas ajouter celle qui contient le plus d'antioxydants à votre porridge ? Grâce à une étude comparant plus de 100 baies différentes et les produits à base de baies, nous savons qui est le grand gagnant[6,7].

Les fruits favoris des Américains sont les pommes et les bananes, dont le pouvoir antioxydant est respectivement de 60 et 40 unités (indice ORAC). Les mangues, le fruit préféré à travers le monde en dehors des États-Unis, comportent encore plus d'antioxydants :

environ 110 unités. (Cela semble logique, vu que leur chair est beaucoup plus colorée.) Mais aucun de ces fruits n'est comparable aux baies. Par portion de 200 g environ, les fraises comptent environ 310 unités, les canneberges 330, les framboises 350, les myrtilles 380 (mais presque le double pour les myrtilles sauvages), et les mûres sont résolument les grandes gagnantes, avec 650 unités ! (Je vous livre ma recette de cocktail de fruits à base de canneberges à la page 355.) Je serais content si vous consommez une portion de baies par jour, quelles qu'elles soient, mais en termes de teneur en antioxydants, préférez les mûres aux framboises, elles en contiennent deux fois plus[8].

N'y a-t-il pas trop de sucre dans les fruits ?

Un certain nombre de régimes à la mode poussent les gens à cesser de manger des fruits parce que leur sucre naturel (le fructose) contribuerait à la prise de poids. En vérité, seul le fructose issu des sucres ajoutés semble associé à un déclin de la fonction hépatique[9], à l'hypertension et à la prise de poids[10]. Comment le fructose du sucre pourrait-il être néfaste et celui des fruits sans danger ? Réfléchissez à la différence entre un morceau de sucre et une betterave sucrière. (Les betteraves sont la principale source de sucre aux États-Unis[11].) Dans la nature, le fructose est « livré » avec des fibres, des antioxydants et des phytonutriments, qui semblent neutraliser ses effets néfastes[12].

Des études ont montré que si vous buvez un verre d'eau avec trois cuillères à soupe de sucre (la quantité qu'on trouve dans une cannette de soda), un pic de glycémie se déclenchera en moins d'une heure. Ce qui provoquera une sécrétion d'insuline dans votre organisme pour absorber l'excès de sucre et vous serez en hypoglycémie en moins de deux heures. Ce qui veut dire que votre glycémie baissera à un taux plus bas que si vous jeûniez. Votre organisme détecte ce faible taux de sucre dans le sang, il pense que vous êtes plus ou moins en situation de famine, et il réagit en libérant des graisses dans votre circulation sanguine comme source d'énergie pour vous maintenir en vie[13]. Cet excès de graisses dans le sang peut ensuite créer de nouveaux problèmes. (Voir chapitre 6.)

Mais que se passerait-il si vous mangiez une portion de baies en plus du sucre ? Les baies, bien sûr, contiennent déjà leur propre sucre – l'équivalent d'une cuillère à café supplémentaire –, le pic de glycémie devrait donc être plus important, n'est-ce pas ? En fait, non. Les participants de l'étude qui ont mangé des baies en même temps que l'eau sucrée n'ont pas subi de pic de glycémie supplémentaire, ni de chute de la glycémie ensuite ; leur taux de glycémie a simplement augmenté, avant de baisser, et il n'y a eu aucun afflux de graisses dans le sang[14].

Consommer du sucre sous forme de fruits est non seulement inoffensif, mais utile. Manger des baies peut atténuer le pic d'insuline provoqué par des aliments à index glycémique élevé, comme le pain blanc par exemple[15]. C'est sans doute parce que les fibres du fruit ont un effet gélifiant dans l'estomac et que l'intestin grêle ralentit la libération des sucres[16], ou parce que certains phytonutriments du fruit semblent empêcher l'absorption à travers la paroi intestinale et dans la circulation sanguine[17]. Par conséquent, la consommation de fructose tel que la nature l'a conçu entraîne des bénéfices plutôt que des risques.

Une petite dose de fructose pourrait en réalité favoriser le contrôle de la glycémie. Manger un fruit à chaque repas pourrait faire baisser plutôt qu'augmenter la réponse glycémique[18]. Mais qu'en est-il pour les diabétiques de type 2 ? On n'a pas noté chez les diabétiques sélectionnés de façon aléatoire dans un groupe limité à un *maximum* de deux fruits par jour un meilleur contrôle de leur glycémie que chez ceux qui étaient randomisés dans un groupe devant consommer au *minimum* deux fruits par jour. Les chercheurs ont conclu que « la consommation de fruits ne devrait pas être restreinte chez les patients qui souffrent de diabète de type 2[19] ».

Mais il doit tout de même y avoir un niveau où la quantité de fructose est néfaste – même, sous sa forme « feu vert », telle que dame Nature l'a conçue ? Il semblerait que ce ne soit pas le cas.

On a demandé à 17 personnes de consommer 20 portions de fruits par jour pendant plusieurs mois. En dépit de la quantité extrêmement élevée de fructose contenue dans ce régime à base de fruits – l'équivalent en sucre d'environ 8 cannettes de soda par jour –, les chercheurs ont constaté des résultats bénéfiques, sans effet néfaste sur le poids corporel, la pression artérielle[20], l'insuline, le cholestérol et le taux de triglycérides[21]. Plus récemment, le groupe de chercheurs qui a inventé l'index glycémique a découvert que lorsqu'on soumettait des sujets à une alimentation composée de fruits, légumes et noix incluant environ 20 portions quotidiennes de fruits pendant deux semaines, cela n'avait aucun effet néfaste sur le poids, la tension artérielle ou les triglycérides – tout en faisant baisser le « mauvais » cholestérol LDL, de façon incroyable, de 38 %[22].

La baisse du taux de cholestérol n'a pas été le seul record battu : on a demandé aux participants de consommer 43 portions de légumes par jour, en plus des portions de fruits. Quel fut le résultat ? Le plus important volume de selles jamais enregistré dans une intervention nutritionnelle[23].

Les baies surgelées sont-elles aussi riches en nutriments que les fraîches ? Des études portant sur les cerises[24], les framboises[25] et les fraises[26] ont conclu que les baies conservaient leurs nutriments même surgelées. J'opte en général pour la version surgelée, les baies se conservant plus longtemps, pouvant être consommées toute l'année et ayant tendance à coûter moins cher. Si vous regardiez dans notre congélateur aujourd'hui, vous y verriez des légumes verts et des baies, à parts égales. Qu'est-ce que je fais avec ces baies ? Des glaces, bien sûr.

Dans ma famille, notre dessert favori est notre « glace » maison à l'italienne à base de fruits surgelés mixés. Vous mixez (en émulsionnant bien) des fruits surgelés dans un blender, un robot ou une centrifugeuse, et voilà ! Il faut le goûter pour y croire. La recette la plus simple comporte un seul ingrédient : des bananes surgelées. Pelez et faites congeler des bananes bien mûres (plus elles sont mûres, mieux cela vaut ; idéalement, la peau doit être noire). Une fois surgelées, mettez-les dans un robot et mixez-les. Elles se transforment en un dessert léger, moelleux, et bien plus savoureux, sain et bon marché que tout ce que vous pouvez trouver chez les glaciers à la mode.

Une glace aux baies, ou du moins un mélange banane/baies est encore meilleur pour la santé. Personnellement, ce que je préfère, c'est le chocolat. Pour réaliser une délicieuse glace, mélangez des cerises noires et sucrées ou des fraises avec une cuillère à café de poudre de cacao, un peu de lait de votre choix (ou davantage si vous voulez un milk-shake), de l'extrait de vanille et quelques dattes dénoyautées. Quelles que soient les options choisies, vous obtenez un dessert au chocolat instantané et décadent, tellement riche en nutriments que plus vous en mangez, plus vous êtes en bonne santé. Laissez-moi répéter : plus vous mangez, plus vous êtes en bonne santé. Voilà le genre de glace qui me plaît !

Les griottes (ou cerises de Montmorency)

Des recherches vieilles d'un demi-siècle indiquent que les griottes ont de telles propriétés anti-inflammatoires qu'elles peuvent être employées pour traiter avec succès un type d'arthrite appelée goutte[27]. Les traitements alimentaires au goût délicieux sont les bienvenus, étant donné que certains médicaments destinés à soigner la goutte peuvent coûter 2 000 dollars la dose[28], et que la distinction entre les doses non toxique, toxique et létale n'est pas claire[29], ou peut avoir un effet indésirable rare lors duquel votre peau se détache de votre corps[30]. Bien sûr, le meilleur moyen de traiter la goutte est de la prévenir en incluant davantage de végétaux dans son alimentation[31].

Les cerises peuvent aussi réduire le taux d'inflammation chez les personnes en bonne santé (mesuré par une chute du taux de protéine C réactive[32]), j'ai donc été ravi de découvrir une variété disponible tout au long de l'année – un produit en boîte contenant seulement deux ingrédients : des cerises et de l'eau. Je les égoutte (et récupère le liquide pour ma recette de punch à l'hibiscus que vous trouverez page 843) et je les ajoute à mon porridge avec de la poudre de cacao et des graines de courge. Si vous sucrez le tout avec du sucre de datte ou de l'érythritol (voir page 843), c'est comme si vous mangiez des cerises nappées de chocolat au petit déjeuner.

Mise en garde : pour la même raison que de hautes doses de médicaments anti-inflammatoires tels que l'aspirine sont déconseillées pendant le troisième trimestre de la grossesse, le cacao, les baies et autres aliments riches en polyphénols anti-inflammatoires doivent être consommés avec modération en fin de grossesse[33].

Les baies de goji

Les griottes sont une source naturelle de mélatonine et elles ont traditionnellement été utilisées pour améliorer le sommeil sans effet indésirable[34]. Mais ce sont les baies de goji qui ont la plus haute concentration en mélatonine[35]. Cette baie occupe la troisième place de l'ensemble des fruits secs pour son pouvoir antioxydant – cinq fois supérieur à celui des raisins secs. Elle n'est détrônée que par les graines de grenade séchées et l'épine-vinette (un fruit que l'on trouve sur les marchés moyen-orientaux et dans les magasins spécialisés en épices ou les magasins biologiques)[36]. Les baies de goji possèdent également un antioxydant spécifique qui rend le maïs jaune – la zéaxanthine. Lorsque vous la consommez, la zéaxanthine parvient dans votre rétine et semble avoir un effet protecteur contre la dégénérescence maculaire, une des principales causes de la perte de la vision[37].

L'industrie des œufs vante la teneur en zéaxanthine des jaunes, mais les baies de goji en contiennent environ 50 fois plus que les œufs[38]. Un essai randomisé en double aveugle contrôlé par un placebo a conclu que les baies de goji pouvaient même être utiles à ceux qui souffraient déjà de dégénérescence maculaire[39]. Les chercheurs ont utilisé du lait pour améliorer l'absorption de la zéaxanthine (qui, comme tous les caroténoïdes, est liposoluble), mais il serait plus sain d'employer des sources végétales de gras, comme les noix ou les graines – autrement dit un mélange de fruits séchés et de noix !

Mais les baies de goji ne sont-elles pas onéreuses ? Dans les magasins biologiques, leur prix peut grimper jusqu'à 40 dollars le kilo, mais dans les supermarchés asiatiques elles sont beaucoup plus abordables, et même moins chères que les raisins secs. Donc, là où vous aviez l'habitude de consommer des raisins secs – dans les pâtisseries, vos céréales ou votre porridge par exemple –, je vous conseille de les troquer contre des baies de goji.

Les cassis et myrtilles

Pour rester sur le thème du lien entre la vue et les baies, un essai transversal en double aveugle contrôlé par un placebo a conclu qu'elles pouvaient améliorer les symptômes de fatigue oculaire liée à l'exposition prolongée aux écrans d'ordinateur[40]. Les bénéfices du cassis seraient dus aux pigments qu'ils contiennent, les anthocyanes, que l'on trouve également dans les myrtilles ou les mûres. Ce sont les anthocyanes qui donnent leur couleur d'un bleu intense, noir, violet et rouge aux baies et autres fruits et légumes. Les plus fortes concentrations se trouvent dans l'aronia (baie proche de la myrtille), les baies de sureau, suivies des framboises noires, des myrtilles (surtout les variétés sauvages) et les mûres. Mais la source la moins chère se trouve sans doute dans le chou rouge[41].

Les myrtilles ont acquis leur notoriété pendant la Seconde Guerre mondiale, lorsqu'on disait que les pilotes de la British Royal Air Force « mangeaient de la confiture de myrtilles pour améliorer leur vision nocturne[42] ». Il s'avère que cela pourrait être une légende destinée à tromper les Allemands. La raison plus probable pour laquelle les Britanniques arrivaient à cibler les bombardiers nazis en pleine nuit n'était pas les myrtilles mais plutôt une nouvelle invention encore tenue secrète : le radar.

Hélas, les pigments des anthocyanes sont affectés lorsque les baies sont transformées en confiture. Jusqu'à 97 % des anthocyanes sont perdus dans la confiture de fraises[43]. En revanche, la lyophilisation semble préserver remarquablement les nutriments[44,45]. Les glaces à base de fraises lyophilisées sont délicieuses, mais chères.

Les baies fraîches sont divines, bien sûr. Dans ma famille, on adore les ramasser lors des sorties en forêt, puis congeler ce qu'on ne consomme pas.

Non seulement les baies sont riches en couleurs, sucrées et délicieuses, mais ce sont des mines d'antioxydants. La question ne devrait pas être de savoir comment vous allez parvenir à en consommer au minimum une portion par jour mais comment vous allez pouvoir cesser d'en manger. Dans vos smoothies, en dessert, sur une salade ou juste dégustées nature, ce sont les petits bonbons offerts par dame Nature.

Autres fruits

Les autres fruits préférés du Dr Greger

Pommes, abricots secs, avocats, bananes, melon, clémentines, dattes, figues sèches, pamplemousse, melon d'hiver, kiwis, citrons verts, lychees, mangues, nectarines, oranges, papayes, fruits de la passion, pêches, poires, ananas, prunes, grenades, pruneaux, mandarines et pastèques.

Taille des portions

1 fruit de taille moyenne.

200 g de fruits coupés en morceaux.

50 g de fruits secs.

Recommandations

3 portions par jour.

Il a fallu des années pour que presque 500 chercheurs de plus de 300 institutions répartis sur 50 pays réalisent l'étude sur la charge mondiale de morbidité en 2010. Financée par la fondation de Bill & Melinda

Gates, il s'agit de la plus vaste analyse des facteurs de risque de mortalité et de maladie jamais réalisée[1]. Aux États-Unis, l'étude gigantesque a déterminé que la première cause de mortalité et de handicap était le régime alimentaire, suivi par le tabagisme[2]. Quel est, selon cette étude, le pire aspect de notre alimentation ? Une consommation de fruits insuffisante[3].

Ne vous limitez pas aux fruits frais. Même si les fruits peuvent représenter un en-cas parfait, n'oubliez pas que vous pouvez aussi les faire cuire. Pensez aux pommes au four, aux poires pochées ou à l'ananas grillé.

Si vous les préférez sous forme de boisson, mieux vaut les mixer que les consommer en jus, pour préserver les nutriments. En les réduisant en jus, vous ne perdez pas seulement des fibres. La plupart des polyphénols (voir le chapitre 3) des fruits et des légumes semblent liés aux fibres et ne sont libérés que pour être absorbés par votre flore intestinale. Lorsque vous ne buvez que le jus, vous perdez la fibre et tous les nutriments liés[4]. Même un jus de pomme un peu trouble, qui retient une petite quantité de fibres, semble contenir presque trois fois plus de composés phénoliques que le jus de pomme plus transparent[5].

Si une plus grande consommation de fruits entiers a été associée à un risque moins élevé de développer le diabète de type 2, les chercheurs de l'université Harvard ont découvert qu'une plus grande consommation de jus était associée à un risque supérieur de diabète. Donc, en choisissant des sources de fruits « feu orange », comme le jus ou la gelée, non seulement vous perdez une bonne partie des nutriments, mais vous agissez activement à l'encontre de votre santé[6].

Une pomme par jour

Tous ceux qui disent qu'ils n'ont pas le temps de manger sainement n'ont jamais vu de pomme. Voilà un aliment prêt à consommer ! À ceux qui ont grandi dans un monde dominé par les Red Delicious et les Granny Smith, je suis ravi d'apprendre qu'il existe des milliers de variétés. Du point de vue de la santé, les pommes sauvages arrivent probablement en tête du hit-parade[7], mais, du point de vue du goût, ma préférée est la Honeycrisp – et toutes les variétés locales que je trouve. Si vous n'avez jamais goûté une pomme cueillie sur l'arbre, vous ne savez pas à côté de quoi vous êtes passé. À défaut, les marchés de producteurs fermiers offrent de merveilleux produits à des prix défiant toute concurrence. Dans ma famille, on achète les pommes par cageots entiers.

Les dattes

L'en-cas à base de fruits que je préfère en automne et en hiver est composé de lamelles de pommes et de dattes, à la saveur à la fois acide et sucrée. Enfant, je n'aimais pas les dattes, je les trouvais sèches et cireuses. Puis j'ai découvert des variétés moelleuses et charnues bien différentes. Les dattes Barhi, par exemple, sont fraîches et collantes, mais une fois congelées elles acquièrent le goût et la texture d'un bonbon au caramel. Je ne plaisante pas ! Mais la variété Medjool est peut-être plus facile à trouver dans les épiceries moyen-orientales et sur Internet.

Les olives et l'huile d'olive

Les olives et l'huile d'olive vierge extra sont des aliments « feu orange ». La consommation d'olives devrait être limitée car elles sont gorgées de saumure – une douzaine de grosses olives pourrait représenter la moitié de la ration maximale de sodium pour une journée entière. L'huile d'olive est dépourvue de sodium, mais elle a perdu la plupart de ses nutriments. Vous pouvez la considérer sous le même angle que le jus d'orange : ce n'est pas dénué de nutriments, mais les calories que vous consommez sont presque vides comparées à celles du fruit entier. (Les olives sont bien des fruits.)

Le jus d'olive fraîchement pressé est moins nutritif que le fruit entier, mais les producteurs d'huile d'olive jettent également l'eau des olives, qui contient les nutriments solubles dans l'eau. Par conséquent, vous n'obtenez qu'une part infime des nutriments du fruit entier lorsque l'huile est mise en bouteilles. L'huile d'olive raffinée (non vierge) est encore pire. Je la classerai, de même que les autres huiles, dans la catégorie des aliments « feu rouge », car elle n'offre que très peu de nutriments en proportion de son apport calorique. Une cuillère à soupe d'huile peut contenir plus de 100 calories sans vous rassasier. (Comparez cette unique cuillère à la taille des portions des autres aliments page 265.)

Je considère l'huile comme le sucre de table du règne des matières grasses. De même que les fabricants prennent des aliments sains, telles les betteraves, et éliminent tous leurs nutriments pour faire du sucre, ils prennent du maïs entier pour le réduire à l'état d'huile de maïs. Comme le sucre, l'huile de maïs pourrait être pire que de simples calories vides. Dans le chapitre 1, j'ai évoqué l'affaiblissement de la fonction artérielle qui peut se produire dans les heures suivant la consommation d'une nourriture « feu rouge » telle qu'un hamburger ou un cheesecake. Les mêmes effets néfastes peuvent survenir après la consommation d'huile d'olive[8] et d'autres huiles[9] (et non pour les sources d'acides gras « feu vert » comme les noix[10]). Même l'huile d'olive vierge extra peut altérer la capacité de vos artères à se détendre et se dilater normalement[11]. Donc, comme n'importe quel autre aliment « feu orange », son usage devrait être réduit.

Cuisiner sans huile est étonnamment facile. Pour empêcher vos aliments d'attacher, vous pouvez les faire sauter dans du vin, du xérès, du bouillon, du vinaigre ou simplement de l'eau. Pour la cuisson au four, j'utilise des ingrédients « feu vert » tels que des bananes ou des avocats écrasés, des pruneaux trempés, et même du potiron surgelé pour remplacer l'huile et apporter une texture moelleuse.

La réduction des aliments « feu orange » est une question de fréquence et de quantité. Si vous vous aventurez hors de la zone verte, mon conseil est simple : faites-vous plaisir. Ne gâchez pas ce précieux moment de gourmandise avec des aliments de mauvaise qualité. Je ne voudrais pas passer pour un snob de la nourriture, mais si vous mangez quelque chose qui n'est pas totalement sain, faites-vous réellement plaisir. Lorsque je mange des olives, ce n'est jamais ces horribles olives noires en boîte. Je vais déguster des olives violettes Kalamata qui ont vraiment du goût. Si vous voulez vous faire plaisir de temps en temps, faites-le dans les règles de l'art !

La mangue

La mangue est le fruit que je préfère au printemps et en été, mais il faut savoir où trouver les meilleures. Allez sur les marchés et dans les épiceries indiennes ou asiatiques. La différence entre une mangue achetée au supermarché et celle d'une épicerie exotique est comparable à celle qui sépare une tomate dure, pâle et sans goût et une tomate d'une variété ancienne bien mûre et parfumée cultivée par un petit producteur. Vous devriez pouvoir sentir le parfum de la mangue en la tenant à bout de bras.

La pastèque

Certains fruits entiers sont-ils meilleurs que d'autres ? Les baies ont la plus forte teneur en antioxydants, tandis que les melons végètent au même niveau que la laitue iceberg. En revanche, les graines de pastèque ont un taux d'antioxydants tout à fait respectable, j'essaie donc d'éviter les variétés dénuées de graines. Une cuillère à soupe de graines de pastèque peut contenir autant d'antioxydants qu'un bol entier de billes de melon[12]. Avec ou sans graines, la pastèque contient un composé – la citrulline – qui peut stimuler l'activité de l'enzyme dilatant les vaisseaux sanguins du pénis, favorisant donc les érections. Un groupe de chercheurs italiens a découvert qu'une supplémentation en citrulline équivalant à cinq portions de pastèque rouge par jour a amélioré la qualité des érections chez des hommes qui souffraient d'une dysfonction érectile modérée, augmentant de 68 % la fréquence de leurs rapports sexuels mensuels[13]. Cependant, la pastèque jaune possède quatre fois plus de citrulline[14], une seule tranche par jour (le seizième d'un modeste melon) pourrait donc avoir les mêmes effets. Si cette information est une découverte pour vous, c'est peut-être parce que le budget publicitaire des sociétés pharmaceutiques telles que Pfizer, qui gagne 1 milliard de dollars chaque année pour la vente de médicaments traitant les dysfonctions érectiles, est 1 000 fois plus important[15] que le budget national total de l'Office de promotion de la pastèque[16].

Les fruits secs

J'adore les mangues séchées, mais elles sont difficiles à trouver sans sucre ajouté. Je me souviens avoir naïvement demandé à un ami qui travaillait dans l'industrie agroalimentaire pourquoi cette dernière ressentait le besoin de sucrer un fruit qui l'était déjà. « À cause du poids additionnel », a-t-il répondu. Tout comme les producteurs de volailles injectent de l'eau salée dans les poulets pour les rendre plus lourds, les entreprises d'aliments transformés utilisent souvent le sucre comme un moyen peu coûteux d'augmenter le poids des produits vendus au kilo.

C'est ce qui m'a décidé à les faire moi-même. J'ai acheté un déshydrateur bon marché sur eBay, et j'en suis ravi. Les fruits contiennent environ 90 % d'eau, alors imaginez la saveur d'une mangue fraîche multipliée par 10. C'est époustouflant ! Les mangues peuvent être pénibles à peler, mais lorsque c'est fait, je les coupe en lamelles d'un centimètre d'épaisseur et je les saupoudre de graines de chia avant de les mettre dans le déshydrateur. Si je dois les emporter en avion ou en randonnée, je les sèche complètement. Sinon, j'attends juste que l'extérieur soit sec. La couche extérieure, recouverte de chia, prend une texture croustillante tandis que l'intérieur reste moelleux. C'est le genre de chose que je ne peux pas manger en regardant un film ou en lisant un livre. C'est si bon que je dois faire une pause, fermer les yeux et savourer.

J'aime aussi faire sécher de minces lamelles de pomme. Soit je les saupoudre de cannelle, soit je les frotte sur du gingembre fraîchement râpé. On peut les faire sécher jusqu'à ce qu'elles soient souples ou les déshydrater complètement pour obtenir des chips de pomme croquantes. Manger une douzaine de rondelles de pomme par jour peut faire baisser le taux de cholestérol LDL de 16 % en l'espace de trois mois et de 24 % au bout de six mois[17].

Si vous achetez des fruits secs, je vous recommande les variétés non soufrées. Les conservateurs contenant du soufre, comme le dioxyde de soufre dans les fruits secs et les sulfites dans le vin, peuvent former du sulfure d'hydrogène dans votre intestin – c'est le gaz à l'odeur d'œuf pourri impliqué dans le développement de la maladie inflammatoire des intestins, la colite ulcéreuse. La principale source de sulfure d'hydrogène est le métabolisme des protéines animales[18], mais vous pouvez limiter encore plus votre exposition en évitant les additifs soufrés (soit en lisant l'étiquette, soit en choisissant un produit biologique, dans lequel ces conservateurs sont interdits). Le soufre contenu naturellement dans les légumes crucifères ne semble pas augmenter le risque de colite[19], n'hésitez donc pas à ajouter des chips de kale à votre liste d'en-cas.

Prescrire le kiwi

Une extraordinaire quantité d'articles vantent les bénéfices du kiwi dans la littérature médicale. Est-il meilleur que les autres fruits ? Ou l'industrie du kiwi a-t-elle un budget supérieur à consacrer à la recherche ? Un pays, la Nouvelle-Zélande, détient une part considérable du marché mondial du kiwi. Cela explique que les articles qui en vantent les mérites soient légion.

Le kiwi est un des fruits que j'ai prescrits à mes patients qui souffrent d'insomnie (deux fruits une heure avant le coucher semble améliorer l'endormissement, la durée et la profondeur du sommeil[20]) et de constipation liée au syndrome du côlon irritable (deux kiwis par jour semblent améliorer la fonction intestinale de façon significative). Le kiwi est certainement préférable au principal médicament destiné à traiter le syndrome du côlon irritable, retiré du marché car il aurait tué trop de gens[21].

Le kiwi paraît également avoir un effet bénéfique sur la fonction immunitaire. Des enfants d'âge préscolaire choisis aléatoirement pour consommer des kiwis jaunes (variété Gold) semblent avoir ainsi réduit de moitié leur risque de contracter un rhume ou la grippe, comparés à d'autres choisis de façon aléatoire pour manger des bananes[22]. Une expérimentation similaire a été réalisée sur des personnes âgées, autre groupe à risque.

Les personnes du groupe de contrôle consommant des bananes qui ont contracté une infection des voies aériennes supérieures ont souffert pendant environ cinq jours de maux de gorge et de congestion, les mangeurs de kiwis se sont sentis mieux après seulement un jour ou deux[23]. Cependant, environ un enfant sur 130 pourrait être allergique au kiwi[24], qui se place au troisième rang des allergènes alimentaires les plus courants (après le lait et les œufs[25]), ils ne conviennent donc pas à tout le monde.

Les agrumes

Ajouter un zeste d'agrume à vos repas leur apporte non seulement couleur, saveur et arôme, mais aussi des nutriments. Les zestes d'agrume ajoutent une note de vie à vos plats et ils pourraient avoir le même effet sur les capacités autoréparatrices de votre ADN. En moyenne, l'ADN subit 800 altérations par heure chez l'être humain. Non réparées, elles peuvent donner lieu à des mutations à l'origine du cancer[26]. En comparant des vrais et des faux jumeaux, des chercheurs ont déterminé qu'une partie seulement de la fonction de réparation de l'ADN était déterminée par les gènes. Pour le reste, il semblerait que vous ayez les cartes en main[27].

Les agrumes sont le facteur alimentaire qui paraît le plus puissant pour stimuler la réparation de l'ADN[28]. Moins de deux heures après avoir consommé un agrume, votre ADN devient nettement plus résistant aux altérations[29], ce qui pourrait expliquer pourquoi leur consommation a été associée à un risque plus faible de cancer du sein[30,31,32]. Une partie des composants que l'on pense responsables de cet effet protecteur – qui se concentre dans le sein et favorise la réparation de l'ADN – se trouvent dans la peau. C'est sans doute pour cette raison que ceux qui consomment au moins une petite quantité de peau d'agrume semblent avoir un risque de cancer plus faible que ceux qui n'en consomment pas du tout[33].

Tenez-vous-en au fruit entier, car les compléments alimentaires n'ont pas l'air de stimuler la réparation de l'ADN[34], et les jus d'agrumes ne paraissent pas très utiles non plus. En fait, boire un jus d'orange tous les matins pourrait même augmenter le risque de cancer de la peau[35]. Les aliments « feu vert » sont toujours préférables, et vous pouvez consommer des agrumes sous forme encore moins transformée en ajoutant des zestes à vos plats. J'aime congeler les citrons, citrons verts et oranges entiers, ainsi j'en ai toujours sous la main pour les râper sur les plats et leur donner plus de peps.

Ma seule mise en garde concernant les agrumes : informez votre médecin si vous consommez des pamplemousses, car ce fruit peut inhiber une enzyme qui aide à éliminer plus de la moitié des médicaments les plus couramment prescrits, laissant un taux de médicament plus élevé dans l'organisme[36]. En fait, cela peut être appréciable si vous voulez amplifier l'effet coup de fouet de votre café du matin[37] ou si votre médecin veut vous faire faire des économies en amplifiant les effets d'un médicament onéreux[38]. Mais une plus forte concentration de médicament peut également signifier un risque plus élevé d'effets indésirables, donc si vous mangez des pamplemousses régulièrement, votre médecin souhaitera peut-être modifier votre traitement, ou son dosage.

Les fruits exotiques

L'université de médecine où j'ai fait mes études était située au beau milieu du quartier chinois de Boston. Je me souviens de la première fois où j'ai exploré le rayon des fruits et légumes d'un grand supermarché asiatique. Devant des fruits aussi étranges que le « fruit du dragon » ou les ramboutans à l'allure primitive, j'ai eu l'impression d'être sur une autre planète. Chaque semaine, j'essayais quelque chose de nouveau. Certains d'entre eux m'ont conquis à tout jamais – il m'arrive encore d'emporter des litchis au cinéma –, mais pour d'autres l'aventure a été très brève. Laissez-moi vous raconter ma mésaventure avec le durian.

Les durians sont les plus dangereux de tous les fruits. Imaginez un ballon de foot de plus de 2 kilos couvert de pointes acérées lui donnant des allures de masse médiévale. Quel autre fruit pourrait être décrit par la littérature médicale comme susceptible de causer « de graves blessures », dans des articles portant des titres tels que : « Blessure oculaire pénétrante causée par le durian[39] » ? Et je n'ai pas encore évoqué sa qualité la plus distinctive : son odeur. En raison de ses relents décrits avec justesse comme « de la merde de cochon, ajoutée à de la térébenthine et des oignons, agrémentée de chaussettes de gym[40] », les durians sont bannis d'un grand nombre de lieux publics, tels que les métros et les aéroports en Asie du Sud-Est, où ils sont cultivés.

J'ai essayé de manger un de ces trucs complètement dingues.

Les durians sont vendus surgelés (et je n'ai pas tardé à comprendre pourquoi). J'en ai apporté un sur le campus et ai réussi à en couper un morceau sans m'empaler sur une de ses pointes. Le fruit avait le goût d'un sorbet à l'oignon caramélisé. J'ai laissé le reste dans mon casier. Grossière erreur ! Je suis arrivé le lendemain, et j'ai trouvé un étage entier de l'université de médecine fermé, et protégé par un cordon de sécurité – y compris le bureau du doyen. Ils fouillaient un casier après l'autre, cassant toutes les serrures, cherchant en vain la cause de cette puanteur tellement irrespirable qu'il était impossible de la localiser. C'était comme un brouillard d'odeur nauséabonde. Le personnel de l'hôpital a sérieusement pensé que quelqu'un avait volé un membre d'un des cadavres du laboratoire d'anatomie. C'est à cet instant que j'ai compris. Aïe ! Le durian avait décongelé. Conscient que tout était ma faute, je suis allé ventre à terre supplier le doyen de me pardonner. J'avais déjà eu des démêlés avec l'administration car j'avais soulevés des problèmes sur le contenu du programme. Je n'oublierai jamais ce que le doyen m'a dit ce jour-là : « Pourquoi ne suis-je pas surpris que vous y soyez pour quelque chose ? »

Vous pouvez ajouter autant de fruits que vous voulez à votre alimentation, mais vous n'êtes pas obligé d'aller chercher des fruits à l'odeur nauséabonde qui peuvent faire office d'arme, ni non plus forcé de toujours manger la même chose. Faites-vous plaisir ! Amusez-vous à goûter les différentes variétés de tous les fruits à votre disposition. Comme il est agréable de se promener le week-end sur un marché fermier et d'acheter des fruits cultivés localement puis, avec, d'agrémenter vos plats de zestes, de faire des smoothies, de les manger séchés ou, mieux encore, tels quels. Les occasions ne manquent pas pour qui sait les cueillir à point !

Les légumes crucifères

Les légumes crucifères préférés du Dr Greger

Salade roquette, brocoli, chou de Bruxelles, chou vert, chou-fleur, raifort, kale, feuilles de moutarde, radis, feuilles de navet et cresson.

Taille des portions

150 g de légumes coupés en morceaux.

75 g de choux de Bruxelles ou de pousses de brocoli.

1 cuillère à soupe de raifort.

Recommandations

1 portion par jour.

Lorsque j'enseignais à l'université de médecine de Boston, j'ai donné un cours sur cette nouvelle thérapeutique appelée « ilocorB ». J'évoquais devant mes élèves toutes les preuves scientifiques étayant son efficacité, tout ce qu'elle pouvait accomplir et son excellent profil d'innocuité. Et juste au moment où les étudiants commençaient à chercher par tous les moyens à acheter des actions de l'entreprise qui la commercialisait et s'apprêtaient à la prescrire à leurs futurs patients, je leur faisais la grande révélation. Je m'excusais de ma « dyslexie », admettant que j'avais inversé les lettres de son nom. Pendant tout ce temps, je parlais en fait du… brocoli !

J'ai mentionné le brocoli plus que n'importe quel aliment dans ce livre, et j'ai une bonne raison pour cela. Nous avons vu que les légumes crucifères peuvent prévenir les lésions de l'ADN et empêcher la propagation métastasique du cancer (au chapitre 2), qu'ils activent les défenses contre les pathogènes et les polluants (au chapitre 5), qu'ils stimulent les enzymes de détoxification du foie et ciblent les cellules souches du cancer du sein (au chapitre 11), et enfin qu'ils réduisent le risque de progression du cancer de la prostate (au chapitre 13). On pense que le composant responsable de ces bénéfices est le sulforaphane, que l'on trouve presque exclusivement dans les légumes crucifères. C'est pourquoi ils ont une place à part entière dans « les 12 aliments quotidiens ».

Au-delà de son statut d'agent anticancéreux prometteur[1], le sulforaphane pourrait aussi protéger votre cerveau[2] et votre vue[3], réduire la rhinite allergique[4], contrôler le diabète de type 2[5], et on a récemment découvert qu'il pouvait traiter l'autisme avec succès. Un essai randomisé en double aveugle contrôlé par un placebo portant sur de jeunes garçons atteints d'autisme a conclu que l'équivalent en sulforaphane[6] de deux à trois portions de légumes crucifères par jour améliorait l'interaction sociale, les comportements anormaux et la communication verbale en l'espace de quelques semaines. Les chercheurs de l'université Harvard et de Johns Hopkins ont indiqué que l'effet était sans doute imputable au rôle « désintoxiquant » du sulforaphane[7,8].

Stratégies pour accroître la formation de sulforaphane

La formation de sulforaphane dans les légumes crucifères est comparable à une réaction chimique. Elle nécessite le mélange d'un composé précurseur avec une enzyme appelée myrosinase, qui est inactivée par la cuisson (cependant, la cuisson au micro-ondes semble conserver une partie des propriétés anticancéreuses). Cela pourrait expliquer pourquoi on observe que la croissance des cellules cancéreuses est inhibée de façon spectaculaire par le brocoli, le chou-fleur et le chou de Bruxelles crus, mais que presque aucune réaction ne se produit lorsqu'ils sont cuits[9]. Mais qui a envie de manger des brocolis crus ? Pas moi, en tout cas. Heureusement, il existe des moyens d'obtenir les bénéfices apportés par les légumes crus sous leur forme cuite.

Mordre dans du brocoli revient à déclencher cette réaction chimique. Lorsque le brocoli cru (ou tout autre légume crucifère) est émincé ou mâché, le précurseur de sulforaphane se mélange à l'enzyme myrosinase et le sulforaphane est créé tandis que le légume repose sur la planche à découper ou se trouve dans le haut de l'estomac, attendant d'être digéré[10]. Même si l'enzyme est détruite par la cuisson, le précurseur ainsi que le produit fini sont résistants à la chaleur. Voici donc l'astuce : je l'appelle technique « Coupez et attendez ».

Si vous émincez le brocoli (ou les choux de Bruxelles, le kale, le chou-fleur ou n'importe quel autre légume crucifère) et que vous attendez quarante minutes, vous pourrez ensuite le faire cuire aussi longtemps que vous voulez. À ce stade, le sulforaphane a déjà été créé, l'enzyme n'est donc plus nécessaire pour obtenir le bénéfice maximal. Elle a déjà fait son œuvre. (Vous pouvez également acheter des légumes verts et autres crucifères frais émincés en sachet, qui peuvent vraisemblablement être cuisinés sur-le-champ.)

Maintenant que vous savez cela, comprenez-vous mieux que la plupart des gens préparent la soupe de brocoli de façon incorrecte ? En général, ils font d'abord cuire le brocoli, puis ils le mixent. Mais lorsque vous le mixez une fois cuit, vous mélangez seulement le précurseur avec une enzyme qui a été inactivée par la cuisson. Procédez donc dans l'ordre inverse : mixez d'abord les légumes, puis attendez quarante minutes avant de les faire cuire. Vous pourrez ainsi maximiser la production de sulforaphane.

Que penser des brocolis et autres crucifères surgelés ? Les brocolis surgelés industriels ont perdu leur capacité de former le sulforaphane parce que les légumes sont blanchis (plongés dans l'eau bouillante pendant quelques minutes) avant d'être congelés dans le but même de désactiver les enzymes[11]. Ce processus prolonge leur durée de vie, mais lorsque vous sortez les légumes de votre congélateur, l'enzyme est inerte. À ce stade, peu importe à quel point vous les émincez et combien de temps vous attendez – aucun sulforaphane ne sera créé. Cela explique peut-être pourquoi il a été démontré que le chou kale inhibait la croissance des cellules cancéreuses in vitro dix fois plus efficacement que le kale surgelé[12].

Mais les légumes crucifères surgelés restent malgré tout très riches de ce précurseur – rappelez-vous, il est résistant à la chaleur. Et vous pourriez créer beaucoup de sulforaphane en ajoutant de nouvelles enzymes[13]. Mais où trouve-t-on de la myrosinase ? Les scientifiques l'achètent dans les industries chimiques, mais vous pouvez vous en procurer dans n'importe quelle épicerie.

Les feuilles de moutarde sont également des légumes crucifères. Elles poussent à partir des graines de moutarde, que vous pouvez acheter moulues au rayon épices de votre supermarché. Si vous saupoudrez de la moutarde en poudre sur vos brocolis surgelés une fois cuits, vont-ils commencer à produire du sulforaphane ? Oui !

Faire bouillir des brocolis empêche la formation du sulforaphane car cela inactive l'enzyme. Cependant, l'ajout de moutarde en poudre aux brocolis cuits augmente de façon significative la formation de sulforaphane[14]. Ainsi, ils sont presque aussi bons pour la santé que lorsqu'on les mange crus ! Par conséquent, si vous ne disposez pas de quarante minutes entre le moment où vous les émincez et où vous les faites cuire, saupoudrez-les simplement de poudre de moutarde avant de les manger.

Les radis daïkon, les radis ordinaires, le raifort et le wasabi sont tous des légumes crucifères et peuvent réagir de même : il semble qu'une pincée suffise à relancer la production de sulforaphane[15]. Vous pouvez également ajouter une petite quantité de crucifères frais à vos plats cuisinés. Donc, lorsque je pose quelques lanières de chou rouge sur mes plats une fois prêts, je leur apporte une garniture non seulement belle et délicieusement croquante, mais de plus très riche en enzyme productrice de sulforaphane.

Une des premières choses que je faisais avant, chaque matin, consistait à émincer des légumes verts pour la journée. Maintenant, grâce à mon plan « moutarde en poudre », j'ai éliminé une chose sur ma liste de tâches quotidiennes.

Le raifort

La taille des portions que j'indique à la page 673 correspond à peu près à la consommation quotidienne nécessaire pour avoir un effet préventif sur le cancer, d'après l'étude innovante sur la chirurgie mammaire exposée en détail dans le chapitre 11. Comme vous le constatez, la taille de la portion de raifort est la plus réduite, ce qui veut dire que c'est le plus concentré des légumes crucifères. Vous en consommez une cuillère à soupe par jour et vos « 12 aliments quotidiens » se transforment en « 11 aliments quotidiens ». Le raifort peut être utilisé en sauce, condiment ou assaisonnement pour vous permettre de cocher une case de plus et d'épicer votre vie. C'est excellent avec la purée de pommes de terre ou, pour un repas encore plus sain, avec la purée de chou-fleur. Faites juste bouillir du chou-fleur pendant dix minutes jusqu'à ce qu'il soit tendre, puis écrasez-le à la fourchette ou avec un presse-purée ou dans un robot avec un peu d'eau de cuisson, jusqu'à ce que sa texture soit lisse. Je l'assaisonne avec du poivre, de l'ail rôti et une bonne cuillerée de raifort, puis j'arrose le tout de sauce aux champignons. C'est délicieux !

Les légumes crucifères cuits au four

J'ai beau aimer la purée de chou-fleur, je préfère encore le chou-fleur rôti au four (ou le brocoli). Cela lui apporte un goût de noisette caramélisée. J'émince le chou-fleur en tranches et je le fais griller au four à 200 °C pendant une demi-heure, puis j'arrose le tout de sauce citron-tahini. Parfois, je me contente de jus et zeste de citron, de câpres et d'ail. (Ce chapitre me donne faim !)

Les chips de kale

J'aborderai des façons plus traditionnelles de cuisiner les légumes verts dans la prochaine section, mais les chips de kale méritent une mention spéciale. Vous pouvez utiliser un déshydrateur si vous en avez un, mais souvent je n'ai pas la patience. Lorsque j'ai envie de chips de kale, je les veux immédiatement. Impossible de faire plus simple, elles se réduisent à un seul ingrédient : le kale. Ôtez les feuilles des tiges et déchirez-les grossièrement. Séchez-les correctement, sinon elles cuiront à la vapeur et perdront le croustillant. Étalez une couche de feuilles déchirées sur une plaque à biscuits chemisée de papier sulfurisé ou sur un tapis de silicone pour éviter qu'elles n'attachent et faites-les cuire au four à basse température (entre 100 °C et 150 °C) en les surveillant pour vous assurer qu'elles ne brûlent pas. Au bout de vingt minutes environ, elles se transforment en en-cas léger et croustillant. Assaisonnez les feuilles avant de les faire griller, ou ajoutez des épices une fois cuites. Il y a des milliers de recettes sur Internet. Je vous recommande de commencer par le site de Mme Esselstyn et de son fils, Engine2Diet.com[16]. Avec les chips de kale, plus vous grignotez, plus vous êtes en bonne santé.

Les garnitures à base de crucifères

Tout comme nous essayons de conserver une boîte de haricots ouverte dans le réfrigérateur pour ne pas oublier d'en consommer, nous avons toujours des choux verts ou rouges dans le compartiment à légumes pour nous aider à agrémenter nos repas de crucifères. J'en coupe des lanières et j'en ajoute à presque tous les repas. Le chou rouge coûte à peu près

1 dollar la livre[17] et on le trouve dans presque toutes les épiceries ou sur n'importe quel marché. Il peut se conserver plusieurs semaines au réfrigérateur (mais si c'est le cas, cela signifie que vous n'en consommez pas assez !), et il possède plus d'antioxydant par dollar dépensé que n'importe quel produit frais. Bien sûr, certains aliments sont encore plus sains, mais pas au même prix. Par exemple, le chou rouge possède presque trois fois plus d'antioxydant par dollar dépensé que les myrtilles[18]. Si on souhaite manger sainement à bas prix, il est imbattable. Vraiment ?

Une fois émincé et après avoir jeté les épluchures, le chou rouge revient en moyenne à 45 *cents* la portion de 150 g[19]. Mais les graines germées de brocoli – si vous les faites pousser vous-même – peuvent revenir encore moins cher. On peut acheter des graines de brocoli sur Internet pour quelques dollars ou dans les magasins biologiques. Par conséquent, en faisant germer vos brocolis vous-même, vous obtenez des aliments « feu vert » sources de sulforaphane pour quelques *cents* par jour.

Faire germer les graines de brocoli est aussi facile que faire germer des lentilles. Commencez avec un bocal muni d'un couvercle de germination. Ajoutez une cuillère à soupe de graines, laissez-les tremper dans l'eau pendant une nuit, égouttez-les le lendemain matin, puis rincez-les rapidement et égouttez-les deux fois par jour. La plupart des gens attendent cinq jours, jusqu'à ce que les graines soient totalement germées (prenant exemple sur les graines germées d'alfala), mais les dernières recherches scientifiques indiquent que le sulforaphane est à son niveau optimal quarante-huit heures après que les graines ont été égouttées pour la première fois[20]. Cela permet donc de les faire pousser et de les manger plus rapidement encore. Lorsque je ne voyage pas, je fais en général un roulement entre plusieurs pots. Même en plein hiver, je fais pousser ma propre salade sur le plan de travail de ma cuisine ! Chaque jour, vous pouvez avoir des produits frais pour votre famille, sans même sortir de chez vous.

Les crucifères sous forme de compléments alimentaires ?

Si vous n'aimez pas le goût des légumes crucifères mais que vous souhaitez néanmoins obtenir les bénéfices du sulforaphane, pouvez-vous acquérir des compléments alimentaires à base de brocoli ? Les chercheurs ont récemment testé le complément le plus vendu. BrocoMax se vante d'apporter l'équivalent de 250 g de brocoli dans une seule capsule. On a donné aux sujets d'une étude soit six capsules par jour, soit 150 g de pousses de brocoli. Les compléments ont eu un effet quasi nul, tandis que les pousses de brocoli ont multiplié le taux sanguin de sulforaphane par 8, pour un prix 8 fois inférieur. Les chercheurs ont conclu : « Nos données apportent une fois de plus la preuve que la biodisponibilité du sulforaphane est incroyablement plus faible lorsque les sujets consomment des compléments alimentaires à base de brocoli, comparés à ceux qui ont consommé des germes de brocoli frais[21,22]. »

Je ne pourrai dire trop de bien des crucifères. Ces légumes font des merveilles pour votre santé, luttant contre la progression du cancer et stimulant vos défenses contre les pathogènes et les polluants, tout en contribuant à la protection de votre cerveau et de votre vision – et plus encore. Et vous pouvez utiliser cette famille de légumes comme une excuse pour jouer au savant fou dans votre cuisine, manipulant la chimie des enzymes afin de maximiser les bénéfices pour votre santé.

Peut-on abuser des bonnes choses ?

Si les germes de brocoli sont si bon marché et efficaces, pourquoi ne pas les consommer par bols entiers ? Une étude portant sur la sécurité alimentaire a conclu qu'il n'y avait aucun effet néfaste à en consommer environ 200 g par jour, mais nous n'avions aucune donnée indiquant une limite maximale jusqu'à ce qu'une équipe de chercheurs italiens ait essayé de repousser les limites. Ils ont voulu établir une dose intraveineuse susceptible d'être employée comme chimiothérapie, et ont découvert que le taux sanguin atteint par une consommation de 600 à 800 g de brocoli pouvait avoir un effet néfaste[23]. Ils ont toutefois conclu qu'il n'était pas nocif « à des concentrations atteintes par l'alimentation ». Mais cela n'est pas tout à fait vrai. Les pousses de brocoli ont un petit goût piquant de radis, mais quelqu'un pourrait, en théorie, manger 800 g par jour de pousses de brocoli (ils ne connaissent pas les mêmes obsédés de la santé que moi).

Laissez-moi vous raconter une histoire. Il y a quelques années, quelqu'un est venu me voir après une conférence à Miami et m'a dit avoir lu que le jus de cresson était bon pour la santé parce qu'il nettoyait « en profondeur ». Il s'était donc dit : *Pourquoi pas ?* et avait décidé de s'en gaver. Il m'a expliqué de quelle façon il avait calculé le volume du tube digestif (10 m^3, je crois), et entrepris de boire cette même quantité en continu, litre après litre, jusqu'à ce qu'elle commence à ressortir de l'autre côté. Intrigué, je lui ai demandé ce qui s'était passé. Il a levé les yeux vers moi avec une expression que je ne peux décrire autrement que par extatique, et il a dit : « C'était volcanique. »

Les légumes verts

Les légumes verts préférés du Dr Greger

Salade roquette, chou vert, kale, mélange mesclun (assortiment de pousses et feuilles de différentes salades), feuilles de moutarde, oseille, épinard, bette et feuilles de navet.

Taille des portions

125 g de légumes crus.

60 g de légumes cuits.

Recommandations

2 portions par jour.

Popeye avait raison de se vanter d'être fort parce qu'il mangeait des épinards. Les légumes à feuilles vert foncé sont les aliments les plus sains de la planète. Ce sont les aliments complets qui offrent le plus de nutriments par calorie. Et pour mettre l'accent sur ce point, une étude a été publiée dans la revue *Nutrition and Cancer*, intitulée « Les effets antioxydants, antimutagènes et antitumoraux des aiguilles de pin[1] ». Les feuilles comestibles, sous toutes leurs formes, sont extrêmement bonnes pour la santé.

En 1777, le général George Washington a ordonné aux troupes américaines de faire provision des plantes sauvages qui poussaient autour de leurs camps « car ces légumes sont extrêmement favorables à la santé, et ont tendance à prévenir… tous les troubles putrides[2] ». Depuis, les Américains ont déclaré leur indépendance vis-à-vis des légumes verts. Aujourd'hui, ils ne sont qu'un sur 25 à atteindre une douzaine de portions au cours d'un mois entier[3]. Je recommande de consommer plus d'une douzaine de portions par semaine.

Mise en garde importante :
les légumes verts et la warfarine

En 1984, un cas tragique a été signalé. Une femme de 35 ans avait omis d'informer son médecin de son changement d'alimentation. Elle portait une valve cardiaque mécanique et prenait un médicament anticoagulant, la warfarine. Mais comme elle souhaitait perdre du poids, elle avait commencé un régime composé presque entièrement de salade, de brocolis, de feuilles de navet et de feuilles de moutarde. Cinq semaines plus tard, elle a été victime d'un caillot sanguin et en est morte[4].

Si vous suivez un traitement à base de warfarine (aussi connu sous le nom de Coumadine), adressez-vous à votre médecin avant d'augmenter votre consommation de légumes verts. Ce médicament agit (comme poison pour les rats et comme anticoagulant humain) en inhibant l'enzyme qui recycle la vitamine K, laquelle joue un rôle dans la coagulation sanguine. Si votre organisme reçoit un afflux de vitamine K, qui est concentrée dans les légumes verts, l'efficacité du médicament peut diminuer. Vous devriez malgré tout pouvoir manger des légumes verts, si votre médecin adapte la dose de médicament à votre consommation.

Manger des légumes verts chaque jour pourrait être l'initiative la plus importante que vous puissiez prendre pour prolonger votre vie[5]. Parmi tous les groupes d'aliments analysés par une équipe de chercheurs de l'université Harvard, ce sont les légumes verts qui ont été associés à la plus forte protection contre les principales maladies chroniques[6], et en particulier à une baisse de 20 % du risque de crise cardiaque[7] et d'AVC[8] par portion quotidienne supplémentaire.

Imaginez qu'il existe un médicament qui puisse prolonger votre vie et n'avoir que des effets secondaires positifs. Tout le monde en prendrait ! Et l'heureuse société pharmaceutique qui l'aurait créé gagnerait des milliards. Il serait remboursé par tous les organismes d'assurance maladie, réclamé par toutes les catégories sociales partout dans le monde. Mais lorsque cette « pilule » est simplement « mangez vos légumes verts », cela n'intéresse plus grand monde.

Les entreprises pharmaceutiques n'ont pas encore breveté le brocoli (même si Monsanto essaie de le faire[9] !). Cependant, les médecins ne sont pas forcés d'attendre que les représentants des laboratoires pharmaceutiques les invitent à dîner et leur offrent des compensations pour prescrire de l'épinard de la marque Pfizer.

Nom du patient Date
Adresse

Prescription :

Légumes verts

2 portions par jour par voie orale

À renouveler de façon illimitée

Signature

Si les couleurs des pigments végétaux sont toutes bonnes pour votre santé, pourquoi les légumes verts sont-ils les plus sains ? Lorsqu'en automne les arbres se parent de couleurs flamboyantes, d'où viennent ces teintes orange et jaunes ? En fait, elles ont toujours été là – elles étaient simplement masquées par le pigment vert de la chlorophylle qui commence à se décomposer en automne[10]. De même, les feuilles vert foncé des légumes comportent beaucoup d'autres pigments végétaux, tous compris dans le même contenant. Comme je l'ai mentionné, ces composants aux couleurs vives sont souvent les mêmes antioxydants impliqués dans les bénéfices apportés par la consommation de fruits et légumes. Donc, en substance, lorsque vous mangez des légumes verts, ce sont toutes les couleurs de l'arc-en-ciel que vous consommez.

Comment régénérer naturellement la coenzyme Q10

Si les légumes verts figurent parmi les aliments « feu vert » les plus sains, c'est peut-être en raison de leur couleur. Il y a plusieurs décennies, on a commencé à faire des recherches pour trouver des molécules « interceptrices » susceptibles d'être utilisées comme la première ligne de défense de l'organisme contre le cancer. La théorie étant que si nous parvenions à trouver quelque chose susceptible de se lier aux substances cancérigènes et ainsi de les empêcher de s'introduire dans notre ADN, nous pourrions prévenir une partie des mutations à l'origine du cancer. Après des années passées à chercher, on a trouvé un intercepteur : la chlorophylle, le pigment végétal omniprésent dans le monde. Et depuis le départ il était sous notre nez (pour les personnes qui mangent de façon saine[11] !).

In vitro, certaines lésions de l'ADN dans des cellules humaines exposées à un cancérigène pouvaient être « totalement inhibées » par la chlorophylle[12]. Mais qu'en est-il chez les humains ? Au nom de la science, des volontaires ont bu une solution d'aflatoxine (un cancérigène) avec ou sans chlorophylle d'épinard. L'équivalent de 750 g d'épinards environ semble pouvoir bloquer 40 % des cancérigènes[13]. Incroyable ! Mais ce n'est pas le seul intérêt de la chlorophylle.

À l'université, on apprend que presque tout ce qu'on nous a enseigné en biologie au lycée est faux. Puis, en troisième cycle, on désapprend toutes les simplifications apprises pendant les premières années d'université. Dès que l'on pense avoir compris quelque chose à la biologie, c'est toujours plus compliqué qu'on ne le croyait. Par exemple, jusqu'à récemment, on supposait que les plantes et les organismes végétaux étaient les seuls capables de capter et d'utiliser l'énergie du soleil. Les plantes réalisent la photosynthèse, pas les animaux. C'est parce que les plantes ont de la chlorophylle et que les animaux n'en ont pas. En fait, en théorie, votre organisme possède bien de la chlorophylle – de façon temporaire, du moins – après l'absorption de légumes verts. Mais il semblerait qu'il soit absolument impossible que la chlorophylle entrée dans votre circulation sanguine quand vous avez mangé une salade puisse réagir avec le soleil. Après tout, le soleil ne peut pénétrer sous la peau, n'est-ce pas ?

Faux. N'importe quel enfant qui a déjà éclairé sa main avec une lampe torche aurait pu vous le dire.

Les rayons infrarouges du soleil pénètrent dans votre corps[14]. En fait, si vous sortez par une journée ensoleillée, suffisamment de lumière atteint votre cerveau pour que vous puissiez lire cette page depuis l'intérieur de votre crâne[15]. Vos organes internes sont baignés de lumière, ainsi que la chlorophylle circulant dans votre sang. Même si l'énergie produite par la chlorophylle était négligeable[16], il s'avère que la chlorophylle présente dans votre organisme activée par la lumière pourrait contribuer à régénérer une molécule cruciale – la coenzyme Q10[17].

La CoQ10, également connue sous le nom d'ubiquinol, est un antioxydant. Lorsque l'ubiquinol neutralise un radical libre, il s'oxyde sous forme d'ubiquinone. Pour retrouver son pouvoir antioxydant, le corps doit régénérer l'ubiquinol à partir de l'ubiquinone. Imaginez qu'il s'agisse d'un fusible électrique : l'ubiquinol ne peut être utilisé qu'une fois avant de devoir être réarmé. C'est là que la lumière du soleil et la chlorophylle peuvent entrer en jeu.

Des chercheurs ont exposé de l'ubiquinone et des métabolites de chlorophylle alimentaire au type de lumière qui parvient jusqu'à votre circulation sanguine... et hop ! La CoQ10 renaît de ses cendres. Cependant, sans chlorophylle ou sans lumière, rien ne se produit. Nous avions toujours pensé que le principal bénéfice du soleil était la formation de vitamine D, et le principal avantage des légumes verts, leur teneur en antioxydants. Mais à présent nous soupçonnons que la combinaison des deux pourrait aider le corps à créer et à entretenir son propre stock d'antioxydants.

Une alimentation d'origine végétale riche en chlorophylle pourrait s'avérer particulièrement importante pour ceux qui suivent un traitement médicamenteux à base de statines destinées à faire baisser le taux de cholestérol, puisque celles-ci peuvent affecter la production de CoQ10.

Les légumes verts peuvent être succulents

J'espère avoir réussi à vous convaincre de manger des légumes verts aussi souvent que possible. Le problème, pour beaucoup de gens, c'est de parvenir à les rendre savoureux. J'ai bien peur que nous soyons trop nombreux à souffrir de mauvais souvenirs des légumes trop cuits et d'aspect informe des cantines scolaires.

Prenez l'exemple du kale : c'est un légume fibreux qui a un goût d'herbe, n'est-ce pas ? Et il est aussi un peu amer, non ? Certaines variétés sont plus savoureuses que d'autres, mais leurs différences sont insignifiantes comparées à la quantité que vous seriez prêt à manger[18,19]. Le kale le plus sain est celui que vous mangerez le plus.

Commencez par bien rincer les feuilles sous l'eau courante. Puis détachez les feuilles des tiges et découpez-les grossièrement en morceaux de la taille d'une bouchée. Vous pouvez aussi les détacher de la tige et les rouler ensuite, avant de les émincer en fins rubans.

Il existe un phénomène appelé « conditionnement saveur contre saveur », selon lequel vous pouvez modifier votre palais en associant une saveur moins agréable (par exemple aigre ou acide) à une saveur plus agréable (disons sucrée). Ainsi, lorsque les chercheurs ont ajouté du sucre à un jus de pamplemousse acide, les gens l'ont préféré. Cela n'a rien de surprenant. Mais au bout de quelques jours les sujets de l'étude ont commencé à aimer davantage le jus de pamplemousse, même non sucré, qu'avant le début de l'expérimentation. En fait, ce conditionnement du goût s'est prolongé au moins plusieurs semaines après la suppression du sucre[20].

La même chose s'est produite lorsque les chercheurs ont aspergé du brocoli avec de l'eau sucrée ou édulcorée à l'aspartame[21]. Je sais que cela semble immangeable, mais en réalité cela ne donne pas de goût sucré au brocoli. L'ajout de sucre masque simplement l'amertume en piégeant vos papilles gustatives[22]. C'est pourquoi l'ingrédient censément secret de nombreuses recettes de chou vert est une cuillère de sucre. Assurément, s'il y a bien une catégorie d'aliments qui justifie l'usage d'un condiment « feu orange » ou « feu rouge » pour augmenter votre consommation, ce serait la plus saine de toutes : les légumes verts. J'utilise du vinaigre balsamique, en dépit du fait qu'il contient du sucre. Il serait cependant plus sain d'ajouter une saveur sucrée « feu vert », par exemple des figues ou des pommes.

L'astuce de la saveur sucrée est ce qui explique que les smoothies verts puissent être aussi délicieux. Les smoothies peuvent être un excellent moyen d'introduire des légumes verts dans l'alimentation des enfants. Le trio de base est : un liquide, des fruits frais et des légumes verts frais. Je commencerais par deux portions de fruits pour une portion de légumes, avant de faire pencher la balance vers les légumes verts. Par exemple, un verre d'eau, une banane surgelée, un verre de baies surgelées et un verre de pousses d'épinard est un classique parmi les recettes de smoothies verts.

J'aime ajouter des feuilles de menthe fraîche pour donner encore plus de goût (et consommer encore plus de verdure). Les herbes fraîches peuvent être onéreuses dans le commerce, mais la menthe pousse aussi facilement qu'une mauvaise herbe dans votre jardin ou dans un pot sur le rebord de votre fenêtre. Manger des légumes verts au petit déjeuner peut être délicieux sous la forme de porridge chocolat-menthe – du porridge, des feuilles de menthe hachées, de la poudre de cacao et un édulcorant sain (voir page 841).

Lorsque vous cherchez à associer les légumes verts à un plat que vous aimez déjà pour les rendre plus agréables au goût, pensez à les mélanger avec une source de gras « feu vert » : noix, graines, beurre de noix ou de graines, ou avocats. Un grand nombre de nutriments des légumes verts sont liposolubles, y compris le bêta-carotène, la lutéine, la vitamine K et la zéaxanthine. Donc, associer vos légumes verts à une source de lipides « feu vert » leur donnera meilleur goût, tout en maximisant l'absorption des nutriments. Cela signifie que vous pouvez déposer un assaisonnement crémeux à base de tahini sur votre salade, mettre des noix dans votre pesto, ou saupoudrer votre kale sauté à la poêle de graines de sésame grillées.

L'augmentation de l'absorption de nutriments n'a rien d'anecdotique. Des chercheurs ont donné à leurs sujets une salade composée d'épinards, de romaine, de carottes et de tomates et associée à une source de lipides, et ils ont constaté un pic impressionnant de caroténoïdes dans leur circulation sanguine au cours des huit heures suivant le repas. Avec un assaisonnement sans matières grasses, l'absorption des caroténoïdes était négligeable, c'était presque comme s'ils n'avaient jamais mangé cette salade[23]. De même, ajouter de l'avocat à votre salade peut tripler la quantité de nutriments liposolubles absorbés dans votre circulation sanguine[24] (dans ce cas, le lycopène des tomates). Et pas besoin de grandes quantités, 3 g de graisse dans un repas chaud peuvent suffire à favoriser l'absorption[25]. Cela correspond à une noix ou une cuillère à soupe d'avocat ou de noix de coco râpée. Grignotez quelques pistaches après le repas, et le tour est joué. Les légumes verts et les lipides doivent juste se retrouver dans votre estomac en même temps.

Une autre façon d'atténuer l'amertume des légumes verts consiste à les faire blanchir ou bouillir, mais hélas une partie des composés bons pour la santé se perd dans l'eau de cuisson[26]. Si vous préparez une soupe, ce n'est pas un problème parce que les nutriments ne sont alors pas détruits dans une large proportion, mais plutôt déplacés. Cependant, même si 50 % de ces précieux composés finissent dans l'évier, du moment que l'amertume ainsi atténuée vous permet de manger deux fois plus de légumes verts, il n'y a pas de problème ! Quand je fais bouillir des pâtes, par exemple, j'ajoute des légumes verts frais dans la casserole quelques minutes avant d'égoutter. Je sais bien que je perdrai des nutriments en égouttant l'ensemble, mais cela me permet de tout faire cuire en même temps, ce qui est plus pratique, et ma famille peut ainsi manger encore plus de légumes verts.

Essayez d'incorporer les légumes verts aussi souvent que possible à vos repas. Je mets presque tout ce que je mange sur un lit de légumes verts. Ainsi, les légumes prennent la saveur du reste du plat. Toutefois, si vous souhaitez manger vos légumes verts seuls, vous pouvez essayer d'ajouter un jus de citron, des vinaigres aromatisés, des poivrons déshydratés, de l'ail, du gingembre, de la sauce soja à faible teneur en sodium ou des oignons caramélisés. Personnellement, je les aime épicés, sucrés, fumés et salés. J'utilise de la sauce piquante pour l'aspect épicé, du vinaigre balsamique pour le côté sucré, et du paprika fumé. Pour l'aspect salé, j'adorais la sauce soja, mais j'ai tendance à en limiter l'usage pour réduire ma consommation de sodium et j'opte pour des substituts*.

Les rayons des épiceries regorgent de sauces préparées, et vous pouvez faire vos propres expérimentations. La plupart comportent du sel ajouté, de l'huile, du sucre, j'essaie donc de les réserver aux aliments exceptionnellement sains. Mélanger les aliments « feu orange » et « feu rouge » (comme tremper vos frites et votre hamburger dans de la sauce barbecue) ne fait qu'aggraver la situation, mais je ne mangerais pas autant de patates douces cuites au four assaisonnées de romarin si je ne les plongeais pas dans du ketchup épicé. Et s'il y a bien une excuse pour s'écarter de la « zone verte », ce sont les légumes verts.

Pendant les années où j'étais célibataire, je commandais régulièrement des plats cuisinés chinois – en général des brocolis à la sauce à l'ail (en laissant le riz blanc de côté). Puis je faisais cuire du riz complet ou du quinoa à la vapeur ou au micro-ondes, auquel

* L'auteur conseille l'utilisation de produits propres au marché américain. Pour ma part je suggérerais le gomasio, composé de 90 % de sésame grillé, de 6 % d'algues nori et de 4 % de sel environ. (*N.d.l.T.*)

j'ajoutais des lentilles et 500 g de légumes verts. Au moment de la livraison, c'était prêt, je mélangeais le tout et j'avais assez de restes pour un autre repas.

Vous pouvez également trouver des petits sachets de nourriture indienne sur Internet ou dans les épiceries orientales. Là encore, je m'en sers de sauce plutôt que de repas à part entière. Mon préféré est le dahl aux épinards – ainsi, je mange mes légumes verts dans une sauce de légumes verts ! Le kale au pesto relève du même principe : j'utilise un végétal (le basilic) pour donner plus de goût au kale.

Les bienfaits du vinaigre

Le vinaigre pourrait être un des meilleurs condiments pour la santé. Des essais randomisés portant sur des diabétiques et des non-diabétiques indiquent que l'ajout de deux cuillères à soupe de vinaigre à un repas pourrait améliorer le contrôle de la glycémie, réduisant d'environ 20 % le pic d'insuline après le repas[27]. Par conséquent, ajouter du vinaigre à une salade de pommes de terre ou à du riz (comme le font les Japonais dans les sushis) ou tremper du pain dans du vinaigre balsamique pourrait atténuer les effets de ces aliments à l'index glycémique élevé.

Nous connaissons l'effet antiglycémique du vinaigre depuis plus de vingt-cinq ans, mais nous ne savons pas très bien quel mécanisme entre en jeu[28]. À l'origine, nous pensions que le vinaigre ralentissait la vidange de l'estomac, mais même le fait de consommer du vinaigre en dehors des repas semble bénéfique. On a remarqué que les diabétiques de type 2 qui prennent deux cuillères à soupe de vinaigre de cidre au coucher, par exemple, présentent un meilleur taux de glycémie le lendemain matin[29]. La consommation de légumes macérés dans le vinaigre ou de gélules de vinaigre ne semble pas avoir le même effet[30]. Cependant, ne buvez pas le vinaigre pur, car il peut vous brûler l'œsophage[31], et ne le consommez pas en excès – il est avéré que 240 ml de vinaigre par jour pendant six ans est une mauvaise idée[32].

Le vinaigre pourrait également être bénéfique pour celles qui souffrent d'un syndrome des ovaires polykystiques (SOPK), pour améliorer la fonction artérielle et aider à réduire la masse grasse corporelle. On a découvert qu'une cuillère à soupe par jour de vinaigre de cidre avait rétabli en quelques mois la fonction ovarienne chez quatre femmes sur sept souffrant de SOPK[33]. Une cuillère à soupe de vinaigre de riz a fortement amélioré la fonction artérielle chez les femmes ménopausées. Nous ne savons pas pourquoi avec certitude, mais l'acétate de l'acide nitrique du vinaigre pourrait améliorer la production d'oxyde nitrique[34] (voir page 325). Un tel effet devrait naturellement avoir un impact positif sur l'hypertension artérielle, et une étude tend à montrer des bénéfices sur cette affection à partir d'une cuillère à soupe par jour[35].

En dépit de la croyance populaire, le vinaigre ne semble pas efficace pour éliminer les poux[36] ; en revanche, il pourrait aider à perdre du poids. Une étude a été réalisée en double aveugle, contrôlée par un placebo (mais financée par un producteur de vinaigre). Les sujets ont consommé quotidiennement des boissons comportant une ou deux cuillères à soupe de vinaigre de cidre ou une boisson placebo ayant un goût vinaigré mais qui ne contenait aucun acide acétique. Les sujets du premier groupe ont perdu nettement plus de poids que ceux du groupe de contrôle. Même si l'effet était modeste – environ 2 kg sur trois mois –, des scanners ont montré que les sujets du premier groupe avaient perdu 5 % de leur graisse viscérale, c'est-à-dire de graisse abdominale, qui est particulièrement associée au risque de maladie chronique[37].

Il existe toutes sortes de vinaigres exotiques ou aromatisés à explorer de nos jours, y compris ceux à la figue, à la pêche et à la grenade. Je vous encourage à expérimenter et à trouver de nouvelles façons de les incorporer à votre alimentation.

Les salades

Manger une grande salade chaque jour est une excellente façon d'atteindre son objectif des « 12 aliments quotidiens ». À partir d'une base de feuilles de mesclun et de salade roquette, j'ajoute des tomates, des poivrons rouges, des haricots, des baies de goji ainsi que des noix grillées si j'utilise un assaisonnement sans huile. Ma recette d'assaisonnement favorite du moment est la version de la sauce César du Dr Michael Klaper, du centre médical True North :

2 cuillères à soupe d'amandes en poudre
3 gousses d'ail écrasé
3 cuillères à soupe de moutarde de Dijon
3 cuillères à soupe de levure diététique en paillettes
2 cuillères à soupe de miso blanc
3 cuillères à soupe de jus de citron
50 ml d'eau

Mixez le tout et dégustez ! (Si vous possédez un robot puissant, vous pouvez utiliser des amandes entières.)

Les pousses d'épinard pourraient avoir un taux de phyto-nutriments plus élevé que les feuilles d'épinard à maturité[38], mais que penser des épinards encore plus jeunes – connus sous le nom de micro-pousses, les jeunes pousses des légumes et des herbes aromatiques ? Une analyse nutritionnelle de 25 micro-pousses disponibles dans le commerce a montré qu'elles avaient une densité en nutriments sensiblement plus élevée. Par exemple, les micro-pousses de chou rouge ont une concentration 6 fois plus élevée en vitamine C que le chou rouge à maturité et presque 70 fois plus de vitamine K[39]. Mais elles sont consommées en si faible quantité que même les garnitures des restaurants les plus chics ne vous apporteront pas un bénéfice considérable.

Néanmoins, si vous voulez les faire pousser vous-même, vous pourriez organiser un roulement de plateaux de micro-pousses à couper aux ciseaux, pour une salade on ne peut plus saine. (Lors d'une tournée de conférences, j'ai été hébergé par quelqu'un qui procédait ainsi, et j'en suis encore jaloux.) Les micro-pousses sont des plantes parfaites pour le jardinier impatient – prêtes à consommer en à peine une à deux semaines.

Le légume vert qu'il faut éviter

Même si les légumes verts sont les plus sains de tous les aliments, il y en a un que je déconseille de consommer : les pousses d'alfalfa. Sur une période de douze ans, 28 épidémies d'intoxication à la salmonellose en lien avec ces pousses ont été rapportées aux États-Unis, touchant 1 275 personnes[40,41]. Bien sûr, les œufs infectés par la *Salmonella* rendent malades environ 142 000 Américains chaque année, mais cela ne rend pas moins tragique le cas des personnes hospitalisées et tuées par l'épidémie engendrée par ces pousses. Les graines à germer d'alfalfa présentent toutes sortes de recoins et petites fissures où les bactéries issues de l'eau d'irrigation contaminée par les purins peuvent se cacher. Donc, même celles qu'on fait germer soi-même ne peuvent être considérées comme sans danger.

Je n'oublierai jamais l'exposé que j'ai fait à Boston. Cela se présentait sous forme d'un jeu au cours duquel les membres du public essayaient de classer, du plus sain au moins sain, les aliments que j'avais apportés. Il y avait une joyeuse cacophonie de conseils contradictoires criés par les membres du public. Vous pouvez imaginer la grogne qui s'est élevée dans la foule lorsque j'ai révélé que les pousses d'alfalfa – l'aliment sain par excellence – se situaient en tête de liste des aliments à éviter.

Plus tard ce soir-là, je suis resté avec mes pousses d'alfalfa après avoir distribué tous les aliments sains en guise de récompenses. Je venais juste de leur dire de ne pas en manger, mais je déteste jeter de la nourriture. Dans un moment « faites ce que je dis, pas ce que je fais », je les ai ajoutées à ma salade ce soir-là. Oui, elles étaient restées toute la journée dans ma voiture et sur scène pendant quatre heures. Oui, elles figuraient au sommet de ma liste des aliments à éviter. Mais quels étaient les risques qu'un paquet soit contaminé ? Je suis retourné le lendemain matin au service des urgences du Centre médical de Nouvelle-Angleterre où je travaillais – pas en tant que médecin cette fois, mais comme patient victime d'une intoxication alimentaire à la salmonelle.

Donc, en dehors des germes d'alfalfa, les légumes verts sont réellement les aliments les plus sains de la planète. Vous ne pouvez tout simplement pas faire mieux en termes de nutriments par calorie. Explorez, innovez, découvrez de nouvelles saveurs et apprenez à les apprécier. Que vous les glissiez dans un smoothie rafraîchissant, que vous les utilisiez comme base d'un plat principal ou les mangiez directement dans une grande salade – lancez-vous. Votre corps vous remerciera pour chaque bouchée.

Autres légumes

Les autres légumes préférés du Dr Greger

Artichauts, asperges, betteraves, poivrons, carottes, maïs, ail, champignons (de Paris, pleurotes, Portobello et shiitake), gombos, pommes de terre vitelotte, citrouille, algues (dulse et nori), pois mange-tout, courges, patates douces, tomates et courgettes.

Taille des portions

125 g de légumes à feuilles crus.
200 g de légumes sans feuilles crus ou cuits.
120 ml de jus de légumes.
25 g de champignons séchés.

Recommandations

2 portions par jour.

L'étude de l'OMS sur la charge de morbidité dans le monde a établi que le régime américain standard était la cause principale de mortalité et de handicap[1] aux États-Unis, et la consommation insuffisante de légumes, le cinquième facteur de risque alimentaire – ce qui est presque aussi dommageable que notre consommation de viande transformée[2]. L'Union of Concerned Scientists (citoyens et scientifiques œuvrant pour des solutions environnementales) estime que, si la nation augmentait sa consommation de fruits et légumes pour se conformer aux recommandations nutritionnelles, nous pourrions sauver les vies de plus de 100 000 personnes par an[3].

Vous devriez manger plus de fruits et légumes, comme si votre vie en dépendait, parce que c'est peut-être le cas.

Diversifiez votre éventail de légumes

Le conseil le moins controversé de la nutrition est sans doute de manger des fruits et légumes, ce qui signifie manger plus de végétaux. Il y a des légumes tubercules comme les patates douces, des légumes tiges comme la rhubarbe, des légumes gousses comme le petit pois et même des légumes fleurs comme le chou-fleur (qui porte bien son nom). Et nous avons déjà évoqué les légumes à feuilles dans la section des légumes verts. Si les légumes à feuilles vert foncé sont les plus sains, alors pourquoi consommer les autres parties de la plante ? Certes, vous êtes censé manger toutes les couleurs de l'arc-en-ciel, mais ne venons-nous pas d'apprendre que les feuilles vertes contenaient à elles seules l'ensemble du spectre des couleurs ?

Tout comme certains fruits tels que les agrumes offrent des phytonutriments absents des autres fruits, différents légumes apportent des composés différents. Le chou-fleur, dépourvu de pigments antioxydants, ne semble pas avoir beaucoup à offrir au premier coup d'œil, mais comme il appartient à la famille des crucifères, c'est un des choix les plus sains. De même, les champignons de Paris peuvent paraître plutôt ternes, mais ils peuvent apporter des myconutriments qu'on ne trouve nulle part ailleurs dans le règne végétal.

Contrairement à des composés plus génériques tels que la vitamine C, disponible dans de nombreux fruits et légumes, d'autres nutriments ne sont pas distribués de façon aussi courante. Nous savons maintenant que certains phytonutriments se lient à des récepteurs spécifiques et à d'autres protéines dans l'organisme. J'ai évoqué les récepteurs Ah spécifiques au brocoli dans le chapitre 5. Il y a également des récepteurs spécifiques au thé vert – les récepteurs de l'EGCG, un composant clé du thé vert. Il y a des protéines de liaison aux phytonutriments dans le raisin, l'oignon et les câpres. Récemment, un récepteur transmembranaire a même été identifié pour un nutriment présent dans la peau des pommes. Mais ces protéines spécifiques ne peuvent être activées que si vous mangez des aliments bien spécifiques[4].

Les différents profils de phytonutriments pourraient aboutir à différents effets cliniques. Par exemple, boire du jus de tomate peut, chez les sujets d'étude, restaurer la fonction immunitaire mise à mal par deux semaines de consommation insuffisante de fruits et légumes, ce qui ne semble pas être vrai pour le jus de carotte[5]. Même les différentes parties d'un légume peuvent avoir un effet différent. Si certains produits à base de tomate semblent être protecteurs contre les crises cardiaques[6], c'est parce que le fluide jaune qui entoure les graines est riche d'un composant qui inhibe l'activation des plaquettes[7]. (Les plaquettes sont à l'origine du caillot de sang qui provoque les crises cardiaques et la plupart des AVC.) L'aspirine a un effet similaire, mais elle n'est pas efficace pour tout le monde et elle peut augmenter le risque d'hémorragie – deux inconvénients auxquels le jus de tomate pourrait échapper[8,9,10]. Mais si vous ne consommiez que de la sauce tomate, du jus ou du ketchup, vous pourriez ne pas bénéficier de ces effets protecteurs car les graines sont ôtées lors de la transformation. Donc, lorsque vous achetez des tomates en boîte, choisissez-les entières, concassées ou en dés plutôt qu'en sauce, purée ou concentré.

Différents végétaux peuvent également avoir une incidence sur la même partie du corps, mais de façons différentes. Prenons l'exemple de la fonction cérébrale. Dans une étude qui porte sur une douzaine de fruits et légumes allant de la framboise au rutabaga, certains végétaux semblent consolider des domaines cognitifs spécifiques. Ainsi, la consommation de certains aliments de source végétale a été associée à de meilleures fonctions exécutives et à une amélioration de la vitesse de perception et de la mémoire sémantique (connaissances pratiques ou théoriques). En revanche, la consommation d'autres végétaux était plus généralement associée à des aptitudes visuo-spatiales et à la mémoire autobiographique[11]. En d'autres termes, il faut se constituer un panel de nombreux fruits et légumes pour couvrir tous nos besoins.

Les études sous-estiment fréquemment les effets protecteurs des aliments de source végétale parce qu'elles mesurent le plus souvent la *quantité* de fruits et légumes consommés plutôt que leur *qualité*. Les gens ont davantage tendance à manger des bananes et des concombres que des myrtilles et du kale. Mais la variété est également importante. La moitié des portions de fruits consommées aux États-Unis ne sont composées que de cinq fruits : pommes et jus de pomme, bananes, raisin, jus d'orange et pastèque – et la plupart des portions de légumes ne proviennent que des tomates en boîte, des pommes de terre et de la laitue iceberg[12].

Dans une des rares études qui ont plus spécifiquement observé la diversité de la consommation de fruits et légumes, la variété était un meilleur indicateur de la baisse de l'inflammation dans l'organisme des adultes d'âge moyen que la quantité absolue consommée[13]. Même en faisant abstraction des effets de la quantité, l'addition de deux types différents de fruits et légumes par semaine a été associée à une réduction de 8 % du risque de diabète de type 2[14]. Les données de ce type ont conduit l'American Heart Association à ajouter un point dans ses toutes dernières recommandations nutritionnelles : manger une variété de fruits et légumes[15]. Il s'agit d'un ajout important, sinon un grand sac de chips ou une petite laitue iceberg pourraient en théorie répondre aux neuf portions par jour recommandées, voire les dépasser.

Il est préférable de manger une orange que de prendre un cachet de vitamine C, étant donné que le cachet vous prive de tous les autres merveilleux nutriments présents dans le fruit entier. Le même principe s'applique si vous ne diversifiez pas vos fruits et légumes. En ne mangeant que des pommes, vous passez à côté des nutriments de l'orange. Vous vous privez des limonoïdes des agrumes, comme le limonène, le limonol ou la tangérétine, même si vous pourriez obtenir davantage d'acide malique (du latin *malum*, signifiant pomme). Lorsqu'on observe le caractère unique de la composition en phytonutriments de chaque fruit et légume, cela revient à comparer des pommes et des oranges ! C'est pourquoi vous devriez varier.

D'autre part, quand on parle de légumes, il peut s'agir de plusieurs parties de la plante. Les racines recèlent des nutriments différents de ceux qui sont présents dans les pousses. Pour cette raison, il peut être encore plus important de consommer une variété de légumes, pour pouvoir bénéficier de toutes les parties de la plante, comme on l'a découvert lors d'une vaste étude portant sur presque un demi-million de personnes[16]. « Comme chaque légume contient une combinaison unique, a conclu un rapport récent, une grande diversité de légumes devrait être consommée [...] pour obtenir tous les bénéfices de santé[17] ». La variété n'est pas seulement le sel de la vie, elle pourrait aussi très bien la prolonger.

Manger mieux pour améliorer son apparence physique

Nous avons tous entendu parler du teint hâlé que l'on assimile souvent à la santé, la vitalité et la jeunesse. Mais, au lieu d'aller dans une cabine de bronzage pour acquérir une mine plus dorée, vous obtiendrez ce résultat avec un lit de légumes verts.

Certains animaux utilisent l'alimentation pour augmenter leur attrait sexuel. Les mésanges charbonnières, par exemple. Ces oiseaux chanteurs au plumage distinctif noir et olive, omniprésents en Europe et en Asie, ont tendance à préférer les chenilles riches en caroténoïdes, qui rendent leur poitrail d'un jaune plus vif, pour renforcer leur pouvoir de séduction aux yeux de leurs partenaires potentiels[18]. Peut-on trouver un phénomène similaire chez les humains ?

Des chercheurs ont pris des photographies numériques d'hommes et de femmes africains, asiatiques et caucasiens, et ont demandé à d'autres personnes de modifier la carnation de leur visage jusqu'à atteindre ce qu'ils estimaient être la couleur la plus représentative de la bonne santé[19]. Bien sûr, les hommes comme les femmes ont préféré une couleur plus jaune, le « teint hâlé » qui peut être obtenu par « un dépôt de caroténoïde alimentaire au niveau de la peau[20] ». Autrement dit, en mangeant les pigments jaunes et rouges présents dans les fruits et légumes, comme le bêta-carotène de la patate douce et le lycopène de la tomate, hommes et femmes pourraient obtenir naturellement un teint plus hâlé. Les chercheurs ont décidé de vérifier cette théorie.

D'après une étude d'une durée de six semaines réalisée auprès d'étudiants d'université, la carnation obtenue en suivant mes recommandations des « 12 aliments quotidiens » composés de neuf portions de fruits et légumes par jour les a fait paraître en meilleure santé et plus séduisants qu'avec une consommation de trois portions par jour[21]. Plus vous mangez sainement, plus vous paraissez en bonne santé. Des études ont conclu que « les individus qui ont la plus faible consommation de fruits et légumes sont ceux qui peuvent bénéficier d'une plus grande amélioration de leur apparence[22] ».

Qu'en est-il des rides ? Une étude réalisée au Japon a employé l'échelle en six points de Daniell pour mesurer l'étendue des rides en pattes d'oie autour des yeux de plus de 700 femmes, 1 correspondant aux rides les moins marquées, et 6 aux rides les plus marquées. Les chercheurs ont découvert qu'« une plus grande consommation de légumes verts et de légumes jaunes était associée à une diminution des rides faciales ». Les femmes qui consommaient moins d'une portion de légumes verts et jaunes par jour obtenaient en moyenne un score de 3, tandis que celles qui en mangeaient plus de deux portions par jour avaient un score moyen plus proche de 2. Les chercheurs se sont réjouis du « potentiel de ces études pour promouvoir une alimentation saine[23]... ».

Je ne dédaigne certainement pas de faire appel à la vanité, surtout auprès de mes patientes les plus jeunes qui semblent plus intéressées par les aliments capables de les débarrasser de leur acné que par ceux qui diminueront leur risque futur de maladie chronique. Je suis donc heureux de voir que certains articles reprennent ce type d'études avec des titres tels que « Les légumes verts pour être beau[24] ». Enfin, même si être beau vu de l'extérieur est très bien, être beau de l'intérieur est encore mieux.

Les bénéfices apportés par les champignons

L'ergothionéine est un acide aminé peu commun. Bien qu'elle ait été découverte il y a plus d'un siècle, on l'a ignorée jusqu'à récemment, lorsque des chercheurs ont découvert que l'organisme humain possède une protéine transporteuse servant spécifiquement à puiser l'ergothionéine dans l'alimentation pour qu'elle puisse ensuite pénétrer dans les tissus corporels. Cela suggère que cet acide aminé joue un rôle physiologique important. Mais lequel ? Nous avons d'abord pensé qu'il intervenait au niveau de la répartition tissulaire. L'ergothionéine se concentre dans des parties du corps soumises à un stress oxydatif important – le foie et le cristallin de l'œil par exemple, ainsi que dans des tissus sensibles tels que la moelle épinière et le sperme. Les chercheurs ont alors pensé qu'elle agissait comme cytoprotecteur (un protecteur de la cellule), et c'est bien ce dont ils ont eu confirmation par la suite[25].

L'ergothionéine semble agir comme un antioxydant intra-mitochondrial, ce qui signifie qu'elle peut pénétrer à l'intérieur des mitochondries – les petites centrales énergétiques situées dans les cellules. L'ADN de l'intérieur de la mitochondrie est particulièrement vulnérable aux dommages causés par les radicaux libres, étant donné qu'un grand nombre des autres antioxydants ne parviennent pas à pénétrer la membrane mitochondriale. C'est la raison pour laquelle l'ergothionéine pourrait être aussi importante. Priver les cellules humaines de cet acide aminé entraîne une accélération de la dégradation de l'ADN et la mort cellulaire. Hélas, le corps humain ne fabrique pas l'ergothionéine et il ne peut l'obtenir qu'à travers l'alimentation. « En raison de son origine alimentaire et de la toxicité associée à sa diminution, ont conclu les chercheurs de l'université Johns Hopkins, l'ergothionéine pourrait représenter une nouvelle vitamine[26]. » Si elle était classée ainsi, ce serait la première nouvelle vitamine depuis que la vitamine B12 a été isolée en 1948[27].

Quelles sont les meilleures sources alimentaires d'ergothionéine ? Les concentrations les plus élevées, et de loin, se trouvent dans les champignons. Par exemple, les pleurotes, que vous pouvez faire pousser vous-même en seulement deux semaines avec un kit où il suffit juste de les arroser, possèdent plus de 1 000 unités (µg) d'ergothionéine, environ 9 fois plus que son concurrent le plus proche, le haricot noir. Et une portion de haricots noirs en contient 8 fois plus que la troisième source principale : le foie de poulet. La viande de poulet ainsi que le bœuf et le porc ne possèdent que 10 unités environ, soit 100 fois moins que les pleurotes. Les haricots rouges sont 4 fois plus riches en ergothionéine que la viande, mais même à 45 unités ils font pâle figure comparés à certains champignons[28].

L'ergothionéine est stable à la chaleur, donc elle survit à la cuisson des champignons[29,30]. C'est une bonne nouvelle, car il est préférable de ne pas consommer les champignons crus ; il y a une toxine dans les champignons comestibles, l'agaritine, à laquelle vous devriez vous exposer le moins possible. Mais, par chance, celle-ci est en grande partie détruite à la cuisson (en à peine trente secondes au micro-ondes), et de même avec la congélation, contrairement au séchage. Si vous ajoutez des champignons séchés à votre soupe, il est donc préférable de les faire bouillir pendant au moins cinq minutes. Les morilles sont un cas à part. Leur taux de toxines semble augmenter et peut réagir en présence d'alcool, même après la cuisson[31]. Je considère tous les autres champignons comestibles comme des aliments « feu vert » lorsqu'ils sont cuits, et « feu orange » lorsqu'ils sont consommés crus. Cependant, les morilles crues, les morilles cuites servies avec de l'alcool, et tous les champignons sauvages devraient selon moi figurer sur la liste des aliments « feu rouge ».

Devez-vous manger des champignons pour être en bonne santé ? Non. Dans notre famille, ma mère n'a jamais mangé de champignons de sa vie, parce qu'ils ont « l'air bizarre ». Mais compte tenu des potentiels bénéfices immunitaires et anticancérigènes décrits aux chapitres 5 et 11, je vous encouragerais à trouver des moyens de les intégrer à votre alimentation.

Personnellement, je préfère les champignons portobellos au barbecue. J'ai acheté un barbecue à plaque de cuissons antiadhésives inclinées muni d'un bac récupérateur de graisses, que ma famille a officiellement rebaptisé : le barbecue aux champignons. Je sais que les gens ont tendance à faire mariner les champignons avant de les cuire, mais je me contente de verser un filet de vinaigre balsamique dessus et je les fais griller jusqu'à ce que le jus commence à couler, et j'ajoute du poivre fraîchement moulu. C'est si bon qu'on les mange juste comme ça.

Question test : lequel est le plus sain, du champignon de Paris ou du portobello ? C'était une question piège. En fait, c'est le même champignon. Le petit champignon blanc grandit et devient un portobello. Le champignon blanc est en réalité un bébé portobello.

Les champignons peuvent être farcis, dégustés dans une soupe (avec de l'orge par exemple), être la star d'un risotto crémeux, ajoutés à une délicieuse sauce pour agrémenter vos pâtes, ou simplement braisés avec de l'ail écrasé dans du vin rouge.

Encore plus de légumes !

Ma façon préférée de manger les légumes crus, c'est de plonger des bâtonnets de poivron, de carotte ou des mange-tout dans de l'houmous ou de la pâte à tartiner de haricots. Et pour la version cuite, je les préfère rôtis… Ils se transforment alors en sublimes créations. Si vous ne me croyez pas, faites griller des poivrons, des choux de Bruxelles, des betteraves ou des courges. Vous pensez ne pas aimer les gombos parce qu'ils sont trop visqueux ? Essayez-les rôtis.

Un de mes plats printaniers favoris : les asperges rôties trempées dans du guacamole. (Voici un fait intéressant à propos des asperges : saviez-vous qu'il y a quatre types d'individus dans le monde ? Ceux dont l'urine sent mauvais après avoir mangé des asperges, ceux pour qui ce n'est pas le cas, ceux qui sont semble-t-il génétiquement incapables de sentir l'odeur de l'asperge dans l'urine, et enfin ceux qui la sentent. Certaines personnes pensent peut-être que leur urine n'est pas nauséabonde après avoir mangé de l'asperge, mais en fait elles ne le sentent simplement pas[32] !)

Les patates douces font partie de mes en-cas préférés. Pendant les rudes mois d'hiver à Boston, lorsque j'étais étudiant en médecine, je prenais deux patates douces sortant du micro-ondes et je les glissais dans les poches de mon manteau pour me réchauffer. Lorsqu'elles refroidissaient, mes chauffe-mains se transformaient aussitôt en collations santé ! Il est cependant préférable de les faire bouillir, pour mieux préserver leur valeur nutritive[33]. Quelle que soit votre méthode de cuisson, assurez-vous de conserver la peau. La peau de la patate douce contient presque 10 fois plus d'antioxydants que la chair (proportionnellement au poids), ce qui leur donne un pouvoir antioxydant proche de celui des myrtilles[34].

La patate douce peut être considérée comme un super-aliment[35]. Elle se classe parmi les aliments les plus sains de la planète[36] et, un jour, ce sera peut-être même au-delà de la planète, puisque la NASA l'a choisie pour ses futures missions spatiales[37]. En fait, elle figure parmi les aliments les plus sains et les moins chers, car c'est un des plus riches en nutriments par dollar dépensé[38]. Lorsque vous choisissez une variété au supermarché, n'oubliez pas que la valeur nutritionnelle de la patate douce est directement liée à l'intensité de sa couleur. Plus sa chair sera orangée, meilleure elle sera pour votre santé[39].

Les patates douces sont plus saines que les simples pommes de terre, mais si vous préférez ces dernières, choisissez-les avec une chair bleue ou violette. On a découvert que la consommation d'une pomme de terre violette bouillie par jour pendant six semaines faisait baisser l'inflammation de façon significative, un résultat qui n'a été obtenu ni avec les pommes de terre blanches ni avec les jaunes[40]. On a découvert la même chose concernant l'oxydation, mais l'effet est beaucoup plus rapide. À peine quelques heures après avoir été consommées, les pommes de terre violettes ont augmenté la capacité antioxydante du sang des sujets étudiés, alors qu'on a constaté que la fécule de pommes de terre blanches avait un effet pro-oxydant[41,42]. L'étude la plus prometteuse à ce jour sur la pomme de terre violette a consisté à demander à des personnes souffrant d'hypertension d'en consommer six à huit (de petite taille) par jour, cuites au micro-ondes, ce qui a fait baisser leur tension artérielle de façon significative en moins d'un mois[43].

Les patates douces violettes pourraient être encore plus saines que les deux autres variétés[44]. J'ai été tellement enthousiasmé par leur découverte, une année, que j'en ai rapporté comme souvenir de vacances !

Faire manger des légumes aux enfants (et à leurs parents)

Les stratégies visant à inciter les enfants (de tous âges) à manger des légumes consistent à les couper en tranches, en bâtonnets, ou en étoiles – la forme la plus populaire[45]. Il paraît que le fait d'avoir apposé un autocollant d'Elmo sur des légumes aurait poussé 50 % des enfants à les choisir, au détriment d'une barre chocolatée[46]. S'ils ne mordent toujours pas à l'hameçon, vous pouvez avoir recours à l'astuce que j'utilise pour que notre chien avale ses pilules : trempez les légumes dans du beurre de cacahuète. Une étude a montré que cette méthode augmentait la consommation « même chez les enfants réfractaires aux légumes[47] ». Proposer une sauce d'accompagnement s'est également avéré utile[48].

Le simple fait d'avoir des aliments sains à disposition peut augmenter leur consommation. Devinez ce qui s'est passé lorsque des chercheurs ont servi des saladiers de fruits frais en morceaux en plus de la nourriture habituellement apportée par les parents pour les anniversaires et fêtes d'enfants ? Aucun effort particulier n'a été fait pour encourager les enfants à choisir les fruits – les chercheurs les ont simplement posés sur la table, avec les autres aliments. Les enfants mangent-ils des fruits lorsqu'ils ont des gâteaux d'anniversaire, de la glace et des choux au fromage à disposition ? Oui ! En moyenne, chaque enfant a mangé une portion entière de fruits[49].

Même le simple fait d'appeler les légumes par un autre nom peut être utile. Des écoles élémentaires ont réussi à doubler la consommation de légumes juste en leur trouvant des noms qui plaisaient davantage aux enfants. Les carottes nommées « Carottes de vision à rayons X » ont eu deux fois plus de succès que lorsqu'elles n'étaient que de simples carottes ou l'« aliment du jour[50] ». Les adultes sont-ils aussi crédules ? Il semblerait que oui. Par exemple, des adultes ont déclaré que les « haricots rouges et riz traditionnels cajun » avaient meilleur goût que les simples « haricots rouges avec riz »... alors qu'il s'agissait du même plat[51].

Lorsque des cantines scolaires ont ajouté des affichettes indiquant « Brocolis Super Punchy », « Haricots verts pas finauds » ou « Petits arbres à engloutir en une bouchée », la consommation de brocolis a bondi d'environ 110 %, et de presque 180 % pour les haricots verts[52]. « Ces études démontrent que l'emploi d'un nom attrayant pour désigner un aliment sain dans une cantine est extrêmement efficace dans la durée et ne nécessite pas ou nécessite peu de moyens ou d'expérience. Ces noms n'ont pas été soigneusement choisis, ni testés auprès d'un panel de consommateurs. » Ils ont juste été inventés au débotté, et les enfants se sont laissé embobiner par les adultes qui, simplement en mettant des affichettes un peu idiotes, les ont induits à manger plus sainement. D'ailleurs, dans l'école qui affichait ces noms rigolos à la cantine, les achats de légumes ont augmenté de presque 100 %, tandis que dans l'école de contrôle, sans aucune affichette, les achats de légumes qui étaient déjà faibles ont diminué[53]. Alors, pourquoi toutes les écoles n'adoptent-elles pas cette méthode ? Abordez le sujet lors de la prochaine réunion des parents d'élèves !

N'oublions pas la stratégie qui consiste à dissimuler les légumes. Des études ont montré que les brocolis, choux-fleurs, tomates, courges et courgettes pouvaient être discrètement ajoutés à des plats familiers de sorte que l'aspect, le goût et la texture des recettes d'origine soient respectés (on peut par exemple mettre des légumes réduits en purée dans la sauce des pâtes[54]). Cette astuce était également valable pour les adultes. Des chercheurs ont réussi à faire passer subrepticement jusqu'à une livre de légumes clandestins par jour (ce qui engendrait une baisse quotidienne de 350 calories[55]). Cependant, les incorporer furtivement dans l'alimentation ne devrait pas être la seule façon de servir les légumes aux enfants. Comme le goût pour un légume pour lequel on n'a aucune appétence peut se développer grâce à une exposition répétée, il est important d'avoir recours à plusieurs stratégies afin de s'assurer que les enfants s'habituent aux légumes entiers. Après tout, ils ne passeront pas toute leur vie chez leurs parents. On a découvert qu'un des principaux prédicteurs de la consommation de fruits et légumes des enfants était la consommation de leurs parents[56]. Par conséquent, si vous voulez que vos enfants se nourrissent sainement, il est utile de donner le bon exemple.

Les meilleurs légumes anticancer

Selon un rapport de l'Institute for Cancer Research, tout effet d'un régime à base de végétaux est « susceptible d'être attribuable non seulement à l'exclusion de la viande, mais aussi à l'ajout d'un plus grand nombre et d'une variété plus large d'aliments végétaux contenant un vaste éventail de substances potentiellement préventives du cancer[57] ». En d'autres termes, réduire sa consommation de viande pourrait ne pas suffire ; vous devez manger autant d'aliments végétaux entiers que possible.

Différents légumes peuvent cibler différents cancers – parfois même dans un même organe. Par exemple, le chou, le chou-fleur, le brocoli et les choux de Bruxelles sont associés à une baisse du risque de cancer du côlon au centre et sur le côté droit de votre corps, tandis que le côté gauche et le bas du côlon semblent davantage protégés par la carotte, la citrouille et la pomme[58].

Une étude extraordinaire publiée dans la revue *Food Chemistry* a mesuré l'effet de 34 légumes communs in vitro contre huit types de cellules cancéreuses : cancer du sein, tumeur cérébrale, cancer du rein, cancer du poumon, tumeur cérébrale de l'enfant, cancer du pancréas, cancer de la prostate et cancer de l'estomac. Prenons l'exemple du cancer du sein. 6 légumes (poivron orange, concombre, salade trévise, piment, pomme de terre et betterave) ont presque diminué de moitié la croissance du cancer, mais 5 légumes (chou-fleur, chou de Bruxelles, oignon vert, poireau et ail) l'ont totalement « abolie[59] ».

Il y a donc deux messages importants à retenir de cette étude remarquable. Le premier : vous devriez consommer une variété de légumes. Les radis, par exemple, ne parviennent absolument pas à freiner la croissance du cancer du pancréas. Pourtant, ils sont efficaces à 100 % pour inhiber la croissance des cellules du cancer de l'estomac. Les poivrons orange étaient sans effet contre le cancer de l'estomac, mais ils ont réussi à inhiber plus de 75 % des cellules du cancer de la prostate. Selon les termes du chercheur, « une alimentation diversifiée, comprenant plusieurs classes de légumes (et par conséquent de phytocomposants), est essentielle pour une prévention efficace du cancer[60] ».

Comment composer une salade anticancer ?

Imaginez que vous soyez dans la file d'attente d'un de ces restaurants qui préparent des salades sur mesure où vous choisissez vos ingrédients, vos garnitures et votre assaisonnement. Vous commencez par les légumes verts. Dans l'intérêt de notre exemple, disons qu'on vous donne un choix entre les cinq aliments passés en revue dans l'étude présentée dans *Food Chemistry* : la laitue, l'endive, le radis, la salade trévise, la salade romaine et l'épinard. Lequel devriez-vous choisir ? D'après les conclusions de l'étude : l'épinard. Sur les cinq options, l'épinard bat les autres contre le cancer du sein, les tumeurs cérébrales, le cancer du rein, le cancer du poumon, les tumeurs cérébrales de l'enfant, le cancer du pancréas, le cancer de la prostate et le cancer de l'estomac. En deuxième position arrive la salade trévise[61].

Quelles garnitures ajouter à votre salade d'épinard ? Vous ne pouvez en choisir que cinq et, après avoir consulté la liste des « 12 aliments quotidiens » que vous conservez dans votre portefeuille, vous pouvez aussitôt cocher trois cases : haricots, baies et noix. Maintenant, il ne vous reste que deux garnitures. Sur les 32 autres légumes que traite l'étude, pour lesquels devriez-vous opter dans la liste suivante ? Sélectionnez-les avec soin.

Autres légumes

Ail	Chou frisé	Oignon jaune
Asperge	Chou rouge	Oignon vert
Aubergine	Chou vert	Piment
Betterave	Concombre	Poireau
Bok choy	Courge poivrée	Poivron orange
(Chou de Chine)	Crosse de fougère	Pomme de terre
Brocoli	Endive	Radis
Carotte	Fenouil	Salade romaine
Céleri	Haricot vert	Salade trévise
Chou de Bruxelles	Kale	Rutabaga
Chou-fleur	Laitue	Tomate

Lesquels avez-vous choisis ? Si l'un de vos choix était le chou de Bruxelles, le chou frisé ou le kale, *et* que l'autre choix était l'ail, l'oignon vert ou le poireau, vous gagnez un bon point ! De tous les légumes testés, ce sont ceux qui ont le plus fort potentiel anticancer. Vous remarquez ce qu'ils ont en commun ? L'ensemble des meilleurs choix appartiennent à une des deux familles de super-aliments : les légumes crucifères et la famille des alliacées, qui incluent l'ail et l'oignon. Comme les chercheurs l'ont indiqué, « inclure des légumes crucifères et des alliacées dans son alimentation est essentiel pour une bonne stratégie alimentaire chimiopréventive[62] ».

Notez que les légumes les plus courants n'ont pas été retenus. « La majorité des extraits de légumes testés dans cette étude, y compris les légumes consommés couramment dans les pays occidentaux tels que la carotte, la pomme de terre, la laitue et la tomate, ont eu peu d'effet sur la prolifération des lignées cellulaires tumorales[63] ».

Le légume le plus efficace était l'ail, qui est arrivé en première place contre le cancer du sein, le cancer cérébral de l'adulte et de l'enfant, le cancer du poumon, le cancer du pancréas, le cancer de la prostate et de l'estomac, et il vient en deuxième position, derrière le poireau, contre le cancer du rein. Je pourrais donc vous conseiller un assaisonnement à l'ail pour votre salade, comme celui qui figure à la page 700.

L'ail et les oignons

Comme l'illustre la salade citée en exemple ci-dessus, l'ail, les oignons, les poireaux et les autres légumes de la famille des alliacées semblent avoir des propriétés spécifiques. Mais attendez une minute. Tout comme la chimiothérapie, peut-être l'ail n'est-il pas toxique uniquement pour les cellules cancéreuses, mais pour l'ensemble des cellules ? Ce ne serait pas franchement une bonne nouvelle. Les chercheurs se sont également posé cette question, ils ont donc décidé de comparer les effets de l'ail et des autres légumes sur la croissance des cellules cancéreuses comme des cellules normales. La même dose d'ail qui bloquait presque 80 % de la prolifération des cellules cancéreuses a semblé n'avoir aucun effet sur les cellules normales, et des résultats similaires ont été trouvés avec les autres alliacées et les légumes crucifères. Autrement dit, les légumes sont sélectifs ; ils détruisent les cellules cancéreuses mais ne nuisent pas aux cellules saines.

Cependant, ces résultats ont été constatés dans une boîte de Petri, et de telles études sont pertinentes pour les cancers du tube digestif, qui est en contact étroit avec les aliments ; mais pour avoir un effet protecteur contre les autres cancers, les composés anticancéreux devraient être absorbés dans la circulation sanguine. Dans le cas des tumeurs cérébrales, les composés anticancéreux devraient aussi traverser la barrière hémato-encéphalique. Cependant, les résultats de cette étude paraissent corroborer les autres et confirmer les bénéfices anticancéreux des légumes crucifères[64], de l'ail et des oignons[65]. Quoi qu'il en soit, cette étude illustre les différences importantes entre les capacités biologiques des légumes individuels et des familles de légumes, et souligne l'importance d'inclure une variété de légumes dans votre alimentation.

Quelle est la meilleure méthode de cuisson ?

Vaut-il mieux consommer vos légumes crus ou cuits ? Les deux options sont bonnes[66]. Vous êtes perplexe ? Un certain nombre de nutriments, comme la vitamine C, sont partiellement détruits à la cuisson. Par exemple, les brocolis cuits à la vapeur possèdent 10 % de vitamine C en moins que les brocolis crus[67]. Cependant, si vous les préférez cuits, suffisamment pour manger sept fleurettes cuites au lieu de six crues, cela comble largement la différence. D'autres nutriments sont néanmoins plus facilement absorbables après la cuisson. Par exemple, vous obtenez environ six fois plus de vitamine A en mangeant des carottes cuites que crues[68]. Une étude au long cours portant sur des adeptes du crudivorisme a montré qu'ils avaient un taux exceptionnellement bas de lycopène dans l'organisme[69]. C'est ce que vous absorbez qui importe, et les tomates cuites favorisent votre absorption de lycopène[70]. La cuisson à la vapeur peut aussi améliorer la capacité des légumes à se lier aux acides biliaires[71], ce qui pourrait contribuer à réduire le risque de cancer du sein[72].

Les régimes crudivores éliminent automatiquement la plupart des aliments « feu orange » et « feu rouge », ce qui est une amélioration par rapport non seulement au régime occidental standard, mais aussi aux régimes à base d'aliments végétaux. Toutefois, aucune preuve scientifique n'indique qu'un régime totalement ou principalement crudivore soit préférable à une combinaison d'aliments complets de source végétale crus et cuits.

Malgré tout, certaines méthodes de cuisson sont préférables à d'autres. Les aliments frits, qu'ils soient d'origine végétale (comme les frites) ou animale (comme le poulet frit), ont été associés à une augmentation du risque de cancer[73]. La friture entraîne la production d'amines hétérocycliques dangereuses lorsqu'il s'agit de viande (comme décrit au chapitre 11), et d'acrylamine lorsqu'il s'agit d'aliments végétaux. L'excès de risque de cancer sur la durée d'une vie attribuable à la consommation de frites chez les jeunes enfants, par exemple, peut s'élever à 1 ou 2 sur 10 000 – ce qui signifie qu'un enfant sur 10 000 habitués à consommer des frites pourrait développer un cancer qui ne serait pas survenu s'il n'en avait pas mangé. Les chercheurs ont vivement conseillé que la cuisson en friture soit aussi courte et à aussi basse température que possible « tout en conservant une bonne qualité gustative[74] ». (Ils ne voudraient quand même pas réduire leur risque de cancer au point que leurs aliments frits ne soient pas aussi savoureux !) Faire blanchir les pommes de terre avant de les frire peut réduire la formation d'acrylamide, mais les producteurs de chips rétorquent que cela pourrait avoir un impact négatif sur « les propriétés nutritionnelles du produit frit », parce que cela provoquerait une déperdition de vitamine C[75]. Mais si vous dépendez des chips de pomme de terre pour obtenir votre ration de vitamine C, l'acrylamide est sans doute le dernier de vos soucis.

Quel est le meilleur mode de cuisson pour préserver les nutriments ? On me pose souvent cette question, et il est difficile d'y répondre dans la mesure où cela varie selon les légumes. Il faudrait disposer d'une étude qui mesure les différents modes de cuisson pour chaque type de légume. Par chance, elle a été réalisée en 2009. Une équipe de chercheurs espagnols a fait l'impossible, conduisant plus de 300 expérimentations différentes avec 20 types de légumes et 6 méthodes de cuisson, tout en tenant compte de 3 mesures différentes de l'activité antioxydante. Ils ont testé la cuisson au four, à l'eau, la friture, la cuisson sur une plaque en fonte sans ajout de matières grasses, la cuisson au four micro-ondes et la cuisson à l'autocuiseur[76].

Commençons par la pire méthode en termes de perte d'antioxydants : la cuisson à l'eau et à l'autocuiseur, qui vous prive d'une partie des nutriments, perdus dans l'eau de cuisson, mais moins que ce que j'aurais pensé. Par exemple, les chercheurs ont découvert qu'avec la cuisson à l'eau les légumes perdaient environ 14 % de leur capacité antioxydante. Par conséquent, si vous aimez les épis de maïs bouillis, vous pouvez simplement ajouter un quart d'épi supplémentaire dans la casserole[77]. Parmi les 6 méthodes de cuisson étudiées, la cuisson au four micro-ondes et sur une plaque en fonte se sont avérés être les plus douces. En faisant cuire vos légumes au micro-ondes, il semblerait que vous préserviez, en moyenne, plus de 95 % de leur capacité antioxydante[78].

Cependant, ce sont des moyennes, calculées sur 20 légumes différents. Certains légumes sont plus résistants, et le pouvoir antioxydant augmente parfois avec la cuisson pour certains. D'après vous, quel était le légume le plus vulnérable – c'est-à-dire celui qu'il vaut sans doute mieux manger cru ? Si vous avez deviné le poivron, vous avez raison. On a découvert qu'il perdait jusqu'à 70 % de son pouvoir antioxydant lorsqu'il était cuit au four. Je continuerai malgré tout à faire griller mes poivrons parce que j'adore leur saveur, mais j'ai pris conscience que leur valeur nutritionnelle par dollar dépensé était moins importante. (Mais ce n'est pas un problème, il me suffit d'ajouter une pincée d'origan à ma sauce de poivrons grillés avant de la verser sur mes pâtes.)

En revanche, trois légumes ne semblent pas affectés par la cuisson : les artichauts, les betteraves et les oignons. Même bouillis, ils conservent 97,5 % de leur pouvoir antioxydant.

Pour finir, deux légumes peuvent devenir plus sains grâce à la cuisson : les carottes et les branches de céleri. Peu importe la façon dont vous les cuisez – même à l'eau –, ils gagnent en pouvoir antioxydant. Les haricots verts obtiennent une mention honorable, car leur pouvoir antioxydant augmente quand on les cuit, sauf à l'eau et sur une plaque de fonte. Les haricots verts cuits au four micro-ondes, par exemple, comptent davantage d'antioxydants que crus. Alors n'hésitez pas à préparer une bonne soupe, et améliorez dans le même temps la valeur nutritionnelle des ingrédients utilisés.

Comment faire votre propre nettoyant pour les fruits et légumes

Acheter des aliments biologiques réduit l'exposition aux pesticides, mais cela ne les élimine pas totalement. Des résidus de pesticides ont été détectés dans 11 % des échantillons de produits agricoles en raison d'une utilisation accidentelle ou frauduleuse, d'une contamination croisée avec les champs environnants non biologiques, ou de la présence de polluants tels que le DDT dans les sols[79].

Il existe un grand nombre de nettoyants pour fruits et légumes dans le commerce qui revendiquent une meilleure élimination des pesticides, mais un certain nombre ont été testés et il semblerait que ce soit de l'argent gaspillé[80]. Par exemple, un produit nettoyant de Procter & Gamble affiche : « Il a été prouvé que ce produit est 98 % plus efficace que l'eau pour éliminer les pesticides. » Mais, une fois testé, il n'a pas obtenu de meilleurs résultats que l'eau du robinet[81]. Rincer les produits sous l'eau courante élimine en général moins de la moitié des résidus de pesticides[82]. Un bain d'acétone, le dissolvant pour les ongles, s'est avéré plus efficace pour éliminer les pesticides[83] ; mais, bien sûr, je ne vous recommande pas de tremper vos fruits et légumes dans du dissolvant ! Le but est de les rendre moins toxiques, non l'inverse.

Une méthode efficace consiste à utiliser un bain composé de 5 % d'acide acétique – autrement dit, du vinaigre blanc, dont on a prouvé qu'il éliminait le plus gros de certains résidus de pesticides[84]. Mais 5 % correspond à la dose optimale, et il reviendrait cher d'acheter des litres de vinaigre blanc pour nettoyer vos fruits et légumes. Hélas, un bain contenant du vinaigre blanc très dilué semble à peine plus efficace que l'eau du robinet[85].

Heureusement, il existe une solution à la fois peu onéreuse et efficace : l'eau salée. Une eau salée à 10 % s'est avérée aussi efficace que le vinaigre dilué à 5 %[86]. Pour préparer votre propre bain visant à réduire les pesticides, ajoutez une part de sel pour neuf parts d'eau. Assurez-vous juste de bien rincer le sel avant de manger.

Acheter des aliments biologiques, ça vaut la peine ?

Promenez-vous dans les rayons frais de votre épicerie. Vous verrez un grand nombre de produits étiquetés « bio », mais qu'est-ce que cela veut vraiment dire ?

D'après le département américain de l'Agriculture (USDA), les pratiques agricoles biologiques préservent l'environnement et évitent la plupart des matières synthétiques, dont les pesticides et les antibiotiques. Parmi les autres obligations, les cultivateurs biologiques doivent recevoir une inspection annuelle sur site, n'utiliser que du matériel approuvé par l'USDA et ne pas avoir de cultures génétiquement modifiées. Pour pouvoir entrer sur le marché américain de vente au détail de produits biologiques, qui pèse 35 milliards de dollars, les produits reçoivent le label biologique de l'USDA[87].

Mais le simple fait qu'un produit soit biologique ne le rend pas sain pour autant. L'industrie de l'alimentation biologique n'est pas devenue aussi lucrative en vendant des carottes. Par exemple, vous pouvez acheter des chips de pommes de terre sans pesticides et des bonbons biologiques[88]. Il existe même des biscuits Oreo biologiques. La junk-food reste la junk-food, même produite de façon biologique. Le label bio ne peut transformer les aliments « feu rouge » en aliments « feu vert ».

Beaucoup sont surpris d'apprendre (je l'ai été en tout cas !) qu'un rapport portant sur des centaines d'études a conclu que les produits biologiques ne semblaient pas contenir sensiblement plus de nutriments et de vitamines. Cependant, les fruits et légumes bio paraissent contenir davantage de nutriments non traditionnels tels que les polyphénols antioxydants[89], et on pense que c'est parce que les plantes cultivées de façon traditionnelle reçoivent de fortes doses d'engrais azotés de synthèse, ce qui pourrait détourner une partie des ressources de la plante, pour pousser plutôt que pour se défendre[90]. Cela pourrait expliquer pourquoi, comme nous l'avons appris dans le chapitre 4, les baies biologiques ont l'air d'inhiber la croissance des cellules cancéreuses plus efficacement que les baies conventionnelles in vitro.

Sur la base de leur teneur élevée en antioxydants, les produits biologiques peuvent être considérés comme 20 % à 40 % plus sains, l'équivalent d'un ajout de deux portions à un régime de cinq fruits et légumes par jour. Mais les produits organiques peuvent être 40 % plus chers, donc pour le même prix vous pourriez simplement ajouter quelques portions de produits conventionnels. D'un point de vue purement axé sur le rapport nutriments/prix, il n'est pas évident que les produits biologiques soient meilleurs[91]. Mais les gens n'achètent pas des produis biologiques uniquement parce qu'ils sont plus sains – qu'en est-il de la sécurité ?

Les produits conventionnels semblent présenter un taux deux fois plus élevé de cadmium, un des trois métaux lourds toxiques présents dans la chaîne alimentaire, avec le mercure et le plomb[92]. Le cadmium proviendrait des engrais phosphatés ajoutés aux cultures conventionnelles[93]. Pour la plupart des gens, la plus grande inquiétude liée aux produits cultivés de façon traditionnelle concerne les résidus de pesticides.

Les gens ont tendance à surestimer non seulement les bénéfices nutritionnels des aliments biologiques, mais aussi les risques liés aux pesticides[94]. Par exemple, selon des études, beaucoup de consommateurs croient à tort que les résidus de pesticides font autant de victimes que les accidents de voiture[95], ou que le fait de manger des produits non biologiques est aussi nocif que de fumer un paquet de cigarettes par jour[96]. Ces croyances sont dangereuses dans la mesure où elles pourraient entraîner une baisse de la consommation de fruits et légumes.

On estime que si seulement la moitié de la population américaine augmentait sa consommation de fruits et légumes d'une portion par jour, 20 000 cas de cancer pourraient être évités chaque année. Cette estimation a été calculée à partir de produits de l'agriculture traditionnelle, ce qui signifie que l'ajout de pesticides causerait 10 nouveaux cas de cancer. L'étude a donc indiqué que si la moitié des Américains mangeaient une portion de fruits et légumes de plus par jour, nous empêcherions que 19 990 personnes ne deviennent des patients cancéreux chaque année. Cela me semble très bon à prendre !

Hélas, ce rapport émane de scientifiques payés par des producteurs de produits conventionnels, ils avaient donc un intérêt à exagérer les bénéfices et à minimiser les risques[97]. Néanmoins, je pense que le résultat est solide. Vous recevez d'incroyables bénéfices en mangeant des fruits et légumes conventionnels, qui l'emportent nettement sur le risque infime lié aux pesticides[98]. Mais pourquoi accepter le moindre risque lorsque vous pouvez choisir de consommer des produits biologiques ? Dans ma famille, nous achetons des produits biologiques dès que nous le pouvons, mais nous ne laissons pas l'inquiétude liée aux pesticides nous empêcher de consommer autant de fruits et légumes que possible.

Au moins la moitié de votre assiette devrait être remplie de légumes. Voici une règle simple : ajoutez des légumes partout ; plus il y en a, mieux c'est. Les burritos aux haricots valent mieux que ceux à la viande, mais un burrito rempli de légumes divers, c'est encore mieux. Au lieu de manger des spaghettis à la sauce marinara, mangez des spaghettis à la sauce marinara… et ajoutez plein de légumes.

Les graines de lin

Les graines de lin préférées du Dr Greger
Lin doré ou lin brun.

Taille des portions
1 cuillère à soupe de graines moulues.

Recommandations
1 portion par jour.

J'ai évoqué les merveilleuses vertus des graines de lin dans quelques-uns des chapitres précédents, dont ceux consacrés à l'hypertension (chapitre 7), au cancer du sein (chapitre 11) et au cancer de la prostate (chapitre 13). Vous rappelez-vous que les graines de lin semblent représenter « un moyen de défense miraculeux contre certaines maladies graves » ?

Bien, vous êtes convaincu. Mais où vous procurer des graines de lin et quelle est la meilleure façon de les utiliser ?

Vous pouvez acheter des graines de lin en vrac dans les magasins d'alimentation naturelle pour un prix modique. Elles se présentent dans les petits emballages concoctés par dame Nature : une enveloppe rigide qui permet de les conserver. Cependant cette protection est un peu trop parfaite. Si vous les consommez telles quelles, elles sont susceptibles de passer d'une extrémité à l'autre de votre corps sans vous faire profiter de leurs précieux nutriments. Donc, pour obtenir un meilleur résultat, il est préférable de les moudre avec un blender ou un moulin à café ou à épices, ou encore de les acheter déjà moulues. (L'autre option consiste à les mâcher longuement.) Grâce à leur teneur élevée en antioxydants, les graines de lin moulues se conservent au moins quatre mois à température ambiante[1].

Le lin moulu est une poudre légère au goût de noisette, qui peut être saupoudrée sur le porridge, les salades, les soupes – bref, sur presque tout ce que vous mangez. Vous pouvez même l'utiliser dans les recettes cuites au four sans endommager les lignanes[2] ni les acides gras oméga-3[3] (contrairement à l'huile de lin). Pendant mes études de médecine, je préparais une douzaine de muffins aux graines de lin et les mettais au congélateur. Ensuite, j'en chauffais un au micro-ondes tous les matins avant de partir et le mangeais en route, dans le métro, faisant ainsi d'une pierre deux coups : je prenais un petit déjeuner et j'avais ma ration de graines de lin pour la journée.

Les barres aux fruits et noix font-elles grossir ?

Un certain nombre de barres énergétiques sur le marché ne contiennent que des ingrédients « feu vert », tels que les fruits secs, les graines et les noix. Elles remportent un franc succès car il est facile de les glisser dans un porte-documents, un sac à dos ou un sac à main et de les manger sur le pouce.

Les fruits secs, les graines et les noix sont tous des aliments riches en nutriments, mais ils sont également riches en calories. La concentration d'un si grand nombre de calories dans de si petites barres peut-elle contribuer à la prise de poids ? Pour le découvrir, une équipe de chercheurs de l'université Yale a divisé en deux groupes 100 hommes et femmes en surpoids. Tous les participants ont suivi leur régime habituel, mais on a demandé à la moitié d'entre eux d'ajouter deux barres aux fruits et noix par jour. Après deux mois, en dépit des 340 calories supplémentaires quotidiennes apportées par les barres, le groupe qui les consommait n'avait pas pris de poids[4].

Les fruits secs et les noix semblent apporter un tel sentiment de satiété aux gens qu'ils réduisent de façon naturelle et non intentionnelle les calories dans le reste de leur alimentation de la journée. Des études portant sur les rondelles de pomme[5], les figues[6], les pruneaux[7] et les raisins[8] ont obtenu des résultats similaires. Dans l'étude portant sur les pommes, les femmes ménopausées qui ont ajouté à leur alimentation quotidienne, pendant six mois, l'équivalent de deux pommes sous forme de rondelles séchées n'ont pas pris de poids, mais ont de plus constaté une baisse incroyable de 24 % de leur taux de cholestérol LDL[9] (le « mauvais »). (C'est presque l'effet que vous pouvez escompter en prenant des médicaments à base de statines !) En général, les 7 % d'Américains qui consomment en moyenne une cuillère à soupe ou plus de fruits secs par jour ont une moindre tendance au surpoids et à l'obésité, et ils ont un tour de taille plus mince et moins d'obésité abdominale que ceux qui consomment moins de fruits secs[10,11].

Bien sûr, lorsque vous achetez des barres énergétiques, il est impératif que vous lisiez les étiquettes, car un grand nombre de marques comportent des sucres ajoutés. Vous pouvez aussi économiser de l'argent et choisir un bon vieux mélange de fruits secs et de noix. Mieux encore : si vous mangiez un fruit frais ? Cela dit, si vous hésitez entre une barre énergétique et une barre chocolatée, le choix n'est pas difficile.

Autres façons de consommer des graines de lin

Lorsque vous ne saupoudrez pas vos céréales, salades ou soupes de graines de lin moulues, il existe plein d'autres façons de consommer votre portion quotidienne.

Par exemple, il est assez simple de faire vos propres crackers. Mélangez quatre petits verres de graines de lin moulues et deux verres d'eau, ajoutez toutes les herbes et épices que vous voulez, puis étalez la pâte en couche fine sur du papier sulfurisé ou une feuille en silicone. Découpez la pâte en 32 crackers et mettez-les au four à 200 °C pendant environ trente minutes. Pour aromatiser les miens, j'ajoute une demi-cuillère à café de paprika fumé, d'ail en poudre et d'oignon en poudre, et je vous recommande d'essayer plusieurs mélanges jusqu'à ce que vous trouviez celui qui vous convient. Lorsque vous découpez la pâte en 12, chaque cracker correspond à votre portion quotidienne.

J'utilise aussi mon déshydrateur pour confectionner des crackers de lin crus. Tout ce que vous avez à faire est de mélanger deux petits verres de graines de lin entières avec deux petits verres d'eau, auxquels vous ajoutez vos ingrédients favoris – des tomates séchées et du basilic, par exemple. Une fois que la texture est devenue plus solide, au bout d'une heure environ, et qu'elle a pris la consistance d'une gelée, je l'étale finement et je la déshydrate. Essayez ! Plongez vos crackers de graines de lin dans de l'houmous et une autre pâte à tartiner à base de haricots, et cochez aussitôt deux cases. Cependant, étant donné que vous utilisez des graines de lin entières, assurez-vous de bien les mâcher pour en tirer un maximum de bénéfices.

Les graines de lin ont une merveilleuse capacité d'agir comme liant, ce qui en fait un ingrédient parfait pour réaliser des smoothies épais, qui ont la même texture que les milk-shakes. Dans un blender, mélangez une cuillère à soupe de graines de lin avec des baies surgelées, du lait de soja non sucré et une demi-banane bien mûre (ou une mangue ou quelques dattes pour le goût sucré), et vous aurez une délicieuse boisson, contenant les deux classes de phyto-œstrogènes protecteurs – les lignanes du lin et les isoflavones du soja (voir au chapitre 11). Ajoutez de la poudre de cacao pour concocter un milk-shake au chocolat, ce qui améliorera vos chances de prévenir et de survivre aux cancers du sein et de la prostate.

Grâce à leur qualité de liant, les graines de lin sont un parfait épaississant « feu vert » pour remplacer la Maïzena. J'utilise le lin pour réaliser ma sauce-minute préférée pour la cuisson au wok. Je commence par du chou bok choy et des champignons frais. L'eau qui imbibe le bok choy une fois lavé et celle qui dégorge des champignons à la cuisson suffisent pour une cuisson à la vapeur express dans une casserole chaude, sans aucune matière grasse. Une fois que le bok choy est tendre et croquant, j'ajoute deux verres d'eau mélangée à une cuillère à soupe de tahini, une cuillère à soupe de graines de lin moulues, et une cuillère à soupe de sauce aux haricots noirs et à l'ail, un condiment « feu orange » que vous trouvez dans les épiceries asiatiques. Lorsque la sauce épaissit, il est temps d'y mettre du poivre noir fraîchement moulu (et de la sauce pimentée, si vous l'aimez autant que moi) et… voilà !

Vous pouvez même utiliser les graines de lin moulues pour remplacer les œufs dans les pâtisseries. Pour chaque œuf de la recette, battez une cuillère à soupe de graines de lin moulues jusqu'à ce que le mélange devienne gluant. Contrairement aux œufs de poule, les « œufs de lin » sont non seulement sans cholestérol, mais aussi très riches en fibres solubles, qui feront baisser et non augmenter votre cholestérol.

Je suis toujours émerveillé devant ces si petites graines qui renferment des substances sources de tant de bienfaits pour la santé. Avec seulement une petite cuillère à soupe par jour, et tant de délicieuses façons d'incorporer les graines de lin moulues dans vos boissons et vos en-cas, il n'y a aucune raison pour que vous ne cochiez pas cet aliment chaque jour sur votre liste.

Les noix et graines

Les noix et graines préférées du Dr Greger

Amandes, noix du Brésil, noix de cajou, graines de chia, noisettes, graines de chanvre, noix de macadamia, noix de pécan, pistaches, graines de courge, graines de sésame, graines de tournesol et noix.

Taille des portions

40 g de noix ou graines.

2 cuillères à soupe de beurre de noix ou de graines.

Recommandations

1 portion par jour.

Parfois, on a l'impression qu'il n'y a pas assez d'heures dans une journée pour tout faire. Alors, au lieu d'essayer de rallonger les journées, pourquoi ne pas allonger votre durée de vie de deux ans ? C'est à peu près ce que vous pouvez espérer en mangeant des noix régulièrement – une poignée (environ 40 g) cinq jours par semaine ou plus[1]. Ce simple conseil peut à lui seul allonger votre vie et, en plus, c'est délicieux !

Selon l'étude sur la charge mondiale de morbidité, le fait de ne pas manger assez de noix et de graines est le troisième facteur de risque de mortalité et de handicap dans le monde, tuant plus de gens que la consommation de viande transformée. On estime qu'une consommation insuffisante de noix et de graines entraîne la mort de millions de gens chaque année, 15 fois plus que les overdoses d'héroïne, de crack, de cocaïne et autres drogues illicites cumulées[2].

Les différentes utilisations des noix mixées

Les noix constituent à elles seules de délicieux en-cas, mais je les préfère sous forme de graisses « feu vert » pour réaliser des sauces riches et crémeuses. Qu'on les consomme dans une sauce Alfredo aux noix de cajou, une sauce au gingembre et aux cacahuètes ou dans un assaisonnement à base de tahini, les noix et les graines peuvent optimiser votre acquisition de nutriments, à la fois en améliorant leur absorption et en augmentant votre consommation totale de légumes grâce à la touche crémeuse qu'elles apportent.

On néglige souvent les noix comme ingrédient clé dans une soupe, telle que la soupe africaine aux cacahuètes. Mixées et chauffées, les noix de cajou constituent une base épaisse qui permet de créer une soupe incroyablement crémeuse. Les beurres de noix et de graines accompagnent aussi à merveille les fruits et légumes. Un de mes petits plaisirs préférés est de tremper des fraises dans une exquise sauce au chocolat. Tout ce qu'il vous faut, c'est un verre de lait végétal non sucré, une cuillère à soupe de graines de chia, une cuillère à soupe de cacao, une cuillère à café de beurre d'amandes et un édulcorant de votre choix (j'ajoute une cuillère à café d'érythritol, que j'évoque à la page 843). Mélangez tous les ingrédients et faites chauffer jusqu'à ce que le beurre d'amande fonde et que l'édulcorant se dissolve. Le chia et les fibres de la poudre de cacao épaississent le mélange et le transforment en plaisir décadent. (Vous pouvez moudre les graines de chia préalablement, mais j'aime la texture qu'elles apportent, proche du tapioca.)

Les noix en tête de palmarès

Quel fruit oléagineux est le plus sain ? Normalement, je réponds : celui que vous êtes le plus susceptible de manger régulièrement, mais les noix semblent arriver en tête. Leur taux d'antioxydants[3] et d'oméga-3[4] figure parmi les plus élevés, et elles surpassent les autres oléagineux pour inhiber la croissance des cellules cancéreuses in vitro[5]. Mais comment les noix se comportent-elles en dehors du laboratoire, dans la vraie vie ?

PREDIMED est une des plus vastes études interventionnelles jamais réalisées. Les études interventionnelles, si vous vous souvenez bien, sont celles où les participants sont divisés en sous-groupes de façon aléatoire, et où chacun des groupes suit un régime différent pour voir lequel obtient les meilleurs résultats. Cela permet aux chercheurs d'éviter le problème des variables confusionnelles lorsqu'ils tentent de déterminer la cause et les effets dans les études de cohorte. Par exemple, dans une étude majeure[6] qui fait suite à deux autres[7,8], les individus qui consomment des noix ont tendance à vivre plus longtemps et à moins mourir d'un cancer, d'une maladie cardiaque ou d'une maladie respiratoire. Mais une question persistait : ces résultats mettaient-ils en évidence un rapport de cause à effet ou une simple corrélation ? Après tout, il serait possible que les gens qui consomment des noix aient un mode de vie généralement plus sain. En revanche, lorsque des scientifiques étudient différentes consommations de noix, sur des milliers de gens, et que ceux qui en mangent le plus sont en définitive en meilleure santé, on peut être plus confiant quant au fait que les noix sont bien à l'origine d'une meilleure santé. C'est ce que PREDIMED a démontré[9].

Plus de 7 000 hommes et femmes présentant un risque cardio-vasculaire élevé ont été randomisés en différents groupes alimentaires et suivis pendant plusieurs années. Un des groupes recevait gratuitement 250 g de noix chaque semaine. En plus, on leur a demandé d'améliorer leur alimentation par ailleurs, par exemple en mangeant plus de fruits et légumes et moins de viande et de produits laitiers, mais ils n'ont pas réellement suivi ces dernières recommandations, comparativement au groupe de contrôle. Néanmoins, recevoir gratuitement 250 g de noix chaque semaine pendant quatre années consécutives les a nettement encouragés à en consommer davantage[10]. (Dommage que les chercheurs n'aient pu glisser quelques brocolis dans leur envoi !)

Au départ, avant même que l'étude ne commence, les 1 000 personnes désignées pour faire partie du groupe « noix » consommaient déjà environ 15 g de noix par jour. Grâce aux noix reçues en cadeau pendant l'étude, elles ont fait passer leur consommation à 30 g par jour. En conséquence, l'étude a pu déterminer ce qui se passait lorsqu'un groupe présentant un risque cardio-vasculaire élevé suivant un régime particulier consommait 15 g de noix supplémentaires par jour.

Sans modification significative de leur consommation de viande et de produits laitiers, il n'y a pas eu de différence significative au niveau de leur consommation de graisses saturées et de cholestérol. Donc, sans surprise, aucune différence notable concernant leur taux de cholestérol ni le nombre de leurs crises cardiaques ultérieures. Toutefois, dans le groupe « noix », on a constaté une baisse significative du nombre d'AVC. En un sens, l'ensemble des groupes suivaient un régime alimentaire favorisant la survenue d'un AVC. Leurs membres avaient tous été victimes d'un AVC après avoir consommé chacun des régimes respectifs pendant des années – donc, dans l'idéal, il aurait été souhaitable qu'ils adoptent un régime qui puisse interrompre ou inverser le processus pathologique au lieu de le favoriser. Mais pour ceux qui n'étaient pas prêts à réaliser ce changement majeur, la modification mineure consistant à ajouter quelques noix a semblé réduire de moitié le risque d'AVC[11]. Si cette mesure était aussi efficace sur l'ensemble de la population, on pourrait prévenir 89 000 AVC par an, uniquement aux États-Unis. Soit 10 par heure, vingt-quatre heures sur vingt-quatre, simplement par l'ajout de quatre noix, amandes et noisettes au régime quotidien.

Quel que soit le groupe auquel les participants ont été assignés, ceux qui consommaient le plus de noix chaque jour ont présenté un risque nettement moins élevé de mort prématurée de façon générale[12]. Ceux qui ont consommé davantage de sources de graisses « feu rouge » et « feu orange » – l'huile d'olive ou l'huile d'olive vierge extra – n'ont pas eu ce bénéfice de survie[13]. Cela corrobore la façon dont Ancel Keys, celui qu'on nommait le père du régime méditerranéen, considérait l'huile d'olive. Selon lui, elle n'était bénéfique que parce qu'elle remplaçait les graisses animales – autrement dit : tout ce qui pouvait empêcher les gens de consommer du lard et du beurre était bon[14,15,16,17].

Les pouvoirs cachés de la cacahuète

Saviez-vous que les cacahuètes ne sont en réalité pas des oléagineux ? En théorie, ce sont des légumineuses, mais elles sont souvent considérées comme des oléagineux dans les études sur la nutrition, il était donc difficile de déterminer quels sont précisément leurs effets. Mais des chercheurs de l'université Harvard y ont remédié lors de la Nurse's Health Study, en demandant aux sujets de préciser leur consommation de beurre de cacahuète. Ils ont découvert que les femmes au risque élevé de maladie cardiaque et qui consommaient des noix *ou* une cuillère à soupe de beurre de cacahuète cinq fois par semaine ou plus semblaient diviser par deux le risque de crise cardiaque, comparées à celles qui en mangeaient une portion ou moins par semaine. Les lycéennes qui consommaient seulement une portion ou plus par semaine paraissaient présenter un risque nettement moins élevé de développer des nodules du sein, qui peuvent être un marqueur d'augmentation du risque de cancer du sein[18]. Le beurre de cacahuète à la rescousse !

Noix et obésité : pesons les preuves scientifiques

Les noix et les beurres de noix sont extrêmement riches en nutriments – et en calories. Par exemple, deux cuillères à soupe seulement de beurre de noix ou de graines contiennent presque 200 calories. Pourtant, il est sans doute préférable de manger 200 calories de noix que 200 calories de ce que les Occidentaux consomment à la place. Les noix sont très riches en calories, par conséquent, si vous ajoutez une portion de noix à votre alimentation quotidienne, ne prendrez-vous pas du poids ?

À ce jour, on compte une vingtaine d'essais cliniques sur les noix et leur influence sur le poids, et pas une n'a fait état de la prise de poids à laquelle on aurait pu s'attendre. L'ensemble des études ont montré soit une prise de poids inférieure à celle qui était escomptée, soit aucune prise, soit une perte de poids – même lorsque les sujets d'étude ont ajouté une ou deux poignées de noix à leur alimentation quotidienne[19]. Cependant, ces études n'ont duré que quelques semaines ou mois. Une consommation prolongée entraîne peut-être une prise de poids ? Cette question a été examinée sous six angles différents dans des études qui ont duré jusqu'à huit ans. L'une d'elles n'a trouvé aucun changement significatif, et les cinq autres mesures ont conclu à une diminution de la prise de poids et un risque réduit d'obésité abdominale chez les plus gros consommateurs de noix[20].

Selon le premier principe de la thermodynamique, l'énergie ne peut être ni créée ni détruite. Si les calories, qui sont des unités d'énergie, ne peuvent simplement disparaître, alors où vont-elles ? Lors d'un essai, les participants qui ont mangé jusqu'à 120 pistaches comme en-cas, chaque après-midi pendant trois mois, n'ont pas pris de poids[21]. Comment 30 000 calories ont-elles pu se volatiliser ainsi ?

Une des théories proposées a été surnommée « le principe de la pistache », basé sur le fait que les pistaches sont particulièrement fastidieuses à manger. Les pistaches sont en général achetées non décortiquées, ce qui ralentit la vitesse à laquelle elles sont consommées, permettant ainsi une meilleure régulation de l'appétit par le cerveau[22]. Cela pourrait paraître plausible, mais alors qu'en est-il des autres oléagineux à coque, comme les amandes et les noix de cajou ? Une étude réalisée au Japon a indiqué que « la dureté des aliments » (c'est-à-dire la difficulté à les mastiquer) est associée à une taille plus fine[23]. À force de mastiquer, on se fatiguerait, tout simplement ?

On a également avancé la théorie de l'excrétion fécale. Un grand nombre de parois cellulaires des amandes mastiquées restent intactes dans le tractus gastro-intestinal. En d'autres termes, il est possible qu'un grand nombre des calories de l'amande ne soient jamais digérées ni assimilées parce que vous ne les avez pas suffisamment mastiquées. Ces deux théories ont été mises à l'épreuve par un groupe international de chercheurs qui a donné aux participants soit une poignée de cacahuètes non décortiquées (1/2 tasse), soit l'équivalent sous forme de beurre de cacahuète. Si la théorie du principe de la pistache ou celle de l'excrétion fécale étaient correctes, le groupe ayant consommé du beurre de cacahuète aurait pris du poids, étant donné qu'aucune calorie ne serait restée non digérée, et qu'aucune calorie n'aurait été brûlée lors de la mastication. Mais en définitive aucun des deux groupes n'a pris de poids, la réponse serait donc à chercher ailleurs[24].

Que penser de la théorie de la compensation alimentaire ? L'idée ici est que les noix sont tellement rassasiantes qu'on finit par manger moins de façon générale. Cela pourrait expliquer pourquoi certaines études ont conclu que les gens perdaient du poids après avoir consommé des noix. Pour tester le bien-fondé de cette théorie, des chercheurs de la faculté de médecine de Harvard ont donné à deux groupes des smoothies comportant le même nombre de calories, mais les uns contenaient des noix et les autres non. En dépit du fait que les deux groupes aient ingéré le même nombre de calories, le groupe placebo (smoothies sans noix) a rapporté une sensation de satiété sensiblement moindre que le groupe ayant consommé des noix[25]. Il semblerait donc bien que les noix apportent la satiété plus rapidement que les autres aliments.

À ce stade, il semble que 70 % des calories des noix soient perdues au profit de la compensation alimentaire et 10 % éliminées sous forme de graisses dans les matières fécales[26]. Mais qu'en est-il des 20 % restantes ? En toute logique, elles devraient entraîner une prise de poids, n'est-ce pas ? Cependant, les noix stimulent le métabolisme. Lorsque vous en mangez, vous brûlez davantage de vos propres graisses. Les chercheurs ont découvert que, tandis que les sujets du groupe de contrôle brûlaient environ 20 g de graisses sur une période de huit heures, le groupe qui consommait la même quantité de calories et de graisses en incluant des noix dans son alimentation en brûlait plus – environ 31 g[27]. Si une pilule parvenait à ce résultat, les entreprises pharmaceutiques toucheraient le pactole !

La conclusion ? Oui, les noix sont riches en calories, mais grâce à un ensemble de facteurs – le mécanisme de compensation alimentaire, le fait qu'une partie des graisses ne sont pas absorbées par votre organisme et qu'elles augmentent votre métabolisme, vous permettant de brûler davantage de graisses – elles peuvent être une bouée de sauvetage, sans augmenter votre tour de taille.

Les pistaches pour les troubles sexuels

La dysfonction érectile est l'incapacité récurrente ou persistante d'avoir une érection ou de la maintenir pour avoir un rapport sexuel satisfaisant. Elle touche près de 30 millions d'hommes aux États-Unis et environ 100 millions d'hommes dans le monde[28]. Comment ? Les États-Unis concentrent moins de 5 % de la population mondiale et 30 % de l'impuissance ? Nous sommes n° 1 !

La raison pourrait être notre alimentation, qui obstrue nos artères. La dysfonction érectile ainsi que notre première cause de mortalité, la maladie coronarienne, sont en fait les deux manifestations de la même maladie – des artères enflammées, obstruées et mutilées –, quels que soient les organes affectés[29]. Mais pas de quoi s'inquiéter, parce que nous avons les pilules rouges, blanches et bleues, comme le Viagra… n'est-ce pas ? Le problème, c'est que ces pilules ne font que masquer les symptômes de la maladie cardio-vasculaire et ne traitent pas la pathologie sous-jacente.

L'athérosclérose est considérée comme un trouble systémique qui affecte uniformément l'ensemble des principaux vaisseaux sanguins du corps. Le durcissement des artères peut entraîner un amollissement du pénis, comme les artères plus rigides ne peuvent se détendre suffisamment pour permettre au sang de circuler. Par conséquent, la dysfonction érectile pourrait être la partie émergée de l'iceberg en termes de trouble systémique[30]. Chez les deux tiers des hommes qui se présentent aux urgences avec une violente douleur dans la poitrine, leur pénis essayait de les avertir depuis des années qu'ils avaient un problème circulatoire[31].

Pourquoi l'athérosclérose a-t-elle tendance à toucher le pénis en premier lieu ? Les artères du pénis sont deux fois moins importantes que l'artère coronaire. De ce fait, une quantité de plaques que vous ne ressentiriez même pas au niveau du cœur pourrait obstruer la moitié de l'artère pénienne, entraînant une limitation systématique de l'afflux sanguin[32]. C'est pourquoi la dysfonction érectile a été appelée « angine du pénis[33] ». En fait, en mesurant l'afflux sanguin dans le pénis d'un homme grâce à des ultrasons, les médecins peuvent prédire les résultats de son épreuve d'effort cardiaque avec un taux d'exactitude de 80 %[34]. La fonction sexuelle masculine est une sorte de test d'effort du pénis, une « fenêtre dans le cœur des hommes[35] ».

À l'université de médecine, on nous a appris la règle des 40/40 : 40 % des hommes de plus de 40 ans souffrent de troubles de la fonction érectile. Les hommes ayant des problèmes d'érection à la quarantaine connaissent un risque 50 fois plus élevé d'incident cardiaque[36] (comme de mort soudaine).

Par le passé, nous pensions que la dysfonction érectile chez l'homme jeune (moins de 40 ans) était « psychogène » – soit que tout était dans sa tête. Mais à présent nous prenons conscience que c'est plutôt un signe précoce de maladie vasculaire. Certains experts croient qu'un homme qui souffre d'une dysfonction érectile – même s'il n'a aucun symptôme cardiaque – « devrait être considéré comme un patient cardiaque… tant qu'on n'a pas prouvé le contraire[37] ».

Les jeunes hommes devraient prêter attention à leur taux de cholestérol parce qu'il est prédictif de la dysfonction érectile à un stade plus avancé de la vie[38], qui à son tour est prédictive de crises cardiaques, d'AVC et d'un raccourcissement de la durée de vie[39]. Selon la formule employée dans une revue médicale, le message à retenir est : « Dysfonction érectile = mort prématurée[40]. »

Qu'est-ce que cela a à voir avec les noix ? Lors d'une étude clinique, les hommes qui avaient consommé trois à quatre poignées de pistaches par jour pendant trois semaines ont constaté une amélioration significative de l'afflux sanguin pénien, accompagnée d'érections sensiblement plus fermes. Les chercheurs ont conclu que trois semaines de pistaches avaient « entraîné une amélioration significative de la fonction érectile… sans effet indésirable[41] ».

Le problème n'est pas uniquement masculin. Les femmes présentant un taux de cholestérol élevé font état d'une diminution importante de l'excitation, de l'orgasme, de la lubrification et de la satisfaction sexuelle. L'athérosclérose des artères pelviennes peut entraîner une diminution de la congestion vaginale et d'un « syndrome d'insuffisance vasculaire clitoridienne », définie par « l'incapacité à atteindre la tumescence clitoridienne ». C'est considéré comme un facteur important de la dysfonction sexuelle féminine[42]. Nous avons appris grâce à la Nurse's Health Study réalisée par les chercheurs de Harvard que la consommation hebdomadaire de seulement deux poignées de noix pouvait allonger la durée de vie d'une femme au même titre que quatre heures de jogging par semaine[43]. Par conséquent, avoir une alimentation plus saine pourrait non seulement allonger votre vie amoureuse, mais aussi votre vie tout court.

Pourquoi les haricots, les noix et les céréales complètes sont-ils aussi bénéfiques pour la santé ? C'est peut-être parce que ce sont des graines. Réfléchissez-y : tout ce qu'il faut à un gland pour se transformer en un magnifique chêne est de l'eau, de l'air et la lumière du soleil. Tout le reste est contenu dans la graine, qui possède l'ensemble des nutriments protecteurs lui permettant de se développer et de devenir une plante ou un arbre. Que vous mangiez un haricot noir, une noix, un grain de riz brun ou une graine de sésame, en substance, vous bénéficiez de l'ensemble de la plante dans une minuscule enveloppe. Comme l'ont conclu deux célèbres experts en nutrition, « les recommandations nutritionnelles devraient inclure un vaste éventail de graines dans un régime alimentaire à base de végétaux[44] »...

Les noix sont peut-être la case la plus facile à cocher dans votre liste des « 12 aliments quotidiens » tant elles sont délicieuses. Pour ceux qui souffrent d'allergie aux cacahuètes ou aux noix, les graines et les beurres de graine peuvent souvent être utilisés comme alternative sans danger. Mais pouvez-vous consommer des noix si vous souffrez de diverticulose ? Pendant cinquante ans, les médecins ont dit aux patients victimes de cette affection intestinale courante d'éviter les noix, les graines et le pop-corn, mais la question a finalement été examinée lors d'une étude, qui a conclu que ces aliments sains avaient en fait un effet protecteur[45]. Par conséquent, la diverticulose ne devrait pas vous empêcher de consommer des noix et des graines. Cet acte simple et savoureux pourrait allonger votre vie de quelques années, sans vous faire prendre de poids.

Herbes aromatiques et épices

Les herbes aromatiques et épices préférées du Dr Greger

Quatre-épices, épine-vinette, basilic, laurier, cardamome, piment en poudre, coriandre, cannelle, clous de girofle, cumin, curry en poudre, aneth, fenugrec, ail, gingembre, raifort, citronnelle, marjolaine, moutarde en poudre, muscade, origan, paprika fumé, persil, poivre, menthe, romarin, safran, sauge, thym, curcuma et vanille.

Taille des portions

¼ de cuillère à café de curcuma, accompagné de toutes les herbes et épices que vous appréciez.

Voici un conseil très simple : servez-vous de vos sens pour choisir les aliments sains. Il y a une bonne raison – biologique – pour laquelle vous devriez être attiré par les couleurs éclatantes qu'on trouve au rayon frais : dans la plupart des cas, les couleurs *sont* les antioxydants. Vous pouvez déterminer entre deux tomates laquelle possède le plus d'antioxydants : c'est simplement celle qui a la couleur la plus intense. Bien sûr, l'industrie alimentaire essaie de détourner cet instinct naturel pour les aliments colorés avec des abominations telles que les Froot Loops, mais, si vous vous en tenez aux aliments « feu vert », vous pouvez vous laisser guider par la couleur. Il en va de même, comme nous le comprenons désormais, avec les saveurs.

Tout comme un grand nombre de pigments végétaux sont bénéfiques, les scientifiques découvrent qu'un grand nombre de composés aromatiques des herbes et des épices sont de puissants antioxydants[1]. Devinez où on trouve l'acide rosmarinique ? Et le cuminaldéhyde, le thymol et le gingérol ? Les arômes *sont* les antioxydants. Vous pouvez mettre ces connaissances à profit pour vous aider à prendre vos décisions dans les rayons de l'épicerie. Vous voyez que les oignons rouges possèdent plus d'antioxydants que les blancs et, au goût, vous savez que les oignons traditionnels ont plus d'antioxydants que les oignons Vidalia (blancs), à la saveur plus douce[2].

On pense que l'apport bénéfique des familles des crucifères et des alliacées est dû à leurs composants amers et piquants, et que les couleurs et arômes les plus intenses peuvent être des indicateurs de bénéfices plus grands. Pour une santé optimale, vous devriez essayer de consommer des aliments à la fois colorés et riches en goût. D'ailleurs, les recommandations nutritionnelles d'un certain nombre de pays encouragent désormais tout particulièrement la consommation d'herbes aromatiques et d'épices, non seulement pour remplacer le sel, mais également pour leurs propriétés santé[3]. Et en tête de ma liste des herbes aromatiques et épices, il y a le curcuma – une épice à la fois colorée et pleine de saveur.

Pourquoi devriez-vous inclure le curcuma dans votre alimentation quotidienne ?

Au cours de ces dernières années, plus de 5 000 articles ont été publiés dans la littérature médicale à propos de la curcumine, le pigment qui donne au curcuma sa couleur jaune vif. Un grand nombre de ces articles affichent d'impressionnants schémas indiquant que la curcumine peut être bénéfique dans de nombreuses maladies, par le biais d'un nombre vertigineux de mécanismes[4]. La curcumine a été isolée pour la première fois il y a plus d'un siècle, mais sur les milliers d'expérimentations dont elle a fait l'objet, seules quelques-unes, menées au XXe siècle, étaient des études cliniques réalisées avec des participants humains. Depuis le début du siècle nouveau, plus de 50 essais cliniques ont testé la curcumine contre un éventail de maladies, et des dizaines de nouvelles études sont en cours[5].

Nous avons vu comment la curcumine pouvait jouer un rôle dans la prévention ou le traitement de la maladie pulmonaire, de la maladie cérébrale et de certains cancers, dont le myélome multiple, le cancer du côlon et du pancréas. Il a également été démontré qu'elle aidait à réduire la durée de récupération après la chirurgie[6] et traitait avec succès l'arthrite rhumatoïde, mieux que le principal médicament employé[7]. Elle pourrait également être efficace dans le traitement de l'arthrose[8] et d'autres maladies inflammatoires comme le lupus érythémateux[9] et la maladie inflammatoire chronique de l'intestin[10]. Lors du dernier essai destiné à tester ses effets contre la rectocolite hémorragique – une étude randomisée en double aveugle, contrôlée par un placebo –, plus de 50 % des patients ont obtenu une rémission en moins d'un mois de consommation de curcumine, tandis qu'aucun patient du groupe de contrôle ne voyait pas d'amélioration[11]. Si vous êtes aussi convaincu que moi, vous devriez inclure le curcuma dans votre alimentation pour bénéficier de la curcumine. Mais comment le consommer, à quelle dose et quels sont les risques ?

Un quart de cuillère à café de curcuma chaque jour

Le curcuma est puissant. À partir d'un échantillon de votre sang exposé à un composant chimique oxydant, les chercheurs pourraient quantifier les lésions provoquées sur l'ADN de vos cellules sanguines grâce à une technologie sophistiquée qui leur permet de compter le nombre de cassures des brins d'ADN. Si ensuite je vous administrais une simple pincée de curcuma par jour pendant une semaine, que je prélevais à nouveau votre sang et que j'exposais à nouveau vos cellules sanguines aux mêmes radicaux libres, vous verriez que le nombre de lésions d'ADN pourrait être divisé par deux[12]. Il n'est pas question ici de déposer du curcuma sur des cellules dans une boîte de Petri – il s'agit bien de vous faire ingérer le curcuma, puis de mesurer ses effets sur votre sang. Et cela n'a pas été réalisé avec un complément alimentaire sophistiqué à base de curcumine, ni avec un extrait de curcuma. On a simplement utilisé l'épice, telle que vous la trouvez dans n'importe quelle épicerie. Et la dose était infime, environ un huitième de cuillère à café.

C'est ce que j'appelle un effet puissant !

Les doses de curcuma employées dans les études chez l'humain varient d'un seizième de cuillère à café à presque deux cuillères à soupe par jour[13]. Rares sont les effets indésirables qui ont été signalés, même à haute dose, mais les études n'ont en général duré qu'un mois environ. Nous ne connaissons pas les effets à long terme d'une consommation à haute dose. Comme le curcuma peut avoir un effet très puissant, comparable à celui d'un médicament, tant que nous ne disposons pas de davantage de données relatives à son innocuité, je ne conseille à personne de dépasser la dose culinaire dont l'apparente sécurité est reconnue de longue date. Quelle est cette dose ? Si les régimes indiens traditionnels peuvent comprendre jusqu'à une cuillère à soupe de curcuma par jour, la consommation moyenne en Inde est plus proche d'un quart de cuillère à café par jour[14]. C'est donc la quantité que je recommande dans le cadre des « 12 aliments quotidiens ».

Comment consommer le curcuma ?

Les peuples primitifs ont souvent fait un usage sophistiqué des épices. Par exemple, la quinine extraite de l'écorce du quinquina était employée pour traiter les symptômes de la malaria bien avant que la maladie soit même identifiée, et les ingrédients de base de l'aspirine ont été utilisés comme antidouleurs auprès de la population bien avant l'intervention de M. Friedrich Bayer[15]. Au cours des vingt-cinq dernières années, environ la moitié des découvertes de nouveaux médicaments ont été issues de produits naturels[16].

Il existe une plante en Asie du Sud appelée adhatoda* (*adu* signifiant « chèvre », et *thoda*, « ne pas toucher » – elle est si amère que même les chèvres ne la mangent pas). On trempe ses feuilles dans du poivre

* Son nom commun est « noix de Malabar ». (*N.d.l.T.*)

pour en faire un remède populaire efficace pour le traitement de l'asthme. Les populations avaient compris ce que les scientifiques n'ont découvert qu'en 1928. L'ajout de poivre stimulait fortement les propriétés antiasthmatiques de la plante. Et, à présent, nous savons pourquoi. Environ 5 % du poivre noir est constitué de pipérine, un composant qui confère au poivre son arôme et son goût piquant. La pipérine est également un puissant inhibiteur du métabolisme des médicaments[17]. Un des moyens pour que le foie élimine les substances étrangères est de les rendre solubles dans l'eau : on peut par ce biais les éliminer dans les urines. Cependant, cette molécule du poivre noir inhibe ce processus, augmentant ainsi le taux sanguin des composés médicinaux de l'adhatoda – et elle peut agir de même pour la curcumine présente dans la racine de curcuma.

Moins d'une heure après avoir ingéré le curcuma, la curcumine apparaît dans votre circulation sanguine, mais seulement à l'état de traces. Pourquoi se présente-t-elle en quantités si infimes ? Sans doute parce que votre foie s'emploie à l'éliminer. Et si vous supprimiez ce processus d'élimination en ingérant du poivre noir ? Si vous consommez la même quantité de curcumine, et que vous ajoutez un quart de cuillère à café de poivre noir, votre taux sanguin de curcumine augmente de 2 000 %[18]. Même en ajoutant juste une minuscule pincée de poivre, soit le vingtième d'une cuillère à café, vous pouvez augmenter ce taux de façon significative[19]. Et devinez quel est l'ingrédient courant dans un grand nombre de currys en poudre ? Le poivre noir. En Inde, la poudre de curry est souvent servie avec une source de matière grasse, qui à elle seule peut multiplier la biodisponibilité de la curcumine par sept ou huit[20]. (Hélas, le savoir traditionnel semble n'avoir pas su trouver la meilleure source de graisses. La cuisine indienne utilise beaucoup de beurre clarifié, ou ghee, ce qui explique leur taux assez élevé de maladies cardiaques, en dépit d'une alimentation par ailleurs relativement saine[21].)

La façon dont je préfère employer le curcuma est sous sa forme de racine fraîche. Vous en trouverez dans n'importe quel supermarché asiatique, au rayon frais. Il ressemble à une fine racine de gingembre, mais lorsqu'on le coupe en deux l'intérieur est d'un magnifique orange fluorescent. Mon quart de cuillère à café de poudre de curcuma correspond à 0,5 cm de racine fraîche. Les racines mesurent environ 5 cm de longueur, coûtent quelques centimes chacune et peuvent se conserver pendant des semaines au réfrigérateur et bien plus longtemps au congélateur. Tous les ans, vous pouvez vous rendre dans un supermarché asiatique et acheter vos réserves de curcuma frais pour l'année contre quelques dollars.

Les preuves scientifiques indiquent que les formes cuite et crue pourraient avoir des propriétés différentes. Le curcuma cuit semble offrir une meilleure protection de l'ADN, tandis que, cru, il pourrait avoir un effet anti-inflammatoire plus puissant[22]. Je l'aime sous toutes ses formes. J'utilise une râpe pour l'ajouter frais à tout ce que je cuisine (par exemple, directement sur une patate douce cuite), ou j'en glisse une tranche crue dans un smoothie. On ne le sent presque pas. Le curcuma frais a un goût bien plus subtil que lorsqu'il est sec, il peut donc être particulièrement intéressant pour ceux qui n'en apprécient pas l'arôme. Mais faites attention, il peut tacher les vêtements et les surfaces. Vous serez rayonnant de santé, et vos doigts aussi !

Consommer le curcuma avec du soja peut offrir un double bénéfice aux personnes qui souffrent d'arthrose[23]. Le tofu brouillé au curcuma est un classique, mais laissez-moi vous présenter deux de mes recettes favorites : l'une crue et l'autre cuite. Vous pouvez préparer un smoothie « tarte au potiron » express en moins de trois minutes. Mixez simplement de la purée de potiron achetée au rayon frais ou surgelé (environ 400 g), une poignée de baies surgelées et des dattes dénoyautées ; ajoutez les épices de votre choix, une tranche de curcuma frais (ou ¼ de cuillère à café en poudre), et du lait de soja non sucré à doser selon la consistance que vous préférez.

Une autre de mes recettes favorites est le flan de potiron. Tout ce que vous avez à faire est de mixer de la purée de potiron (environ 400 g) avec environ 300 g de tofu soyeux, autant d'épices que vous le souhaitez et une ou deux dizaines de dattes dénoyautées (selon votre appétence pour le sucré). Mettez le tout dans un plat, enfournez et laissez cuire le tout à 180 °C jusqu'à ce que vous observiez une croûte se former à la surface. Vous avez un plat aussi délicieux que sain, composé de légumes, tofu, épices et fruits. Plus vous en mangerez, plus vous serez en bonne santé.

Qu'il soit frais ou en poudre, le curcuma est un arôme naturel caractéristique des cuisines indienne et marocaine, mais j'en mets presque partout. Je trouve qu'il se marie particulièrement bien avec les plats à base de riz complet, la soupe aux lentilles et le chou-fleur cuit au four. Certaines moutardes jaunes contiennent du curcuma, pour leur donner davantage de couleur, mais essayez de trouver une variété sans sel – composée de vinaigre, de légumes crucifères (les graines de moutarde) et de curcuma. Je ne vois pas quel condiment pourrait être plus sain.

Que penser des compléments alimentaires de curcuma ?

Ne serait-il pas plus pratique de prendre simplement un complément alimentaire de curcuma chaque jour ? Si on fait abstraction de la dépense supplémentaire, je vois trois désavantages potentiels. Tout d'abord, la curcumine n'est pas l'équivalent du curcuma. Les fabricants de compléments alimentaires tombent souvent dans le même piège réductionniste que les sociétés pharmaceutiques. On suppose que les herbes aromatiques n'ont qu'un ingrédient actif principal, et on pense donc qu'en l'isolant et en l'épurant sous forme de pilule on devrait pouvoir en optimiser les effets. Après tout, la curcumine est décrite comme l'ingrédient actif du curcuma[24], mais est-ce le seul ingrédient actif, ou juste *un* ingrédient actif ? En fait, c'est seulement un des nombreux composants d'une épice[25].

Peu d'études ont comparé le curcuma et la curcumine, mais certaines d'entre elles indiquent que le curcuma pourrait être encore plus efficace. Par exemple, des chercheurs du Centre médical MD au Texas, consacré à la lutte contre le cancer, ont mesuré les effets du curcuma et de la curcumine sur sept types différents de cellules cancéreuses in vitro. Contre le cancer du sein, par exemple, la curcumine a fait un malheur, mais pas autant que le curcuma. Il en a été de même contre le cancer du pancréas, le cancer du côlon, le myélome multiple, la leucémie myélogène, entre autres – le curcuma l'a emporté sur son pigment jaune, la curcumine. Ces résultats suggèrent que des composants autres que la curcumine pourraient également contribuer à l'activité anticancéreuse[26].

Même si on octroie à la curcumine l'essentiel de l'activité anticancéreuse, les résultats de recherches publiés au cours de la dernière décennie indiquent que le curcuma débarrassé de la curcumine – donc dépourvu dudit ingrédient actif – pourrait être aussi efficace, voire plus, que le curcuma qui possède toujours sa curcumine. Par exemple, parmi ses composants, les turmérones (qui sont éliminés dans les compléments alimentaires) semblent présenter une activité à la fois anticancéreuse et anti-inflammatoire. J'ai naïvement supposé que les chercheurs qui avaient découvert cela avaient recommandé la consommation de curcuma, mais au lieu de cela ils ont suggéré la production de toutes sortes de compléments dérivés du curcuma[27]. Après tout, qui peut gagner de l'argent à partir d'un aliment coûtant seulement quelques centimes par jour ?

Ma deuxième inquiétude concerne le dosage. Tandis que les essais portant sur le curcuma ont utilisé des quantités modestes que l'on peut atteindre par la seule alimentation, les essais portant sur la curcumine seule ont testé des taux correspondant à des centaines de grammes de curcuma – soit 100 fois plus que ce que les adeptes du curry consomment depuis des siècles[28]. Dans certains compléments, on ajoute également du poivre noir, faisant virtuellement grimper le taux à un équivalent de plusieurs kilos de curcuma, susceptible d'entraîner un taux de curcumine dans le sang tellement élevé qu'il pourrait provoquer des lésions de l'ADN, d'après les résultats des données in vitro[29].

Enfin, on peut s'inquiéter de la contamination aux métaux lourds, tels que l'arsenic, le cadmium et le plomb. Aucun des échantillons de curcuma en poudre testés sur le marché américain n'était contaminé aux métaux lourds, mais on ne peut pas en dire autant des compléments de curcumine[30].

Aucune de ces sources de préoccupation (en dehors du coût) ne s'applique aux compléments ne contenant que de la poudre de curcuma moulue. Cependant, presque tous les compléments sont des extraits. Autrement, comment pourrait-on justifier de vendre de petits flacons de pilules à 20 dollars quand l'épice en vrac coûte peut-être moins de 20 dollars la livre ? Un petit flacon peut durer deux ou trois mois. Pour le même prix, le curcuma en vrac offre deux à trois ans de consommation si on s'en tient aux doses que je recommande dans ma liste des « 12 aliments quotidiens ».

Un compromis entre le coût et l'aspect pratique pourrait être de fabriquer vos propres capsules de curcuma. Étant donné l'écart de prix entre le curcuma en vrac et les compléments, l'investissement serait amorti dès votre premier lot. Une capsule de taille 0 correspond à votre dose d'un quart de cuillère à café par jour. Faire vos propres capsules prendra un peu de temps, mais si c'est la seule façon pour que vous intégriez le curcuma à votre alimentation quotidienne, cela peut être un bon usage de votre temps. S'il existait une pilule magique, le curcuma moulu seul serait sans doute ce qui s'en rapproche le plus.

Qui devrait éviter de prendre du curcuma ?

Si vous souffrez de calculs biliaires, le curcuma est susceptible de provoquer des douleurs. En tant qu'agent cholagogue, il facilite l'évacuation de la bile vers l'intestin[31]. Des études réalisées avec des échographies ont montré qu'un quart de cuillère à café de curcuma entraînait la contraction de la vésicule biliaire, la vidant de la moitié de son contenu[32]. Ainsi, le curcuma peut contribuer à prévenir la formation des calculs biliaires en premier lieu. Mais si des calculs obstruent déjà votre conduit biliaire, cette pression induite par le curcuma sera peut-être douloureuse[33]. Cependant, pour le reste de la population, les effets du curcuma sont susceptibles de réduire le risque de formation de calculs biliaires et, en définitive, de réduire le risque de cancer de la vésicule biliaire[34].

Toutefois, trop de curcuma augmente le risque de certains calculs rénaux. Le curcuma est riche en oxalates solubles, qui peuvent se lier au calcium et former les calculs rénaux les plus courants – l'oxalate de calcium insoluble, responsable dans environ 75 % des cas. Ceux qui ont une tendance à former ces calculs devraient limiter leur consommation d'oxalates à un maximum de 50 g par jour. Cela correspond à une cuillère à café de curcuma par jour, au plus[35]. (Par ailleurs, le curcuma est considéré comme sûr pendant la grossesse, même si certains compléments à base de curcumine pourraient ne pas l'être[36].)

Ma recommandation d'un quart de cuillère à café de curcuma par jour vient en complément des herbes aromatiques et épices (non salées) que vous appréciez. Si la liste des « 12 aliments quotidiens » encourage la consommation d'herbes aromatiques et d'épices en général, et non uniquement de curcuma, c'est parce qu'ils ne sont pas interchangeables – le curcuma apporte des bénéfices uniques, mais il a été démontré que les autres herbes et épices possèdent d'autres propriétés. J'ai évoqué le rôle du safran, par exemple, dans le traitement de la maladie d'Alzheimer (chapitre 3) et de la dépression (chapitre 12). Les épices ne donnent pas seulement meilleur goût à la nourriture ; elles rendent les aliments meilleurs pour votre santé. Je vous encourage à entretenir votre stock d'épices et à prendre l'habitude d'ajouter toutes les herbes et épices qui vous plaisent dans tous les plats que vous mangez.

Ce qui suit est un examen plus approfondi de certaines herbes aromatiques et épices pour lesquelles nous avons le plus de données scientifiques. Je décrirai certaines des études fascinantes qui illustrent les bénéfices de ces exhausteurs de goût et vous expliquerai comment les ajouter simplement à vos plats.

Le fenugrec

La graine de fenugrec en poudre est une épice que l'on rencontre souvent dans les cuisines indienne et moyen-orientale. Le fenugrec semble améliorer de façon significative la force musculaire et la capacité à soulever des poids, permettant aux hommes suivant un entraînement, par exemple, de soulever 40 kg de plus avec les jambes que ceux qui ont ingéré un placebo[37,38]. Le fenugrec possède également « de puissantes propriétés anticancéreuses » in vitro. Je n'aime pas le goût de la poudre, alors j'ajoute simplement quelques graines à mes graines de brocoli lorsque je les fais germer.

Cependant, la consommation de graines de fenugrec n'est pas dépourvue d'effets secondaires : elle peut donner une odeur de sirop d'érable à vos aisselles[39]. Je ne plaisante pas ! C'est un phénomène inoffensif – en revanche, la maladie du sirop d'érable (leucinose), un grave trouble congénital, ne l'est pas. L'allaitement d'un nourrisson dont la mère consomme du fenugrec pour stimuler sa production de lait peut conduire, à tort, au diagnostic de ce trouble totalement sans rapport[40]. Si vous êtes enceinte ou allaitante et que vous mangez du fenugrec, assurez-vous d'en informer votre médecin, pour qu'il ne pense pas que votre bébé souffre de la maladie du sirop d'érable.

La coriandre

Signe parmi d'autres des changements démographiques aux États-Unis, la sauce salsa a remplacé le ketchup sur les tables[41]. Une des herbes aromatiques en vogue dans la sauce salsa est la coriandre, un des ingrédients les plus controversés de la planète. Certains l'adorent, d'autres la détestent. Ce qui est intéressant, c'est que les deux camps semblent ressentir son goût tout à fait différemment. Les individus qui aiment la coriandre la décrivent comme fraîche, parfumée ou citronnée, tandis que ceux qui ne l'aiment pas déclarent qu'elle a un goût de savon, de moisi, de poussière ou de punaise[42]. Je ne sais pas trop comment les gens connaissent le goût des punaises, cependant des divergences de point de vue sur les saveurs sont rarement aussi extrêmes.

Les différents groupes ethniques paraissent avoir différents degrés d'aversion, les juifs ashkénazes obtenant les scores les plus élevés sur l'échelle du dégoût[43]. Autre indice : des études ont établi que les vrais jumeaux avaient tendance à partager leurs préférences pour ce qui est de la coriandre, mais la corrélation n'a pas l'air d'exister pour les faux jumeaux[44]. Le code génétique humain comporte environ 3 milliards de lettres, et il faudrait analyser l'ADN d'environ 10 000 individus pour trouver le gène de la coriandre. Mais je suppose que les chercheurs ont mieux à faire.

Enfin, peut-être pas. Les études génétiques de plus de 25 000 participants qui avaient indiqué leurs préférences ont mis en évidence une zone sur le chromosome 11 qui semblait impliquée dans ce processus. Qu'y trouve-t-on ? Le gène OR6A2. Celui qui vous permet de sentir certains composants chimiques tels que les aldéhydes, un des principaux composants de la coriandre et des sécrétions défensives de la punaise. Alors, peut-être que la coriandre a bien un goût de punaise finalement ! Ceux qui adorent la coriandre possèdent donc peut-être un gène mutant qui les rend incapables de sentir l'odeur du composé déplaisant[45].

Mais cela pourrait être un avantage, parce que la coriandre est favorable à la santé. Dame Nature est la plus vaste pharmacie de tous les temps, et la coriandre, une des plus anciennes prescriptions[46]. Environ 20 brins de coriandre par jour pendant deux mois réduisent l'inflammation chez les arthritiques et divisent le taux d'acide urique de moitié ; par conséquent, une consommation soutenue peut être utile pour les gens qui souffrent de la goutte[47].

Le piment de Cayenne

Dans une étude publiée sous le titre « Sécrétion, douleur et éternuement induits par l'application de capsaïcine sur la muqueuse nasale chez l'homme », les chercheurs ont découvert que si vous coupez un piment et que vous le frottez à l'intérieur de vos narines, votre nez se mettra à couler, à être douloureux, et vous vous mettrez à éternuer. (La capsaïcine est le composant brûlant du piment.) Pourquoi ont-ils réalisé une telle expérimentation ? Les gens qui ont été confrontés au piment savent que s'il entre en contact avec le nez, la sensation de brûlure peut être intense. (Et il n'est pas nécessaire d'en avoir dans le nez, comme j'ai eu le malheur de l'apprendre après avoir oublié de me laver les mains avant d'aller aux toilettes !) Cependant, parce que « ces phénomènes n'avaient pas été étudiés », les chercheurs ont décidé qu'il « semblait intéressant d'examiner les effets produits par une application topique de capsaïcine chez l'humain[48] [au niveau du nez]… ».

Ils ont enrôlé un groupe d'étudiants en médecine et leur ont déposé quelques gouttes de capsaïcine dans le nez. Les étudiants ont commencé à éternuer, à ressentir des brûlures, à avoir le nez qui coule, décrivant une douleur d'une intensité de 8 ou 9 sur une échelle allant de 1 à 10. Rien d'étonnant. Mais ils ont renouvelé l'expérience, jour après jour, et plutôt que de causer une gêne et une douleur encore plus fortes, le nez étant déjà irrité depuis la veille, la capsaïcine était moins douloureuse. À partir du cinquième jour, les sujets n'avaient presque plus mal – et leur nez ne coulait même plus.

Les pauvres étudiants en médecine étaient-ils insensibilisés pour toujours ? Non. Au bout d'un mois environ, la désensibilisation s'est dissipée, et ils étaient à nouveau à l'agonie dès que les chercheurs leur déposaient des gouttes de capsaïcine dans le nez. Il est probable que les fibres de la douleur – les nerfs qui transmettent cette sensation – avaient tellement sollicité les neurotransmetteurs de la douleur (la substance P) qu'ils étaient arrivés à épuisement. Exposés jour après jour, les nerfs ont perdu leurs réserves et ne parvenaient plus à transmettre les messages de la douleur, il leur fallait recréer de nouveaux neurotransmetteurs, ce qui prend deux semaines.

Comment cela peut-il être exploité à des fins médicales ? Il existe un syndrome de céphalée rare appelé algie vasculaire de la face (AVF), qui a été décrit comme une des pires douleurs que l'être humain puisse éprouver. Il est surnommé « la céphalée suicidaire » parce que certains malades ne la supportant plus ont mis fin à leurs jours[49].

On pense que l'algie vasculaire de la face est provoquée par la pression du nerf trijumeau au niveau du visage. Les traitements vont de l'injection de Botox pour bloquer le nerf à la chirurgie. Mais le même nerf descend le long du nez. Et si on faisait en sorte que le nerf tout entier se débarrasse de la totalité de sa substance P ? Les chercheurs ont tenté l'expérience de la capsaïcine auprès de personnes qui souffraient d'AVF. Contrairement à ces mauviettes d'étudiants en médecine qui avaient évalué l'intensité de la douleur à 8 ou 9 sur une échelle de 1 à 10, les malades habitués à la violence des crises d'AVF l'ont évaluée entre 3 et 4 seulement. À partir du cinquième jour, ils étaient insensibilisés à la douleur causée par la capsaïcine. Mais qu'est-il advenu de leur céphalée ? Ceux qui avaient frotté de la capsaïcine dans leur narine du côté de la tête où ils souffraient de céphalées ont réduit de moitié le nombre de crises. En fait, la moitié des patients étaient apparemment guéris – leur AVF avait totalement disparu. Somme toute, 80 % ont obtenu un résultat au moins identique, sinon supérieur, à l'ensemble des thérapies existantes[50].

Qu'en est-il pour les autres syndromes de douleur ? On pense que le syndrome de l'intestin irritable est provoqué par une hypersensibilité de la paroi du côlon. Comment détermine-t-on que l'intestin d'une personne est hypersensible ? Des chercheurs japonais ont mis au point un dispositif destiné à provoquer « une distension rectale douloureuse et répétitive », qui consiste simplement à insérer un ballon d'un demi-litre relié à une pompe à vélo sophistiquée et à le gonfler jusqu'à ce que la douleur devienne insupportable. Les personnes souffrant du syndrome du côlon irritable étaient nettement moins résistantes à la douleur[51].

On pourrait certes essayer de désensibiliser l'intestin en épuisant les réserves de substance P avec le piment, mais, sachant à quel point il est déjà pénible de supporter celui-ci dans le nez, par où faudrait-il l'insérer pour traiter l'intestin irritable ? Les chercheurs ont choisi de passer par la voie orale. Ils ont découvert que les capsules de piment rouge entéro-solubles permettaient de réduire significativement l'intensité de la douleur abdominale et des ballonnements, suggérant « une façon de traiter cette maladie fonctionnelle fréquente et pénible[52] ».

Et la poudre de piment rouge peut-elle soulager l'indigestion chronique (la dyspepsie) ? Après que des personnes ont pris une cuillère à café et demie de piment de Cayenne par jour pendant un mois, on a constaté chez elles une amélioration des douleurs de l'estomac et de la nausée[53]. Le médicament fréquemment prescrit, Propulsid (cisapride), s'est avéré presque aussi efficace que la poudre de piment rouge et a été en général considéré comme bien toléré – jusqu'à ce qu'il commence à tuer des gens. Il a été retiré du marché après avoir provoqué des altérations du rythme cardiaque fatales[54].

Le gingembre

Un grand nombre de traitements naturels commencent ainsi : un médecin apprend qu'une plante a été utilisée dans d'anciennes traditions médicales et se dit : *Pourquoi ne pas l'essayer dans ma pratique ?* Le gingembre ayant été utilisé pendant des siècles pour soigner les maux de tête, un groupe de médecins danois a conseillé à une patiente migraineuse d'en prendre. Au premier signe de migraine, elle mélangeait un quart de cuillère à café de gingembre en poudre dans de l'eau et buvait la mixture. En moins de trente minutes, la migraine disparaissait. Et c'était efficace à chaque fois pour elle, sans aucun effet indésirable apparent[55].

C'est ce qu'on appelle une étude de cas. Même si elles ne sont souvent rien de plus que des anecdotes, ces études ont joué un rôle important dans l'histoire de la médecine, de la découverte du sida[56] à l'échec d'un médicament destiné au traitement des douleurs thoraciques dont les effets secondaires lui ont valu un profit d'un milliard de dollars – il s'agit du Viagra[57]. Les études de cas sont considérées comme la forme de preuve la plus faible, mais c'est souvent par là que commencent les recherches[58]. Ainsi, l'étude de cas relative à l'efficacité du gingembre pour traiter une patiente migraineuse n'est pas en soi d'une incroyable utilité, mais elle peut inspirer les chercheurs pour de nouveaux tests.

Finalement, un essai clinique randomisé en double aveugle contrôlé par placebo a été réalisé pour comparer l'efficacité du gingembre dans le traitement de la migraine à celle du sumatriptan (Imitrex), un des médicaments les plus vendus dans le monde. Seulement un huitième de cuillère à café de gingembre en poudre était tout aussi efficace, et son effet aussi rapide que le médicament (pour un coût d'à peine quelques *cents*). La plupart des migraineux connaissaient une douleur modérée ou intense au début de l'étude, mais après avoir pris le médicament ou le gingembre, ils ont fini par ne ressentir qu'une douleur légère, voire plus aucune douleur. La même proportion de migraineux s'est dite satisfaite dans les deux cas.

De mon point de vue, le gingembre est sorti vainqueur. Non seulement il est nettement moins cher, mais il a entraîné beaucoup moins d'effets indésirables. Les personnes ayant pris le médicament ont indiqué avoir ressenti des vertiges et des brûlures d'estomac, mais le seul effet secondaire rapporté pour le gingembre était des maux d'estomac, chez une personne sur 25[59,60]. (Une cuillère à soupe de gingembre en poudre consommée en une seule fois l'estomac vide peut être irritante pour quiconque, alors n'en abusez pas.) S'en tenir à un huitième de cuillère à café est 3 000 fois moins cher que de prendre le médicament ; de plus, vous avez sans doute moins de risques de finir dans un rapport d'enquête, comme ceux qui ont eu une crise cardiaque après avoir pris du sumatriptan pour une migraine[61], ou qui sont morts[62].

Les migraines sont décrites comme un des symptômes de douleur les plus courants, affectant jusqu'à 12 % de la population[63]. Mais que penser alors des crampes menstruelles dont souffrent 90 % des jeunes femmes[64] ? Le gingembre peut-il leur être utile ? Même un huitième de cuillère à café de gingembre en poudre trois fois par jour a fait baisser la douleur de 8 à 6 sur une échelle de 1 à 10, et jusqu'à 3 le mois suivant[65]. Et ces femmes n'avaient pas pris du gingembre pendant tout le mois ; elles avaient commencé la veille du premier jour de leurs règles, ce qui suggère que même s'il ne semble pas d'une grande utilité le premier mois, les femmes devraient essayer de continuer d'en prendre.

Qu'en était-il de la durée de la douleur ? Un quart de cuillère à café trois fois par jour s'est avéré non seulement faire baisser l'intensité des douleurs menstruelles de 7 à 5, mais cela en a aussi réduit la durée, de dix-neuf à quinze heures[66], ce qui était nettement mieux qu'avec le placebo (des capsules remplies d'un toast réduit en poudre). Mais les femmes ne prennent en général pas de miettes de pain lorsqu'elles ressentent des crampes. Que se passe-t-il donc lorsqu'on compare le gingembre à l'ibuprofène ? Les chercheurs ont mesuré les effets d'un huitième de cuillère à café de gingembre en poudre à ceux de l'ibuprofène 400 lors d'une étude comparative, et le gingembre s'est avéré tout aussi efficace que ce médicament de premier plan[67]. De plus, contrairement au médicament, le gingembre peut également diminuer la quantité des saignements menstruels[68]. Et la consommation d'un huitième de cuillère à café de gingembre deux fois par jour débutée une semaine avant les règles peut réduire de façon significative les symptômes d'humeurs prémenstruelles, tant physiques que comportementaux[69].

J'aime saupoudrer du gingembre en poudre sur les patates douces ou l'utiliser frais pour préparer des lamelles de pomme confites au citron et au gingembre comme remède antinauséeux. (Depuis mon plus jeune âge, je souffre du mal des transports.) Il existe une gamme étendue de médicaments puissants contre la nausée, mais ils s'accompagnent d'une liste d'effets indésirables qui donne elle-même la nausée ; je me suis donc toujours efforcé de trouver des remèdes naturels chaque fois que c'était possible, pour mes patients comme pour moi-même.

Le gingembre a été utilisé pendant des milliers d'années dans les médecines traditionnelles. En Inde, il est connu sous le nom de *maha-aushadhi*, qui signifie « le grand remède ». Pourtant, il n'a été prouvé qu'en 1982 qu'il réduisait les nausées, lorsqu'il s'est avéré plus efficace que le Dramamine dans un test comparatif auprès de volontaires que l'on faisait tourner les yeux bandés sur des chaises rotatives[70]. Le gingembre est désormais considéré comme un antiémétique à large spectre (agent antivomitif), efficace pour neutraliser les nausées liées au mal des transports, à la grossesse, la chimiothérapie, la radiothérapie et la chirurgie[71].

Essayez mes lamelles de pomme confites au citron et au gingembre : dans un blender, liquéfiez un citron pelé avec un morceau de gingembre frais d'environ 5 cm. Utilisez ce mélange pour enrober les fines lamelles de quatre pommes, puis placez-les dans un déshydrateur jusqu'à ce qu'elles aient atteint la texture souhaitée. Je les aime assez moelleuses, mais vous pouvez les déshydrater davantage pour faire des chips de pomme aromatisées au citron et au gingembre, qui se conservent plus longtemps. Pour moi, quelques lamelles dégustées environ vingt minutes avant de voyager fonctionnent à merveille.

Note : le gingembre est généralement considéré comme sans danger pendant la grossesse, mais la dose maximale recommandée pendant cette période est de 20 g (environ quatre cuillères à café de gingembre frais râpé[72]). En consommer davantage pourrait avoir des effets stimulants pour l'utérus. Les femmes qui utilisent mes lamelles de pomme confites ou sous forme de chips pour lutter contre les nausées matinales devraient étaler la consommation des quatre pommes sur plusieurs jours.

La menthe poivrée

Quelles herbes aromatiques contiennent le plus d'antioxydants ? En tête du classement, la feuille d'épine-vinette séchée de Norvège, mais bonne chance pour en trouver ! L'herbe aromatique courante la plus riche en antioxydants est la menthe poivrée[73]. C'est pourquoi j'ajoute de la menthe à ma recette de cocktail d'hibiscus préférée (voir page 843), et j'essaie d'en agrémenter mes plats le plus souvent possible. La menthe est un ingrédient traditionnel des salades moyen-orientales comme le taboulé, les chutneys indiens, les soupes vietnamiennes et les rouleaux de printemps frais. J'aime aussi en ajouter à tout ce qui est chocolaté.

L'origan et la marjolaine

L'origan est une herbe aromatique tellement riche en antioxydants que des chercheurs ont décidé de faire des tests pour déterminer si elle pouvait réduire les effets de l'altération de l'ADN induits par les radiations. On donne parfois de l'iode radioactive aux personnes qui souffrent d'hyperthyroïdie ou qui ont un cancer de la thyroïde, pour détruire une partie de la glande ou éliminer les cellules tumorales qui subsistent après la chirurgie. Pendant plusieurs jours après l'injection d'isotope, les patients sont tellement radioactifs qu'on leur conseille de n'embrasser personne, de ne pas dormir à proximité de quelqu'un (ni même d'un animal de compagnie) et de rester à distance des enfants et des femmes enceintes[74]. Le traitement peut être très efficace, mais une telle exposition aux radiations semble augmenter le risque de développer de nouveaux cancers par la suite[75]. Espérant prévenir les altérations de l'ADN associées à ce traitement, des chercheurs ont testé in vitro la capacité de l'origan à protéger les chromosomes des cellules sanguines humaines contre l'exposition à l'iode radioactive. À la dose la plus élevée, les lésions chromosomiques ont été réduites de 70 %. Les chercheurs ont conclu que l'origan pouvait avoir un effet d'« agent radioprotecteur puissant[76] ».

D'autres études portant sur l'origan indiquent qu'il aurait des propriétés anticancéreuses et anti-inflammatoires. Lors d'un essai comparatif de différents extraits d'herbes et d'épices – feuille de laurier, fenouil, lavande, origan, paprika, persil, romarin et thym –, l'origan l'a emporté sur tous les autres, à l'exception des feuilles de laurier, pour sa capacité à inhiber la croissance des cellules cancéreuses in vitro, sans avoir d'effet sur les cellules saines[77]. Sur

115 aliments différents testés in vitro pour leurs propriétés anti-inflammatoires, l'origan est arrivé dans les cinq premiers, avec les pleurotes, les oignons, la cannelle et les feuilles de thé[78].

La marjolaine est une herbe aromatique proche de l'origan, et elle se révèle tout aussi prometteuse lors des études menées en laboratoire. Elle semble inhiber la migration et l'invasion des cellules du cancer du sein in vitro[79]. Cependant, aucune de ces études portant sur les plantes de la famille de l'origan n'a été réalisée sur des êtres humains, nous ne savons donc pas si ces effets se confirmeront dans un cadre clinique. Un des seuls essais randomisés contrôlés par placebo que je connaisse portait sur l'usage de la tisane de marjolaine pour le traitement du syndrome des ovaires polykystiques (SOPK). La tisane était utilisée dans la médecine traditionnelle pour « rétablir l'équilibre hormonal », les chercheurs ont donc décidé de la mettre à l'épreuve. Ils ont demandé à des femmes souffrant de SOPK de boire deux tasses de tisane de marjolaine à jeun tous les matins pendant un mois. Des effets bénéfiques sur le taux d'hormones ont été observés, et les chercheurs ont donc conclu que « cela pourrait expliquer les améliorations revendiquées par les praticiens et patients de médecines traditionnelles[80] ».

Les clous de girofle

Autre épice courante riche en antioxydants, le clou de girofle[81,82]. Il possède un goût très prononcé, essayez donc d'en ajouter une minuscule pincée sur les mets que vous relevez généralement avec de la cannelle ou du gingembre. Le girofle moulu est délicieux sur la compote de poires et les pommes au four, car il leur donne un agréable goût de cidre chaud, et une tasse de thé chaï est un moyen fantastique de faire le plein d'épices antioxydantes.

L'amla

L'épice rare la plus riche en antioxydants est l'amla, la groseille indienne séchée en poudre. En tant que médecin formé en Occident, je n'avais jamais entendu parler d'elle, en dépit de son usage courant dans les préparations de phytothérapie ayurvédique. J'ai été surpris par les 400 articles existants sur cette épice peu connue dans la littérature médicale, et encore plus surpris par les titres de certains, comme : « L'amla, une baie miraculeuse pour le traitement et la prévention du cancer ». L'amla est sans doute la plante la plus importante de la médecine ayurvédique, traditionnellement employée pour à peu près tout, par exemple pour neutraliser le venin de serpent ou comme tonique capillaire[83,84,85,86,87,88,89].

J'en consomme car il semblerait que ce soit l'aliment « feu vert » le plus riche en antioxydants de la planète. Vous pouvez en acheter sur Internet ou dans les épiceries indiennes. Les compléments alimentaires ayurvédiques sont généralement à éviter, car on a découvert qu'ils étaient fortement contaminés aux métaux lourds[90], qui, pour certains d'entre eux, sont ajoutés de façon intentionnelle[91]. Mais aucun des échantillons de poudre d'amla testés jusqu'à présent ne s'est avéré contaminé. Vous pouvez trouver le fruit entier au rayon des surgelés des épiceries indiennes, mais pour être franc, je le trouve immangeable – âpre, aigre, acide et fibreux à la fois. La poudre n'a pas tellement meilleur goût, mais on peut la masquer dans une préparation au goût prononcé, comme un smoothie. Sinon, vous pouvez conditionner la poudre d'amla en capsules, comme pour le curcuma. Chaque fois que je pars faire une tournée de conférences, j'essaie de prendre mes gélules quotidiennes de curcuma et d'amla, jusqu'à ce que je sois rentré chez moi et que j'aie retrouvé le contrôle de mon alimentation.

Les mélanges d'épices

Tandis qu'un nombre considérable d'études ont été réalisées sur les épices individuelles, rares sont celles qui ont pour sujet l'augmentation de la consommation d'épices de façon générale. Un groupe de chercheurs de l'université d'État de Pennsylvanie a comparé les effets d'un plat de poulet très riche en graisses avec et sans un mélange de neuf herbes aromatiques et épices. Les herbes et les épices ont été choisies parce que, à poids égal, elles comportent davantage d'antioxydants que n'importe quel autre groupe d'aliments (et parce que l'étude était financée par l'entreprise d'épices McCormick[92]).

Sans surprise, chez les participants du groupe « épices », le taux sanguin d'antioxydants était deux fois plus important que dans l'autre groupe. De façon plus étonnante, le groupe « épices » avait 30 % moins de graisses dans le sang (triglycérides) après le repas et une meilleure sensibilité à l'insuline. Les chercheurs ont conclu que « l'incorporation d'épices à l'alimentation quotidienne pourrait contribuer à normaliser les perturbations de l'homéostasie [contrôle] glycémique [sucre] et lipidique [graisses] postprandiale tout en stimulant les défenses antioxydantes ».

Mais pourquoi éprouver de telles perturbations en premier lieu ? Cette étude me rappelle celle qui démontre que la consommation de légumes verts est particulièrement protectrice contre le cancer chez les fumeurs[93]. Le message à retenir ne devrait pourtant pas être de dire aux fumeurs de manger des légumes verts – mais de cesser de fumer. Cependant, ils pourraient bien sûr faire les deux, ce qui, dans le contexte de l'étude sur les épices, signifierait adopter un régime

« feu vert » riche en antioxydants, démultipliant ainsi leurs potentialités. Parmi mes mélanges d'épices préférés : les épices pour tarte à la citrouille, le curry en poudre, le chili en poudre, le cinq-épices en poudre, le garam masala (délicieux mélange d'épices indiennes), le berbéré (mélange éthiopien), l'assaisonnement italien, l'assaisonnement pour volailles et un mélange libanais appelé zaatar. Les mélanges sont un moyen pratique d'apporter un équilibre des saveurs tout en augmentant la variété de votre consommation d'épices, mais vérifiez bien que ces mélanges soient sans sel.

La fumée liquide est-elle sans danger ?

Je ne sais pas comment j'ai pu vivre si longtemps sans paprika fumé. Je vous jure que son goût ressemble à celui des pommes de terre au barbecue. Lorsque je l'ai découvert, je suis devenu un fanatique et j'en ajoutais sur presque tout, mais je le réserve désormais presque exclusivement aux légumes verts et aux graines de courge et de citrouille que je fais griller. (Je parie que vous n'êtes pas surpris d'apprendre que c'est ce que je préfère dans Halloween !) Je craignais qu'il n'y ait des produits de combustion cancérigènes dans les assaisonnements fumés (similaires au benzopyrène qu'on trouve dans la fumée de cigarette et dans les gaz d'échappement des véhicules diesel), mais ces composés ont tendance à être liposolubles. Donc, lorsque vous fumez une épice ou que vous fabriquez une solution aqueuse comme la fumée liquide, les composés de la saveur fumée sont capturés, mais pas la plupart des composés cancérigènes de la fumée. On ne peut pas en dire autant des aliments gras fumés. Tandis qu'il faudrait que vous buviez d'un trait trois bouteilles de fumée liquide de noyer blanc pour dépasser les limites de sécurité, un sandwich au jambon fumé ou à la dinde fumée vous conduit à mi-chemin, et une seule cuisse de poulet cuite au barbecue vous ferait dépasser cette limite. Le poisson fumé, comme le hareng ou le saumon, semble être le pire. Un bagel au saumon fumé pourrait vous faire passer 10 fois au-dessus de la limite de sécurité[94].

Certains risques à épicer votre vie

Il existe néanmoins quelques épices dont il vaut mieux ne pas abuser. Prenez l'exemple des graines de pavot.

Le pavot à opium employé pour fabriquer l'héroïne est la même plante qui produit les graines qu'on trouve dans les muffins et les bagels. On n'a pas accordé beaucoup de crédit à l'idée que les graines de pavot étaient également la source d'une grande quantité de stupéfiants, en dépit du fait qu'une ancienne coutume européenne recommandait de donner une tétine remplie de ces graines à un bébé bruyant pour le calmer[95]. On n'y a pas accordé beaucoup d'attention, jusqu'à ce qu'une mère essaie de nourrir son bébé âgé de six mois avec du lait filtré dans lequel elle avait fait bouillir des graines de pavot, avec les meilleures intentions du monde – elle voulait aider son enfant à mieux dormir. Le bébé a cessé de respirer – par chance, il a survécu[96].

Les cas d'overdose de graines de pavot ne sont pas limités aux enfants. On trouve ainsi dans la littérature l'histoire d'un adulte qui s'est senti « l'esprit dans le vague » après avoir mangé des spaghettis sur lesquels il avait versé 60 g de graines de pavot[97]. Quelle est donc la consommation maximale de ces graines pour qu'elles soient sans danger ? En se basant sur le taux de morphine moyen autorisé[98], cela correspond à une cuillère à café par tranche de 5 kilos de poids corporel. Ce qui veut dire qu'une personne pesant environ 75 kg ne devrait probablement pas consommer plus de cinq cuillères à café de graines de pavot crues à la fois[99].

La cuisson pourrait détruire la moitié de la morphine et de la codéine contenues naturellement dans les graines de pavot, ce qui offre une marge de manœuvre lorsque vous les faites cuire au four[100]. Mettre à tremper les graines pendant cinq minutes avant de les égoutter et de les ajouter à votre recette peut éliminer la moitié des résidus si vous faites de la pâtisserie pour des enfants. Autrement, il ne devrait pas y avoir de risque à un niveau de consommation normale – à moins d'avoir à passer un test de dépistage antidrogues ou un contrôle antidopage, auquel cas il est préférable d'éviter les graines de pavot[101].

Un excès de noix de muscade peut également poser problème. Un article intitulé « Pain d'épice [...] et réjouissances de Noël : examen du rôle potentiel des composés euphorisants voisins de l'amphétamine [...] » a suggéré que certains des éléments naturels d'épices telles que la muscade pourraient former des composés proches de l'amphétamine dans l'organisme, suffisants pour « être euphorisants et contribuer à entretenir l'allégresse des réjouissances de Noël[102] ».

Ce risque hypothétique avait déjà été soulevé dans les années 1960 par un article du *New England Journal of Medicine* intitulé « Intoxication à la noix de muscade[103] ». Cet article se demandait si la coutume ancestrale consistant à ajouter de la noix de muscade au lait de poule provenait de l'« effet psychopharmacologique » décrit dans les cas d'intoxication à cette épice. De tels cas remontent manifestement au XVIe siècle, quand la noix de muscade était utilisée comme abortif, pour provoquer une fausse couche[104]. Dans les années 1960, l'épice était employée comme psychotrope[105]. Pendant cette décennie, les professionnels de la santé mentale ont conclu que, quoique la noix de muscade soit « bien moins chère et sans doute moins dangereuse que l'héroïne qui crée une accoutumance, il est important de préciser qu'elle n'est pas dépourvue de danger et qu'elle peut entraîner la mort[106]. »

La dose toxique de noix de muscade est de deux à trois cuillères à café. J'avais supposé que personne n'approcherait cette dose de façon intentionnelle jusqu'à ce que je voie un reportage dans lequel des jeunes mariés avaient perdu connaissance et été hospitalisés après avoir mangé des pâtes. Cela relevait du mystère, jusqu'à ce que le mari révèle qu'il avait ajouté par inadvertance un tiers du pot de noix de muscade dans le plat pendant qu'il cuisinait[107]. Cela correspond à quatre cuillères à café. Je ne sais pas comment ils ont pu le manger ! J'imagine que sa pauvre femme essayait juste d'être polie.

Il existe une autre épice populaire et puissante, la cannelle, qui a été prisée pour sa capacité à faire baisser la glycémie[108]. Elle est si efficace que vous pouvez même « tricher » sur les tests de diabète en prenant deux cuillères à café de cannelle le soir précédent. Douze heures plus tard, votre pic de glycémie après les repas sera significativement atténué[109]. Même une seule cuillère à café par jour semble faire une différence sensible[110]. Hélas, la cannelle ne peut plus être considérée comme un traitement sûr et efficace du diabète.

Il existe deux types de cannelle : la cannelle de Ceylan et la cannelle de Chine (*Cinnamomum cassia*).

Aux États-Unis, tout ce qui est simplement désigné comme « cannelle » est probablement de la cannelle de Chine, meilleur marché. C'est regrettable, parce qu'elle comprend un composé, la coumarine, qui peut être toxique pour le foie à haute dose. À moins qu'elle ne porte la mention « cannelle de Ceylan », un quart de cuillère à café, même seulement quelques fois par semaine, peut être une dose trop élevée pour les jeunes enfants, et une cuillère à café par jour excéderait la limite de sécurité pour les adultes[111]. Ne peut-on pas la remplacer par la cannelle de Ceylan pour avoir les bénéfices sans les risques ? Sans les risques, oui, mais alors nous ne sommes plus tout à fait sûrs des bénéfices.

Presque toutes les études qui ont montré des bénéfices au niveau de la glycémie ont été réalisées avec la cannelle de Chine. Nous supposions qu'il en allait de même pour la cannelle de Ceylan, mais des tests comparatifs ont été effectués récemment. La réduction du taux de sucre dans le sang qui apparaissait à la suite de la consommation de cannelle de Chine a disparu avec la cannelle de Ceylan[112]. En fait, il est possible que la coumarine toxique de la cannelle de Chine soit l'ingrédient actif dans la baisse du taux de glycémie. Par conséquent, en évitant la toxine avec la cannelle de Ceylan, on peut également se priver des bénéfices. En résumé, pour faire baisser le taux de glycémie, la cannelle de Chine pourrait ne pas être sans danger, tandis que la cannelle de Ceylan est sûre, mais semble inefficace.

Je vous encourage malgré tout à consommer de la cannelle de Ceylan, car c'est une des sources alimentaires d'antioxydants les moins chères, en deuxième position seulement derrière le chou rouge. Mais que doit faire un diabétique de type 2 ? Même la cannelle de Chine ne permet de baisser le taux de sucre sanguin que de façon modeste – autrement dit, elle est simplement aussi efficace que le principal médicament pour traiter le diabète dans le monde : la metformine, vendue sous le nom de Glucophage[113]. La meilleure façon de traiter le diabète est donc d'essayer d'en guérir totalement grâce à une alimentation saine. (Voir le chapitre 6.)

Qui aurait cru que les herbes aromatiques et les épices avec lesquelles vous avez parfumé vos sauces et que vous avez saupoudrées sur vos plats pouvaient avoir un tel impact sur votre santé ? Exercez votre créativité en cuisine et épicez vos repas et boissons pour les rendre plus savoureux et sains à la fois – mais n'oubliez pas le quart de cuillère à café de curcuma chaque jour. Je suis suffisamment convaincu par les preuves scientifiques existantes pour considérer que tout le monde devrait ajouter cette épice de choix à son alimentation quotidienne.

Les céréales complètes

Les céréales complètes préférées du Dr Greger

Orge, riz complet, sarrasin, millet, avoine, pop-corn, quinoa, seigle, teff, pâtes complètes et riz sauvage.

Taille des portions

75 g de céréales chaudes, de pâtes ou de grains de maïs.

150 g de céréales froides.

1 tortilla ou 1 tranche de pain.

½ bagel ou muffin anglais.

250 g de pop-corn.

Recommandations

3 portions par jour.

De même que les principales autorités en matière de cancer[1] et de maladie cardiaque[2], je recommande au moins trois portions de céréales complètes par jour. Les deux principales études réalisées par l'université Harvard – Nurse's Health Study et Health Professionals Follow-Up Study – ont accumulé jusqu'à présent des données relatives à presque 3 millions de personnes. Une étude de 2015 a conclu que les gens qui consommaient davantage de céréales complètes avaient une vie sensiblement plus longue, indépendamment de tout autre facteur alimentaire ou lié au mode de vie[3]. Ce n'est pas étonnant, étant donné qu'elles semblent réduire le risque de maladie cardiaque[4], de diabète de type 2[5], d'obésité et d'AVC[6]. Une plus grande consommation de céréales complètes pourrait sauver la vie de plus d'un million de personnes dans le monde chaque année[7].

De très nombreuses allégations nutritionnelles circulent sur Internet qui ne sont étayées par aucune donnée scientifique, et certaines sont particulièrement persistantes et en totale contradiction avec les preuves existantes. Lorsque je vois des livres, des sites Internet, des articles et des blogs qui répètent bêtement des affirmations telles que : « Les céréales sont inflammatoires – même les céréales complètes », je ne peux m'empêcher de me demander sur quelle planète vivent leurs auteurs.

Choisissez un indicateur d'inflammation. Prenons la protéine C-réactive par exemple (CRP). Le taux de CRP augmente en réaction à une agression d'origine inflammatoire, il est par conséquent employé comme test de dépistage de l'inflammation systémique. On estime que chaque portion quotidienne de céréales complètes réduit d'environ 7 % les concentrations de CRP[8]. De surcroît, toute une soupe de lettres désignent des marqueurs de l'inflammation qui semblent améliorés par les céréales complètes : ALT, GGT[9], IL-6[10], IL-8[11], IL-10[12], IL-18[13], PAI-1[14], TNF-α[15], TNF-R2[16], la viscosité du sang total et la filtration érythrocytaire[17]. Ou, comme cela a été présenté en termes moins techniques dans l'*American Journal of Clinical Nutrition*, « la consommation de céréales complètes calme l'inflammation[18] ». Même en faisant abstraction du cancer et de la maladie cardiaque, la consommation de céréales complètes est associée à une baisse significative du risque de mourir d'une maladie inflammatoire[19].

Que penser du gluten ?

Vous avez probablement entendu parler d'une maladie auto-immune appelée la maladie cœliaque, pour laquelle la consommation de gluten provoque des réactions indésirables, dont des problèmes gastro-intestinaux. Le gluten est un groupe de protéines que l'on trouve dans certaines céréales, comme le blé, l'orge et le seigle. Cependant, la maladie cœliaque est relativement rare, affectant moins de 1 % de la population[20]. Pour plus de 99 % du reste de la population qui ne souffre pas de ce trouble, le gluten ne pose-t-il pas de problème, ou est-il au contraire favorable à la santé, comme les autres protéines végétales ?

En 1980, en Grande-Bretagne, des chercheurs ont rapporté les cas d'une série de femmes souffrant de diarrhée chronique qui avaient été guéries par une alimentation sans gluten, alors que la maladie cœliaque n'avait été attestée chez aucune d'entre elles[21]. Elles semblaient présenter une sorte de sensibilité au gluten non cœliaque. À l'époque, la profession médicale avait exprimé son scepticisme quant à l'existence d'un tel trouble[22], et aujourd'hui encore certains experts remettent en question son existence[23]. En fait, les médecins avaient l'habitude d'orienter les patients qui prétendaient avoir une sensibilité au gluten d'origine non cœliaque vers des psychiatres, car on pensait qu'ils souffraient d'une maladie mentale sous-jacente[24].

La profession médicale est coutumière du fait, n'hésitant pas à nier l'existence de maladies en employant la phrase bien connue : « C'est psychologique. » On peut citer comme exemple le trouble de stress post-traumatique (TSPT), la rectocolite hémorragique, les migraines, les ulcères, l'asthme, la maladie de Parkinson, la maladie de Lyme et la sclérose en plaques. Malgré les résistances de la communauté médicale de l'époque, chacune de ces affections a été par la suite confirmée comme trouble réel[25]. D'un autre côté, Internet regorge d'allégations infondées sur les régimes sans gluten, diffusées par la presse populaire, en faisant le vilain petit canard du moment[26].

Et, bien sûr, l'industrie des produits transformés sans gluten, qui pèse aujourd'hui des milliards, a un intérêt financier à entretenir la confusion du public[27]. Lorsqu'il y a autant d'argent en jeu, il est difficile de faire confiance à qui que ce soit, alors, comme toujours, tenons-nous-en à la science. Et quel type de preuve avons-nous de l'existence d'une affection prétendument si répandue ?

Le premier essai randomisé en double aveugle contrôlé par un placebo portant sur le gluten a été publié en 2011. Des patients se plaignant de symptômes comparables à ceux du syndrome du côlon irritable affirmaient se sentir mieux lorsqu'ils suivaient un régime sans gluten, en dépit du fait qu'ils ne souffraient pas de maladie cœliaque. Ils ont été testés : pouvaient-ils déterminer si le pain et les muffins qu'on leur donnait contenaient ou non du gluten ? Tous les sujets ont commencé par une alimentation sans gluten et sans symptômes pendant deux semaines, puis on les a mis à l'épreuve avec un des deux types de pain et de muffins. Même ceux qui ont mangé le placebo sans gluten se sont sentis plus mal et ont rapporté des crampes et des ballonnements. C'est ce qu'on appelle l'effet nocebo. L'effet placebo a lieu lorsque vous donnez à un patient une substance dépourvue d'effet et qu'il se sent mieux ; l'effet nocebo se produit lorsqu'on donne à quelqu'un quelque chose d'inoffensif et qu'il se sent plus mal.

Néanmoins, comme les sujets qui ont reçu le gluten se sont sentis plus mal, les chercheurs ont conclu qu'une intolérance au gluten non cœliaque existait bien[28].

Toutefois, c'était une étude de faible ampleur, et même si les chercheurs affirment qu'il était impossible de distinguer les produits sans gluten de ceux qui en contenaient, les patients ont peut-être pu faire la différence. Donc, en 2012, des chercheurs italiens ont réalisé un test avec 920 patients diagnostiqués comme ayant une sensibilité au gluten non cœliaque. On a donné à chacun d'eux des capsules remplies soit de farine de blé, soit d'une poudre placebo. Plus des deux tiers ont échoué au test : ceux qui avaient pris le placebo se sont sentis plus mal, ou ceux qui avaient pris la farine de blé se sont sentis mieux. Mais, pour ceux qui ont réussi le test, il y avait un réel bénéfice à continuer de suivre un régime sans gluten, confirmant « l'existence d'une sensibilité au blé non cœliaque[29] ». Notez qu'ils ont évoqué une sensibilité au blé, et non une sensibilité au gluten. Autrement dit, le gluten en soi pourrait ne causer aucun symptôme.

La plupart des personnes sensibles au blé le sont à une variété d'autres aliments. Par exemple, les deux tiers sont également sensibles à la protéine de lait de vache. Les œufs semblent être les coupables suivants[30]. Si vous faites suivre aux gens un régime faiblement dosé en aliments qui provoquent couramment les symptômes de l'intestin irritable, et leur faites ensuite passer le test du gluten, celui-ci n'a aucun effet, ce qui remet sérieusement en question l'existence d'une sensibilité au gluten non cœliaque[31].

Il est intéressant de constater que, après avoir été informés qu'éviter le gluten n'était apparemment d'aucune utilité pour améliorer leurs symptômes intestinaux, un grand nombre de participants ont décidé de continuer de suivre leur régime sans gluten car ils avaient déclaré de façon subjective « se sentir mieux ». Cela a conduit les chercheurs à se demander si cette éviction pouvait améliorer l'humeur des personnes sensibles au blé, et en effet l'exposition au gluten à court terme paraissait provoquer chez ces patients un sentiment dépressif[32]. Que la sensibilité au gluten non cœliaque soit une maladie de l'esprit ou de l'intestin, elle n'est désormais plus considérée comme quantité négligeable[33].

Quel pourcentage de la population devrait éviter le blé ou d'autres céréales contenant du gluten ? Environ une personne sur 1 000 pourrait être allergique au blé[34], et presque une sur 100 pourrait avoir la maladie cœliaque[35], qui semble être en augmentation. Malgré tout, il y a moins d'une chance sur 10 000 pour qu'on diagnostique la maladie cœliaque à un Américain chaque année[36]. Notre meilleure estimation concernant la prévalence de la sensibilité au blé se situe dans la même fourchette que la maladie cœliaque : légèrement supérieure à 1 %[37]. Par conséquent, la consommation de blé n'a l'air de poser problème qu'à environ 2 % de la population seulement, mais cela représente des millions de gens qui souffrent peut-être depuis des années et auraient pu être guéris par de simples ajustements alimentaires. Jusqu'à une période récente, cependant, ces personnes n'étaient pas reconnues comme malades par la profession médicale[38].

Pour les 98 % de la population pour qui la consommation de blé ne pose aucun problème, aucune preuve scientifique ne suggère qu'un régime sans gluten soit bénéfique[39]. En fait, des preuves indiquent qu'il pourrait avoir des effets néfastes sur la santé pour ceux qui ne souffrent ni de la maladie cœliaque ni d'une sensibilité ou d'une allergie au blé. Un régime d'un mois sans gluten a produit des effets néfastes sur la flore intestinale et la fonction immunitaire, favorisant la prolifération des bactéries nocives dans l'intestin[40]. Ce phénomène est dû, paradoxalement, aux effets bénéfiques des composants qui posent problème aux personnes sensibles au blé – tels que les fructanes « FODMAP », qui jouent un rôle de prébiotiques et alimentent vos bonnes bactéries, ou le gluten lui-même, qui pourrait stimuler la fonction immunitaire[41]. L'ajout de protéines de gluten pendant moins d'une semaine pourrait augmenter l'activité des cellules NK[42] (*Natural Killer*), et ainsi améliorer la capacité de l'organisme à lutter contre le cancer et les infections virales.

Mais le problème le plus important est ailleurs : suivre un régime sans gluten pourrait empêcher le diagnostic de la maladie cœliaque, la forme la plus grave d'intolérance au blé. Les médecins la diagnostiquent en cherchant une inflammation provoquée par le gluten chez les personnes cœliaques. Mais si les patients qui se plaignent de problèmes digestifs consultent le médecin après avoir déjà éliminé en grande partie le gluten de leur alimentation, on peut passer à côté de la maladie[43]. Pourquoi serait-il important de recevoir un diagnostic formel si on suit déjà un régime sans gluten ? Tout d'abord, il s'agit d'une maladie génétique, et vous saurez alors que des examens seront utiles au reste de votre famille. Plus important, beaucoup de gens qui suivent un régime dit sans gluten en absorbent encore dans leur alimentation. Même 20 parties par million (ppm) peuvent être toxiques pour une personne atteinte de maladie cœliaque. Parfois, même les aliments portant la mention « sans gluten » peuvent ne pas être sans danger pour les malades cœliaques[44].

Quelle est la meilleure marche à suivre si vous pensez que vous pourriez être sensible au gluten ? En premier lieu, *n'adoptez pas* un régime sans gluten. Si vous souffrez de symptômes de l'intestin irritable, comme les ballonnements, les douleurs abdominales et un transit irrégulier, demandez à votre médecin de faire les tests nécessaires pour établir un diagnostic. Si vous avez bien la maladie cœliaque, alors et seulement alors, vous devez adopter un régime sans gluten très strict. Si vous n'avez pas la maladie, selon les recommandations actuelles, vous devez dans un premier temps adopter une alimentation plus saine, en mangeant davantage de fruits, de légumes, de céréales complètes et de légumineuses, tout en évitant les aliments transformés[45]. Si les gens se sentent souvent mieux avec un régime sans gluten – et concluent par conséquent qu'ils ont un problème avec celui-ci –, c'est parce qu'ils cessent également de consommer autant de junk-food et de produits transformés. En résumé, si un hamburger vous donne mal à l'estomac, le responsable n'est peut-être pas le gluten.

Si une alimentation saine n'améliore pas votre état, je vous suggère d'essayer d'éliminer d'autres causes de troubles gastro-intestinaux chroniques. Lorsque les chercheurs ont étudié les personnes qui évitent le blé et/ou le gluten, ils ont découvert qu'environ un tiers d'entre elles ne semblaient avoir aucune sensibilité au gluten mais souffraient d'autres affections, comme une prolifération de bactéries au niveau de l'intestin grêle, une intolérance au fructose ou au lactose, ou un trouble neuromusculaire tel que la gastroparésie ou le dysfonctionnement du plancher pelvien[46].

Une fois que l'hypothèse de chacun de ces troubles est écartée, et seulement alors, je suggère aux gens qui souffrent de symptômes chroniques d'essayer un régime sans gluten.

Aucune des données actuelles n'indique que le grand public devrait éviter le gluten, mais pour ceux qui sont atteints de maladie cœliaque, d'une allergie au blé ou qui ont reçu le *diagnostic* de sensibilité au blé, alors le régime sans gluten peut être salvateur[47].

Mangez des céréales complètes… prêtes en quelques minutes seulement !

Consommer des céréales complètes ne devrait pas se limiter à remplacer le pain blanc par du pain complet et le riz blanc par du riz brun. Il existe un merveilleux univers de céréales complètes. Vous avez peut-être déjà essayé le quinoa, mais connaissez-vous le kaniwa ou le fonio ? Même le riz sauvage (qui n'est en réalité pas du riz) pourrait ne pas sembler aussi sauvage que la céréale nommée freekeh. Amusez-vous et essayez l'amarante, le millet, le sorgho ou le teff pour élargir vos horizons. Le sarrasin est la céréale préférée de ma mère.

Comme pour les légumes, servez-vous des couleurs pour faire vos choix à l'épicerie : du quinoa rouge plutôt que blanc, du maïs bleu plutôt que jaune, et du maïs jaune plutôt que blanc. Au-delà de la simple comparaison de la teneur en antioxydants, les preuves expérimentales suggèrent que le riz pigmenté – rouge, violet ou noir – présenterait davantage de bénéfices que le riz complet. Par exemple, en plus de posséder environ cinq fois plus d'antioxydants[48], les variétés de riz colorées ont montré une activité antiallergique plus importante in vitro[49], ainsi que des effets anticancéreux supérieurs contre le cancer du sein[50] et les cellules de la leucémie[51].

Par souci de commodité, il existe un certain nombre de céréales à cuisson rapide : amarante, millet, flocons d'avoine, quinoa et teff ; toutes peuvent se préparer en moins de vingt minutes. Pour les céréales qui nécessitent une cuisson plus longue, comme l'orge, le farro ou l'avoine découpée, vous pouvez préparer une grande casserole à l'avance ou le week-end et la faire simplement réchauffer à chaque repas. Vous pouvez également vous procurer un cuiseur à riz pour une somme modique.

Les pâtes au blé complet cuisent en dix minutes environ. Les nouvelles techniques de production ont créé une nouvelle génération de pâtes aux céréales complètes qui n'ont plus la texture dure et farineuse qu'elles avaient auparavant. Ma marque préférée est Bionaturae pour son délicieux goût de noisette – essayez-les avec mon pesto « huit cases cochées ».

Le pesto « huit cases cochées » du Dr Greger

100 g de feuilles de basilic frais
40 g de noix tout juste grillées
2 gousses d'ail frais
¼ de citron pelé
¼ de cuillère à café de zeste de citron
0,5 cm de curcuma frais (ou ¼ de cuillère à café de curcuma en poudre)
50 g de haricots pinto
60 ml d'eau
1 cuillère à soupe de miso blanc
Poivre à votre convenance
Mixez tous les ingrédients jusqu'à obtenir une texture homogène.
Versez le mélange sur 150 g de pâtes complètes cuites.

Le pop-corn est une céréale complète qui se prépare en moins de cinq minutes. Et une machine à pop-corn est un autre ustensile bon marché très utile. Il existe une variété infinie de saveurs et d'assaisonnements épicés disponibles. J'aime l'association de chlorelle et de levure diététique. (Dans ma famille, la couleur verte lui a valu le nom de « pop-corn zombie ».) En vaporisant légèrement la machine à pop-corn à l'aide d'un spray, vous pouvez ajouter des assaisonnements secs. J'aime utiliser du vinaigre balsamique. Quoi qu'il en soit, évitez les arômes de beurre artificiel. Au départ, on pensait que le diacétyle présent dans ce produit était uniquement lié à un risque professionnel, car il avait provoqué la mort d'ouvriers qui l'avaient manipulé, mais une affection a été reconnue sous le nom de « maladie pulmonaire du pop-corn[52] ». Nous savons désormais qu'il y a également un risque pour les consommateurs, compte tenu de la série de cas de maladies pulmonaires graves qui, pense-t-on, ont été provoquées par la consommation de pop-corn aromatisé au beurre préparé au micro-ondes[53].

Il existe également des céréales complètes qui se préparent en une minute, sous la forme de bols ou de petits sacs que l'on peut mettre au four micro-ondes et qui n'ont pas besoin d'être conservés au réfrigérateur – vous n'avez plus qu'à les faire chauffer et à les manger.

La règle du 5/1

Si vous achetez des céréales conditionnées, tout ce qui porte la mention « multicéréales », « moulu », « 100 % blé », « blé concassé », « sept céréales » ou « son » n'est en général pas un produit complet. Les industriels essaient de détourner votre attention du fait qu'ils utilisent des céréales raffinées. Auquel cas la couleur pourrait ne pas vous aider. Des ingrédients du type « concentré de jus de raisin » sont utilisés pour brunir le pain blanc afin de lui donner un aspect plus sain. Même si le premier ingrédient de la liste est « complet », le reste des ingrédients peut être douteux.

Je vous suggère d'appliquer la règle du 5/1. Lorsque vous achetez des produits aux céréales complètes, observez l'étiquette indiquant la valeur nutritive sur le paquet et voyez si le ratio entre les hydrates de carbone (glucides) et les fibres alimentaires est de cinq ou moins (voir figure 7). Par exemple, voyons si le « Whole wheat wonder bread » (pain complet sous vide) passe le test : par portion, l'étiquette indique 30 g d'hydrates de carbone et 3 g de fibres. 30 divisé par 3 égale 10. Eh bien, 10 étant supérieur à 5, on repose le « Whole wheat wonder bread » dans les rayons, même si en théorie c'est un produit complet. Comparez-le avec le pain Ezekiel à base de grains germés, qui fait référence à un verset de la Bible. Il possède 15 g d'hydrates de carbone et 3 g de fibres, il réussit donc le test. Il en va de même des muffins Ezekiel, délicieux avec de la confiture 100 % fruits et du beurre de noix. Même si les preuves scientifiques relatives aux grains germés n'en sont qu'à leurs débuts, les données disponibles semblent prometteuses[54].

Valeur nutritive 1 portion (100 g)	
Par portion	**apport journalier en %**
Calories 80	
Calories de lipides 5	
Total des lipides 0,5 g	**1 %**
Sodium 75 mg	**3 %**
Hydrates de carbone 15 g	**5 %**
Fibres alimentaires 3 g	
Protéines 4 g	**12 %**

Valeur nutritive 2 tranches (75 g)	
Par portion	**apport journalier en %**
Calories 190	
Calories de lipides 18	
Total des lipides 2 g	**3 %**
Sodium 300 mg	**13 %**
Hydrates de carbone 37 g	**12 %**
Fibres alimentaires 2 g	
Protéines 6 g	**8 %**

Figure 7.

Appliquez la même règle du 5/1 pour les céréales du petit déjeuner, une autre catégorie d'aliments qui peut vous porter à croire que tout est sain ou presque. Les choses se gâtent avec les Cheerios givrés et les Cheerios aux fruits, dont le ratio hydrates de carbone/fibres est supérieur à 10. Comparez-les aux céréales All-Bran Plus, par exemple : elles passent le test haut la main, avec un ratio inférieur à 2. Les autres céréales possibles pour le petit déjeuner peuvent contenir des grains soufflés sans sucre ajouté comme l'orge soufflé, mais les céréales complètes les plus saines restent les moins transformées, qu'on appelle « graines intactes ».

Même si les grains de blé, le blé concassé, la farine de blé entier et les céréales de blé soufflé peuvent être composés à 100 % de blé entier, l'organisme les assimile de façon très différente. Réduites à l'état de farine ou soufflées, les céréales sont digérées plus rapidement et plus complètement. Cela augmente leur index glycémique et laisse peu de déchets à la flore intestinale bénéfique du côlon.

Les chercheurs ont réalisé une étude avec deux groupes, l'un consommant des noix, des graines et des légumineuses plus ou moins intactes, l'autre consommant exactement les mêmes aliments, mais sous forme de farines et de purée ou de pâte (beurre de noix, d'houmous, muesli réduit à l'état de gruau).

Que s'est-il passé ? Chez le groupe « céréales complètes intactes », le volume des selles, nettement plus important que celui du groupe « céréales complètes en poudre », a doublé alors que les deux groupes avaient consommé les mêmes aliments dans les mêmes proportions[55]. Comment est-ce possible ? Lorsque vous consommez des céréales intactes, beaucoup plus de déchets viennent nourrir votre flore intestinale. Peu de gens ont conscience que le volume des selles ne correspond pas à des aliments non digérés mais à des bactéries – des millions et des millions de bactéries[56]. C'est pourquoi on constate une augmentation de presque 60 g du volume des selles pour 30 g de fibres consommées. Ce n'est pas seulement le poids de l'eau – vous nourrissez vos bonnes bactéries pour qu'elles puissent être fécondes et se multiplier[57].

Comme l'étude l'a démontré, lorsque vous mangez des céréales complètes, même si vous mâchez bien vos aliments, des morceaux de graines et de céréales entières transportent de l'amidon et autres friandises jusqu'à votre côlon de sorte que votre flore puisse faire un festin[58]. Mais lorsque les céréales sont transformées en farine, la presque totalité de l'amidon est digéré dans l'intestin grêle, et vous pouvez en définitive priver votre microbiote de nourriture. Si cela se produit régulièrement, cela peut entraîner une dysbiose, un déséquilibre qui favorise la prolifération des mauvaises bactéries et augmente votre prédisposition à des maladies inflammatoires ou au cancer du côlon[59]. Morale de l'histoire : les céréales complètes sont géniales, mais les céréales complètes intactes pourraient être encore meilleures.

Au lieu de consommer des céréales de riz complet soufflé, pourquoi ne pas manger simplement du riz complet ? Il peut sembler bizarre de manger du riz complet au petit déjeuner, c'est pourtant un petit déjeuner traditionnel dans de nombreuses parties du monde. Il y a des versions salées, mais vous pouvez opter pour une version sucrée avec des baies fraîches, surgelées, sèches ou lyophilisées.

L'avoine

Le porridge, bien sûr, est le petit déjeuner classique à base de céréales complètes. Tout comme les légumes crucifères et les graines de lin recèlent des composés bénéfiques que l'on ne trouve en abondance nulle part ailleurs, l'avoine contient une classe unique de composés anti-inflammatoires – les avenanthramides. On pense qu'ils sont en partie responsables de l'odeur fraîche et du goût de l'avoine[60], ainsi que des propriétés apaisantes et reconstituantes des lotions corporelles à base d'avoine[61]. Des études ont porté sur des fragments de peau humaine prélevés lors d'opérations de chirurgie plastique et soumis à des produits chimiques inflammatoires. Elles ont révélé que l'extrait d'avoine peut inhiber l'inflammation[62] – à tel point que l'avoine semble maintenant privilégiée pour traiter les éruptions cutanées provoquées par certaines chimiothérapies[63]. Paradoxalement, deux des lignées de cellules cancéreuses qui se sont avérées résistantes à ce type de chimiothérapie[64] ont été sensibles aux avenanthramides in vitro, suggérant que les gens devraient également appliquer de l'avoine sur leur intestin[65]. L'avoine est plus qu'une simple céréale complète[66].

Le porridge est mon petit déjeuner de prédilection lorsque je voyage. S'il n'y a pas de Starbucks à proximité, je prépare du porridge instantané aux fruits secs avec la bouilloire de ma chambre d'hôtel. Chez vous, si vous voulez bousculer vos habitudes, tapez sur Google « porridge salé » et lancez-vous dans toutes sortes de plats intéressants en ajoutant des champignons sautés, des herbes aromatiques, des épinards, du curry, des légumes grillés – tout ce que vous voulez !

La liste des « 12 aliments quotidiens » vous incite à consommer trois portions de céréales complètes par jour. Cela peut sembler beaucoup, mais, compte tenu de la taille des portions recommandées, vous y parviendrez sans difficulté. Un seul plat de pâtes dans un restaurant italien peut correspondre à six portions en moyenne[67] ! Prendre l'habitude de manger du porridge au petit déjeuner est une excellente façon de commencer la journée, et il existe une variété de céréales complètes à cuisson rapide qui peuvent s'avérer aussi pratiques que rassasiantes pour lutter contre le risque de maladie chronique tout au long de la journée.

Les boissons

Les boissons préférées du Dr Greger

Thé noir, thé chaï, tisane de camomille-vanille, thé earl grey, thé vert, tisane d'hibiscus, chocolat chaud, thé au jasmin, tisane de mélisse, thé matcha, thé oolong aux fleurs d'amandier, tisane de menthe, eau et thé blanc.

Taille des portions

1 verre (35 cl).

Recommandations

5 portions par jour.

Il y a pléthore de conseils nutritionnels nous indiquant ce que l'on doit manger, mais en existe-t-il sur ce que l'on doit boire ? Le Beverage Guidance Panel (Comité de conseil sur les boissons) a été réuni pour fournir « des recommandations sur les bénéfices nutritionnels et les risques de santé des différentes catégories de boissons ». Le comité comptait des sommités, comme le Dr Walter Willett, président du département de nutrition de l'École de santé publique de l'université Harvard et professeur à la faculté de médecine de Harvard.

Ce comité d'experts a classé les catégories de boissons sur une échelle à six niveaux et, sans surprise, les sodas sont arrivés au dernier rang. Le lait entier a été classé dans la même catégorie que la bière, avec une recommandation de 0 cl par jour, qui s'appuyait sur la crainte que le lait soit lié au cancer de la prostate et au cancer agressif de l'ovaire, en raison de « son effet clairement établi sur les concentrations du facteur de croissance apparenté à l'insuline (IGF-1). » (Voir chapitre 13.) Le thé et le café (de préférence sans lait ni sucre) – se sont placés en deuxième position des boissons les plus saines, juste derrière l'eau, qui arrive en tête de classement[1].

L'eau

Il y a plus de deux mille ans, Hippocrate a dit : « Si nous pouvions donner à chaque individu la quantité adéquate de nourriture et d'exercice, ni trop ni trop peu, nous aurions trouvé la voie la plus sûre vers la santé[2]. » L'eau est la boisson la plus saine – mais quelle quantité est excessive, et laquelle est insuffisante ? L'eau a été décrite comme un sujet « négligé, sous-estimé et sur lequel les recherches sont encore insuffisantes[3] », mais une grande partie des études qui soulignent le besoin d'une hydratation suffisante ont été financées par l'industrie de l'eau embouteillée[4]. Il s'avère que la recommandation souvent citée de « boire au moins huit verres d'eau par jour » n'est soutenue par aucun fondement scientifique solide[5].

La recommandation des huit verres par jour remonte à un article de 1921 dans lequel l'auteur a mesuré sa propre production d'urine et de sueur, et ainsi déterminé qu'il perdait 3 % de son poids corporel en eau par jour, ce qui correspond à environ huit verres[6]. En conséquence, depuis lors, les recommandations en matière de consommation d'eau ont été fondées sur la mesure de l'urine et la transpiration d'un individu.

Mais, aujourd'hui, nous avons de très nombreuses preuves qu'une consommation insuffisante d'eau est associée à divers problèmes, dont chutes et fractures, coups de chaleur, maladie cardiaque, troubles pulmonaires, maladie rénale, calculs rénaux, cancers de la vessie et du côlon, infections urinaires, constipation, sécheresse oculaire, caries, affaiblissement de la fonction immunitaire et formation de cataracte[7]. Le problème avec un grand nombre de ces études, c'est qu'une faible consommation d'eau est également associée à plusieurs autres comportements nuisibles pour la santé, tels qu'une consommation faible de fruits et légumes, plus importante de junk-food, et même moins de « courses sur les marchés fermiers[8]. »

Réfléchissez à la question : qui boit beaucoup d'eau ? Les gens qui font beaucoup d'exercice ! Il n'est donc peut-être pas étonnant que les grands buveurs d'eau aient le taux de maladies le moins élevé.

Seuls des essais randomisés de grande ampleur pourraient résoudre cette question. Mais comme l'eau ne peut être brevetée, de tels essais semblent peu probables[9]. Par conséquent, il ne nous reste que des études qui établissent un lien entre la maladie et la faible consommation d'eau. Mais les gens sont-ils malades parce qu'ils ne boivent pas assez d'eau ou boivent-ils trop peu d'eau parce qu'ils sont malades ? Quelques études de grande ampleur ont mesuré la consommation de liquides avant que la maladie ne se développe. Par exemple, une étude de l'université Harvard portant sur presque 48 000 hommes a conclu que le risque de cancer de la vessie diminuait de 7 % pour chaque verre (25 cl) de liquide consommé par jour. Une consommation d'eau importante – disons huit verres par jour – pourrait réduire le risque de cancer de la vessie d'environ 50 %, sauvant potentiellement des milliers de vies[10].

Les meilleures données scientifiques dont nous disposons sur la quantité d'eau que nous devrions boire proviennent de l'Adventist Health Study. 20 000 hommes et femmes ont été observés. Ceux qui buvaient cinq verres d'eau ou plus par jour présentaient deux fois moins de risques de succomber à une maladie cardiaque comparés à ceux qui en buvaient deux verres ou moins par jour. Environ la moitié de la cohorte était composée de végétariens, ils consommaient donc de l'eau en supplément dans les fruits et légumes. Comme dans l'étude de Harvard, cette protection a persisté, même après qu'on a contrôlé d'autres facteurs, tels que l'alimentation et l'exercice, confirmant les effets de l'eau, sans doute parce qu'elle réduisait la viscosité sanguine[11] (autrement dit, elle améliorait la circulation du sang).

Si la protection contre le cancer et la maladie cardiaque n'est pas une motivation suffisante, peut-être que la perspective de mieux embrasser fera la différence ? En frottant de la peau artificielle contre les lèvres de jeunes femmes, des chercheurs ont découvert que des lèvres hydratées étaient plus sensibles au contact léger[12].

D'après les meilleures preuves scientifiques à ce jour, les autorités européennes, l'Institut de médecine américain et l'OMS recommandent entre 8 et 11 verres d'eau par jour pour les femmes et entre 10 et 15 verres pour les hommes[13]. Ces recommandations incluent l'eau provenant de toutes les sources, pas seulement les boissons. Vous obtenez l'équivalent de quatre verres dans l'alimentation et l'eau que votre organisme produit à lui seul[14], donc ces recommandations reviennent en fait à une consommation de 4 à 7 verres d'eau pour une femme et de 6 à 11 verres pour un homme[15] (pour une activité normale à une température ambiante modérée).

Vous pouvez également obtenir l'eau de toutes les autres boissons que vous consommez, y compris celles contenant de la caféine, à l'exception des boissons alcoolisées comme le vin et les spiritueux. Le café[16], le thé[17] et la bière peuvent vous apporter davantage d'eau mais le vin a un effet déshydratant[18]. Notez cependant que dans les études portant sur le cancer et la maladie cardiaque mentionnées précédemment, les bénéfices de santé étaient presque exclusivement associés à une augmentation de la consommation d'eau, et non des autres boissons. J'aborde la question des boissons alcoolisées dans les chapitres 8 et 11.

En résumé, à moins que vous n'ayez une maladie cardiaque ou une insuffisance rénale, ou que votre médecin vous ait recommandé de réduire votre consommation de liquides, je vous conseille de boire cinq verres par jour d'eau du robinet. Je préfère l'eau du robinet, non seulement parce c'est moins coûteux et plus respectueux de l'environnement, mais aussi parce qu'elle pourrait contenir moins de substances chimiques et de contamination microbienne que l'eau en bouteille[19].

Boire de l'eau peut-il vous rendre plus intelligent ?

Votre cerveau est composé à 75 % d'eau[20,21]. Lorsque vous êtes déshydraté, il rétrécit. Comment cela peut-il affecter la fonction cérébrale ?

Selon les échantillons d'urine de groupes d'enfants âgés de 9 à 11 ans à Los Angeles et à Manhattan, presque les deux tiers des écoliers se rendraient à l'école en état de légère déshydratation[22], ce qui pourrait affecter leurs performances scolaires. Si on prend un groupe d'écoliers et qu'on leur demande aléatoirement de boire un verre d'eau ou aucun verre d'eau avant de passer un examen, devinez quel groupe obtient de bien meilleurs résultats ? Le groupe à qui on a donné de l'eau. Ces résultats, ont conclu les chercheurs, semblent indiquer que « même les enfants en état de légère déshydratation, qui n'a pas été provoquée par une privation intentionnelle d'eau ni par un stress thermique, et vivant dans un climat froid, peuvent avoir un bénéfice à boire davantage et ainsi améliorer leurs performances cognitives[23] ».

Votre niveau d'hydratation peut également affecter votre humeur. On a constaté que la restriction de l'apport de liquides augmentait la somnolence et la fatigue, provoquait une baisse de l'énergie et de la vigilance, et augmentait le sentiment de confusion. Mais dès que les sujets d'étude sont autorisés à boire de nouveau, les effets délétères sur la vigilance, la gaieté et la clarté d'esprit sont presque immédiatement inversés[24]. L'absorption de l'eau commence très rapidement, passant de la bouche à la circulation sanguine en l'espace de cinq minutes, pour atteindre son apogée au bout de vingt minutes environ[25]. Il est intéressant de noter que l'eau froide est absorbée plus vite (20 %) que l'eau à température corporelle[26].

Comment pouvez-vous déterminer si vous êtes déshydraté ? Demandez-le à votre corps. Si vous buvez de l'eau d'un trait et que vous l'éliminez en urinant peu après, ce sera une façon pour votre corps de vous dire que votre niveau d'hydratation était satisfaisant. Mais si vous buvez une bonne quantité d'eau et que votre corps en conserve l'essentiel, alors vos réserves étaient plutôt à sec. Les chercheurs ont utilisé ce constat pour mettre au point un outil de mesure de la déshydratation : videz votre vessie, buvez trois verres d'eau, puis voyez quelle quantité vous urinez une heure plus tard. Ils ont déterminé que si vous buvez trois verres d'eau et urinez moins d'un verre, il y a de bonnes chances que vous soyez déshydraté[27].

Mais l'eau peut être vraiment monotone. Alors, essayez d'y ajouter des fruits frais ou des légumes, comme on le fait dans les spas à la mode et les hôtels de luxe. J'aime y mettre des fraises surgelées en guise de glaçons ou, parfois, quelques gouttes de jus concentré de cerise ou de grenade, par exemple. Les tranches de concombre, les copeaux de gingembre, un bâton de cannelle, de la lavande ou quelques feuilles de menthe peuvent aussi être très rafraîchissants. Mes dernières trouvailles : le mélange de rondelles de mandarine et de feuilles de menthe, ou de mûres surgelées et de sauge fraîche.

Et il y a les bulles ! Un de mes collègues a une machine SodaStream sur son bureau et il fait sa propre eau gazeuse pour quelques centimes le verre seulement. En plus de rendre l'eau plus intéressante, la carbonatation peut aider à soulager les symptômes gastro-intestinaux. Un essai randomisé destiné à tester les effets de l'eau pétillante comparés à ceux de l'eau plate a conclu que boire de l'eau gazéifiée pouvait améliorer les symptômes de constipation et de dyspepsie, dont les ballonnements et la nausée[28].

Et si vous ajoutiez à votre eau de boisson des grains de café ou des feuilles de thé ? N'auriez-vous pas toute l'eau dont vous avez besoin, ainsi que des nutriments en prime ? Une tasse de café noir, de thé ou de tisane ne comptent que deux calories, offrant potentiellement une valeur nutritive à faible apport calorique. Considérez les boissons saines comme l'opposé de la junk-food : la junk-food est très riche en calories pour une faible valeur nutritionnelle, tandis que les boissons saines ont une valeur nutritionnelle intéressante pour peu de calories. Mais dans quelle mesure le café et le thé sont-ils des boissons saines ?

Le café

J'ai déjà abordé les bénéfices du café pour le foie (chapitre 8), l'esprit (chapitre 12) et le cerveau (chapitre 14). Quels sont ses effets sur la longévité ? Les buveurs de café vivent-ils plus longtemps que les autres ?

L'étude NIH-AARP du National Cancer Institute, la plus vaste étude prospective réalisée sur l'alimentation et la santé, a traité la question. En effet, boire beaucoup de café est associé à une vie plus longue, mais son effet est plutôt modeste. Les gens qui en boivent six tasses ou plus par jour ont un taux de mortalité inférieur de 10 à 15 % en raison du moins grand nombre de morts des suites d'une maladie cardiaque, d'un AVC, de blessures et d'accidents, du diabète ou d'une infection[29]. Cependant, lorsqu'une étude a observé des gens âgés de moins de 55 ans, c'est l'effet opposé qui a été découvert : six tasses de café par jour ont augmenté le risque de mortalité. « Par conséquent, ont conclu les chercheurs, il pourrait être approprié de recommander que les personnes les plus jeunes notamment évitent une trop grande consommation de café (moins de 28 tasses par semaine ou moins de 4 tasses par jour[30]). »

Pour résumer, en s'appuyant sur l'ensemble des meilleures études disponibles à ce jour, il semble que la consommation de café soit associée à une légère réduction de la mortalité[31], de l'ordre d'une baisse de 3 % du risque de mort prématurée pour chaque tasse consommée par jour[32]. Ne vous inquiétez pas, la question n'est pas de savoir si vous risquez de ne pas vous réveiller en l'absence d'odeur de café dans votre cuisine – ces informations sont avant tout destinées à rassurer ceux qui s'inquiètent de leur dépendance au café.

Le café n'est pas recommandé à tout le monde. Par exemple, soyez prudent si vous souffrez de reflux gastro-œsophagien (RGO). Tandis qu'une étude n'a démontré aucun lien entre la consommation de café et les symptômes subjectifs de RGO, tels que les brûlures d'estomac et les régurgitations[33], des scientifiques qui ont inséré des tubes dans la gorge des sujets pour mesurer leur pH ont découvert que le café paraissait provoquer un reflux acide significatif, contrairement au thé. La caféine ne semble pas être la molécule responsable, étant donné que l'eau additionnée de caféine ne pose pas de problème. Cependant, le processus de décaféination semble réduire le taux du composant responsable, car le café décaféiné a l'air d'entraîner moins de reflux. Les chercheurs ont conseillé aux personnes souffrant de RGO de boire du décaféiné, ou mieux encore du thé[34].

La consommation quotidienne de café est également associée à une légère augmentation du risque de fracture osseuse chez les femmes, mais curieusement, à une baisse de ce risque chez les hommes[35]. Cependant, aucune association n'a été établie entre le café et le risque de fracture de la hanche. À l'inverse, le thé pourrait réduire le risque de fracture de la hanche[36] mais il semble n'avoir aucun effet significatif sur le risque de fracture de façon générale[37]. C'est une distinction importante, parce que les fractures de la hanche sont associées à une durée de vie plus courte, davantage que les autres types de fracture osseuse[38].

Les personnes atteintes de glaucome[39], ou qui ont simplement des antécédents familiaux de glaucome[40], auront peut-être intérêt à éviter le café. La consommation de café est associée à l'incontinence urinaire chez les femmes[41], comme chez les hommes[42]. Des rapports de cas ont également fait état de personnes épileptiques qui auraient connu moins de crises après avoir supprimé le café, il peut donc être intéressant de creuser cette piste pour ces personnes[43]. Enfin, il va presque sans dire que les personnes qui présentent des troubles du sommeil devraient éviter de boire trop de café. Une seule tasse le soir peut entraîner une dégradation significative de la qualité du sommeil[44].

La raison pour laquelle certaines études montraient que la consommation de café faisait augmenter le cholestérol et d'autres non est restée mystérieuse jusqu'à ce qu'on découvre que le composé que l'on pensait responsable de cette augmentation était liposoluble. Le composé en question, le cafestol, est présent dans les acides gras des grains de café et stoppé par les filtres en papier ; le café filtre n'augmente donc pas autant le cholestérol que l'espresso, le café préparé avec une cafetière à piston ou le café turc. Aucun degré de torréfaction ni de décaféination ne paraît faire de différence, cependant les grains de robusta semblent contenir moins de cafestol que les grains d'arabica. Si votre taux de cholestérol n'est pas optimal, vous devriez envisager de consommer du café filtre ou du café instantané, également dépourvu de ce composé[45]. Si ces conseils ne sont pas efficaces, envisagez de renoncer au café, car même le café filtre pourrait faire légèrement augmenter le taux de cholestérol[46].

Nous pensions autrefois que la caféine pouvait accroître le risque d'irrégularité du rythme cardiaque – la fibrillation auriculaire –, mais cela se fondait sur des études de cas anecdotiques impliquant l'ingestion de quantités de caféine très importantes[47] (y compris le cas d'une femme ayant consommé une dose excessive de chocolat[48]). En conséquence, l'idée erronée selon laquelle la consommation de café pourrait provoquer un rythme cardiaque anormal est devenue « de notoriété publique », et cette notion a même modifié la pratique médicale. Mais plus récemment, des études ont révélé que la consommation de café ne semblait pas augmenter le risque de fibrillation auriculaire[49]. De plus, une « faible dose » de caféine, définie par la consommation de moins de six tasses de café quotidiennes, pourrait même avoir un effet protecteur sur le rythme cardiaque[50].

On a remarqué que la consommation modérée de caféine chez les adultes en bonne santé (à l'exception des femmes enceintes) augmentait l'énergie et la vigilance, et améliorait les performances physiques, motrices et cognitives[51]. En dépit de ces bénéfices, une revue médicale a déclaré que les médecins devraient « tempérer les messages qui indiquent que la caféine est bénéfique […] en raison de la prolifération des boissons énergisantes qui contiennent des doses massives de caféine[52] […] ». En effet, boire une douzaine de boissons énergisantes en l'espace de quelques heures peut entraîner une overdose de caféine mortelle[53]. Cela étant dit, boire quelques tasses de café par jour pourrait légèrement prolonger votre vie[54] et diminuer quelque peu votre risque de cancer[55].

Je ne peux toutefois pas vous recommander de boire du café. Pourquoi ? Parce que chaque tasse de café est une occasion perdue de consommer une boisson encore plus bénéfique pour la santé – une tasse de thé vert.

Le thé

Les thés noir, vert et blanc sont tous composés des feuilles du même arbuste à feuilles persistantes. Les tisanes sont toutes les autres plantes infusées dans de l'eau chaude.

En quoi le thé est-il si spécial ? Il est le seul à posséder des phytonutriments si puissants qu'ils peuvent inverser le cours d'une maladie, même lors d'une simple application sur la peau. Par exemple, l'application topique de thé vert sous forme de pommade sur les verrues génitales provoque leur disparition totale chez plus de la moitié des patients testés[56]. Il n'est donc pas étonnant que ce traitement miraculeux fasse désormais partie des recommandations du Centre de contrôle des maladies sexuellement transmissibles américain[57]. Une étude de cas remarquée fait état d'une femme dont le cancer de la peau aurait été stoppé par l'application locale de thé vert[58]. Si le thé vert peut avoir un tel effet en externe, alors que pourrait-il faire en interne ?

J'ai abordé dans le chapitre 11 le rôle que le thé vert pouvait jouer dans la prévention du cancer du sein. Boire du thé pourrait avoir un effet protecteur contre les tumeurs gynécologiques malignes, comme le cancer de l'ovaire[59] et le cancer de l'endomètre[60], ainsi que faire baisser votre taux de cholestérol[61], votre pression artérielle[62], votre glycémie[63] et votre masse graisseuse[64]. Il pourrait protéger le cerveau contre le déclin cognitif[65] et l'AVC[66]. La consommation de thé est également associée à une baisse du risque de diabète[67], de la perte de dents[68], et il divise par deux le risque de mourir d'une pneumonie[69]. Cela pourrait aussi être bénéfique aux personnes qui souffrent d'allergies saisonnières. Des essais randomisés ont montré que boire quotidiennement environ trois tasses de thé vert japonais Benifuuki en commençant six[70] à dix[71] semaines avant la saison pollinique réduit les symptômes de l'allergie de façon significative.

Surfer sur la vague

L'invention de l'électroencéphalogramme (EEG) pour mesurer l'activité des ondes cérébrales a été décrite comme « un des progrès les plus surprenants, remarquables et capitaux de l'histoire de la neurologie clinique[72] ». Les scientifiques ont découvert que les êtres humains possèdent quatre états mentaux principaux – deux pendant le sommeil et deux pendant l'éveil. Les ondes delta, par lesquelles le cerveau envoie des impulsions lentes (environ une onde par seconde), que l'on observe lors du sommeil profond, et les ondes thêta, caractérisées par cinq cycles par seconde, qui correspond aux phases de rêve. Les deux états d'éveil sont alpha et bêta. L'état alpha correspond à la détente et à l'attention, par exemple lorsque vous fermez les yeux et méditez. L'état bêta est l'état de stimulation et d'agitation dans lequel la plupart d'entre nous vivons l'essentiel de notre vie.

Cependant, l'état alpha est celui auquel nous aspirons – vigilant et concentré, mais calme. Comment y parvenir ? Si vous vous détendez dans un lieu paisible et agréable, au bout de quatre-vingt-dix minutes environ, vous pouvez entamer une activité alpha significative (les méditants comme les moines bouddhistes peuvent atteindre cet état bien plus rapidement et le maintenir, même en gardant les yeux ouverts). Pour acquérir ce talent, vous pouvez méditer chaque jour pendant quelques années – ou simplement boire du thé. Quelques minutes après avoir consommé du thé, n'importe qui est capable de parvenir au même état – à la même activité des ondes cérébrales[73]. Cette transformation spectaculaire de l'activité cérébrale peut expliquer pourquoi le thé est la boisson la plus populaire dans le monde, juste après l'eau.

Le thé blanc et le thé vert sont tous deux moins transformés que le thé noir, et ils sont donc sans doute préférables[74]. Le thé blanc est fait à partir de jeunes feuilles, et son nom fait référence aux minces poils blancs qui recouvrent ses bourgeons immatures ; le thé vert est fait à partir de feuilles plus matures. Quel thé est le plus sain ? La réponse semble dépendre du fait que vous ajoutiez du citron ou non. Si vous buvez votre thé sans citron, le thé vert paraît préférable au thé blanc. Mais si vous ajoutez du citron, le thé blanc passe en tête[75]. En effet, même s'il y a davantage de phytonutriments dans le thé blanc, certains ne sont libérés qu'à un certain niveau de pH[76,77].

La macération à froid est une façon courante de préparer le thé à Taïwan, surtout pendant les mois d'été. Le thé macéré à froid n'est pas comme le thé glacé classique, que l'on infuse dans de l'eau chaude avant de le faire refroidir. La macération à froid consiste à mettre le thé dans de l'eau froide et à le laisser poser à température ambiante ou dans le réfrigérateur pendant au moins deux heures. On a découvert que cette méthode réduisait la teneur en caféine et on dit que cela réduit l'amertume et améliore l'arôme[78]. Mais quel est l'effet de la macération à froid sur la teneur en nutriments ? On pourrait penser que l'eau froide ne permet pas d'extraire autant d'antioxydants. Après tout, c'est sans doute pour extraire les nutriments du thé qu'on l'infuse dans de l'eau chaude, n'est-ce pas ? Un groupe de scientifiques a décidé de comparer l'activité antioxydante du thé infusé dans de l'eau chaude à celle du thé macéré dans de l'eau froide. En fait, ils ont mélangé du cholestérol LDL (le « mauvais ») avec des radicaux libres et ont mesuré le temps nécessaire pour oxyder l'ensemble en présence de thé infusé à chaud et macéré à froid.

À la surprise générale, le thé blanc macéré à froid s'est avéré nettement plus efficace pour ralentir l'oxydation[79]. (La température de l'infusion n'a eu aucun effet significatif sur l'activité antioxydante en ce qui concerne le thé vert.) Les chercheurs ont émis l'hypothèse que l'eau avec laquelle on infuse en général le thé est si chaude qu'elle détruit les antioxydants plus sensibles du thé blanc. Je ne fais plus infuser mon thé dans l'eau chaude. Je le laisse une nuit au réfrigérateur, cela économise du temps et de l'énergie et cela pourrait même être meilleur pour la santé.

Mais plus besoin de se demander quelle teneur en nutriments est extraite des feuilles de thé si vous les mangez simplement. Le matcha est composé de feuilles de thé vert réduites en une fine poudre qui peut être ajoutée directement à l'eau. Pourquoi gâcher des nutriments en jetant les sachets de thé alors que vous pouvez ingérer les feuilles ? Envisagez les choses ainsi : boire du thé infusé revient à faire cuire une casserole de chou vert et à jeter ensuite les légumes pour ne boire que l'eau de cuisson. Bien sûr, une partie des nutriments s'est répandue dans l'eau, mais ne serait-il pas mieux de manger les feuilles ? C'est pourquoi j'ajoute désormais les feuilles de thé directement dans mes smoothies. C'est également un excellent moyen d'incorporer le thé à votre alimentation si vous avez du mal à le boire le ventre vide. Si vous prenez goût au matcha (je le trouve un peu herbacé), vous pouvez en emporter quelques sachets avec vous partout où vous allez et en mettre dans votre bouteille d'eau avant de la secouer. Pour zéro calorie, vous mangerez des feuilles vert foncé toute la journée.

Si le thé vert est aussi bon, pourquoi ne pas prendre simplement des comprimés d'extrait de thé vert ? Parce qu'on a rapporté des dizaines de cas de toxicité hépatique liée à leur consommation[80] – ce qui démontre une fois encore qu'il est préférable de consommer l'aliment entier plutôt qu'un « ingrédient actif » dont on fait l'éloge sous forme concentrée. Toutefois, il y a une boisson à base de thé que j'éviterais. D'après quelques cas graves de personnes ayant bu du thé Kombucha (un type de thé fermenté), sa consommation « devrait être déconseillée » (dans cette étude de cas, la personne a fini dans le coma après en avoir bu[81]).

Y a-t-il des contre-indications à une consommation régulière de thé ? Sa teneur en fluor semble être le seul facteur limitant. La plante de thé est naturellement concentrée en fluor qu'elle puise dans la terre, ce qui explique en partie pourquoi sa consommation pourrait aider à lutter contre les caries[82,83], mais trop de fluor peut être toxique. Par exemple, comme l'a récemment rapporté le *New England Journal of Medicine*, une femme a commencé à éprouver des douleurs osseuses après avoir consommé quotidiennement pendant dix-sept ans un pichet de thé préparé à partir de 100 à 150 sachets de thé[84]. Pour prévenir la fluorose dentaire, qui est une décoloration dentaire sans danger mais disgracieuse, les enfants devraient sans doute s'abstenir de boire plus de 3 sachets de thé noir par jour environ (ou 4 sachets de thé vert ou 12 sachets de thé blanc approximativement[85]) au moment où leurs dents se développent, jusqu'à l'âge de 9 ans environ[86].

Le meilleur édulcorant

Dans le chapitre 12, j'ai présenté des recherches qui indiquent que l'ajout de sucre peut réduire à néant une partie des bénéfices des boissons, tandis que l'ajout d'édulcorants artificiels tels que l'aspartame ou la saccharine pouvait être pire encore. Existe-t-il des édulcorants sains ? Les deux seuls édulcorants « feu vert » sont peut-être la mélasse et le sucre de datte. Les autres édulcorants naturels caloriques, tels que le miel, les sucres de canne peu transformés, et les sirops d'érable, d'agave et de riz brun ne semblent pas avoir beaucoup à offrir d'un point de vue nutritionnel[87]. Le sucre de datte est un aliment complet – il s'agit juste de dattes réduites à l'état de poudre – tout comme la pâte de dattes et la pâte de pruneau, qui peuvent être faites maison ou achetées. Toutes ces options sont parfaites pour la cuisson au four, mais pour sucrer les boissons, le goût de la mélasse est sans doute trop prononcé et les édulcorants sous forme d'aliments complets ne se dissolvent pas totalement.

Que penser de la stévia ? Dans le courant des années 1990, des chercheurs japonais ont découvert que le stévioside, l'ingrédient « actif » de la stévia, paraissait sans danger. Mais chez le rat, les bactéries intestinales ont transformé le stévioside en une substance toxique appelée stéviol, qui peut entraîner un pic important de dégradations mutagènes de l'ADN in vitro[88]. Hélas, il s'avère que les êtres humains ont la même activité bactérienne intestinale[89]. Cependant, c'est la dose qui fait le poison. L'OMS considère qu'une consommation de 1,8 mg de stévia par kilo de poids corporel est sans danger. Cela dit, compte tenu de l'appétence des Américains pour le sucre, s'ils sucrent tout avec de la stévia, on peut dépasser cette limite. Mais boire jusqu'à deux boissons édulcorées à la stévia par jour peut être considéré comme sans danger[90].

Les alcools de sucre tels que le sorbitol et le xylitol sont inoffensifs en soi, mais ils ne sont pas absorbés par l'organisme et aboutissent dans le côlon, où ils peuvent attirer des fluides et provoquer des diarrhées. C'est pourquoi ils ne sont employés qu'à faible dose dans le commerce, dans les bonbons ou les chewing-gums par exemple, et non dans les boissons. Cependant, un composé voisin, l'érythritol, est absorbé et pourrait avoir l'innocuité du xylitol, sans l'effet laxatif.

L'érythritol se trouve à l'état naturel dans les poires et le raisin, mais à l'échelle industrielle on utilise de la levure pour le produire. L'érythritol n'entraîne pas de caries[91], et il n'a pas été impliqué dans la fibromyalgie[92], l'accouchement prématuré[93], les maux de tête[94], l'hypertension[95], les troubles cérébraux[96], ni la thrombopathie[97], contrairement aux autres édulcorants faibles en calories. De plus, il pourrait avoir des propriétés antioxydantes[98]. Cependant, comme pour tous les produits hautement transformés, son utilisation devrait être limitée à l'augmentation de votre consommation d'aliments « feu vert ». Par exemple, si la seule façon pour vous de manger un demi-pamplemousse est de le saupoudrer de sucre, il est préférable de le consommer ainsi que pas du tout – et le saupoudrer d'érythritol serait encore mieux. En partant de ce principe, j'utilise l'érythritol pour augmenter ma consommation de canneberges (vous vous souvenez de ma recette du Jus rose, dans le chapitre 8 ?), de poudre de cacao (voir page 653) et de tisane d'hibiscus.

Mon punch à l'hibiscus

En 2010, une analyse des antioxydants de 300 boissons différentes a été publiée, passant tous les breuvages en revue, du Red Bull jusqu'au vin rouge[99]. Et le vainqueur est… la tisane d'hibiscus ! J'ai décrit son effet puissant pour lutter contre l'hypertension dans le chapitre 7. J'ai toujours eu une tension artérielle « normale » selon les normes américaines, mais je souhaitais tendre vers une tension optimale, l'hibiscus est donc devenu un de mes ingrédients de base au quotidien. Essayez cette recette :

Dans 20 cl d'eau, mettez une poignée d'hibiscus séché ou quatre sachets de tisane dont l'hibiscus est l'ingrédient principal. Puis ajoutez le jus d'un citron et trois cuillères à soupe d'érythritol, et laissez le tout infuser dans votre réfrigérateur pendant la nuit. Le lendemain matin, filtrez l'hibiscus ou ôtez les sachets de tisane, remuez bien et buvez le breuvage tout au long de la journée. J'essaie d'en boire tous les jours lorsque je suis à la maison.

Pour un punch encore plus sain, ajoutez de la mousse verte : versez l'équivalent d'une tasse de tisane dans un blender avec des feuilles de menthe fraîche, mixez à puissance maximale et dégustez. Vous avez donc une plante à feuilles vert foncé mélangée à la boisson qui est sans doute la plus riche en antioxydants au monde, et en plus cette boisson a la saveur d'un punch aux fruits. Vos enfants vont adorer !

Comme pour tous les aliments et boissons acides, rincez-vous la bouche avec de l'eau après l'avoir consommée pour éviter que les acides naturels n'agressent l'émail de vos dents[100]. Ne vous brossez pas les dents dans l'heure qui suit l'ingestion de quelque chose d'acide, car votre émail pourrait être sensibilisé et endommagé par le brossage[101]. Si vous sirotez le punch tout au long de la journée, je vous suggère d'utiliser une paille pour éviter le contact avec les dents[102].

Attention cependant : dans trois cas, même les édulcorants inoffensifs pourraient en théorie être nocifs. Au fil des ans, de nombreuses études de grande ampleur ont trouvé une corrélation entre les édulcorants artificiels et la prise de poids[103]. L'explication la plus courante de cette découverte paradoxale est la causalité inversée : les gens ne sont pas gros parce qu'ils boivent du soda light ; ils boivent du soda light parce qu'ils sont gros.

Mais il existe au moins trois autres explications alternatives moins bénignes. La première est « la surcompensation de la réduction calorique escomptée ». Si on remplace le soda par du soda light à l'insu des personnes qui le boivent, leur apport calorique baisse[104]. C'est logique, puisqu'ils ont cessé de boire une grande quantité de sucre. Mais que se passe-t-il si vous avouez ce que vous avez fait ? Les gens qui consomment des édulcorants artificiels sciemment peuvent en définitive consommer davantage de calories ; ils se disent peut-être qu'après leur boisson à zéro calorie ils peuvent se permettre une seconde part de tarte. C'est en tout cas ce que les études ont démontré. Par exemple, si on donne aux sujets des céréales édulcorées à l'aspartame pour le petit déjeuner mais qu'on n'informe que la moitié des participants que le sucre utilisé était artificiel, le groupe informé mange nettement plus au moment du déjeuner que le groupe non informé[105]. Je pense à cela chaque fois que je vois quelqu'un commander un soda light avec son repas dans un fast-food.

La deuxième explication de la prise de poids liée à la consommation d'édulcorants artificiels est fondée sur la façon dont l'humanité a évolué : lorsque votre cerveau enregistre la sensation de sucré sur votre langue, des millions d'années d'évolution lui rappellent de manger le plus possible – après tout, les aliments d'origine végétale naturellement sucrés comme les fruits ou les patates douces sont parmi les plus sains. Lorsque vous buvez une cannette de soda light, votre cerveau pense que vous venez de tomber sur un buisson de myrtilles sauvages, et il vous envoie un signal urgent d'en manger de grandes quantités aussi vite que possible, avant que quelqu'un d'autre n'ait vent de votre découverte. En même temps, votre corps sait que si vous consommez trop de calories, vous risquez de devenir trop gros pour pouvoir distancer le tigre à dents de sabre, donc lorsque votre intestin reçoit le signal que vous avez absorbé suffisamment de calories, il envoie un signal à votre cerveau pour vous encourager à cesser de manger. Toutefois, lorsque vous ingérez des édulcorants faibles en calories, vous ressentez l'effet familier qui aiguise votre appétit en raison de la sensation de sucré sur votre langue, mais vous n'avez plus l'effet qui vous coupe l'appétit des calories entrant dans votre intestin. La conséquence peut être un appétit décuplé qui vous pousse à manger davantage que vous ne l'auriez fait en temps normal[106].

Troisième explication : les édulcorants entretiendraient une dépendance et un attrait pour tous les mets sucrés. En continuant à en consommer – avec ou sans calories –, vous ne parvenez pas à éduquer votre goût pour le détourner des aliments extrêmement sucrés[107]. Imaginons que vous utilisiez de l'érythritol à la maison. C'est très bien, mais que se passe-t-il lorsque vous partez en vacances et que vous n'en avez plus sous la main ? Votre préférence pour les aliments très sucrés ne vous quitte pas, et elle peut se traduire par une plus forte consommation d'aliments peu sains.

Que faut-il retenir ? L'érythritol semble sans danger, mais seulement si vous ne l'utilisez pas comme une excuse pour manger plus de junk-food.

Buvez cinq verres d'eau par jour, que ce soit de l'eau du robinet ou de l'eau aromatisée avec des fruits, des feuilles de thé ou des plantes. Rester bien hydraté peut vous rendre de meilleure humeur (et plus énergique !), clarifier votre pensée et même réduire votre risque de maladie cardiaque, de cancer de la vessie et d'autres maladies. Allez, cul sec !

L'exercice

Les activités d'intensité modérée

Vélo, canoë-kayak, danse, ski alpin, escrime, balades en plein air, travaux ménagers, patinage sur glace, roller, jonglage, trampoline, pédalo, frisbee, paniers de basket, skateboard, plongée avec tuba, surf, nage récréative, tennis (en double), marche dans l'eau, marche rapide, aquagym, ski nautique, jardinage et yoga.

Activités intensives

Randonnée, basket, cyclisme en côte, musculation de haut niveau, ski de fond, hockey, jogging, corde à sauter, pompes, squash, escalade, rugby, course, plongée sous-marine, tennis (en simple), patinage de vitesse, step, natation (longueurs), marche rapide en côte et jogging en eau profonde.

Taille des portions

90 minutes d'activité d'intensité modérée.

40 minutes d'activité intensive.

Recommandations

1 portion par jour.

Plus des deux tiers des Américains adultes sont en surpoids[1]. Réfléchissez-y un instant. Moins d'une personne sur trois parvient à conserver un poids de santé. De surcroît, d'ici à 2030, plus de la moitié de la population du pays sera cliniquement obèse. Au fil des trois dernières décennies, l'obésité infantile a triplé, et la plupart des enfants en surpoids continueront de l'être à l'âge adulte[2]. Comme je l'ai mentionné précédemment, nous sommes peut-être en train d'élever la première génération d'enfants dont l'espérance de vie sera plus courte que celle de leurs parents[3].

L'industrie alimentaire attribue souvent la principale cause de l'obésité à l'inactivité plutôt qu'à la promotion et à la consommation de ses produits riches en calories[4]. En réalité, les recherches scientifiques semblent indiquer que l'activité physique a augmenté aux États-Unis au cours des dernières décennies[5]. Nous savons que l'obésité s'est amplifiée, même dans des régions où les gens font davantage d'exercice physique[6]. Cela s'explique sans doute par le fait que l'activité qui consiste à manger prend le pas sur l'activité physique[7].

Si on compare les habitudes alimentaires actuelles à celles qui prévalaient dans les années 1970, chaque jour, les enfants consomment en plus l'équivalent calorique d'une cannette de soda et d'une petite frite, et les adultes, l'équivalent d'un Big Mac. Simplement pour compenser les calories supplémentaires qu'ils ingèrent, les Américains devraient marcher deux heures de plus chaque jour de la semaine[8].

Les études indiquent que pour la plupart des gens, surveiller son alimentation et faire de l'exercice est tout aussi important pour contrôler son poids[9]. Cependant, il est bien plus facile de manger que de bouger. Pour brûler en marchant les calories que vous trouvez dans un seul petit morceau de beurre ou de margarine, vous devriez ajouter 800 m à votre promenade du soir. Pour chaque sardine supplémentaire dans votre salade César, c'est 400 m de jogging en plus. Si vous mangez deux cuisses de poulet, il vous faudra activer vos propres cuisses et courir 5 km juste pour compenser – et je parle de poulet mijoté et sans la peau[10].

Les chercheurs qui acceptent des subventions de la société Coca-Cola[11] considèrent l'inactivité physique comme « le problème de santé publique majeur du XXIe siècle[12] ». En réalité, l'inactivité physique se place au cinquième rang en termes de facteur de risque de mortalité aux États-Unis, et au sixième rang en termes de facteur de risque de handicap[13]. Et l'inactivité arrive à peine en dixième position à l'échelle mondiale[14]. Comme nous l'avons appris, l'alimentation est de loin notre principal fléau, suivi par le tabagisme[15].

Bien sûr, cela ne veut pas dire que vous devriez rester assis sur votre canapé toute la journée. Comme nous l'avons vu dans ce livre, en plus de vous aider à conserver un poids de forme, l'exercice peut vous prémunir contre le déclin cognitif léger et peut-être même l'inverser, stimuler votre système immunitaire, prévenir et traiter l'hypertension artérielle, et améliorer votre humeur et la qualité de votre sommeil, entre autres. Si l'ensemble de la population américaine faisait assez d'exercice collectivement pour faire baisser l'IMC d'à peine 1 % à l'échelle nationale, 2 millions de cas de diabète, 1,5 million de cas de maladie cardiaque et jusqu'à 127 000 cas de cancer pourraient être évités[16].

Levez-vous pour votre santé

Vos parents avaient raison : trop regarder la télévision n'est pas sans risques – même si cela ne nuit pas tant au cerveau qu'au corps. Selon une étude portant sur environ 9 000 adultes suivis pendant sept ans, les chercheurs ont calculé que chaque heure supplémentaire passée devant la télévision pouvait être associée à une hausse de 11 % du risque de mortalité[17]. De manière générale, le temps passé devant les écrans – y compris devant des jeux vidéo – semble être un facteur de risque de mort prématurée[18]. Cela veut-il dire que vous devez détruire votre télé et votre PlayStation avant qu'ils ne vous tuent ?

Ce ne sont pas les appareils électroniques en soi qui sont dangereux, mais la sédentarité associée à leur usage. Bien sûr, l'inactivité n'est pas toujours mauvaise[19]. Songez au fait de dormir – aucune activité n'est plus sédentaire ! Le problème paraît être lié à la position assise. Après avoir suivi la santé de plus de 100 000 Américains pendant quatorze ans, l'American Cancer Society a découvert que les hommes qui restaient assis pendant au moins trois heures, et les femmes, plus de six heures par jour, présentaient un taux de mortalité de 40 % plus élevé[20, 21]. Une méta-analyse portant sur 43 études similaires a conclu que rester trop souvent en position assise est associé à une réduction de l'espérance de vie, et ce « indépendamment du niveau d'activité physique ». En d'autres termes, les gens qui se rendent chaque jour au club de sport en sortant du bureau pourraient avoir malgré tout une espérance de vie plus courte s'ils sont restés assis tout au long de la journée. Rester assis pendant six heures ou plus par jour semble augmenter le taux de mortalité, même chez les personnes qui courent ou nagent une heure par jour, sept jours sur sept[22].

Je ne suis pas en train de dire que nous devrions tous quitter nos emplois de bureau, mais d'autres choix s'offrent à nous. Par exemple, essayez d'opter pour un bureau qui vous permette de travailler debout, ce qui augmente le rythme cardiaque et permettrait de brûler jusqu'à 50 calories supplémentaires par heure. Cela peut ne pas sembler énorme, mais rester debout trois heures par jour au travail équivaut à environ 30 000 calories supplémentaires brûlées par an – l'équivalent de 10 marathons[23]. Que vous soyez au bureau, que vous lisiez le journal chez vous ou même que vous regardiez la télévision, pourquoi ne pas trouver le moyen de le faire debout ? En fait, l'essentiel de ce livre a été écrit tandis que je parcourais 25 km par jour sur un tapis de marche situé sous mon « bureau debout ». Les bureaux-tapis de marche sont souvent onéreux, mais nombre de magasins de vente d'occasion regorgent d'équipements sportifs. Mon bureau est simplement composé d'un tapis de marche placé sous des étagères en plastique bon marché.

Si vous êtes sédentaire depuis longtemps, allez-y doucement. Je suis sûr que vous avez déjà entendu ce refrain familier : « Avant de commencer toute activité physique, demandez l'avis de votre médecin. » C'est bien sûr vrai pour les exercices intensifs, mais la plupart des gens peuvent commencer à marcher dix à quinze minutes quelques fois par jour. Cependant, si vous avez des difficultés à garder votre équilibre, êtes sujet aux étourdissements ou souffrez d'une maladie chronique, il est réellement préférable de consulter un médecin.

Que faire si vous devez vraiment rester assis toute la journée ?

Pourquoi est-il si nuisible de rester assis ? Une des raisons pourrait être la dysfonction endothéliale, soit l'incapacité des parois internes de vos vaisseaux sanguins à signaler à vos artères de se détendre normalement en réaction à la circulation sanguine. Vos muscles s'atrophient si vous ne vous en servez pas, et cela peut aussi s'appliquer à la fonction artérielle. Une augmentation du flux sanguin favorise la bonne santé de l'endothélium[24]. Le flux sanguin entretient la stabilité et l'intégrité des parois internes de vos artères. Sans ce flux constant au rythme de vos efforts physiques, vous êtes la proie de maladies vasculaires.

Que faire si votre travail vous impose de rester assis toute la journée ? Selon les recherches, les bureaux-tapis de marche pourraient améliorer la santé des travailleurs, sans porter atteinte à leur performance professionnelle[25], mais votre bureau ne permet peut-être pas un tel aménagement. Les données préliminaires d'études observationnelles[26] comme interventionnelles[27] indiquent que les interruptions régulières des périodes assises peuvent être bénéfiques. Et il n'est pas nécessaire qu'elles soient longues. Les pauses peuvent même ne durer qu'une minute et ne doivent pas forcément comporter des exercices énergiques – monter et descendre quelques marches peut être suffisant. Une autre possibilité lorsqu'on a un emploi sédentaire est d'opter pour des « réunions en marchant » à la place des réunions classiques.

Et si vous avez un emploi sédentaire qui ne vous permet pas de prendre de pauses fréquentes – comme c'est le cas des chauffeurs de camion ? Y a-t-il un moyen d'améliorer votre fonction endothéliale en restant assis ? Tout d'abord, à défaut de brûler des calories, je vous conseille d'arrêter de les griller – je veux parler des cigarettes. Fumer une seule cigarette peut affecter votre fonction endothéliale de façon significative[28]. En revanche, boire un thé vert toutes les deux heures peut contribuer à l'entretien de votre fonction endothéliale[29], tout comme le fait de consommer des repas faisant la part belle aux légumes verts et aux légumes riches en nitrates. (Voir chapitre 7.)

Le curcuma peut également être utile. Une étude comparative a montré que l'ingestion quotidienne de curcumine pouvait améliorer la fonction endothéliale aussi efficacement qu'une heure d'exercices d'aérobic par jour[30]. Cela veut-il dire que vous pouvez passer vos journées affalé sur votre canapé tant que vous agrémentez vos repas de curry ? Non, vous devez néanmoins bouger autant que possible – l'association de la curcumine *et* de l'exercice semble encore plus efficace que l'un ou l'autre de façon séparée[31].

Soulager les muscles douloureux avec des plantes

Optimiser la récupération après l'exercice est considéré comme le Saint Graal de la science de l'exercice[32]. Tous ceux qui font du sport régulièrement connaissent bien le problème des muscles douloureux. C'est la sensation de brûlure accompagnant les exercices intensifs qui serait liée à l'accumulation d'acide lactique dans les muscles, suivie de la manifestation-retard de la douleur musculaire, qui intervient les jours suivant une activité physique de forte intensité. La douleur différée est la conséquence de l'inflammation causée par des micro-déchirures de muscles, susceptibles de nuire aux performances athlétiques dans les jours qui suivent un entraînement intensif. Si vous souffrez d'une réaction inflammatoire, les phytonutriments anti-inflammatoires peuvent-ils être utiles ? Les bioflavonoïdes des agrumes peuvent avoir un effet sur l'accumulation de l'acide lactique[33], mais vous aurez sans doute besoin de recourir aux flavonoïdes des myrtilles pour lutter contre l'inflammation.

Des biopsies de muscles d'athlètes ont confirmé que la consommation de myrtilles, par exemple, pouvait réduire de façon considérable l'inflammation provoquée par l'exercice[34]. Des études portant sur la consommation de cerises ont montré que cet effet anti-inflammatoire pouvait se traduire par un temps de récupération plus rapide, réduisant la perte de force consécutive à une flexion des biceps de 22 % à seulement 4 % chez les étudiants masculins lors des quatre jours suivants[35]. Les effets décontracturants des baies sur les muscles ne concernent pas uniquement les haltérophiles, des études de suivi ont montré que les cerises pouvaient aussi réduire les douleurs musculaires chez les coureurs de fond[36] et aidaient à la récupération après les marathons[37].

On a également remarqué que manger 300 g de pastèque avant une activité physique intense réduisait significativement les douleurs musculaires. Les chercheurs ont conclu que les composés fonctionnels des fruits et légumes peuvent « jouer un rôle clé dans la conception de nouveaux produits naturels et fonctionnels » comme les boissons, les jus et les barres énergétiques[38]. Mais pourquoi fabriquer de nouveaux produits quand la nature a déjà conçu tout ce dont nous avons besoin ?

Prévenir le stress oxydatif engendré par l'exercice

Comme nous l'avons abordé dans la première partie, lorsque vous consommez de l'oxygène pour que votre organisme puisse produire de l'énergie, des radicaux libres peuvent se former, tout comme les voitures brûlant du carburant produisent des produits dérivés de la combustion. Et cela survient même si vous flemmardez, au gré de vos activités quotidiennes. Et si vous passiez à la vitesse supérieure, que vous commenciez à faire de l'exercice et à réellement brûler de l'énergie ? Allez-vous créer davantage de stress oxydatif et par conséquent devoir manger encore plus d'aliments riches en antioxydants ?

Des études ont démontré que les ultramarathoniens présentaient des signes d'altérations de l'ADN dans environ 10 % de leurs cellules testées pendant une course[39], ainsi que dans les deux semaines suivantes[40]. Mais la plupart d'entre nous ne sont pas ultramarathoniens. De courtes séances d'exercice peuvent-elles malgré tout altérer notre ADN ?

Oui. Après seulement cinq minutes de cyclisme modéré ou intense, nous pouvons connaître une augmentation des lésions de notre ADN[41]. Ne passant jamais à côté de la moindre occasion, des entreprises pharmaceutiques et de compléments alimentaires ont cherché des moyens de bloquer les effets du stress oxydatif engendré par l'exercice avec des pilules antioxydantes. Mais, non sans ironie, on a constaté que cela entraînait un état de pro-oxydation. Par exemple, chez les haltérophiles qui avaient pris environ 1 000 mg de vitamine C, on a noté en définitive davantage de lésions musculaires et de stress oxydatif[42].

Au lieu de prendre des compléments d'antioxydants, pourquoi ne pas consommer des aliments riches en antioxydants pour contrer les radicaux libres ? Des chercheurs ont demandé à des sujets de monter sur un tapis de course et ont augmenté l'intensité de l'exercice jusqu'à ce qu'ils soient sur le point de s'effondrer. Ils ont relevé un pic de radicaux libres dans le groupe de contrôle, mais ceux qui avaient consommé beaucoup de cresson avant l'exercice ont présenté moins de radicaux libres après l'exercice. Après avoir consommé une portion de cresson par jour, aucune altération de l'ADN n'a été constatée, quelle que soit la pénibilité de l'exercice qu'on infligeait aux sujets[43]. Donc, avec une alimentation saine, vous pouvez avoir le beurre et l'argent du beurre – tous les bénéfices d'un exercice intensif sans les altérations de l'ADN liées à l'activité physique supplémentaire. Comme l'a indiqué un compte rendu publié dans le *Journal of Sports Sciences*, les personnes qui ont une alimentation à base de végétaux pourraient naturellement « posséder un système de défense antioxydant pour contrer le stress oxydatif engendré par l'exercice[44] ». Qu'il soit question de s'entraîner plus longtemps ou de vivre plus longtemps, la science semble claire sur le sujet. Votre qualité et votre durée de vie s'améliorent lorsque vous choisissez des aliments « feu vert ».

Quelle durée d'exercice ?

Les recommandations actuelles pour les adultes sont un minimum de 150 minutes par semaine d'exercice d'aérobic, ce qui correspond à un peu plus de 20 minutes par jour[45]. C'est en réalité moins que les précédentes recommandations du département américain de la Santé[46], du CDC (Centre de contrôle et de prévention des maladies) et de l'American College of Sports Medicine[47] (université américaine de la médecine du sport), qui conseillent au moins 30 minutes par jour. Les autorités chargées du sport semblent être tombées dans le même piège que celles qui sont chargées de la nutrition, en recommandant ce qu'elles considèrent comme réalisable au lieu de simplement informer les gens des avancées de la science et de les laisser décider par eux-mêmes. Elles insistent déjà sur le fait que n'importe quelle quantité d'activité physique est préférable à rien[48], alors pourquoi ne cesseraient-elles pas de traiter le public avec condescendance pour dire tout simplement la vérité ?

Il est vrai qu'il vaut mieux marcher 150 minutes par semaine que 60 minutes. Suivre la recommandation actuelle de 150 minutes semble réduire la mortalité globale de 7 % comparativement à la sédentarité. Marcher 60 minutes par semaine fait chuter votre taux de mortalité de 3 %. Mais si l'on passe à 300 minutes par semaine, il baisse de 14 %[49]. Par conséquent, marcher deux fois plus longtemps – 40 minutes par jour au lieu des 20 minutes conseillées – apporte deux fois plus de bénéfices. Et une marche d'une heure chaque jour peut réduire la mortalité de 24 %[50] ! (Je prends la marche comme exemple parce que c'est un exercice à la portée de presque tout le monde, mais il en va de même pour les autres activités d'intensité modérée, telles que le jardinage ou le vélo[51].)

Une méta-analyse de la quantité d'activité physique et de la longévité a conclu que l'équivalent d'une marche rapide était bénéfique, mais que 90 minutes valaient encore mieux[52]. Et qu'en est-il au-delà de 90 minutes ? Hélas, il y a tellement peu de gens qui font autant d'exercice chaque jour qu'on manquait d'études pour établir une catégorie supérieure. Si nous savons que 90 minutes d'exercice par jour valent mieux que 60 minutes, qui valent mieux que 30 minutes, pourquoi la recommandation n'est-elle que de 20 minutes ? Je comprends bien que, comme seulement la moitié des Américains marchent au moins 20 minutes par jour[53], les autorités espèrent seulement pousser les gens dans la bonne direction. C'est comme les recommandations nutritionnelles qui conseillent de « manger moins de bonbons ». Il vaudrait bien mieux dire simplement les choses telles qu'elles sont.

C'est ce que j'ai essayé de faire dans ce livre.

Conclusion

Mon ami Art était un de ces types qui veulent juste profiter de la vie. Il avait réussi, était généreux, gentil et tellement drôle – il était bien plus que la figure emblématique de l'empire de l'alimentation naturelle qu'il avait créé. Il avançait dans la vie, ou plutôt il courait. Ce surfeur et fervent de VTT était adepte d'une alimentation complète d'origine végétale depuis plus de deux décennies. J'ai rarement rencontré homme en aussi bonne santé que lui.

Art a perdu la vie pendant que j'écrivais ce livre.

À 46 ans à peine, il a été retrouvé mort dans sa douche, dans un lieu de retraite de santé dont il était le propriétaire. Mon cœur ne pouvant supporter la douleur de la perte de mon ami, mon cerveau a pris le relais, tournant en boucle à la recherche des causes possibles de sa mort. J'ai pensé que si je parvenais à comprendre ce qui s'était passé, je pourrais apporter un peu de réconfort à sa famille.

J'ai envisagé tous les troubles cardiaques congénitaux susceptibles d'entraîner une mort soudaine chez les jeunes athlètes. Peut-être était-ce le syndrome de Brugada ? Je me suis souvenu du cas d'un coureur de marathon qui s'était effondré en raison de ce trouble génétique rare[1], qui peut être provoqué par la chaleur[2]. J'ai fait des recherches, et il y avait bien eu un cas lié à un bain chaud[3], il était donc plausible que ce soit la raison de la mort d'Art.

La température de l'eau était en cause, mais pas de la façon que j'avais présumée. Le capitaine de gendarmerie a appelé un peu plus tard cette semaine-là pour nous informer que d'autres personnes avaient eu un malaise dans cette même douche. Mais elles avaient été évacuées vers l'hôpital le plus proche et, heureusement, avaient survécu.

Il s'est avéré qu'Art était mort d'un empoisonnement au monoxyde de carbone. La douche nouvellement installée n'avait sans doute pas été correctement ventilée. C'est une tragédie insupportable, et je ne cesse de penser à lui.

La mort d'Art m'a fait prendre conscience que, même si on est attentif à sa façon de s'alimenter et de vivre, on peut toujours être renversé par un bus – au sens propre comme au sens figuré. On doit regarder de chaque côté avant de traverser la rue. On doit mettre sa ceinture en voiture, porter un casque lorsqu'on fait du vélo et éviter les pratiques sexuelles à risque.

Et on doit faire en sorte que chaque jour compte et soit rempli d'air frais, de rire et d'amour – l'amour de nous-mêmes, des autres et de ce que nous faisons de notre précieuse vie. C'est ce qu'Art m'a enseigné.

À la poursuite du plaisir

La notion de santé préventive consiste à agir maintenant pour que rien de mauvais n'arrive plus tard. Vous utilisez un fil dentaire non parce que vous vous sentez mieux en le faisant, mais parce que grâce à cet acte vous éviterez de futures déconvenues. Vous pourriez considérer que les habitudes saines présentées dans ce livre sont avant tout préventives – vous mangez plus sainement maintenant pour éviter d'être malade plus tard.

Cependant, une alimentation saine va bien au-delà.

L'industrie alimentaire encaisse des millions en manipulant les centres du plaisir situés dans votre cerveau, ce qu'on appelle le système de récompense de la dopamine. La dopamine est le neurotransmetteur qui, au gré de l'évolution, vous récompense lorsque vous vous êtes bien comporté, et elle contribue à motiver votre envie de choses telles que la nourriture, l'eau et le sexe – toutes nécessaires à la perpétuation de l'espèce. Cette réaction naturelle a été pervertie au nom du profit, et elle continue de l'être.

L'industrie alimentaire comme les compagnies de tabac et autres barons de la drogue ont réussi à trouver des produits qui exploitent le même système de récompense de la dopamine que celui qui pousse les gens à continuer de fumer ou de sniffer de la cocaïne. Les gens ont mâché des feuilles de coca pendant au moins huit mille ans sans qu'on ait la preuve d'une dépendance[4], mais le problème se pose lorsqu'on isole certains composants et qu'on les concentre sous la forme de cocaïne – cela se produit lorsque les feuilles de coca sont transformées. Il en va sans doute de même pour le sucre. Après tout, peu de gens se gavent de bananes. Le sucre isolé des aliments complets est sans doute la raison pour laquelle vous êtes plus susceptible de faire des excès de soda que de patates douces.

La surconsommation de sucre a souvent été comparée à une dépendance à une drogue. Jusqu'à très récemment, cette comparaison était fondée sur des données empiriques plutôt que sur des faits scientifiques solides. Mais nous disposons désormais des PET scans, ces nouvelles techniques d'imagerie qui permettent aux médecins de mesurer l'activité du cerveau en temps réel. Tout a commencé avec une étude qui a montré une baisse de la sensibilité à la dopamine chez les personnes obèses. Plus les personnes étudiées avaient un poids élevé, moins elles semblaient réagir à la dopamine[5]. Nous constatons la même baisse de sensibilité chez les cocaïnomanes et les alcooliques[6]. Le cerveau est tellement stimulé qu'il finit par diminuer l'intensité de sa réaction.

C'était une forme d'adaptation très saine pour notre cerveau de primate, qui nous a poussés à manger des bananes lorsque nous disposions de peu de nourriture, mais maintenant que ce fruit est disponible sous forme de Froot Loops, cette adaptation de l'évolution est devenue un handicap[7,8]. La formule d'origine du Coca-Cola contenait certes des feuilles de coca, mais c'est sans doute à sa teneur en sucre que nous sommes désormais accros.

Le cerveau réagit de la même façon aux graisses. Environ trente minutes après avoir mangé un yaourt très riche en matière grasse, les sujets de recherche ont présenté une activité cérébrale similaire à ceux qui avaient bu de l'eau sucrée[9]. Les gens qui consomment régulièrement de la glace (sucre et graisse) ont une réponse dopaminergique atténuée lorsqu'ils boivent un milk-shake. C'est comparable à l'augmentation des doses chez les toxicomanes, pour atteindre les mêmes sensations. Une étude de neuro-imagerie a conclu que la consommation fréquente de glaces « est liée à une réduction de la réponse de la zone de récompense [le centre du plaisir] chez les humains, qui est équivalente à la tolérance observée dans la toxicomanie ». Une fois que vous avez émoussé votre réponse à la dopamine, vous pouvez manger excessivement pour atteindre le degré de satisfaction éprouvé précédemment, ce qui contribue à une prise de poids malsaine[10].

Qu'ont en commun les aliments gras et sucrés ? Ils sont tous deux très énergétiques. Le problème étant moins lié au nombre de calories qu'à leur concentration. La consommation d'aliments « feu vert », qui sont naturellement peu caloriques, n'entraîne pas de réponse à la dopamine atténuée, contrairement à une alimentation plus dense en calories comportant le même nombre de calories[11]. C'est comparable à la différence entre la cocaïne et le crack : il s'agit de la même substance chimique, mais en fumant du crack une dose plus élevée parvient au cerveau plus rapidement.

Compte tenu de notre compréhension nouvelle des bases biologiques de la dépendance à la nourriture, certains ont demandé que l'obésité soit officiellement classée comme trouble mental[12]. Après tout, l'obésité et la dépendance ont en commun l'incapacité à maîtriser un comportement en dépit de la conscience de ses conséquences néfastes sur la santé, ce qui est un des critères qui définissent la toxicomanie[13] (un phénomène connu sous le nom de « piège du plaisir »). Bien sûr, redéfinir l'obésité comme une dépendance serait une aubaine pour les entreprises pharmaceutiques, qui travaillent déjà sur toute une gamme de médicaments pour chambouler la chimie de votre cerveau[14].

Par exemple, lorsque les chercheurs ont essayé de bloquer les effets des opiacés chez ceux qu'on qualifie d'« outremangeurs » (tout comme on utilise ces mêmes molécules chez les dépendants à l'héroïne pour minimiser les effets des narcotiques), ceux-ci ont mangé nettement moins d'en-cas gras et sucrés[15]. En complément des nouveaux médicaments, les spécialistes de l'addiction ont demandé que l'industrie alimentaire « soit incitée à créer des aliments faibles en calories qui soient plus attractifs, savoureux et abordables pour que les gens puissent suivre des régimes plus longtemps[16] ». Inutile – dame Nature y a déjà pourvu : c'est à cela que sert le rayon des fruits et légumes.

Au lieu de prendre des médicaments, vous pouvez éviter que votre centre du plaisir ne s'émousse en restant fidèle aux aliments « feu vert ». Cela peut contribuer à ramener votre sensibilité à la dopamine à la normale, pour que vous puissiez à nouveau tirer le même plaisir des aliments les plus simples. La consommation régulière de produits de source animale denses en calories et de junk-food, comme de la glace, modifie à la fois vos papilles gustatives et la chimie de votre cerveau. Lorsque vous mangez beaucoup de bonbons, non seulement une pêche bien mûre peut ne pas vous sembler aussi sucrée ensuite, mais votre cerveau diminue la sensibilité de vos récepteurs de dopamine pour compenser les afflux répétés de graisse et de sucre. En fait, une alimentation trop riche peut avoir pour conséquence que vous éprouviez moins de plaisir dans les autres activités.

Il y a une raison au fait que les cocaïnomanes semblent présenter une diminution de la capacité neurologique à la stimulation sexuelle[17], et que les fumeurs ont une moindre capacité à répondre aux stimuli positifs[18]. Ce sont des circuits cérébraux en lien étroit qui alimentent toutes ces sensations. Comme tous ces circuits sont impliqués dans la circulation de la dopamine, ce dont vous nourrissez votre corps – ce que vous mangez et ce que vous buvez – peut affecter la façon dont vous appréhendez tous les plaisirs de la vie. Essayez et constatez la différence. Essayez et *ressentez* !

Vous voyez où je veux en venir ?

En optant pour une alimentation d'origine végétale à base d'aliments complets et en ramenant la sensibilité à la dopamine de votre cerveau à son niveau normal et sain, vous vivrez pleinement et éprouverez plus de joie, de satisfaction et de plaisir dans l'ensemble de vos activités – et pas seulement en mangeant.

Laissez-moi vous aider

J'espère avoir réussi à vous persuader que la nutrition n'est pas un sujet éculé et sans vie, ni simplement un mauvais souvenir de vos cours de lycée. C'est un sujet plein de vie qui regorge de possibilités d'améliorer votre existence. Cependant, cette abondance peut poser problème. Au cours de l'année écoulée, plus de 20 000 articles sur la nutrition ont été publiés dans la littérature médicale. Qui a le temps de tous les passer en revue ?

Chaque année, mon équipe et moi lisons chaque numéro de chaque revue de nutrition en langue anglaise publiée dans le monde pour que vous n'ayez pas à le faire. Puis, je compile les informations les plus intéressantes et novatrices pour créer de nouvelles vidéos et de nouveaux articles pour mon site à but non lucratif, NutritionFacts.org.

Tout ce qui se trouve sur NutritionFacts.org est en accès libre. Il n'y a aucune section spéciale réservée aux membres où vous pouvez obtenir des informations salutaires en payant une cotisation. Ce que les sites qui réclament des frais d'adhésion semblent dire, en substance, c'est que si vous ne leur donnez pas d'argent, ils garderont pour eux l'information qui permettrait à votre famille d'être en meilleure santé. À mes yeux, c'est inacceptable. Les progrès scientifiques en matière de santé devraient être accessibles à tous gratuitement.

Comme nous refusons de vendre des produits, d'insérer des publicités et de faire la promotion de marques, comment payons-nous les factures ? NutritionFacts.org est une entreprise qui, sur le modèle de Wikipédia, se développe en acceptant des donations des visiteurs qui apprécient son contenu. Nous touchons tant de millions de gens que même si seulement un millier d'entre eux font un faible don (déductible des impôts), cela nous permet de payer le personnel et les coûts de serveur. (Personnellement, je n'accepte aucune compensation pour mon travail à NutritionFacts.org ; ma situation privilégiée me permet de donner de mon temps par amour pour ce que je fais.) J'espère offrir au public un service si précieux que ceux qui consulteront le site éprouveront l'envie de le soutenir, de sorte que son contenu destiné à changer et à sauver des vies reste à tout jamais gratuit pour tous.

Je vous invite à me rendre visite sur NutritionFacts.org et j'espère qu'il fera partie de votre existence. Vous y trouverez de nouvelles vidéos et de nouveaux articles chaque jour sur les dernières preuves scientifiques en matière de nutrition. Vous pouvez vous abonner à une newsletter quotidienne, hebdomadaire ou mensuelle qui sélectionne les dernières informations amusantes et intéressantes. Cela me réchauffe le cœur de savoir que c'est devenu le rituel dominical de nombreuses familles. Ce site existe pour vous servir.

Prendre ses responsabilités

Mon objectif est de vous fournir l'information qui vous inspirera et vous permettra d'apporter des changements à votre vie pour la rendre plus saine, mais en fin de compte c'est à vous de jouer. Sachez cependant qu'une seule alimentation a apporté la preuve qu'elle inversait la maladie cardiaque chez la majorité des patients : celle à base d'aliments complets d'origine végétale. Chaque fois que quelqu'un essaie de vous vendre un nouveau régime, posez-vous simplement cette question : « A-t-il été prouvé qu'il inversait la maladie cardiaque ? » (Vous savez, la cause de mortalité la plus probable pour vous et tous ceux que vous aimez.) Si ce n'est pas le cas, pourquoi même l'envisager ?

Si c'était tout ce qu'une alimentation à base d'aliments végétaux complets pouvait faire – inverser notre première cause de mortalité –, ne devrait-elle pas être le régime par défaut tant qu'on ne nous a pas apporté la preuve du contraire ? Et le fait que ce régime ait également montré son efficacité pour prévenir, traiter et interrompre le cours des autres fléaux qui menacent notre santé semble plaider en sa faveur. S'il vous plaît, essayez-le.

Il pourrait vous sauver la vie.

Comment ne pas mourir peut vous sembler un titre étrange. Après tout, nous finirons tous par mourir. Il est question de ne pas mourir prématurément. S'il y a un message à retenir, c'est que vous avez un immense pouvoir sur votre santé et votre destinée. La grande majorité des morts prématurées peuvent être prévenues par de simples changements dans votre façon de manger et de vivre.

En d'autres termes, une vie longue et en bonne santé est en grande partie une question de choix. En 2015, le Dr Kim Williams est devenu président de l'American College of Cardiology. On lui a demandé pourquoi il avait choisi une alimentation strictement à base de végétaux. « Cela ne me dérange pas de mourir, a-t-il répondu. Je veux juste que ce ne soit pas par ma faute[19]. »

C'est ce dont il est question dans ce livre : prendre vos responsabilités pour votre santé et celle de votre famille.

Remerciements

Il y a beaucoup de personnes que j'aimerais remercier : mes coauteurs et correctrices Gene, Jennifer, Miranda, Miyun, Nick et Whitney, qui m'ont aidé à transformer mes informations scientifiques morcelées en un repas narratif cohérent, composé de quatre plats ; mes contrôleurs d'informations Alissa, Allison, Frances, Helena, Martin, Michelle, Seth, Stephanie et Valerie ; et tous les bénévoles de NutritionFacts.org qui m'ont aidé à réaliser ce livre : Brad, Cassie, Emily, Giang, Jerold, Kari, Kimberley, Laura, Lauren, Luis, Tracy, et en particulier Jennifer – aucun médecin n'a jamais eu de meilleure assistante ni de meilleure amie. J'adresse aussi mes sincères remerciements à Brenda et Vesanto pour leurs idées, leur enthousiasme et leurs vastes connaissances.

Ce livre n'aurait pas vu le jour sans ma merveilleuse équipe – Joe, Katie, Liz et Tommasina – et tous les membres de l'HSUS qui m'ont épaulé dans le cadre de mon métier ; et sans Andrea, ma compagne, et notre chère famille, qui m'ont soutenu à la maison. NutritionFacts.org n'aurait même pas été envisageable sans la Fondation Jesse & Julie Rasch, le génie de la conception et du codage Christi Richards, et les milliers de personnes qui ont fait des donations et nous ont permis de toucher des millions de personnes.

Même si c'est ma grand-mère qui a fait de moi le médecin que je suis aujourd'hui, c'est ma mère qui a fait de moi la personne que je suis. Je t'aime, maman !

Appendice

Compléments alimentaires

En vous procurant les nutriments dont vous avez besoin dans les aliments « feu vert », non seulement vous minimiserez votre exposition aux composants alimentaires nocifs, tels que le sodium, les acides gras saturés et le cholestérol, mais vous maximiserez votre consommation de presque tous les nutriments nécessaires : la vitamine A des caroténoïdes ; la vitamine C ; la vitamine E, les vitamines B (dont la thiamine, la riboflavine et les folates) ; ainsi que le magnésium, le fer, le potassium, sans parles des fibres[1]. Les échelles de notation de la qualité alimentaire montrent régulièrement que les régimes les plus riches en aliments d'origine végétale sont les plus sains[2].

Cela étant dit, en raison de notre mode de vie actuel, d'importantes carences doivent être comblées.

Par exemple, la vitamine B12 n'est pas fournie par les végétaux ; elle est fabriquée à partir des microbes qui recouvrent la terre. Mais dans ce monde moderne totalement aseptisé, l'eau potable est chlorée afin de détruire toutes les bactéries. Vous ne trouvez pas beaucoup de vitamine B12 dans l'eau que vous buvez, mais vous n'attrapez pas non plus le choléra – c'est plutôt une bonne chose ! De même, notre évolution nous permet de puiser dans l'exposition solaire la vitamine D dont nous avons besoin. Mais la plupart d'entre nous ne courent plus nus dans la forêt équatoriale. Vous êtes sans doute couvert, à l'intérieur, ou sous des latitudes nordiques et avez par conséquent besoin de compléter votre alimentation avec cette « vitamine du soleil ». Pour ce qui est de ces deux vitamines, les compléments alimentaires sont donc nécessaires.

2 500 µg de vitamine B12 (cyanocobalamine) au moins une fois par semaine

Compte tenu de nos normes sanitaires actuelles, se supplémenter en vitamine B12 est crucial pour tous ceux qui ont une alimentation à base de végétaux[3]. Certes, pour ceux qui possèdent déjà des réserves suffisantes, une carence peut mettre des années à se développer[4], mais les conséquences d'une carence en vitamine B12 peuvent être désastreuses ; on a rapporté des cas de paralysie[5], de psychose[6], de cécité[7] et même de mort[8]. Les nouveau-nés de mères suivant un régime d'origine végétale qui n'ont pas supplémenté leur alimentation peuvent développer des carences bien plus rapidement, avec des conséquences graves[9].

Pour les adultes de moins de 65 ans, le plus simple est de prendre des compléments de vitamine B12 chaque semaine (au moins 2 500 µg une fois par semaine ou 250 µg par jour). Si vous en prenez trop, vous augmentez seulement le coût de votre urine. Mais en fin de compte, ce n'est pas si cher : cinq ans de supplémentation en vitamine B12 revient à moins de 20 dollars[10]. Vous pouvez aussi choisir de prendre une dose de 250 µg une fois par jour[11]. Notez que ce dosage est celui de la cyanocobalamine, la forme la plus courante de supplémentation en vitamine B12, puisque les preuves concernant l'efficacité des autres formes comme la méthylcobalamine sont encore insuffisantes[12,13,14,15].

En lieu et place des compléments, il est possible d'obtenir une quantité suffisante à partir des aliments fortifiés en vitamine B12, mais il vous faudra consommer trois portions par jour d'aliments apportant au moins 25 % de la valeur quotidienne[16] (indiquée sur l'étiquette mentionnant la valeur nutritive), et chaque portion devra être consommée entre quatre et six heures au moins après la précédente[17]. La seule source « feu vert » de vitamine B12 est à ma connaissance la levure alimentaire enrichie en vitamine B12, pour laquelle deux cuillères à café trois fois par jour suffisent. Mais, pour la plupart des gens, il est sans doute plus pratique et meilleur marché de prendre un complément.

L'autre complément que je recommande dans cette partie peut être considéré comme optionnel, mais une quantité suffisante de vitamine B12 n'est absolument pas négociable pour ceux qui ont une alimentation à base d'aliments « feu vert ».

La vitamine D issue du soleil ou de compléments

Je recommande aux gens qui ne peuvent bénéficier d'une exposition solaire suffisante de prendre un complément de vitamine D3 dosé à 2 000 IU par jour[18], idéalement avec le principal repas de la journée[19].

Dans l'hémisphère Nord, sous 30° de latitude environ (au sud de Los Angeles, de Dallas ou d'Atlanta), quinze minutes quotidiennes de soleil de midi sur les avant-bras et le visage sans protection solaire devraient produire assez de vitamine D pour les Caucasiens de moins de 60 ans. Pour ceux qui ont une peau plus foncée[20] ou sont plus âgés[21], trente minutes ou plus pourraient être nécessaires.

Plus au nord, à 40° de latitude (Portland, Chicago ou New York), en raison de l'inclinaison des rayons du soleil de novembre à février, il est possible qu'aucune vitamine D ne soit produite. Quel que soit le temps que vous consacrerez à bronzer nu sur Times Square le jour de l'An, vous ne produirez aucune vitamine D[22].

Au-dessus de 50° de latitude (Londres, Berlin, Moscou et le Canada), cette période hivernale pendant laquelle on ne produit pas de vitamine D peut durer jusqu'à six mois.

Les compléments de vitamine D sont par conséquent recommandés pour les individus vivant sous les latitudes les plus élevées pendant les mois d'hiver, et pendant toute l'année pour ceux qui ne s'exposent pas suffisamment au soleil de midi, quel que soit le lieu où ils se trouvent. Cela peut également s'appliquer à ceux qui habitent des villes brumeuses comme Los Angeles ou San Diego[23].

Je ne conseille pas les cabines de bronzage. Elles peuvent être à la fois inefficaces[24] et dangereuses[25]. Les lampes émettent essentiellement des UVA[26], ce qui augmente le risque de cancer de la peau (mélanome), sans produire de vitamine D[27].

Consommez des aliments riches en iode

L'iode, un minéral essentiel à la fonction thyroïdienne, se trouve principalement dans les océans et, dans des proportions variables, dans les sols. Pour s'assurer que tout le monde en ait suffisamment, le sel de table a été fortifié en iode à partir des années 1920. Par conséquent, si vous ajoutez du sel à vos aliments, utilisez du sel iodé (et non du sel de mer « naturel », qui contient environ six fois moins d'iode[28]). Le sodium étant considéré comme le deuxième facteur alimentaire de mortalité dans le monde[29], le sel iodé devrait néanmoins être considéré comme une source « feu rouge ».

Il y a deux sources d'iode « feu orange » : les fruits de mer et le lait de vache. (L'iode s'infiltre dans le lait à partir des produits chimiques antiseptiques contenant de l'iode utilisés pour désinfecter les pis de la vache en prévention de la mastite[30].) La source « feu vert » la plus concentrée reste les algues, car elles contiennent l'iode des fruits de mer sans les polluants liposolubles qui s'accumulent dans la chaîne alimentaire aquatique.

Les légumes de mer sont les légumes à feuilles vert foncé sous-marins. Je vous encourage à expérimenter différentes façons de les inclure dans votre alimentation. La consommation quotidienne d'iode recommandée est de 150 µg, c'est à peu près ce qu'on trouve dans deux feuilles de nori[31] (l'algue utilisée pour faire les makis). Toutes sortes d'en-cas aux algues sont désormais disponibles sur le marché, mais la plupart, sinon presque tous, peuvent contenir des ingrédients « feu rouge ». J'achète donc de simples feuilles de nori et je les assaisonne en les frottant avec du jus de gingembre mariné en conserve puis je les saupoudre légèrement de wasabi en poudre avant de les mettre au four à 150 °C pendant cinq minutes pour les rendre croustillantes.

Saupoudrer seulement une demi-cuillère à café d'aramé ou de dulse sur vos plats peut également vous fournir votre dose d'iode quotidienne. La dulse est vendue sous la forme de jolis pétales violets, vous pouvez donc simplement en agrémenter vos plats. Je vous mets en garde *contre* l'hijiki[32] (aussi appelée hiziki) car elle s'est avérée contaminée par de l'arsenic. Attention également à l'algue laminaire, qui pourrait contenir *trop* d'iode ; une demi-cuillère à café de laminaire excéderait la limite maximale quotidienne. Pour la même raison, vous ne devriez pas prendre l'habitude de manger plus de 15 feuilles de nori ou plus d'une cuillère à soupe d'aramé ou de dulse par jour[33]. Un excès d'iode est susceptible d'entraîner une hyperactivité de la thyroïde[34].

Pour ceux qui n'aiment pas les algues, il existe des aliments enrichis en iode, comme par exemple certains haricots en boîte[35].

Un dernier point concernant l'iode : même si les gens qui évitent les fruits de mer et le lait de vache ne semblent pas connaître de diminution de la fonction thyroïdienne[36,37], je ne laisserais rien au hasard pendant la période de la grossesse, où l'iode est cruciale pour le développement du cerveau de l'enfant[38]. Je rejoins l'avis de l'American Thyroid Association, qui souhaite que toutes les femmes enceintes et allaitantes reçoivent des vitamines prénatales comportant 150 µg d'iode par jour[39].

Envisagez de prendre 250 mg d'acides gras oméga-3 à chaîne longue par jour (issus de la levure ou des algues)

Selon deux des autorités de nutrition les plus crédibles, l'OMS et l'Autorité européenne de sécurité des aliments, au moins 0,5 % des calories que vous ingérez devraient provenir des acides gras oméga-3 ALA à chaîne courte[40]. C'est facile – la cuillère à soupe de graines de lin moulues qui fait partie de vos « 12 aliments quotidiens » couvre ces besoins. Votre organisme peut trouver les acides gras oméga-3 à chaîne courte dans les graines de lin (ou les graines de chia, ou les noix), et les oméga-3 à chaîne longue EPA et DHA dans les poissons gras. Est-ce suffisant pour une santé cérébrale optimale[41,42] ? Jusqu'à ce que nous en sachions plus, je vous conseille de prendre directement des capsules de 250 mg d'oméga-3 à chaîne longue.

Je ne recommande pas l'huile de poisson, étant donné qu'elle peut être contaminée par des quantités considérables de PCB et d'autres polluants, de telle sorte que la quantité préconisée d'huile de saumon, hareng et thon excéderait la limite de toxicité[43]. Cela pourrait expliquer en partie pourquoi certaines études ont conclu à des effets nocifs de la consommation de poisson sur la fonction cognitive, à la fois chez les adultes et chez les enfants. Mais un grand nombre de ces études ont été réalisées en aval d'une mine d'or contaminée au mercure, qui est utilisé dans l'exploitation minière[44] ; ou elles incluaient des sujets qui consommaient de la baleine ou du poisson pêché à proximité d'une usine de produits chimiques ou de déversements toxiques[45].

Que penser du poisson que vous trouvez au restaurant ou dans les supermarchés ? Un groupe d'habitants de Floride (des dirigeants d'entreprise pour la plupart) a fait l'objet d'une étude. Ils consommaient tellement de fruits de mer qu'au moins 43 % d'entre eux dépassaient les limites de toxicité pour le mercure définies par l'Agence américaine de protection environnementale, et cela n'était pas dénué d'effet. Les chercheurs ont découvert qu'une consommation excessive de produits de la mer (définie par plus de trois ou quatre portions mensuelles de poissons tels que le thon ou le vivaneau) augmentait le taux de mercure dans le sang et semblait entraîner des troubles cognitifs. L'effet n'était pas énorme – une baisse de seulement 5 % de la fonction cognitive – mais c'est « une diminution [de la fonction exécutrice] que personne ne souhaite, et encore moins une personne ambitieuse et soucieuse de sa santé[46]. »

Heureusement, vous pouvez avoir les bénéfices sans les risques en consommant des acides gras oméga-3 à chaîne longue issus des algues[47], là où les poissons les trouvent en premier lieu[48]. En évitant l'intermédiaire – le poisson – et en prenant l'EPA et la DHA directement au bas de la chaîne alimentaire, vous n'avez plus à vous inquiéter d'une éventuelle contamination par les polluants. En fait, les algues employées pour la fabrication des compléments alimentaires sont élevées dans des cuves et n'entrent jamais en contact avec l'océan[49]. C'est pourquoi je conseille cette source pour obtenir un taux d'oméga-3 associé à la préservation des facultés cognitives[50], tout en minimisant l'exposition aux polluants industriels.

Et que penser de… ?

Tous vos besoins en autres minéraux, vitamines et nutriments devraient être couverts si vous avez une alimentation riche en aliments végétaux complets. Et beaucoup de ces nutriments sont ceux dont les Américains manquent – à savoir les vitamines A, C et E et les minéraux tels que le magnésium et le potassium, ainsi que les fibres[51]. 93 % des Américains manquent de vitamine E. 97 % d'entre eux ne consomment pas assez de fibres[52]. Et 98 % sont carencés en potassium[53]. Vous, mon ami(e), allez être la seule personne sur 1 000 qui se nourrit bien.

Si vous avez une question précise à propos d'un nutriment obscur – du type : « Et le molybdène ou le ménaquinone ? » –, au lieu d'ennuyer tout le monde avec les détails, laissez-moi vous conseiller le meilleur livre de référence qui existe sur la nutrition végétale, *Devenir végétarien*, écrit par les excellentes diététiciennes Brenda Davis et Vesanto Melina[54]. Les auteurs ont une approche extrêmement détaillée et consacrent même des chapitres à la grossesse, l'allaitement, et la façon d'avoir des enfants en pleine santé.

Les régimes végétaliens supplémentés en vitamine B12 peuvent apporter des bénéfices de santé à tous les stades de la vie[55]. Le Dr Benjamin Spock, le pédiatre le plus estimé de tous les temps, a peut-être écrit le best-seller américain du xxe siècle : *Comment soigner et éduquer son enfant.* Dans la septième édition, la dernière avant son décès à l'âge de 94 ans, il recommandait d'élever les enfants avec une alimentation d'origine végétale sans aucune exposition à la viande ni aux produits laitiers. Le Dr Spock a vécu assez longtemps pour être le témoin du début de l'épidémie d'obésité infantile. « Les enfants qui grandissent avec une alimentation d'origine végétale, a-t-il écrit, ont un énorme avantage de santé et sont bien moins susceptibles de développer des maladies au fil des ans[56]. »

Index

E

F

G

N

Table

DEUXIÈME PARTIE

Les Éditions Points s'engagent pour la protection de l'environnement et une production française responsable

Ce livre a été imprimé en France, sur un papier certifié issu de forêts gérées durablement, chez un imprimeur labellisé Imprim'Vert, marque créée en partenariat avec l'Agence de l'eau, l'ADEME (Agence de l'environnement et de la maîtrise de l'énergie) et l'UNIIC (Union nationale des industries de l'impression et de la communication).

La marque Imprim'Vert apporte trois garanties essentielles :

- La suppression totale de l'utilisation de produits toxiques
- La sécurisation des stockages de produits et de déchets dangereux
- La collecte et le traitement de produits dangereux

RÉALISATION : NORD COMPO À VILLENEUVE-D'ASCQ
IMPRESSION : NORMANDIE ROTO IMPRESSION S.A.S À LONRAI
DÉPÔT LÉGAL : JUIN 2025. N° 159973 (2501081)
IMPRIMÉ EN FRANCE

Les Éditions Pécus s'engagent pour la protection de l'environnement et une production française responsable

Éditions Points

Collection Points Vivre

P3382. Le bonheur est en vous, *Marcelle Auclair*
P3383. Divine Blessure. Faut-il guérir de tout ? *Jacqueline Kelen*
P4033. Jésus, un regard d'amour, *Guy Gilbert*
P4034. Anna et Mister God, *Fynn*
P4035. Le Point de rupture, *Marie Lise Labonté*
P4082. Devance tous les adieux, *Ivy Edelstein*
P4083. Contre vents et marées, *Denis Ledogar*
P4084. Cœur pur. Journal zen et lettres de Maura « Soshin » O'Halloran *Maura O'Halloran*
P4121. Une journée, une vie. Fragments de sagesse dans un monde fou, *Marc de Smedt*
P4122. Tout ce qui compte en cet instant. Journal de mon jardin zen, *Joshin Luce Bachoux*
P4123. Guide spirituel des lieux de retraite dans toutes les traditions, *Anne Ducrocq*
P4149. L'Évangélisation des profondeurs. Un chemin vers l'unité intérieure, *Simone Pacot*
P4150. Apprivoiser son ombre. Le côté mal aimé de soi *Jean Monbourquette*
P4151. La Pratique du bonheur, *Marcelle Auclair*
P4182. Tout est en vous. Paroles d'Amma *Mata Amritanandamayi*
P4183. Quatre actes de présence. Vivre ici et maintenant *Sylvie Germain*
P4267. Il fait Dieu, *Didier Decoin*
P4268. De la mélancolie, *Romano Guardini*
P4291. Éloge du désir, *Blanche de Richemont*
P4292. Toi et moi, j'y crois, *Philippe Pozzo di Borgo*
P4293. Les Sept Dernières Paroles du Christ *Timothy Radcliffe*
P4294. Plus de peurs que de mal, *André Charbonnier*
P4360. Amour, invincible amour, *Jacqueline Kelen*
P4361. Laisse Dieu être Dieu en toi. Petit traité de la liberté intérieure, *Jean-Marie Gueullette*
P4397. Reviens à la vie ! Cinq repères essentiels pour avancer *Simone Pacot*
P4398. Aime à tout casser !, *Guy Gilbert*

P4399. Le Bonheur plus fort que l'oubli. Comment bien vivre avec Alzheimer, *Colette Roumanoff*
P4442. Rien de ce qui est inhumain ne m'est étranger. Éloge du combat spirituel, *Martin Steffens*
P4443. Avec Dieu au Goulag. Témoignage d'un jésuite interné vingt-trois ans en Sibérie, *Walter J. Ciszek, avec Daniel Flaherty*
P4444. Petites chroniques de la vie comme elle va *Étienne Gruillot*
P4474. Le Courage d'avoir peur, *Marie-Dominique Molinié*
P4475. La Souffrance désarmée, *Véronique Dufief*
P4535. Le Silence de Dieu. Face aux malheurs du monde *Bertrand Vergely*
P4536. Le Souffle du Maître, *Blanche de Richemont*
P4537. Je crois en l'homme parce que je crois en Dieu *Robert Hossein, avec François Vayne*
P4589. Balade avec Épicure. Voyage au cœur du bonheur authentique, *Daniel Klein*
P4590. Vivre ses désirs, vite !, *Sophie Cadalen et Bernadette Costa-Prades*
P4591. Tisser le lien. Méditations, *Yvan Amar*
P4636. Le Goût de vieillir, *Ghislaine de Sury*
P4637. L'Enfant neuf, *Colette Nys-Mazure*
P4638. Addict. Récit d'une renaissance, *Marie de Noailles, avec Émilie Lanez*
P4670. Méditations sur la vie *Christophe André et Anne Ducrocq*
P4671. Etty Hillesum, *Sylvie Germain*
P4672. Ce qu'Amma dit au monde. Enseignements d'une sage d'aujourd'hui, *Mata Amritanandamayi*
P4731. 40 jours avec Maurice Zundel et les Pères du désert *Patrice Gourrier, Jérôme Desbouchages*
P4732. Ose la vie nouvelle ! Les chemins de nos Pâques *Simone Pacot*
P4776. Sept graines de lumière dans le cœur des guerriers *Pierre Pellissier*
P4777. Rire et Guérir, *Christophe André et Muzo*
P4778. L'Effet haïku. Lire et écrire des poèmes courts agrandit notre vie, *Pascale Senk*
P4779. Il n'est jamais trop tard pour le plus grand amour. Petit traité d'espérance, *Michael Lonsdale*
P4780. Le bonheur quoi qu'il arrive. Propos fulgurants d'Armelle Six, *Robert Eymeri*
P4811. Le Testament du Roc, *Denis Marquet*
P4812. Être là, *Véronique Dufief*

P4839. La Maison Zen. Leçons d'un moine bouddhiste
Keisuke Matsumoto
P4840. Petit dictionnaire de la joie. Chanter l'instant
Blanche de Richemont
P4890. En cœur à cœur avec Dieu. Mes plus belles prières
Guy Gilbert
P4891. Le Choix du cœur. Enseignements d'une sage d'aujourd'hui, *Mata Amritanandamayi*
P4919. Gaspard, entre terre et ciel
Marie-Axelle et Benoit Clermont
P4920. Kintsukuroi. L'art de guérir les blessures émotionnelles
Tomás Navarro
P4949. Les Sept Secrets du temps, *Jean-Marc Bastière*
P4977. Journal intime d'un touriste du bonheur
Jonathan Lehmann
P4979. Faire des pauses pour se (re)trouver, *Anne Ducrocq*
P4980. Guérir de sa famille et enfin vivre sa vie.
Les bienfaits de la psychogénéalogie
Michèle Bromet-Camou
P5034. Moins d'ego, plus de joie ! Un chemin pour se libérer
Christophe Massin
P5057. Débranchez-vous !, *Matt Haig*
P5069. L'homme qui tartinait une éponge
Colette Roumanoff
P5090. Luc, mon frère, *Michael Lonsdale*
P5091. Un haïku chaque jour. Un poème et sa méditation pour être plus présent à la vie, *Pascale Senk*
P5092. 365 Jours avec Rainer Maria Rilke. Paroles d'un maître de vie, *Rainer Maria Rilke*
P5129. Quand notre cœur s'ouvre à la spiritualité
Caroline Coldefy
P5180. Maître du Oui, *Svâmi Prajñânpad*
P5181. Wabi Sabi. L'art d'accepter l'imperfection
Tomás Navarro
P5292. La vie est une célébration, *Mata Amritanandamayi*
P5320. L'Amour, le rôle de notre vie. Rééduquer les cœurs
Sarah Serievic
P5357. Heureux et Grincheux. 108 conseils d'un moine bouddhiste pour profiter de la vie, *Ajahn Brahm*
P5395. Tomber amoureux de ce qui est, *Jeff Foster*
P5478. Un art de vivre et d'aimer par temps de catastrophe
Jean-Yves Leloup
P5479. Respire, tu es vivante. De Lhassa à l'Everest, une aventure écologique et spirituelle
Marion Chaygneaud-Dupuy

P5480. Amma. Celle qu'on attendait, *Pierre Lunel*
P5560. Le bonheur ça se pratique, *Anne Ducrocq*
P5561. Prendre soin de l'âme. La psychothérapeute qui est devenue chamane, *Myriam Beaugendre*
P5562. Apprendre à s'écouter. Comment trouver la paix dans le bruit du monde, *Prem Rawat*
P5597. Amours inconditionnelles, *Blanche de Richemont*
P5646. Le Pansement Schubert, *Claire Oppert*
P5669. Pour chaque moment de la vie, *Chögyam Trungpa*
P5998. Graines de réussite, *Nadia Bouali, Kamel Kajout*
P6198. La Contagion émotionnelle, *Christophe Haag*
P6199. Les 12 étapes. La méthode qui a transformé des millions de vies, *Julien Gangnet*
P6200. Choisir d'être mère. Tout ce qu'on ne vous a pas dit sur la parentalité, *Renée Greusard*
P6236. Être en accord avec soi-même. Pour mieux négocier avec les autres, *William Ury*
P6305. Les Secrets d'une bonne relation, *Roger Fisher Scott Brown*
P6306. Bélier, *André Barbault*
P6307. Taureau, *André Barbault*
P6308. Gémeaux, *André Barbault*
P6309. Cancer, *André Barbault*
P6310. Lion, *André Barbault*
P6311. Vierge, *André Barbault*
P6312. Balance, *André Barbault*
P6313. Scorpion, *André Barbault*
P6314. Sagittaire, *André Barbault*
P6315. Capricorne, *André Barbault*
P6316. Verseau, *André Barbault*
P6317. Poisson, *André Barbault*
P6319. Goodbye fatigue ! L'art de ne plus subir sa fatigue et celle des autres, *Léonard Anthony*
P6320. La Technique des étincelles. 80 clés pour rebondir en période de changement, *Vanessa Cahierre Nadège Fougeras*
P6360. Le Grand Livre des guérisseuses, *Clara Lemonnier*
P6361. Bonjour Anxiété. Parler de santé mentale, *Marco Coiffard*
P6405. Vis ta meilleure vie, *Camille Teste, Hadeel Ameer, Maëlle Marchandon*
P6420. Comment ne pas mourir. Les aliments pour vivre plus longtemps et en meilleure santé, *Michael Greger Gene Stone*
P6429. Et si le corps était la clé ? 50 rituels pour réveiller sa puissance intérieure et rayonner, *Alice Vivian*